Anonymous

Genealogisches Reichs und Staats-Handbuch

aus dem Jahr 1798, 2. Teil

Anonymous

Genealogisches Reichs und Staats-Handbuch
aus dem Jahr 1798, 2. Teil

ISBN/EAN: 9783742894953

Hergestellt in Europa, USA, Kanada, Australien, Japan

Cover: Foto ©ninafisch / pixelio.de

Manufactured and distributed by brebook publishing software (www.brebook.com)

Anonymous

Genealogisches Reichs und Staats-Handbuch

Genealogisches Reichs- und Staats-Handbuch

auf das Jahr 1798,

völlig umgearbeitet, und nach einem neuen Plane geordnet.

Zweiter Theil.

Mit Röm. Kaif. Majestät allergnädigster Freiheit.

Frankfurt am Mayn,
bey Varrentrapp und Wenner
1798.

Inhalt
des zweiten Theils.

Erster Abschnitt.

Verzeichnisse der wichtigsten Staatsbeamten in den größern, theils monarchischen, theils republikanischen Staaten, (ausser dem deutschen Reich).

Zweiter Abschnitt.

Verzeichnisse der wichtigern und auch minderwichtigen Staatsbeamten ꝛc. vom deutschen Reich insbesondere; u. zwar

Erstes Kapitel.
Vom deutschen Reich in seiner Einheit.

Zweites Kapitel.
Staatsbeamten in den geistlichen Staaten des deutschen Reichs, nebst den Gliedern der Domcapitel.

Im Anhange zu diesem Kapitel sind die Vorsteher u. Kapitelsglieder, (zum Theil auch die Dienerschaft) der vornehmsten deutschen, nicht reichsständischen Stifter, verzeichnet.

Drittes Kapitel.
Staatsbeamten in den weltlichen Chur- und Fürstenthümern, auch einigen Grafschaften des deutschen Reichs.

Viertes Kapitel.
Rathspersonale und Staatsbeamte der Reichsstädte.

Fünftes Kapitel.
Directorial-Personale und Canzleybeamte der unmittelbaren freyen Reichs-Ritterschaft.

Vorbericht.

Zufolge der nützlichen Bestimmung dieses Buchs enthält auch der zweite Theil desselben die Anzeige von solchen Personen, deren Menschenkenntniß dem Geschäftsmann, ihres Einflusses und ihrer Verhältnisse wegen, bey mancherley Veranlassungen nöthig wird. Die Wichtigkeit der im ersten Theile angezeigten Personen gründete sich auf deren Stand und Familienverhältnisse; und dabey durften zur Erläuterung der Familienkunde, die nöthigen historischen Beziehungen nicht unerörtert bleiben. Die Wichtigkeit der in diesem zweiten Theile namhaft gemachten Personen gründet sich auf deren öffentlichen Charakter, oder das Amt, welches sie im Staate bekleiden, und diese Verhältnisse zum Staat machen statistische Aufklärungen über die Größe, Bevölkerung, Verfassung und politischen Kräfte desjenigen Staats, worin diese Personen angestellt sind, gewiß sehr nützlich. Die Verbindung kurzer statistischen Notizen mit den Beamtenverzeichnissen ist daher wohl nicht weniger zweckmäßig für diesen Theil, als jene historisch-genealogischen Erläuterungen es für den ersten waren. Man hat sich daher bemüht, diesen Forderungen durch kurze geographisch-statistische Einleitungen bey allen Artikeln nach Möglichkeit zu entsprechen, worin man zugleich auf die geschehenen oder nahen Abänderungen hingewiesen hat, die durch die neuesten politischen Ereignisse herbeygeführt worden. Da jedoch diese statistischen Angaben größtentheils nur nach den genau scheinenden Schätzungen der neuesten Statistiker und in runden Zahlen gegeben werden konnten; so kann man deren Zuverläßigkeit keinesweges verbürgen, und muß überhaupt bemerken, daß die Statistik mancher Länder noch immer ungewiß bleibt, einiger — sich fast jährlich verändert, und noch anderer endlich erst durch den zuhoffenden Friedensschluß mit Frankreich näher bestimmt werden kann. Vielleicht — und das wäre sehr zu wünschen — giebt dieser Versuch Anlaß, daß manche der gegebenen statistischen Nachrichten durch eigne Veranstaltung der höchsten und hohen Reichsstände, denen wir die Beamtenverzeichnisse, wie bisher, zur hochgeneigten Berichtigung jährlich einsenden werden, genauer bestimmt und erweitert werden.

Was die übrige Einrichtung dieses zweiten Theils betrift, so ist solche schon aus der vorstehenden Inhaltsanzeige leicht zu übersehen und zu beurtheilen. Gegen die gewählte Eintheilung könnte man zwar einwenden, daß die Staatsbeamten einiger Länder des deutschen Reichs, welchen eigentlich der zweite Abschnitt gewidmet ist, schon im ersten Abschnitt angeführt würden. So wahr dieses in Ansehung des österreich. und preußischen Staats auch ist; so gehören doch beide gedachte Artikel wegen der übrigen Länder, die der Hoheit des deutschen Reichs nicht untergeordnet sind, in den ersten Abschnitt, und so war es unstreitig zweckmäßiger, die Dienerschaftsverzeichnisse von den gesamten Landen dieser Staaten unzertrennt zu lassen.

Von einigen kleinern deutschen Staaten vermißte man die Beamtenlisten schon in den vorigen Jahrgängen dieses Buchs; und leider! haben wir diesmal nur einige dieser Lücken in den Artikeln: Holstein, Oldenburg, und Lübeck — ausfüllen können, da wir in Ansehung der übrigen weder durch die von den hohen Behörden erbetene Unterstützung, noch durch Specialstaatskalender von diesen Staaten, dazu im Stande waren.

Uebrigens wird die Reichhaltigkeit der am Ende dieses Theils gelieferten Zusätze und Nachträge zum ersten Theil, die Sorgfalt nicht unbemerkbar lassen, womit wir uns eine stets erneuerte Berichtigung dieses Buchs angelegen seyn lassen. Wir hätten dieselben noch mit manchen Verbesserungen zu diesem 2ten Theile, hauptsächlich in Ansehung der neuen republikan. Staaten vermehren können. Allein wegen der häufigen Abänderungen, denen diese Staaten selbst in Ansehung ihrer wichtigsten Regierungsbeamten unterworfen sind, verspart man die während des Drucks vorgefallenen Aenderungen für den künftigen Jahrgang, dessen Herausgabe unfehlbar wieder in den bisher gewöhnlichen Terminen geschehen wird. Wegen der diesmaligen Verabsäumung derselben hoffen wir um so eher Entschuldigung, da solche hauptsächlich durch die gänzliche Umschmelzung des Buchs verursacht worden ist.

Die Verleger.

Erster Abschnitt.

Verzeichniſſe der wichtigſten Staatsbeamten in den gröſſern, theils monarchiſchen, theils republikaniſchen Staaten (auſſer dem deutſchen Reiche).

(nach alphabet. Ordnung.)

Amerikaniſche vereinigte Staaten.

Ein neuer, ſeit 1776 aus den ehemal. brittiſchen Colonien erwachſener Freiſtaat, deſſen Verfaſſung endlich 1789 Ordnung und Feſtigkeit erhielt. Er umfaßt gegenwärtig 17 Provinzen, welche ſich durch einen Congreß zu einem Freiſtaat verbunden haben. Jede Provinz ſendet nach Verhältniß ihrer Größe mehrere Deputirten zum Congreß (nach Philadelphia). Sämtliche Deputirte vertheilen ſich in 2 Räthe, indem zwey von jeder Provinz den Senat, die übrigen das Haus der Repräſentanten ausmachen. Aus dieſen beiden Räthen beſtehet die höchſte geſetzgebende Gewalt. Im Hauſe der Repräſentanten werden alle Staatsangelegenheiten angebracht, erörtert, beſtritten ꝛc. Die durchgegangenen Vorſchläge (Bills) werden ſodann dem Senat vorgetragen, wo ſolche noch weiters erwogen und ſodann entweder verworfen oder durch einen Rathſchluß genehmigt und im letztern Fall dem Präſidenten vom Congreß zur Vollziehung übertragen werden. In den Händen des Präſidenten, dem ein Vicepräſident beigegeben iſt, vereiniget ſich ſomit die höchſte ausübende Gewalt. Von der geſetzgebenden und vollziehenden iſt die höchſte richtende Gewalt weislich getrennt. Letztere iſt einem oberſten Gerichtshof (supreme court) anvertraut, der aus 1 Oberrichter, 5 Beiſitzern, 1 General-Procurator und 1 Schreiber beſteht. Hienachſt hat jede Provinz ein eignes Diſtricts-Gericht. Ueberdem ſind noch drey wandelnde Gerichte; das eine für die öſtlichen, das andre für die mittleren, und das dritte für die ſüdlichen Staaten. Eben ſo beruht die Verfaſſung einer jeden Provinz insbeſondere a) auf einer geſetzgebenden Gewalt (ein Rath oder Senat) b) einer ausübenden Gewalt (dem Gouverneur oder Oberbefehlshaber) und c) der richtenden Gewalt. — Die Einwohnerzahl der geſammten vereinigten Staaten mag etwa 3 Millionen betragen.

Der Umfang dieſes Handbuchs erlaubt nur, die wichtigſten Theilhaber an der vollziehenden Gewalt hier anzuführen. Dieſe ſind

a) für die geſammten verbündeten Staaten überhaupt.

Präſident vom Congreß: John Adams, auch Generaliſſimus aller Truppen zu Waſſer u. zu Lande. — Vicepräſident: Thom. Jefferſon.

Staats Secretair: Thim. Pickering. — Finanz-Secretair: Alr. Hamilton. — Kriegs-Secretair: Henry Knor.

b) in den einzelnen Staaten: (Gouverneurs der Provinzen).

1) New-Hampſhire: John T. Gilmann, Gouv. oder Präſid.
2) Vermont: Thom. Chittenden, Gouv. u. Gen. Cap. Pet. Olcot, Untergouv. u. Gen. L.

3) **Massachusets u. Maine:** Sam. Adams, Gouv. Mos. Gill, Untergouv.
4) **Rhode-Island:** Arthur Fenner, Gouv., und Oberbefehlshaber. Sam. F. Potter, Untergouverneur.
5) **Connecticut:** Sam. Huntington, Gouv. Oliv. Wolcot, Untergouv.
6) **New-York:** Georg Clinton, Gouv. u. Oberbefehlshab. Pierre v. Cordtland, Untergouv. u. Präs. des Senats.
7) **New-Jersey:** Rich. Howell, Gouv. u. Präs. des Raths.
8) **Pensylvanien:** Thom. Mifflin, Gouv. u. Oberbefehlshab.
9) **Delaware:** Joshua Clayton, Gouvern.
10) **Nordwestl.** Gebiet vom Ohio, ist noch nicht gehörig organisirt.
11) **Maryland:** Thom. Sim. Lee, Gouv.
12) **Virginia:** Henry Lee, Gouv. James Wood, Untergouv.
13) **Kentucky:** Isaac Shelby, Gouv. u. Oberbefehlshab.
14) **North-Carolina:** Rich. Dobbs Spaight, Gouv. u. Gen. Capit.
15) **South-Carolina:** William Moultrie, Gouv. und Oberbefehlshaber der Miliz. James Ladson, Untergouv.
16) **Georgia:** Georg Matthews, Gouverneur.
17) **Tenise:** ist noch nicht gehörig organisirt.

Gesandte und Consuls (die wichtigsten).

Kopenhagen: Hans Rud. Seabye, Consul. **Deutschland:** John Quincy Adams, Gesandter in Berlin. John Parrish, Consul in Hamburg. Arnold Delius, Consul in Bremen. Phil. Mark, Consul beym fränk. Kreise. **Haag:** John Quincy Adams, resid. Minister. **Lissabon:** W. Smith, Esq. resid. Minister **London:** Thom. Pinkney, bevollm. Minister. **Madrit:** William Short, resid. Minister. **Paris:** James Monro, bevollm. Minister.

Batavische Republik.

Durch die Einnahme der vereinigten Niederlande von den französ. Truppen 1795 wurde bekanntlich die bisherige Regierungsform dieses Staats aufgelöset. Zwar mußte derselbe das holländische Flandern mit Inbegriff des ganzen Landes auf der linken Seite des Hond. Mastricht, Venlo und deren Zugehörden, so wie die andern, südwärts von Venlo an beiden Seiten der Maas liegenden Besitzungen an Frankreich abtreten, und den französ. Truppen die einstweilige Besetzung ihres Gebiets verstatten; doch blieb der größere Theil der vereinigten Provinzen ein selbstständiger Staat, der sich durch eine beständige Allianz mit Frankreich verband. Eine neue Staatenversammlung oder ein Convent von Deputirten aus den Provinzen, deren jede ihre eigne Administration einstweilen beibehielt, besorgte seitdem die allgemeinen Angelegenheiten des Staats, und beschäftigte sich zugleich mit Entwerfung einer neuen Landesconstitution. Der Entwurf kam im Sept. 1797 zu Stande, wurde aber, da er sich auf ein föderatives Gouvernement gründete, durch Stimmenmehrheit verworfen. Dieses Ereigniß veranlaßte eine Erneuerung des batavischen Convents, welcher sich sofort mit einer neuen Constitution nach dem Muster der französischen, beschäftigte. Die constituirende Versammlung legte dabey die Rechte der Menschen, bürgerl. Gleichheit und Freiheit, Einheit und Untheilbarkeit des Staats, Zusammenschmelzung der Einkünfte und Schulden der Provinzen, Trennung der Kirche vom Staat rc. zum Grunde, wodurch die

Souveränität der Provinzen und das Feudalsystem gänzlich aufgehoben wurde; und diese neue Constitution ist am 17 Merz 1798 von der constituirenden Versammlung decretirt und am 28ten April von dem Volke angenommen worden.

Das neue gesezgebende Corps, welches die Stelle der constituirenden Versammlung einnehmen wird, ist beym Abdruck dieses Artikels noch nicht erwählt.

Hier kann dießmal nur das wichtigste Personale des seit dem Oct. 1797 bestehenden intermediairen Gouvernements angeführt werden.

Das Directorium (oder die höchste vollziehende Macht) besteht aus 5 Mitgliedern, nämlich den Bürgern: Breede; von Langen; Wilderik; Fokkets; Wybo Finje. — General-Secretair: Br. d'Asseval.

Die Zahl der Minister (oder Agenten der executiven Macht) ist auf 6 bestimmt: welche jezt sind a) Br. Buys, Minist. der auswart. Angelegenheiten. b) Ondatje, Minister der innern Angelegenheiten. c) Cuperus, Justiz-Minister. d) Beymann, Kriegsminister. e) Spoors, Minister für die Marine. f) Für das Finanzwesen besteht zur Zeit noch ein Ausschuß.

Admiralität. Viceadmirals: Raders; de Winter; Sels; van der Beets; Riemersma. — Contreadmirals: Meureur; Bloisv. Treslong; Story; Wiertz; Gervais; Bosch.

General en Chef der Landtruppen: van Daendels:

Gesandtschaften, Cassel: C. A. van Raet zu Bögelscamp, bev. Minist. — Constantinopel. Dedem tot den Gelder. Copenhagen: Bangemann Huygens, bev. Minister Joson, Leg. Secr. Madrit: Walkenaer, bev Minister. Paris: Pinkney, Marschall u. Gerry bev. Minister. Stuttgardt: Strick van Linschoten, Gesandter. Wien: Blauw, Gesandter.

Cisalpinische Republik.

Die glücklichen Fortschritte Buonaparte's in Italien in den J 1796 und 97 erschufen in dem nördl. Theile dieses Landes einen neuen Freystaat, die cisalpinische Republik. Dieser Staat verdankt jenem siearreichen Feldherrn nicht blos seine Entstehung, sondern auch größtentheils seine politische Verfassung. Er besteht wesentlich aus dem ehemal Herzogth. Mayland, den Hälb. Mantua, Modena und Mirandula, Reggio, Ferrara, Bologna, Romagna, den Provinzen Bergamo und Crema, dem Schweizerländchen Veltlin, nebst den Gebieten von Chiavenna, Bormio und Pesaro. Diese sämtlichen, nun in einen Staatskörper vereinigten Landstoffen, mit etwa 4 Millionen Einwohnern, sind von Buonaparte in 11 Departements abgetheilt, nämlich: 1) Das Depart der Adda, worin Lodi und Crema; 2) der appuanischen Alpen, worin Massa; 3) des Crostolo, worin Reggio; 4) des Lario, worin Como; 5) Della Montagna, worin Lecco; 6) der Olona, worin Mayland. 7) des Panero, worin Modena; 8) des Po, worin Cremona; 9) des Serio, worin Bergamo; 10 des Ticino, worin Pavia; und 11) des Verbano, worin Pares der Hauptort ist.

Diese Republik, als solche bereits von mehreren europäischen Mächten anerkannt, feyerte ihr Bundesfest am 9ten July 1797 und wird von diesem Tage an ihre Jahre zählen. Sie unterhält ein stehend Heer von 20,000 Mann und berechnet ihre Nationalschuld zu 63 Millionen Livre. Ihre Constitution ist nach dem Muster der französ. eingerichtet. Das geseßgebende Corps besteht in 2 Conseils a) dem Rath der Jüngern von 80, und dem Rath der Alten von 40 Mitgliedern. Die executive Macht ist in dem Directorium vereinigt, dessen Hauptagenten die Minister sind. Hier kann blos das wichtigste Personale der vollziehenden Gewalt angeführt werden.

Glieder des Directoriums (5): Paradisi (von Reggio); Moscati (aus Mantua); Alessand'ri (aus Bergamo); Savoldi (aus Brescia); u. Briches.

General Secretair: Sommariva (aus Lodi).

Die Minister sind: Testi (aus Modena) für die auswärt. Geschäfte; Willa (aus Meyland) für die innern Angelegenheiten; Luosi (aus Mirandola) für das Justizwesen; Biraghi (aus Cremona) für das Kriegsdepartement; Ricci (aus Modena) für die Finanzen, und Porro (aus Meyland) für die Polizey.

General en Chef: Fiorella.

Gesandtschaften. Florenz: Belmonti, bev. Minister. Madrid: Galeppi, bev. Minister. Paris: Serbelloni, bevollm. Ges. Rastadt: Der General Melzi, ausserord. Ges. Schweitz: Adelasio, bev. Minister. Turin: Magnani, bev. Minister. Wien: Visconti, bev. Gesandter.

Dännemark.

Regierungsform, monarchisch. Der König herrscht seit 1660 unumschränkt. — Die Krone besizt ausser dem Königr. Dännemark, das Königr. Norwegen, mit Grönland, Island, Hitland und Faröer; ferner die deutschen Hzth. Schleßwig u. Hollstein, sodann in Asien auf der Küste Coromandel die Stadt Trankebar nebst der Festung Dansborg u. die Friedrichsinseln; in Africa auf Guinea die Festung Christiansborg, und in Westindien die Inseln St. Thomas, St. Croix, St. Jean, u. die Krabbeninseln. — Volksmenge: 2,500 000. — Einkünfte: etwa 7 Millionen Thlr. — Landmacht: etwa 78,000 Mann. Seemacht: 30 Linienschiffe von 60 — 90, und 20 Fregatten von 30 bis 44 Kanonen.

A) Hofstaats-Personale

a) des Königs.

Obercammerherr: Hans Heinr. von Eichstedt, Gen. der Cav. des Eleph. O. R. Oberhofmarschall: ... Obercammerjunker: .... Oberschenk: .... Oberstallmeister: ... Oberjägermeister: Cstian Gr. v. Hollstein zu Lethraburg, geh. Conf. R. Cammerhr. des Eleph. O. R. Obercermonienmeister: C. L. Bose de la Calmette: Cammerhr. des Dannebr. O. R. Hofmarschall: Ad. Wilh. Hauch, Cammerhr, R. v. Dannebr. Täglich aufwartende Cammerherren, Abrah. Ant. Brackel, des Dannebr. O. R. Conr. v. Revenfeldt, Maj. bey der Leibg. zu Pferd. C. L. G. v. Warnstedt, Hofjägermeister, Detl. v. Buchwald. Oberforstmeister: Estoph Hartw. v. Linstow, des Dannebr. O. R. und Cammerhr. Stallmeister: A. W. Hauch, s. ob. Fr. Estian Aug. v. Röpstorf, Rittmeist. bey der Leibgarde zu Pferde. Ceremonier meister: Friedr. v. Raben, w. geh. R. des Dannebr. O. R. Hofjägermeister: D. N.

v. Warnstedt, Cammerhr des Dannebr. O. R. Joh. Wilh. v. Stolle, Cammerhr. Joh. Ower. Windt. Fr. Jos. Gr. v. Schimmelmann, Cammerhr u. Envoyé am niedersächs. Kreis. Cstian Fr. Ernst Gr. v. Ranzow, R. v. Dannebr. u. Cammerhr. Ludw. Achaz Gr. v. Brockdorf. Cstoph Fr. Sehestedt. Cstian Fr. v. Holstein. C. L. G. v. Warnstedt, s. ob.

Leib- u. Hofmedici: U. B. Aaskow, Dr. d. Med. auch Admiralitätsmedic. Joh. Wilh. Gulbrand, Dr. d. Med. Joh. Pet. Homuth, Hofmedicus, Canzley-R. Joh. Clem. Tode, Dr. der Medicin. Leibchirurgus: J. F. Brieghel. Hofchirurgus: Alex. Kölpin, Justizr. Hofcapellmeister: a) Kunzen.

b) **Des Kronprinzen Friedrichs Cassirer**: Pet. Jessen.

c) **Der Kronprinzessin Mar. Sophia Cammerfräulein**: Fr. Louise v. Mösting Hoffräuleins: Gräf. von Harthausen. A. Frl. Kaas. Hofmeister: Joh. L. v. Brockenhuus. Cammerjunker: Cstoph Schöller v. Bülow.

d) **Des Erbprinzen Friedrichs Obercämmerer**: Owe Høegh Guldberg, des Dann. O. R. u geh. R. Hofchef: Cammerhr E. H. Bülow. Cammerjunker: Fr. v. Blücher, Gen. Adjut. Maj. u. Rittmstr bey der Leibgarde.

e) **Der Prinzessin Louise Auguste. Cammerfräulein**: Soph. Charl. v Mösting. Hoffräuleins: Jul. Cstine Fr. v. Holck. N. v. Leyonstierna. Hofmeister: P. M. J. v. Buchwald.

B) Civiletat.

Geh. Staatsrath: Der Kronprinz u. Erbprinz; sodann Fr. Cstian Hz. zu Holstein-Augustenburg. Joach. Otto Schack Rathlou, Staatsminist. geh. R. u. Cammerhr, des Eleph. O. R. Wilh. v. Huth, Staatsminister, Gen. der Inf. des Eleph. O. R. Ernst Heinr. Gr. v. Schimmelmann, Staats-Finanz- und Commerzminister, geh. R. und Cammerhr, des Eleph. O. R. Cstian v. Brandt, geh. R. u. Cammerhr, des Dannebr. O. R. Cay Fr. Gr. Reventlow, geh. R. und Cammerhr, des Dannebr. O. R.

Das höchste Gericht in Dännemark und Norwegen. (in Kopenhagen). Präses: der König. Assessoren: J. O. Gr. v. Schack Rathlou, s. ob. Conr. Detlev Bar. von Knuht, des Dannebr. O. R. Cammerhr u. geh. R. Cstian Urne, des Dannebr. O. R. u. Cammerhr. St. H. Cordtsen, Conf. R. Danneb. O. R. u. dieses Gerichts Justiziar. Mich. Treschow, Conf. R. Wilh. Bornemann, Conf. R. Cstian Friedr. Jacobi, Confer. R. K. Holtermann, Etats-R. Jac. Edw Colbiörnsen, Conf. R. Ole Rested, Just. R. Mads Fridsch, Justiz-R. J. Cstoph Drewsen. Fr. Gottl. Sporon. Pet. Feddersen. Cstian Colbiörnsen, Conf. R. Niels Kragh Lewetzow, Cammerj. Pet. H. Graah, Justizr. L. Obrregaard, Gen. Audit. E. de Fassen. Paul Cstian v. Steemann, Cammerj. Noch wohnen diesem höchsten Gericht als Assessores bey dessen jährlicher Eröffnung bey: Heinr. Adam v. Brockenhuus, geh. Conf. R. ic. Cstian Ludw. Scheel Plessen, geh. R. ic. Balth.

Gebh. v. Obelitz, Conf. R. Estian Schow, Conser. R. Justitzsecretair: Herm. Heinr. Könemann, Just. R. J. F. G. Schönheyder. Jens Holst, Canzlist. Secretarii bey dem Protokoll: Pet. Möller, Canzleysecretär Casp. Conr. Rafn, Canzley-Secret. P. C. Bagger Assessor.

Hof- u. Stadt-Gericht zu Kopenhagen. Justitiarii: E. B. Fogh, Etatsr. Pet. Rof. Kolderup, Gevollm. Assessores: C. W. Falbe, Justizr. H Höger. M. Stabel, Justizr. A. Bang. F. D. S. Fleischer. J. Stendrup. D. F. Feddersen. A. B. Rothe. P. F. Beckmann. P. Wedege. J. H. Bärens. A. G. Müller. Chr. Rafn. H. H. Falbe. C. H. Carstens.

Das Dänische Canzley-Collegium zu Kopenhagen Estian von Brandt, geh. R. und Cammerhr des Dann. O. R., Präsident. Estian Schow, Conf. R. Estian Colbiörnsen, Conf. R. Gen. Procur. Holger Estian Reiersen, Etatsr. Estian Knudsen, Canzleyr. auch 1r Expedit. Secret. P. J. Monrad, Canzleyr. 2r Exped. Secret. J. F. Fuglsang, Cassier. H. Knudsen, Justizr. Archivar.

Die deutsche Canzley. Präsident: C. F. Gr. Reventlou, Staatsminister. Deputirte: Estian Ludw. Schütz, Conf. R. Friedr. Carl Krück, Conser. R. C. L. Fhr. v. Brockdorf. Exped. Secretarii: Estian Janssen, Justizr. Pet. v. Sirtel, Canzley-R.

Departement der auswärt. Angelegenheiten. Chef: Estian Gr. v. Bernstorf, Cammerhr und Staatssecr. Secretarien: Fr. Avemann, Legat. R. Jörg Pehrson, Canzleyr. Joach. Gr. v. Bernstorf, Cammerhr. P. H. Frimann. F A. Ployen.

Generalitäts- u. Commissariatscollegium. Präses: Carl Pr. v. Hessen, Gen. L. Deputirte: Friedr. Pr. v. Hessen, Gen. L. Conr. Lente v. Adeler, Gen. Maj. der Cavall. Joh. Dutzen, Gen. Kriegscommiss. Albr. Sebast. Haßler, Gen. Kriegscommissar.

Norwegisches Generalitäts- und Commissariatscollegium. Deputirte: Aug. Fr. v. Wackenitz, Cammerhr, Gen. L. der Inf. Fr. v. Harthausen, Gen. Kriegscommiss. M. v. Linde, Gen. Kriegscommiss. Bureau-Chef: P. G. Smit, Justizr.

Finanzcollegium. Deputirte: Ernst Heinr. Gr. von Schimmelmann, s. ob. Estian Detlev Fr. Gr. Reventlou, Staatsminister, s. ob. Fr. v. Moltke, Cammerhr, des Dan. O. R. Directeurs: Eman. Estian Ryge, Etatsr. Joh. Nic. Tetens, Etatsr. C. W. Lange. Justizr.

Rentcammer. Präsident: C. D. Gr. v. Reventlou, Staatsminist. s. ob. Deputirte: Josias Hoë, Conf. R. Jac. Eduard Colbiörnsen, Conser. R. P. Wormskiold, Etatsr. Jörg Hiort, Oberberghauptmann.

Westindisch-Guineische Rent- und General-Zollcammer. Deputirte: Fr. v. Moltke, Cammerhr, s. ob. Paul Rosenörn, Cammerhr. C. Hansteen, Etatsr. O. Malling, Etatsr.

Gen. Landes-Oeconomie- und Commerzcollegium. Deputirte: E. H. Gr. von Schimmelmann. J. L. Gr. Reventlou, Cammerhr. O. R. Sehestedt, Cammerhr. Magn. Gr. v. Dernath. C. O. Lawätz, Etatsr. Estian Gr. v. Rantzau, Cammerhr.

Admiralitäts- und Commissariats Collegium. Präses: der Kronpr. Friedrich. Deputirte: Fr. Estian Kaas, Dann. O. R. Viceadmiral. J. P. Wleugel, Contreadmiral. Fr. Bar. v. Knuth, Cammerhr. Laur. Nörregaard, Gen. Aud.

Generalpostamt. Directeurs: E. Fr. von Woltersdorf, Gen. Maj. u. Cammerhr. J. F. A. Schiffmann, Leg. R. C. Fisker, Justizr.

Statthalter in den Fürstenth. Schleswig u. Holstein. Carl Pr. v. Hessen-Cassel, des Eleph. O. R. Gen. FM. Secretariat: E. M. Paulsen, Etatsr. geh. Secr. der Statthaltersch. F. G. Oye, Canzley-Assess. 2r Gouvernements-Secret.

Obergericht zu Gottorf: der Statthalter Pr. Carl von Hessen. Canzler: Cammerhr v. Bardenfleth, geh. R. Vice-Canzler: Lor. Nicl. v. Schmieden, Cammerhr. Räthe: E. J. P. v. Steemann, Conser. R. Gottfr. Petersen, Etatsr. Ben. Matth. Hering, Canzleyr. C. A. Rumohr, Landr. Fr. L. v. Eggers. J. A. F. Bilhard.

Regierung zu Glückstadt: Carl Ldgf. u. Pr. v. Hessen-Cassel, s. ob. Adolph Gottl. v. Eyben, Dann. O. R. u. geh. R. Canzler. Aug. Wilh. v. Witzendorf, Cammerhr, Vice- u. Landcanzler. Räthe: Cay Fr. v. Bülow, Cammerhr. Pet. Gr. v. Ranzau, Cammerhr. Jac. L. Fr. v. Preusser, Cammerhr. Matth. Feldmann. Aemil. A. Fr. v. Eggers. Joh. Casp. Moritz. Conr. Gr. v. Ahlefeldt.

Grfsch. Ranzau. Administrator: H. Fr. von Eggers, Confer. R.

C) Militair-Etat.

Generalität. Feldmarschälle: Carl Ldgf u. Pr. v. Hessencassel, s. ob. Fr. Carl Ferd. Herz. zu Braunschweig-Lüneb. Bevern, des Eleph. O. R. Generäle: W. v. Huth, Inf. s. ob. H. H. v. Eichstedt, Cav. s. ob. Casp. Herm. Gottl. Gr. v. Moltke, Cav. Gouv. zu Rendsburg. G. Fr. v. Krogh, Inf. und Chef des ersten Tronth. Inf. Regim. Nic. Mar. Fhr v. Gersdorf, Inf. Gouverneur zu Kopenhagen. Ernst Estoph v. Blücher, Inf. General-Lieutn.: J. W. von der Osten, Cammerhr. Estian Magn. Fr. Gr. von Moltke, Cav. des Dann. O. R. und Cammerhr. Magn. Ernst v. Firks, Inf. Dann. O. R. u. Cammerhr. J. A. v. Ahlefeld, Cav. Dann. O. R. Cammerhr, Obergeneral-Adjut. C. H. v. Krogh, Cav. Dann. O. R. Fr. v. Numsen, Dann. O. R. Cav. Fr. Carl Estian Ulr. Gr. v. Ahlefeld zu Langeland u. Rixingen, Dann. O. R. Cav. Chef des Leibregim. leichte Dragoner, auch Insp. über die Cav. in Dännemark und den Hzgth. Detlev Carl Gr. v. Ranzau, Dann. O. R., Inf. Command. zu Glückstadt. J. L. M. de Biellardt, Inf. Command. der Vestung Kongsvinger. A. F. v. Wackenitz, Inf. s. ob. Friedr. Ldgf. u. Pr. von Hessen-Cassel, Inf. Chef des Reg. des Kön. Fr. Wilh. Ph. Pr. v. Würtemberg, Inf. Command. der Leibgarde zu Fuß. Carl Alex. Gr. v. der Golz, Inf. des Dann. O. R. Insp. über die Inf. in den Hzth. Gr. Fr. C. Hz. zu Sachsen-Meiningen, Inf. General-Majors: Ernst Fr. v. Düring, Cammerhr und Chef des Holstein. Reg. Reiter. Fr. Siegfr. Baron v. Rantzow, Dann. O. R. und Chef des Fyenschen Regim. leichte Drag. Carl Jac. Woldemar Gr. v. Schmettau, Inf. und Chef des 2ten

Trontheim. Regim. Adam Ludw. von Moltke, Inf. Insp. über d. Inf.
Regim. in Norland. u. Chef des 3n Indschen Regim. Dann. O. R. Cam=
merhr. Christoph Marquard v. Lützow, Inf. Chef des 2ten Indschen Regim.
Joach. Melch. v. Holten v. Castenschiold, Dann. O. R. Cav. Chef des
Seeland. Regim. Reuter, Obristl. der Leibgarde zu Pferd u. Cammerhr.
Hans Jac. v. Hessberg Inf. Insp. der Inf. in Norwegen. Friedr. v.
Manstach, Inf. Chef des Söndenfieldschen Regim. u. Command. zu
Friedrichstein. Wilh. Erbpr. zu Hessen=Cassel, Inf. Seneca Otto von
Falkenskiold, Inf. Jac. Cstian v. Kreber, Inf. Carl Leop. v. Blücher,
Inf. Carl Fr. v. Kaltenborn, Chef des 1ten Aggerhuus. Inf. Regim.
Carl Alex. v. Stricker, Generalquartiermeister in Norwegen und Chef
des 2ten Aggerhuus. Inf. Regim. Cstian Pr. v. Hessen, Chef des Leibre=
gim. Reuter. Paul de Moth, Inf. Chef des Bergenhus. Inf. Regim. u.
Command. zu Bergenhuus. Theod. Cstian v. Krogh, Cav. Conr. Lente
von Adeler, Cav. auch Deput. im Generalität= u. Commissariatscollegio.
H. C. v. Gedde, Inf. C. F. v. Pewmann, Inf. Fr. Carl Emil. Pr. zu
Holstein=Augustenburg, Inf. Chef des dän. Leibregim. zu Fuß. Cstian
August Pr. v. Holstein=Augustenburg, Chef des Fyenschen Inf. Regim.
J. F. v. Bardensleth, Chef des schleßwig. Reuter=Regim. H. C. v. Har=
boe, Chef des opland. Drag. Regim. H. C. v. Pewintan, Inf. Deput. im
Generalitat= u. Commissariatscollegio, Command. der Citadelle Fried=
richshaven. J. F. v. Leth, Inf. Chef über des Kronprinzen Regim. und
Command. der Festung Kopenhagen u. Christianshaven. A. v. Harbou,
Inf. Command. der Festung Friedrichsort W. v. Berger, Chef des Hus.
Regim.

Admiralität. Admirals: Friedr. Cstian Kaas, Eleph. O. R. und
Cammerhr. Carl Friedr. von Fontenay, Dann. O. R. Viceadmiral:
Fr. Cstian Kaas, Dann. O. R. Cammerhr u. Deput. im Admiralität= u.
Commissariats=Collegio. J. H. v. Kinsbergen, (vormals in holländ.
Diensten.) Contreadmirals: Ad. Ferd. Gr. v. Moltke, Dann. O. R.
Cammerhr u. Gen. Adjut. Ulr. Cstian Kaas, Cammerhr, Gen. Adjut.
u. Command. auf der Zollbude in Kopenhagen. J. B. Winterfeldt, Cam=
merhr. J. P. Wlengel, Deput. im Admiralität= und Commissariats=
Collegio. Comma: deurs: W. W. de Stockfleth Chef der ersten Divi=
sion. P. J. Fasting, Chef der 3ten Division. P. Ramshart, Chef der
2ten Division. R. H. Tönder, Chef der 4ten Division.

D) Gesandte, Consuls rc.

Alicante: C. Welther, Consul. **Algier:** S. Bille, Consul. **Am=
sterdam:** Jac. Dull u. Söhne, Agenten. **Antwerpen:** J. F. de Bie,
Agent. **Archangel:** C. Brust, Consul. **Bajonne:** L. Batbedat. **Bar=
cellona in Catalonien:** de Larrard, Consul. **Berlin:** Baron Rosen=
cranz, Ges. Ludw. Knoblauch, Legat. Secret. **Bourdeaux:** J. J. von
Hemert, Cons. **Bremen:** D. C. Lappenberg, Agent. **Cadix u. Anda=
lusien:** R. Boom, Consul. **Cagliari:** F. Navoni, Consul. **Cap de
bonne Esperance:** H. Dewet, Consul. **Carthagena:** F. Bour=
bon, Consul. **Cöln:** J. D. Herstatt, Resident daselbst u. in den angräns

zenden Städten im niederrhein. westphäl. Kreise. Constantinopel: Fr. Fhr Hübsch v. Großthal, Agent. J. Thamar, Vice-Cons. P. Zorab, erster Dolmetscher. P. Eremian, 2ter Dolmetscher. Corunna: D. van der Schrick, Consul. Danzig: Etatsrath Jens Kousrup, Consul. Dresden: F. L. E. Fhr v. Bülow, geh. R. des Dann. O. R. und Cammerhr ausserord. Ges. H. Krabbe, Legat. Secret. Dublin: Eskildsen, Consul. Dünkirchen: N. M. Doucquer, Consul. Eutin: Jobst Conr. v. Römeling, Cammerhr u. Minist. am fürstbischöfl. Lübeck. und holstein-oldenburg. Hofe. Frankfurt am Main: G. Stopfel, Agent u. Consul. Genua: Morellet, Gen. Consul und Agent. Gothenburg: William Brown, Cons. Haag: Ferd. Ant. Estian Gr. v. Ahlefeldt, des Dann. O. R. geh. R. ausserord. Ges. bey der batav. Republik. Estian Levsen, Legat. Secret. P. J. Grosse, Agent. Havre de Grace: A. Pichmann, Consul. Königsberg: J. P. Butty, Consul. Liebau: H. Sorgenfrev, Commerz-R. Consul. Lissabon: H. W. von Warnstedt, Cammerhr ausserord. Gesandter. Mort. Steenberg, Consul. Livorno: St. Boy, Consul. Ph. Jaume, Agent. London: Fr. A. Gr. v. Wedel-Jarlsberg, geh. R. u. ausserord. Ges. G. Fr. E. Schönborn, Leg. Secret. G. Wolff, Consul zu London und Falmouth. Lübeck: Thom. Fr. von Jessen, Res. u. Consul. J. D. Rolfs, Agent. Madera: Jam. Ayres, Ag. u. Consul. Madrit: A. H. Rachel, Charge d'Aff. J. Garcia v St. Colomba, Ag. Mallaga: J. Hoppe, Consul. Marocco: Olsen, Consul. Marseille: H. R. Hornbostel, Consul. Mainz: G. Rotwitt, Ag. Menzel u. Litthauen: Lor. Lorck, Consul. Mühlhausen: C. u. A. Lutteroth, Agenten. Nantes: J. J. Möller, Consul. Neapel: Estian Heigelin, Consul. Niedersächs. Kreis: Fr. Jos. Gr. von Schimmelmann, Cammerhr, Hofjägermeister und Env. extraord. Nizza: Erich Eeg, Consul. Oberrhein. u Schwäb. Kreis: C. Eb. v. Wächter, des Dannebr. O. R. Cammerhr u. ausserord. Ges. F. C. E. v. Wächter, Legat. Secret. Ostende: W. J. v. Iseyhem, Agent u. Cons. Paris: C. W. v. Dreyer, geh. R. u. des Dann. O. R., ausserord. Ges. u. bev. Minister bey der französ. Republik. C. G. W. Göritke, Legat. Prediger. H. de Framery, Dollmetsch. Petersburg: der geh. R. und Cammerhr O. v. Blome, ausserord. Ges. u. bev. Minister. Der Cammerhr. u. Rittmeister O. v. Blome, Gesandschafts-Cavalier. Jrer Winfeldt Buch, Hofagent. Heinr. Meese, Consul. Regensburg: W. C. v. Diede zum Fürstenstein, des Dann. O. R. gch. R. u. Cammerhr, bev. Minist. bey der Reichsversammlung. C. L. Pelt, Legat. Secretair. Riga: C. Fr. Nisser, Agent und Consul. Stockholm: Edm. Bourke, des w. Abl. O. R. u. Cammerhr, ausserord. Ges. J. Th. v. Fursmann, Charge d'Affaires. Triest u Fiume: J. H. Dumreicher, Consul. Tripolis: Lochner, Consul. Tunis: L. Hamcken, Consul. Venedig: W. Conr. Martens, Consul. Wetzlar: C. J. v. Zwierlein, J. U. D. Agent beym Cammerger. Wien: A. Fr. L. de Mestral de St. Savhorin, des weiß. Abl. O. R. Env. extraord. u. gev. Minist. G. Nic. Nissen, Legat. Secret. D. H. G. v. Pilgram, Agent beym Rshofrath. Wyburg: Joh. Ignatius, Consul.

E) Ritter-Orden.

Der Elephanten-Orden.

Haupt und Chef: Der König.

Ritter: Der Kronpr. Friedrich; — Der Erbpr. Friederich — Der Pr. Cstian Friedrich. Gustav Adolph, König in Schweden. Wilh. IX. Landgr. v. Hessen-Cassel. Fr. Carl Ferd. Hz. zu Braunschweig-Lüneburg-Bevern. Carl Pr. v. Hessen, Statthalter v. Schlesw. u. Holstein. Carl Fr. reg. Mggr. zu Baden. Fr. Cstian Rosenkranz zu Riegaard, geh. R. u. Cammerhr. Joach. Otto v. Schack Rathlou, Staatsminister, geh. R., Cammerhr. H. H. v. Eichstedt, Ob. Cammerhr u. Gen. von der Cavall. s. ob. Fr. Franz reg. Hz. v. Mecklenburg-Schwerin. Pet. Fr. Ludw. Hz. v. Holstein-Gottorp, Bisch. zu Lübeck. Carl Geo. Aug. Erbpr. zu Braunschweig-Wolfenbüttel. Fr. Cstian Hz. zu Schlesw. Holstein-Augustenburg. Geldr. Wilh. Ludw. reg. Gr. zu Bentheim-Steinfurt. Joach. Gotsche Gr. v. Moltke, geh. R. u. Cammerhr. Wilh. v. Huth, Staatsminist., Gen. der Inf. u. Chef des Genie-Corps. Greg. Cstian Gr. v. Haxthausen, Staatsmin. geh. Confer. R. u. Cammerhr. Cstian Gr. v. Holstein zu Lethraburg, geh. Confer. R. Oberjägermstr u. Cammerhr. Henr. Adam v. Brockenhuus, geh. Conf. R. und Cammerherr. Ernst Gottl. Albr. Pr. v. Mecklenburg-Strelitz. Fr. Wilh. F. zu Nassau-Weilburg. Ernst Heinr. Gr. v. Schimmelmann, Staats- Finanz- und Commerzminister.ꝛc. Fr. Cstian Kaas, Admiral und Cammerhr.

Der Orden von Dannebrog.

Chef und Haupt dieses Ordens ist der König, und sind gegenwärtig 134 Ritter.

Französische Republik.

In einem Zeitraum mehrerer Jahrhunderte war Frankreichs monarchische Staatsform, welche anfänglich durch die Gegenmacht der Parlemente (Versammlung der Reichsstände) gemildert wurde, nach und nach in unumschränkte Alleinherrschaft ausgeartet. Die durch den Mißbrauch der letztern hervorgebrachte äußerste Zerrüttung im Finanzwesen und die ungeheure Schuldenlast des Staats, (welche schon 1715, als Ludwig XV. starb, über drittehalbtausend Millionen Livres betrug) veranlaßte endlich 1789 eine Zusammenberufung der Stände. Die 1200 Deputirte von Seiten des Adels, der Geistlichkeit und des Volks (welche diese Stände repräsentirten) vereinigten sich bald in eine Nationalversammlung, welche die günstigen Umstände benuzte, um die mißliche Lage des Staats durch eine neue Ordnung der Dinge zu verbessern. Der Adel und die Geistlichkeit mußten ihren Privilegien entsagen, und die neue Constitution, eine monarchisch-demokratische, ward 1791 vollendet und 1792 von der Nation und dem Könige angenommen. Die verschiedenen Souverainitätsrechte oder Staatsgewalten waren mittelst derselben getrennt, und dem Könige, dem ein verantwortlicher Staatsrath von 6 Ministern beigegeben wurde, nur die vollziehende Gewalt und ein suspensives Veto überlassen.

Jedoch, das Mißtrauen eines aufgeregten Volks, der gegenseitige Haß der Partheyen, das Widerstreben der Mißvergnügten, besonders des Adels und der Geistlichkeit, welche größtentheils auswanderten, die königliche Verweigerung der Sanction für einige Decrete des gesetzgebenden Corps, die gewagte aber mißlungene Flucht des Königs, das Eindringen

Staatsbeamten der größern Staaten.

fremder Truppen in Frankreich, ꝛc. alle diese Vorfälle bewirkten bald darauf nicht nur die Suspension und Verhaftung des Königs und seiner Familie, sondern auch die Zusammenberufung eines neuen Nationalconvents, welcher am 21 Sept. 1792 die königl. Würde abschaffte u. Frankreich für eine Republik erklärte.

Immittelst breitete sich der Krieg mit den vereinigten Mächten immer mehr aus, und nun achtete man es für rathsam, die Zügel der Regierung einer Deputation des Convents unter dem Namen eines Wohlfahrtsausschusses zu übergeben. An der Spitze desselben übte Robespierre die blutigste und schreckenvollste Gewaltsamkeit aus. Doch hörte diese Schreckensregierung endlich mit dem Sturze Robespierre's am 27. July 1794 auf, und der Wohlfahrts Ausschuß wurde mit gelinder denkenden Männern besezt. Während die französ. Truppen die Gränzen des Reichs nicht nur vertheidigten, sondern auch erweiterten, beschäftigte sich der Nationalconvent aufs neue, der Republik eine angemessene Constitution zu geben. Im J. 1795 ward mit Preußen u. Spanien zu Basel Friede geschlossen, und zugleich die neue Constitution vollendet, welche am 22. Sept. 1795 von dem Volke angenommen wurde. Der Grundpfeiler derselben ist wie bey der vorigen, die Erklärung der Menschen= und Bürgerrechte. Das seit einigen Jahrhunderten gebräuchlich gewesene Lehnswesen nebst dem Geburts= und Brief= Adel ist durch sie völlig abgeschafft, dagegen allen französ. Bürgern Gleichheit sowohl vor dem Gesetze als in Ansehung der Wahlfähigkeit zu Staatsämtern (bey gehöriger wissenschaftl. u. sittlicher Ausbildung) zugesichert, Freiheit der Religionsübung festgestellt, gleiches Gewicht und Maaß, einerley Münzfuß, ein neuer Kalender eingeführt: u. s. w. Kraft der Constitution wurde Frankreich zu einer einzigen und untheilbaren Republik erklärt, worin alle Souverainität ursprünglich auf der Gesammtheit (universalité) des Volks beruhet, welches sich seine Repräsentanten wählet. Die verschiedenen Rechte der Souverainität aber, oder die 4 Arme der Staatsgewalt sind auf folgende Weise getrennt:

1) Die gesetzgebende Gewalt beruhet auf 2 Räthen von Volksrepräsentanten, als

   a) dem Rath der Fünfhundert (jüngere Mitglieder), wo die Gesetze und alle der gesetzgebenden Macht zukommende Verfügungen in Vorschlag gebracht und erörtert werden.

   b) Dem Rath der Alten, welcher die angenommenen Vorschläge (Beschlüsse) des Raths der Fünfhundert entweder billigt oder verwirft. Beide Räthe werden alljährlich zu einem Drittheil erneuert.

2) Die vollziehende Gewalt ist einem Directorium von 5 Gliedern übertragen, welche durch den gesetzgebenden Körper ernannt werden, und die wenigstens 40 Jahr alt seyn müssen. Das Directorium wird theilweise erneuert, durch die Wahl eines neuen Mitgliedes jedes Jahr. Jedes Mitglied präsidirt demselben seiner Reihe nach, nur 3 Monate hindurch. Es wählt sich einen General=Secretair, ausser seiner Mitte, der die Ausfertigung contrasignirt. Es sorgt für die äussere und innere Sicherheit der Republik, verfügt über die bewaffnete Macht, ernennt die Haupt=Generäle der Armeen, sichert die Vollziehung der Gesetze bey den Verwaltungen und Gerichten durch Commissaire von seiner Ernennung ꝛc. Es ernennt, auffer seiner Mitte, die 6 Minister für die verschiedenen Hauptzweige der vollziehenden Gewalt, und die 4 Staatsboten, welche den beiden gesetzgebenden Corps die Schreiben und Denkschriften des Directoriums überbringen.

3) Die administrative Gewalt ist besondern Verwaltungs= und Municipal=Corps übertragen. In jedem Departement ist eine Centralverwaltung von 5 Mitgliedern und in jedem Canton wenigstens eine Mu-

nicipalverwaltung von 7 Mitgliedern. Leztere sind den erstern, und diese den Ministern untergeordnet.

4) **Die gerichtliche Gewalt.** In jedem durch das Gesetz bestimmten Bezirk ist ein Friedensrichter mit Beisitzern, welche alle auf 2 Jahre erwählt werden, jedoch unmittelbar darauf und immerhin wieder erwählt werden können. Ferner ist in jedem Departement ein Civilgericht von wenigstens 20 Richtern, einem Schreiber, einem Commissär und einem Substituten (welche leztere 2 das Directorium ernennt); sodann ein Criminalgericht, welches aus 1 Präsidenten, 1 öffentlichen Ankläger, 4 aus dem Civilgericht genommenen Richtern, dem Commissair der vollziehenden Gewalt bey eben diesem Gericht oder seinem Substituten und 1 Schreiber besteht. Ausserdem besteht für die ganze Republik noch ein Cassationsgericht von vielen Mitgliedern, und in Anklagefällen, welche die Glieder des gesezgebenden Corps und des Vollziehungs-Directoriums betreffen, wird kraft eines Aufrufs des gesezgebenden Corps ein hoher Justizhof von 5 Richtern und 2 National-Anklägern aus den Gliedern des Cassationsgerichts und den Hochgeschwornen, welche die Wählversammlungen der Departemente ernennen, errichtet.

	Deutsche ☐ Meil.	Einwohner- Zahl.
Vor dem Kriege betrug die Größe Frankreichs, (dessen Gebiet durch die neue Constitution in Departemente eingetheilt wurde) oder der 85 Depart. . . .	9,8000.	25,700,000.
Dazu ist gekommen: 1) Savoyen: 180 ☐ Ml. — 2) Nizza und Monaco 43 ☐ Ml. — 3) Bisth. Basel: 21 ☐ Ml. — 4) Belgien: 470 ☐ Ml. — 5) Holländ. Flandern: 45 ☐ Ml. — 6) Lüttich, Stablo u. Malmedy: 108 ☐ Meilen. Zusammen	867.	3,250,000.
Mithin beträgt die gegenwärtige Größe, ohne den Zuwachs, den es durch die wahrscheinliche Abtretung des linken Rheinufers erhalten wird . . .	10,667.	28,950,000.

a) **Gesetzgebendes Corps.**

Dies sind die Glieder des Raths der Fünfhundert und des Raths der Alten, deren namentliche Anführung der beschränkte Umfang dieses Buchs nicht gestattet. Ein jedes dieser beiden Conseils hat 2 Secretairs-Redacteurs, 4 Staatsboten und 10 Huissiers.

b) **Vollziehungs-Directorium.**

Mitglieder (5): Die Directeurs: Barras. Merlin (v. Douai). Reubel. Reveillere-Lepeaux. Treillard (bisher bevollm. Minister zu Rastadt).

General-Secretair: Lagarde.

Das Directorium hat eine auf Kosten der Republik besoldete Wache, welche aus 120 Mann zu Fuß und 120 Mann zu Pferde besteht. Die Mitglieder des Directoriums, deren Gehalt auf den Werth von 10,222 Centner Waizen für jeden festgesetzt ist, haben ihre Wohnung auf Kosten der Republik alle in dem nemlichen Gebäude, (im Palais Luxemburg).

c) **Minister der Republik.**

Die Zahl derselben ist auf von 6 bis 8 bestimmt; sie bilden aber keinen Rath, sondern sie sind blos die Agenten der vollziehenden Gewalt, und jeder ist für sich, sowohl wegen Nichtvollziehung der Geseze als wegen Nichtvollziehung der Verfügungen des Directoriums verantwortlich. Nach ihrer Zahl sind auch die verschiedenen Zweige der Staatsverwaltung in 6 Departements eingetheilt.

Departement für das Justizwesen.
Minister: Lambrechts. Secretair General: Duviquet.
Departement der innern Angelegenheiten.
Minister: Letourneur. Secretair-General: Fricot.
Departement für das Finanzwesen.
Minister: Ramel. Secretair-General: Rolland.
Departement für das Kriegswesen.
Minister: Scherer. Secretair-General: Scherer (Bruder des Ministers).
Departement für die Marine und die Colonien.
Minister: Pleville le Pelley. Secretair-General: Famin.
Departement der auswärtigen Angelegenheiten.
Minister: C. M. Talleyrand. Secretair-General: Paganel.
Departement für das Polizeywesen.
Minister: Lecarlier. Secretair-General: Lachevardiere.

In jedem Departement sind die Geschäfte nach Erforderniß in mehr oder weniger Abtheilungen gebracht, deren jede sodann ihren Director oder Chef hat. Zu einigen Abtheilungen gehören mehrere Büreaux.

d) Verwaltungs- und Municipalkorps.

In jedem Canton der Republik (Bezirk von mehreren Gemeinden) ist wenigstens eine Municipalverwaltung von 7 Mitgliedern, welche wesentlich mit der Vertheilung der directen Steuern und mit der Aufsicht über die zu den öffentlichen Einkünften ihres Gebietes gehörigen Geldern beauftragt ist. Die Municipalverwaltungen sind den Departements- oder Central-Verwaltungen (deren jede 5 Mitglieder hat) und diese den Ministern untergeordnet. Das Vollziehungsdirectorium ernennt bey jeder Departements- und Municipalverwaltung einen Commissär.

Ausserdem sind für verschiedene Zweige der öffentlichen Verwaltung, gewisse besondere Administrationen eingerichtet. Hieher gehören, z. B. das National-Schaz-Amt, nebst dem National-Rechnungs-Amt; die Generaldirection für die Liquidation der Staatsschulden; die Administration des Münzwesens; die National-Einregistrirungs-Regie (für die Erhebung der Grund- und Nationalsteuern, so wie der Stempelgebühren, in Verbindung mit den Verwaltungen des Forst- Bergwerks- und Salinenwesens, der Abgaben für ein- und ausgehende Waaren; die Direction der öffentlichen Arbeiten, als des Brücken- Chaussee- und Schiffbaues; die General-Administration der Pfandscheine, welcher die besondern Pfandrichter in den Departements untergeordnet sind.

e) Gerichtliche Autoritäten.

Die gerichtlichen Amtsverrichtungen können in Frankreich weder durch die gesezgebende noch durch die vollziehende Gewalt ausgeübt werden. Die Gerechtigkeit wird unentgeltlich ertheilt. In jedem durch das Gesez bestimmten Bezirk ist ein Friedensrichter mit Beisizer, und die Gegenstände, worüber diese Friedensgerichte in lezter Instanz absprechen, sind durch das Gesez bestimmt. Ferner sind an Orten, wo es nüzlich ist, besondere Gerichte für den Handel zu Land und zur See. In jedem Departement aber ist ein Civilgericht, das wenigstens aus 20 Richtern, einem Commissär und einem Substituten, welche das Vollziehungs=Directorium ernennt, und aus einem Schreiber besteht. Es theilt sich in Sectionen, und die Appellation von den Urtheilen desselben geht an das Civilgericht eines der 3 nächstgelegenen Departemente. Ferner sind in jedem Departement wenigstens 3 und höchstens 6 Zuchtgerichte, welches aus 1 Präsidenten, 2 Friedensrichtern, 1 Commissär der vollziehenden Gewalt und 1 Schreiber besteht, um über diejenigen Vergehungen zu richten, worauf weder eine Leibes= noch entehrende Strafe gesetzt ist. In Betreff der Verbrechen aber, welche Leibes= oder entehrende Strafen nach sich ziehen, kann niemand gerichtet werden, als kraft einer von den Geschwornen angenommenen Anklage; es sind deshalb in jedem Departement so viele Anklags=Jury's als Zuchtgerichte sind. Ein erstes Geschwornen=Gericht (Jury) erklärt, ob die Anklage angenommen oder verworfen werden soll; die Thatsache erkennt ein zweites Geschwornen Gericht an, und die durchs Gesetz bestimmte Strafe wird durch die peinlichen Gerichte angewandt. In jedem Departement ist desfalls ein Criminalgericht, das aus 1 Präsidenten, 1 öffentl. Ankläger, 4 (aus dem Civilgericht genommenen) Richtern, dem Commissair der vollziehenden Gewalt bey eben diesem Gericht und 1 Schreiber besteht.

Ausserdem aber ist für die ganze Republik ein Cassations Gericht. Die Zahl der Richter desselben darf nicht über drey Viertheile der Zahl der Departemente sich belaufen; ausser diesen Richtern ernennt das Vollziehungsdirectorium dazu einen Commissär und mehrere Substituten. Es untersucht nicht die Hauptsache der Rechtsstreite, aber es cassirt die Urtheile, welche nach ungesetzlichen Formen gefällt worden sind.

Endlich ist ein hoher Justizhof, um über die, durch den gesetzgebenden Körper angenommenen, Anklagen sowohl gegen seine eignen Mitglieder als gegen die des Vollziehungs=Directoriums zu erkennen. Er wird aber nur kraft eines Aufrufs des gesetzgebenden Körpers errichtet, und besteht aus 5 Richtern und 2 National=Anklägern, welche aus dem Cassationsgericht genommen werden und aus Hochgeschwornen, welche die Wahlversammlungen der Departemente ernennen.

f) Verschiedene andere nützliche Anstalten.

Hieher sind verschiedene öffentliche Einrichtungen zu rechnen, die entweder in das Fach der Polizey oder des öffentlichen Unterrichts gehören; als die Inspection über die Gewässer und Wasserleitungen; Administrationen der bürgerl. Spitäler, Medicinal=Anstalten; Versorgungsanstalten; Waisenhäuser u. s. w.

In Betreff des öffentl. Unterrichts sind in allen Theilen der Republik Primarschulen, ausserdem aber auch in jedem Departement eine Central= oder höhere Schule. Für die ganze Republik aber ist ein Nationalinstitut der Künste und Wissenschaften errichtet. Ueberdem giebt es zu Paris eine Schule der Medicin; eine Schule der Pharmacie, (worin unentgeltlich Unterricht gegeben wird); das sogenannte College de France; das National-Museum der Naturgeschichte; die Nationalbibliothek; eine École national des Architectures u. s. w.

g) Diplomatische Agenten. (Gesandte).

Amsterdam: Fouscubertes, Marine= und Handels=Commissär. **Berlin:** Sieyes, aufserord. Ambass. u. bev. Minister. Otto, Leg. Secr. **Cassel:** Rivals, bev. Minister. **Cisalpinische Republik:** Maret, bev. Minister. **Constantinopel:** ... **Copenhagen:** Grouvelle, bev. Minister. **Dessaugiers,** Charge d'Affaires. **Florenz:** Reinhard, bev.

Minister. Jacob Charge d'Affaires. Genf: F. Desportes, Resident. Genua: ... Haag: Delacroir, bevollmächtigter Minister bey der batavischen Republik. Hamburg: ... Madrid: Guillemardet, Großbotschafter Ambassadeur. Neapel: Garat, bevollmächtigter Minister. Philadelphia: ... Regensburg: Bacher, bev. Minister. Stockholm: Lamarque, Großbotschafter... Stuttgardt: Albert, Charge d'Affaires. Wien: General Bernadotte, Ambassadeur. Freville, Botschafts-Secret.

Consuls.

Africa: Jeanbon St. André, General-Consul zu Algier. Beaussier, General-Consul zu Tunis. A. Guys, General-Consul zu Tripolis. Durocher, Gen. Conf. zu Marocco. America: Dupont, Conf. zu Philadelphia. Arabien: Rousseau, Conf. zu Bassora. Candia: Fourcade, Conf. zu Canea. Cypern: Mure Henry, Conf. zu Lornaca. Dalmatien: Bruere, Conf. zu Ragusa. Dännemark u. Norwegen: Laville, Conf. zu Helsinghör. Dechezeaur, Conf. zu Bergen. Egypten: Magallon, Gen. Conf. zu Alexandrien. Genua: Belleville, Consul. Hamburg: Lagau, Gen. Consul bey den Hanseestädten. Levante: Laumond, Gen. Conf. zu Smyrna. Macedonien: Felix, Consul zu Salonichi. Morea: Vermont, Gen. Consul zu Coron. Preußen: Rosenstiel, Conf. zu Elbing. Billot, Conf. zu Stettin. Rußland: Lesseps, Gen. Conf. zu Petersburg. Sardinien: Isoard, Gen. Conf. zu Cagliari. Schweden: Delisle, Gen. Conf. zu Gothenburg. Sicilien: Treillard, Gen. Conf. zu Neapel. Spanien: D'Hermand, Gen. Conf. zu Madrit. Roquesante, Conf. zu Cadir. Syrien: Choderlos, Gen. Conf. zu Aleppo. Toscana: Kercy, Conf. zu Livorno. Venedig: Ailhaud, Gen. Consul.

h) Generalität.

Generals en Chef: Augereau (Sambre- und Maaß-Armee) Beurnonville (Nord-Armee) Buonaparte (italian. Armee; jetzt der Armee gegen England.) Moreau (Rhein- und Mosel-Armee).

Divisions-Generale (nach alphab. Ordnung): Aboville, Artill. (1r Inspection). Ambert. Bonnard. Bruneteau. Belgrand-Vaubois, Command. auf Corsica. Berthier, jetzt command. Gen. in Italien. Balland Baraguey-d'Hilliers. Bernadotte (jetzt Ges. in Wien). Bessieres, Command. der 1 n u. 16n Division. Berruyer, Insp. der Cav. Bourcier, Insp. der Cav. Bollemont, Artill. (8te Insp.) Championnet. Collaud. Chateauneuf-Rondon (bestimmt zum Gouvern. in Maynz). Caja-Bianca. Chabot. Chapsal, Command. der 19 Division. Chalvet, Command. der 2 n Division. St. Cyr. Foissac-Latour. Desjardins. D'hautpoul. Delaistre-Tilly. Delaborde. Desaix. Dufour. Duhesme. Dallemagne. Dumas. Dugua. Delmas. Dumesny, Command. der 14n Divis. Dupont-Chaumont, Insp. der Inf. und Cav. bey der Nordarmee. Dupuche, Artill. (3te Insp.) Dorsner, Artill. (7te Insp.) Eblé, Artill. (9te Insp.) Ferino, Command. der 2n Divis. Grenier. Gillot, Command. der 4n Divis. Gauthier-Kerveguen. Gen...lly. Guieu. Garnier. Grouchy, Command. der 12n Divis. Harville, Insp. der Cav.

Hatry, Insp. der Inf. Joubert. Kilmaine. Kellermann, Command. der 7n Divis. Krieg. Lemoine, Command. der 17n Division. Laprun, Command. der 3n Divis. Lefebvre. Lapoype. Labarolliere, Command. der 6n Divis. Laubadere, Command. der 15n Divis. Lamartilliere, Artill. (5te Insp.) Lespinasse, Artill. (2te Insp.) Macdonald; Micas, Command. der 25n Divis. Massena. Mauco. Menou, Command. der 13 Divis. Moncey, Command. der 11n Divis. Morlot, Command. der 10n Divis. Monret, Command. der 21 Divis. Moulin, Command. der 5n Divis. Puget-Barbantanes. Pille, Command. der 18n Divis. Petit-Guillaume, Command. der 9n Divis. Reubell. Rey. Reyner. Souhant, Command. der 24 Divis. Serrurier. Schawenburg, Insp. der Inf. (jetzt command. Gen. in der Schweitz). Saint-Remy, Artill. (10te Insp.) Victor-Perrin. Vimeur, Command. der 22n Division.

Brigaden-Generale: (alphabet.) Avril. Baillot. Barbou. Bastoul. Beaumont. Beaurevoir. Beaufort. Beguinot. Bellavesne. Belliart. Bethencourt. Boisset. Boivin. Bonnet. Bon. Brune. Calon. Cambrai. Cervoni. Chabert. Chabran. Chambarlhac. Champagnol, Artill. Chartou. Chanez. Chevalier. Colomb. Colle. Damas. Davoust. Daurier. Davin. Debelle, Artill. Decaen. Delarue. Desbulys. Desenfant. Dessolle. Digonet. Donmartin, Artill. Drouas, Artill. Dulauloy, Artill. Dufresse. Duphot. D'Urtubie, Artill. Duverger. Duvignau. Duthil. Eickenmayer. Fauconnet. Fiorella. Foretz. Fregille. Friant. Gardanne. Gency. Girard. Goullus. Gouvion. Gratien. Grigny. Guillaume. Hardy. D'Hennizel. Humbert. Jordy. Kellermann. Klein. Laboissiere. Lacombe Dutarn. Lannes. Lanusse. Lasalcette. Laroche. Laurent. Leclerc. Leclerc-Dostin. Lecourbe. Ledoyen. Legrand. Lemaire, Artill. Lestranges. Leval. Liebaut. Liegard. Lorge. Macors. Malye. Mercier. Merlin. Mesnage. Mesnard. Meunier. Meyer. Mireur. Miollis. Monet. Monnier. Motte. Murat. Ney. Nouvion. Olivier. Osten. Oswald. Oudinot. Paillart. Palmarole. Parra. Patel. Peduchelle. Pelletier. Pijon. Pierre. Piston. Point. Pouget. Prevost. Quesnel. Rampon. Richepanse. Rivaud. Robert. Roulland. Rusca. Saint-Hilaire. Salmes. Schaumetz. Siscé-Bressolles. Sionville. Solbeauclair. Soult. Spital. Thareau. J. Trigny. Travot. Valcin. Vaur. Vandame. Verdier. Verges. Vial. Vignoles. Vidalot-Dustrat. Walther.

Großbrittannien.

Die Regierungsform ist eine eingeschränkte Monarchie, worin die gesetzgebende Gewalt zwischen dem Könige und den Ständen getheilt ist. Die ausübende Gewalt aber ist in den Händen des Königs. Die Versammlung der Stände, welche der König zusammenberuft und wieder aufhebt, heißt das Parlement, und ist in 2 Kammern getheilt, nemlich in a) das Oberhaus, (Haus der Lords) das aus ungefähr 220 weltl. Personen von englischem hohem Adel, aus 26 engländ. Erz- und Bischöfen, und 16 schottischen Pairs besteht, und b) in das Unterhaus (Haus der Gemeinen) welches aus 513 Deputirten der Grafschaften, Städte und Flecken in England und 45 dergleichen aus Schottland besteht. — Irland, welches

Staatsbeamten der gröſſern Staaten. 17

des der brittiſchen Krone unterwürfig iſt, hat ſein eignes Parlement und wird durch einen Vicekönig regiert.
Größe: 6300 deutſche Quadrat Meilen. **Volksmenge**: circa 12,500,000.
— **Seemacht**: 172 größere Kriegs- und Linienſchiffe von 50 bis 100 und mehr Kanonen; 145 Fregatten von 32 bis 44 Kanonen, und 186 kleinere bewafnete Fahrzeuge, von 12 bis 30 Kanonen.

1) Hohe Kronbediente.

Lord-Statthalter oder Oberrichter: iſt unbeſetzt. Lord Großkanzler: Lord Loughborough. Lord Groß Schatzmiſter: Dieſe Stelle wird gegenwärtig durch 5 Lords-Commiſſarien verſehen, ſiehe unten! Lord-Präſident des Staatsraths: J. Pitt, Gr. v. Chatam. Lord Geheimer Siegelbewahrer: Derſelbe. Lord Großkämmerer: iſt unbeſetzt. Lord Groß Cannetabel: iſt unbeſetzt. Lord Groß- und Erb-Marſchall: C. Howard Hz. v. Norfolk. Lord Großadmiral: Dieſe Stelle wird durch eine Anzahl von Lords Commiſſarien verwaltet, ſ. unten.

2) Das Haus der Pairs (oder Lords).

Pairs von Königl. Geblüt (4): Georg Aug. Friedr. Pr. v. Wallis. Friedrich Hz. v. York. Wilhelm Hz. v. Clarence. Wilh. Heinr. Hz. v. Gloucester.
Herzoge (19): Carl Howard Hz. v. Norfolk, Gr. v. Surrey, Erb-Großmarſchall, erſter Hz. und Gr. v. England. Eduard Adolph Seymour Hz. von Sommerſet. Carl Lenox Hz. von Richmond, Gr. v. March (auch Hz. v. Lenox in Schottland). Aug. Heinr. Fitzroy Hz. v. Grafton, Gr. v. Euston. Heinr. Sommerſet Hz. v. Beaufort, Mq. v. Worceſter. Aubrey Beauclerc Hz. v. St. Albans, Gr. v. Burford, Erb-Groß Falkenmeiſter von England. Franz Osborne Hz. von Leeds, Mq. v. Carmarthen. Franz Ruſſel Hz. v. Bedford, Mq. v. Taviſtoc. Wilh. Cavendiſh Hz. v. Devonshire, Mq. von Hartington, Lord-Großſchatzmeiſter v. Irland. Georg Spencer Hz. von Marlborough, Mq. v. Blandford. Joh. Heinr. Manners Hz. Rutland, Mq. v. Granby. Douglas Hamilton Hz. v. Brandon. Brownlow Fertie Hz. v. Ancaſter u. Keſteven, Mq. v. Lindſey. Wilh. Heinr. Cavendiſh Bentink Hz. v. Portland, Mq. v. Titchfield. Wilh. Montagu Hz. v. Mancheſter, Viscount Mandeville. J. Fr. Sackville Hz. von Dorſet, Gr. von Midleſex, des Königs Lord-Obriſthofmeiſter. Franz Egerton Hz. v. Bridgewater, Mq. v. Bracley. J. Fiennes Pelham Clinton Hz. v. Newcaſtle, Gr. von Lincoln. Hugh Percy Hz. von Northumberland, Gr. Percy.

Jam. Hamilton Mq. v. Abercorn, Visc. Hamilton. Carl Cornwallis Mq. Cornwallis, Visc. Brome Gen. Artillerie-Director. Franz Conway Seymour Mq. von Hertford, Gr. von Yarmouth. John Stuart Mq. v. Bute, Gr. v. Windsor, Visc. Mountjoy.

Grafen (89): Carl Talbot Gr. v. Shrewsbury. Ed. Smith Stanley Gr. v. Derby. G. Aug. Herbert Gr. v. Pembroke und Montgomery. John Howard Gr. v. Suffolk u. Berkshire. Heinr. Cecil Gr. v. Exeter, Lord Burleigh. Carl Compton Gr. v. Northampton. Basil Fielding Gr. v. Denbigh (auch Gr. v. Desmond in Irland.) John Fane Gr. v. Westmorland, Lord Burghersh. Carl Heinr. Mordaunt Gr. v. Peterborough u. Monmauth. G. Finch Gr. von Winchelsea u. Nottingham, Visc. Maidstone. Phil. Stanhope Gr. v. Chesterfield. Sackville Tufton Gr. v. Thanet. John Montagu, Gr. v. Sandwich, Visc. Hinchinbrook. W. A. Holles Capel Gr. von Essex, Visc. Malden. Jam. Brudenell Gr. v. Cardigan. Fr. Howard Gr. v. Carlisle. Henr. Scott Gr. v. Doncaster, Lord Tyndale. Ant. Ashley Cooper Gr. v. Shaftesbury. Fr. Aug. Berkeley Gr. Berkeley, Visc. Dursley. Willougby Bertie Gr. v. Abingdon, Lord Norreys. Henr. Noel Gr. von Gainsborough Viscount Campden. Other Windsor Hickmann Gr. v. Plymouth. G. Aug. Lumley Saunderson Gr. v. Scarbrough, Visc. Lumley. W. H. Nassau de Zulestein Gr. v. Rochford, Visc. Tunbridge. W. C. Keppel Gr. v. Albemarle, Visc. Bury. G. W. Coventry Gr. von Coventry, Visc. Deerhorst. G. Bussy Villiers Gr. von Jersey, Visc. Villiers. J. Poullet Gr. Poullet, Visc. Hinton. G. Jam. Cholmondeley, Gr. Cholmondeley, Visc. Malpas. Ed. Harley Gr. v. Oxford u. Gr. Mortimer. Rob. Shirley Gr. Ferrers, Visc. Tamworth. Fr. Th. Wentworth Gr. v. Strafford u. Visc. Wentworth. W. Legge Gr. v. Dartmouth, Visc. Lewisham. Carl Bennet Gr. v. Tankerville, Lord Ossulston. Henneage Finch Gr. v. Aylesford, Lord Guernsey. Fr. Hervey Gr. v. Bristol. Henr. Yelverton Gr. v. Sussex, Visc. Langueville. G. A. Cowper Gr. Cowper, Visc. Fordwich, des h. r. R. Graf. Carl Stanhope Gr. Stanhope, Visc. Mahon. Rob. Sherard Gr. v. Herborough. G. Parker Gr. v. Macclesfield. G. Fermor Gr. von Pomfret, Lord Leinster. Jam. Graham Lord Graham. J. Kerr Gr. u. Lord Kerr (auch Hz. v. Roxburgh in Schottland). J. Jam. Waldegrave Gr. v. Waldegrave, Visc. Chewton. J. Ashburnham Gr. v. Ashburnham, Visc. St. Asaph. Rich. Howard Gr. von Effingham, Lord Howard. Carl Stanhope Gr. v. Harrington, Visc. Petersham. J. C. Wallop Gr. von Portsmouth, Visc. Limington. G. Grevil Gr. Brooke u. Gr. v. Warwic. G. Hobart Gr. v. Buckinghamshire. W. W. Fitzwilliam Gr. Fitzwilliam u. Visc. Milton. G. Ed. H. Arthur Herbert Gr. v. Powis, Visc. Ludlow. G. Wyndham Gr. von Egremont, Lord Cockermouth. G. Sim. Harcourt Gr. Harcourt, Visc. Nuneham. G. Aug. North Gr. v. Guilford. Ph. Yorke Gr. v. Hardwicke, Visc. Royston. W. Harry Vane Gr. v. Darlington, Visc. Barnard. H. Bellasyse Gr. Fauconberg. H. Th. Fox-Straegs

Staatsbeamten der grössern Staaten.

ways Gr. v. Ilchester, Lord Stavordal. J. Rich. West Gr. DeLawar, Visc. Cantalupe. Jac. Pleydell Bouverie Gr. v. Radcor, Visc. Folkestone. G. J. Spencer Gr. Spencer, Visc. Althorp, erster Lord der Admiralität. John Pitt Gr. v. Chatam, Visc. Pitt, Lord-Präsid. des geh. Staatsraths u. Lord geh. Siegelbewahrer. Henr. Bathurst Gr. Bathurst, Lord Apsley. Arthur Hill Gr. v. Hilsborough, Visc. Fairford. Th. Brudenell Bruce Gr. v. Aylesbury. Th. Viliers Gr. von Clarendon; Lord Hyde. H. Nevill Gr. v. Abergavenny. G. Townshend Ferrars Gr. v. Leicester, Lord de Ferrars (altest. Sohn des Mq. Townshend, s. ob.) H. Bayley Paget Gr. v. Uxbridge, Lord Paget. Jam. Lowther Gr. v. Lonsdale. Alex. Gordon Gr. von Norwich. Carl Chetwynd Gr. Talbot. Rich. Grosvenor Gr. Grosvenor, Visc. Belgrave. Ed. Hussey Montagu Gr. Beaulieu. J. Jeff. Pratt Gr. Camden. Visc. Bayham. John Murray Gr. und Bar. Strange. Rich. Howe Gr. u. Lord Howe (Admiral). Rich. Edgcumbe Gr. v. Mount-Edgcumbe Visc. Valletort. Hugh Fortescue Gr. Fortescue, Visc. Ebrington. Ed. Digby Gr. v. Digby, Visc. Coleshill. Algernon Percy Gr. v. Beverley, Lord Loveine. Jos. Damer Gr. von Dorchester, Visc. Milton. W. Murray Gr. von Mansfield, Lord Murrey. H. Herbert Gr. v. Carnarvon, Lord Porchester. Carl Jenkinson Gr. v. Liverpool, Lord Hawkesbury. John Jervis Gr. v. St. Vincent, Lord Jervis (Admiral).

Viscounts (Vicegrafen) (16): G. Devereux Visc. Hereford (erster Vicomte v. England). M. Ant. Browne Visc. Montague. G. Rich. St. John, Visc. Bolingbroke. G. Evelyn Boscawen Visc. Falmouth. G. Bing Visc. Torrington. W. R. Fitzgerald Visc. Leinster. Th. Noel Visc. Wentworth. W. Courtenay Visc. Courtenay. W. Ward Visc. Dudley und Ward. Carl Maynard Visc. Maynard. Th. Hampden Visc. Hampden. Th. Townshend Visc. Sidney. Sam. Hood Visc. Hood (Admiral) Carl Pierrepont Visc. Newark. A. Duncan, Visc. Duncan (Admiral).

Reichsbaronen (120): Ed. Southwell Lord von Clifford. Th. Stapleton, Lord Le Despencer. G. Tuchet Lord Audley. Rob. G. W. Trefusis Lord Clinton. C. P. Lord Stourton. J. Peyto Verney Lord Willoughby de Broke. G. W. Fr. Osborne Lord Coniers. H. Beauchamp Lord St. John v. Bletso. Rob. Ed. Lord Petre. Gr. Twisleton Lord Say u. Sete. H. Lord Arundel. J. Bligh Lord Clifton. C. Lord Dormer. H. Roper Lord Teynham. W. Lord Byron. W. Lord Craven. Chas Lord Clifford. Rob. Auriol Drummond Lord Hay. Henr. Willoughby Lord Middleton. G. Lord Onslow. C. Marsham Lord Romney. C. Sloane Lord Cadogan. Horaz Lord Walpole. Pet. Lord King. Th. Bromley Lord Montfort. Fr. Lord Posanby. Henr. Stawell Bilson Legge Lord Stawell. L. Th. Monson Watson Lord Sondes. Th. W. Robinson Lord Grantham. N. Curzon Lord Scarsdale. Fr. Iry Lord Boston. Th. Lord Pelham. H. R. Fox Lord Holland. J. J. Perceval Lord Lovel und Holland v. Enmore (auch Gr. v. Egmont in Irland). G.

Venables Lord Vernon. F. N. Morton Lord Ducie. J. Campbell Lord Sundrige. M. Bladen Lord Hawke. Cust Lord Brownlow. Georg Pitt Lord Rivers. Nath. Ryder Lord Harrowby. Th. Lord Foley. Eduard Lord Thurlow. Alex. Wedderburn Lord Loughborough, Groß-Kanzler u. Sprecher im Hause der Pairs. G. de Cardonnel Lord Dynevor. Th. de Grey Lord Walsingham. Wilh. Lord Bagot. G. Ferd. Fitzroy Lord Southampton. Rich. Barre Dunning Lord Ashburton. W. Norton Lord Grantley. Georg Lord Rodney. F. Rawdon Hastings, Lord Rowdon. Thom. Pitt Lord Camelfort. Heinr. Fr. Lord Carteret. Ed. Elliot Craggs Lord Elliot. Th. Jam. Lord Bulkeley. Th. Egerton Lord Grey De Wilton. J. Parker Lord Boringdon. Th. Noel Hill Lord Berwic. Carl Cocks, Lord Somers. Jam. Dutton, Lord Sherborne. H. J. Montagu Scot Lord Montagu. Wilh. Lord Douglas. G. de la Poer Beresford, Lord Tyrone. Rich. Boyle Lord Careleton, (auch Gr. v. Shannon in Irland). John Hussey Lord Delaval. Harbord Lord Suffield. Guy Carleton Lord Dorchester. Fr. Aug. Elliot Lord Heathfield. Bloyd Lord Kenyon. R. Aldworth Griffin Lord Braybroke. Will. Pitt Lord Amherst. Jam. Harris Lord Malmesbury. Arth. Chichester Lord Fischerwic (auch Mq. v. Donegall in Irland). Jam. Duff Lord Five (auch Gr. v. Five in Irland) Jam. Bucknall Grimston Lord Veruslam. Archibald Lord Douglas. Henr. Lord Gage. W. Wyndham Lord Grenville. Georg Lord Douglas v. Lochleven. W. Eden Lord Auckland. John Fitzpatrik Lord Upper-Ossory. Eduard Lord Clive. Henr. Phipps Lord Mulgrave. W. H. Lord Littleton. Walbore Ellis Lord Mendip. H. Bridgeman Lord Bradfort. Jam. Peachey Lord Selsey. Th. Lord Dundas. Asheton Lord Curzon. C. Anderson Pelham Lord Yarborough. Franz Lord Stuart. John Lord Steward. Jam. Stopford Lord Saltersford. Georg Lord Macartney v. Parkhurst. J. C. Burton Lord Dawnay. Georg Lord Brodrick. Alex. Arth. Hood Lord Bridport (Admiral) John Lord Rous. P. Burrel Lord Gweydir. Franz Lord Vasset u. v. Dumstanville. Ed. Lascelles Lord Harewood. John Lord Rolle. John Campbell Lord Cawdor. Rich. Wesley Lord Wellesley. Rob. Smith Lord Carrington. C. Townshend Lord Bayning. Jam. Grenville Lord Glastonbury. Th. Orde Powlett Lord Bolton. Gilb. Elliott Lord Minto. John Lord Wodehouse. J. Rushout Lord Northwic. Th. Polvis Lord Lilford. Th. Lister Lord Ribblesdale. Jam. Drummond Lord Perth. Franz Humberstone Macenzie Lord Seaforth.

Schottische Pairs (16): Georg Hay Mq. v. Tweedale, Gr. von Gifford. G. Jam. Hay Gr. v. Errol, Lord Hay. Arch. Lord Kennedy Gr. v. Casstlis. John Bowes Lyon Gr. v. Strathmore, Lord Glamis. P. Lord Crighton, Gr. v. Dumfries. Th. Bruce Gr. v. Elgin und Kincardin, Lord Kinloß (Ges. zu Berlin). G. Lord Ramsay Gr. von Dalhousie. W. Carnegie Gr. v. Northesk Lord Roschill. G. Gordon Gr. v. Aboyne, Lord Strathaven. J. Campbell Gr. v. Breadalbane, Visc. Glenorchy. J. Dalrymple Gr. v. Stair, Visc. Dal-

Staatsbeamten der grössern Staaten.

rymple. G. Lord Boyle Gr. v. Glasgow. W. Shaw Lord Catheart. Jas. Lord Somerville. Jam. Sandilands Lord Torphichen. Franz Lord Napier.

Erzbischöfe und Bischöfe (26): John Moore Lord Erzbisch. v. Canterbury, Primas v. England. W. Markham Lord Erzbisch. von York, Prim. v. England. B. Porteus Lord Bisch. v. London. Shäte Barrington, Lord Bisch. v. Durcham (Oncle des Visc. Barrington). Brownlow North Lord Bisch. v. Winchester (Oncle des Gr. von Guilford). Carl Moß, Lord Bisch. v. Bath u. Wells. Jam. Yorke, Lord Bisch. v. Ely (Oncle des Gr. v. Hardwicke). Rich. Hurd, Lord Bisch. von Worcester. J. Butler, Lord Bisch. von Hereford. John Warren, Lord Bisch. v. Bangor. Jam. Cornwallis Lord Bisch. v. Lichfield u. Coventry, (Bruder des Mq. Cornwallis). L. Bagot, Lord Bisch. v. St. Asaph, (Bruder des Lord Bagot). Rich. Watson, Lord Bisch. v. Landaff. Ed. Smallwell, Lord Bisch. v. Orford. G. Pretyman, Lord Bisch. v. Lincoln. J. Douglas, Lord Bisch. v. Salisbury. W. Cleaver, Lord Bisch. v. Chester. Sam. Horsley, Lord Bisch. v. Rochester. Rich. Beadon Lord Bisch. v. Gloucester. Ed. Venables Vernon, Lord Bisch. v. Carlisle. Carl Manners Sutton, Lord Bisch. v. Norwich. Spencer Madan, Lord Bisch. v. Peterborough. W. Stuart, Lord Bisch. v. St. Davids (Bruder des Mq. v. Bute). H. Reg. Courtenay, Lord Bisch. v. Exeter. Folliot Herbert Wolker Cornwall, Lord Bisch. v. Bristol. J. Buckner, Lord Bisch. v. Chichester. Cl. Crigan, Lord Bisch. v. Soder u. Man.

Die Deputirten der Städte und Grafschaften, aus welchen das Unterhaus oder das Haus der Gemeinen bestehet, können hier aus Mangel des Raums nicht angeführt werden. Sprecher in demselben ist: Heinr. Abdington Esq.

3) Hofstaats-Personale.
a) Des Königs.

Obristhofmeister: J. Fr. Sackville Hz. v. Dorset. **Ober-Almosenier**: Will. Markham, Erzbisch. v. York. **Obriststallmeister**: J. Fane Gr. von Westmorland. **Lord Ober-Cammerherr**: Jam. Mq. v. Salisbury. **Vice-Cammerherr**: Carl Greville. **Cammerherren des k. Schlafgemachs**: J. Kerr von Roxburgh, Ober-Cammerjunker (groom of the stole). Lord Willoughby de Broke. Gr. von Denbigh. Gr. v. Fauconberg. Gr. v. Winchilsea. Lord Onslow. Lord Boston. Lord Rivers. Gr. v. Essex. Gr. v. Galloway. Mq. v. Bath. Gr. Poullet. Gr. v. Macclesfield. *Maitre de Garderobe:* Lord Selsey. **Schatzmeister der kön. Hofhaltung**: Jam. G. Visc. Stopford (ält. Sohn des Gr. v. Courtown in Irland). **Controleur bey ebenderselben**: Lord C. H. Sommerset. **Zahlmeister bey ebenderselben**: George Talbot, Esq. **Chef der Hofhaltung**: H. Strachey, Esq. **Capitain der Schweizergarde**: Henneage Finch Gr. v. Aylesford. **Capitain der adel. Leibwache**: G. Boscawen Visc. Falmouth. **Ceremonienmeister**: Steph. Cottrell, Ritter.

b) Der Königin.

Lord Obercammerherr: G. Douglas Gr. v. Morton. Vice-Cammerherr: W. Price, Esq. Oberkleiderverwahrerin: Marquisin v. Bath. Cammerdamen: Gräf. Dow. v. Holdernesse. Gräfin v. Pembroke. Gräf. Harcourt. Burggraf. Sidney. Graf. v. Cardigan. Graf. v. Harrington. Schatzmeister: Gr. v. Aylesbury. Secretair und Controlleur: Gr. v. Effingham. Ober-Stallmeister: Gr. Harcourt.

c) Des Prinzen v. Wallis.

Cammerherr: Gr. Cholmondeley. Vice-Cämmerer: C. N. Thomas, Esq. Schatzmeister: Gen. Maj. Sam Hulse. Aufwartender Cammerherr: Gen. Maj. Lake. Geh. Siegelbewahrer und Privat-Secretair: Th. Tyrwhitt, Esq. Stallmeister: Gr. v. Jersey.

d) Der Prinzessin von Wallis.

Cammerherr: Gr. Cholmondeley. Vice Cammerherr: C. N. Thomas, Esq. Secretair: T. Brent, Esq. Oberkleiderverwahrerin: Marquisin Townshend. Cammerdamen: Gräf. Cholmondeley. Gräfin v. Carnarvon u. Lady Southampton. Gouvernantin der jungen Prinzessin Gräfin v. Elgin.

e) Des Herzogs v. York, u. dessen Gemahlin.

Controlleur u. Haushofmeister: Gen. Maj. Rich. Grenville. Schatzmeister und Secretair: Gen. Maj. G. Hotham. Cammerherrn: Obr. Morshead. H. Bunbury, Esq. Cap. C. Crauford. Th. Stepney, Esq. Cammerdamen der Herzogin: Lady A. Fitzroy. Lady Elis. Spencer. Secretair: Gen. Maj. De Bude.

f) Des Herzogs v. Clarence.

Schatzmeister u. Controlleur: Lord Keith. Hienächst 3 Cammerherrn, 3 Stallmeister ꝛc.

g) Des Herzogs v. Gloucester.

Schatzmeister u. Secretair: Ph. Duval. Hienächst 2 Cammerherrn, 2 Stallmeister ꝛc.

4) Wichtigeres Personale für die Staatsverwaltung.

a) Der königl. Geh. Staatsrath (118.)

ist das höchste beständig fortdauernde Collegium des Reichs und nur das Parlement ist während seiner Versammlung höher. Die Anzahl der Mitglieder beruht auf des Königs Willen. Nach ihrem Rath erfolgen öffentl. Proclamationen, Kriegs- u. Friedenserklärungen, Zusammenberufung u. Aufhebung des Parlements. Alle hohe Staatsbediente u. Oberbefehlhaber werden darin beeidigt zum Theil auch ernannt, Privilegien, Patente ꝛc. darin ertheilt. Die 3 Staatssecretairs sind Mitglieder desselben, und der Präsident derselben einer der 9 hohen Kronbedienten. Die in folg. Verzeichniß mit einem * bezeichneten sind zugleich Parlementsglieder.

Staatsbeamten der größern Staaten.

Geheime Staatsräthe: Prinz v. Wallis. Hz. v. York. Hz. von Clarence. Hz. von Gloucester. John Moore, Erzbisch. von Canterbury. Der Großcanzler Lord Loughborough. W. Marckham, Erzbisch. v. York. Der geh. Siegelbewahrer Gr. v. Chatam, Lord Präsident des Staatsraths. Der Obristhofmeister Hz. von Dorset. Hz. von Richmond. Aug. Heinr. Hz. v. Grafton. Franz Hz. von Leeds. Georg Hz. v. Marlborough. Hz. v. Montrose. Der Staatssecret. der innern Angelegenheiten Hz. v. Portland. Jac. Mq. von Salisbury, Lord-Oberkammerhr. Geo. Mq. v. Buckingham. Will. Marq. v. Landsdown. Mq. v. Stafford. Geo. Mq. v. Townshend. Mq. v. Cornwallis. Mq. von Hertford. Mq. v. Bute. Eduard Gr. v. Derby. Gr. v. Pembroke und Montgomery. Basil. Gr. v. Denbigh. John Gr. v. Westmoreland. Phil. Stanhope Gr. v. Chesterfield. Gr. von Sandwich. Friedr. Gr. von Carlisle. Will. Gr. v. Jersey. Gr. v. Cholmondeley. Gr. v. Dartmouth. Carl Gr. von Tankerville. Gr. v. Aylesford. Gr. v. Macclesfield. Joh. Gr. Ashburnham. Gr. v. Fitzwilliam. Gr. v. Spencer. Heinr. Gr. von Bathurst. Will. Thom. Gr. v. Aylesbury. Geo. Gr. v. Leicester. Gr. v. Camben. Rich. Gr. v. Howe. Gr. von Shannon. Gr. von Ludlow. Gr. v. Courtown. Gr. v. Mornington. Gr. v. Macartney. Gr. v. Clare. Gr. von Gower-Sutherland *). Gr. Liverpool. Gr. Kinnoull. Geo. Lord Lenox. Carl L. Spencer *). Rob. Lord Spencer *). Fr. L. Campbell *). Carl Heinr. Lord Sommerset. Visc. Falmouth. Visc. Sidney. Joh. Visc. Bateman. Visc. Galway. Visc. Belgrave *). Visc. Stapford *) Visc. Milton. Beilby Porteus, Lord-Bisch. v. London. Jac. Lord Greenville. Geo. L. Onslow. Thom. L. Pelham. Jeffery L. Amherst. L. Thurlow. Wilh. L. Walsingham. Heinr. L. Carteret. L. Kenyon. James L. Malmesbury. L. St. Helens. L. Hobart. L. Mendip. Lord Romney. Lord Bayning. Lord Glastonbury. Lord Bolton. Lord Minto. Heinr. Addington *), Esq. Sprecher im Unterhause. Will. Pitt *), erster Schatzcommiss. und Canzler des königl. Schatzkammergerichts. Henr. Dundas *), Esq. Staatssecretair des Kriegsdepart. Jam. Stuart Mackenzie, Esq. Th. Harley, Esq. *). Isaac Barré, Esq. Rich. Worsley, Bar. Carl Jam. Fox *). Edm. Burke, Esq. Geo. Yonge, Baronet. Will. Howe. Carl Greville, Esq. Rich. Fitzpatrick *), Esq. Friedr. Montagu, Esq. John Foster, Esq. John Beresford, Esq. John Parnell, Baronet. John Carl Villiers *). John Skynner, Ritt. Rich. Pep. Arden, Ritt. *). Will. Wynne, Ritt. Dudley Ryder *). Thom. Steele *), Esq. W. Hamilton. Jam. Eyre, Ritt. Archibald Macdonald, Ritt. Silv. Douglas, Esq. Morton Eden. Thom. Pelham. Geo. Howard, Ritt. Bar. W. Windham. Gray Cooper, Baronet. Jos. Banks, Baronet. John Trevor, Esq. Carl Grey.

b) **Staats-Secretariat.**

Departement der innern Angelegenheiten: W. Heinr. Cavendish Hz. v. Portland, Staatsminister. In seinem Depart. arbeiten noch: John King, Esq. u. Carl Greville, Esq., als Unter-Staats-Secretairs. W. Pollock, als erster Secretair.

Depart. der auswärt. Geschäfte: W. Wyndham Lord Grenville, Staatsminister. In seinem Depart. arbeiten ferner: Georg Hammond, Esq. und Georg Canning, Esq. als Unter-Staats-Secretarien. Thom. Bidwell, als erster Secretair.

Departement des Kriegswesens (auch der ostindischen Angelegenheiten): Heinr. Dundas, Staatsminister. In diesem Depart. arbeiten ferner: W. Huskisson, Esq. als Unter-Staatssecretair. W. Garthshore, als Privatsecretair. J. Chapman, als erster Secretair.

c) **Finanzverwaltung.** (Revenüen-Departement).

Lords Commissarien zur Ausübung der Großschatzmeistersstelle (5): Will. Pitt, erster Lord der Schatzkammer (oder Finanz-Minister, auch Canzler der Unterschatzkammer (Exchequer). J. T. Townshend. John Smyth, Esq. Sylvester Douglas. Carl Small Pybus. Adjungirte Secretarien: G. Rose. Carl Long, Esq. Privat-Secretair des ersten Lords: Marsh, Esq. Erste Secretarien: Th. Pratt, Esq. Th. Cotton, Esq. W. Mitford, Esq. G. E. Ramus, Esq.

Unter-Schatzkammer (Exchequer). Canzler: W. Pitt. Auditeur: Lord Grenville, Staatssecretair, s. ob.

Zoll-Amt (Custom-house). Commissarien: Th. Boone, Esq. Weib. Ellis Agar, Esq. J. Bates, Esq. Alex. Munro, Ritter. Rich. Frewin, Esq. W. Stiles, Esq. W. Roe, Esq. Franz Fr. Luttrel, Esq. J. Buller, Esq.

Accise-Amt (excise-office). Commissarien: G. J. Cholmandeley, Esq. u. M. Whisk, Esq. als Präsidenten (chairmen). Sodann: W. Lowndes, Esq. J. L. Olmius. Th. Caswall. Rob. Nicholas, Esq. A. Phipps. W. Jackson u. Rich. Spiller, Esq.

Stempelgebühr-Amt: (Stamp-duties). Commissarien: J. Bindley, Esq. J. Byng, Esq. E. Fawkener, Esq. L. Jenkins, Esq. W. Spencer.

General-Post-Amt. General-Postmeister: Gr. von Chesterfield. Gr. v. Leicester. Erste Secretairs: A. Todd. Franz Freeling.

Salz-Amt Commissarien: J. Hillersdon. Rich. Reynell. Edw. Franz Stanhope, Esq. J. Mortlock, Esq. W. A. S. Boscawen, Esq.

5) **Wichtigeres Personale der Justizverwaltung.**

Die Gerichte in England sind theils geistlich, theils weltlich. Die weltlichen Untergerichte werden in den Städten von den Aldermen u. Mayers besetzt. Die auf den adelichen Dörfern nennt man Court-Barons oder Court-Leets. Die in den königl. Aemtern heißen County-Courts und Sherif turms; ihnen sind die Sheriffs vorgesetzt. In diesen Gerichten wird der Civil- u. Criminal-Prozeß von den ordentl. Richtern instruirt, die Decision aber, ob jemand schuldig und nicht schuldig sey, wird von 12 Geschwornen (the jury) aus der Nachbarschaft gefället. Uebrigens sind in den Städten und Grafschaften gewisse Friedensrichter (justices of the peace) angeordnet, welche die Constables und Coroners zu ihren Diensten haben. Die Landgerichte werden in jeder Grafschaft alle 3 Monate von den Friedensrichtern nebst 24 Geschwornen (the great jury) gehalten und heissen deshalb Quartalgerichte. Ferner ist England in 8 Justizkreise eingetheilt und in jedem sind herumreisende Oberrichter bestellt, welche jährl. im Frühling und Herbst durch alle Shiren ihres Kreises eine Reise thun, und in den Hauptörtern Gericht halten. Von diesen Gerichten gehen die Appellationen an

die 4 hohen Gerichtshöfe.

Diese haben ihren Sitz in dem Pallast zu Westminster. Die drey ersten dieser Tribunäle bestehen ausser mehreren Unterbeamten aus 4 Richtern, welche zusammen die 12 Sages of the Law oder Oberrichter v England genennet werden, und als Reichsconsulenten im Oberhause des Parlements sitzen, aber nicht votiren.

a) Gerichtshof der gemeinen Prozesse.

(The Court of common Pleas), entscheidet in allen Privatstreitigkeiten. Die 4 Richter werden vom Könige gesetzt und sprechen täglich zu verschiedenen Zeiten in den vorher angezeigten Rechtshändeln sowohl in erster als höherer Instanz. Doch kann davon an das Gericht der kön. Bank appellirt werden.

Richter: James Eyre, Ritt. als Präsident (Chief Justice) Franz Buller, Baronet. John Heath, Esq. Giles Rooke, Ritt.

b) Gerichtshof der königl. Bank.

(Court of Kings bench) hat daher den Namen, weil der König ehedessen darin persönlich zugegen war; es entscheidet als höchster Gerichtshof sowohl in peinlichen Sachen, als solchen welche nach den gemeinen Rechten zwischen dem Könige und den Unterthanen zu beurtheilen sind &c. Die 4 Richter desselben sind oberste Friedensrichter und Coroners of the Lords. Man kann von demselben an das Oberhaus und das Schatzkammergericht appelliren.

Richter: Lord Kenyon, als Präsident (wird Lord Chief Justice of England genannt). W. H. Ashhurst, Ritter. Nash Grose, Ritter. Soulden Lawrence, Ritter. Kron Fiscal (Master of the Crown-office): Jam. Templer, Esq. Marschall: W. Jones, Esq.

c) Das königl. Schatzkammergericht.

(The Court of Exchequer) ist nicht mit dem Zahlamt (Exch-quer) oder dem Unterschatzkammer-Amt zu verwechseln. Vor dasselbe gehören alle Rechtssachen, die die königl. Schatzkammer und Einkünfte betreffen, weshalb auch neben den 4 Richtern, welche Barone heissen, (weil sie ehedessen gebohrne Freiherren seyn mußten) der Canzler des Unterschatzkammer-Amts Sitz darin hat. Die Appellation von demselben geht gerade ans Oberhaus.

Canzler: Will. Pitt, Finanz-Minister. Richter: Archib. Macdonald, Ritter, als Präsident (wird Lord Chief Baron genannt). So dann die 3 übrigen Barone: Beaumont Hotham, Ritt. Rich Perryn, Ritt. Alex. Thompson, Ritter. Hiezu kömmt noch ein 5r Richter, welcher die Zollbeamten, Sherifs u. a. beeidigt, u. Cursitor Baron genannt wird: Franz Maseres, Esq.

d) Das Canzleygericht.

(The Court of Chancery) behauptet den Rang über die 3 vorigen. Es besteht aus dem Großkanzler oder Großsiegelbewahrer, 12 Beisitzern (Masters in Chancery) vieler Clerks oder Secretarien, noch mehreren Canzellisten &c. Es beschäftigt sich mit Rechtsfällen a) wenn Eingriffe des Königs in die Rechte der Unterthanen zu hintertreiben sind; b) wo eine Partey ein Bediener des Canzleygerichts ist; c) in Erbschafttheilungen; d) in Gnadensachen, indem der Canzler ein Gericht der Billigkeit hat, welches den positiven Gesetzen auf mancherley Art zu Hülfe kommt. e) An dieses Gericht gelangen auch alle Sachen, welche zu ihrer Bestätigung das große Siegel erfordern. Von demselben kann nur an das Oberhaus appellirt werden.

Groß-Canzler (Lord high Chancellor of Great-Britain): Lord Loughborough. **Oberarchivar** (Keeper of the rolls): Rich. P. Arden, Ritt. Beisitzer: P. Holford, Esq. W. Graves, Esq. Edw. Leeds, Esq. W. Weller Pepys, Esq. J. Ord, Esq. J. Wilmot, Esq. Alex. Popham, Esq. J. Spranger, Esq. Nath. Smith, Esq. J. Simeon, Esq. Th. Walker, Esq.

6) Kriegsstaat zur See und Admiralität.

a) Admiralitäts-Commission.

Diese verwaltet die Stelle des Großadmirals, und ist sowohl dem Admiralitätsgericht als dem Schiffamt rc. vorgesetzt.

Lords-Commissarien (7): Gr. Spencer, erster Lord-Commissair. Lord Arden. Lord Hugh Seymour. Ph. Stephens, Baronet. Jam. Gambier, Esq. W. Young, Esq. Th. Wallace, Esq. **Secretairs**: Evan Nepean. W. Marsden.

b) Admiralitäts-Gericht.

Richter: J. Marriott. Gen. Advocat a) von Seiten des Königs: W. Scott. b) Von Seiten der Admiralität: W. Battine.

c) Zahl-Amt der Marine.

Schatzmeister: Heinr. Dundas. **Zahlmeister**: Alex. Trotter.

d) Schiffs-Amt.

Controleur: A. Snape Hamond, Baronet. **Deput. Controleur**: Ch. Hope, Esq. **Oberaufseher**: J. Henslow, Ritt. W. Rule, Ritt. **Commissarii**: G. Marsh, Esq. G. Rogers, Esq. W. Palmer, Esq. W. Bellingham, Baronet. H. Harmood, Esq. S. Gambier, Esq.

e) Admiralität.

Admiral der Flotte: Gr. Howe, des Hosenb. O. R.

Admirals der weissen Flagge: Lord Shuldham. Pet. Parker, Ritt. Sam. Barrington, Gen. L. der Marine. Rob. Roddam, Esq. Marc. Milbanke, Esq. Nic. Vincent, Esq. Lord Graves. Rob. Digby. Lord Bridport, des Bath-O. R. Viceadmiral v. England.

Admirals der blauen Flagge: Chaloner Ogle, Ritter. Visc. Hood. Rich. Hughes, Baronet. J. Elliott, Esq. W. Lord Hotham. Jos. Peyton, Esq. J. Carter Allen, Esq. C. Middleton, Baronet. J. Dalrymple, Esq. Herbert Sawyer, Esq. Rich. King, Baronet. Ph. Affleck, Esq. J. Jervis Gr. v. St. Vincent. Visc. Ad. Duncan Lord Campredown.

Vice-Admirals der rothen Flagge: Rich. Braithwaite, Esq. Ph. Cosby, Esq. Sam. Cornish, Esq. J. Brisbane, Esq. C. Wolseley, Esq. Sam. Granston Goodal, Esq. Der Hz. v. Clarence. Rich. Ons-

Staatsbeamten der gröſſern Staaten. 27

low, Baronet. Rob. Kingsmill, Esq. G. Bowyer, Baronet. Hyde Parker, Ritter. Benj. Caldwell, Esq. W. Cornwallis, Contreadmiral v. England.

Vice-Admirals der weiſſen Flagge; W. Allen, Esq. John Macbride, Esq. G. Vandeput, Esq. C. Buckner. John Gell, Esq. W. Dickſon, Esq. Alan Gardner, Bar. Gen. Maj. der Marine. Rob. Linzee, Esq. Jam. Wallace, Ritter. W. Peere Williams, Esq. Th. Pasley, Baronet.

Vice-Admirals der blauen Flagge: John Simons, Esq. Th. Rich, Baronet. C. Thompſon, Baronet. Jam. Cumming, Esq. J. Colvons, Esq. Skeffington Ludwidge, Esq. Arch. Dickſon, Esq. G. Montagu, Esq. Th. Dumaresque, Esq. Lord Keith. Jam. Pizot, Esq. W. Waldegrave.

Contre Admirals der rothen Flagge: Th. Mackenzie, Esq. Th. Pringle, Esq. Rog. Curtis, Baronet. H. Harvey, Esq. Rob. Mann, Esq. W. Parker, Baronet. C. Holmes Everitt Calmady, Esq. J. Bourmaſter, Esq. G. Young, Ritter. J. Henry, Esq. Rich. Rodney Bligh, Esq. Alex. Gräme, Esq. G. Keppel, Esq. Sam. Reeve, Esq.

Contre Admirals der weiſſen Flagge: Rob. Biggs, Esq. Franz Parry, Esq. Iſ. Prescott, Esq. John Bazely ſen. Esq. Chr. Maſon, Esq. Th. Spry, Esq. John Orde Baronet. W. Young, Esq. Jam. Gambier, Esq. Andr. Mitchel, Esq. C. Chamberlaine, Esq. Pet. Rainier, Esq. H. Cloberry Chriſtian. W. Truscott, Esq. Lord Hugh Seymour.

Contre Admirals der blauen Flagge: John Stanhope, Esq. Chr. Parker, Esq. Ph. Patton, Esq. C. Mor. Pole, Esq. J. Brown, Esq. J. Leigh Douglas, Esq. W. Swiney, Esq. C. Edm. Nugent, Esq. W. Fooks, Esq. C. Powell Hamilton, Esq. Edm. Dod, Esq. Baronet. Horaz Nelſon, Baronet. Th. Lenox Frederick, Esq. Georg Home, Baronet. C. Cotton, Baronet.

Viceadmiral v. England u Lieutnant der Admiralität: Lord Bridport. *Contreadmiral v. England:* W. Cornwallis. *Viceadmiral v. Schottland:* Lord Catheart, auch Richter des ſchott. Admiralitätsgerichts.

7) **Kriegsſtaat zu Land und Generalität.**

a) **Generalſtab; Militair. Anſtalten ꝛc.**

General-Adjutant: W. Faucet, Gen. L. Zugeordneter Gen. Adjutant: Jeffery Amherſt, Obr. *Gen Quartiermeiſter:* Der Gen. L. Morriſon. Zugeordneter: C. Crawford, Obriſtl. *Generalwerbungs Inſpector:* Der Gen. Maj. For. *Gen. Commiſſair zur Muſterung:* G. Auſt, Esq. Zugeordneter Gen. Commiſſair: Welbore Ellis Agar, Esq. *Kriegsrichter u. Gen. Advocat:* C. Morgan, Baronet. Zugeordneter: J. Aug. Oldham, Esq.

General Caſernen-Meiſter: DeLanzey, Gen. M.

Für Nord-Brittannien: Lord Ad. Gordon, Gen. L. als Command. der Truppen. Gen. Adjutant: Hect. Munro, Obriſtl.

Kriegs-Zahlamt. General-Zahlmeister: Dudley Ryder. Th. Steele. Deren Bevollmächtigte: Nath. Tredcraft. Rich. Ryder. **Rechnungsführer:** Molesworth, Esq. **Cassier:** P. G. Craufurd. **Schuld-Buchhalter:** D. Thomas, Esq.

Artillerie-Inspection. Constabel u. Gouverneur en Chef des Towr: Der Mq. Cornwallis. **Vicegouverneur:** Der General C. Vernon. Gen. Feldzeugmeister: Mq. Cornwallis. Gen. FZM. Lieutn: W. Howe. Gen. Oberaufseher: A. Roß, Gen. Maj.

Ingenieurcorps. Chef: Mq. Cornwallis, s. ob. **Obrist:** W. Green, Gen. Maj.

b) Generalität.

General-Feldmarschalls: Der Hz. von Gloucester. Der Hz. von York, auch command. Gen. der sämmtl. Landtruppen. Hz. von Argyll. Studholm Hodgson. Mg. Townsend. Lord Friedr. Cavendish. Hz. von Richmond.

Generals: Cyrus Trapaud. Mq. v. Lansdown. C. Vernon, Vicegouv. des Towr. Rob. Melvitte. M. Frederik. Jam. Johnston. Mq. v. Drogheda. W. A. Pitt. Lord Ad. Gordon. Alex. Maitland. Lord Dorchester. Lord Roßmore. W. Howe. Lord G. H. Lenox. H. Fletcher. J. Hale. Bernh. Hale. Franz Craig. Der Hz. von Northumberland. Mq. Cornwallis. Edw. Maxwell Brown. Eyre Massey. G. Warde. Flower Mocher. Rob. Sloper. Staates Long Morris. Gr. v. Roß. J. Dalling, Baronet. Russel Manners. Th. Hall. Jam. Grant. W. Fawcitt. Mg. v. Lothian. C. Grey. T. S. Willson, Baronet. G. Morrison, Gen. Quartiermeister. Th. Clarke. C. Rainsford. Edw. Mathew. Jam. Pattison, Artill. Henrich St. John. J. Campbell. G. Osborn.

Generallieutenants, sind gegenwärtig 60.
General-Majors sind 140.

8) Gesandte und Consuls.

Amerika: Rab. Liston, Esq. ausserord. Ges. u. bev. Minister. Edw. Thornton, Esq. Legat. Secr. **Berlin:** Gr. v. Elgin, ausserord. Ges. u. bev. Minister. Benj. Garlik, Leg. Secretär. **Cassel:** Ralph Heathcote, bev. Minister (zugleich beym Churfürsten v. Cölln). **Copenhagen:** Rob. Steph. Fitzgerald, ausserord. Ges. Jam. Crawfurd, Esq. Legat. Secr. **Canzig:** Alex. Gibsone, Esq. Commissair. **Constantinopel:** Franz J. Jackson, Esq. Ambassadeur. **Dresden:** Hugh Elliott, Esq. ausserord. Ges. u. bev. Minister. Dav. Grey, Esq. Legat. Secret. **Florenz:** W. Wyndham, ausserord. Ges. u. bev. Minist. **Genua:** Franz Drake, Esq. **Hamburg:** C. H. Fraser, Esq. bev. Minist. am Niedersächs. Kreise. **Lissabon:** Rob. Walpole, ausserord. Ges. u. bev. Minister. Osterwald, Leg. Secret. **Madrit:** ... **München:** Will. Elliott, bev. Minister; zugleich Minist. am Rstage zu Regensburg. **Neapel:** W. Hamilton, ausserord. Ges. u. bev. Minister. **Paris:** ...... **Petersburg:** C. Whitworth, ausserord. Ges. u. bev. Minist. **Schweiz:**

Staatsbeamten der größern Staaten.

W. Wickham, Esq. bev. Minist. Jam. Talbot, Leg. Secr. Stockholm: Dan. Hailes, Esq. ausserord. Ges. Turin: J. Trevor, ausserord. Ges. u. bev. Minist. Th. Jackson, Esq. Leg. Secret. Wien: Morton Eden, ausserord. u. bev. Ges. A. Straton, Esq. Leg. Secretair.
Consuls. Aleppo: Carl Smith, Esb. Algier: Rich. Master, Esq. Alicante: Dan. Budd, Esq. Baltimore: Edw. Thornton, Esq. Barcellona: Wilh. Gregory. Bergen in Norwegen: John Wallace. Cadix: James Duff. Cagliari: Mich. Ghillini. Canar. Inseln: P. Faveres, Esq. Carthagena: Patrick Wilkie. Christiansand in Norwegen: John Mitchel. Cypern: M. de Vezin. Trontheim: Alex. Brown, Esq. Genua: Jos. Brame, Esq. Gothenburg: Thom. Erstine, Esq. Hamburg: William Hanbury. Helsingbör: Nic. Fenwick. Lissabon: John Hort, Bar. Gen. Cons. Livorno: John Udney. Madera: Carl Murray, Esq. Madrit: Ant. Merry, Gen. Cons. Majorca: H. Stanyfort Blankley. Mallaga: W. D. Brodie, Esq. Marocco: John Maria Matra. Massachusets: T. Mac. Donough. Memel: J. Durno, Gen. Cons. Neapel: Charl. Goddard, Esq. Neuyork: John Temple, Bar. Gen. Cons. Nizza: Nath. Green. Oporto: John Withead. Ostende, Nieuport und Brügge: Geo. Harward, Esq. Petersburg: Steph. Schairp, Gen. Cons. in Rußland. Philadelphia: Phineas Bond, Esq. Gen. Cons. Salonich: John Oliser. Sevilien: John Hunter, Esq. Sicilien: Dan. Boomester. Triest: Edward Stanley. Tripolis: Sim. Lucas, Esq. Gen. Cons. Tunis: Perkins Magra, Gen. Cons. Venedig: John Watson, Esq. Virginien: John Hamilton, Esq. Westphäl. Kreis: Fr. Gornisson, Esq. Zante: Speridion Foresti.

9) Ritter-Orden.

a) Orden v. blauen Hosenbande (gestiftet 1350).

Großmeister: Der König. Ritter: Georg Pr. v. Wallis. Hz. v. York. Hz. v. Clarence. Pr. Eduard. Pr. Ernst August. Pr. August Friedrich. Pr. Adolph Friedrich. Hz. v. Gloucester. Pr. Wilh. Heinr. v. Gloucester. Wilhelm V. Pr. von Oranien. Der reg. Hz. von Braunschweig-Wolfenb. Der Hz. v. Marlborough. Der Hz. v. Grafton. Der Mg. v. Stafford. Der Hz. v. Richmond. Der Hz. v. Devonshire. Mg. v. Lansdown. Der reg. Landgr. zu Hessen-Cassel. Der Hz. v. Beaufort. Der Mg. v. Buckingham. Der Mg. Cornwallis. Der Hz. v. Dorset. Der Hz. v. Northumberland. Der Hz. v. Sachsen-Gotha. Der Hz. von Leeds. Gr. v. Chatam. Mg. v. Salisbury. Gr. von Westmorland. Gr. v. Carlisle. Hz. v. Buccleugh. Hz. v. Portland. Gr. Howe.
Ordensbeamte. Prälat: Brownlow North, Bisch. zu Winchester. Canzler: J. Douglas, Bisch. v. Salisbury. Registrator: C. Manners Sutton, Bisch. v. Norwich. Erster Wappenkönig: Is. Heard, Ritter.

b) Der Bath-Orden (gestiftet 1399, erneuert 1725).

Der König ist Großmeister. Gegenwärtig sind 34 Ritter.

c) **Der Distel=Orden** (gestiftet 1540, erneuert 1703).
Auſſer dem Könige, als Großmeiſter, ſind noch 12 Ritter.

10) **Hohe Staatsbeamten in den übrigen zur brittiſchen Krone gehörigen Landen.**

a) In Schottland.

Lord Großſiegelbewahrer: Hz. v. Gordon. **Lord Geh. Siegelbewahrer**: Jam. Stew. Mackenzie. **Lord Regiſtrator**: Friedr. Campbell. **Vice-Admiral**: Lord Cathcart. **Lord Chef des Juſtizweſens**: Hz. v. Montroſe. **Lord Präſident der Sitzungen**: (Court of Session). Iley Campbell. **Lord Chef Baron des Schatzkammergerichts**: Jam. Montgomery. **Lord Groß=Conſtabel**: Gr. v. Errol. **Erbfahnenträger**: Gr. von Lauderdale. **Ritter-Marſchall**: Rob. Laurie. **Erb=Obriſthofmeiſter**: Hz. von Argyle. **Gen. Poſtmeiſter**: Th. Elder, Esq.

b) Irland.

Vice=König und Gen. Gouverneur: John Jefferies Gr. Camden.

Irland hat ſein eignes Parlement, welches ebenfalls in 2 Kammern abgetheilt iſt, nämlich das Oberhaus oder das Haus der Lords, und das Unterhaus, oder das Haus der Gemeinen. Ferner hat es einen königl. geh. Staatsrath, deſſen ſämmtl. Glieder hier anzuführen zu weitläuftig ſeyn würde.

Lord Canzler des Oberhauſes: John Gr. v. Clare.
Lord Primas des geh. Staatsraths: Gr. v. Carysfort. **Lord Canzler deſſelben**: Gr. v. Briſtol.
Canzley-Gericht. Präſident: Der Lord Canzler Gr. v. Clare.
Gerichtshof der königl. Bank. Präſident: (Lord Chief juſtice): Gr. v. Clonmell.
Gericht der gemeinen Prozeſſe. Präſident: (Lord Chief juſtice): Lord Carleton.
Lord Commiſſairs der Großſchatzmeiſterſtelle: Gr. v. Shannon. J. Parnell. Th. Pelham. J. Monck Maſon. Lodge Morres. Visc. Caſtlereagh. **Schatzkammergericht. Lord Chef Baron**: Lord Yelverton. **Königl. Rath. Erſter Sergeant**: Jam. Fitzgerald. **General-Fiscal**: (Attorney general) Arth. Wolf. **General=Procurator** (Sollicitor general): John Toler.
Erſter Staatsſecretair: Th. Pelham. **Unterſtaatsſecretairs** a) des Civil=Departements: Ed. Cooke, Esq. b) Des Militair=Departements: Will. Elliot, Esq.

c) Gouverneurs in America.

Ober Canada: Rob. Prescott, Gen. L. **Unter Canada**: Patr. Belleno, Gen. Maj. **Neufoundland**: W. Waldegrave, Vice=Admiral. **Neu=Braunſchweig** u **Neu=Schottland**: Rob. Prescott, Gen. L. **St. Johns**: Edm. Fanning, Esq. **Cap Breton**: W. M'Carmick. **Jamaica**: Gr. v. Balcarras. **Barbados**: G. Poyntz Ricketts, Esq.

Staatsbeamten der gröſſern Staaten. 31

Leewards Inſeln: L. Leigh, Gen. Maj. St. Chriſtoph: J. Hayman, Esq. Antigua: Mathews. Montſerrat: H. C. Selwyn, Esq. Virgin. Inſeln: J. Nugent, Esq. Grenada: C. Green. Dominica: H. Hamilton. Bahama Inſeln: Rob. Hunt, Esq. Bermudas: G. Peckwith, Esq. Tobago: Steph. Delancey, Esq. Martinique: Keppel, Gen.

d) Gouverneurs in Africa.

Vergebürge der gut. Hofnung: Gr. Macartney. Neu-Süd-Wales: John Hunter, Esq.

e) Gibraltar.

Gouverneur: C. O'hara, Gen. L. Unter-Gouverneur: T. Trigge, Gen. Maj.

Liguriſche Republik. (Genua).

Kleiner Freiſtaat in Italien, welcher ſich im 13n Jahrhundert Unabhängigkeit vom deutſchen Reiche erwarb, und durch Schiffahrt und Handlung reich und mächtig wurde. Wegen innern und äuſſern Streits gab er ſich 1396 in Frankreichs Schutz, darauf 1464 an Mailand. König Ludwig XII. v. Frankreich brachte Genua ganz unter ſeine Botmäßigkeit; aber 1528 ſtellte Andreas Doria die Unabhängigkeit der Republik wieder her, gründete jedoch darin eine ariſtokratiſche Regierungsform. Seit den lezten 4 Jahren, worin die Verhältniſſe gegen die kriegführenden Mächte den Staat in eine gefährliche Lage verſezten, brachten die inzwiſchen entſtandenen innern Streitigkeiten zwiſchen dem Adel und Volk eine Revolution hervor, wodurch die Alleinherrſchaft des Adels vernichtet, und die Staatsverfaſſung nach dem Muſter der franzöſiſch-republikaniſchen abgeändert wurde. Nach der am 2 Dec 1797 angenommenen neuen Conſtitution iſt der Adel gänzlich abgeſchafft. Das Gebiet der Republik, nachdem nun auch der gröſte Theil der ehedem ſogenannten kaiſerl. Leben damit vereinigt iſt, umfaßt gegenwärtig circa 100 Quadrat-Meilen mit 603,000 Einwohnern, und iſt in 16 Departemente vertheilt. Durch Aufhebung der Klöſter ſind die Einkünfte des Staats, welche in den lezten Jahren 1,500,000 Gulden betrugen, um 67,000 fl. vermehrt worden.

a) Das geſezgebende Corps

iſt in 2 Kammern vertheilt, und beſteht aus dem Rath der jüngern von 80, u. aus dem Rath der Alten von 40 Deputirten oder Volksrepräſentanten.

b) Die vollziehende Gewalt; Directorium.

Mitglieder: (5) Die Bürger-Directoren Molfino. Moglione. Littardi. Corvetto. P. Coſta.

Oeſterreichiſche Monarchie,
oder Kaiſerl. Königl. Staaten.

Flächeninhalt (vor dem Kriege mit Frankreich) 11,300 Quadrat-Meilen, mit circa 21 Millionen Einwohnern. Gewöhnl. Einkünfte: 85 Millionen Gulden. Die Verringerung dieſer Summen durch die Abtretung der Niederlande, der italiän. Beſitzungen ꝛc. wird durch die neuen Acquiſitionen eines groſſen Theils des ehemal. Polens (Weſtgallizien) u. beinahe des ganzen venetianischen Gebiets wieder ausgeglichen. Kriegsmacht nach dem voll aͤßigen Friedensſtand 300,000 Mann; nach dem Kriegsſtand circa 438,000 Mann. — Die **Staatsſchulden** wurden 1792 zu 500 Millionen Gulden angegeben. —

A) Kaiserl. Koͤnigl. Hofſtaat.

Obriſthofmeiſter: Georg Adam F. von Starhemberg, des goldn. Vl. R. u. St. Steph. O. Großkr. k. k. w. geh. R. Conferenz- und Staats-miniſter. **Obriſtküchenmeiſter**: Joach. Egon Ldgr. zu Fürſtenberg, k. k. w. geh. R. u. Caͤmmerer, auch erzherzogl. Oberſthofmeiſter **Obriſtſtaͤ-belmeiſter**: Leop. Eſtoph Jul. Rsgr. v. Schallenberg, k. k. w. geh. R. u. Caͤmmerer. **Obriſtſilberkaͤmmerer**: Phil. Gr. u. Hr. v. Edling, k. k. w. geh. R. u. Caͤmmerer. **Unterſilberkaͤmmerer**: Ludw. v. Hacque, nied. oeſterr. Landuntermarſchall. **Mundſchenk**: Ign. Edler v. Menß-hengen. **Hofprediger**: Raim. Zobel, ord piarum scholar Franz v. Bauernfeind. **Hof- u. Burgpfarrer**: Aloyſ. Langenau, Dr. der G. **Bibliothekar**: Gottfr. Fhr van Swieten, St. Steph. O. Command. u. k. k. w. geh. R. **Obriſthof- u. Landjaͤgermeiſter**: Franz Gr. von Hardegg-Glaz, k. k. w. geh. R. u. Caͤmm. des goldn. Vl. R. **Obriſt-hofmarſchall**: Ant. Gotth. Rsgr. Schafſgotſch genannt, des gold. Vl. R. k. k. w. geh. R. auch Obriſthofmeiſter der Kaiſerin. **Obriſtſtallmei-ſter**: Joh. Carl F. v. Dietrichſtein-Proskau, des goldn. Vl. R. k. k. w. geh. R. und Caͤmmer. **Viceobriſtſtallmeiſter**: Domin. Rsfuͤrſt von Kaunitz-Rittberg des goldn. Vl. R. k. k. w. geh. R. u. Cammer. **Obriſt-caͤmmerer**: Franz Gr. von Colloredo, des goldn. Vl. R. kaiſ. w. geh. R., Cabinets- u. Conferenzminiſter. **Hofmuſikgraf**: Ferd. Rsgr. von Kuffſtein, k. k. w. Kammer. **Leibmedici**: Anton Fhr v. Stoͤrk, M. Dr. Matth. Fhr v. Stoͤrk. Joſ. v. Veſpa. Joh. Ingenhousz. Joſ. Fhr von Quarin. Joſ. Edl. v. Habermann. **Geheimer Cammerzahlmeiſter**: Albert Edler v. Mayer, k. k. w. Hofr. und Direct. des k. k. Familiendepar-tements. **Beichtvater**: Joſ. Sumathing.

Garden. a) Erſte Arcieren Leibgarde (nebſt der galliziſchen, ihr einverleibten, Abtheilung).

Capitain: Joſ. M. F. v. Lobkowitz, Gen. FM., des goldn. Vl. u. des milit. Thereſ. O. R. k. k. w. Caͤmmer. u. w. geh. R. Inh. eines Chev. Leg. Regim. **Capitain-Lieutn.**: Camill. Gr. v. Lambertie, k. k. w. Cam-mer. Gen. FML. u. Gen. Adjut. des Kaiſers **Oberlieutnants**: Joſ. Gr. v. Sieraskowsky, k. k. w. Caͤmmer. u. Gen. Maj. Gottfr. Fhr von Warnsdorf, k. k. w. geh. R. Caͤmmer. u. Gen. Maj. **Unterlieutnant**: Carl Fhr v. Leyſſer, k. k. w. Caͤmmer. u. Oberſt. ſodann 1 Prem. Wacht-meiſter, 4 Second-Wachtmeiſter nebſt 1 Supernumeraire, u. 59 Gardes, theils Rittmeiſters, theils Ober- u. Unterlieutnants. — **Galliziſche Abtheilung.** 1 Prem. Wachtmeiſter, 2 Second-Wachtmeiſter und 30 Gardes.

b) **Ungar. adel. Leibgarde. Capitain**: vacat. **Capitain-Lieutn**: Mich. Fhr v. Spleny, Gen. FML. und Obriſt eines Huſar. Re-gim. **Premierlieutnant**: Nic. F. Eſterhazy v Galantha, St. Steph. O. Großkr. k. k. w. geh. R. Camm. u. Gen. Maj.. **Secondlieutn.**: Joſ.

Staatsbeamten der gröſſern Staaten. 33

Joſ. v. Szarwaſſi, des milit. Mar. Thereſ. O. R., k. k. Obriſt. Hienächſt 2 Premier u. 4 Second-Wachtmeiſter u. 70 adel. Gardes.

 c) **Trabanten-Leibgarde. Hauptmann**: Carl Fürſt v. Auersberg, des gold. Vl. u. milit. Mar. Thereſ. O. R. Gen. FML., k. k. w. geh. R. u. Cämmer. **Capitain-Lieutn.**: Wenz. Edler v. Müllern, Obriſt. **Oberlieutnant**: Joh. v. Schmidt, Obriſtl. Hienächſt 1 Premier- und 4 Second-Wachtmeiſter, und 80 Gardes.

 Geh. Cabinet. Cabinetsminiſter: Franz Gr. v. Colloredo, ſ. ob. **Geh. Cabinetsſecretair**: Franz Steph. Edler v. Cronenfels, Rs-Ritter, w. Hofr.

 Obriſthofmeiſter der Kaiſerin: Ant. Gotth. Gr. v. Schafgotſch, ſ. ob. **Obriſthofmeiſterin**: Antonia verw. Gräfin Wratislaw von Mitrowitz, St. Cr. O. D. Dames du palais: 52.

 Des Königl. Erbkronprinzen Erzherzog Ferdinands Aya: Mar. Anna Gräfin v. Würben, St. Cr. O. D.

 Ter Erzherzogin Mar. Ludovike Obriſthofmeiſterin: Joſ. Gräf. v. Chanclos, St. Cr. O. D.

 Der beiden Erzherzoginnen Mar. Caroline u. Leopoldine Aya: Mar. Anna Gräf. v. Würben, ſ. ob.

 Des Erzherzog Carls, (Gouverneurs des Königr. Böhmen) **Adjutanten**: Gr. v. Wratislaw, k. k. w. Cämmer. Obriſtl. u. Generaladj. v. Delmotte, Rittmeiſt. u. Adjut.

 Der übrig. Erzherzoge (Brüder S. kaiſ. Maj.) **Ajo**: Franz Aloys Fhr v. Hager, Gen. FML. St. Eliſab. O. R. k. k. w. geh. R. u. Cämm. **Officiers**: M. J. v. Derichs, Obriſtl. Herm. Gr. v. Mottet, Maj. M. Fhr v. Uraka, Obriſtl. Ferd. Gr. v. Laurencin, Obriſtl. Joh. Nepom. v. Plodeck, Obriſtlieutn.

 Der Erzherzogin Mar. Anna (zu Prag) **Obriſthofmeiſter**: Wenzl Henninger Fhr v. Eberg, k. k. Cämm. u. geh. R.

 Der Erzherzoginn Amalie Obriſthofmeiſter: Vinc. Gr. von Straſoldo, k. k. w. geh. R. u. Cämmer. **Obriſthofmeiſterin**: Eliſab. Carol. Gräf. Duhour Dombaśle, geb. Gräf. du Puy, St. Cr. O. D.

 Der Erzherzogin Mar. Eliſabeth (zu Inſpruck) **Oberhofmeiſter**: Leop. Gr. v. Spaur, k. k. w. Cämm.

 (**Der franzöſ. Prinzeſſin Oberhofmeiſter**: Pr. v. Gavre. **Oberhofmeiſterin**: Gräfin v. Chanclos.)

B) Das in den höchſten und hohen Hof- und Landesſtellen und Staatsbedienungen in Wien angeſtellte Perſonale.

 1. **K. K. Staatsrath in inländiſchen Geſchäften. Glieder des Staatsraths**: Leop. Krakowsky Gr. v. Kollowrat, des gold. Vl. R. u. des St. Steph. O. Großk. k. k. w. geh. R., Cämmer. u. dirig. 1ter Staatsminiſt. Jud. T. A. J. Fhr v. Reiſchach, des St. Steph. O. Großk. k. k. w. geh. R. Cämm. u. Staatsminiſter. Carl Gr. von Zinzendorf u. Pottendorf, des teutſch. O. R. u. Rathsgebietiger der Ballen Oeſterr. und Commenth. zu Laibach, k. k. w. geh. R. Cämmer. und Staatsminiſt. Leop. Gr. v. Clary u. Aldringen, k. k. w. geh. R., Cäm-

H. B. 2r Thl. 1798.   C

merer und Staatsminister. Heinr. Franz Gr. von Rottenhan, St. Steph. O. Großkr. k. k. w. geh. R. Cämmer. u. Staatsminist. Fr. Fhr v. Eger, k. k. w. geh. R. u. Staatsrath. Jos. v. Izdenczy, v. Monostor St. Steph. O. Command. und Schatzmeister, w. Staatsrath. Ludw. v. Türkheim, St. Steph. O. R. k. k. w. geh. R. u. Staatsrath. Joh. Ant. Edler v. Vogel, Staatsrath.

Staatsraths-Canzley. Director: Jos. v. Grohmann, k. k. w. Hofr. Secretairs: Steph. v. Rayner. Ant. Edler v. Seidel.

2. Geh. Hof- u. Staats-Canzley der auswärtigen Geschäfte. Minister: Franz Fhr v. Thugut, St. Steph. O. Großkr. u. k. k. w. geh. R. Wirkl. Hofräthe u. geh. Staats-Officialen: Egid. Fhr. v. Collenbach. Bernh. v. Jenisch. Carl Daiser v. Sylbach. Joh. v. Müller. Hofsecretarien: Andr. Tassara. Ign. Stürmer, Hofdollmetsch. Jos. Edl. v. Heldfeld. Lamb. Jos. Hürez. Registrator: Franz Ant. von Keßaer. Expeditor: Ant. Jos. Edler v. Hillebrand, k. k. R.

3) K. K. Böhmisch- u. oesterreichische Hofkanzley (in politischen u. Justiz-Angelegenheiten). Böhm. oberster u. oesterreich. erster Kanzler: Procop. Msgr. v. Lazansky, k. k. w. geh. R. u. Kämmerer. Präsident in Justizangelegenheiten: Carl Ant. Fhr von Martini, k. k. w. geh. R., des St. Steph. O. R. Vicepräsidenten: Jos. Fhr v. der Mark, w. geh. R. Joh. Bapt. Fhr v. Schloißnigg, des St. Steph. O. R., k. k. Truchseß, u. Canzler des Ord. vom gold. Vl. Hofräthe: Jos. v. Koller. Franz Salef. v. Greiner. Joh. Melch. Edler v. Birkenstock. Joh. Jord. Fhr v. Pöck. Leop. Fhr v. Haan, des St. Steph. O. R. Franz G. Edler v. Keeß, des St. Steph. O. R. u. k. k. Truchseß. Jos. v. Sonnenfels. Jos. Hyac. v. Froidevo. Jos. v. Schmidfeld. Ign. Edler v. Rüstel. Joh. v. Grohmann, s. ob. Staatsrathscanzley. Felix Fhr v. Stupan. Jos. v. Aichen. Joh. Aloys Gayer v. Ehrenberg. Ferd. v. Fechtig. Ant. Gr. v. Colloredo, k. k. Cämmerer. Leop. Edl. v. Moßbach. Pet. Gr. v. Blümegen, k. k. Cämmer. Leop. Ottm. Günth. Fhr v. Sternegg, k. k. Truchseß. Jos. Edler von Pitreich. Joh. Nep. v. Geißlern. Hofsecretaire: J. B. Edler v. Hackher zu Hart. Leonh. Fhr von Hentschel. Heinr. Edler v. Capitolo, Rs. Ritter. J. Fr. Fischel. Andr. Lauser. Jos. Edl. v. Retzer. Jos. Stanisl. Edler von Smitmer. Franz X. Schleichart v. Wiesenthal. Franz Andr. Wohlgemuth. Joh. Debrois, Dr. der Philos. Amad. v. Sacken. Phil. Stahl. Einreichungs-Protocolls-Director: J. J. Lenz, w. Hofsecret. Expeditions-Director: Ferd. H. Rgehaczeck, Hofsecret.

4. Königl. ungarischer Hofrath u. Hofcanzley. Hofcanzler: Carl Gr. Palffy v. Erdöd, des goldn. Vl. R. u. St. Steph. O. Großkr. k. k. w. geh. R. u. Cämm. u. des Königr. Ungarn Oberhofinst. Vicecanzler: Jos. Gr. Csacky von Keresztszegh, k. k. w. geh. R. und Cämm. Hofräthe v. geistl. u. Herrenstande: Pet. Petrovics, griechisch nicht unirter Bisch. zu Temeswar. Jos. Gr. Palffy v. Erdöd, k. k. Cämmer. Paul Rosos v. Szentkiraly-Szabadgya, Bisch. zu Ansara. Hofräthe v. Ritterstande: Mich. v. Mikoß, St. Steph. O. R. Mich. v. Blasics. Sigism. Lovasz v. Eötvenes, St. Steph. O. Command. Ludw. Boros

Staatsbeamten der größern Staaten. 35

von Rakoß. Jos. Lanyi. Franz Bedecovics von Komor. Joh. Somogyi v. Medgyes. Steph. Gyürky v. Losoncz. Räthe und Hofsecretäre: Jos. v. Gaßner. Jos. v. Pavics, auch Expeditionsdirect. Paul Szlavy r. Erkenez. Jos. von Jassiwitz. Joh. von Polocschay. Alex. von Neverl. Gregor. v. Szabav. Ad. v. Fabianics. J. Barthodciszky v. Ratk u. Salamonfa. Nic. v. Piacsek. Steph. v. Orban. Sabbas v. Töckely. Franz Markowiczky de Eadem, Protoc. Dir. Jos. Gr. Sigray v. Felsö et Also Surany.

5. **Siebenbürgische Hofcanzley.** Hofcanzler: Sam. Gr. Teleky v. Szek, k. k. w. geh. R. u. Cämmer. Hofräthe: Joh. Nep. Gr. Esterhazy v. Galantha, k. k. w. geh. R. u. Cämmer. Franz Nedl v. Rottenhausen. Joh. v. Cronenthal. Joh. Somlyai v. Csikfomlyo. Räthe u. Secretarien: Dan. Fab. von Vorberek. Dan. von Heinrich. Franz Csüdör de Nyujtod, zugl. Registratur-Director. Geo. Felszegi de Kézdi Almás, zugl. Exped. Direct. Andr. v. Galy. Jos. Dósa v. Makfalva, zugl. Protoc Direct.

6. **Italiänische Hofkanzley.** Hofkanzler: Joh. Phil. Rsgr. von Cobenzl, des goldn. Vl. R. u. des Steph. O. Großkr. w. geh. R. niederl. adl. Staatsrath, auch Conferenzminiſtr. Director der Giunta aulica: Leop. v. Giulani, w. Hofr. Räthe u. Beisitzer der Giunta: Joh. Fortun. Molinari. Jos. v. Pellegrini. Carl de Ré. Official Major u. Archivar: J. G. Obermayer, k. k. Rath. Secretarien: Jos. Fhr du Beune Malschamps. Ant. v. Bianchi. Aloys v. Giuliani.

7. **Gallizische Hofkanzley.** Hofcanzler: Jos. Rsgr. Mailath v. Székhely. Vice-Hofcanzler: Franz Rsgr. v. Woyna, k. k. w. geh. R. Hofräthe: A. Lewinsky v. Lewin. Rud. v. Lyro. J. F. Ergellet. F. L. v. Fürstenbusch. Franz X. Fhr v. Pillersdorf. Ant. v. Baldacci. Barth. Golaszewsky. Hofsecretäre: Vinz. Towara. F. S. Begatis. C. Edler v. Seydel. A. v. Widmann. J. Stainer.

Hohe Finanz-Collegia.

8. **K. K. Hofkammer-Finanz- u Commerzhofſtelle.** Finanzminiſter u. Hofkammer-Präsident: Franz Rsgr. v. Saurau, k. k. w. geh. R. u. Cämmerer. Vice-Präſidenten: Bernh. Rsfreihr von Deglmann, k. k. w. geh. R. — Pet. Gr. v. Revay, k. k. w. geh. R. Hofräthe: C. Fhr. v. Bartenstein. J. B. Fhr v. Hertelli. Ant. Fr. Fhr v. Maiern. Wolfg. v. Kempelen. Andr. Semsey de Eadem. Franz Ant. Fhr v. Sonnenfeld, k. k. Truchseß. Franz Ant. v. Kranzberg. Jos. von Mehessy. F. X. Ofiwalder. J. F. v. Strobl. Jos. Gr. u. Hr. v. Pergen. Joh. Jos. v. Erben. C. Nikl Edler v. Nikelsberg. Joh. Gr. von Herbenſtein-Möltke. Hofsecretäre: Jos. v. Waiz. Ph. v. Scio. Ferd. v. Moser. Joh. v. Probſt. Alex. Fhr Podmanitzky v. Aszjod, k. k. Rath. J. F. Ratschky. W. Edler v. Ankerberg. Jos. v. Streinsberg. Nic. von Winkhler. J. Breidfellner Edler v. Breitenstein. Jos. Bosy. X. Frech Edler v. Ehrimfeld. Jos. v. Czech. Einreichungs-Protocolls-Director: L. Fhr v. Bolza. Registratur-Director: C. J. Kriegl.

9. **General-Hoftax- u. Expedits-Direction.**

C 2

Diese besorgt die Geschäfte der k. k. Hofkammer-Finanz- und Kommerzhofstelle, der österreich. galliz. u. ungar. Hofkanzleyen, der obersten Hofämter und Hofstäbe, des Hofkriegsraths und der demselben untergeordneten Aemter, dann der Hofkammer in Münz- und Bergwesen.
Director: Carl Kurländer v. Kornfeld, niederösterr. Reg. R. **Hoftaxatores** u. erste Adjuncten: P. B. v. Bolza. F. Zozel. J. Lenner v. Waldberg, k. k. Rath. E. Fleck. Gen. Taxeinnehmer: M. Kunst. **Controleurs:** J. v. Mazur. J. B. Kallinger. L. Russinger. A. Krenner.

10. **Hofkammer im Münz u. Bergwesen.** Vicepräsid.: Joh. Gottl. Rsgr. v. Stampfer, k. k. geh. R. Carl v. Schloisnig, Hofr. Jos. Edl. v. Leithner, Hofr. Ant. Rupr. von Eggenberg, Hofr. Franz Carl Wißgrill, Bergr. **Hofsecretaire:** C. Ettmeyr, auch Protocolls-Director. Thadd. Peithner Edl. von Lichtenfels. Jos. Kropatscheck. J. B. v. Cronberg, Registraturs- u. Expeditsdirector.

11. **Obriste Staats-Controle.** Präsident: ... **Hofräthe:** Ludw. v. Schotten. Jos. v. Lischka. Georg Adelb. von Berkhen. Dan. Baals. Carl Fhr von Schimmelfenning. Carl Max. v. Eder. Cstian Weikhart. Phil. Gr. v. Herberstein. **Hofsecretarien:** Joh. H. Wenz. v. Wallenfeld. J. G. Fischer zugl. Registraturs- und Expeditsdirector. Jos. Bongard. Joh. Nep. v. Braun.
Der obristen Staatscontrolle sind die verschiedenen Staatshauptbuchhaltungen untergeordnet, als a) die Staats-Central-Hauptbuchhaltung, b) die Hauptbuchhaltung in cameralibus, in Hungaricis & Transsilvanicis, in militaribus, in bancalibus &c.

12. **Obrist-Hof- u. General-Erbland-Postamt:** Joh. Wenz. F. v. Paar, Hof- u. Gen. Erbland-Postmeister.

13. **Hofkriegsrath** (in publicis, oeconomicis et justicialibus). **Präsident:** ... **Hofkriegsräthe:** Ferd. Gr. v. Tige, k. k. w. geh. R. Gen. der Cav. und Obr. eines Drag. Regim. Carl Fhr von Lilien, Gen. FML. u. Obrist eines Drag. Regim. C. v. Stangel, Gen. FWM. Joh. Fhr v. Herbert Rathkeal, Gen. FWM. Joh. Fhr Froon v. Kirchradt, Gen. FWM. **Hofräthe:** Sigm. v. Webern. Phil. v. Kolb. Rud. Edl. von Kraus. Pet. v. Auernhamer. Jac. v. Schloisnigg. Franz v. Gerstenbrand. Joh. Bapt. v. Lang. Franz Edl. v. Zwerenz. Ign. Matll v. Löwenkreuz. Franz Jos. Kichler. Thom. Edler von Orlandini. **Hofkriegssecretarien:** Ign. Brandesky. Joh. Machowetz. Carl Gottschligg. G. Piezell de Kötschwitz. Jos. Holzmeister. Joh. Fr. von Saar. Jos. Schouppe. Franz Edl. v. Scharf. Ant. v. Annaker. Ign. v. Schmelte. Gabr. Edl. v. Concin. Joh. Geo. Karst. B. Grünn. Jos. Edler v. Floch.

C) Höchste Chargen und Instanzien in den einzelnen k. k. Erblanden insbesondere.

1) Ungarn und Siebenbürgen.

Die Regierungsgeschäfte in Ungarn werden durch die Reichs- oder Landtage (Versammlung der Reichsstände) die ungar. Hofkanzley in Wien, den königl. Statthalterey-Rath, die königl. Kammer, die Gespannschaften, den Senat der kön. Freistädte und durch die herrschaftl. Gerichtsstühle besorgt.

Staatsbeamten der gröſſern Staaten.

Die Reichsſtände werden in 4 Claſſen abgetheilt a) die Prälaten (2 Erz-biſchöfe und 26 Biſchöfe) welche die vornehmſten geiſtl. Würden des Reichs bekleiden. b) Die Magnaten, und zwar die gröſſern, welche, da ſie die vornehmſten weltl. Würden bekleiden, hierunten angeführt werden, und die kleinern, nemlich die Grafen und Obergeſpanne, worunter der Presburger Obergeſpann und die 2 Kronhüter die vorderſten ſind. c) Die Edelleute. d) Die königl. Freiſtädte.

Das vornehmſte Juſtizcollegium iſt das adel. Obergericht in Peſt, welches a) in die königl. Tafel (Tabula regia) darin der Perſonal (Perſonalis praeſentiae regiae) präſidirt, und b) in die Tafel der 7 Männer (Tabula ſeptemviralis) zu Peſt, deſſen Präſident der Palatin iſt, abgetheilt iſt. Beide ſprechen über das, was durch Appellation an ſie gelangt, und über alle wichtigen Sachen des Adels. Auſſerdem ſind 4 Diſtricts-Gerichtsſtellen (Tabulae diſtriᵰuales) nemlich 1 diſſeits, 1 jenſeits der Donau, 1 diſſeits und 1 jenſeits der Teiſſe. Sodann die Bannal-Gerichtstafel in Croatien; und die Gerichtstafel der Königr. Croatien, Dalmatien und Slawonien.

Vornehmſte weltl. Aemter a) im Königreich Ungarn.

a) Die gröſſern Magnaten: Palatinus u. kön. Statthalter: Joſeph kön. Pr. v. Ungarn u. Böhmen, Erzhz. v. Oeſterreich ꝛc. Obriſt-Hofrichter (judex curiae): Pet. Vegh de Eadem, des St. Steph. O. Commenth. k. k. w. geh. R., der baraeyer Geſpannſchaft Obergeſpan, Mitrichter (Co-judex) der Septemviraltafel. Banus (oder Statthalter) v. Croatien, Dalmatien u. Slawonien: Johann Gr. Erdödy v. Monyorokerek, Ober-Erb-Hauptm. des Schloſſes und der Grafſch. Waraſdin, k. k. w. geh. R. Gen. der Cav. u. der Banalgerichtstafel Präſident. Der kön. Schazmeiſter: (tavernicorum regalium magiſter) Franz Szents-Jvanyi de Eadem k. k. geh. R., des ſaroſcher Comitats Obergeſpan, auch Rath der kön. Statthalterey, und Mitrichter (Co-judex) der Septemviral-Gerichtstafel. Obriſt-Thürhüter: (janitorum magiſter) Leopold Gr. Palfy von Erdöd, Erbhr in Vöröskö, des poſener Comitats Obergeſpan, auch Rath der kön. Statthalterey und Mitrichter bey der Septemviralgerichtsſtelle. Obriſt Hofmarſchall (Magiſter curiae): Carl Gr. Palfy von Erdöd, Erbhr in Vöröskö, des gold. Vl. R. u. St. Steph. O. Canzler, des poſner Comitats Obriſt Erbgraf, u. des poſener Schloſſes Obriſt-Erb-Hauptmann, k. k Kämmer. u. geh. R. Obriſt-Mundſchenk: Franz Gr. Zichy de Vaſonkeö, k. k. w. geh. R., des weſprimer Comitats Obergeſpan. Obriſttruchſeß: Joſeph Georg Gr. von Bathyan, Erbhr in Nemeth-Ujvar, des neograder Comitats Obergeſpan, k. k. Kämmer. u. w. geh. R. Obriſtſtallmeiſter (Agazonum regal. magiſter): Joſeph Gr. Keglevics de Buzin, des St. Steph. O. Commenthur, k. k. Cämmer. des torner Comitats Obergeſpan. Obriſtkämmerer: Joſeph Gr. Eſaky v. Kereßtßegh, Erbhr v. Zips, des zypſer Comitats Erbobergeſpann, der kön. ungar. Hofcanzley Vicecanzler, k. k. w. geh. R. Capitain der k. ungar. Leibgarde: vacat. Kronhüter (2): Mich. Gr. v. Nadasdy, Erbhr zu Fogaras, des komorner Comitats Obergeſpann, k. k. w. geh. R. u. Kämmerer. Der 2te: vacat.

b) Königl. ungar. Statthalterey-Rath. Kön. Statthalter:

Der Palatinus Erzhz. Joseph v. Oesterreich. Präsident ebenfalls der Palatin. Statthalterey-Räthe aus dem geistl. Stande: Joseph, Erzbisch. zu Gran, Cardinal u. Rsfürst, aus dem gräfl. Hause v. Batthyani ꝛc. Anton Mandich, pristinenser Bischof, Abt v. Szent Jobb ꝛc. Dan. Mitterpacher, Bischof zu Skutary. Räthe aus dem Herrenstande: Pet. Vegh. ꝛc. k. ungar. Obristhofmeister, s. ob. Paul Almassy de Zsadany u. Török ꝛc. Ladisl. Fhr Orczy de Eadem, k. k. Cämmer. u. w. geh. R. kön. ungar. Vice-Schatzmeister, der ungar. Hofkammer Vicepräs., der abanjvarer Gespannschaft Obergespan. Joh. Fhr Miednyansky de Megyes, k. k. Cämmer. Jos. Fhr v. Podmanyiczky. Jos. Fhr v. Püchler. Jos. Gr. Majlath v. Szekhely. F. Gr. Barkoczy de Szala, k. k. Kämmer. Joseph Gr. Esterhazy v. Galantha. Räthe aus dem Ritterstande: F. Darvas v. Nagy-Reth, Canzleydirector. Jos. Klobusiczky de Eadem. Steph. Vegh de Eadem. Joh. Latinovics v. Borsod. P. Zerdahelyi v. Nitra Zerdahely. Jos. Boros v. Rakos. Joh. v. Mihalcovics. G. S. Lakits.

c) Kön. ungar. Hofkammer. Präsident: Alex. v. Szecsen, k. k. w. geh. R., des Königr. Ungarn Schatzmeister u. der kreutzer Gespannsch. Obergespann. Räthe aus dem Herrenstande: Joh. Rsgr. Hadik v. Futak, k. k. Kämmer. Räthe aus dem Ritterstande: Dan. v. Terstyansky, zugl. Cameral-Archivs-Director, u. Referent in Bergsachen bey der Septemviraltafel. Gabr. v. Stettner. Ph. C. Delleveaux. Joh. Nemeth v. Nyek, zugl. Director in königl. Angelegenheiten und Kronfiscal. F. X. Fhr v. Schönstein. F. S. Takacs v. Kiß-Joka. C. v. Bikkessi. L. Esech v. Czabay. Ant. v. Orlandiny.

b) in Siebenbürgen.

Auch das Großfürstenth. Siebenbürgen hat seine Stände, welche in Absicht auf den Charakter in Prälaten, Magnaten und Edelleute eingetheilt sind. Diese Stände, deren Versammlungen (Landtage) zu Hermannstadt gehalten werden, haben in Vereinigung mit dem Landesherrn die Macht, Gesetze zu geben und abzuschaffen, Steuern zu erheben und Ausländer unter die Bürger aufzunehmen. Alle übrigen Hoheitsrechte übt der Landesherr allein aus, und fertigt die Edicte durch die siebenbürg. Hofkanzley zu Wien (s. ob.) aus.

Das landesherrl. Gubernium (zu Hermannstadt) besteht aus dem kön. Gouverneur, jetzt Georg Gr. v. Banffy de Losonz, und 12 Räthen, zu denen aus jeder der berechtigten 4 Religionen 3 genommen werden.

Das höchste Justizcollegium ist das Appelationsgericht (Tabula regia judiciaria) daselbst; und die Geschäfte der Finanzverwaltung besorgt die ebenfalls in Hermannstadt eingerichtete Königl. Kammer.

2. Böhmen.

Wenn gleich der König von Böhmen Churfürst des deutschen Reichs ist, so ist das Königreich doch zugleich ein unumschränktes Erbreich und ein Theil der oesterreich. Monarchie. — In Böhmen sind 4 Stände, die Prälaten, die Herren, (worunter Fürsten, Grafen und Freiherrn verstanden werden) die Ritter und die Städte. — Die Regierungsgeschäfte in Civilsachen werden durch das Landesgubernium in Prag, und andere demselben beigeordnete hohe Collegia besorgt. Die böhmische Hofcanzley in polit. und Justizangelegenheiten ist in Wien und mit der oesterreich. Hofcanzley vereinigt; so wie auch der k. k. Hofkammer, Finanz- und Commerzhofstelle in Wien die böhmischen, dahin gehörigen Sachen, untergeordnet sind. — Die Militairsachen sind von dem Generalmilitairgouvernement abhängig.

a) K. K. Landesgubernium (in Prag). Obristburggraf und Präsident: Franz Wenz. Kager Rsgr. v. Stampach, Hr auf Linz, Lust ꝛc. k. k. w. geh. R. u. Cämmerer, zugl. Präsid. der militär. u. geistl. Hofkommission u. s. w. Vicepräsident: Joseph Rsgr. Wratislaw von Mitrowitz, des Malthes. O. R. k. k. w. Kämmerer u. Hofr. auch Vicepräsid. der geistl. Hofcommission, Beisitzer der Militairhofcommission u. Stadthauptmann zu Prag. Hienächst 17 Gubernial-Räthe, 17 Gubernialsekretäre ꝛc.

Geistl. Commission: Präsident: Rsgr. v. Stampach, s. ob. Vicepräsident: Jos. Gr. Wratislaw, s. ob.

Militair-Commission. Präsident: Rsgr. v. Stampach, s. ob.

Obristhoflehenrichter: Joh. Adolph Rsgr. v. Kaunitz.

Unterkämmerer der k. Leibgedingstädte: Joh. Nep. Rsgr. von Sternberg.

Landes-Unterkämmerer der k. Freystädte: Joh. Marzell Fhr v. Hennet.

Obristlandjägermeister: Adalbert Rsgr. Czernin v. Chudenitz.

Staatsgüter-Administration. Administrator: Joh. Jos. von Beierweck, k. k. Gubernialrath.

Stadthauptmannschaft und Polizeyoberdirection. Stadthauptmann: Jos. Rsgr. Wratislaw, s. ob.

Staatsbuchhaltung. Buchhalter: F. J. Boleslawsky.

Kammerzahlamt u. weltl. Stiftungshauptcasse. Zahlmeister: J. Chwalowsky.

Landes Oberbau-Director: F. L. Herget.

Landes-Wege-Director: Jos. Fhr v. Born, k. k. Obristwachtmeister.

Landes-Ausschuß der Stände. Director: Rsgr. v. Stampach, s. ob.

Erbsteuer-Hofcommission: Präsident: Rsgr. v. Stampach, s. ob.

Kreis-Aemter. Böhmen ist in 16 Kreise getheilt; jeder hat einen Kreishauptmann, welchem etliche Kreiscommissairs ꝛc. zugeordnet sind.

Ober-Postamts-Verwalter: Jos. Pruckmayer.

Bancogefällen-Administration. Administrator: Franz Schreckhausen, Gub. R.

b) General-Militair-Gouvernement (in Prag). Gouverneur u. General-Capitain: Carl, k. Pr. v. Ungarn u. Böhmen, Erzhz. v. Oesterreich, des gold. Vl. R. des milit. Mar. Theres. O. Großkr. k. k. und Rs. Gen. FM. Inhab. eines Inf. Regim. —

Diesem Gouvernement sind untergeordnet: Das Generalcommando; die Feldkriegscanzley; das Kriegs-Commissariat; General-Auditoriat; Militärverpflegsdepartement; die Kriegscasse; das *judicium delegatum militare mixtum*; die Festungscommandi; Geniedirectionen ꝛc.

c) Appellations- u. Criminal-Obergericht (in Prag). Präs

dent: Der Obristlandhofmeister im Königreich Böhmen, Joh. Wenzl Rsgr. v. Sport, des St. Steph. O. Großkr., k. k. Kämmerer u. w. geh. R. Vicepräsident: Franz Dam. Fhr Karg v. Bebenburg, k. k. w. Kämmerer. Hienächst 17 Appellations-Räthe, 4 Appell. Secretäre u. f. w.

d) K. K. Landrecht in Böhmen. Präsident: Der Obristlandrichter Franz Joh. Bieschin Fhr v. Bieschin, Hr. auf Woykow, k. k. w. geh. R. u. Cämmer. Vicepräsident: Ad. Franz Fhr v. Escherich. Hienächst 13 Landrechts-Räthe, 11 Auscultanten, 6 wirkl. Secretaire u. f. w.

Fiscalamt. Hofcammerprocurator: J. F. Gamperle, Dr. der R., k. k. Gubern. R., Vicehoflehenrichter ꝛc. Hienächst 4 Adjuncten ꝛc.

e) Erb-Aemter des Königr. Böhmen. Erbhofmeister: F. u. Gr. Kinsky v. Whinitz u. Tettau. Erbtruchseß: F. u. Gr. Colloredo. Erbmundschenk: Grafen Czernin v. Chudenitz. Erbvorschneider: Grafen v. Waldstein u. Wartemberg. Erbküchenmeister: Gr. Wratislaw v. Mitrowitz. Erbschatzmeister: Gr. v. Swrtby. Erbsilberkämmerer: Franz Wenzl Alter Gr. v. Salm-Reifferscheid. Erbpannier des Ritterstandes: Ritter Worzikowsky v. Kundralitz. Erbthürhüter: Fhrn Mladota v. Solopisk.

3) Mähren und Schlesien.

Die hohen Landes-Collegia für beide Länder sind vereinigt und deren Sitz ist zu Brünn.

a) Mährisch- u. schlesisches Gubernium. Gubernator: Aloys Rsgr. v. u. zu Ugarte, Hr der Hrsch. Jaisspitz, k. k. w. geh. R. u. Kämmerer; zugleich Präsident der Militair- und geistl. Hofcommission für Mähren u. Schlesien, auch Landeshauptm. u. Director der mährischen Herren-Stände. Hienächst 11 Gubernialräthe, 1 Protomedicus, 13 Gubernialsecretäre.

b) Mährisch-schlesisches Appellationsgericht. Präsident: Der Obristlandkämmerer in Mahren Joh. Bapt. Rsgr. von Mitrowsky Hr auf Zadlowitz ꝛc. k. k. geh. R. u. Kammerer. Der Appellationsräthe sind 10.

c) Landrechte. Präsident: Der Obristlandrichter J. Nep. S. Bukuwka Fhr v. Bukuwky, Hr auf Wczellnitz ꝛc. k. k. geh. R. Hienächst 10 Landrechtsräthe, 4 Secretäre.

4) Ostgallizien (und Lodomirien).

a) Landesgouvernium. Gouverneur: Joh. Jac. Rsgr. von Gaisruck Fhr auf Puchenstein, Hr der Hrsch. Osterwics, Erlachstein und Rässina, k. k. w. geh. R. u. Kämmerer. Vicepräsident: Joh. Gr. von Trautmannsdorf, k. k. w. Kämmerer u. Hofr. Hienächst 13 Gubernialräthe, 12 Gubernialsecretäre.

b) Appellationsgericht. Präsident: Joh. Caf. Rsgr. v. Deym, Fhr v. und zu Strittetz, k. k. w. geh. R. und Kämmer. Vicepräsident: Marc. v. Urbansky. Hienächst 18 Appellationsräthe, 3 Sekretäre.

Staatsbeamten der grössern Staaten. 41

c) **Landrechte** 1) zu **Lemberg**. Präsident: Stanisla v. Kotlewo Grzembsky. Hienächst 22 Räthe, 5 Auscultanten, 6 Sekretaire. 2) zu **Tarnow**. Präsident: Ph. J. Gr. v. Sweerts-Spork, k. k. w. Kämmerer. Hienächst 10 Räthe, Fiskaladjunkt, 2 Sekretaire. 3) Zu **Stanislawow**: Präsident: Ign. v. Skwarzinsky, k. k. w. geh. R. Hienächst 7 Räthe, 2 Auscultanten, 3 Sekretaire.
Fiskalcollegium in Lemberg. Fiskus: G. Oechsner, w. Gub. R.

5) **Westgallizien.**
a) **Einrichtungshofcommission**. Hofcommissär: Joh. Wenz. Fhr v. Margelik, des k. k. Landesguberniums u. der geistl. Hofcommission Vicepräsident, der Militairhofcommission Beisitzer, k. k. w. geh. R. des St. Steph. O. R. Hienächst 7 Gubernialräthe; 1 Einrichtungshofsecretär; 9 Gubernialsecretäre rc.
b) **Appellationsgericht**. Präsident: Nic. de Urbansky, k. k. w. geh. R. Vicepräsident: Franz Fhr v. Wittorf und Hohendorf. Hienächst 10 Räthe; 2 Sekretäre.
c) **Landrechte** 1) zu **Krakau**. Präsident: Joh. F. v. Nikorowicz k. k. w. geh. R. Hienächst 7 Räthe, 3 Auscultanten, 2 Secretaire. 2) Zu **Lublin**. Präsident: Ign. v. Pietrusky. 7 Räthe; 1 Auscultant; 1 Sekretär. **Fiskalcollegium in Krakau**. Fiskus: J. Winz. Ruziczka v. Rosemwerth.

6) **Nieder-Oesterreich.**
a) **Appellations u. Kriminal-Obergericht in Nied. Oesterreich ob u. unter der Ens** (zu Wien). Präsident: Ludw. Rsgr. v. u. zu Lehrbach, k. k. w. geh. R. u. Kämmerer. Hienächst 16 Appellationsräthe, 3 Sekretäre rc.
b) **Landrechte**. Präsident: M. W. Edler v. Haan, k. k. w. geh. R. u. nied. östr. Oberstlandrichter. Vicepräsident: Ant. Eberl v. Ebenfeld, zugl. des k. k. Wechsel- u. Merkantilgerichts Präses. Hienächst 16 Landräthe; 8 Secretäre rc.
c) **Niederöstr. Landschaft**. Landmarschall: Ludw. Rsgr. von Cavriani, Hr zu Unterwaltersdorf, Schöngrabern rc. k. k. w. geh. R. zugleich Präsident der Hofcommission in Gesezsachen. Landuntermarschall: Ludw. v. Hacque, Hr der Hrsch. Karnebrun rc. k. k. w. Silberkämmerer u. Truchseß.

7) **Oesterreich ob der Ens.**
a) **Landesregierung**. Präsident: Aug. Rsgr. v. u. zu Auersperg Hr auf Neu- u. Alt-Burgstall, k. k. w. geh. R. auch Präsident der Landrechte u. der Herrenstände in Oest. ob der Ens. Hienächst 8 Regier-Räthe; 9 Secretäre.
b) **Landrechte**. Präsident: Aug. Gr. v. Auersperg, s. vorher! Hienächst 4 Räthe; 1 Sekretär.

8) **Inneröstereich** (Steyermark, Kärnten, Crain).
Inneröstеrr. Appellations- u. Kriminalobergericht zu Klagenfurt. Präsident: Franz Gr. v. Enzenberg, zum Freyen- u. Jö-

chelsthurn, Hr auf Singen u. Megdberg, k. k. w. geh. R. u. Kämmerer. Hienächst 13 Räthe, 2 Secretäre ꝛc.

a) Steyermark. 1) Gubernium. Gouverneur: Phil. Rsgr. zu We'sperg-Raitenau, Hr der Rsherrsch. Langenstein ꝛc. Obristlandstäbel- u. Küchenmeister der gefürst. Grafsch. Tyrol, Erblandmarsch. des Hochst. Brixen, k. k. w. geh. R. u. Kämmerer; zugl. Landrechtspräsident in Steyermark. Hienächst 9 Räthe, 12 Secretäre. 2) Landrecht. Präsident: Der Gouverneur, siehe vorher! Sodann 6 Räthe, 1 Auscultant, 1 Secretär.

b) Kärnten. 1) Landeshauptmannschaft. Präsident: vacat. 6 Räthe, 5 Sekretäre ꝛc. 2) Landrecht. Präsident: vacat. 3 Räthe, 1 Sekretär ꝛc.

c) Krain: 1) Landeshauptmannschaft. Präsident: vacat. Erster Rath. Canzleydirector. Georg Jac. Rsgr. v. u. zu Hohenwarth, k. k. w. geh. R. Sodann noch 5 Räthe, 6 Sekretäre. 2) Landrechte. Präsident: vacat. 4 Räthe; 2 Auscultanten, 1 Sekretär ꝛc.

9) Görz und Gradiska.

a) Landeshauptmannschaft. Landeshauptmann: Raymund Rsgr. v. Thurn, Hofer u. Valsassina, Erbhauptm. v. Tibain ꝛc. k. k. w. geh. R. u. Cämmerer. 6 Räthe; 1 Rathspracticant, 2 Sekretäre ꝛc.

b) Stadt- u. Landrecht u. damit vereinigtes Kriminalgericht. Präsident: Der Landeshptmann, s. vorher! Sodann 7 Räthe; ein Rathspracticant; 1 Auscultant, 2 Secretäre ꝛc.

10) Littorale (Triest).

a) Gubernium (zu Triest). Gouverneur: Pompej. Rsgr. Brigido v. Bresowitz, Hr auf Marenfels, k. k. w. geh. R. u. Cämmerer, zugleich Militärcommandant zu Triest. Hienächst 3 Räthe, 2 Sekretäre ꝛc.

b) Triester Mercantil- u. Wechselgericht (2r Instanz). Präses: Der Gouverneur, siehe vorher! 6 Räthe, 2 Beisitzer vom Handelsstande ꝛc.

c) Triester Stadt- u. Landrecht, auch Kriminalgericht. Präses: Ferd. Fhr v. Argento. Ausserdem 4 Räthe, 1 Sekretär ꝛc.

11) Oberösterreichische Lande.

a) Gubernium. Gouverneur: Ferd. E. Rsgr. v. Bissingen-Nippenburg, Lehensinhaber der Hrsch. Schramberg, Hr zu Dotternhausen u. Roswange, k. k. w. geh. R. u. Kämmerer; zugl. Präsident des Appellationsgerichts. Hienächst 9 Räthe, 8 Sekretäre.

b) Appellationsgericht. Präsident: Der Gouverneur, s. vorher! Sodann 7 Räthe; 1 Secretär ꝛc.

c) Landrecht. Präsident: Aloys Rsgr. v. Särntheim, Hr zu Rotenbuch ꝛc. k. k. w. geh. R. Sodann 4 Räthe, 1 Sekretär ꝛc.

12) Vorderösterreich.

a) Regierung u. Kammer. Präsident: Jos. Thadd. Vogt Fhr

Staatsbeamten der gröſſern Staaten. 43

v. Sumeraw, auf Altenſumeraw ꝛc. k. k. w. geh. R. zugl. Präſid. des Appellationsgerichts. Hierüber 8 Räthe u. 8 Secretaire.
b) Appellat. Gericht. Präſident: obiger Fhr von Sumeraw. Hienächſt 5 Räthe, 1 Secretair ꝛc.
c) Landrechte·Präſident: F. X. Fhr v. Mayer. Hienächſt 3 Räthe u. 1 Sekretär.

D) K. K. Generalität (422).

Nota. ✠ bedeutet Großkreuz; ✝ Commandeur, * Ritter des Marie-Thereſien-Ordens; ** Ritter des Eliſabeth-Ordens.

Generals Feldmarſchälle: (15) Albert Hz. von Sachſen-Teſchen, Inh. des 1n Carab. Regim. Franz Mor. Gr. v. Lascy, ✠ und Canzler, Staats- u. Conferenz-Miniſter, Inh. des 22 Inf. u. Chef des 2n Carab. Regim. Hercules Rayn. Hz. v. Modena, Inh. des 13n Chev. Leg. Regim. Ferdinand Erzhz. zu Oeſterreich, (Oncle des Kaiſers), Inh. eines ungar. Inf. Regim. Joſeph F. v. Lobkowitz*, Capitain der erſten Arcieren-Leibgarde, Inh. des 2ten Chev. Leg. Regim. Fr. Joſias Pr. zu Sachſen-Coburg ✠, Inh. des 3ten Drag. Regim. Mich. Gr. v. Wallis, Inh. des 11n Inf. Regim. Joſ. Gr. v. Colloredo, Gen. Director der Feld- u. Haus-Artillerie, Inh. des 57n Inf. Regim. Jac. Mg. Botta d'Adorno*, command. Gen. in Mähren u. Schleſien, Chef des 11n Inf. Regim. Blaſ. Col. Fhr v. Bender ✠, command. Gen. in Böhmen, Inh. des 41n Inf. Regim. Friedr. Aug. F. v. Naſſau-Uſſingen*, Röwerbdirector, u. Inh. des 14n Cür. Regim. Ferdinand Erzhz. v. Oeſterr. Großhz. v. Toscana (Bruder des Kaiſers) Inh. des 23n Inf. Regim. Carl Gr. v. Clairfait ✠, Inh. des 9n Inf. Regim. Joſ. Gr. v. Kinsky*, command. General in Oeſterr. ob u. unter der Ens u. in Voroderöſterreich, auch Stadtcommand. v. Wien, Inh. des 7n Chev. leg. Regim.

General-Feldzeugmeiſter (23): Adam F. Czartorisky-Sanguszko, Inh. des 27n Cür. Regim. Joſ. Gr. v. Murray*, Inh. des 55n Inf. Regim. Leop. Gr. v. Stein*, Inh. des 50n Inf. Regim. Joh. Joſ. Gr. v. Ferraris ✠, Carl F. v. Ligne ✝, Inh. des 3en Inf. Regim. Sigism. Fhr v. Gemmingen*, Inh. des 21n Inf. Regim. Joſ. Fhr de Vins ✠, Inh. des 37n Inf. Regim. Wenzl Gr. v. Colloredo, Commandirender ad latus in Mähren, Inh. des 56 Inf. Regim. Joſ. Gr. v. Mitrowsky, command. Gen. in Siebenbürgen; Inh. des 40 Inf. Regim. Otto Gr. v. Hohenfeld, Chef des 23n Inf. Regim. Anton Gr. v. Thurn, Inh. des 43n Inf. Regim. Wenzl Gr. v. Kaunitz, command. General in Gallizien, Inh. des 20n Inf. Regim. Carl Erzhz. v. Oeſterreich ✠, (bisher command. Gen. en Chef der k. k. Armeen) nun Gouverneur u. General-Capit. im Königr. Böhmen, Inh. des 3n Inf. Regim. Franz Gr. v. Kinsky, Oberdirector der Cadetten-Academie in Wieneriſch Neuſtadt, Inh. des 47 Inf. Regim. Wilh. Gr. v. Wartensleben ✝, Inh. des 28n Inf. Regim. Oliv. Gr. von Wallis, Vicedirect. des Artilleriewesens. Joſ. Fhr von Alvintzy ✠, Inh. des 19n Inf. Regim. Wilh. Fhr Schröder v. Lilienhof, Inh. des 26n Inf. Regim. Commandant in Ollmütz. Wilh. Fhr v. Klebeck†, Inh. des 14n Inf. Regim. Carl Gr. v. Erbach*, Inh. des 42n Inf. Regim. Ferdinand Pr. v. Würtemberg†, Inh. des 38n Inf. Regim. Joh. Fhr v. Beaulieu†, Inh. des 58n Inf. Regim. Ludw. Fr. v. Terzi†, Vicecommand. v. Wien, Inh. des 16n Inf. Regim.

Generäle der Cavallerie (9): Joseph F. v. Hohenzollern-Hechingen. Ludw. Gr. Mercy d'Argenteau. Ignaz Gr. Almasy, Chef von Kaiser Husaren. Friedr. Gr. v. Hohenzollern-Hechingen, Inh. des 4n Cür. Regim. Ferdin. Gr. Tige, Hofkriegsrath, Chef vom 9n Drag. Regim. Joh. Gr. Erdödy v. Monyorokerek, Banus v. Croatien, commandir. Gen. im Banal-Generalate, Inh. des 11n Hus. Regim. Ernst Gr. v. Blankenstein, Inh. des 16n Hus. Regim. Cstian F. v. Waldeck†, Inh. des 39n Drag. Regim. Max. Gr. Baillet de la Tour†, Inh. des 31 Chev. Leg. Regim.

General-Feldmarschall-Lieutnants (119): Phil. Gr. v. Browne*, Carl Fhr. Lasgallner. Carl Gr. v. Callenberg, Inh. des 54n Inf. Regim. Sam. Gr. Gyulay*, Inh. des 32n Inf. Regim. Aloys Gr. v. Harrach. Franz Fhr v. Reischach. Franz Fhr v. Lattermann, Inh. des 45n Inf. Regim. Georg Sigism. Fhr v. Wimpfen. Carl Gr. v. Herberstein. Carl Fhr v. Sauer*, Chef des 13n Chev. leg. Regim. Ludw. Gr. v. Belgiojoso, Inh. des 44n Inf. Regim. Ludw. Gr. v. Brechainville, Inh. des 25n Inf. Regim. Carl Friedr. Fhr von Schröder Inh. des 7n Inf. Regim. Gabr. Fhr von Splenÿ†, Inh. des 51n Inf. Regim. Franz Fhr v. Neugebauer*, Interims-Commandirender der inneröster. Länder, Inh. des 46n Inf. Regim. Wolfg. Fhr v. Zeschwitz, Inh. des 10n Cür. Regim. Wenzl Fhr Reisky v. Dubnitz, Inh. des 13n Inf. Regim. Joh. Gr. v. Soro*, commandir. General im Temeswarer Banat. Nicol. v. Steinmetz*, Command. in Theresienstadt. Jos. v. Ernst. Carl Landgr. von Hessen-Rheinfels. Carl Fhr v. Enzenberg. Ludw. du Hamel de Querlonde**. Franz Fhr v. Levenehr*, Inh. des 19n Chev. leg. Regim. Leop. Gr. v. Strasoldo, Inh. des 27n Inf. Regim. Thom. Gr. v. Nadasdy, Inh. des 39n Inf. Regim. Carl Fhr v. Huff*, Inh. des 8n Inf. Regim. Joh. G. Fhr v. Geneyne**, command. Gen. in Slavonien u. Syrmien. Ign. Fhr v. Orosz. Jos. Fhr v. Zechenter. — v. Eder. Jos. Fhr v. Wenkheim, Chef des 52n Inf. Regim. Carl Fhr v. Pfefferkorn. Patrik Gr. v. Stuart, Inh. des 18n Inf. Regim. Carl Fhr v. Lilien, Chef des 26n Drag. Regim. k. k. u. Rs. Generalkriegscommissair. Mor. Gr. v. Kavanagh Inh. des 12n Cür. Regim. Jos. Gr. v. Harnoncourt, Chef des 29n Cür. Regim. Carl Fhr v. Kheull*, Inh. des 10n Inf. Regim. Sieb Fhr v. Vecsey*, Divisionscommandant in Pest, Inh. des 34n Hus. Regim. Jos. Fhr Staader v. Adelsheim †, Chef des 3n Inf. Regim. Franz F. v. Sultowsky. Aloys Fhr Hager v. Altensteig**, Ajo bey den jüngsten Erzherzogen. Carl Fhr Biela. Fhr v. Prugglach*, — Schmackers de Miremont. — v. Benjowsky, Inh. des 31n Inf. Regim. Nic.

Staatsbeamten der größern Staaten.

Gr. v. Colloredo-Mels. Gottfr. Fhr v. Schröder*. — v. Paulich**. — Franz Fhr v. Kesborn, Präsid. beym judicio delegato milit. mixto in Wien. Cornel. v. Ayrenhof Präses des Invaliden Amtes in Wien. Carl Brunner v. Kirschbaum. Mor. Fhr v. Schlaun*. — Alex. Fhr v. Jordis, Inh. des 59n Inf. Regim. Friedr. Fhr v. Lilien. Mich. v. Fabry*. Ant. Gr. Sztaray†, Inh. des 33n Inf. Regim. Vitus Fhr v. Quozdanowich†. — v. Otto*, Chef des 32n Hus. Regim. Mich. Fhr v. Colli. Mich. v. Melas. Franz Fhr von Werneck†, v. Henrici. Carl F. v. Fürstenberg, Inh. des 36n Inf. Regim. Joh. Mg. Provera. v. Türkheim°. Joh. v. Meszaros†, Inh. eines Uhlan. Regim. Andr. Fhr v. Neu°. Franz Fhr v. Lauer†, Gen. Geniedirector in Wien. Gr. d'Argenteau. Carl Gr. v. Kollowrat-Krakowsky†, Inh. des 2n Art. Regim. Franz Gr. v. Hodiz. Paul Fhr v. Davidowich°. Siegfr. Fhr v. Kospoth. Ad. v. Boros*. — Fhr Kray de Krajas†. Ludw. Pr. von Sachsen-Coburg. Carl Pr. v. Lothringen †, Inh. des 21n Cür. Regim. Gr. v. Mercantin. Heinr. Gr. v. Bellegarde*, Chef des Chev. leg. Regim. Kaiser. Fr. v. Hoze†. Carl Fhr v. Sebottendorf. Fhr v. Riese. Joh. Gr. v. Riesch. — v. Fröhlich. — Fhr von Petrasch. Joh. v. Gruber. — Binder v. Degenschild**. Carl Fhr. v. Aufseß**. Carl F. v. Auersperg*, Hauptm. der k. k. Trabanten-Leibgarde. Mich. Fhr Spleny v. Mthaldi, Chef des 17n Hus. Regim. Capitain-Lieutn. der k. ungar. adel. Leibgarde. Carl Fhr v. Sterndahl*. Franz v. Rollin. Camillo Gr. v. Lamberti, Capitain-Lieutn. der k. k. ersten Arcieren-Leibgarde, und kais. Gen. Adjut. Mich. Gr. Chernel v. Chernelhaza, Divisionscommand. zu Hermannstadt. Fhr v. Mayersheim. Heinrich XIII. älterer Reuß. v. Plauen, Erbprinz zu Greih. Heinrich XIV. Pr. Reuß v. Plauen (ält. L.) k. k. Gesandter in Berlin. Joh. Chev. Fitzgerald. — v. Zopf°. — Monsfrault. Jos. v. Baader. Conr. v. Keim*. Wilh. Fhr. von Kerpen. — Gr. v. Nauendorf†. Ludw. Gr. Baillet de Merlemont. Adam Fhr Bajalich v. Bajahaz*. — Ott v. Batorkez*. Vinc. Gr. v. Kollowrat-Liebsteinsky*. Aug. F. von Anhalt-Cöthen. Leop. Fhr v. Unterberger. Jos. Pr. v. Lothringen. Heinrich XV. Pr. Reuß v. Plauen, (ält. L.). Joh. Gr. von Spork. Carl Fhr Mack v. Liebreich*, Inh. des 20n Cür. Regim. Generalquartiermeister. Carl Funk v. Senftenau*. Paul Fhr v. Salis. Fhr v. Linken, kais. Generaladjutant. Carl Gr. v. Hadik†.

General-Feldwachtmeister (255): Cstian Fr. Marggr. von Anspach-Bayreuth (in London) Inh. des 33n Cür. Regim. Steph. Fhr v. Vecsey. Cstian Pr. v. Sachsen-Coburg. Franz Gr. v. Pallasty. Hieron. v. Minutillo. Joh. Gr. v. Pachta. Sylv. Fhr von Bojanowsky*. Carl Fhr von Montmartin. Pet. von Creutz. Carl Gr von St. Julien. Nic. v. Lumoga. Rud. Fhr von Stein. Cstian Gr. v. Erbach. Joh. v. Kempelen. Jos. Mg. v. Botta*. Carl Gr. v. Goes. Carl Gr. v. Haugwitz. Cstoph Gr. v. Voicsy. Paul Fhr von Rauch. Cstian Gr. von Rindsmaul. Aug. Fhr von

Erster Abschnitt.

Schmerzing. Rud. Gr. v. Gallaburg. Ant. Gr. v. Mitrowsky*°. Raph. Gr. v. Schilling**. Joh. Gr. v. Colloredo. Sigism. Fhr v. Knebel. Carl Gr. v. Jerningham. Franz Gr. v. Colloredo. Clem. Fhr v. Gymnich. Joh. Baranyai v. Bodorfalva. Ludw. v. Grafforst. Jos. Gr. v. Fekete. Jos. Gr. v. Berthold. Estoph v. Plainville. Carl Fhr v. Seenus. Procop. Gr. v. Wratislaw. — v. Cameller. Jos. Fhr v. Broudren. Paul Fhr v. Papilla*. Jos. Fhr v. Szöriny. Seczujach Fhr v. Heldenfeld. Friedr. Fhr Breidsbach von Bürresheim. Frunz Gr. v. Quadagni. Franz Gr. Des Fours. Phil. Gr. v. Grünne. — Fhr v. Renner. Carl Fhr von Wulffen. Georg F. v. Waldek. Franz Gr. v. Aspremont-Linden. Vict. Fhr v. Regenthal. Carl Gr. v. Kollonitz. Jul. Gr. Bertolini. Mich. Gr. v. Pallasty. C. Fr. Fhr v. Magdeburg. Ernst Gr. Fugger, (Glött. L.) Franz Gr. v. Thierheim. Jos. Fhr von Sturm**. Friedr. Hz. v. Sachsen-Hildburghausen. Hannib. v. Sburlati. Georg v. Silly. — Fhr v. Malcamp. Wilh. Fhr Riedesel v. Eisenbach. Joh. Carl Fhr v. Rosenbach. Estian v. Langet°*. Jos. Fhr v. Roth. Joh. Gr. v. Clam. Gotth. Fhr von Saamen. Franz Fhr v. Pöck.... Fhr v. Hannekart, Command. zu Ofen.... von Merses. Carl von Batschek, beym Geniecorps. Wilh. de Verre.... v. Langen, Vicecommand. zu Theresienstadt.... v. Posarelli. Ludw. Gr. v. Happoncourt.... v. Hellebront. Joh. Fhr Jellachich de Buxym, Inh. des 53n Inf. Regim. Jos. Gr. v. Auersperg. Jos. Gr. v. Kollonitz. Joh. v. Hiebel, Command. in Peterwardein.... v. Louchier.... v. Moitelle. Andr. Fhr v. Karaiczay†, Inh. des 18n Chev. leg. Regim.... v. Draskoczy. Caj. Gr. v. Lichtenberg. Fr. Mq. v. Manfredini, Inh. des 12n Inf. Regim.... v. Pelloute. Proc. Gr. v. Klebelsberg. Jos. Fhr v. Rehbach. Phil. Gr. v. Diesbach.... v. Scheidlein.... v. Szerelem.... v. Mongelas.... v. Seddeler.... v. Miskowini. Jos. Fhr v. Schneidauer. Jos. v. Hainess. Ign. v. Rosst. Sam. v. Kepiro. Carl v. Stangl. Wilh. Fhr Truchseß von Rheinfelden.... v. Thurn. Jos. v. Finta. Andr. v. Kepner... von Senitz. Achaz v. Pettenegg. Jos. Gr. v. Sierakowsky, Oberstlieut. der k. k. ersten Arcieren Leibgarde. Ludw. v. Lebzeltern, Command. in Temeswar. Carl Gr. v. Stubenberg. Wilh. v. Rosenberg, Command. in Essegg. Franz Fhr v. Rottenberg. Leop. von Artner. Vinc. Fhr von Struppy, Gen. Hofbaudirector in Wien. Sam. v. Köbles.... v. Haan. Carl Gr. Cernezzi. Ant. von Schneider. Carl Gr. Pejacsevich*. Ant. Schulz v. Leichensthal. Casp. Fhr v. Fürtenburg.... v. Poppini. Phil. Gr. von Heister.... v. Dittmann. Ladisl. Fhr v. Kosztolany*. Georg Gr. v. Nemes. Janotha v. Janthal. Tob. von Quietowsky. Pet. Mq. v. Vasquez.... v. Finke.... Fhr Barco. Jos. v. Ocskay*. Fhr Linde v. Linden*. Joh. Fhr v. Herberts-Rathkeal, k. k. Hofkriegsrath... von Roth. Thom. Schlegelhofer v. Hofenstein.... v. Humbracht. Herm. v. Sonnenberg.... v. Wolf....

v. Specht.... Gr. v. Alcaini.... v. Hiller*. Jos. Fhr Fro-n v. Kirchradt†, Hoftriegsr. Aug. Pr. v. Aremberg Gr. v. der Mark.... Creutzer v. Hohenschild. Joh. Fhr v. Karwinsky. P. v. Blascovich. Joh. v. Kovachevich. Mich. Fhr v. Kienmeyer*. Franz Fhr v. Sebottendorf. Jos. Fhr Kempf v. Mannsberg. And. Gr. O'Reilly. Paul v. Devai*. Johann F. v. Liechtenstein†, Fried. Carl, Pr. v. Hohenlohe-Ingelfingen. Friedr. Fhr v. Seckendorf. Franz v. Reyniac. Ferd. v. Bouget. Gottfr. Fhr v. Warnsdorf, Oberlieutn. der ersten Arcieren-Leibgarde. Franz v. Rogoisky Ign. Fhr. v. Mitterer. Matth. Rukavina v. Bonvograd. Mich. von Ternyey. Phil. Fhr v. Pittoni.... v. Liptay*. Rud. Fhr von Kölbel. Ant. Sobietzky von Sobietiz**. Jos. Fhr von Simbschen. Franz v. Nicoletti.... Fhr v. Klinglin.... von Plank, Command. in Eger. Ferd. Fhr v. Rziczan. Ant. Fhr v. Graffen*.... v. Tersich. Gr. v. Saint-Amour. Const. v. Roth. Fhr Jos. von Schellenberg*. Carl Fhr v. Spiegel. Ant. Fhr v. Myllius*. Jos. v. Martini. Val. v. Homburg.... Fhr Hildbrand.... Gr. v. Gontreul†. Alex. Fhr Loudon.... v. Spiegelberg*. Carl Fhr v. Kerpen. Ant. Fhr v. Schubirz. Ferd. Fhr v. Minkwitz. Fhr Vogelsang*. Ant. Fhr Mitrowsky v. Nemischl. Pet. v. Summer.... v. Bauer.... Fhr v. Elsnitz. Franz Gr. v. Hohenzollern-Hechingen*. Ant. von Canisius.... von Winkler. Franz v. Bueren. Franz Gr. v. Pückler. Pet. Fhr v. Bolza*. Franz v. Roë.... v. Fleischer.... v. Schmidt.... v. Hägel. Vinc. dell'Aglio. Ant. v. Bürger. Carl v. Meyer. Joh. Gr. Nobili. Carl F. v. Schwarzenberg*.... v. Brady*. Phil. Fhr Unkassovich*. Nic. Gr. Palffy. Franz Gr. v. Dietrichstein*. Franz F. v. Rosenberg. Max. Gr. v. Meerveld*. Alex. Pr. von Würtemberg. Wilh. Georg Pr. v. Oranien u. Nassau-Dietz, Inh. des 15n Inf. Regim. Niclas reg. F. v. Esterhazy, Premierlieutn. der k. ungar. adl. Leibgarde. Toussaint v. Bourgeois (beym Ingen. Corps). Carl v. Lindenau.... v. Wolff. Andr. Fhr v. Roos*. Jos. v. Vogelhuber (bey der Art.). Fhr v. Oppeln. Ferd. Gr. v. Morzin*. Carl Gr. v. Bey. Carl Fhr v. Rouvroy*. Joh. v. Döller. Joh. Fhr v. Knezevich. Carl v. Piaczeck*. Ign. Gr. v. Brandis. Ernst v. Beust. Jos. Gr. v. Wilczeck.... Fhr v. Prechern. Alex. Milutinovich von Millovsky. Joach. Fhr von Bender. Andr. Fhr v. Szent-Keresty. Eug. v. Monroe. Wilh. Chev. Immens. Sigism. Fhr v. Szent-Keresty. Franz Jellachich de Busim. Ant. v. Szereday*. Ferd. Gr. v. Nimptsch, Vicecommand. in Cracau. Franz Chev. Lusignan*. Franz Fhr v. Dietrich. Joh. v. Bianchi. Estian Fhr v. Lattermann. Jos. v. Stipsics*. Aug. Gr. Briey.... Fhr v. Auffenberg. Friedr. Erbpr. v. Hessen-Homburg*. Joh. v. Motzen.... Mq. v. Bellegarde. Carl Fhr v. Salisch. Joh. Gr. v. Klenau*.... Mq. v. Chasteler*, Generalquartiermeister. Ign. v. Gyulay*.... v. Fronius.

Commandirende Generäle. In Niederösterreich und den

Vorlanden: Der Gen. FM. Gr. Joseph v. Kinsky. Innerösterreich u. Tyrol: Der Gen. FML. Franz Fhr v. Neugebauer, ad interim. Böhmen: Der Gen. FM B. C. v. Bender. Mähren u. Schlesien: Der Gen. FM. Jac. Marchese Botta d'Adorno; u. als commandirender ad latus: Der Gen. FZM. Wenzel Gr. v. Colloredo. Ungarn: ... Siebenbürgen: Der Gen. FZM. Gr. Jos. v. Mitrowsky. Slavonien: Der FML. Jos. Fhr v. Geneyne. Im Banal-Generalat: Der Gen. der Cav. Gr. Joh. v. Erdödy. Gallizien: Der Gen. FZM. Gr. Wenzl v. Kaunitz-Rietberg. Temeswarer Banat: Der Gen. FML. Gr. Joh. v. Soro ad interim.

E) Militairische Collegia und Anstalten.

Auſſer dem ſchon oben angeführten Hofkriegsrath gehört hieher noch:

a) **K. K. Generaldirectorium des Ingenieurscorps u. Fortificationsweſens**: Franz Baron v. Lauer †, Gen. FML. Generaldirector. Carl v. Batſchek, Gen. FWM. T. Bourgeois, Gen. FWM. Franz Gr. v. Dietrichſtein-Proskau *, Gen. FWM. Wenzl Baron Ebner v. Eſchenbach *, Ingen. Obriſtl.

b) **K. K. Ingenieur-Academie.** Director: T. Bourgeois, Gen. FWM. ſiehe vorher!

c) **Artillerie Hauptzeugamt.** Gen. Artill. Director: Joseph Rsgr. v. Colloredo, Gen. FM.

d) **Wiener Oberzeugamt, u. Artill. Districtscommando in N. Oeſt.** Districtscommandant: Obriſtl. Joh. Ullmann.

e) **Feuergewehr-Fabrik.** Oberdirector: Major Proc. Zeidler.

f) **Invalidenamt.** Präses: C. v. Ayrenhof, Gen. FML.

g) **Oberſt-Schiffamt**: Der Gen. FWM. C. F. v. Magdeburg, Commandant auch Brücken-Oberhauptmann.

h) *Judicium delegatum militare mixtum* in Oeſt. ob und unter der Ens. Präses: Joseph Gr. v. Kinsky, Gen. FM. und command. Gen. in Oeſt. unter u. ob der Ens ꝛc. Hienächſt der Gen. FML. F. J. Fhr v. Kesborn; die n. öſtr. Landräthe Born, Jung, u. J. Edler v. Retzer; der Auditorlieutn. Joh. Hietzinger, 1 Secretär u. 1 Actuarius.

F) Gesandte, Miniſter, Reſidenten ꝛc. auswärts.

Berlin: Heinrich XIV. Pr. Reuß v. Plauen, auſſerord. Geſ. u. bev. Miniſter. Albin Schraut, Gesandſch. Secret. **Bremen**: Th. J. Fhr v. Brinz zu Treuenfeld, Reſid. **Conſtantinopel**: Pet Ph. Fhr v. Herbert-Rathkeal, k. k. Hofr. Internuntius u. bev. Miniſter. Der Rath v. Teſta; v. Wallenburg u. v. Raab als Dollmetſcher. **Copenhagen**: Carl Rsgr. v. Ludolph, auſſerord. Geſ. u. bev. Miniſter. Max. L. v. Merz, Gesandſch. Secr. **Dresden**: Emmerich Gr. v. Eltz, auſſerord. Geſ. u. bev. Miniſter. Fr. v. Rottenburg, Gesandſch. Secret. **Florenz**: Joſ. Veigl Miniſter Reſid. Sigm. Veigl, Gesandſch. Commis. **Fränkiſcher Kreis**: ſ. oberrhein. Kreis! **Haag**: ... **Liſſabon**: Der k. k. Hofr. u. St. Steph. O. R. Adam v. Lebzeltern, auſſerord. Geſ. u. bev. Miniſter. Coſtes, Gesandſch. Secretair. **London**: Ludw. Rsgr. v. Stah-

Staatsbeamten der grössern Staaten. 49

remberg, ausserord. Ges. u. bev. Minister. Joh. L. Fhr v. Reigersfeld, Gesandtsch. Secret. Madrit: Fr. Rsgr. v. Kageneck, Botschafter am k. span. Hofe. Andreoli Botschaftssecret. Mainz. s. Oberrhein. Kreis! München: Jos. Rsgr. v. Seilern, k. k. w. geh. R., bevollm. Minister. Fr. Tautphäus, Gesandsch. Secret. Neapel: Franz Gr. Esterhazy de Galantha, k. k. w. geh. R., Botschafter. — Baron Cresceri, Botsch. Secret. Niedersächs. Kreis: Carl Rsfrhr v. Buol=Schauenstein, bev. Minister (res. zu Hamburg). Höfer, Gesandsch. Commis, u. Consul in Hamburg. Niederrhein. und westphäl. Kreis: (Trier u. Cöln): Clem. Aug. Rsgr. v. Westphal zu Fürstenberg, w. geh. R. u. bev. Minister. Gottfr. Edl. v. Kornrumpf, w. Geschäftsträger im westphäl. Kreise. Oberrhein. und fränkischer Kreis und Churmainz: Jos. Gr. von Schlick, k. k. w. geh. R., bev. Minister. v. Mölck, Gesandsch. Secret. Pichler, Gesandsch. Commis. Paris:... Petersburg. Ludw. Rsgr. v. Cobenzl, k. k. w. geh. R., ausserord. Botschafter. Fhr v. Seddeler, Botschafts=R., (auch grossh zl. toscan. bev. Minister) M. v. Rath, Botsch. Secret. Fr. Anthoine, Botsch. Commis. Regensburg, siehe im 2n Abschn. den Art. Reichsversammlung. Rom:... Schwäbischer Kreis. Joseph Mar. Rsgr. v. Fugger zu Dietenheim, bev. Minister. Franz von Schwind, Gesandsch. Secr. Schweitz: Fhr v. Deglmann, bev. Minister. v. Greiffeneg Gesandsch. Commis. Stockholm: Franz X. Swietezky, Geschäftsträger. Turin: Jos. Ad. Edler von Humbourg, k. k. w. Rath, Minister Resident. v. Lellis, Gesandschaftscommis.

General=Consuls und Vice=Consuls.

Aigles in Frankr. P. Moulina. Algari in Sardinien: C. Edler v. Alessio. Algier: F. Frasinnet, Agent. Alicante: P. Fhr v. Arabet. Aleppo: Picciotto, Agent. Alessandria: Agostini. Altona: Behrens. Amsterdam: F. de Carli. Ancona: A. Cavallar. Barcellona: J. Sanri e Tria. Barletta in Sicilien: B. Passaretti. Bajonne: W. Reyer. Bengalen: J. Peterson. Bordeaur: P. H. v. Bethmann. Bremen: K. P. Kassel. Cadir: C. P. Gr. Greppi. Cagliari: Cesaroni. Calais: P. de Lepinoy. Canton in China: J. Neid. Cartagena: J. J. Fardet. Cherson: J. Rutter. Cypern: v. Verzin. Dünkirchen: J. Fellatre. Durazzo in Albanien: D. Cabaci. Faro in Portugal: J. Keating. Genua: A. Martighoni. Gibraltar: J. Gazzo. Hamburg: C. A. Hoefer. Havre de Grace: J. B. J. de la Haye le Bouis. Helsingör: D. E. Lübbers. Kopenhagen: C. Bozenhard. Lissabon: F. X. Fhr v. Stoqueler. Livorno: P. Ricci. London: A. Songa. Lübeck: C. F. Möller. Malabar: M. Brown. Malaga: F. la Sala. Maltha: A. Pussielgue. Marseille: J. J. Kick. Messina: G. Coglia. Morlair: A. J. Dubernad. Nantes: J. H. v. Wilfersheim. Neapel: J. Bonecchi (auch grossherzogl. toscan. Gesandsch. Secret.) Nizza: J. de Negri. Palermo: M. Josmatzky. Porto: N. Köpke. Ragusa: M. Milliseich. Riga: C. Trompowsky. Rouen: J. Achard. Russland: H. Biazzoli. Sassari: J. Piattoli. Toulon: L. Fauchier. Tripolis: M. v. Wares

H. B. 2r Thl. 1798.   D

mann. Tunis: A. Nyssen, Agent. Valenza: A. Giroldi. Zante: J. Gr. v. Crissopleuri. Zara: A. v. Gabrieli.

Ritter-Orden.

a) Orden des goldenen Vliesses

(errichtet von Philipp Bonus, Hz. zu Burgund, am 10n Jan. 1430 zu Brüg.)
Chef u. Souverain: Franz II. röm. Kaiser.
Ritter: Hercules III. Hz. v. Modena. Franz Mor. Gr. v. Lascy. Gen. FM. u. Confer. Minister. Georg F. v. Stahremberg, erster k. k. Obristhofmeister. Ferdinand Erzh. v. Oesterr. Livio Hz. v. Odescalchi. Carl F. v. Dietrichstein, k. k. Oberststallmeister. Jos. Ferd. Großhz. zu Toscana. Jos. F. v. Lobkowitz. Carl F. v. Ligne. Gund. F. v. Colloredo Mansfeld. Leop. Gr. Kollowrat-Krakowsky, erster Staatsminister in inländ. Geschäften. Carl Anf. F. von Thurn und Taris. Carl Theodor Churf. zu Pfalzbayern. Franz Gr. von Metternich-Winneburg. Carl Eman. Ldgr. v. Hessen-Rheinfels. Ludwig Hz. v. Aremberg. Carl Gr. Palfy v. Erdöd, ungar. Hofcanzler. Ant. Gotth. Gr. v. Schaffgotsch. Ant. Gr. v. Thurn u. Valsassina. Carl F. v. Albani. Franz Gr. v. Hardegg-Glatz. J. Phil. Gr. v. Cobenzl, italiän. Hofcanzler. Ferd. Gr. von Trautmannsdorf-Weinsberg. Franz Mar. F. Ruspoli. Anton Pr. von Sachsen. Carl Erzhz. v. Oesterreich. Joseph, Erzh. v. Oesterreich. Franz Jos. Erzhz. v. Oest. (Sohn des Erzhz. Ferdinands). Carl Jos. F. v. Auersperg. Aloys F. v. Lichtenstein. Alberik F. v. Belgiojoso. Eugen Gr. v. Schönborn. Estian Gr. v. Sternberg. Franz Gr. v. Colloredo, k. k. Obristkammer, Kabinets- und Conferenz-Minister. Carl Gr. von Clairfait, Gen. FM. Ant. Erzhz. v. Oesterr. Johann Erzhz. v. Oesterreich. Philipp F. v. Chimay. Aug. Jos. F. v. Lobkowitz. Joh. Jos. Gr. v. Wilzeck. Dominik Andr. F. v. Kaunitz-Rietberg. Jos. Gr. Pallaviciti Centurioni. Ferdinand, Kronprinz u. Erzh. v. Oesterreich. Carl F. v. Auersperg. Mq. de Gailo. Canzler: J. B. Fhr v. Schloißnigg. Schatzmeister: Franz W. Vicomte de Patin.

b) Marie-Theressen-Orden.

Diesen militär. Orden stiftete die höchstseel. Kaiserin Maria Theresia am 18n Jun. 1757. Die sämtlichen Großkreuze und Commandeurs sind schon oben bey der K. K. Generalität bemerkt. Auch mehrere Ritter oder Kleinkreuze sind daselbst nachzusehen.

Das Ordens-Canzleriat führet der Gen. FM. Gr. v. Lascy. Schatzmeister ist: Ant. Fhr v. Spielmann, k. k. w. geh. R. Greffier: Egid. Fhr v. Collenbach, k. k. w. Hofr. u. geh. Staatsofficial. Canzlist: Jos. Edl. v. Heidfeld.

c) St. Stephans-Orden.

Der Ritter-Orden des h. Stephanus, ersten apostol. Königs von Ungarn, wurde ebenfalls von der verstorb. Kaiserin Maria Theresia am 6n May 1764 erneuert, mit dem Zusatz, daß die Würde des Großmeisters mit der Krone Ungarn, die Ordenscanzler-Stelle aber mit dem ungarischen Hofcanzelariat auf immer vereinigt bleiben, und die Glieder aus 3 Gattungen,

Staatsbeamten der grössern Staaten.

als 20 Großkreuzen, 30 Commandeurs und 59 Kleinkreuzen bestehen sollen. Er wird so wohl weltl. als geistl. Personen ertheilt.

Großmeister: Franz II. röm. Kaiser.

Großkreuze: Erzhz. Ferdinand v. Oest. — Erzhz Joseph v. Oest. Palatinus. Pr. Albert v. Sachsen-Teschen. Hercules III. Hz. v. Modena. Georg F. v. Stahremberg. Joh. Heinr. Gr. v. Frankenberg, Card. (Erzbisch. v. Mecheln). Estoph Gr. v. Migazzi, Kardinal, Erzbisch. in Wien. Jos. Gr. v. Bathyan, Cardinal, F. Primas v. Ungarn, Erzbisch. zu Gran. Estian Aug. Gr. von Seilern. Ludwig Pr. von Hessen-Darmstadt. Joh. Ant. Gr. v. Pergen. Sigism. Friedr. F. v. Khevenhüller-Metsch. Leop. Gr. v. Kollowrath-Krakowsky. Carl Gr. v. Callenberg, Gen. FML. Franz Gr. v. Herzan, Cardinal. Georg Gr. v. Metternich-Winneburg. Heinrich XI. F. v. Reuß. Carl Gr. Palfy v. Erdöd, dieses Ordens Canzler. Th. J. Fhr v. Reischach, Staatsminister in inländ. Geschäften: Joh. Phil. Gr. v. Cobenzl, italiän. Minister. Ludwig Gr. von Cobenzl, Botsch. in Rußland. Sam. Fhr v. Bruckenthal. Ant. Theod. F. Erzbisch. zu Ollmütz, Gr. Colloredo. Aug. Estian reg. F. zu Anhalt-Cöthen. Friedr. Mq. v. Manfredini. Carl Gr. Zichy. Ludw. Conr. Gr. v. Lehrbach. Heinr. Franz Gr. v. Rottenhan. Georg Gr. v. Banffy, siebenbürg. Gouv. Joh. Wenzl Gr. v. Spork, Appellat. Präsident in Böhmen. Franz Fhr v. Thugut, Minist. der auswärt. Geschäfte. Niclas F. Esterhazy v. Galantha.

Commandeurs: Fr. Carl Gr. v. Großschlag. Joh. Gottfr. Gr. von Heister. Jos. Gr. Keglevics v. Buzin. Gottfr. Fhr v. Swieten. Balthas. F. v. Odescalchi. Jos. v. Bajzath, Bisch. zu Veßprim. Jos. Fhr v. Bartenstein. Franz Gr. v. Balassa. Franz Carl Fhr v. Kressel. Carl Gr. v. Telecky. Heinr. v. Krumpipen. Ant. Gr. v. Greppi. Pet. Vegh, judex curiae des Königr. Ungarn. Jos. v. Urmenyi. Ant. Fhr v. Spiellmann. Sigism. v. Lovasz, Hofr. Jos. v. Isdenczy. Jos. Nagy v. Felsö Bück. **Kleinkreuze:** Leop. Gr. v. Künigl. Mich. Fhr. v. Sagby. Joh. Nep. v. Kempelen, General. Pompejus Neri. Aug. de Walckiers. Pet. Veit Gr. v. Morzin. Ferd. Ludw. Gr. v. Harsch. Joh. Ph. Burggr. v. Villain. Heinr. Jac. v. Vavrans. Nic. Skerlez v. Lomnicza. J. Neuhold v. Sowenyhaza. Carl Ant. Fhr v. Martini. Franz v. Skerlecz. Jos. v. Krumpipen. Jos. Fhr v. Pföffershofen. Paul. v. Almassy. Vinc. G. Fhr v. Struppi. Ant. v. Bürös. Eman. Fhr v. Seddeler. Ad. v. Lebzeltern. Dan. v. Deldain. Pet. P. Fhr Giusti. Ludw. v. Türkheim. Franz Georg Edl. v. Keeß. Joh. Wenzl Fhr v. Margelik. P. Gr. Verry. Mart. Jos. v. Müllendorf. Franz v. Szöllössy. Ant. Bedekovich v. Kumur. Ant. Gr. Sandor v. Slavniz. Leop. v. Haan, Hofr. Cajet. Gr. v. Sauer, Dompr. zu Groß-Waradein. Mich. v. Mikos, zugl. Ordens Secret. Franz Jos. Fhr v. Hainke. Jos. G. v. Kansonnet v. Fierlant, Präsident. Alex. v. Paßthory, Gouv. zu Fiume. J. B. Fhr von Schloisnigg. Andr. Hebenstreit, Canzler zu Constanz. P. Fhr v. Golza. J. G. Baron v. Geneine, Gen. FML. J. v. Wimmer, Obristl. J. Fhr v. Hertelli, Hofr. Karl Fhr v. Eckart, Gen. Maj. u. Gen. Quartiermstr im fränk. Kreise.

Secretär: M. v. Mikos, siehe vorher! Schatzmeister: J. v. Iszbenczy, s. vorher!

d) Militair. Elisabeth-Orden.

Ward von der Kais. Elisabeth, Wittwe Kais. Carls VI. für 20 verdiente Generals und Obristen 1750 errichtet, und 1771 von weyl. der Kaiserin Maria Theresia wieder erneuert.

Ritter: Franz Aloys Fhr Hager v. Altensteig, Gen. FML. Joh. G. Gr. v. Saurau, Obrist. v. Paulich, Gen. FML. J. G. Fhr v. Geneyne, Gen. FML. Carl Gr. v. St. Julien, Gen. FWM. Baron v. Degenschild, Gen. FML. v. Querlonde, Gen. FML. Jos. Fhr v. Sturm, Gen. FWM. Mich. Gr. v. Mitrowsky Gen. FWM. C. F. Voit Fhr v. Salzburg, Obrist. Pet. Gr. v. Strasolds, Obrist. Leop. v. Sapper, Obrist. v. Theillers, Obrist. v. Keating, Obrist. Baron v. Linden, Gen. FML. v. Fleischmann, Obrist. Baron v. Aufseß, Gen. FML. v. Fleischer, Gen. Maj. v. Sobietitzky, Gen. Maj. Baron v. Preschern, Gen. FWM.

e) Stern-Kreuz-Orden.

Ein Damen-Orden, welcher 1668 von Kais. Leopolds Gemahlin gestiftet und 1688 erneuert wurde. Das Ordensfest wird jährl. in Wien am 3n May und 14n Sept. gefeyert, wo der Orden an einige fürstl. gräfl. oder freiherrl. Damen ausgetheilt zu werden pflegt. Unter den Ordensdamen sind Rathsfrauen und Assistentinnen, und die Kaiserin ist Großmeisterin.

Parma.

Die Landschaften Parma, Piacenza und Guastalla halten auf etwa 92 Quadrat-Meilen gegen 320,000 Einwohner. Die herzogl. Truppen bestehen aus 1500 Mann. Die öffentl. Einkünfte sind für 13 Millionen Liren verpachtet.

a) Hofstaat.

Obristcämmerer: ... Oberallmosenier: Pettorelli Lallata, Bischof v. Parma. Beichtvater: P. Mästro Ferati Domin. Obristhofmeister: ... Obristkleiderverwahrer: March. Lorenzo Canosia. Obriststallmeister: Duca Grillo de Monterotondo. Oberjägermeister: Gr. Pontual.

Capitain der Leibgarde: March. Guido Mollilupi di Sotagna, des h. r. R. F.

Der Herzogin Obristcammerfrau: March. Pallavicini di Roma. Ehren-Cavalier: March. Meli Sforza Fugliant.

Des Erbprinzen Obristhofmeister: ...

b) Civiletat.

Geh. Rath: March. Prosper Manaras. March. Lorenz Canossa. Gr. Jac. Santivall. Gr. Ant. Camill. Merazzani. Gr. Hieron. Nasali. Secret. Jos. Mutzl.

Staatssecretarien: March. Prosper Manaras in Justiz u. Gnadensachen. March. Lor. Canossa in Kriegssachen.

Staatsbeamten der größern Staaten.

Oberjustizrath in Parma. Präsident: Gr. Hieron. Nasali. Räthe: Joh. Bapt. Riga Franz Civeri. Jul. Ces. Misurachi. Auditor: Franz Bertioli. Secretair: Joh. Hieron. Salini. Präsident der Rentkammer: Jos. Alinovi. General-Schatzmeister: March. Franz Octav. Piazza.

Oberjustizrath in Piacenza. Präsident: Jos. Fioruzzi. Räthe: Hieron. Pasqual. Vincent Maggi. Ant. Frz Gobi. Franz Parolini. Secret. Domin. Ratti. Rentkammerpräsident: H. Pasqua. Schatzmeister: Ritt. Ambros. Martelli.

Portugal.

Flächeninhalt: 1712 Quadrat-Meilen; mit 19 großen und 527 kleinen Städten und Flecken, 519 Klöstern ꝛc. Volksmenge: 2 Millionen. Landmacht: jetzt vielleicht gegen 30,000 M. Seemacht: 12 Linienschiffe, 8 Fregatten von 30 bis 40 Kanonen, und mehrere kleinere. Einkünfte: 75 Millionen franz. Livres oder 34,375,000 fl.

A) Hofstaat.

a) Der Königin Oberhofmeisterin (*Camereira M'or*): Donna Constantia Mandel, Marquise v. Tancos. Staatsdamen (*Donas de honor*): sind 4. Hofdamen (*Donas de Paco; Dames du Palais*): sind 12. Obristhofcaplan (*Capellão M'or*): Jos. Franz, Cardinal v. Mendoza, Patriarch v. Lissabon. Obristhofmeister (*Mordomo M'or*): Thom. Xav. Marq. v. Ponte de Lima. Obriststallmeister (*Estribetro M'or*): Petro de Menezes, Marq. v. Marialva (u. bey Verhinderungen sein Sohn Diego Jos. de Menezes, Gr. v. Catanhede). Cammerjunker der Königin sind 12, u. Garderobiers 4.

Beichtvater: J. M. de Mello, Erzbischof v. Braga.

b) Des Prinzen v. Brasilien, Ober-Cammerjunker: Nunho a Sylva, Gr. v. Aveiras.

c) Der Infantin Marie Anna Obristhofmeisterin: Leonora da Camera.

B) Vornehmste Staats- und Justiz-Collegien.

1) Der Staatsrath (Conselho de Estado). Darin präsidiret die Königin. Nach ihr folgen: Juan Prinz v. Brasilien; Jos. Franz Cardinal v. Mendoza, s. oben; der Staats- u. Finanzminister Thom. Marq. v. Abrantes; der Staatsminist. u. Obristhofmeister Thom. Xav. Marq. v. Ponte de Lima (vormal. Vicomte de Villanova da Cerveira); u. sodann die 3 Minister u. Staatssecretarien: Louis Melho de Pinto de Souza, bey dem Depart. der auswärt. Affairen u. des Kriegswesens seit 1788. Jos. de Sylva bey dem Depart. der innern Angelegenheiten des Reichs, seit 1788, u. der Minist. des Marine-Departements: Don Rodrigo de Souza Coutinho.

2) Der Kriegsrath (Conselho de Guerra). Darin präsidiret der Prinz v. Brasilien; nach ihm folget als Vicepräsident: der Gen. Feldmarschall Christian Pr. v. Waldeck, 9 General-Lieutn. als Räthe (Conseilheires u. 1 Staatssecretär. In Justizsachen sind 6 Glieder aus dem Rathe des Pallastes (*Desembargadores*) beygeordnet.

Der Rath des Pallasts (Desembargo de Paço). Ist das erste Tribunal, oder höchste Gnaden = und Justiz Gericht (wie in Spanien der Rath von Castilien), unter welchem alle andere Gerichte und Richter stehen, und dahin alle Sachen von den übrigen Instanzen durch Appellation gelangen können.

Es bestehet aus einem **Präsidenten:** Marq. de Castello-Melhor, ferner aus 11 Räthen (*Desembargadores*) worunter der **Großcanzler** des Reichs Anton Freyre d'Andrade de Enserrabodes, u. der **General-Procurator** der Krone Joh. Pereira Ramos de Azevedo-Coutinho sich befinden. Der Präsident ist zugleich Richter in allen Polizey-Sachen.

In Civil- u. Criminal-Sachen sind dem **R a t h e d e s P a l l a s t e s** untergeordnet die *Casa da Supplicaçaon* zu Lissabon u. die *Casa do Civil Relaçaon* zu Porto, unter welche beide die Provinzen des Reichs in Ansehung der Gerichtsbarkeit vertheilet sind, doch kann von dem Gerichte zu Porto noch an die Casa da Supplicaçaon zu Lissabon in Sachen, die den Werth v. 250,000 in unbeweglichen, u. v. 300,000 in beweglichen Gütern übersteigen, appellirt werden. Jede dieser Casas hat ihren **G u b e r n a t o r** u. **C a n z l e r,** u. bestehet wieder aus 2 Senaten oder Cammern, davon die eine für die Bittschriften 39, u. die andere für bürgerliche Reichssachen 4 Räthe enthält; die übrigen Glieder werden **a u s s e r o r d e n t l i c h e** (Desembargadores extravagantes) genannt. Für die Provinzen jenseits dem Meere (ultramarinos) sind besondere Justizhöfe (Relaçaons) in Rio de Ianeiro, in der Bahia, (Bay Allerheiligen) u. in Goa errichtet, worin allemal der Vice-König der Provinz präsidiret.

4) **Das Gener. Inquisitions-Gericht** (*Conselho general do S. Officio.*)

In demselben präsidirt der General-Inquisitor (jetzo der Königin Beichtvater); die untergeordneten Inquisitionsgerichte sind zu Evora, Lissabon, Coimbra u. Goa.

Das von König Joseph I. im J. 1768 errichtete Gericht, *Real meza censoria etc.* genannt, ist 1791 mit dem Gen. Inquisitionsgerichte vereinigt worden. Es hatte die Censur aller Druckschriften u. war zugleich das oberste Schulcollegium. Ausser dem Präsidenten bestand es aus 8 ordentl. und 8 ausserordentlichen Deputatis, die insgesamt gelehrte und belesene Personen seyn mußten.

5) **Conseil über die Provinzen jenseits des Meeres** (*Conselho ultramarino*).

Präsident: Don. Ant. Alvares Gr. da Cunha. Hiernächst 10 Räthe u. 1 Secretär.

6) **Ritter-Ordens-Rath** (*Mesa da Conscientiae Ordens*).

Bestehet aus 1 Präsidenten, 7 Deputatis u. 4 Cammerschreibern, nemlich einem für alle Orden, 1 für den **Christus-Orden,** 1 für den O. v. St. Jago u. 1 für den O. v. Aviz. Der König ist Großmeister dieser **3 g e i s t l i c h e n O r d e n;** die Ritter dürfen sich aber vermählen und haben große Einkünfte. Der **M a l t h e s e r-O r d e n** besitzt auch ansehnliche Güter in Portugal, sonderlich das Großpriorat v. Crato, es sind aber die Einkünfte davon jetzo mit der Krone vereinigt.

7) **Die Königl. Schatzkammer** (*Erario Regio*).

Errichtet im J. 1761 vom König Joseph I. und der (im J. 1791) damit vereinigte Finanzenrath (*Conselho da Fazenda*).
Präsident: Don Thom. Marq. von Abrantes, Staatsminister. **Oberschatzmeister:** Don Joh. Henriquez da Souza. Hiezu gehört auch die General-Rechen-Kammer für den Hof, die Landschaft Estremadura, die Einkünfte der 3 Orden, u. die Provinzen jenseit dem Meere. Von diesem vereinigten Collegio, welches die Finanzen des Reichs verwaltet, hängen verschiedene andere Collegia ab, als *Junta da bulla de Cruzada* (der **Einkünfte v. der Creutzbulle**). *Junta da Administraçao do Tabaco, das Fabricas do Reino* u. d. gl. Die Alfandegas (Zollkammern) zu Lissabon ꝛc. Das kön. Collegium des Commercii, des Landbaues, der Fabriken u. der Seefahrt von Portugal u. der dazu gehörigen Domainen ist im J. 1788, zu einem königl. Collegio u. Tribunal unter einem andern Präsidenten erhoben worden, welchem dabey 3 Rechtsgelehrte u. 7 Kaufleute zugeordnet worden sind.

8) Iunta dos tres Estados (**der 3 Restände**).

Besteht aus 6 oder 7 Deputatis vom hohen Adel (Titulados) imgl. aus 1 Procurator Fiscal, 1 Secretair, 1 Schatzmstr ꝛc.

C) Kriegsstaat.

a) zu Lande.

Gener. Feldmarschall u Command en Chef: Cstian Pr. von Waldek. **General der Cavall.** Don Jos. Vicomte de Louringham. **General der Inf.** Pet. Marq. de Marialva. **General-Feldzeugmeister:** Gr. v. Soure. **Gen. Inspect. der Cavall.** Gr. v. Dordas, Gen. Lieutn. Ausserdem 20 Gen. L. 10 Marechaux de Camp. 36 Brigadiers der Infant. 9 bey der Cav. u. 2 bey der Artill.
Aus dieser Generalität werden die Gouverneurs und Gen. Capitains der portugiesischen Provinzen und Plätze in allen 4 Welttheilen genommen.
Gen. Inspector aller Forts u. Festungen: Carl. Aug. Gr. von Oeynhausen, Gen. L.

b) Kriegsstaat zur See.

Gen. Inspector der Marine u. deren Zeughäuser: Der Seeminister Rodrigo de Souza Coutinho. **Oberbefehlshaber der ganzen Seemacht:** Bernh. Ramirez Esquivel. **Gen. Capitain der Galeeren:** Pet. Marquis v. Marialva. **General-Lieutn. der Marine:** Jos. Sanchez de Britto ꝛc.

D) Gesandte.

Amerika: Cyprian Robeiro de Freyre, bev. Minister. **Berlin:** Vic. v. Anadia, ausserord. Ges. N. de Navarro, Leg. Secret. **Coppenhagen:** N. Guereiro, Legat. Secret. **Haag:** Joh. Aranga d'Azevedo, auß ferord. Gef. London: Mq. de Pombal, geh. Cab. R. Ambaſſadeur. Madrit: Diego de Angeja, Ambaſſ. geh. Cabin. R. Neapel: Joſ. de Saxe Pereira, auſſerord. Gef. Paris: ... Petersburg: Cheval. d'Horta Machado, Envoyé extraord. Turin: Domingo de Souza-Couthinno, bev. Miniſter. Stockholm: Cheval. Correa, bev. Miniſter. Wien: Der Commenth. de Lima, bev. Miniſter der Chev. de Miranda, Legat. Secret. General Conſuls. Nord-Amerika: Ign. Palayart. Dännemark: Sim. von Broſſeronde. Deutſche Hanſeeſtädte: Joh. Schubak. Helſingbör: Chev. Avius. Holland: Ludw. da Coſta, des Chriſtus-O. R. John Ch. Lucena, R. Normandie: L. F. Palayart. Rußland: Joſ. Pet. Cöleſtin de Velho. Trieſt: Franz Domin. de Beletti.

Preuſſiſche Monarchie.

Statiſtiſche Ueberſicht aller dazu gehörigen Länder.

	Größe nach d. Q. Mil.	Volksmenge mit Inbegr. d. Milit.	Einkünfte in Thlr.
1) Das Königr. Preußen (Oſtpreußen, Weſtpreußen u. d. Netzdiſtrikt)	1384	1,550,000	
2) Die Churmark	444	809,000	
3) Die Neumark	220	268,000	
4) preuß. Pommern	507	480,000	
5) Magdeburg (mit Mansfeld)	104	286,000	
6) Halberſtadt (nebſt Hohenſtein und Quedlinburg)	42	136,000	6,000,000
7) Minden u. Ravensberg	51	136,000	
8) Tecklenburg u. Lingen } die weſtphäl. Länder.	13	46,500	
9) Gſch. Mark	56	139,500	
10) Cleve u. Moeurs	46	120,500	
11) Fſth. Oſtfrießland	54	107,500	
12) preuß. Geldern	24	50,000	
13) Schleſien (mit Glatz)	640	1,600,000	
14) Neuſchatel u. Valengin	15	41,000	
15) Die fränk. Fürſtenthümer			
a) Anſpach	71	210,000	1,600,000
b) Bayreuth	68	190,000	
16) Die poln. Acquiſitionen			
a) im Jahr 1793	1061	1,136,389	600,000
b) im Jahr 1795	997	939,297	638,000
zuſammen	5797	8,245,686	9,838,000

Die preuß. Kriegsmacht beſteht in Friedenszeiten aus etwa 200,000; in Kriegszeiten aus 240,000 Mann, oder mehr.

A) Hofſtaaten.

a) Hofſtaat des Königs.

Große Hofchargen. Obercammerherr: nicht beſezt. Obermarſchall: Fr. Wern. Gr. v. Podewils. Oberſtallmeiſter: Carl Gr. v. Lindenau, Obr. u. Generaladjut. *Grandmaitre de la garderobe*: Joh. Euſt. Gr. v. Schlitz gen. v. Görz, w. geh. Staatsminiſter, Gef. zu Regensburg, des ſchw. Adl. O. R. Oberjägermeiſter: Fr.

Wilh. Gr. v. Arnim auf Boitzenburg, w. geh. Staatsminister, u. des Joh. O. R. Oberschenk: ist unbesezt. Hofmarschall: Valent. von Massow. Schloßhauptmann: Aug. Gr. v. Wartensleben. Generaldirector der K. Schauspiele: C. Fr. Leop. Fhr v. der Reck.

Der Cammerherren sind 217.

Hofpagen-Institut. Gouverneur: v. Rahlke.
Bildergallerie-Inspector: Hofr. Puhlmann.
Hofjägermeister: J. Fr. Fhr v. u. zum Stein.
Oberhofbauamt. Intendant: Der geh. Finanzr. Beumann. Director: Der geh. Kriegsr. Langhans.
Hofstaats u. Dispositions-Kasse. Hofstaats-Rentmeister: Der geh. Kriegsr. Zenker, auch Rendant der Oberhofbauamtskasse.
Kön. deutsches (National-) Theater. General-Direction: Prof. Ramler, Director emeritus. Der geh. u. Cammergerichtsr. von Warsing, als Consulent in Justizsachen. Jsland, als wirkl. Director. Der geh. Kriegsr. Bertram, als expedir. Secretär. Fleck, als Regisseur 2c.

b) Der regierenden Königin.

Oberhofmeisterin: Soph. Wilh. Charl. verw. v. Voß, geb. von Pannewitz. Kammerherr: Ant. Fr. v. Schilden. Hofdamen: Fräul. v. Viereck, (1te) — Frl. v. Viereck (2te) — Gräf. v. Moltke. Frl. von Heinitz. Secretär: Fontane. 2 Cammerfrauen, 3 Cammerdiener.

c) Der verwittw. Königin (Mutter des Königs).

Oberhofmeister: Fr. Carl Gr. v. Sayn u. Wittgenstein. Oberhofmeisterin: Louise verw. Fr. v. Gaudi, geb. v. Vieregg. Hofmarschall: Christian Gr. v. Solms (Sonnewald. Linie). Kammerherrn: Chev. de Verdy du Vernois u. Chev. de la Troliere. Dames d'atour: 3 Hofdamen: 3 Beichtvater: J. E. Lübecke, Pred. an der Petrikirche. Leibarzt: Der geh. R. Brown. Rentmeister u. Secretär: Kriegsr. Spitzbart.

d) Der verwittw. Gemahlin des Pr. Ludwigs (Bruders des Königs).

Obristhofmeisterin: Laura Gräf. v. Brühl, geb. Gräf. v. Minucci. Hofmarschall: Gr. v. Keyserling, Kammerhr. Hofcavalier: Aug. W. Gr. v. Haake. Hofdamen: 2.

e) Der Prinzen Heinrich und Wilhelm (Brüder des Königs).

Gouverneur: Carl Adolph Gr. v. Brühl, Gen. L. der Cav. Hienächst ist des Pr. Heinrichs Gouverneur: Der Major v. Schlieffen; und Sousgouverneur: Der Canonicus Schröder. Des Pr. Wilhems Sousgouverneur: Jouffroy.

f) Des Prinzen Heinrich (Bruders Friedrich II).

Hofmarschall: Wilh. Jac. Gr. v. Redern, Cammerhr. Hofcavaliers: Der Cammerhr v. Münchhausen; u. de Royer. Geh. Cabinetssecretärs: Horsitzky u. Le Bauld. Geh. Kämmerer: Brederecke. Director von dessen Domainenkammer: Der geh. R. von Hofmann. Hienächst der Jägermeister v. Hoffmann u. 6 Kammerräthe.

g) Der Gemahlin des Prinzen Heinrich.

Oberhofmeisterin: Elisab. Ulr. Amalie Gräf. v. Blumenthal, geb. v. Platen. Hofdamen: 2. Hofcavalier: Aug. v. Beauvré, Maj. o. der Cav.

h) Des Pr. Ferdinand (Bruders Friedrich II).

Hofcavalier: v. Geertz. Geh. Cabinetssecretär: Clüsener, auch Hof- u. Ordens-Regier. Rath. Secretär u. Rendant: Sapel. Director v. dessen Domainenkammer: Fr. H. Stubenrauch. Hienächst der Jägermeister v. Splittgerber u. 5 Kammerräthe.

i) Der Gemahlin des Pr. Ferdinand.

Oberhofmeisterin: Gräfin v. Neale. Hofcavalier: G. C. H. v. Sydow, Cammerhr. Gouverneur des Pr. Augusts (Sohns des Pr. Ferdinand): Hptm. v. Wartenberg.

B) Höchste und Hohe für die verschiedenen Zweige der Staatsverwaltung, (nämlich die militairischen, politischen, Justiz- Polizey- Finanz- und gtistliche Angelegenheiten) im Allgemeinen, bestehende Collegien (zu Berlin).

1) Ober-Kriegs-Collegium

ist das höchste, für die Militair-Angelegenheiten bestehende Collegium.

Oberkriegspräsident: Carl, reg. Hz. v. Braunschweig, Gen. FM.

Vice Oberkr. Präsident: W. J. A. v. Möllendorf, Gen. FM. Die Geschäfte des Oberkr. Collegii sind in 3 Departements vertheilt.

Erstes Departement (besorgt die Angelegenheiten der Infanterie, Cavallerie, Artillerie, des Feldlazareth- u. Fuhrwesens der Armee). Director: Der Gen. L. u. Kriegsminister v. Kannewurf. Assessores: Fhr v. der Golz, Gen. Maj. v. der Armee. v. Diether, Obr. v. der Armee. Misischek v. Wischkau, Maj. v. der Armee. v. Guionneau, Maj. v. der Armee. Pontanus, Maj. des Feld-Artill. Corps. Assistenten: Carl Gr. v. Lottum, Capit. v. der Armee. v. Schmidt, Lieutn. vom Feld-Artill. Corps. v. Unzer, Lieutn. v. der Armee.

Mit diesem Departement ist verbunden:
Die Kön. General-Intendantur. General-Intendanten: Gen. Maj. Fhr v der Golz, s. ob. Obr. v. Diether, s. ob.
Director des Proviant-Fuhrwesens: v. Jannewitz, Maj. von der Armee. Director des Feldlazarethwesens: v. Taubenheim, Maj. von der Armee.

Zweites Departement (besorgt das Armatur- und Montirungswesen). Director: v. Boyen, Gen. L. v. der Armee. Assessor: von Langlair, Obrist v. der Armee.

Drittes Departement (hat das Invaliden-Verpflegungswesen). Director: v. Colong, Gen. L. v. d. Armee. Assessor: von Klür,

Gen. Maj. von der Armee. Assistent: von Corswant, Maj. von der Armee.

Von diesem Departement ressortirt:
Die General-Invalidenkasse. 1r Rendant: Der geh. Kriegsr. Jahn. 2r Rendant: Der Kriegsr. Hermes.
In Justizsachen hat den Vortrag: Der geh. Kriegsr. u. Gen. Auditeur Cavan.
Noch kommen hier folgende militair. Collegien und Anstalten anzuführen:
Das Ingenieur-Departement (besorgt die Angelegenheiten des Corps de Genie, des Mineur-Corps, sämtlicher Festungen u. der Academie de Genie. Chef: Der Gen. L. u. Gen. Quartiermeister v. Geusau. Assessor: Hartmann, Obristl. des Ingen. Corps.
Officier-Wittwen-Verpflegungs-Anstalt. Chef: Fr. Gr. von der Schulenburg-Kehnert, Gen. L. der Cav. Directores: v. Winterfeld, geh. Finanzr. v. Pannwitz. Der Kr. u. Dom. Rath Koch, Stadtdirector zu Brandenburg, als Landschaftsverordneter. Rechtsconsulent: Michaelis, Hof- u. Cammer-Fiscal. Rendant: Naumann.

General-Auditoriat
ist das Ober-Militär-Gericht in Civil- und Kriminalsachen über die ganze Armee. Die Appellation geht entweder an die Regierung der Provinz, wo die Sache her ist, oder an den Appellationssenat des Kammergerichts. Die 3te, oder Revisions-Instanz ist beym Ober-Tribunal zu Berlin.
General-Auditeur: Cavan, geh. Kriegsr. Ober-Auditeurs: Pitschel, geh. Kriegsr. Wach, Kriegsr. u. Troschel, Kriegsr.
Kriegs-Consistorium; wird von dem ebenangeführten Personale des General-Auditoriats gehalten, mit Zuziehung zweyer Staabs-Officiers, welche jedesmal dazu commandirt werden, u. des Feldprobsts: Joh. Fr. Kletschke.
Geheime Kriegs-Canzley (worin alle Officiers-Patente ausgefertigt werden). Director: v. Malschitzky, Maj. der Inf. u. geh. Kriegsr.
Medicinal Stab der Armee. General-Stabs-Medicus: Dr. Riemer. Ober-Stabs-Medicus: Dr. Formey. Gen. Stabschirurgus: Görcke. Gen. Chirurgi: Mursinna u. Laube.
Nota. Das adel. Cadetten-Corps; die Militair-Academie; Königl. Suite rc. siehe im Folgenden, nach der Generalität.

2) **Geheimer Staatsrath (Geh. Staats-Ministerium)**
besteht aus allen geh. Staatsministern, welche introducirt sind. Das Protocoll führt einer der geh. expedirenden Secretarien der geh. Staatscanzley; die Ausfertigungen werden in eben dieser Canzley besorgt; die Concepte aber in der zu dieser Canzley gehör. geh. Registratur und die Original-Urkunden und geheimern Staatspapiere in dem geh. Archiv aufbewahrt. — Bey jedem Minister ist das Departement, in welchem er arbeitet, bemerkt.
Carl Wilh. Rsgr. v. Finkenstein; Geh. Cabinets-Ministerium. Joach. Cstian Gr. v. Blumenthal; Generaldirectorium. Joh. H. Cas. Fhr v. Carmer; Justiz-Ministerium. C. G. H. Gr. v. Hoym, dirigir. Staats- u. Kriegs-Minister in Schlesien u. in Südpreußen. Fr. W. Gr. v. der Schulenburg-Kehnert (Gen. der Cav.); Generaldi-

rectorium. Fr. Ant. Fhrv. Heinitz; General-Directorium. Joh. Eust. Gr. v. Schlitz Gen. v. Görz; jetzt Gesandter in Regensburg. Hans E. Dietr. v. Werder; Gen. Directorium. Eberh. Fr. Cstian Fhz v. der Reck; Justiz-Ministerium. Fr. W. Gr. v. Arnim; Generaldirectorium. Cstian August Gr. von Dönhoff, Obermarschall und Mitglied des ostpreußischen Staatsministeriums. H. Jul. von Goldbeck; Justizministerium; Großcanzler. Ph. C. v. Alvensleben; Cabinets-Ministerium. C. Aug. Fhrv. Hardenberg, dirigir. Minister in den Fürstenth. Anspach u. Bayreuth. C. Aug. v. Struensee; General-Directorium. Cstian Heinr. Gr. v. Hangwitz; Cabinetsministerium. Fr. W. v. Thulemeyer; Justizministerium. Fr. Leop. Fhr v. Schrötter; Generaldirectorium. Heinr. Gottl. v. Kannewurf, Gen. L. Militairdepart. des Gen. Directorii. Eberh. Jul. C. v. Massow; geistl. Depart.

Nota. Die Glieder des ostpreuß. Staatsministeriums, siehe unten!

Wirkliche geheime Staatsminister, welche in den Staatsrath nicht introducirt sind:

Fr. Gottfr. Gr. v. Gröben, Landhofmeister u. Mitgl. des ostpreuß. Staatsministeriums. C. Fr. Ludw. Gr. v. Finkenstein, Canzler und Mitgl. des ostpreuß. Staatsminist. Joach. C. Gr. v. Malzahn, Ober-Erb-Cämmerer v. Schlesien. Carl v. Ostau, Oberburggr. u. Mitgl. des ostpreuß. Staatsministeriums. Hier. Mq. v. Lucchesini. H. Ludw. v. Buchholz, Oberpräs. der südpreuß. Cammern.

Wirkl. geheime Räthe, welche das Prädicat: Excellenz haben:
C. Fr. Cstoph v. der Kettenburg (ehem. Reg. Präs. zu Bayreuth). C. L. Fhr von Pöllnitz, mkgräfl. brandenb. Oberkammerhr. Franz G. Schilling v. Canstatt, mkgfl. brandenb. Oberjägermeister. C. W. Fr. Fhr Eichler v. Auritz, mkgfl. brandenb. Oberhofmarschall.

Geheime Staats-Canzley. Expedirende geh Sekretarien:
Fr. W. A. v. Sellentin, geh. R. (expedirt die Sachen aus den Prov. Magdeburg, Halberstadt, Minden u. Cleve; führt zugleich das Protocoll im Staatsrath). Lud. Oliv. v. Marconnay, geh. Legat. R. (exped. die Sachen des französ. Coloniedepart). E. R. C. v. Keith, Kammerhr (hat die Exped. v. Schlesien). L. Dan. Lecoq, geh. Leg. R. (hat die Exped. v. Pommern). Cstian L. Siebmann, geh. Kriegsr. (hat die Exped. von Ost- u. Westpreußen u. Ostfriesland). G. Fr. Kunowsky, Kriegsr. (hat die Exped. v. Südpreußen). C. H. Frenzel, Kriegsr. (hat die Exped. v. der Churmark Brandenburg). Lecoq, Kriegsr. (hat die neumärk. u. anspach-bayr. Sachen, imgl. die orangische Exped., bestehend aus den Prov. Tecklenburg, Lingen, Moeurs, Geldern u. Neufchatel).

Extradenten der geh. Staats-Canzley.

Einer jeden Expedition ist ein sogenannter Extradent vorgesetzt, welcher die Journale führt, für die auszulösenden Sachen die tarmäß. Gebühren einfordert und berechnet.

Der geh. Secr. Hübner. Der geh. Secr. Wernitz. Der Kriegsr. Creutz. Der geh. Secr. Kratz sen. Der geh. Secr. Poll. Der Kriegsr. Gillet.

Geheimes Archiv. Geheime Archivarien: J. A. Schlüter, Kriegsr. (hat das Depart. der publiken Sachen). Estian A. L. Klaproth, Kriegsr. (hat das Depart. der Churmark u. das Archiv-Cabinet). Fr. H. Wernitz jun., Kriegsr. (hat Ost- u. Westpreußen, Pommern, die Schiffahrts- u. Commerzsachen. C. Fr. W. Kenkel (hat Magdeb. Halberstadt, die westphäl. Provinzen, Neufchatel u. Anspach-Bayreuth). Mart. Kahlen, Kriegsr. (hat Schlesien, Südpreußen u. Ostfriesland). Geheime Registratur: Der geh. Secr. Wernitz sen. als 1r geh. Registr. Der geh. Secret. Schulz, als 2r geh. Registr. Der geh. Canzleysecr. Moritz, als Registraturs-Assistent. — Die französ. geh. Registratur hat der Kriegsr. Gillet, s. ob.

3) **Geheimes Cabinets-Ministerium (oder Departement der auswärtigen Geschäfte).**

Zu seinem Depart. gehören ausser den auswärt. Staats- u. deutschen Reichsangelegenheiten, die Familiengeschäfte des kön. Hauses; die Wahrnehmung der k. Souverainetätsrechte in allen Provinzen; die Ausfertigung der Nominations- und Confirmationspatente für die Bischöfe in den k. Staaten; die Direction der geh. Staatscanzley, Oberaufsicht über die Staats- und Landes-Archive; Aufbewahrung der grössern Staats-Siegel ec.

Wirkl. geh. Staats-Kriegs- u. Cabinets-Minister: C. W. Rsgr. v. Finkenstein des schw. Adl. O. R. Ph. Carl v. Alvensleben, des rothen Adler O.-R. Estian Heinr. Gr. v. Haugwitz. Vortragende Räthe: L. O. v. Marconnay, geh. Leg. R. Ludw. Dan. Le Coq, geh. Leg. R. Heinr. Renfner, geh. Leg. R. C. G. v. Raumer, geh. Leg. R. Küster, Kriegsr.

Geh. expedirende Secretarien: siehe oben die geh. Staats-Canzley.

Bureau des Cabinets-Ministerii
(ist eine Deputation der geh. Staats-Canzley, und bearbeitet die politische Correspondenz).

Director: Der Kriegsr. Ahé. Dechiffreur: Der Kriegsr. Noacksen. Vicedirector: Der Kriegsr. Noack jun. Sodann die Kriegsräthe Dubois; Cottel u. v. Dechen, u. die geh. Sekretarien Alberts; Catel; Lombard; Lacroix und Humbert.

Geh. Archiv-Cabinet. Geh. Archivarius: Der Kriegsr. Klaproth. Die eigentl. hieher gehörigen Gesandten, Residenten ec. siehe im Folgenden! Pepiniere v. Legat. Räthen: Ferd. W. v. Katte. W. v. Beguelin. G. C. W. v. Buch, Cammerhr. v. Rothenburg, Rittmeister v. d. Armee. Fhr v. Hardenberg, Obristl. Carl Gr. von Finkenstein. v. Gualtieri, Major v. der Armee.

Geheime Cabinets-Expedition
gehört eigentl. nicht zum Cabinets-Ministerio, sondern besorgt die unmittelbare Correspondenz des Königs.

Theod. E. Laspeires, geh. Cabin. R. Ludw. Aug. Fr. Mörs, geh. Cabin. R. (hat zugl. die Direction des Domain. Depart. der Hrsch. Wusterhausen). Anast. Ludw. Mencken, geh. Cabin. R. Joh. W. Lombard, geh. Cabin. Secret. Joh. Coulon, geh. Cab. Sekr. Alloucheri, geh. Cabin. Secret. Willaume, geh. Cabin. Secret. Niethe, geh. Cabin. Secret.

4) Finanz-Ministerium.

Generaldirectorium
(General- Ober- Finanz- Kriegs- und Domainen-Directorium).

Zu dessen Verwaltung gehören alle Finanz- Domainen- Steuer- und Landes-Polizey-Angelegenheiten in sämmtl. Provinzen, ausgenommen Schlesien, Südpreußen, Neu-Ostpreußen und Anspach-Bayreuth. Es besteht aus einem Generaldepartement für die allgemeinen Angelegenheiten seiner Ressorts und aus mehrern Specialdepartements über einzelne Provinzen oder über besondere Zweige der Landesverwaltung. Der König selbst ist Präsident, die dabey stehenden Staatsminister sind Vicepräsidenten.

Wirkl. geh. Staats- u. Kriegsminister (mit Bemerkung ihrer Departements): J. C. Gr. v. Blumenthal (die Neumark, Pommern, u. die Aufsicht über den kön. Schatz). Fr. W. Gr. v. der Schulenburg, (Gen. der Cav. (Banco- u. Medicinaldepart. auch General-Controleur der Finanzen). Fr. A. Fhr v. Heinitz (die westphäl. Provinzen, Neufchatel, das Bergwerks- u. Münzdepart). H. E. D. v. Werder (die Churmark, Magdeburg, Halberstadt, die Stempel- und die Kassen-Sachen). Fr. W. Gr. v. Arnim (das Forstdepartement). C. A. v. Struensee (Accise- Zoll- Salz- Fabriken- Manufactur- u. Commerz-Departement). Fr. L. Fhr v. Schrötter (Ost- u. Westpreußen). H. G. v. Kannewurf, Gen. L. (Militär-Departement).

Vortragende geheime Finanzräthe (mit Bemerk. ihrer Depart.): Estian Fr. Albrecht, (Accis- u. Zolldepartement). J. J. W. v. Bärensprung (Westphalen, Bergw. u. Forstdepart.) C. Barandon Accis- und Zoll-Depart. J. A. v. Beyer, Generalia, Westphalen und Stempelsachen. Geo. Eberh. v. Beyer, Accis- und Zoll-Depart. (Direct. d. Haupt-Stempel- u. Karten-Kammer). Aug. Heinr. Borgstede, Neu-Ostpreußen. C. L. v. Bose, Preußen. Joh. Fr. von Burghoff, Generalia u. Milit. Depart. Ludw. Aug. Dieterich, Accis- u. Zoll-Depart. Eichmann, Fabrik- u. Commerzdepart. Vict. T. Ernst von Ernsthausen, Westphalen, Stempel- Bergw. u. Forst-Depart. (Präsid. des Ober-Colleg. Sanitatis). J. Dan. Flesch, Militärdepart. J. K. H. Geißler churmärk. Depart. C. A. Gerhardt, Bergw. und Salz-Depart. C. F. L. v. Gerlach, Präsid. der churmärk. Kammer von Göckingk, Magdeburg und Halberstadt. C. L. Grothe, Fabrik- und Commerz-Depart. Estian Fr. W. Fhr v. Hagen, Magdeb. Halberst. u. Salzdepart. C. Em. v. Hoffstädt, Accis- u. Zoll-Depart. J. A. Honig, Magdeb. u. Halberst. N. N. Jäschke. J. C. Ph. Klevenow, Preußen. J. P. Morgenländer, Forst-Depart. (Präs. des Oberbau-Depart.) A. L. Neuhauß, Chur-Mark. Joh. Joach. v. Palm, Westphalen. Ferd. Pflug, Neumark u. Pommern. Val. Ludw. Prozzen Milit. Depart. Joh. Ludw. Ransleben, Accis- u. Zoll-Depart. Fr. Wilh. Gr. v. Reden, Bergw. Depart. (Direct. des Ober-Bergamts zu Breslau). Cammerhr G. L. v. Regemann, Churmark. Fr. C. Albr.

Staatsbeamten der grössern Staaten.

Rose, Commiss. beym Haupt-Banco-Directorio. NN. Schlabrendorf. J. G. C. Schomer, Preußen, u. beym Director. des Frevenwald. Alaun-Bergw. Joh. Fr. v. Schütz, Milit. Depart. NN. Schütze; Forstdepart. Joh. Friedr. von Schulze, Neumark und Pommern (Präsid. der Oberrechenkammer. NN. Schulze, Südpreußen. G. B. Vogel, Westphalen. v. Wegern, Milit. Depart. v. Weiher. NN. v. Winterfeld, k. Commiss. beym Hauptbanco-Directorio. J. H. von Zschock, Chur-Mark, a. Cassensachen.

Geheime expedirende Sekretarien des General-Directorii (alphab.) Albrecht, Kriegsr. Alberti, Kriegsr. Bandelow, Kriegsr. Barth. Bertram, geh. Kriegsr. Bonenberg, geh. Kriegsr. Borries, Kriegsr. Breton, Kriegs- u. Domain. R. Brömel, Kriegsr. Bündel. Clemen. Diederich, Kriegsr. Eichmann, Kriegsr. Fäsch, geh. Kriegsr. Fischbach, Kriegsr. Gehrke. Genz, Kriegsr. Gerhardt, Kriegsr. Götsch, Kriegsr. Goslich, Kriegsr. Hansen, Kriegsr. Heun, Berg-Assessor. Jänike. Illaire, Obergerichtsr. Krüger, geh. Kriegsr. May. Mölter, geh. Kriegsr. Müller, Parthey, Hofr. Pittelko, geh. Kriegsr. Pochhammer. Prillwitz, Kriegsr. Regge, Kriegsr. Schlemüller, geh. Kriegsr. Schlutius, geh. Kriegsr. Schüler, Kriegsr. Sostmann, geh. Kriegsr. Ursinus, geh. Kriegsr. Wacker, geh. Kriegsr. Wedigen, Kriegsr. Werner, Kriegsr. Westphal, Kriegsr.

Kanzleydirector: Puttlitz, Kriegsr. Kanzleygebühren- und Salarienkasse: Schön, Hofr. und Rendant. Jung, geh. Secret. und Rendant.

Ober-Examinations-Commission beym Gen. Directorio: Die geh. Finanzräthe v. Ernsthausen. Zschock. Klevenow. Heller.

Ober-Revisions-Deputation (zur Entscheidung der Kameral- und Finanz-Justiz-Sachen in der lezten Instanz). Director: Cstian Ludw. v. Schulze, geh. Finanzr. Mitglieder: Joh. Könen, geh. Ob. Justiz- und Tribunalr. Carl Ludw. Heidenreich, geh. Ob. Tribunalr. Joach. Fr. v. Lamprecht, geh. Ob. Justiz- und Tribun. R. von Hermensdorf geh. Ob. Justiz- u. Tribun. R.

Ober-Revisionscollegium (der Cameral- u. Commerz-Justiz-Sachen). Präsident: Joh. Aug. v. Beyer, geh. Finanz-R. Geh. Ob. Revisions-Räthe: Joh. Cstian Krüger, Direct. des Hausvogteygerichts. Fr. Leop. Kircheisen, Vicepräsident des Cammergerichts. J. L. Ransleben, geh. Finanzr. Cstoph Goßler, geh. u. Cammerger. R. Andr. Cstian Fr. Wilcke, Cammerger. R. Joh. Dan. Woldermann, Cammerger. R. Assessor: Beyme, Cammerger. R.

General-Kassen.

Gen. Kriegskasse: Der geh. Kriegsr. Lenz, 1r Kriegszahlmstr. der geh. Kriegsr. Feldmann, 2r Kriegszahlmeister. Der Kriegsr. Reichel, Buchhalter. Der Kriegsr. Cloß, Correspondent.

Gen. Domainenkasse: Der geh. Kriegsr. Wetzel, Rentmeister. Der geh. Kriegsr. Heckel, 2r Rentmeister.

Gen. Chargenkasse: Der Kriegsr. Schlüsser, Hauptrendant. Der geh. Sekr. Arendt, Controleur.

Gen. Strafkasse: Heymert, Rendant.

Extraordinarien Kasse: Heymert, Rentmeister. Der geh. Secr. Grabow, Controleur.

Die provinziellen Kriegs- und Domainenkammern werden unten bey den Collegien der einzelnen Provinzen angeführt.

General-Accise- u. Zolldepartement des Generaldirectorii. Chef: Der Staats-Kriegs- u. dirigir. Minister v. Struensee. Mitglieder: Die geh. Finanzräthe: v. Hofstädt, v. Beyer; Dietrich; Ransleben; Barandon u. Albrecht, als Regisseurs. Sodann die geh. Kriegsräthe Kolbe; v. Beguelin; Hey; Wlömer; v. Schulz u. Labaye. Hienächst 20 geheime expedirende Sekretarien.

Haupt-Banque. Banco-Präsident: Der Gen. d. Cav. Gr. v. der Schulenburg, geh. Staats-Kr. u. Cabinets-Minister. Commissarius: Der geh Ob. Finanzr. Rose. Justitiarius u. Assistent: Der geh. Ob. Finanzr. v. Winterfeld. Director: Keßler.—Kassenrendant: Reichert.

Oberbau-Departement. Präsident: Der geh. Finanzr. Morgenländer. Director: Der geh. Finanzr. u. Oberhofbauintendant Baumann. Geh. Oberbauräthe: C. T. Seidel. H. A. Riedel sen. Dav. Gilly. B. Ph. Berson. Eytelwein. Riedel jun. Roth. Assessor: Zietelmann.

Berkwerks- und Hüttendepartement des Gen. Directorii. Chef: Der Staatsminist. Fhr v. Heinitz. Mitglieder: Die geh. Finanzräthe v. Ernsthausen; v. Bärensprung; Gerhardt; der geh. Finanzr. und Berghptm. Gr. v. Reden; die geh. Oberbergräthe Wehling; Rosenstiel u. Eckardt u. der Oberbergr. Karsten. Hienächst 5 geh. expedirende Secretarien u. s. w.

Fabrik- u. Commercial Departement des General-Directorii. Chef: Der Staatsminist. v. Struensee. Mitglieder: Die geh. Finanzräthe Grothe u. Eichmann; der geh. Commercienr. Salzmann; u. die geh. Oberrechnungsräthe Müller u. v. Weiher. Noch haben Vortrag: Der Legat. R. v. Beguelin; der Kriegsr. Schüler. Hienächst 5 geh. expedirende Sekretarien.

Forstdepartement des Generaldirectorii. Chef: Der Staatsminist. v. Arnim. Mitglieder: Die geh. Finanzräthe v. Ernsthausen; v. Bärensprung; Morgenländer; Schütze; sodann der geh. Kriegs- u. Dom. R. Berends, als Justitiarius; die geh. Forsträthe Bartels u. Hennert. Hienächst 8 geh. expedirende Sekretarien; u. der Canzleydirector Andreä.

Königl. Gestüte. Chef: Der Oberstallmeister Gr. v. Lindenau. Obermarstall- u. Gestüt-Expedition: Der geh. Kriegsr. Müller. Die Kriegsräthe Helmbrecht u. Sandvoß; und der Bauinspector Glasewald.

General-Postamt. Gen. Postmeister: Der Staatsminister von Wer-

Werder. Unter demselben steht auch das Intelligenzwesen in allen kön. Provinzen, exclusive Schlesien u. Ostfriesland.

General-Lotterie-Administration. Chef: Der Staatsminister Gr. v. der Schulenburg.

Ober-Rechenkammer ist die General-Controlle des Finanz= Cassen= und Rechnungswesens vom ganzen Lande.

General-Controleur: Der Staatsminister Gr. v. der Schulenburg. **Präsident:** Der geh. Finanzr. v. Schulze. **Director:** von Piper. **Geheime Oberrechnungsräthe:** C. F. Oland. L. D. Marquard. C. F. Schöne. J. H. v. Klaß. J. E. Dönch. J. C. Lesser. H. L. Schmidt. J. B. Lehmann. A. G. C. Giesecke. J. C. Nagel, auch Oberconsistor. R. H. v. Weiher. F. A. Schirmann. C. G. Flaminius. F. L. Fhr v. Derenthal. C. F. W. Kummer. C. G. Baumgarten. J. F. B. Müller. F. C. v. Massenbach. NN. Zimmermann. NN. Luther; Frank; v. Beguelin. von Schlabrendorf; Kanold; Matthias.

Salzdepartement des Generaldirectorii. Chef: Der Staatsminist. v. Struensee. **Mitglieder:** Die geh. Finanzräthe v. Bärensprung; Gerhard; Fhr vom Hagen; Dietrich; Gr. v. Reden; der geh. R. Moldechen Sen. u. der geh. R. Labaye.

Hauptstempel= u. Kartenkammer. Director: Der geh. Finanzr. v. Beyer. **Mitglieder:** Der Kriegsr. Schmiedike, Hauptrendant. Der Kriegsr. Franke, Hofr. u. Stempelfiscal. Der Hofr. Softmann.

6) Justizministerium.

Wirkl. geh. Staats= u. Justizminister (mit ihren Departements).

J. H. C. Fhr v. Carmer, Großcanzler, Chef der Justiz.
 Hat das Präsidium der Gesetzcommission und diejenigen Geschäfte, welche zur Consolidirung des Systems der Gesetzgebung gehören.

Eb. Fr. Cstian Fhr v. der Reck, Chef des Lehendepartem.
 hat zugl. das Specialdepartement v. Pommern, der Alt= u. Neumark, Magdeburg, Halberstadt, sämmtl. Provinzen jenseits der Weser, so wie die fränk. Fürstenthümer.

Heinr. Jul. v. Goldbeck, Großcanzler, Chef des Criminaldepartements
 hat die allgemeine Leitung des Justizwesens, alle Bedienungs= und Besoldungssachen und das Specialdepartement der Churmark, Ost= und Westpreußen.

Fr. W. v. Thulemeyer, Chef des Cammergerichts u. des reformirten geistl. Departements
 in Kirchen= und Schulsachen, auch das französ. und pfälzer Colonie-Departement.

Eb. Jul. C. von Massow, Chef des luther. geistl. Departements, so wie auch der Stifter und Klöster; und die Privat=Justizsachen von Süd= und Ostpreußen.

Geheime Oberjustizräthe: Joh. Könen, (bey d. Depart. des Fhrn v. d. Reck). J. Fr. v. Lamprecht, (beym Depart. des Großcanzlers. NN. Hermensdorff, (b. Depart. des Großcanzlers v. Goldbeck, und beym geistl. Depart.)

H. B. 2r Th. 1798.   E

Gesetz-Commission. Chef-Präsident: Der Staats- u. Justizminister Fhr v. Carmer, Großkanzler. Directoren: J. Aug. v. Beyer, geh. Ober-Fin.R. Joh. Könen, geh. Ober-Justiz-u.Trib.R. sodann v. der Finanz-Deputation die geh. Ober-Finanzräthe: Joh. Fr. Aug. Burghof. J. G. W. v. Bärensprung. Cstian Ludw. Grothe. Carl Abr. Gerhard; Ransleben; Borgstede u. v. Göckingk. Von der Justizdeputation, die geh. Trib. Räthe: C. Ludw. Heidenreich. Joach. Fr. von Lamprecht. von Hermensdorf. Otto Nath. Baumgarten. H. D. v. Grollmann. Fr. Leop. Kircheisen. Cstian Gosler. J. W. Cavan, geh. Kr. R. u. Gen. Audit.

Geh. Ob. Tribunal zu Berlin. Präsident: der wirkl. geh. Staats- u. Justiz-Minist. Fhr v. der Reck. Räthe: J. Könen. C. L. Heidenreich. J. F. von Lamprecht. von Hermensdorf. N. Baumgarten. H. D. v. Grollmann. G. v. Jordan. Joh. Dan. v. Scheibler. Mayer.

Zur Bearbeitung der von dem französ. Obergericht zur Revision kommenden Sachen werden zugezogen
die französ. Revisions-Räthe: d'Anieres, Gen. Fiskal. Lecoq, geh. Leg. R. Humbert, geh. R. —
Protonotarius: Annisius, Justizrath.

Das Kammergericht zu Berlin
ist zwar kein allgemeines Justiztribunal, sondern zu dessen unmittelbaren Jurisdictionsbezirk gehört eigentlich nur die Churmark, oder die Provinzen Altmark, Mittelmark, Uckermark, Neumark und Priegnitz; ꝛc. jedoch ist dessen Geschäftskreis sehr ausgebreitet, indem es in verschiedenen Eigenschaften, nämlich a) als geheimer Justizrath, b) als Ravensbergische Lehnscurie, c) als ravensbergisches Oberappellationsgericht, d) als Hofgericht, und e) als Judencommission alle dahin gehörigen Rechtssachen verhandelt. Es besteht aus 2 Senaten, dem Oberappellations- und dem Instructionssenat, von welchem leztern die Criminaldeputation ein Theil ist.

Oberster Präsident: Der Großkanzler u. Justizminister v. Goldbeck.

Oberappellationssenat. Präsident: J. A. von Wyckersloot. Mitglieder: C. F. Ballhorn, geh. Justizr. (Director des churmärk. Pupill. Colleg.) J. W. Denso, Kammerger. R. Cstoph Gosler, geh. Ober-Revis. u. Kammerger. R. G. H. Rudolphi, Kammerger. R. C. F. Graun, geh. Justizr. A. C. Wilke, geh. Revis u. Kammerger. R. Bergius, Kammerger. R. v. Ludewitz, Kammerger. R.

Instructions-Senat. Präsident: Fhr v. Schleinitz. Vicepräsident: F. L. Kircheisen, geh. Ober-Revisionsr.

Kammerger. Räthe: H. L. v. Warsing, geh. R. u. Hausvoigt. Rud. v. Hartwich. A. F. v. Scheve, auch Ober-Consist. Präsid. v. Braunschweig. Fhr von Carmer, auch französ. Oberger. R. von Schmettau. C. W. Rimpler. J. D. Woldermann, geh. Revis. N. F. L. Friedel. J. C. Heidenreich. C. F. Beyme. J. Fr. Köhler. C. Rose. C. B. Müller. C. F. Ballhorn. Lipten. Thomas. Reichenberg. Naumann.

Criminal-Deputation. Director: Kircheisen, s. vorh. Mitglie-

Staatsbeamten der größern Staaten. 67

der: Rimpler; Köhler; Rose; Müller; Ballhorn; Lipten, Fhr von Carmer; Paalzow, Criminalrath; Otto, Criminalrath. Assessores des Cammergerichts: Oswald; Köhler u. Sack.

7) Lehen-Departement.

Lehendirector: Der geh. Staats- und Justizminister Fhr von der Reck. Lehen-Archiv. Archivarius u. Secretair: Der geh. Tribun. R. Mayer.

8) Departem. der geistl. Sachen.

a) **Reformirtes Kirchendirectorium.** Chef-Präsident: Der Staats- u. Justizminist. v. Thulemeyer. Kirchenräthe: Sack, Hofpred. u. Oberconsist. R. Meyerotto, auch Oberschulrath u. Rector des Jochimthal. Gymnas. Friedel, Kammerger. R. u. Assessor der Ritterschafts-Registratur. Bergius, Kammerger. R. v. Rappard, französ. Oberger. R. Könen, Kr. u. Dom. R.

b) **Lutherisches geistl Depart.** Chef: Der Staats- u. Justizminister von Massow. Ober-Consistorium. 1r Präsident: Der Staatsminister v. Massow. 2r Präsident: v. Scheve, auch Cammerger. R. Oberconsistorialräthe: v. Irwing, Präsid. des Oberschul-Collegii. Spalding, Probst in Berlin. v. Lamprecht, geh. Ober-Justiz u. Tribun. R. Nagel, auch geh. Oberrechnungs-R. Dr. Teller, Probst. Dr. Gedike, auch Oberschulrath u. Direct. des cölln. Gymnas. Sack, Hofpred. u. Kirchenrath. Zöllner, adjung. Probst in Berlin. Woltersdorf, 1r Prediger bey der Georgenkirche. Hecker, auch Oberschulr. u. Direct. des Friedr. Wilhelms-Gymnas.

9) Medicinal-Departement.
(Ist wieder hergestellt durch eine kön. Cabinetsordre v. 27. Jan. 97.)

Chef: Der Staats- Kr. u. Cabinetsminister Gr. v. der Schulenburg.

Obercollegium medicum.

Die Gegenstände seines Ressorts sind: Die Qualification der Medicinal-Personen zu ihren Aemtern; die Oberaufsicht über sie; die Verhütung und Bestrafung der Contraventionen gegen die Medicinal-Gesetze, die privative Jurisdiction in causis medico-legalibus civilibus et fiscalibus &c.

Director: Scheibler, geh. Ober-Tribunals-R. u. Director des Collegii medico-chirurgici. **Decanus:** Roloff, geh. R. u. Leibmedicus. **Ober Medicinalräthe:** Kurella. — Pelisson, 1r Medic. bey der französ. Colonie. Sprögel, Prof. der Med. Mayer, geh. R. und Leibmed. v. Kahle, Justitiarius, geh. Kr. u. Dom. R. Welper, Physic. v. Berlin. Formey, Leib- u. Oberstabs-Medicus Cosmar, Hof-Fiscal. **Assessores:** Klaproth, Prof. u. 1r Assessor der Pharmacie. Rose, 2r Assessor der Pharmacie. Münnich, 1r Assess. der Chirurgie. Kastner, 2r Assess. der Chirurgie.

C) **Landes Collegien in den einzelnen Provinzen.**
Wegen des beschränkten Umfangs dieses Handbuchs werden von diesen hauptsächlich nur die Präsidenten und Directoren angeführt werden können.

E 2

1) **Preußen, und zwar**
a) **Ostpreußen.**

Ostpreuß. Staatsministerium (respicirt die Regierungs- u. Landeshoheits-, Lehns-, Kirchen- u. Schulsachen ꝛc. von Justizsachen ist es aber gänzlich dispensirt. Es besteht aus 4 wirkl. geh. Staatsministern, welche zugleich die Würde von Landhofmeister, Kanzler, Obermarschall u. Oberburggraf bekleiden). Geh. Staatsminister. **Landhofmeister**: Fr. Gottfr. Gr. v. d. Gröben. **Canzler**: Albr. Gr. v. Finkenstein. **Obermarschall**: August Gr. v. Dönhof. **Oberburggraf**: Carl v. Ostau. —

Obersecretarien bey demselben: Hagen, Consist. R. Klein, Kammerass.

In Ostpreußen sind 2 Oberlandes-Justizcollegia, nemlich

a) **Die Regierung zu Königsberg.** Chef-Präsident: Der Staatsminist. u. Canzler: Albr. Gr. v. Finkenstein. Vicepräsident: E. A. W. v. Winterfeld. Mitglieder: v. Sahme*, Trib. R. v. Massenbach*, Trib. R. v. Brandt*, geh. Justizr. Gossow*, geh. Justizr. Morgenbesser*, geh. Justizr. Goßler*, Tribun. R. Hallensleben*, Trib. R. Kappelier, Reg. R. Stellter, Reg. R. Hanstein, Reg. R. Culemann, Reg. R. Göbel, Reg. R. Reidenitz, Reg. R.

Der Präsident und die mit einem * bezeichneten Räthe formiren den 2ten Senat, oder das Tribunal; der Vicepräsid. und die übrigen den 1n Senat.

Criminal-Collegium. Director: Lilienthal, Kriegsr. Criminalräthe: Jensch; Arndt; Wichert; Schartow; Stägemann; Brausewetter.

Pupillen-Collegium. Chef-Präsident: Der Staatsminister und Obermarschall v. Dönhoff. 2r Präsident: v. Winterfeld, s. ob. Hienächst 7 Mitglieder.

b) **Das Hofgericht zu Insterburg.** Präsident: v. Hellen.

Hofgerichtsräthe: Heidenreich; Bauer; Kirchheim; Hoberg; Hauenstein. Assessor: v. Wegnern.

Consistorium zu Königsberg. Chef-Präsident: Der Staatsminist. u. Landhofmeister Gr. v. d. Gröben. Vicepräsident: Kirschkopff. Hienächst 10 Consistor. Räthe.

Für die Finanzverwaltung bestehen in Ostpreußen 2 Kriegs- und Domainen-Kammern, nemlich

a) **Kriegs- u. Domainenkammer zu Königsberg.** Präsident: A. L. Wagner. 1r Director: v. Borke u. Fhr. v. Buddenbrock. 2r Director: Büttner. Oberforstmeister: v. Schenk. Hienächst 12 Kr. u. Domainenräthe, u. 5 Assessoren. —

Kammer-Justiz-Deputation. Director: Büttner, s. vorher!

Commerz- u. Admiralitäts-Collegium. Director: Klemm.

Wett- und Handlungs-Gericht. Oberdirector: Gervais. Director: Wichert. Hienächst 7 Assessoren.

See- u. Hafengericht zu Pillau. Richter: Cloß.

b) **Litthauische Kriegs- u. Domainenkammer zu Gumbin-**

nen. Präsident: A. L. Wagner. Directores: F. H. W. Wagner. Büsching. (Schimmelpfennig v. d. Oye). Landstallmeister: v. Below. Oberforstmeister: v. Wangenheim. Hienächst 12 Kriegs- u. Domain. Räthe.

Kammer-Justiz-Deputation. Director: Büsching. Hienächst 4 Mitglieder.

Schiffahrts- u. Handlungsgericht zu Memel. Director: Lilienthal.

b) Neu-Ostpreußen.

Das ganze Justizwesen in dieser Provinz steht unter der besondern Aufsicht und Direction des Großcanzlers v. Goldbeck, und als Oberlandes-Justizcollegia sind angeordnet

a) die Neu-Ostpreuß. Regier. zu Bialystock. Präsident: von Ziegenhorn*. Director: Holsche. Reg. Räthe: Bode*. Stähler. Zencker. Ehm*. Schölle. v. Hippel*. Malchow. Dreyer.— Für Pupillen-Sachen: Andreä, Pupillen-R. Criminal-Rath: Labesius, auch Gen. Fiscal u. Notar.

b) Neuostpreuß. Regier. des Plozker Depart. (jezt in Thorn). Präsident: v. Beyer*. Director: v. Goldenberg. Reg. Räthe: Eggert. Albrecht*. v. Zacha. Dänke*. Schulz. v. Trützschler*. Voß. Hüllmann.

Criminal-Rath: Werner.

Für die Finanzverwaltung in Neu-Ostpreußen, welche der Staatsminister Fhrv. Schrötter dirigirt, sind angeordnet

a) Kriegs- u. Domain. Kammer zu Bialystock. Präsident: v. Knobloch. Directoren: Mirus u. Troschel. Oberforstmeister: v. Kemnitz. — Hienächst 11 Kr. u. Dom. Räthe; 1 Forstrath ic.

b) Kriegs- u. Dom. Kammer zu Plozk. Präsident: v. Knobloch. Directoren: v. der Reck, geh. Kr. R. u. Diederichs. Oberforstmeister: v. Kemnitz (s. vorh.) Hienächst 7 Kr. u. Dom. Räthe ic.

c) Westpreußen.

Für die Justizverwaltung sind 2 Ober-Landes-Justizcollegia angeordnet:

a) Regier. zu Marienwerder. Chef-Präsident: Fhr v. Schrötter*. Vicepräsident: von Schmiedeberg. Reg. Räthe: Büsching. v. Ganzkow*. Schirmeister*. v. Alemann*. Riepe. Oelrichs*. v. Tevenar. Hecker*. Reuter. Sietze. Neumann. — Für Pupillen-Sachen: Schreiber, Pupillenrath.

Criminal-Collegium. Director: Schermer. 5 Criminalräthe.

Consistorium zu Marienwerder: ist mit dem Regier. Collegio vereinigt. Als geistl. Räthe werden zugezogen: Zacha, Consist. R. 1r Pred. zu Marienwerder, u. Berdau, Schulrath, 2r Pred. zu Marienwerder.

b) Hofgericht zu Bromberg. Präsident: v. Kleist. Director: v. Scheibler, geh. Justizr. Hofger. Räthe: Winterfeld. Baur. Guischard. Herr. Strümpfler. Richter. Zarnack. — Für Pupillen-Sachen: Hantelmann, Pupillenrath.

E 3

Für die Finanzverwaltung sind angeordnet:

a) **Westpreuß. Kriegs u Domainen-Kammer zu Marienwerder.** Präsident: v. Auerswald. Directoren: v. Beyer u. v. Borbstädt. Landstallmeister: v. Domhardt. Oberforstmeister: v. Janitz. Hienächst 19 Kriegs- u. Dom. Räthe zc.

Commerz und Admiralitäts-Collegium, zu Danzig. 2r Director: Pauli. Hienächst 5 Commerzien-Räthe.

Wett- u Handlungsgericht zu Danzig. Oberdirector: Grodsdeck, geh. Kriegsr. Director: Weickhmann, Kriegsr. Hienächst 6 Assessoren.

b) **Kriegs- und Dom Kammer Deputation zu Bromberg.** Präsident: v. Auerswald. Director: Broscovius. Landstallmeister: v. Domhardt (s. vorh.) Oberforstmeister: Lust. Hienächst 5 Kr. u. Dom. Räthe; 1 Baudirector, 2 Assessoren zc.

d) **Süd-Preußen.**

Für die Justizverwaltung bestehen 3 Ober-Landes-Justizcollegia, unter Aufsicht und Direction des Großcanzlers von Goldbeck.

a) **Regierung zu Posen.** Präsident: v. Steudener. Vicepräsident: Fhr. v. Dankelmann. Reg Räthe: Gruno. v. Clermont. Schröner. v. Grävenitz. v. Götze. Düring. Hering. Fromme. Diederichs. Dannenberg. Schwarz. Bortmann. — Hienächst 2 Assessoren.

Zu den Vorträgen beym Consistorio concurriren: Langner, Consf. R. u. Pred. zu Fraustadt. Cassius, Cons. R. u. reform. Pred. zu Posen.

Criminalräthe: Gebhardt. Künzel. Guderian. Gottwald. Schnakenburg.

b) **Regier. zu Petrikau.** Präsident: Heinrich XLVII, Gr. Reuß. Director: Mölter. Reg Räthe: v. Reibnitz. Schulz. v. Wrochem. v. Colomb. Fhr v. Kospoth. v. Husarzewski. Müller. Scheller. Merkel.

Zu den Vorträgen beym Consistorio concurrirt: Herzberg, Consist. R. u. Pred. zu Petrikau.

Criminalräthe: Czwalina, Oberfiscal und Inq. publ. Grimm. Skrzentwa. Mondro.

c) **Regierung zu Warschau.** Präsident: v. Meyer. Director: Hoyoll. Reg Räthe: Marggraf. Schreiber. Klöber. v. Bachmann. Marcellin. Baumann. v. d. Hagen. v. Goldenberg. Braun. Jonas. v. Ledebur.

Criminal Collegium. Director: Hoyoll, s. vorher! Hienächst 3 Criminalräthe, 4 Justizcommissarien.

2) Pommern.

Im Hrth. Pommern sind 2 Landes-Justiz-Collegia:

a) **Regierung zu Stettin.** Vice-Präsident: von Eickstädt. Reg. Räthe: Kretzschmer. Vogt. Schiffmann. Röbe. Wigand. Hempel. Ockel. Fhr v. der Reck. Oelschläger.

Criminalräthe: Ladewig. Zitelmann. Bourwig. Granow. Dalmer.

Pupillenräthe: Wigand. Hempel. Oeckel. Fhr v. der Reck.
b) **Hofgericht zu Cöslin. Präsident:** v. **Gerlach. Director: Gädike. Hofger. Räthe:** Köhne. v. Bonin, Reg. R. v. Rohr. — In Pupillen-Sachen concurrirt: Schweder, Pupillenrath.
Consistorium zu Stettin. Präsident: ... **Consist. Räthe:** Bielke. Höhle. Vogt. Brüggemann. Schiffmann, auch Reg. R. Brunn, reform. geistl. R. Engelken, geistl. R. Langner, Pred. zu Jasenitz. Ringeltaube, Gen. Superint. Herwig geistl. R. Oelschläger, a. Reg. R. Pfennig, Assess.

Consistorium zu Cöslin. Präsident: v. **Gerlach, Hofger. Präsid. Director: Gädike,** f. vorher. **Räthe:** Köhne. Hoffmann. v. Bonin.

Fur die Finanzverwaltung ist angeordnet:
Die Kriegs- u. Domain. Kammer zu Stettin: Präsident: v. **Schütz,** geh. Finanzr. **Directoren:** Meyer, u. v. Schmeling. **Oberforstmeister:** Krause u. Meisner. Hienächst 20 Kr. und Dom. Räthe, 3 Assessoren.
Kammer-Justizdeputation. Präsident: v. Schütz, Kammerpräs. Meyer, Kammerdir. Hienächst 5 Mitglieder.
Domainénkasse. Cramer, Rentmeister. **Kriegskasse:** Wißmann, Oberempfänger.
Commerzcollegium zu Stettin. Chef: v. Schütz, Kammerpräsid. u. 3 Mitglieder.

3) Schlesien.

Für die Justizverwaltung sind in dieser Provinz 3 Ober-Landes-Justizcollegia:

a) **Oberamtsregierung zu Breslau. Chef-Präsident:** Fhr v. Seidlitz u. Gohlau. **Präsident:** v. Schlechtendall. **Director:** Paczensky. **Oberamts-Reg. Räthe:** v. Haugwitz. v. Skribensky. Gr. v. Haugwitz. Steinbeck. Schmidt. Fischer. Fhr v. Dankelmann. Friederici. Jägwitz. Gr. v. Mattuschka. Nebst 3 Assessoren.
Hof- und Criminalcollegium zu Breslau. Director: Sack. Hienächst 9 Hof- u. Criminalräthe.
Pupillen-Collegium. Präsident: Fhr v. Seidlitz. **Director:** Paczensky. Hienächst 5 Pupillenräthe.

b) **Oberamtsregierung zu Glogau. Präsident:** Fhr v. Cocceji. **Director:** v. Böhmer. **Oberamts-Reg. Räthe:** Harsleben. Lucanus v. Rauschenberg. Dörfer. Fülleborn. Jachwitz. Meckel v. Hemsbach. Kiekhöfer. Friedel.
Hof u. Criminal-Collegium. Director: Fülleborn. Hienächst 6 Criminalräthe.
Pupillen-Collegium. Präsident: Fhr von Cocceji, f. vorher. Sodann 6 Pupillenräthe.

c) **Oberschles. Oberamtsregierung zu Brieg. Präsident:** von Windheim. **Oberamts-Reg. Räthe:** Schiller. Reyder. Schultes. Scheller. Ludendorff. v. Reinersdorff. Gerhardt.

In Consistorial: u. Pupillen-Sachen concurrirt noch: **Cuno**, Ober-Consist. u. Pupillenrath. **Stöckel**, Assistenzr.

Hof- u. Criminal-Collegium. Director: **Schultes**, Oberamts-Reg. R. Sodann 6 Hof- u. Criminalräthe; 1 Assessor.

Oberconsistoria a) zu Breslau: Das Präsidium u. die Mitglieder der Breslauer Ob. Amts-Regier. machen zugleich das Consistor. aus, unter dem Beitritt der Ob. Consist. Räthe: **Gerhard** u. **Hering**.

b) zu Glogau. Besteht aus den Mitglied. der glogauschen Ob. Amts-Regier. u. dem Ob. Consist Rath: **Ludovici**.

c) zu Brieg. Besteht ebenfalls aus den Mitglied. der brieg. Ob. Amts-Regier. u. den Ob. Consist. Räthen **Nerling** u. **Krickende**.

Das **Cameral-Departement** in Schlesien ist von dem Generaldirectorio in Berlin unabhängig, und steht unter einem besondern in Breslau wohnenden

Dirigirenden Staatsminister; jetzt: **C. G. H. Gr. v. Hoym**; Unter dessen Direction und Aufsicht zugleich die beiden schles. Kriegs- und Domainenkammern st. ben, nämlich

a) **Kriegs- u. Domain. Kammer zu Breslau**. Chef-Präsident: Der dirigir. Staats- u. Kriegsminist. Gr. v. Hoym. Directoren: v. d. Osten, geh. R. Reisel, geh. R. Landjägermeister: von Wedell. Kriegs- u Domain- Räthe: v. Köckritz u. Gallasch, Oberforstmeister. Neuwertz. Andreä. Prädel. Müller. von Reibnitz. von Prittwitz. Fhr v. Carmer, geh. Kr. R. Gr. v. d. Golz. Pachaly. Gr. Schack v. Wittenau. v. Beyer, geh. Kriegsr. Hirsch. Neumann. Gr. v. Haugwitz. v. Goldfuß. Mente. Schröter. v. Tschirski.

Kammerjustizdeputation besteht aus 12 Mitgliedern. Domainenkasse: **Rohde**, Rentmeister. Kriegskasse: **Polack**, Oberempfänger.

Commerzien-Conferenz-Collegium. Präsident: v. der Osten, 1r Kammerdirector, s. ob. Hienächst 5 Räthe.

b) **Kriegs und Domainenkammer zu Glogau**. Chef-Präsident: Der dirig. Staatsminist. Gr. v. Hoym. Directoren: v. Bismark, geh. R. v. Massow, geh. R. Kriegs u. Domain. Räthe: v. Köckritz (zugl. Oberforstmeister). v. Rosenberg. Albinus. Fhr v. Kittlitz (zugl. Landrath). v. Bessel, geh. Kr. R. v. Köller, auch Forstrath. von Jonston u. Krögelborn. v. Seidl. v. Prittwitz. Fabricius. Plümicke (auch Steuerrath) v. Gräve. v. Unruh.

Kammer-Justizdeputation besteht aus 6 Mitgliedern. Domainenkasse: **Brochhausen**, Rentmeister. Kriegskasse: **Albinus**, Oberempfänger.

4) Mark Brandenburg und zwar

a) Churmark.

Für die Churmark bestehen 2 Oberlandes-Justizcollegia, nämlich

α) Das **Kammergericht zu Berlin**, welches schon oben angeführt ist; nun kommt hier noch nachzutragen:

Das churmärk. Pupillen-Collegium zu Berlin. Director: Fr. **Ballhorn**, geh. Justizr. Pupillenräthe: **Denso**. **Braun**. **Wolders**

Staatsbeamten der grössern Staaten.

mann. Wilke. Heidenreich. v. Klaß. Friedel. Beyme. Rudolphi. v. Lüderitz. v. Schmettau.

Consistorium. Präsident: v. Scheve, 2r Präsid. des Ober-Consistorii, s. ob. Räthe sind sämtl. Mitglieder des Oberconsistorii.

b) Das Altmärkische Obergericht zu Stendal. Director: Schulz. **Obergerichtsräthe:** Schrader. v. Kamecke. Malchow, Kriegsr. Meister.

Für die Finanzverwaltung ist angeordnet:

Die Churmärk. Kriegs- und Domainen-Kammer zu Berlin. Präsident: v. Gerlach, geh. Finanzr. **Director:** Bötticher, geh. Finanzr. **Oberforstmeister:** v. Bornstädt, in der Altmark. von Kropff, in der Mittelm. v. Burgsdorf, in der Uckerm. u. Priegnitz. **Kr. u. Domain. Räthe:** v. Kahle, geh. Kr. u. Dom. R. Siebmann, geh. Kr. u. Dom. R. Jäschke. Adler. Meinhard. Lemke. Lietzmann. Jirl. Könen. v. Lamprecht. Grothe. v. Viereck. v. Winterfeld. Garn. Sensery. Gr. zu Dohna. Wittke, a. Baudirect. Diederichs. Hienächst 11 Assessoren.

Kammer-Justizdeputation. Präsident: v. Gerlach. Sodann 6 Mitglieder.

DomainenKasse. Wollanke, Rendant, Kr. u. Dom. R. **Kriegskasse:** Reinicke, Oberempfänger, Hofr.

Hersch. Wusterhausen. Immediatdirection: Mörs, geh. Cabinetsr. Die Domainenkammer hat 5 Mitglieder.

Herrsch. Schwedt. Immediatadministration: v. Schütz, geh. Ob. Finanzr. auch pommersch. Kammerpräs.

Chaussee-Bau-Department der Churmark. Gen. Intendant: Gr. v. Brühl, Obrist v. d. Armee.

b) Neumark.

Regier. zu Cüstrin. Präsident: Fr. W. Fhr v. Poser u. Großnädlitz. **Räthe:** Busch, geh. Justizr. Hoffmann. Köhler. Alsleben. v. der Osten. Schulz.

Criminalcollegium. Räthe: Kirchheim. Schulz. Graffunder. Kencke.

Consistorium zu Küstrin: Die Mitglieder der Regierung u. folg. Consistor. Räthe: Steinbart, Prof. d. Theol. zu Frankfurt. Protzen, Prof. d. Theol. u. Insp. zu Frankf. Seyffert, Insp. zu Cüstrin. Arend, Hofpred. u. reform. Insp. Ditmarsch, Pred. u. Archidiac.

Für die Finanzverwaltung:

Kriegs u. Dom. Kammer. Präsident: v. Schierstädt. **Directoren:** Zillmer u. Pappritz. **Oberforstmeister:** v. Normann. **Kr. u. Dom. Räthe:** Krusemark, auch Steuer-R. Michaely, a. Steuer-R. Senff, a. Deichhptm. Gülle. Löper. Buchholz. Timme, a. Landrentmeister. Zillmer, jun. Lüdemann. Leschebrandt. Hartmann, a. Steuer R.

Kammer-Justizdeputation. Präsident: von Schierstädt, Kammerpräs. **Director:** Zillmer, Kammer-Direct.

Erster Abschnitt.

Domainenkasse: Timme, Kr. u. Dom. R., Rentmeister. Kriegskasse: Kirchheim, Oberempfänger.

5) **Magdeburg** (und Grafschaft Mansfeld).
Regierung zu Magdeburg. Präsident: v. Bangerow. Di-
rector: Klevenow. Räthe: Rudolphi*. Michaelis. v. Schenk.
Semler*. Sack. Silberschlag. Röder. Goßler. Assessor. Steinhäu-
ser.
Criminalcollegium. Räthe: Werner. Hanstein. Nithack. Sees-
gebarth. Dorguth. Costenobel. Baumann. Jury. Wilkens.
Pupillencollegium: v. Bangerow, s. vorh. Klevenow, s. vorh.
Sack, Reg. u. Pupill. R. Röder, Reg. u. Pupill. R.
Consistorium. Präsident und Director, wie bey der Regierung.
Consistor. Räthe: Silberschlag, a. Reg. R. Resewitz, auch Gen. Su-
perint. und Abt zu Klosterberg. Küster, reform. Insp. Funk. Schewe.
Senf, (zu Halle) Niemeyer, Prof. zu Halle.
Für die Finanzverwaltung:
Kriegs- u. Dom. Kammer zu Magdeburg. Präsident: v. An-
gern, geh. Finanzr. Directoren: Schönewald geh. R. und Kle-
witz. Oberforstmeister: v. Kleist. Kr. u. Dom. Räthe: Wein-
schenk. Kemnitz. Stegemann, geh. Kriegsr. a. Baudirector. Sombart,
a. Steuer-R. Goßler. Nürnberger. Immermann, Justitiarius. von
Quast. Voigtel. Klewitz. v. Ron. Hienächst 6 Assessoren.
Kammer-Justizdeputation. Director: Klewitz, Kammerdir.
Mitglieder: Immermann, Kr. u. Dom. R. Cuno, Kammer-Assistenzr.
Wilkens, Crim. R.
Domainenkasse: Mörs, Landrentmeister. Kriegskasse: Wein-
schenk, Oberempfänger, Kr. u. Dom. R.

6) **Halberstadt** (und Hohnstein).
Regierung zu Halberstadt. Präsident: v. Biederfee. Di-
rector: Hecht. Reg. Räthe: Ritzenberg. Steinbeck. Danneil.
Schöpfer.
Criminalcollegium. Präs. u. Director, wie bey der Regierung.
Mitglieder: Die Reg. Räthe Ritzenberg; Steinbeck u. Danneil. So-
dann die Crim. Räthe: Mark. Wolff. Mahlmann. v. Heiligenstädt.
Jäger. Schmaling.
Pupillencollegium. Director: v. Biederfee. Mitglieder:
Hecht, Reg. Direct. u. die Reg. Räthe Steinbeck u. Ritzenberg.
Consistorium. Präsident: v. Biederfee, Reg. Präs. Mit-
glieder: Hecht, Reg. Dir. Sodann die Cons. Räthe Schäfer, a. Gen.
Superint. Streithorst, a. Oberdompred. v. Beyer, Insp. u. Oberpred.
zu Aschersleben, u. Bonsack, reform. Hofpred. Raßmann, Cons. Assess-
sor.

6) **Westphalen**, und zwar
a) Kleve und Mark.
Klev.-Märkische Regierung. Präsident: von Rohr*. Di-

rector: Elbers. Geh. Reg Räthe: v. Reimann*. v. Münz*. v. Grolmann*. v. Hymmen*. v. Sobbe. Focke. v. Dieft. Wurm*. Sethe. Fhr v. Wylich. Affeffor: v. Schlechtendal.
Criminalcollegium. Räthe: Hopmann u. Hagenberg.
Klev-Märk Confiftorium, ift mit der Regierung vereinigt.
Für die Finanzverwaltung:
Kriegs- u. Dom. Kammer zu Kleve. Oberpräfident: Fhr vom Stein, zugl. Präfid. der märk. u. mindenfchen Kammern. Director: Heimburger. Oberforftmeifter: Lehmann, auch im Fftenth. Meurs. Kr. u. Dom. Räthe: Wolff. Lübecke. v. Bernuth. v. Ammon. v. Rappard. Sack. Wülfingh. Bach. Affefforen: v. Reimann. v. Rodenberg. (Orlich), geh. Kriegsr. als Direct. der Accis-, Fabrik- und Commerzfachen).

Kammer-Juftizdeputation für Cleve u. Meurs. Präfident: Fhr v. Stein, Oberkammerpräfident. Mitglieder: Sack, Kr. u. Dom. R. Bona, Kammer-Affiftenzr. Felderhoff, Kammer-Affiftenzr.
Domainenkaffe: v. Reimann, Rendant, geh. Reg. R.
Kriegskaffe: v. Rappard, Rendant, Hofr.
Märkifche Kriegs- u. Domain. Kammer zu Hamm. Präfident: Fhr v. Stein, f. vorh. Director: Tiemann. Kr. u. Dom. Räthe: v. Beuft. v. Reden. v. Ammon. Müller. v. Hobe, Forftmeifter. v. Rappard. v. Zfchock. v. Schlechtendal. Bach.
Kammer-Juftizdeputation: Auffer dem Kammer-Präfidenten find Mitglieder: Tiemann. v. Rappard. Wiethaus. Rocholl.
Domainenkaffe: Hofr. Külendal, Rendant. Kriegskaffe: Hofr. Hennick, Rendant.

b) Geldern.

Juftizcollegium. Kanzler: v. Coninx. Juftizräthe: Nafoir. De Cabanes. Röff. Herkenrath.
Geldrifche Revifionsräthe, find die Clevifchen geh. Reg. Räthe: v. Reimann. v. Münz. v. Grolmann. v. Hymmen. Focke.
Für die Finanzverwaltung:
Landes-Adminiftrationscollegium. Director: v. Goldbeck geh. Kriegsr. u. Fhr v. Merwick zu Keffel, geh. Kriegsr. Kr. und Com. Räthe: Heinius. Neuhaus. van Baerll. Affeffor: Müller.

c) Meurs. Lingen. Minden und Ravensburg.

Meurfifche Regierung. Director: Urfinus, geh. Juftizr. Reg. Räthe: Engels, u. Kerkhoff. Juftizcommiffion. Director: Wefendonk, Prov. Fiscal, Burgermeifter zu Meurs.
Lingenfche Regierung. Director: Möller. Mitglieder: Schröder, auch Kr. u. Dom. R. Warendorf, Reg. R. Schmidt, Reg.R.
Minden u. Ravensberg. Regierung. Präfident: v. Arnim. Reg. Räthe: Crayen. v. Hellen. v. Voß. Widekind. Böhmer. Wick. Wermuth. Affeffor: v. Ledebur. —
Criminalcollegium. Auffer den Mitgliedern der Regierung die Criminalräthe: Nettebufch. Schmidts. Müller. Hofbauer. — Pu-

pillencollegium. Präsident: v. Arnim, s. vorher! Räthe: Crayen.
v. Hellen. u. v. Voß.
Für die Finanzverwaltung:
a) Meurs. Die Kr. u. Domain. Kammerdeputation ressortirt v. der Clevischen Kammer. — Landes-Steuerkasse: Kriegsr. v. Ammon, Rendant. Domainen-Rentey. Oberamtm. Scheidtmann, Hauptpächter.
b) Minden (nebst Lingen, Tecklenburg und Ravensberg). Kriegs- und Dom. Kammer. Präsident: Fhr vom Stein, s. ob. Director: Haß. Landjägermeister: v. Bandemer. Kr. u. Dom. Räthe: v. Hüllesheim. v. Nordenpflicht. Bacmeister. Deutecom. Meyer. Hofbauer. Ribbentrapp.

d) Ostfrießland.

Regierung u. Pupillencollegium zu Aurich. Präsident: von Schlechtendal*. Directoren: Reimer u. Schnedermann. Reg. Räthe: Bluhm. Hamfeld*. v. Wicht. Heßlingh*. Kettler. v. Conring. Oldenhove*. In Hoheits- u. Landessachen hat noch Stimme: Stockstrom, Consist. u. Pupill. R.

Criminalcollegium. Ausser den Mitgliedern des ersten Senats der Regierung die Criminalräthe: v. Wicht, Amtsger. Assess. Bley, Reg. Secr. v. Halem, Amtsger. Assess.

Consistorium. Ausser den sämtl. Mitgliedern der Regierung die Consist. Räthe: Müller, Gen. Superint. Eilshemius, reform. Oberpred. zu Leer. Gossel, Oberpred. zu Aurich. Stockstrom, s. ob. weltl. Consist. R. Ihmels, Assess.

Für die Finanzverwaltung:

Kriegs- u. Domain. Kammer zu Aurich. Vicedirector: Gr. v. Schwerin. Kr. u. Domainenräthe: Boden. Tiemann. Stelzer. Bennecke. v. Wolfframsdorff. Assessor: Tannen.

Kammer-Justizdeputation. Vicedirector: Gr. v. Schwerin, s. vorher. Mitglieder: Tiemann, s. vorh. v. Wicht, Crim. R. v. Derschau, Assistenzr.

8) Ansbach und Bayreuth.

a) Für beide Fürstenthümer überhaupt sind angeordnet:

1. Das Landes-Ministerum. C. A. Fhr v. Hardenberg, w. geh. Staats-Kriegs- u. Cabinets- auch dirigirender Minister. Vortragende Räthe: Schmidt, geh. Finanzr. erster Directorial-Gesandter am fränk. Kreise, u. Bank-Director. C. Hänlein, geh. Reg. R. J. G. Kracker, geh. Kriegs- u. Dom. R. J. E. Koch, geh. Kr. u. Dom. R. v. Humbold, Oberbergr. Dr. Kretschmann, geh. Reg. R. — Canzley. Director: Kriegsr. Glaser. — Geheime expedir. Secretarien: Nagler, Kriegsr. Bever. Scharnweber. Wünsch. Gruppen. Bayard.

2. Ober-Revisionscollegium. Der dirigir. Minister Fhr v. Hardenberg. Mitglieder: Schmid, geh. Finanzr. s. ob. Fhr Schilling

Staatsbeamten der gröſſern Staaten.

v. Canſtatt, Reg. Director. Hänlein, geh. Reg. R. Bandel, Reg. Direct. Kretſchmann, geh. Reg. R.

Archive. Strebel, geh. Archivr. zu Ansbach. Lang, geh. Archivar zu Bayreuth u. Plaſſenburg.

3. **Burggräfl. Landgericht.** Landrichter: C. F. W. Fhrv. Bölderndorf u. Waradein, Reg. Präſ. zu Bayreuth. Aſſeſſores: Cramer, geh. Reg. R. Donner, geh. Reg. R. v. Denzel, geh. Hofrath. Schnitzlein, Reg. R. Weiß, Reg. R. Zenker, Reg. R.

4) Direction der in Fürth etablirten Kön. Bank. Schmid, geh. Finanzr. Kracker, geh. Kr. u. Dom. R. v. Denzel, geh. Hofr.

b) Für jedes Fürſtenthum insbeſondere, und zwar
a) Ansbach.

1. **Regierungscollegium**
iſt in 2 Senate abgetheilt, und jedem ſein Geſchäftskreis angewieſen; auch iſt mit demſelben das Conſiſtorium und der Lehenhof vereinigt.

Der erſte Senat. Präſident: W. H. A. v. Röder. Directoren: Fhr Schilling v. Canſtatt; u. Bandel. Reg Räthe: Fhr Schenk v. Geiern, geh. Reg. R. Cramer, geh. Reg. R. Löſch, geh. Reg. R. Schnizlein. Weiß. Reynitzſch. Roſentreter. Liebeskind. Schnizlein. Aſſeſſoren: Huber. Keerl u. Stadelmann. — Die Criminal-Deputation, dirigirt der Reg. Director Bandel. Sämtl. Reg. Räthe concurriren bey Ausarbeitung der Criminalſachen, u. auſſerdem ſind noch folgende Juſtizcommiſſarien angeſtellt als Criminalräthe: Seyfſert. Schweigger u. Fleiſcher.

Der zweite Senat. Präſident: Fhr v. Falkenhauſen. Director u. Lehenprobſt: Albert. Director in Vormundſchaftsſachen: Bandel. Regier. u. weltl. Conſiſtorialräthe: Fhr Eichler v. Auritz, geh. Reg. R. Donner, geh. Reg. R. Dr. Bauder, geh. Reg. R. Zenker. Kern. Benz. Geiſtl. Conſiſtorialräthe: Roſe. Spieß. Faber.

2. **Kriegs- u. Dom. Kammer zu Ansbach.** Präſident: von Schuckmann. Vicepräſ. u. 1r Director: Fhr v. Dörnberg. 2r Director: Schegck. Kriegs- u. Dom. Räthe: Die geh. Kr. und Dom. Räthe Kern. Bomhard. Weiß. Culemann. Sodann: Lehner. Biſchoff, auch Baudirector. v. Schaper, geh. Leg. R. Keerl. Heyde. Ladenberg. v. Stein zum Altenſtein. v. Bernuth.

Kammer-Juſtizdeputation. Präſident: v. Schuckmann. Mitglieder: Bomhard, ſ. ob. v. Schaper, ſ. ob. Die Crim. Räthe Seifſert u. Schweigger u. der Stadtrath u. Syndicus Fenkohl.

Haupt- und Domain. Kaſſe zu Anſpach: Fenk, Rentmeiſter. Hauptſteuerkaſſe: Schumm, Obereinnehmer.

3. **Collegium Medicum.** Präſident: Schöpf, geh. Hofr. Kammerdeputatus: Bomhard, geh. Kr. u. Dom. R. Medicinalräthe: Dr. Heerwagen. Dr. Schnell. Dr. Roth. Dr. Leiblin.

4. **Oberforſt- u. Jagdamt.** Oberforſtmeiſter: v. Feilitzſch. v. Schirnding. Gr. v. Platen u. Hallermünde.

b) Bayreuth.

1. **Regierungscollegium. Erster Senat.** Präsident: Fhr von Völderndorf u. Waradein. Director: Philippi. Reg. Räthe: v. Waldenfels, geh. Reg. R. Pfeiffer, geh. Reg. R. u. 2r Kreisdirector rialgesandter. Arnold. Schiller. Kahn. Assessores: von Altenstein. Hacke. — **Criminal Deputation:** Dirigirt der Reg. Director Philippi. Bey Ausarbeitung der Criminalsachen concurriren sämtl. Reg. Räthe u. Assessoren, u. ausserdem folg. Justizcommissarien als Criminalräthe: Layritz. Dörfler. Seyffert. Klinger.

Zweiter Senat. Präsident: Fhr v. Völderndorf u. Waradein, s. ob. Director u Lehenprobst: Wipprecht. Regier und weltl. Consistor Räthe: v. Dobeneck. Opel. Börger. Schweder. Assessor: Dedekind. Geistl. Consistor. Räthe: Lang. Küneth. Lo'w. Kapp.

2. **Kriegs- und Domainenkammer.** Präsident: v. Schuckmann. Director: v. Hardenberg. Kriegs- u. Dom Räthe: v. Sichart, geh. Kr. u. D. R. Vogel, geh. Kr. u. D. R. Freudel, geh. Kr. u. D. R. Schlupper, geh. Kr. u. D. R. Tornesi, Oberbergr. Scheidemantel. Behm. Schunter. Hornberger. Assessores: Fischer. Lammers. Schöpfel. v. Bülow.

Kammer-Justizdeputation. Präsident: v. Schuckmann, s. v. Director: Wipprecht, s. v. Mitglieder: Behm, Kr. u. Dom. R. Lammers, Kammerassess. Layritz Crim. R. Dörfler, Crim. R. Seiffert, Crim. R. Klinger, Crim. R.

Hauptdomain. Kasse. Landgraf, Kriegsr. **Haupt-Steuerkasse:** Wagner, Obereinnehmer.

3. **Collegium medicum.** Präsident: Dr. Schöpf. Kammerdeputatus: Lammers. Medicinalräthe: Dr. Kölle. Dr. Hechtel. Dr. v. Schallern. Assessor: Dr. Langermann.

4. **Oberforstämter.** Oberforstmeister: Fhr v. Hardenberg, im Oberlande, Kammerdirect. zu Bayreuth. Fhr v. Bobenhausen, im Unterlande, zu Neustadt an der Aisch.

9) Neuschatel und Valengin.

Staatsrath. Gouverneur: Der Gen. L. v. Beville. Hienächst 22 Staatsräthe. — Secretär des Staatsraths: v. Sandoz-Rollin.

2) **Souveraines Tribunal der 3 Stände** a) für Neuschatel. Präsident: v. Sandol-Roi. b) für Valengin. Präsident: Derselbe.

3) **Rechenkammer.** Präsident: v. Jvernois, General Tresorier. Hienächst 4 Assessoren.

4) **Ehegericht** (Chambre matrimoniale) a) v. Neuschatel. Präsident: v. Pierre, Staatsr. Hienächst 9 Assessoren. b) für Valengin. Präsident: v. Montmollin, Staatsr. — Hienächst 4 Assessoren.

Staatsbeamten der grössern Staaten. 79

D) Generalität ic.

Generalfeldmarschälle: Carl Wilh. Ferd. reg. Herzog v. Braunschweig (Musq.) Wilh. Joach. v. Möllendorf (Musq.) Wilh. IX. reg. Ldgr. zu Hessen-Cassel.

Gen. der Inf. Heinr. Pr. v. Preussen (Musq.) Ferd. Pr. v. Preussen (Musq.) Alex. Fr. v. Knobelsdorf (Musq.) Ludw. C. v. Kalkstein (Musq.)

Gen. der Cav. Carl Fr. Ad. Gr. v. Schlitz, gen. Görz, Cüraff. Fr. W. Gr. v. d. Schulenburg-Kehnert (v. d. Armee).

Gen. Lieutn. der Inf. Joh. Georg Pr. v. Anhalt-Dessau (v. d. Armee). v. Courbiere, (Musq.) Jac. v. Colong, f. Ob. Kriegscolleg. Wilh. Magn. v. Brünneck (Musq.) Fr. Ludw. F. v. Hohenlohe-Ingelfingen (Musq.) Franz Andr. v. Favrat (Musq.) Fr. Erdm. Pr. v. Anhalt-Pleß (v. d. Armee). Georg v. Steensen. (Musq.) Gisb. W. v. Romberg (Musq.) Heinr. Gottl. v. Kannewurf, f. Ob. Kriegscolleg. Franz Casim. v. Kleist (Musq.) Joh. Theod. v. Thadden (Musq.) Franz Otto v. Pirch (Musq.) Ernst Fr. v. Hanstein (Musq.) C. Phil. v. Owstien (Musq.) C. Fr. v. Klinkowström (Musq.) Levin C. v. Geusau, f. Ob. Kriegscolleg. Wilh. Erbpr. v. Nassau-Oranien (v. d. Armee).

Gen. Lieutn. der Cavallerie: Cstian Fr. Mkgr. v. Anspach-Bayreuth (Drag.) Carl Adolph Gr. v. Brühl (v. d. Armee). Ludw. Pr. v. Würtemberg (Cüraff.) Fr. Aug. Gr. v. Kalkreuth, (Drag. von Anspach-Bayreuth.) Eugen Pr. v. Würtemberg, Huf. Ernst Sigm. v. Boyen, (f. Ob. Kriegscolleg.) v. Prittwitz, (Gen. Adjut. u. Insp. der Remonte). Dietr. Gosw. v. Dolffs, (Cür.) Hans Fr. H. v. Borstell, (Cür.) H. Joh. v. Günther, (Bosniacken). G. L. Egid. v. Köhler, (Huf.) Fr. Günth. v. Göckingk, (Huf.) Phil. Aug. v. Werther, (Drag.) G. Fr. v. Bardeleben, (Drag.) W. Fr. von Schenk, (Drag.) May. reg. Hz. von Pfalzzweybrücken. (Drag.)

Generalmajors von der Infanterie: Gr. v. Lusi, (v. d. Armee). Fr. W. v. Hausen, (Musq.) Phil. v. Lattorf, (Musq.) G. Bogisl. v. Köthen, (Musq.) Fr. Aug. v. Grevenitz, (Musq.) Wolf H. E. v. Klüx, (f. Ob. Kriegscollegium.) J. Fr. v. Meerkatz, (Gen. Inspect. der Artill.) v. Pollitz (Brig. der 2n warschauer Füs. Brigade). Fr. Gottl. v. Schladen, (Musq.) J. E. v. Kunheim, (Musq.) v. Ruits, (Musq.) Franz G. v. Kunitzky, (Musq.) v. Voß, (Jäger-Regim.) Pr. Ludw. v. Preussen, Sohn des Pr. Ferd. (Musq.) v. der Lahr, (Mineur.) v. Rüchel, (Garderegim.) v. Crousatz, (Musq.) Joh. Rud. Hiller v. Gärtringen, (Musq.) G. Henning v. Puttkammer, (Musq.) v. Götze, (Musq.) Albr. Gr. zu Anhalt, (Musq.) v. Mannstein, (Musq.) Alex. Edm. v. der Lochau, (4s Artill. Regim.) v. Larisch, (Musq.) v. Thiele, (Musq.) Fr. W. v. Steinwehr, (Musq.) Cstian Fr. v. Mosch, (Musq.) v. Arnim, (Musq.) v. Schönfeld, (Musq.) Alex. Leop. Gr. v. Wartensleben, (Musq.) v. Reinhardt, (Musq.) v. Tempelhoff, (3s Art. Regim.) v. Unruh, (Musq.) v. Langen, (Musq.) C. Fr. v. Seibert, (General-insp. der Werbung). v. Schultz, (Füsil.) G. Pr. zu Hohenlohe, (Musq.) v. Grünberg, (Musq.) W. C. reg. F. v. Solms-Braunfels (v. d. Armee).

Gen. Majors von der Cav.: Wolf Mor. von Prittwitz, (Drag.) Ludw. Aug. v. Katte, (Drag.) Erich Magn. v. Wolffrath, (Huſ.) C. Franz Gr. v. der Goltz, (ſ. Ob. Kriegscolleg.) v. Suter, (Huſ.) v. Voß, (Drag.) v. Elsner, (Gens d'Armes). v. Bismark, (Leib-Carabin.) v. Buſch, (Drag.) C. W. v. Byern, (Cür.) v. Blücher, (Huſ.) Fr. C. Gr. v. Truchſeß, (Cüraſſ.) v. Berg, (Cüraſſ.) v. Strantz, (Dragon.) Fr. Jac. v. Holzendorf, (Cüraſſ.) v. d. Gröben, (Geſ. in Petersburg).

Jäger zu Pferde. Chef: v. Zaſtrow, Obriſt u. Gen. Adjut. Chef des Tartaren-Pulks (errichtet 1795.): Janus Murza Baranowsky, Obr.

Jäger zu Fuß u. Füſelier-Bataill. Fr. L. F. v. Hohenlohe, Gen. L., Inſp. der ſchleſ. Füſil. Bataillons. C. Ph. v. Pollitz, Gen. Maj. Brigadier der 2n warſchauer Füſ. Brigade. v. Voß, Gen. Maj. Chef des Jägerkorps zu Fuß. v. Schultz, Gen. Maj. Chef eines Füſ. Bat. Ferner ſind die Obriſten: v. Borcke; v. Erneſt; v. Hinrichs; v. Rembow; von Oswald; v. Bila; v. Pelet. — Die Obriſtlieutn. v. Ledebur; v. Proſch; v. Wedel; v. Greiffenberg. — Die Majors v. Rühle; v. Holzſchuher; v. Eicke; v. Stutterheim; Nordeck zur Rabenau; Baron v. Kloch; Fr. Ferd. Pr. v. Anhalt-Pleß. v. York; Gr. v. Wedell; v. Bülow; v. Puttlitz; v. Eichler; u. v. Wakenitz — Insgeſamt Chef eines Füſil. Bat.

Chef des Cadettencorps: v. Beulwitz, Obr. L.

Chef des Jägercorps zu Fuß: v. Voß, Gen. Maj.

Chefs der Artill. Regimenter: Joh. Fr. v. Meerkatz, Gen. Maj. Alex. Erdm. v. der Lochau, Gen. M. J. Fr. v. Tempelhof, Gen. M.

Ingen. Corps. Chef: Der Gen. L. u. Gen. Quartiermeiſter von Geyſau.

Chef des Mineurcorps: M. v. der Lahr, Obr.

Chef des Invalidencorps: v. Arnim, Obr.

Chefs der Landregimenter: Ferdin. v. Sommerfeld, Obr. v. Eyſſ, Obr. L. v. Löben, Maj.

Chef des Pontonniercorps: Joh. v. Linde, Capit.

Königl. Suite. Generaladjutanten a) v. der Infanterie: v. Zaſtrow, Obr. v. Köckritz, Obriſtl. b) v. der Cavallerie: v. Bölzig, Major. — Geh. Kriegsſecretärs: Scheel. Weſtphal. u. Krappe. — Flügeladjutanten: a) v. d. Infant. Gr. v. Tauenzien, Obriſt. v. Böhmken, Maj. v. Holzmann, Maj. v. Jagow, Capit. b) v. der Cavallerie: v. Grawert, Maj. Gr. v. Dönhoff, Maj.

General-Q. M. Stab: Gen. L. v. Geuſau, Gen. Quartiermeiſter u. Gen. Inſp. ſämtl. Feſtungen. Gen Quart. M. Lieutnants: v. Le Coq, Obriſtl. v. Phul, Obriſtl. Quartiermeiſter: v. Maſſenbach, Maj. v. Franken, Maj. Quart. M. Lieutnants: v. Brodowsky, Maj. v. Kamptz, Maj. v. Bergen, Maj. v. Haacke, Capit.

Vornehmſte Titular Officiers v. d. Armee: Dom. Conſtant. F. v. Löwenſtein-Wertheim, Gen. M. Bar. v. Zweybrücken, Gen. M. v. Heymann, Gen. M. Herm. Fr. Otto Gr. v. Hohenzollern, Gen. M. Gr. d'Escars, Gen. M. Gr. v. Hatzfeld, Gen. Maj. Gr. v. Schmettau, Gen. M. Gr. v. Erbach-Fürſtenau, Gen. M.

Staatsbeamten der gröſſern Staaten.

Gen. Inspectores der Infanterie.

Potsdamer Gen. Insp. v. Röder, Gen. M. Berliniſch W. J. H. v. Möllendorf, G. F. M. Märkiſcher: Franz Caſim. v. Kleiſt, Gen. L. Magdeburgiſch C. W. F. reg. Herz. v. Braunſchweig, G. F. M. Pommerſcher: v. Oſtwien, Gen. L. (ad interim). Oſtpreußiſcher: M. W. v. Brünneck, Gen. L. Weſtpreußiſcher: N. v. Lariſch, Obr. Südpreußiſcher: v. Grevenitz, Gen. M. v. Ruitz, Gen. M. Ober-Schleſiſcher: v Klinkowſtröm, Gen. L. Nieder Schleſiſcher: F. v. Hohenlohe, Gen. L. Anſpach- Bayreuthiſcher: F. v. Hohenlohe, Gen. L. Weſtphäl. Inſp. C. W. v. Romberg, Gen. L. Inſpection der beiden ſchleſiſchen Füſilierbrigad. F. v. Hohenlohe, Gen. L.

Cavallerie-Inſpectores.

Märkiſcher: v. Elsner, Gen. M. Magdeburgiſcher: v. Elsner, Gen. M. Pommerſcher: v. Strantz, Gen. M. Oſt- u. Weſtpreußiſcher: Gr. v. Kalkreuth, Gen. L. Ober-Schleſiſcher: G. L. E. von Köhler, Gen. L. Nieder-Schleſiſcher: v. Dolffs, Gen. L. Tartaren-Pulk. Gen. Inſpector: von Günther, Gen. L.

Inſpection der Remonte für die ſämtl. Cav.; v. Prittwitz, Gen. L. Inſpection der Werbungen im Reiche: v. Seibert, Gen. M.
Inſpector der ſämtl. Artillerie: v. Meerkatz, Gen. M.

Gouverneurs.

Anſpach u. Bayreuth: Ludw. Pr. v. Würtemberg. Berlin: W. J. H. v. Möllendorf, Gen. F. M. Breslau: F. L. F. v. Hohenlohe-Ingelfingen, Gen. L. Cüſtrin: Alex. Fr. v. Knobelsdorf, Gen. der Inf. Danzig: Fr. Aug. Gr. v. Kalkreuth, Gen. L. auch Gouv. zu Thorn. Glatz: Franz Andr. v. Favrat, Gen. L. Glogau: Eugen Pr. v. Würtemberg. Königsberg: W. Magn. v. Brünneck, Gen. L. Magdeburg: L. E. v. Kalkſtein, Gen. der Inf. Neufchatel: L. G. v. Beville, Gen. L. Spandau: E. L. v. Pfuhl, Gen. L. Stettin: M. W. v. Below, Gen. L. Thorn, ſ. Danzig.

Commandanten.

Berlin: v. Braun, Gen. d. Inf. Breslau: v. Grevenitz, Gen. M. Brieg: v. Koſchützky, Obriſtl. Czenſtochau: Maj. v. Glinsky. Colberg: v. Wrangel, Gen. M. Obr. v. der Heyde, 2r Commandant. Coſel: von Knebel, Obr. Cüſtrin: Obr. von Bonin. Danzig: Obr. von Pfuel. Glatz: Eſtoph Ludw. v. Rabiel, Gen. Maj. Glogau: v. Deſſauniers, Gen. M. Graudenz: v. Pirch, Obr. Königsberg u. Friedrichsburg: v. Kalkſtein, Obriſtl. Magdeburg: der Obr. v. Wobeſer. Memel u. Lyck: v. Brünneck, Gen. L. Neiſſe: Obr. L. v. Hanf. Pilſau: Obr. Lenz. Plaſſenburg: Wilh. Jul. Edl. v. Plotho, Gen. M. Potsdam: v. Rüchel, Gen. M. Schweidnitz: Eſtian E. v. Irwing, Obr. Silberberg: v. Schlemmer, Maj. Spandau: v. Scodt, Gen. M. Stettin: v. Knobelsdorf, Obr. Thorn: v. Hundt, Gen. M. Weichſelmünde: Joh. Fr. v. Wahlen-Jürgas, Obriſtl. Warſchau:

v. Ruits, Gen. M. Wesel: v. Tschirsky, Obr. Wülzburg: v. Schack, Gen. M.

E) Gesandte, Residenten, Chargés d'Affaires, Consuls und Agenten im Auslande.

Amsterdam: Kaufm. J. L. Gregory, Consul. Archangel: Barcellona u. Catalonien: Paul Molines, Conf. Bayonne: Bardewisch, Conf. Bourdeaux: Wüstenberg, Conf. Bremen: F. H. Rump, Consul. Cadix: Sylingk, Conf. Canton in China: Dan. Beale, Conf. Cassel: Wilh. Gr. v. Sayn u. Wittgenstein, Envoyé extraord. Constantinopel: Ludw. W. v. Knobelsdorf, ausserord. Ges. Darres Leg. Secret. Bosgiowisch, Dollmetscher. Coppenhagen: Baron Senft v. Pilsach, ausserord. Ges. u. bev. Minist. Lombard Legat. Secret. C. Fr. Busky, Conf. Curaçao: van Teylingen, Conf. Dresden: geh. Legat. R. v. Brockhausen, Envoyé extr. Lautier, Leg. Secr. Zu Drontheim und in andern Häfen von Norwegen: Joh. Braacks, Conf. Dünkerken: Herwyn, Conf. Düsseldorf: Hofr. Bergen, Resident. Frankfurt am Mayn: Joh. Ludw. v. Hochstetter, bev. Min. am Oberrhein. Kreise. Haag: v. Bielefeld, Chargé d'Aff. Hamburg: Ludw. Gottl. Rsgr. v. Lüttichau, bev. Mln. am niedersächf. Kreise. geh. R. Schulz, bev. Ges. am niedersächf. Kreise. Pet. Greve, geh. Com. R. und Agent. C. Ludw. Hesse, Conf. Joh. Pet. Lecoq, Viceconf. Helsingör: Heinr. Thalbitzer, Conf. Hildesheim: v. Dohm, geh. Kreisdirect. R. u. bevollm. Ges. am niederrhein=westphäl. Kr. auch bev. Minist. am churcölln. Hofe. Himly, Leg. Secret. Leipzig, Kammer=R. Crayen, Agent. Lieverpool: Nissen, Conf. Liebau: Fr. F. Immermann, Conf. Lissabon: Fr. H. Leop. Bar. v. Schladen, ausserord. Ges. v. Jordan, Leg. Secr. Estian D. Peters, Conf. Livorno: Bolla, Agent. London: Fhr v. Jacobi=Klöst, ausserord. Ges. Balan, Leg. Secret. Seb. Frybag, Conf. Lübeck: Conr. Platzmann, Conf. Madrit: Jac. Fr. Gr. von Rohde, ausserordentl. Ges. Tribolet=Hardy, Legat. Secret. Mallaga: Joh. Roose, Conf. Marseille: Fr. Sauvage, Consul. München: Leg. R. Harnier, Chargé d'Affaires. Nantes: Pellutier, Consul. Neapolis: Santi, Agent. Nürnberg: L. Fr. C. Schmidt, Kreisdirector, Gesandter im fränk. Kreise. Pfeiffer, 2r Kreisdirector. Ges. im fränk. Kreise. Schuster, Legations=Rath. Ludwig Schubart, Legations=Secr. Paris: Baron Sandoz de Rollin, ausserord. Ges. Roux, Legations=R. Perregaux General=Agent. Cetto, Agent. Petersburg: Der Gen. Maj. v. der Cav. v. d. Gröben, Envoyé extraord. u. Minist. plenipot. Weguelin, Legat. Secr. Scholz, Legat. Secret. Mahs, Gen. Conf. Regensburg: Joh. Eustach Gr. v. Schlitz gen. Görz, Staatsminister u. Comit. Ges. Joh. Heinr. Kaufmann, Legat. Secret. Hedenus, Legat. Canzlist. Riga: Joh. W. Hellmund, Conf. La Rochelle: Wilkens, Conf. Rotterdam: G. P. Schott, Conf. Rouen: Hilscher, Conf. Stockholm: Der geh. Leg. R. v. Tarrach, ausserord. Ges. Teschke, Legat. R. Stuttgard: J. G. v. Madeweiß, geh. Leg. R. u. Ges. im schwäbisch. Kreise. Triest: Beggiora, Conf. Turin: Franz Bar. v.

Chambrier d'Oleyres, ausserordntl. Ges. Hinterlautner, Leg. Secretär. Wetzlar: v. Hofmann u. v. Zwierlein, geh. Kriegsr. u. Rskammerger. Agenten. Wien: D. L. C. Gr. v. Keller, außerord. Ges. und bev. Minister. v. Cäsar, geh. Leg. R. u. Resid. Piquot, Leg. Secret. v. Matolay, R. u. Lehenprobst bey der niederöstr. Lehnscanzley.

F) K. Preuß. Ritter-Orden.

1) Der Schwarze Adler-Orden

ward von König Friedrich I. am 17ten Jan. 1701. gestiftet. Die Ritter desselben sind zugleich Ritter des rothen Adler-Ordens. **Das Oberhaupt:** Friedr. Wilh. III. Kön. v. Preußen.

Ritter von Kön. Friedr. Wilh. I. Creation.

Pr. Heinr. v. Preußen. Pr. Ferd. v. Preußen. Carl Wilh. Ferd. reg. Hz. v. Braunschweig-Wolfenbüttel. Estian Friedr. Carl Alex. Mggf. v. Brandenb. Anspach-Bayreuth.

Die Ritter von Friedr. II. Ernennung.

Carl Wilh. Rsgr. v. Finkenstein, Staats-u. Cab. Minister. Fr. Aug. Hz. v. Braunschweig-Oels. Fr. Wilh. F. zu Hohenzollern-Hechingen. Wilh. V. F. v. Oranien-Nassau. (Erbstatthalter der verein. Niederl.) Leop. Fr. Franz reg. F. v. Anhalt-Dessau. Carl Hz. v. Südermannland. Paul I. Kaiser v. Rußland. Fr. Adolph Hz. v. Ostgothland. Wilh. Joach. Heinr. v. Möllendorf, Gen. FM. Alexander, Großfürst und Thronfolg. v. Rußland. Carl Erbpr. v. Braunschweig-Wolfenbüttel. Ddr. W. von Krockow, Gen. d. Inf. Fr. Wilh. Gr. v. der Schulenburg-Kehnert, geh. Staatsmin. u. Gen. der Cav. Heinr. Gottl. v. Braun, Gen. der Inf. Wilh. IX. reg. Ldgr. zu Hessen-Cassel. C. Aug. Hz. zu Sachsen-Weimar. Carl Fr. reg. Mggr. v. Baden. Ernst Ludw. v. Pfuhl, Gen. d. Inf. C. Ludw. Erbpr. v. Baden.

Die Ritter von Friedr Wilh. II. Ernennung.

Pr. Ludw. v. Preußen. (Sohn des Pr. Ferd.) Pr. Aug. v. Preuß. Sohn des Pr. Ferd. Carl Gr. zu Hohenzollern, F. Bisch. zu Ermeland. Carl G. Heinr. Gr. v. Hoym, w. geh. Etatsmin. Fr. Franz, reg. Hz. v. Mecklenburg-Schwerin. Peter Hz. v. Sagan, resign. Hz. v. Curland. Joach. Estian Gr. v. Blumenthal, w. geh. Etatsmin. Wilh. Georg Fr. Erbpr. v. Nassau-Oranien. Ludw. X. Ldgf. v. Hessen-Darmstadt. Joh. Heinr. Casim. Fhr v. Carmer, Großcanzler. Fr. Ludw. Ldgf. v. Hessen-Homburg. Joh. Georg Pr. v. Dessau, Gen. L. der Inf. Pr. Heinr. v. Preußen, Bruder des Kön. Der gewes. Schultheiß der Republik Bern, Nic. Fr. Fhr v. Steiger. Carl Ferd. v. Knobelsdorf, Gen. der Inf. Carl Max. v. Schliessen, Gen. L. der Inf. Fr. Ludw. F. v. Hohenlohe-Ingelfingen, Gen. L. der Inf. u. Gouv. v. Breslau. Fr. Wilh. Pr. v. Braunschweig-Wolfenbüttel. Carl Wilh. v. Kalkstein, Gen. der Inf. Ant. Aloys, reg. F. v. Hohenzollern-Siegmaringen. Eustach. Gr. v. Görz, Etatsmin. u. Ges. zu Regensburg. Fr. Ant. Fhr v. Heinitz, w. geh. Etatsm. Mich. F.

Radziwil. Mich. Casim. Gr. v. Oginsky, ehemal. Großfeldhr v. Litthauen. Hieron. Mg. v. Lucchesini, Staatsminist. u. Gesandt. Joh. Nicol. v. Kalkreuth, Gen.L. der Cav. Gust. Adolf. Kön. v. Schweden. Ludw. Fr. v. Würtemberg, Gen. L. der Cav. Platon Alex. F. v. Souboff. Pr. Ludw. v. Baden, Gen. Maj. Gr. Valer v. Souboff, ruß. kais. Gen. L. der Cav. Fr. Adolph Gr. v. Kalkreuth, Gen. L. der Cav. Jac. v. Sievers, kais. ruß. w. geh. R. Otto Heinr. Gr. v. Igelström, ruß. kais. Gen. d. Inf. Pr. Wilh. v. Preußen, (Bruder des Königs). Carl Ludw. Fr. reg. Hz. v. Mecklenburg-Strelitz. Fr. Erbpr. v. Anhalt-Dessau. Fr. Erdmann Fürst v. Anhalt-Cöthen zu Pleß. Eugen Pr. v. Würtemberg, Gen. L. der Cav. Wilh. Erbpr. v. Hessen-Cassel. Alex. Gr. v. Suwarow, ruß. kais. Gen. FM. Geo. Erbpr. v. Mecklenburg-Strelitz. Nic. Gr. v. Subow, ruß. kais. Oberstallmeister. C. Aug. Fhr v. Hardenberg-Reventlow, Staats- u. Cab. Minister. v. Derfelden, kais. ruß. Gen. d. Cav. Anton F. Radziwil. v. Favrat, Gen. L. der Inf. Fürst Repnin, ruß. kais. Gen. FM. v. Wittorf, hessen-cassel. Staatsminister. Gr. v. Haugwitz, k. preuß. w. Staatsminister.

Von König Friedr. Wilh. III. Ernennung: v. Bischoffswerder, Gen. L. v. d. Armee.

2) Der Brandenburgische rothe Adler-Orden.

Wurde 1734 von Markgr. Georg Fr. Carl zu Brandenburg-Bayreuth gestiftet; von Markgraf Cstian Fr Carl Alexander von Brandenburg-Anspach und Bayreuth 1777. erneuert und wieder hergestellt. Als König Friedr. Wilh. II. im Jahr 1792 die Regierung der brandenb. Fürstenthümer in Franken antrat, erklärte er diesen Orden mit einigen Abänderungen zum 2ten Ritterorden seines Hauses, und sich selbst zu dessen Großmeister.

Ritter von Ernennung des Markgrafen von Brandenburg-Anspach, vom Könige bestätiget:

Pr. Cstian Franz v. Sachsen-Coburg-Saalf. Pr. Ludw. Carl v. Sachsen-Coburg-Saalf. C. Fr. v. Gemmingen, kais. geh. R. Ludw. C. Fhr v. Pöllnitz, geh. R. u. Cammerhr. C. W. Fr. Eichler v. Auritz, geh. R. u. Hofmarschall. Franz G. Schilling v. Canstatt, geh. R. u. Ob. Jägersmstr. Aug. Cstoph Rsgr. v. Degenfeld-Schönburg. Heinr. v. Gleichen, vormal. k. dän. Ges. zu Paris. Ant. Jos. Gr. v. Humiecki, ehemal. poln. Gen. L. Joh. Gr. Suffizyn Suffizinsky, pfalzb. Gen. Maj. Fr. Franz Joh. v. Pöllnitz, geh. R. u. Gouv. der Rsgrafsch. Sayn-Altenkirchen. Burch. Cstoph v. Türk, geh. R. Hans Fr. Franz v. Kunsberg, geh. R. u. Obristhofmeistr. C. Fr. Cstoph v. der Kettenburg, w. geh. R. Heinr. W. Gr. v. Reichenbach-Meuschloß. Nic. v. Fitzgerald, w. geh. R. Cstian E. Voit v. Salzburg, w. geh. R. Dietr. v. Glüer, mecklenburg. Gen. L. J. Nep. Franz Fhr v. Ströhl, Domdech. zu Freisingen. C. Gerh. von Ketelhodt, fstl. schwarzburg-rudolstadt. geh. R. C. Fr. von Stockmaier, fstl. sachsen-coburg-saalf. geh. R. Joh. G. Tucher von Simmelsdorf zu Winterstein u. Rässenbach, k. preuß. Cammerhr. Aug. Otto v. Grote, churcölln. w. geh. R.

Ritter von Friedr. Wilh. II. Creation.

Hans E. Dietr. v. Werder, w. geh. Etatsmin. C. Phil. von Alvensleben, w. geh. Etats-u. Cab. Min. Ahasv. H. Gr. v. Lehndorf zu Steinort, Cammerhr. Fr. W. C. Gr. v. Schwerin, Gen. L. W. Magn. von Brünneck, Gen. L. v. Normann, Gen. Maj. der Cav. Gisb. W. von Romberg, Gen. L. der Inf. Dietr. v. Dolfs, Gen. L. der Cav. Franz v. Wolfskehl, würzburgisch. Gen. Fr. Ant. Gr. v. Hohenzollern, österr. Gen. Franz Casim. v. Kleist, Gen. L. der Inf. G. L. Egid. v. Köhler, Gen. L. der Cav. Erich Magn. v. Wolfradt, Gen. M. der Cav. Cstian Heinr. reg. F. v. Wittgenstein-Berlenburg. Gr. v. d. Golz, Gen. Maj. v. der Cav. Ad. Albr. H. Leop. Fhr v. Dankelmann, w. Etats- u. Justizmin. Fr. Erbgraf zu Sayn u. Wittgenstein. v. Wolewsky auf Walewice. Ant. Gr. Verbac-Rydzinsky, Bisch. zu Culm. v. Brunikowsky, geh. Finanz-R. u. Cammerhr. v. Podworowski, Cammerhr. v. Brunikowsky auf Czechlin, Cammerhr. Adam H. v. Wolframsdorf, Gen. L. der Inf. Gr. Wilh. zu Sayn u. Wittgenstein, pfalzbair. geh. R. C. Adolph v. Eben u. Brunn, Gen. L. der Cav. Lev. C. v. Geusau, Gen. L. der Inf. Hans Fr. H. v. Borstel, Gen. L. der Cav. Wilh. v. Courbiere, Gen. L. der Inf. v. Lindt, chursächs. Gen. L. Otto v. Pirch, Gen. M. der Inf. C. Fr. W. F. v. Leiningen-Dürkheim. Alex. L. v. Budberg, Gen. L. Ulrich Otto v. Dewitz, hzl. mecklenb. geh. R. Gr. v. Raczinsky, Bisch. von Posen. Georg Pr. v. Hohenlohe, Obr. der Inf. v. Rüchel, Gen. M. der Inf. v. Götze, Gen. M. der Inf. Carl Fhr de Geer v. Finspong, k. schwed. Cammerhr. v. Eisner, Gen. M. der Cav. C. Fr. v. Klinckowström, Gen. M. der Inf. v. Denisow, ruß. kais. Gen. L. Heinr. Joh. v. Günther, Gen. M. der Cav. v. Blücher, Gen. M. der Cav. Hz. v. Holstein-Beck, ruff. kais. Gen. L. Joh. Nep. Gotth. Gr. v. Schafgotsch, Erblandhofmstr von Schlesien. Iwan F. Gortschakow, ruß. kais. Gen. M. Ant. v. Kosmowsky, Bisch. v. Martyropolis u. Abt v. Trzemeschno. Ludw. v. Dorne, hzl. mecklenburg-schwerin. geh. R. Franz Ludw. Gr. v. Hazfeld, Gen. M. Fr. Wern. Gr. v. Podewils, Oberhofmarschall. Fhr de Deuxpont, Gen. Maj. v. Kannewurf, Gen. L. u. Kriegsminist. Gr. v. Münster-Meinhövel, k. dän. geh. R. u. Gen. L. Gr. v. Erbach. Gr. v. Szembeck, F. Bisch. zu Plozk. v. Panin, ruff. kais. geh. R. u. Ges. am preuß. Hofe. v. Lüttichau, k. bev Ges. im niedersächs. Kreise. Rsgr. v. Giech. Gr. v. Narischkin, ruff. kais. Cammerhr. Fhr Waitz v. Eschen, hessencassel. Staatsminister. v. Goldbeck, Großkanzler. Gr. von Wartensleben, Gen. Maj.

Ritter v. König Friedr. Wilhelms III. Ernennung.

Gr. v. Brühl, Gen. L. v. Backhoff, Gen. L. v. Beville, Gen. L. Gr. v. Stollberg-Wernigerode. v. Prittwitz, Gen. L. der Cav. F. v. Anhalt-Pleß. von Mylius, hzl. würtemb. Gen. Maj. v. Röder, Gen. L. von Steinberg, churhannövr. Staatsminister. F. v. Solms-Braunfels.

Rußland.

Vor 1793 war der Bestand der russischen Monarchie, in Ansehung der Größe, der Volksmenge und Einkünfte und zwar

	Q.Meil.	Einwohner.	Einkünfte.
des asiatischen Theils, (nach der neuen östlichen Gränze), etwa	250,000.	3,000,000.	
b) Des europäischen Antheils	80,000.	30,000,000.	56,700,000 Rubel.
Zu dem leztern kamen sodann hinzu: 1) die poln. Acquisition von 1793.	4,553.	3,011,000.	2,300,000 —
2) Die poln. Besitznehmung v. 1795 (nebst Kurland und Semgallen)	2,482.	1,581,000.	
zusammen	337,035.	37,592,000	59,000,000 Rubel.

Die Staatsschulden schätzt man auf 20 Mill. Rubel. — Die Ausgaben überstiegen bey dem Regierungsantritt des jetzigen Kaisers die Einnahme, weshalb durch eine Ukase vom 29. Dec. 797 in der Cameralverfassung und dem Finanzwesen zur Verbesserung der Staatsöconomie wichtige Veränderungen angeordnet worden sind. — Die Landmacht besteht, inclusive der Irregulär en Truppen, aus mehr als 400,000 Mann, welche nur 18 Mill. Rubel zu unterhalten kosten. Die Seemacht, welche in kurzer Zeit sehr ansehnlich geworden ist, besteht aus 3 Flotten a) in der Ostsee etwa 30 Linienschiffe v 64 bis 108 Kan. und 18 Fregatten, b) im schwarzen Meere etwa 15 Linienschiffe und 18 Fregatten und kleinere Schiffe. c) Die Scheeren= oder Galeerenflotte von 40 Fregatten und Galeeren. — Die Regierungsform ist uneingeschränkt, monarchisch, doch in manchen Fällen durch alte Gewohnheiten und Gesetze gegen Despotie gesichert.

A) Hofstaaten.

Not. Zu dem Glanz des Hofstaats gehören 6 Ritter=Orden. In den folgenden Personalverzeichnissen wird man solche zur Ersparung des Raums mit folgenden Zeichen andeuten, nämlich den St. Andreas=Orden mit (* 1); den St. Catharinen-Orden (für Damen) mit (* 2) und die Großkreuze desselben mit (*2*); den St. Alexander=Newsky=Orden mit (*3); den St Annen=Orden mit (* 4). Endlich den militair. St. Georgen=Orden mit (* 5) nebst Hinzufügung der Buchstaben a. b. c. d. zur Bezeichnung der 1n, 2n, 3n oder 4n Classe; und den Wlodomir=Orden mit (* 6).

a) Des Kaisers.

ObristKämmerer: Der Gr. v. Strogonof, w. geh. R., Senateur u. (*1, 3, 4). Sodann 22 wirkl. Dienstleistende Hof=Kämmerer, u. 2 Cammerjunker. — Obristhofmeister: Der Gr. v. Roumanzof, w. geh. R., Senateur, Generaldirector der Reichsbank, w. Kämmerer und (*3, 6). Sodann 2 Hofmeister. — Obristhofmarschall: Der Gr. v. Scheremetef, w. geh. R., Senateur, w. Kämmerer u. (*1,3). Sodann 2 Hofmarschalls. Oberschenk: Der F. Neswitzky, w. geh. R., w. Kämmerer, u. (*1, 3, 4). — Obriststallmeister: L. A. v. Narischkin, w. Kämmerer u. (*1, 3, 4); sodann 2 Stallmeister. — Obristjägermeister: Der F. Golitzyn, Senateur, w. Kämmerer u. (*1, 3, 4). — Oberceremonienmeister: Der F. v. Baratinskoi Walujef, geh. R., Senateur u. (*3, 4). Sodann 2 Ceremonienmeister, ferner 1 Maitre de Garderobe, 2 Leibmedici, 2 Leibchirurgici. General=adjutanten: v. Knäsef. Der Gr. v. Schuwalof. v. Rastoptschin. v. Kuschelef. v. Neptuyef. v. Kotlubizkoi. v. Nelidof. von Kostiglof. von

Schichkof. v. Baratinskoi. Der Gr. v. Tolstoi. — *Aides de-Camp* sind:
3 Obristen, 1 Obristlieutn. 2 Majors, 4 Capitains der Cav. 5 Lieutnants.
Garden. a) Regiment der Preobragensky-Garde. Chef: der
Kaiser. Sodann 6 Gen. Majors, u. 10 Obristen. b) Regiment der
Semenofsky-Garde. Chef: Der Grosf. Alexander. Sodann der
Gen. FM. Gr. v. Saltykof; der Gen. L. v. Lewaschof; 3 Gen. Majors
u. 8 Obristen. c) Regiment der Ismailofsky-Garde. Chef: Der
Großfürst Alexander. Sodann der Gen. FM. F. Repnin; der Gen. L.
d'Arbenief; 2 Gen. Majors. 9 Obristen. d) Regiment der Garde zu
Pferd. Chef: Der Grosf. Nicolaus. Sodann der Gen. L. Baron von
der Palen; 1 Gen. Major; 11 Obristen; 2 Obristlieutnants. Noch gehören zu den Garden: 1 Artillerie-Bataillon; 1 Bataillon Jäger;
1 Regiment Leibhusaren; 1 Regiment Leib-Cosacken.

b) Der Kaiserin.

Obrist Gouvernanntin: Die Gräfin v. Matuschkin (*2*).
Gouvernantin: NN. v. Naryschkin (*2*). — Sodann 22 Dames
d'Honneur; 2 Demoiselles d'Honneur, u. 48 Hofdamen.

c) Des Thronfolgers, Grosf. Alexanders, und dessen Gemahlin.

Hofmeister: Gr. v. Golowin (*4). Hofmarschall: Der Gr. von
Tolstoi. Sodann 1 Stallmeister, 8 Kämmerer, 3 Cammerjunker. 5 Hofdamen. 1 Hofmedicus.

d) Des Großfürsten Constantin und dessen Gemahlin

Hofmeister: Der F. Wäsemskoi. Hienächst 1 Stallmeister, 4 Kämmerer, 2 Cammerjunker, u. 4 Hofdamen.

e) Der Großfürstin Alexandrine.

Hofmeister: v. Gurvef (*4). Sodann 1 Stallmeister, 2 Kämmerer,
3 Hofdamen.

f) Von den übrigen Großfürstinnen

hat jede 2 Hofdamen.

B) Höchste und hohe Hof-Collegia.

1) **Kaiserl. geh. Staatsrath (Conseil).** Mitglieder: Der Gr.
v. Razumofsky, Gen. FM., Senateur, w. Kämmerer, Präsident der
toif. Acad. der Wiff. u. (*1, 3, 4). — Gr. v. Saltikof d. 1te Gen. FM.
Präsident des Kriegscollegiums u. (*1, 3, 4 u. 6. a). — Der Fürst Repnin, Gen. FM. Canzler der ruff. Orden, Kriegsgouverneur v. Liefland,
Esthland u. Litthauen u. (*1, 3, 4 u. 6a) auch des schw. roth. u. weissen
Adl. O. — Der Fürst Besborodko Canzler, w. geh. R., Senateur,
Gen. Director des Postwesens, (*1, 3, 4 u. 6) auch Großk. des Malthes. O. — Der Gr. v. Muffin-Puschkin, Gen. FM. w. Kämmerer
(*1, 3, 4, 5c, 6a). v. Sievers, w. geh. R., Senateur, (*1, 3, 4 u.
6a) auch des Malthes., schw. roth. u. weiß. Adl. O. — v. Strecalof,

w. geh. R. Senateur (*1, 3 u. 4). — Der Gr. v. Zawodofsky, w. geh.
R., Senateur, (*1, 3, 5 c u. 6 a). — Der Fürst Kurakin, d. 1te w. geh.
R., Vicecanzler, w. Kämmerer (*1, 3, 4) auch des Malthef. Dannebr.
u. de l'Union parf. O. — v. Soimonof, w. geh. R., Senateur, Di-
rector des Bergwerkscollegii, (*3, 4). Der Fürst Kurakin d. 2te, w.
geh. R., Minister des Apanagen-Departements, Director der Affigna-
tionsbank, Schatzmeister der ruff. O., w. Kämmerer (*1, 3, 4, 6 b).
Der Baron v. Baßllef, w. geh. R., Senateur, Reichsschatzmeister,
Director des Collegii medici (*3, 4 u. 6 b). — Canzley. Director: v.
Weydemeyer, w. Staatsr., des Andreas-O. Secret. u. (*6 c).

2) Das Hof-Comtoir (Comtoir de la Cour). Mitglieder: Der
Gr. v. Scheremetef, Obristhofmarschall. Der Gr. v. Tiefenhau-
fen, Hofmarschall. Der Gr. v. Wielogursky, Hofmarschall.
Hofcanzley Der Gr. v. Rumänzof, Obristhofmeister. Der Fürst
Gagarin, w. geh. R. Hofmeister von Zagrazskoi, w. Kämmerer und
Hofmeister.

Hof Marstall: v. Narischkin, Obriststallmeister. Gr. v. Zubof,
Stallmeister. Der F. v. Golitzyn, Stallmeister.

Hof-Intendantur. Chef: Der Gr. v. Tiefenhausen. Mitglieder: Der F. Putätin, geh. R. u. w. Kämmerer. v. Micrulin, Intendant, geh. R. (*4b, 6 c). v. Chodnef, w. Staatsr. (*6 d).

3) Das keif. Cabinet. Chef: v. Danourof, Gen. Maj. à la fui-
te (*3. 4 a, 6 d). Mitglieder: v. Karadykin, w. Staatsr. (*4 a,
6 b). Baron v. Nicolai, w. Staatsr. (*4 a). v. Borzof, Staatsr.
(*6 d). v. Trochtschinsky, geh. R., erstes Mitgl. der Gen. Postdirection
(*4 a, 6 b). — v. Obreskof, w. Staatsr. (*4 b, 6 c). — v. Neles-
dinskoi-Meletzkoi, Staatsr. (*4 b). v. Launay, Staatsr. — v.
Briscorn Staatsr.

Diese Hof-Collegia hängen unmittelbar vom Monarchen ab und arbeiten unter seinen Augen; von ihnen gehen alle Befehle und Entschließungen des
Kaisers aus; und das Cabinet besorgt dessen Privatangelegenheiten.

D) Die höchsten und hohen Reichs-Collegia.

Die 2 höchsten sind a) für die geistl. Angelegenheiten der heil. Synod und
b) für die weltl. Angelegenheiten der dirigirende Senat.

1. Der heil. Synod. Mitglieder: Gabriel Metropolit v. Nowgorod u. Petersburg rc. Platon Metropolit. v. Moskau u. Kaluga. Ambros. Erzbisch. v. Kasan u. Swiärzk. Innocenz. Erzbisch. v. Pleskow u.
Riga. Ireneus Erzbisch. v. Twer u. Katschin. Anastas. Archimandrit
des Klosters v. Nowospask zu Moskau. Isidor, Erzpriester zu Moskau
u. Beichtvater des Kaisers. Lucian, Erz-Priester bey der Domkirche der
Preobrazensky-Garde. — Oberprocureur: Der Fürst Chowansky
(*4 b, 6 c). — Auch in Moskau ist ein Comtoir der Synode; Mitglieder davon sind: Der Archimandrit Hyacint zu Moskau u. der Erzpriester Alexander daselbst. Procureur: v. Sietschkaref, Staatsr.

2. Der dirigirende Senat
sorgt für die Besorgung der kaiserl. Verordnungen und ist zugleich der oberste
Gerichtshof. Er besteht aus 6 Departements (seit 1764) davon 4 zu Pe-

Staatsbeamten der gröſſern Staaten.

tersburg und 2 zu Moskau ihren Siß haben. Das 1te Depart. besorgt alle einheimische politische Reichsangelegenheiten; das 2te alle Justiz- und Appellationsſachen; das 3te die Angelegenheiten der im jeßigen Seculo eroberten Provinzen, nebſt allen academiſchen und Bauſachen; das 4te alle Kriegs- und Admiralitätsſachen; das 5te und 6te iſt für Moskau, wie das 1te und 2te. Jedes Depart. beſteht aus einer Anzahl Senatoren und einem Oberprocureur. Die wichtigſte Perſon aber iſt der Generalprocureur für alle 6 Departements, ohne deſſen Unterſchrift kein Spruch Gültigkeit hat.

Erſtes Departement. Senatoren: Der Pr. Besborodko, Canzler. v. Sievers, w. geh. R. — Der Gr. Zawodowsky, w. geh. R. Der Fürſt Yuſſupof, w. geh. R. Der Gr. Rumänzof, Obriſthofmeiſter. v. Soimonof, w. geh. R. Der F. Dolgorukof, w. geh. R. (*3, 4a, 5b). Der Baron v. Waſilyef, w. geh R. u. Reichsſchaßmeiſter. Der Fürſt Golißyn, Oberſtallmeiſter. v. Kolokolßof, geh. R. (*3a, 6b). — Oberprocureur: v. Kozodaulef (*4b, 6c).

Zweites Departement. Senatoren: v. Schtſcherbatſchef, w. geh. R. (*3, 4a). von Manſurof, w. geh. R. (*3, 4a, 6d). von Schtſcherbatof, w. geh. R. (*3). Der Fürſt Wolkonskoi, w. geh. R. v. Lobygenskoi, w. geh. R. v. Murawief, geh. R. (*4a). v. Naryſchkin, geh. R. (*3a, 6b). Der Fürſt Mentſchikof, geh. R. (*6d). v. Kwaſchnin-Samarin, geh. R. (*4, 6b). v. Diwof, geh. R. (*6d). v. Leontief, geh. R. (*6c.) Oberprocureur: v. Kononof.

Drittes Departement. Senatoren: Der Gr. v. Stroganof, Obriſtkämmer. v. Strecalof, w. geh. R. v. Rehbinder, w. geh. R. v. Paſtuchof, w. geh. R. (*3, 4, 6b). Der Gr. v. Münich, geh. R. w. Kammer. (*4). v. Soimonof, geh. R. Präſid. des Commerzcollegii (*3, 4, 6b). Gr. v. Potoßky, geh. R. de Golochaſtof, geh. R. (*6b). v. der Hoven, geh. R. (*4). Der Baron v. Campenhauſen, geh. R. (*6b). Der Baron v. Heyking, geh. R. (*4) auch des Malthes. O. Der Gr. v. Jlyinsky, geh. R. (*3). Der Gr. von Worſel, geh. R. Oberprocureur: v. Dmitrief, Staatsr.

Viertes Departement. Senatoren: Der Fürſt Golißyn, Oberjägermeiſter. von Kaſchtalinsky, w. geh. R. (*3, 4). von Rßhefskoi, w. geh. R. (*4). Der Gr. Rumänzof, w. geh. R. (*3, 5d). v. Swiſtunof, w. geh. R. Der Gr. v. Woronßof, w. geh. R. v. Chrapowißkoi, geh. R. (*4, 6b). v. Nowoſilßof, geh. R. (*4, 6b). Oberprocureur: v. Chwoſtof.

Zu dem Departement des Senats für das Feldmeſſen gehören die **Senatoren:** Der Gr. von Scheremetef, Obriſthofmarſchall. von Schepelef, w. geh. R. (*4, 5d). Der Fürſt Dolgorukof, w. geh. R. (*4). v. Derſchawin, geh. R. (*6b). v. Lipphardt, geh. R. (*62). v. Tarbeyef, geh. R. Oberprocureur: von Ryndin, (*6c).

Temporaire Departements ſind noch:

a) Für Angelegenheiten, welche das Intereſſe der Krone betreffen. **Senatoren:** v. Engelhardt, w. geh. R. v. Zukof, geh. R.

(*3). v. Ostrof, geh. R. (*3, 6 b). v. Kamynin, geh. R. v. Kuschelef, geh. R. (*4, 5 c). Oberprocureur: v. Fenine, Staatsr. (*6 d).

b) In Appellationssachen. Senatoren: Der Gr. v. Rasumofsky, geh. R. u. w. Kammer. v. Waluyef, geh. R. v. Saburof, geh. R. w. Kämmer. (*4). v. Sablukof, geh. R. Präsid. des Manufacturen-Collegii, (*4, 6 b). v. Buwer, geh. R. (*5 d). von Suschkof, geh. R. (*6 b). v. Alabief, geh. R. (*6 b). Oberprocureur: v. Guryef (*6 d).

c) Für Feldvermessungen. Senatoren: v. Tutschkof, geh. R. (*4, 5, 6 b). v. Moltschanof, geh. R. (*6 b). Der Gr. v. Goloffkin, geh. R. w. Kämmer. v. Kozin, geh. R. v. Lazaref, geh. R. (*6 b). v. Policarpof, geh. R. (*5 c, 6 b). Oberprocureur: v. Schenchin (*6 c).

Fünftes Departement (zu Moskau). Senatoren: Der Gr. von Ostermann, w. geh. R. (*1, 3, 4). v. Wolkof, w. geh. R. (*3, 5 c, 6 b). v. Zaborofskoi, w. geh. R. (*3, 4, 5 c, 6 b). v. Dmitrief-Mamonof, w. geh. R. (*3, 6 b). Der Fürst Wäsemskoi, geh. R. (*4). v. Cholochastof, geh. R. (*4, 6 b). Der Pr. Wäsemskoi, geh. R. (*4, 6 b). v. Lopukhin, geh. R. (*3, 6 b). v. Protassof, geh. R. (*3, 4, 6 b). v. Neplouyef, geh. R. (*6 b). v. Saltycof, geh. R. (*4, 6 b). v. Mäsoyedof, geh. R. (*4, 6 b). v. Lopukhin, geh. R. v. Levaschof, geh. R. (*6 b). Oberprocureur: Der Fürst Lobanof-Rostofskoi, geh. R., w. Kämmer. (*4).

Sechstes Departement (zu Moskau). Senatoren: v. Wyrubof, w. geh. R. u. Kämmerer (*3, 4). v. Gruschetzkoy, w. geh. R. (*4). Der Fürst Trubetzkoi, w. geh. R. (*4, 5 c). v. Maslof, w. geh. R. (*4, 5 d). v. Swinin, w. geh. R. v. Bibikof, geh. R. (*4, 6 b). v. Rzhefskoi, geh. R. (*4). v. Spiridof, geh. R. u. w. Kämmer. (*4, 6 c). Der Fürst Gagarin, geh. R. v. Selifutof, geh. R. (*5 d, 6 b). v. Saltykof, geh. R. (*4). v. Wiesin, geh. R. (*6 c). Der Fürst Trubetzkoi, geh. R. (*4, 6 c). Der Gr. von Mussin-Puschkin, geh. R. (*3, 6 b). Oberprocureur: v. Lobarykin.

General Procureur in allen Depart.: Der Fürst Kurakin. Chef des Herolds-Departements: Der Fürst Scherbatof, w. Kämmer. (*4).

General-Requetenmeister: v. Palitzyn (*4, 6 c).

Von dem dirigirenden Senat ressortiren noch folgende Commissionen, Comtoirs ꝛc.

a) Commission zur Versorgung der Residenz mit Lebensmitteln, für die Einquartirung der Truppen u. andere Gegenstände der Polizey: Chef: Der Großfürst Alexander. Mitglieder: Der General-Procureur Fürst Kurakin. Der Gr. v. Buxhövden. v. Obolyaninof.

b) Expedition für die Staatsökonomie, den Schutz der Fremden, u. für den Ackerbau. Chef: Der General-Procureur Pr. Kurakin. Mitglieder: Der Senator u geh. R. Chrapovitzky. Der geh. R. u.

Senator Tarbeyef. Der Erzpriester Samborsky. Der w. Staatsr. v. Chitrovo.

 c) **Gesetz Commission.** Chef: Der General-Procureur Pr. Kurakin. Der geh. R. v. Yacowlef. Der w. Staatsr. v. Polenof. Der w. Staatsr. v. Ananiefskoi.

 d) **Expedition für das Gestütwesen des Reichs:** Der General-Procureur Pr. Kurakin. Der w. geh. R. u. Senator Rhebinder. Der Senator u. Stallmeister Pr. Golitzyn. Der w. Kammerherr Pr. Golitzyn.

 e) **Appanagen-Departement.** Minister: Der General-Procureur Pr. Kurakin. 1r Assistent: Der geh. Staatsr. v. Habliz.

 f) **General-Salz-Comtoir.** Generaldirector: Der geh. Staatsr. v. Neldof.

 g) **Die Feldmeß-Canzley.**

 h) **Das Comtoir der Gewehrfabriken ꝛc.**

 i) **Das Reichs-Archiv zu Petersburg, u. das Archiv zu Moskau.**

 k) **Das Reichs-Schatzmeister-Amt.** Schatzmeister: Der Baron v. Wasiljef. Unter dessen Direction stehen folgende Büreaux.

  1) **Expedition der Reichseinkünfte.** Director: Der w. Staatsr. v. Borzof.

  2) **Expedition der Staatsausgaben.** Director: Der w. Staatsr. v. Golubtzof.

  3) **Expedition zur Revision der Staatsrechnungen.** Director: Der Staatsr. v. Rezanzof.

  4) **Expedition für die Rückstände an Steuern ꝛc.**

  5) **Die Reichs-Kassen sowohl in Petersburg als Moskau.**

Die folgende Reichs-Collegien sind gleichsam coordinirt, communiciren mit einander und haben keinen bestimmten Rang unter sich; nämlich

 3) **Das Collegium der auswärt. Angelegenheiten.** R-Canzler: Der Fürst Bezborodko. Rs-Vice-Canzler: Der w. geh. R. Fürst Kurakin. Mitglieder: Der Gr. v. Rumänzof, geh. R. v. Kotschubey, geh. R. Der Gr. v. Panin, geh. R. bevollm. Minist. zu Berlin. v. Alopeus, geh. R.

 4) **Das Kriegs-Collegium.** Chef des Kriegsdepartements: Der Grosfürst Alexander. Präsident: Der Gr. v. Saltykof, d. 1te, Gen. FM. Vicepräsident: v. Lamb, Gen. d. Inf. Mitglieder: v. Wasmirinof, Gen. L. u. Senator. v. Wadkofskoi, Gen. L. u. w. Kämmerer. v. Zaltzof, Gen. L. Der Fürst Schakhofskoi, Gen. L. v. Letzano, Gen. Maj. Der Gr. v. Apraxin, General-Controlleur. v. Obolyaninof, Maitre general des Vivres. v. Axacof, Gen. M. Der Fürst Dolgorukof, Gen. Maj.

 5) **Das Admiralitäts-Collegium.** Vicepräsident: v. Golenichtschef-Kutuzof, Admiral, Gen. Director des See-Cadetten-Corps. Mitglieder: v. Puchtschin, Command. en Chef der Galeerenflotte. v. Desin, Vice-Admiral, Gen. Controleur. v. Baskakof, Vice-Admiral. v. Lupandin, Vice-Admiral, Generalschazmeister. v. Albas, Vice-Admiral, Gen. Kriegscommissair. von Balle, Gen.

Lieutn. und Gen. Intendant. von Demidof, Gen. Maj. und Gen. F3M.

Ausser den eben angeführten höchsten und hohen Landes-Collegien verdienen auch folgende besondere Collegia und Anstalten bemerkt zu werden.

a) General Post-Direction. General Director: Der Reichscanzler Fürst Besborodko. Director der Post Comtoirs a) zu Petersburg: v. Hahn, w. Staatsr. b) zu Moskau: v. Pestel, Staatsr.

b) Direction der Reichs-Assignations-Banque. Generaldirector: Der General-Procureur F. Kurakin.

c) Commerz Collegium Präsident: v. Soimonof, geh. R. u. Senator. Vicepräsident: v. Dolinsky, w. Staatsr.

d) Cammercollegium. Präsident: De Popof, geh. R. Vicepräsident: v. Wasilyef, w. Staatsr.

e) Bergwerks Collegium. Director: v. Soimonof, w. geh. R. Präsident: v. Markof, geh. R. Vicepräsident: Der Gr. von Muffin-Puschkin, w. Kämmerer.

f) Das Collegium für Manufacturen. General-Director: Der Fürst Jussupof. Präsident: v. Sablukof, geh. R. Vicepräsident: v. Severin, Staatsr.

g) Medicinal-Collegium. Generaldirector: Der Baron von Wasilyef, Reichsschazmeister. Präsident: v. Zinowyef, geh. R. u. w. Kämmer.

h) Academie der Wissenschaften. Präsident: Der Gr. v. Rasumofsky. Director: v. Bacunin, w. Staatsr.

i) Russische Academie. Director: v. Bakunin, s. vorh.

k) Universität zu Moskau Curatores: v. Cheraskof, geh. R. Der F. Golitzyn, geh. R. u. w. Kämmerer. Director: v. Turgenef, w. Staatsr.

l) Academie der schönen Künste. Präsident: Der Gr. de Choiseul Gouffier, geh. R. auch Director der kaiserl. Bibliothek.

m) Departement des Revisions-Collegii. Director: v. Cheraskow, w. geh. R.

n) Lehendepartement. Director: v. Dmitrief-Mamonof, w. geh. R. u. Senator.

In Ansehung der Justizverwaltung hat jeder Ort seine Obrigkeiten und niedern Gerichte. In den Städten spricht der Magistrat in der ersten Instanz, ausser denselben das Kriegsgericht, das adeliche Pupillengericht und die Niedern Landgerichte. Von ihnen geht die Appellation an das Oberlandgericht, das aus 2 Vorstehern und 12 Beisitzern, sämtlich aus dem Adel, bestehet. Es untersucht peinliche und bürgerl. Rechtsfachen; erstere sendet es gerade an den Gerichtshof der Stattbalterschaft, lezere gelangen nur durch Appellation dahin. Jede Stattbalterschaft (Gouvernement) hat einen solchen Gerichtshof, aus einem Vorsteher, 2 Räthen und 2 Afseforen bestehend, und in 2 Departemente abgetheilt, wovon das eine die peinlichen, das andere die bürgerl. Rechtsfachen entscheidet. Der Gerichtshof ist die oberste Instanz für die ganze Stattbalterschaft, und nimmt nur von dem Monarchen und Senat Befehle an, aber nicht von der Regirung der Stattbalterschaft. In peinlichen Sachen fällt er das

Staatsbeamten der größern Staaten. 93

Endurtheil, das sodann dem Gouverneur zur Vollziehung übertragen wird.

D) Gouverneurs in den Statthalterschaften.
(alphabet.)

Archangel. Kriegs-Gouverneur (Gouverneur militaire): v. Lieven, Gen. d. Inf. Civil-Gouverneur: v. Achwerdow, Staatsr.

Astrakan. Kriegs-Gouverneur: Der Gr. v. Gudewitsch, d. 2te, Gen. d. Inf. — Civil-Gouverneur: v. Arschenefsky, geh. R.

Cazan. Kriegs-Gouverneur: v. Lacy, Gen. d. Inf. Civil-Gouverneur: v. Kazinsky, w. Staatsr.

Curland. Civil-Gouverneur: v. Lamsdorf, geh. R.

Esthland. Civil-Gouverneur: v. Langel, geh. Staatsr.

Jaroslaw. Civil-Gouverneur: v. Axakof, geh. R.

Irkutsk. Kr. u. Civil-Gouverneur: v. Treiden, Gen. d. Inf.

Kaluga. Civil-Gouverneur: v. Mitusof, Staatsr.

Kiew. Kriegs-Gouverneur: v. Rosenberg, Gen. d. Inf. Civil-Gouverneur: v. Milaschewitsch, geh. R.

Klein-Rußland. Civil-Gouverneur: v. Miclaschefsky, w. Staatsr.

Kostroma. Civil-Gouverneur: v. Ostrofskoi, w. Staatsr.

Kursk. Civil-Gouverneur: v. Burnaschef, geh. R.

Liefland. Kriegs-Gouverneur: v. Benkendorf, Gen. L.

Litthauen. Kriegs-Gouverneur: Der Fürst Repnin, Gen. FM. Civil-Gouverneur: v. Bulgacof, w. geh. R.

Minsk. Kriegs-Gouverneur: v. Bekleschof, Gen. der Inf. — Civilgouverneur: v. Corneyef, w. Staatsr.

Moskau. Kriegs-Gouverneurs (2): Der Gr. v. Saltykof, Gen. FM. v. Archarof, Gen. L. Civil-Gouverneur: v. Kozlof, w. Staatsr.

Neu-Rußland. Kriegs-Gouverneur: Der Gr. v. Kachofskoi, Gen. d. Inf. Civil-Gouverneur: v. Seletzkoy, geh. R.

Nischne-Nowgorod. Civil-Gouverneur: v. Lwof, w. Staatsr.

Nowgorod. Civil-Gouverneur: v. Mitucof, w. Staatsr.

Orel. Civil-Gouverneur: v. Woynikof, w. Staatsr.

Orenburg. Civil-Gouverneur: Der Fürst Baratayef, geh. R.

Perm. Civil-Gouverneur: v. Moderach, w. Staatsr.

Petersburg. Kriegs-Gouverneur: Der Gr. v. Buxhövden, Gen. L. — Civil-Gouverneur: v. Grevens, w. Staatsr.

Podolsk. Kriegs-Gouverneur: v. Bekleschof, Gen. der Inf. Civil-Gouverneur: v. Yanof, Staatsr.

Pleskau. Kriegs-Gouverneur: v. Philosophof, Gen. d. Inf. Civil-Gouverneur: v. Alexeyef, w. Staatsr.

Räzan. Civil-Gouverneur: v. Kowalensky, geh. R.

Saratof. Civil-Gouverneur: v. Lanskoi, w. Staatsr.

Simbirsk. Civil-Gouverneur: v. Tolstoi, geh. R.

Smolensk. Kriegs-Gouverneur: v. Philosophof, Gen. d. Inf. Civil-Gouverneur: v. Tretiakofsky, w. Staatsr.

Tambof: Civil-Gouverneur: v. Laptief, geh. R.
Tobolsk. Civil-Gouverneur: v. Koschelef, Staatsrath.
Tula. Civil-Gouverneur: v. Gedeonof, w. Staatsrath.
Twer. Civil-Gouverneur: v. Teils, w. Staatsr.
Ukraine der Sloboden. Civil-Gouverneur: von Teplof, w. Staatsr.
Volhynien (Volynsk). Kriegs-Gouverneur: v. Beklesch of, Gen. d. Inf. Civil-Gouverneur: v. Greves, Staatsr.
Wätka. Civil-Gouverneur: v. Zinovief, Staatsr.
Wolodimer. Civil-Gouverneur: v. Runitsch, w. Staatsr.
Wologda. Civil-Gouverneur: v. Schetnef, geh. R.
Worenez. Civil-Gouverneur: v. Songof, w. Staatsr.
Wyborg. Civil-Gouverneur: v. Riedinger, geh. R.

E) Vornehmste Kriegsbediente

1) zu Lande.

General-Feldmarschälle. Der Gr. Rasumofsky (*1, 3, 4). Der Fürst Repnin, (*1, 3, 4). Der Gr. v. Saltykof d. 1te (*1. 3. 4). Der Gr. v. Saltykof der 2te (*1, 3, 4). Der Gr. v. Muffin-Püschkin (*1, 3, 4). Der Gr. v. Suwarof-Rymniksky (*1, 3, 4). Der Gr. v. Scheremetef (*1). Der Gr. von Elmt (*1, 3, 4). Der Gr. v. Kamenskoi (*4).

Sodann etwa 12 Generals en Chef, 36 General-Lieutnants, 60 General-Majors, (ohne diejenige Generalität, welche in andern Reichsbedienungen stehet). Von der gesamten Generalität führt man hier nur noch an:

Die Inspectoren der einzelnen Divisionen; u. zwar a) der Infanterie. Der Großfürst Alexander u. unter dessen Befehlen: Der Gen. Maj. v. Rimskoi-Korsakof, Insp. der Divis. v. Petersburg. Der Gen. FM. Fürst Repnin, Insp. der Divis. v. Litthauen u. Liefland. Der Gen. FM. Gr. v. Saltykof d. 2te. Insp. der Divis. v. Moskau u. der gesammten Cav. — Der General d. Inf. Gr. v. Kachofsky, Insp. der Divis. in Taurien und am Dniester. Der Gen. d. Inf. Baron von Igelström, Insp. der Divis. v. Orenburg. Der Gen. der Inf. Gr. v. Gudowitsch d. 2te, Insp. der Divis. vom Kaukasus. Der Gen. d. Inf. v. Philosophof, Insp. der Divis. v. Smolensk. Der Gen. d. Inf. v. Beklesch of, Insp. der Divis. v. Dniester. Der Gen. der Inf. v. Golenichtschef-Kutuschof, Insp. der Finnländ. Division. Der Gen. L. d. Inf. v. Strandmann, Insp. der Divis. v. Siberien.

b) Der Cavallerie. Der Gen. v. Michelson, Insp. der Divis. v. Dniester u. in Taurien. Der Gen. v. Numsen, Insp. der liefländ. Division. Der Gen. L. v. Islenief, Insp. der Div. vom Kaukasus. Der Gen. L. Baron v. der Palen, Insp. der Divis. v. Petersburg und Finnland. Der Gen. Maj. Baron v. Beerwitz, Insp. der Divis. v. Orenburg u. Siberien. Der Gen. Maj. v. Kolegriwof, Insp. der Divis. v. Litthauen. Der Gen. Maj. v. Lindener, Insp. der Divis. v. Moskau u. Smolensk.

Staatsbeamten der grössern Staaten. 91.

c) Der Artillerie. Der Gen. Maj. Tschelichtschef, zu Petersburg u. Moskau. Der Gen. Maj. v. Gerbel, zu Riga, Willna und Smolensk. Der Gen. Maj. v. Merkel, zu Kief, Asof u. Cherson. Der Gen. Maj. v. Ambrasintzof zu Casan.

2) Bey der Flotte.

General-Admiral der Flotten: Der Kaiser Paul I. Admirals: v. Puchtschin, Admiral der Galeerenflotte auf dem baltischen Meer. v. Kruse, Admiral der weissen Flagge. v. Mussin-Puschkin, v. der blauen Flagge. v. Desin, v. der rothen Flagge. v. Mordwinof, Admiral der Flotte auf dem schw. Meer.
Vice-Admirals. v. Chanykof, v. der weissen Flagge. v. Uschakof, der Flotte des schw. Meeres. v. Scuratof, der blauen Flagge. v. Plechtscheyef. Der Gr. v. Litta (Galeerenflotte des balt. Meeres). v. Lezhnef, (Galeerenflotte des schw. Meeres). Der Mg. v. Travers (Galeerenflotte des balt. Meers.) v. Macarof, v. der rothen Flagge. v. Tett, der weissen Flagge.
Contre-Admirals: v. Pustoschkin, (Galeerenflotte des schw. Meeres). v. Cuschelef, Aide de Camp General. v. Schischkin, der weissen Flagge. v. Kartzof, der blauen Flagge. v. Schichkof, Aide de Camp General. v. Baratinskoi, Aide de Camp General. v. Fomin (in dem Hafen zu Udinsk). v. Masalof (bey der Galeerenflotte). v. Preston, der rothen Flagge. v. Wilson, bey der Flotte des schw. Meeres. v. Vaillant, bey der Escadre de Reserve. v. Cumani, bey der Galeerenflotte des schw. Meeres. v. Ostynin, bey der Escadre de Reserve. v. Priestmann, bey der Escadre de Reserve. v. Simanskoi, bey der Escadre de Reserve.

Cadetten-Corps.

General-Director a) der adel. Land-Cadetten: Der Gr. von Fersen, Gen. d. Inf. b) Der adel. See-Cadetten: v. Golenischtschef Kutuzof. c) Director der Cadetten für Artillerie u. Genie-Wesen: v. Karsacof, Gen. Maj.

F) Gesandtschaften und General-Consuls.

Berlin: Der Gr. v. Panin, geh. R., w. Kämmerer, (*4) u. des preuss. roth. Adl. O., ausserord. Gesandter u. bev. Minister. Constantinopel: v. Tomara, geh. R. ausserord. Gesandter u. bev. Minister. Copenhagen: v. Koschelef, Cammerhr, ausserord. Gesandter u. bev. Minister. Dresden: Der Baron v. Mestmacher, geh. R ausserord. Gesandter. Eutin: Der Cammerhr v. Murawyef, Minister. Florenz: Der Gr. v. Mozenigo, Collegien-R., bev. Minister. Frankfurt a. M. Der Cammerhr Baron v. Stackelberg, ausserord. Gesandter und bev. Minister. Hamburg: Der w. Stactsr. Baron von Grimm, ausserord. Gesandter. Lissabon: Der geh. R. Gr. von Rechteren zu Vorgbeiningen, ausserord. Ges. u. bev. Minister. London: Der General Gr. v. Worontzof, ausserord. Gesandter. Madrid: Der w. Staatsr. Baron v. Krüdener, bev. Minister. Maltha: Der Collegien-R. v. Ohara, Minister. München: Der geh. R. Baron v. Bühler, ausserord. Gesandter und bev. Minister (jezt zu Stuttgardt). Neapel: Der Cammerhr Gr. v. Mussin-Puschkin-Bruce, bev. Minister. Persien: Der Collegien-R. v. Kowalenskoi, Chargé d'Aff. Regensburg: Der Staatsr. v. Struve, Resident. Stockholm: Der Staatsr. v. Wasilyef, Chargé d'Affaires. Stuttgardt: Der Cammerhr Baron v. Maltitz, Minister. Turin: Der Cammerhr Gr. v. Stackelberg, ausserord. Ges. u. bev. Minister. Wien: Der w. geh. R. Gr. v. Rasumofskoi (*3, 6a) ausserord. u. bevollm. Ambassadeur.

General-Consuls.

Corfu: Der Hofr. Benaki. Danzig: Der Collegien-R. Becker. Hamburg: Stender. Livorno: Der Banquier Calamai. London: Der Collegien-Assessor Baxter. Moldau, Wallachey und Bessarabien: Der Staatsr. Severin. Ostende: Der Collegienrath Fazius. Ragusa: Der Staatsr. Gr. v. Dzhica. Rom: Der Collegien-Assessor Gr. Cassini. Sicilien: Dote. Stockhoim: Der Hofr. Bulcunof. Venedig: Der Hofr. Filli.

G) Ritter-Orden.

Deren sind 6, nämlich: 1) Der St. Andreas = Orden, gestiftet 1689 von Kais. Peter dem Großen. 2) Der St. Catharinen-Orden, gestiftet 1714 von der Czarin Catharina (für Damen). 3) Der Alexander = Newsky = Orden, gestiftet 1722 von Kais. Peter I. 4) Der militair. St. Georg= Orden, gestiftet für verdiente Officiers von der Kais. Catharina II 1769 hat 4 Klassen, und die Ritter genießen Einkünfte. 5) Der St. Wladimir = Orden, gestiftet für verdiente Civil = und Militärpersonen von der Kais. Catharina II. 1782, besteht aus 4 Klassen, und die Ritter genießen ebenfalls Pensionen. 6) Der St. Annen= Orden, der 1735 von Carl Friedr. Hz v. Schleßwig=Holstein, gestiftet wurde, und von dem Monarchen als Herzogen von Holstein und Schleßwig vergeben wird. — Auch von dem Malthejer=Orden ist nun ein Großpriorat in Rußland, (das ehemals 1773 zu Ostrog in Polen errichtete) wovon der russ. Kaiser Protector, und der Prinz Condé Großprior ist. — Der Kaiser ist Großmeister aller russischen Orden, von welchen man hier nur die Glieder des ersten anführen kann, nämlich die

des St. Andreas=Ordens.

Ritter: Die Kaiserin Marie Feodorowna. Der Großfürst Alexander. Der Großf. Constantin. Der Großf. Nicolaus. Gustav Adolph Kön. v. Schweden. Friedrich Wilhelm III. Kön. v. Preußen. Der Gen. FM. Gr. Rasumofsky. Der F. Czartorisky, Gen. FM. in röm. kais. Diensten. Der Obriststallmeister v. Narischkin. Carl reg. Hz. v. Meklenburg=Strelitz. Der Gr. v. Oginsky, vormals Großfeldherr v. Litthauen. Peter Hz. v. Sagan, resign. Hz. v. Curland. Friedr. Albert, reg. F. v. Anhalt=Bernburg. Der General Gr. v. Orlow=Tschesmenski. Carl Friedr. reg. Mgr. v. Baden. Der Pr. Heinrich von Preußen. Der Zaar Heraclius v. Carduel u. Kaket. Der General von Yeropkin.

Der

Staatsbeamten der größern Staaten. 97

Der General Gr. v. Branizky. Der Obristkämmerer F. v. Golitzyn Ludwig X. reg. Lbgr. v. Hessen-Darmstadt. Der Gr. v. Potozki d: 1te. Der w. geh. R. F. v. Poniatowsky. Der w. geh. R. Gr. v. Miniszeg. Der Gen. FM. Fürst v. Repnin. Der Gr. v. St. Priest, gewes. Gen. L. in k. französ. Diensten. Der Gr. v. Marcolini, chursächs. Obristkämmerer. Friedr. reg. Hz. v. Würtemberg. Peter Fürst-Bisch. zu Lübeck und Hz. auch reg. Administrator v. Oldenburg. Der Gen. FM. Gr. v. Saltycow d. 1te. Der Gen. FM. Gr. v. Saltycow d. 2te. Der General Gr. von Ostermann, gewes. russ. Reichs-Canzler. Der w. geh. R. Gr. v. Tyszkiewicz. Der Gen. FM. Gr. v. Suwarof-Rymnitsky. Der Pr. v. Nassau-Siegen. Der General, Fürst Dolgoruki. Der Admiral Tschitschagof. Der General, Fürst Prosorowskoi. Der Gen. der Inf. Baron v. Igelström. Der Reichs-Canzler Fürst v. Bezborodko. Der w. geh. R. Gr. v. Samoilof. Der Gen. d. Inf. Gr. v. Kachofsky. Der Gen. Fürst v. Zubof. Der w. geh. R. v. Sievers. Der w. geh. R. von Ismailof. Der w. geh. R.Gr. v. Ostermann. Der Obristjägermeister Fürst v. Golitzyn. Der General v. Passec. Der Gen. d. Inf. Gr. v. Eudewitsch. Der General Graf v. Subof. Der Obristkämmerer Gr. v. Stroganof. Der chursächs. Cabinetsminister Gr. vom Loß. Der chursächs. Cabinetsminister Baron v. Gutschmidt. Carl Hz. v. Südermannland. Der General v. Archarof. Der Stallmeister Gr. v. Zubof. Gabriel Metropolit v. Nowgorod u. Petersburg. Der Vicepräsident des Admiralitäts-Collegii von Golentschtschef-Kutusof. Der Fürst von Kurakin, Vicecanzler. Der Admiral der weißen Flagge v. Kruse. Der Admiral der Galeerenflotte v. Puchtschin. Der General Fürst v. Mechtscherskoi Der Obristhofmarschall Gr. v. Scheremetof. Der Gen. d. Inf. v. Philosophof. Der Gen. FM. Gr. v. Kamenskoi. Plato, Metropolit v. Moskau und Kaluga. Der Gen. FM. Gr. v. Elmt. Der General v. Derfelden. Der Gen. Graf v. Worontzof. Der ehemal. Obristhofmarschall v. Orlof. Der w. geh. R. v. Strecalof. Der Obristmundschenk Fürst Neßwitzky. Der w. geh. R. Gr. v. Zawodofski. Der w. geh. R. Fürst v. Jussupof. Der Prinz v. Condé. Der General-Procureur Fürst v. Kurakin.

Ordenssecretair: Der w. Staatsr. v. Weydemeyer. Herolde: Der Staatsr. v. Kromin. Der Hofr. v. Tschoglokof.

Sardinien.

Vor 1796 enthielten die Staaten des Kbn. v. Sardinien, und zwar a) die Insel Sardinien 420 Q. Ml. mit 449,000 Seelen, sodann b) Piemont, Savoyen und Montferrat 780 Q. Ml., mit 2,826,000 Seelen, also zusammen etwa 1200 Q. Ml. und 3,275,000 Einwohner, welche circa 7 Mill. Thlr. Einkünfte bringen mochten. In dem Friedensschluß vom 15. May 1796 wurden aber an Frankreich abgetreten a) das Hzth. Savoyen von etwa 180 Q. Ml. mit 600,000 Einw. — Sodann die zu Piemont gehört habenden Grafsch. Nizza, Tenka und Boglio von etwa 48 Q. M. mit 150 000 Einw. — Mithin würden übrig bleiben 972 Q. M. mit 2,525,000 Einw. u. etwa 5 Mill. Thlr. Einkünfte. Die Zinsen der Staatsschulden sollen jährl. 1,500,000 Rthlr. betragen. Landmacht: 36,000 Mann. — Regierungsform: uneingeschränkt monarchisch.

A) Hofstaat.

a) **Des Königs.** Großalmosenier: ist unbesezt. Obristhofmeister: Jos. Ruffinutto, de Coconito di Montiglio, Staatsminist. u. Gen. der Cav. 2r Oberhofmeister: Der March. della Torre di Cordon. Obristcammerherr: Gr. Coardi de Carpenetto. Ober-Ceremonienmeister: Phil. Oct. Cravetta di Villanovetta. Gen. J: tendant des Kön. Hauses: Der Ritter Cäsar Lovera. Oberstallmeister: San Martino di San Germano. Ober-Garderobier: Marchese Solaro della Chiusa. Ober Jäger- u Oberfalkenmeister: Marchese Lucerna di Campiglione di Rora. Capitains der 3 Compagnien Adel. Garde du Corps: 1) Der Ritter d'Authurin. 2) Der Ritter di None. 3) E. H. Balbiano, Gr. di Viale, Gen. der Cav. Chef der Schweizergarde: Der Ritter Uttinger. Beichtvater: Priester Rosina.

b) **Der Königin.** Dame d'Honneur: Gräfin Bertone di Sambuy. Dame d'Atour: Gräfin Valesa. Hienächst 5 Dames du Palais. 1 Cammerherr. 4 erste Stallmeister ic.

c) **Des Herzogs v. Aosta.** Oberhofmeister: Der Ritter Caisotti di Chiusano. Hienächst 4 erste Stallmeister u. Cammerherrn 1 Maggiordomo ic.

d) **Der Herzogin v. Aosta.** 1 Dame d'Honneur, 2 Dames du Palais, 4 erste Stallmeister. — Gouvernantin des jungen Prinzen: Gräfin Gonteri di Faule.

e) **Des Herzogs v. Montferrat.** Oberhofmeister: Der Ritter Valperga di Moglione; sodann 5 erste Stallmeister u. Kammerherren ic.

f) **Des Marchese di Susa u. des Grafen v. Asti** Oberhofmeister: Gr. San Martino della Motta. Sodann 8 erste Stallmeister und Cammerherrn.

g) **Des Marchese d'Jvrea.** Oberhofmeister: Ritter Asinari di Bernezzo. 4 erste Stallmeister u. Cammerherren, 1 Maggiordomo ic.

h) **Der Marchesin d'Jvrea:** 1 Dame d'Honneur, 2 Dames du Palais, 4 erste Stallmeister ic.

i) **Der Kön. Prinzeß. Schwester Felicitas:** 1 Dame d'Honneur, 3 Dames du Palais, 4 erste Stallmeister ic.

B) Staatsrath und andere hohe Collegia.

Staatsrath. Staatsminister: E. F. B. Gr. Perrone di St. Martino, Gen. der Cav. E. F. Gr. Valperga di Masino. Jos. Ruffinotto Coconito di Montiglio, s. oben. Pet. J. Gr. Graneri. **Staatssecretarien:** Clem. Damian di Priocca, erster Staatssecret. der auswärtigen Angelegenh. Der vorhin gedachte Gr. Graneri, Minist. u. erster Staatssecret. der inländisch. Geschäfte. J. B. L. Fontana, Marchese di Cravanzana, erster Staatssecretair beym Kriegsdepartement. Für die Angelegenheiten Sardiniens hat die Expedition: Der Marchese della Valle di Clavesana, Präsid. des höchsten Raths v. Sardinien.

Chef-Präsid. der Archive: Jac. Pius Bertolotti.

Staatsbeamten der gröſſern Staaten. 99

Staatsöconomie: Verwaltung (*Aziende economiche*) Gen. Controleur: iſt unbeſezt. Finanzminiſter (*Generale di finance*): Gr. Pochetini di Serravalle. Gen. Zahlmeiſter: Gr. Serra di Albugnano. Gen. Intendant der kön. Hofhaltung: Gr. Lovera, Finanz:R. Gen. Intend. des Artilleriewesens: Gen. Morretti. Gen. Intend. des Fortifications: und Fabrikweſens: Der Ritter Berzio. Gen. Intend. des Zollweſens: Gr. Pullini di St. Antonio. Gen. Poſtmeiſter: Proſp. Tonſo. Auſſer dieſen ſind noch andere Finanzcollegien als *Consiglio delle regie finance; Consiglio di commercio; Regia Giunta per l'amministrazione de, pubblici*.

Vicekönig u. General-Capitain in Sardinien: Marcheſe Vivalda, Statthalter u. Gen. Capitain. Canzley Director: Gavino Cocco. Staats- u. Kriegs-Secretair: P. Fanzello.

Königl. höchſter Rath v. Sardinien. (in Turin). Präſident: Joſ. della Valle di Claveſana. Regenten (oder Senatoren) (*reggente di cappa e Spada*): Franz Vico Marcheſe della Conquiſtas, Cammerherr. Franz St. Giuſt e Catalan, Cammerhr u. Gen. Capit. der Cav. *Reggente di Toga*: N.. Räthe: Jgn. Ang. Falletti. Joſ. M. Jobeſti. Gr. Caſazza di Valmonte. Baron Peretti di Taſalbagliano. Siſtaz Joſ. Ludw. Cappa. Secretair: Gr. Proſp. Viretti.

Königl. Gerichtshof in Cagliari (*Reale Udienza*), welcher aus 3 Abtheilungen beſteht, nämlich einer für die Staats; einer 2ten für die Civils u. einer 3ten für die Criminalſachen. Der Präſident iſt: Gavino Cocco, Canzleydirector.

Kön. Senat (*Il Consolato*) in Cagliari. Chef: Gavino Cocco. Hiernächſt 2 Richter, 2 Burgermeiſter (*Consoli*), 1 Secret.

Kön. Cammer daſelbſt (*Tribunale del R. patrimon*). Director: Vinc. Cabras. Königl. Gubernium (in Saſſari): beſteht aus einem Aſſeſſ. für die Civilſachen, 3 für die Criminalſachen. 1 Fiscal, 1 Secret. 2c. Chef des daſig. Juſtizſenats (*Consolato*) iſt Andr. Flores. Sodann 2 Richter, 2 Burgermeiſter 2c.

C) Generalität.

General-Capitains: Vict. Eman. Hz. v. Aoſta. (Jnf.) Mor. Maria Hz. v. Montferrat. (Jnf.) Bened. Marcheſe d'Jvrea (Jnf.). Sodann 18 Generals; 23 Gen. Lieutnants; 24 General-Majors und 32 Brigadiers.

D) Ritter-Orden.

Unter dieſen iſt der wichtigſte
Der Orden *dell Annunziata*.
Oberhaupt u. Souverain: Der König.
Ritter: Vict. Eman. Hz. v. Aoſta. Mor. Hz. v. Montferrat. Carl Joſ. Marcheſe di Suſa. Joſ. Bened. M. Conte d'Aſti. Bened. M. Mor. Marcheſe d'Jvrea. Carl Em. Ferd. Pr. v. Carignan. Alex. Doria, March. von Cirle, Gen. d. Cav. u. Gouv. der Citadelle v. Turin. C. F. Gr. Perrone zu St. Martino, Gen. d. Cav. u. Staatsminiſt. Paul Joſ.

Coardi, Gr. di Carpenetto, Obristcammerhr u. Gen. der Inf. Casim. Gabaleon di Salmour, Gen. L. der Inf. auch G. F. Z. M. Grand der Krone, u. Gouv. der Stadt u. Provinz Turin. Jos. Ruffinoto Coconito di Montiglio, Gen. d. Cav. u. Staatsminist. Aug. Mar. Solaro di Moretta, Gen. der Inf. Gouv. zu Alessandria. C. Hieron. Balbiano, Gr. di Viala, Gen. d. Cav. u. Capit. der 3n Compagnie der Leibgarde. Pancratius Fürst-Abt zu St. Gallen. Canzler: Carl Jos. Morozzo di Maglia no, Bisch. v. Fossano. Secret. Gr. Perrone, s. ob. Ceremonienmeister: Ph. Del-Carretto di Camerano, Abt. Schatzmeister: Phil. Marchese Vivalda, kön. Cammerj. Vicekönig u. Gen. Capit. des Königr. Sardinien. Ausserdem giebt es noch einen militair. Ritterorden St. Mauritii und Lazari, dessen Großkreuze und Ritter hier anzuführen zu weitläuftig seyn würde. Die Ritter des Annunciata Ordens sind zugleich Ritter dieses leztern.

E) Gesandte, Residenten und Agenten.

Berlin: March. di Parella, Cammerherr und ausserordentlicher Gesandter. Dresden: M. Salomon, Chargé d'Affaires. Florenz: Paul Barett, Agent. Genua: Cav. Nomis di Cossilla, Minister. Haag: Ritter de Bossy. Lissabon: vacat. London: Phil. Gr. St. Martino di Front, Env. extr. u. gev. Minist. Madrit: Nomis di Pollone, Ambass. Neapel: Gr. de Non, ausserord. Ges. Paris: Gr. v. Balbo, Ambassadeur. Petersburg: Bar. de la Turbie, ausserord. Ges. Rom: vacat. Schweiz: Baron Vignet des Etoles, Minist. Wien: Gr v. Castel al Fero, ausserord. Ges. de Rossi, Legat. R. Meguelin v. Blumenfeld, Agent.

Schweden.

Die neuesten Statistiker geben in Ansehung der Größe und Bevölkerung dieses Königreichs folgende Berechnung:

	Q. Ml.	Einwohner.
1) Schweden an sich mit Gothland, Nordland und Lapland	11,597	2,300,000
2) Finnland	3,203	650,000
3) Schwed. Pommern	70	112,000
4) Wismar mit seinem Gebiet	6	10,000
zusammen	14,876	3,072,000

Die Einkünfte davon sollen 5 Mill. 400,000 Thlr. (im 24 Gulden-Fuß) und die Staatsschuld 57,167,000 Thlr. betragen, welche leztere Summe die Krone größtentheils der schwed. Bank schuldig ist. — Landmacht: 50,000 Mann. — Seemacht: 30 Lin. Schiffe, 23 Fregatten von 24 bis 40 und 50 Galeeren, jede von 18 Kanonen.

Da man bey dem Abdruck dieses Artikels den neuesten schwed. Hof- und Staatskalender noch erwartet, mithin ausser Stande ist, von dem Personale der Hof-Civil- und Militärbedienungen, welches seit dem Regierungsantritt des jezigen Königs mannichfache Veränderungen erlitten hat, hier richtige und vollständige Verzeichnisse zu geben; so hoft man durch eine kurze statist. Uebersicht des Hofstaats, so wie der Regierungs- und Landeskollegien diese Lücke einigermaßen zu ergänzen.

Der Hofstaat ist prächtig und ceremoniös. An der Spitze steht der Reichsmarschall; alsdann folgen, der Oberkämmerer, der Reichsstallmeister, Oberjägermeister, Oberintendant der kön. Lustschlösser, Kammerherr ren, Hof- und Jagdjunker, Ober- und Unterceremonienmeister, Leibärzte rc. Von den hohen Reichsämtern sind auch die Stellen eines Reichsdroste-, und Reichs-Canzlers wieder besezt.

In Ansehung der Regierungs- und Landescollegien ist nach Aufhebung des Reichsraths 1789 ein neues höchstes Regierungs- oder Verwaltungscollegium angeordnet worden, das sich mit der vorgängigen Berathschlagung über die Reichsangelegenheiten beschäftiget, und sodann dem Könige zur Entscheidung vorlegt. Es besteht aus 3 Departements, die halb mit Adelichen, halb mit Bürgerlichen besezt sind. -- Für die Justizverwaltung ist der kön. höchste Gerichtsstuhl die lezte oder Revisions-Instanz. Die Untergerichte sind in den Districten (Hárads) die Schöppen (Háradshöfdinger) welche jährl. 3mal Gericht halten. In der 2tn Instanz gehen alle Civilprozesse an die 22 Landgerichte, deren 5 in Finland und die übrigen in Schweden angeordnet sind; ihre Chefs heißen Lagmän. Für die Bergwerksachen sind 12 Berggerichte, von denen man an das Berg-Collegium appelliren kann. Es sind auch Landvogteyen auf dem platten Lande, die jährl. einmal in ihren Districten Gericht halten. Die Städte haben Gerichte, die aus Bürgermeistern und dem Syndicus bestehen. Von den Landgerichten geht die Appellation an eins der 4 königl. Hofgerichte, die ihre Size zu Stockhelm, Jönköping Åbo und Wasa haben. Jedes hat seinen Präsidenten, Vicepräsidenten, Räthe und Assessoren; sie entscheiden die Prozesse völlig, außer daß in gewissen Fällen noch an den höchsten kön. Gerichtsstuhl appellirt werden kann. Die teutschen Provinzen haben ein königl. Tribunal zu Wismar.

Für das Militär ist der königl. Kriegshofrath als Ober-Justizcollegium angeordnet. -- Die Oberaufsicht über das Kriegswesen aber hat das Kön. Kriegs-Collegium zu Stockholm.

Das kön. Canzley-Collegium, oder die Reichs-Canzley, deren Präsident, der Reichs Canzler, als der erste Minister des Reichs angesehen werden kann, fertigt alle das Königreich überhaupt angehende Verordnungen, und die besondern Privilegien aus, besorgt die auswärtigen Staatssachen, das Postwesen, das Reichs-Archiv, das Antiquitäten-Archiv, die kön. Bibliothek und die Buchdruckereyen. In diesem sizen auch der Hofcanzler, der Justiz-Canzler, und die Staatssecretäre.

Das kön. Cammer-Collegium hat die Aufsicht über alle Reichs-Einkünfte und Finanzbediente. Es hat einen Präsidenten, einen Vicepräsidenten und mehrere Cammerräthe.

Das kön. Staats-Comtoir hat die Oberaufsicht über die Staats-Ausgaben. Es hat einen Präsidenten, einen Vicepräsidenten, und mehrere Staatscommissarien.

Für besondere Zweige der Finanzverwaltung bestehen ferner noch: a) Das kön. Bergwerkscollegium, b) das Commerz-Collegium, c) die königl. Kammerrevision. Lezteres hat dafür zu sorgen, daß alle bey dem Kammercollegium anhängige Prozesse geendigt, auch daß die kön. Rechnungen der Kronbedienten gehörig abgehört und nachgesehen werden.

Geringere Collegien sind die 1792 erneuerte Gesezcommission; das Gen. Directorium der Zölle; das Directorium der Sterbekasse; die Erziehungscommission; das Directorium der Wittwen- und Waysenkasse rc.

Die innern (provinziellen) Regierungsgeschäfte werden von den 28 Landeshauptleuten (Landshöfdingar), wovon 14 aus dem Kriegsstaate gewählt werden, verwaltet. Diese haben für die Erhaltung der öffentlichen Ruhe und Sicherheit, für die Vollziehung der Geseze und für die Hebung der kön. Einkünfte zu sorgen. Jede Landshauptmannschaft hat eine eigne Canzley, (einen Secretär, einen Schazmeister und verschiedene Subalterne). Die deutschen Provinzen werden durch einen kön. General-Gouverneur zu Stralsund regiert.

Die Generalität besteht aus 2 Gen. Feldmarschalls, 8 Generals, 27 Gen. Lieutnants ꝛc.

Die Admiralität zählt 1 Admiral oder Ober-Commandant, 6 Vice-Admirals und 1 Viceadmiral der blauen Flagge, 8 Contreadmirals und 2 dergl. von der blauen Flagge ꝛc.

Der Ritter-Orden sind vier: 1) Der Seraphinen-Orden, oder das blaue Band, 2) der Schwerdt-Orden oder das gelbe Band, welches blos für den Kriegsstaat ist, 3) der Nordstern-Orden, oder das schwarze Band, für die wohlverdienten Männer vom Civilstaat, und 4) der Wasa-Orden oder das grüne Band, zur Ermunterung des Ackerbaues und der Manufacturen.

Schweiz.
(Helvetische Republik.)

Die Schweiz, eine Art natürlicher Citadelle im Mittelpunkt von Europa, kam aus römischer und fränkischer Gewalt um 1032 unter die deutschen Kaiser, welche Grafen, Herzoge und Vögte hineinsetzten, die sich nach und nach erblich und unabhängig zu machen suchten. Vorzüglich hatten die beiden Häuser, Habsburg und Zähringen schöne Länder an sich gebracht. Aus ersterem wurde Rudolph 1237 zum röm. Kaiser erwählt. Dessen Sohn, Kaiser Albrecht I. ließ den Schweizern durch die Vögte viel Drangsal anthun, um sie zu bewegen, sich lieber dem Hause Oesterreich zu unterwerfen, als länger unmittelbar unter dem Reiche zu stehen. Allein es erfolgte eine widr. ge Wirkung. Die Kantons Schweiz, Uri und Unterwalden machten 1303 einen Bund und vertheidigten ihre Freiheit gegen die nachherigen Anfälle der österreichischen Fürsten und der deutschen Kaiser mit solchem Nachdruk, daß diese Eidgenossenschaft, welche sich, von 1332 bis 1513, auf 13 Kantons und verschiedene Bundesgenossen vermehrt hatte, ihre Unabhängigkeit behauptete, und endlich 1648 im westphäl. Frieden als ein unabhängiger Freistaat anerkannt wurde.

Dieser etwas sonderbar zusammengesezte Bundesstaat mußte demohnerachtet durch Vermeidung aller Theilnahme an den Kriegen benachbarter Mächte, seine Verfassung bieder zu erhalten. Er bestand aus 13 Kantons der eigentlichen Eidgenossenschaft nebst 23 Landvogteyen, als Unterthanen, (die aber nicht dem ganzen Bunde, sondern gewissen Kantons gehörten) und aus den sogenannten 11 zugewandten Orten, nemlich 3 Bundesgenossen (Allociés, mit Stimme auf den eidgenössischen Tagesatzungen) und 8 verbündeten Orten (Alliés) ebenfalls mit einigen Unterthanen. Jeder Kanton hatte seine eigne, entweder demokratische oder aristokratische oder vermischte Verfassung und bildete einen, sowohl in Ansehung der innern als äussern Angelegenheiten unabhängigen Staat; nur bestand zwischen allen eine allgemeine Verbindung zur gemeinschaftlichen Sicherheit und Vertheidigung gegen alle unbillige Gewalt. Eben so waren die einzelnen zugewandten Orte in Ansehung ihrer Verfassung unterschieden; einige hatten eine monarchische, andere eine demokratische, noch andere eine gemischte Regierungsform.

Wenn bey dieser Verschiedenheit der Regierungsformen, wozu noch ferner die der Religion und Sprache kam, auch nicht alle Kantons und Bundesgenossen einer gleichen Freiheit genossen, und das Volk, besonders in den aristokratischen Kantons den Druk der Oligarchen dulden mußte; so war jene Absonderung der einzelnen Staaten, wenigstens in Friedenszeiten, doch unstreitig dem Ganzen zuträglich, da jeder einzelne Staat nur auf die Benutzung seiner localen Vortheile und auf die Abstellung seiner individuellen Bedürfnisse sich beschränken durfte. Auf der andern Seite aber konnte jene Verschiedenheit der ganzen Föderation unmöglich jene

Festigkeit und Energie gewähren, welche die Erhaltung des Ganzen bey äussern und innern Stürmen zu sichern vermag.

So konnte selbst nicht die Befolgung einer weisen Neutralität, unter den Stürmen der französ. Revolution, diesen Bund vor der endlichen Erschütterung bewahren, und in dem Augenblik, da man an dem allgemeinen Frieden auf dem festen Lande so thätig zu arbeiten begann, wurde auch dieser Staat in eine Krise verschlungen, die auch hier innerhalb wenigen Monden eine ganze neue Ordnung der Dinge entstehen machte.

Schon hatten sich die Veltliner, Unterthanen der Graubündner, durch Anschliessung an die cisalpin. Republik unabhängig gemacht, als auch die Wadtländer, unter Begünstigung der Franken, ihre alten Freiheiten reclamirten. Die helvet. Tagsatzung in Aarau vermochte nicht, der sich immer mehr ausbreitenden Unzufriedenheit Einhalt zu thun, und die unbedachtsamen Maaßregeln des Kantons Bern veranlaßten vollends die Einmischung Frankreichs. In Basel brach schon im Jan. 1798 der Sturm los. Die fränk. Truppen rükten ins Wadtland, welches unter ihrem Schuze anfieng, eine eigne Republik (die Lemanische) zu bilden. Bald gerieth in den einzelnen Kantons alles in Gährung, und indem man grostentheils geneigt war, die bisherige Verfassung durch Annahme einer repräsentativen Staatsform umzuändern, gaben die Oligarchen zum Theil nach, doch wußte das Volk nicht, woran es war. Es kam endlich im Merz zwischen den Berner Truppen und den Franzosen zu Thätlichkeiten, in welchen diesen durch die Unordnung und Ungehorsam der erstern, der Sieg leicht gemacht wurde. In Aarau hatten sich inzwischen die Repräsentanten der mehrsten Kantons versammlet, und nun wurde die neue vom Bürger Ochs entworfene, nach dem Muster der französischen eingerichtete Constitution beschlossen, und von den mehrsten Kantons auch angenommen.

Vor dieser Epoche umfaßte die Schweiz auf 946 Q. M. über 1,870,000 Einwohner. Nimmt man hievon weg: a) Das der cisalpin. Republik einverleibte Valtelin (nebst Cleven und Wormio) von 60 Q. Ml. mit 100,000 Seelen; ferner den von Frankreich in Besiz genommenen, bisher mit der Schweiz verbündeten Theil des weltl. Gebietes des Bißthums Basel, von 6 Q. Ml. mit 11,500 Seelen; sodann die nun mit Frankreich vereinigte Stadt Mühlhausen von 1 Q. Ml mit 7000 Seelen, und die Republik Genf von 5½ Q. Ml. mit 40,000 Seelen; endlich das Fürstenth. Neufchatel und Valengin von 15 Q. Ml. mit 40,500 Seelen -- so würde die Arealgröße der neuen helvet. Republik 859 Q. Ml. und die Volksmenge 1,662,000 Seelen betragen.

Die Zeit wird lehren, ob das eben eingeführte Gouvernement der helvet. Republik, das bey der Anwesenheit der fränk. Truppen, sich nach dem Willen des französ. Directoriums zu fügen genöthigt ist, auch künftig dauerhaften Bestand haben wird. -- Der Siz der Regierung ist in Aarau. -- Das gesezgebende Corps ist in 2 Räthe, den großen und kleinen abgetheilt. Die executive Macht ist in dem **Directorium** vereinigt, dessen Hauptagenten die **Minister** sind.

Vollziehungs-Directorium. Mitglieder (5): Legrand (aus Basel). **Glaire**, (aus Lausanne). **Oberlin,** (aus Solothurn). **Ochs** (gewes. Zunftmeister in Basel). **Laharpe** (Sohn des französ. Generals.)

General-Secretär: Steck.

Minister (Agenten der vollziehenden Macht): a) für die auswärt. Geschäfte: **Bego**. b) für die innern Angelegenheiten: **Rengger**. c) für Künste u. Wissenschaften: **Stapfer**.

Sicilien.

Das Königreich beider Sicilien (Neapel und Sicilien) gehört unter die kleinen europäischen Mächte, könnte sich aber weit höher schwingen, wenn Feudalverfassung, Pfaffenthum, verkehrte Finanz- und schlechte Justizverwaltung nicht hinderlich wäre. Beide Königreiche halten auf 1850 Q. Ml. etwa 6,175,000 Einwohner, wovon auf Neapel 1274 Q. M. u. 4,8'9,000 Seelen, und auf Sicilien 576 Q. Ml. und 1,306,000 Seelen gerechnet werden. -- Die Zahl der Geistlichkeit ist ungeheuer groß; die Klerisey soll über 100,000 Personen betragen, und über 20 Mill Gulden Einkünfte ziehen. Dazu gehören 73,000 Mönche (worunter 10,000 Bettelmönche) 27,000 Nonnen, 21 Erzbischöfe, 114 Bischöfe ꝛc. Doch hat die Regierung neuerdings, nach dem in Spanien und Sardinien gegebenen Beispiele, viele geistliche Stiftungen zum Besten des öffentl. Schatzes eingezogen, der dadurch mit einem Fond von 16,035,000 Gulden bereichert wurde. Die Inquisition ist schon in Neapel seit 1746 und in Sicilien seit 1782 aufgehoben. -- Auch der Adel ist sehr groß; in Neapel allein sind 120 Fürsten, 150 Herzoge, 170 Marchesen, 40 Grafen, 450 Baronen; und in Sicilien 58 Fürsten, 27 Herzoge, 37 Marchesen, 26 Grafen, 79 Baronen ꝛc. -- Die Zahl der Advocaten wird auf 150,000, und die Zahl der Lazaroni (Müßiggänger) in der Stadt Neapel auf 30,000 angegeben -- Einkünfte. Von etwa 29,400,000 Gulden, die das Land aufbringen muß, flossen bisher etwa nur 17,430,000 in die Kasse des Staats. Auch sind Staatsschulden vorhanden, deren Größe aber unbekannt ist. Kriegsmacht. Die Landmacht soll sich jetzt nach dem vollzähligen Friedensstand auf 63,000 Mann belaufen und deren Unterhaltung jährlich 6,416,000 Gulden kosten In Kriegszeiten wird solche bis 100,000 Mann vermehrt Die Seemacht besteht aus 6 Linienschiffen, 9 Fregatten, 6 Corvetten, 6. Schebecken, 4 Brigantinen, 10 Galeoten, zusammen aus 41 Kriegsschiffen, und das dazu gehörige Personale aus 3000 Mann. Die jährl. Unterhaltung der Marine soll 2,300,000 Gulden kosten. -- Regierungsform: monarchisch, doch in etwas durch Reichsstände (Parlamente) beschränkt.

A) Hofstaat.

Derselbe ist prächtig u. zahlreich. Die ersten Hofchargen bekleiden der Oberhofmeister; der Oberstallmeister; der Obristkammerherr; der Capitain der k Leibgarde; der Oberjägermeister; der Capitain der Hellebardirer; der erste Stallmeister ꝛc. Die Königin hat ihren eignen Hofstaat.

Zum Glanze des Hofes gehören auch 2 Ritter-Orden, a) der **Orden des heil. Januars** u. b) der **Constantins-Orden**.

B) Regierungs- und Landes-Collegia.

Das höchste Collegium ist (hauptsächlich für Neapel)

Der **Staatsrath** (welcher wöchentlich 3 mal in Gegenwart des Königs gehalten wird). Er bestehet aus dem Könige, der Königin, einigen Ministern u. den Staatssecretarien, namentlich: Dem Friedensvermittler Marq. De Gallo, als Principal. Minister, für das Depart. der ausvärt. Angelegenheiten, der Marine u. des Commerzes. -- Dem Pr. v. Castell-Cicala, als Justizminister. -- Dem Marq. Simonetti, als Finanzminister. -- Dem Marechal de Camp Manuel, als Kriegsminister, u. dem Marchese Corradini, als Minister des geistl. Departements.

Dem Staatsrathe sind folg. Collegien untergeordnet

1. Das **kön Collegium zur Abstellung der Mißbräuche** (suprema Giunta degli abusi). 2. Die **kön. Kammer Santa Chiara**.

Staatsbeamten der grössern Staaten.

Ferner werden unter dem allgemeinen Namen der Polizey (Governo di polizia) folgende Anstalten begriffen: a) Die Gemeinden des Königreichs (Communita del Regno). b) Das Sanitäts-Amt. c) Das Amt des Protomedicus (Protomedicato del Regno). d) Proviant-Aemter (Giunte del annona). e) Aufsicht über Maaß u. Gewicht. f) Die Konsulate über Seiden- u. Wollenweberey. g) Das Amt eines Oberpostmeisters, u. das Postamt. h) Die Deputation über die Landstrasen des Königreichs. i) Die Aufsicht über die Seehäfen und über den freyen Gebrauch der öffentl. Plätze u. Strasen. 10) Die Deputation über die Schauspiele u. Theater ic.

Zur Verwaltung der Staatswirthschaft gehören

1. Der höchste Finanzrath, worin der Finanzminister Mq. Simonetti das Directorium führt.
2. Die Königl. Rechnungskammer, (Camera della Sommaria) u. das Amt des Oberjägermeisters (Montiero maggiero).
3 Die General-Aufsicht über die Kön. Einkünfte u. Zölle des Königreichs (Soprintendenza generale dell'azienda reale e delle dogane del regno).
4. Die Buchhaltung der Kön. Bestallungen (Scrivania di razione) u. die Generalkasse (Thesoreria generale).
5. Das Mauthamt zu Foggia (Tribunale della dogana di Foggia).
6 Die kleine Mauth in Abruzzo (Doganella di Abruzzo).
7 Das Amt über die Allodial-Güter des Königs (Giunta degli Allodiali del Re).
8. Das Amt über die königl Städte (Giunta de'fitti reali).

Zur Justizpflege des Civilstandes sind angeordnet:

1. Der heil. Rath von St. Chiara, oder der erste Gerichtshof des Königreichs Neapel.
2. Der hohe Gerichtshof della Vicaria (la gran Corte della Vicaria) oder das Appellationsgericht des ganzen Königreichs Neapel, das in 4 Kammern (Rote) getheilt ist, von denen 2 in Civil- u. 2 in Criminalsachen entscheiden.
3. Zwölf Provinzialgerichte, nach der Zahl der Provinzen, woraus Neapel besteht.
4. Local Gerichte (Corti locali) u. 5 Vogteyen (Corti bajulari).

Ferner sind noch zum Civilregiment angeordnet:

a) Das höchste Commerz-Collegium (Supremo Magistrato del commercio).
b) Die Admiralität u. das Konsulat (Ammiragliato e Consolato).
c) Die Konsulate des Königreichs (Consolati del regno) gegenwärtig 5.
d) Gerichte über die Staatsverbrechen u. Giftmischerey.
e) Gericht über das Lotto.

Hiezu kommen noch die geistl Gerichtshöfe:

1. Der delegirte Richter der königl. Jurisdiction (Delegato della real

giurisdizione). 2. Das Tribunal des Oberhof-Capellans. 3. Das vermischte Gericht.

C) Im Königreiche Sicilien.

Vicekönig u. General-Capitain ist I. Franz Januarius Erbprinz v. Sicilien.

Für die Justiz u. Finanzverwaltung bestehen:

1. Das Tribunal des königl. Oberhofgerichts (la gran corte di Sicilia) als das höchste Tribunal, das im Namen des Königs ohne weitere kön. Bestätigung entscheidet. Es besteht aus 1 Präsidenten u. 6 Richtern, von denen 3 Civil- u. 3 Criminalrichter sind.

2. Das kön. Finanzcollegium (il patrimonio regio) besteht aus 1 Präsidenten u. 6 Räthen, die Maestri razionali heissen, von denen 3 togati sind, lebenslang im Magistrat bleiben, u. die Streitigkeiten zwischen dem königl. Fiskus u. Privatleuten untersuchen; die 3 andern verwalten die Einnahmen, Ausgaben u. die Schatzkammer. Ferner sitzen in diesem Tribunale ein Conservatore generale, der für das Interesse des Königs sorgt, u. ein Fiscal, der die röm. Bullen u. Breven untersucht, ob ihnen das regium exsequatur ertheilt werden könne.

3. Das Tribunal der *Junta* (la Giunta) hat in Messina dieselbe Jurisdiction, die das Patrimonio regio in Palermo hat.

4. Das Consistorium (oder il Tribunale della sagra regia Conscienza) besteht aus 3 Magistraten, die der König alle 2 Jahre ernennet u. entscheidet in der 2ten Instanz dieselben Sachen, welche schon vor Nro. 2. u. 3. gewesen sind.

5. Das Collegium der Präsidenten (la Giunta de Presidenti) besteht aus den Präsidenten der 3 Tribunale zu Palermo, u. dem Consoltore des Vicekönigs, u. beschäftiget sich wahrscheinlich mit Vorschlagen zur Verbesserung der Gesetzgebung.

In den Städten der Insel ist ein Senat; dessen Haupt Capitano di giustizia, u. dessen Beisitzer Giurati heissen.

Der oberste geistl. Gerichtshof ist das Tribunal der königl. Monarchie, dessen Präsident die Person des Königs vorstellt, u. Giudice oder Monsignor della Monarchia heißt. Was vorher schon bey den Bischöfen oder Erzbischöfen, die alle ihre eigne Jurisdiction haben, abgeurtheilt worden ist, kommt durch Appellation vor dieses Gericht.

D) Generalität.

Generalissimus u. Groß-Admiral: Der Ritter Acton, bisher. Prinzipalminister. Hienächst 11 oder mehrere Gen. Lieutenants, 20 Feldmarschalls u. 35 Brigadiers. Die 3 Divisionen, worin 1797 die Armee getheilt war, commandirten der Gen. L. v. Gambs, der Gen. Colli u. der Hz. v. Salendra.

E) Gesandten und Consuls.

Alicante: Ign. Barella, Agent. Barcellona: A. Mombelli, Consul. Bastia: Bigani, Gen. Consul. Carthagena: Balth. Castellini,

Conſul. Jephalonien: Anaſt. Pillica, Conſul. Cherſon: Vinc. Moſenga, Conſul. Civitavecchia: Joſ. Pucitta, Conſul. Conſtantinopel: Conſt. Gr. L u d o l f, Envoyé extraord. Coppenhagen: Der Fürſt D e n t i c i, auſſerord. Geſ. Florenz: Der Hz. v. S a n g r o, auſſerord. Geſ. Genua: Franz Rati, Agent u. Conſul. Liſſabon: Der Ritter v. Ventimiglia, bev. Geſ. Livorno: Em. de Sylva, Conſul. London: Der Marcheſe v. C i r c e l l o auſſerord. Geſ. Madrid: Der Hz. v. St. T h e o d o r, Botſch. Malaga: F. la Sala, Conſul. Marſeille: Roſaguti, Conſul. Mayland: Der Ritter M i ch e r o u x, Geſ. bey der ciſalpin. Republik. Paris: Der Commenthur Ruffo, bev. Geſ. Petersburg: Der Hz. v. S e r r a C a p r i o l a, Cammerhr u. bev. Miniſter. Raguſa: P. B. Stella, Agent. Sinigaglia: Der Marcheſe Toſchi di Fagnano, Agent. Trieſt: Joh. B. Orlandi, Conſul. Turin: Der F. v. M a r ſ i c o, Envoyé extraord. Viterbo: Joſ. Marq. Espeço, Agent. Wien: v. Baptiſt, Geſandtſchafts u. Canzleyrath.

Spanien.

Alle ſpaniſchen Länder in allen Erdtheilen ſollen über 250,000 Q. Ml. aber nur 20 Mill. Menſchen enthalten. Das Königreich Spanien hat auf 9277 Q. Ml., 10,500,000 Einwohner, darunter 69,000 Mönche und 35,000 Nonnen ſind. — Einkünfte: etwa 75 Mill. Thlr., aber auch 254 Mill. Thlr. Schulden; überhaupt ſind die ſpan. Finanzen gegenwärtig ſehr zerrüttet. — Kriegsmacht: Die Landmacht beſteht aus 80,000 Mann, die jährl. 30 Mill. Thlr. koſten. Die Seemacht aus 67 Linienſch. von 50 bis 112 Kanonen, 44 Fregatten, 25 Brigantinen, 64,000 Matroſen ꝛc. — Für ausländiſche Fabrikate gehen jährlich 55 Mill. Thlr. aus dem Lande, und die Geiſtlichkeit zieht gegen 4 Mill. Thlr. jährliche Einkünfte. Jedoch ſind in unſern Tagen verſchiedene Klöſter aufgehoben worden, und durch den Einfluß der franzöſ. Revolution fangen auch hier Mönchtum und Inquiſition zu wanken an. — Regierungsform: uneingeſchränkt monarchiſch, da die Reichsſtände keine Gewalt mehr haben.

A) Hofſtaat.

a) **Des Königs. Großalmoſenier:** Don Ant. Card. de Sentmanat, Patriarch v. Indien, Groß-Canzler des Ord. v. Carl III. **Oberhofmeiſter:** Joſ. Joach. Marq. v. Santa-Cruz, des gold. Vl. R. **Ober-Cammerhr:** Marq. de Baldecarzana, des gold. Vl. R. u. Gr. Cr. des Ordens v. Carl III. **Oberſtallmeiſter:** vacat. **Ober-Jägermeiſter:** Graf v. Atarez, des goldn. Vl. R. **Capitains der Leibgarde:** 1) Don Manuel Pacheco, des goldn. Vl. R. u. Gen. L. bei der ſpaniſchen Compagnie. 2) Marq. v. Branciforte, Vice-König v. Merico u. Gen. L. bei der ital. Comp. u. 3) Fürſt Carl Ant. v. Maſſerano, Gen. L. bei der flamländ. Compagnie. **Capitain der Hellebardirer:** Marq. de Villadarias, Gen. L. **Obriſt der ſpaniſchen Fußgarde:** Herz. v. Oſſuna, Gen. L. **Obriſt der Wallon. Garde:** N. Fürſt von Caſtelfranco, Gen. L. *Introducteurs des Ambaſſadeurs:* Staniſl. de Velasco y Coëllo u. Don Joſ. Chacon. **Beichtvater:** Don Alph. Camacho.

b) **Der Königin. Oberhofmeiſter:** Salrat Montaperto F. von Raffadale, des goldn. Vl. und Januar-O. R. **Erſte Kammer-Das** me: (Dame d'Atours). Marquese de San Juan. Der Hofdamen sind 8. Erster Stallmeister: Gr. v. Valdeparaiso.

Gouverneur der kön. Infanten: Don Franz Perez Bayer, Mitglied des Raths v. Castilien u. kön. Ober-Bibliothekar. Informator: Joh. Ant. Cavanillas, Th D. Aya der jüngsten Königin Kinder: Mqsev. Chasteler.

B) Hohe Regierungs- und Landes-Collegien.

1) Der Staatsrath (*Confejo de Estado*), (oder das Kabinet, worin die auswärtigen u. geheimen Staatssachen ausgemacht werden, der aber jezt ziemlich außer Thätigkeit ist.) Präsident: Der König. Staatsräthe: F. Nunez Marq. de Liano. Ant. Valdez y Bazan. Ant. Porlier Marq. de Baxamar. Hieron. Caballero Marq. de Astorga. Gr. v. Altamira. Pet. Gr. del Campo de Alange. Gr. del Asalto. Manoel Ant. Florez. Pet. Rodrig. Gr. de Camposmanes. Diego de Gordoqui-Godoi. Acedo Ricco Gr. de la Canada. Pet. de Acunna y Malvaz. Pet. Giron. Hz. v. Ossuna. Ant. Gr. v. Rubi. Franz Ant. de Lorenzana, Kard. Erzbisch. zu Toledo. Ant. de Sentmanat, Kard. Patriarch v. Indien. Jos. de Godoy. F. Vellejo, Bisch. zu Salamanca. D. Ant. de Horcasitas y Padilla, Gr. v. Guemez. Ehren-Staats-Räthe: Jos. Nicol. de Azara. Sebast. de Lianoy la Quadra, Gr. v. Sanafe. Joh. Pacheco, Marq. de Valdelirios. Jos. de Lema. Staats-Raths-Secretarius: Eugenio de Liaguno-Amirola (mit dem Rang u. der Stimme eines Staatsraths). Staats Secretarii: (5) Francisco Saavedra, erster Staats- u. Depechen-Secretair, auch Finanzminister seit 98. Juan de Langara (bei dem Depart. der Marine). Alvarez de Migrelia, Gen. der Inf. ; bei dem Kriegs-Departem. seit 1796). Varela e Ulloa (beim Finanz-Depart. seit 1796). Eugen. de Liaguno-Amirola (bei dem Departement der Gnaden- u. Justiz-Sachen).

2) Der höchste königl. Rath, oder der oberste Rath v. Castilien (*Confejo Real y supremo de su Magestad*, oder *Confejo y Camera de Castilla*) Ist nur für die einheimischen Regierungs-, Gnaden- u. Justizsachen, u. in 5 Säle oder Kammern vertheilet, nemlich)

a) *Sala primera de Gobierno*, die 1te Regier. Cammer.

Diese u. die folgende Kammer versammeln sich oft gemeinschaftlich, u. entscheiden die von den Canzleyen oder Gerichten zu Valladolid u. Granada an sie gebrachten Streitigkeiten: auch trägt ihnen der König zuweilen Polizei-Sachen auf.

Besteht aus dem *Governador del Consejo* (jetzt): Fern. Vellejo, Bisch. zu Salamanca, 11 Räthen u. drei Fiscalen.

b) *Sala 2da de Gobierno* (die 2te Regier Kammer).

Besteht aus 4 Räthen, u. die Aussprüche dieses Gerichts sind nicht völlig entscheidend, weil das End-Urtheil auf dem nachfolgenden beruht.

c) *Sala de Mil y Quinientas* (die Kammer der Funfzehnhundert).

Hat den Namen daher, weil alle Appellanten 1500 Dublas (ungefehr

Staatsbeamten der grössern Staaten. 109

1262 Thlr. 16 Gr. nach deutschem Gelde) deponiren müssen, ehe ihre Appellation angenommen wird; sie besteht aus 5 Räthen.

d) *Sala de Iusticia*, die Justiz-Kammer. Diese ist nur für höchststreitige Materien, u. besteht aus 4 Räthen.

e) *Sala de Provincia*, die Provinzen oder Land-Kammer. Entscheidet größtentheils Polizey-Sachen, u. besteht aus 4 Räthen.

Anmerk. 1) Die Landschaften des Reichs sind in Ansehung der Correspondenz mit diesem höchsten Kol. Consejo unter 7 Räthe der ersten Regierungs-Kammer vertheilt; gewisse Sachen werden aber auch in vollem Rathe abgethan, der aus allen 5 Cammern zusammengesetzt ist.

2) Die Kammer von Castilien Camera del Consejo di Castilla) ist ein immerwährender Ausschuß aus den Räthen aller 5 Säle, und hat den Gubernador del Consejo ebenfalls zum Präsidenten. Diese Kammer schlägt dem König alle Subjecte zu Civil-Bedienungen und geistlichen Würden vor, muß alle Befehle und Verordnungen einregistriren, und genießt wegen überhäufter Arbeit höhern Gehalt und Rang.

3) Die Real Junta del monte Pio de Viudas y Pupilos del Ministerio besteht aus 1 Director (dem Dermal. Gubernador del Consejo), 4 Räthen, 1 Secretair und 1 Schatzmeister; nächstdem sind dabei 1 Fiscal und 3 Secretarii de la Camera. Es gehören hieher auch die beiden Salas de Sennores Alcades de Cala y Corte.

3) **Der oberste Kriegsrath** (*Consejo suprema de Guerra*).

Dieses Collegium hat 2 Departements oder Säle: a) *Sala primera* besorgt die eigentlichen Militairsachen, u. hat zum dirigirenden Rath den königl. Staatsrath Don Hieron. Caballero; nach ihm folgen noch 21 andere Räthe, 2 Fiscale u. 1 Secretair. Unter den Räthen befinden sich die 6 General-Inspectores der Infanterie, der Cavallerie, der Militz, der Dragoner u. der Marine, imgl. die Commandanten der Ingenieur- u. Artillerie-Corps, ein Leibgardehauptm. u. der Obrist der span. Fußgarde. b) Die *Sala segunda* de justicia besorgt die Justizsachen, u. hat 4 Räthe.

4) **Ober- und General-Inquisitionsgericht** (*Consejo de la suprema y General-Inquisicion*).

Dieses besteht aus dem General-Inquisitor jetzt: Der Card. Lorenzana, Erzbisch. v. Toledo und 9 Räthen (worunter 2 Räthe v. Castilien) 1 Secretair, 1 Fiscal u. 1 Alguacil major. Bei der Inquisizion de Corte sind 2 Räthe.

5) **Der höchste königl. Rath v. Indien** (*Consejo real y supremo de las Indias*).

Von diesem dependiren die Vicerois v. Peru u. Neu-Spanien samt allen americanischen Statthaltern. Er bestehet aus 4 Kammern. In der *Sala primera de Gubernio* ist 1 Gubernador (jetzt Don Ant. Porlier Marq. de Baxamar) nebst 9 Räthen, dem General-Controlleur, auch 1 Fiscal u. 1 Secret. für Neu-Spanien. In der *Sala segunda* sitzen 7 Räthe, 1 Fiscal u. 1 Secretair, welcher das Departement v. Peru mit hat. In der dritten Sala de Iusticia sind 5 Räthe. Zu allen 3 Kammern gehören auch 1 Richter, der Minister, 1 Siegelbewahrer u. in geistl. Sachen der Patriarch v. Indien.

6) **Der königl. Finanzrath** (*Consejo Real de Hacienda*).

Dieser hat 4 Cammern, als a) *Sala de Gobierno* (die eigentl. sogenannte Finanzen- oder Rent-Cammer), welche die Aufsicht über alle königl. Einkünfte u. die Einnahme derselben führt. Sie besteht aus 1 Gubernador, (jetzt) Don Jos. de Godoy, 4 Räthen, 2 Gen. Schatzmeistern, 1 General-Rechnen-Controlleur, 3 Fiscalen u. 1 Secretair. b) *Sala de unica Contribucion* (oder Cammer für die gemeinsch. Contributionen u. der *Millones*), welche mit der Einnahme der Alcavales oder Abgaben von dem Werthe aller verkauften Güter, wie auch der Millones (einer Art von schwerer General-Accise in Spanien) zu thun hat. Hierin sind 12 Räthe (worunter ein Contador general de Millones) nebst 1 Secretair. c) *Sala de Iusticia* (die Justiz-Kammer), welche alle Kameral-Streitigkeiten und Prozesse besorgt u. 9 Mitglieder hat. d) *Tribunal de la Contoduria maior* (die Ober-Rechnungs-Kammer), welche die Rechnungen von allen königl. Rentmeistern u. Einnehmern untersucht. Dazu gehören 8 Mitglieder n. 2 Fiscale.

7) **Das General Commissariat der Kreuzbulle** (*Commissaria general de Cruzada*).

(Ist über die Einkünfte bestellt, welche der König vermöge der Indulgenzen aus der päbstlichen Creuzbulle von allen geistl. Pfründen nach einer gewissen Schätzung, zur Unterhaltung der Seemacht, zu heben hat). General-Commissarius: Patricio Martinez de Bustos.

8) **Commercien-Münz- u. Bergwerkscollegium** (*Real Iunta general de Comercio, Moneda y Minas*), und

9) **Die königl. Administration über den Taback** (*Real Iunta de Tabaco*).

Haben den Staatssecret. des Finanz-Departements jetzt Don Varela e Ulloa zum Präsidenten und jedes noch verschiedene Räthe.

10) *Superintendenzia general, Direccion y Iuzgado de Correos, Postes, Caminos, Posadas y Canales etc.*

Diese hat den jedesmaligen ersten Staatssecretair (jetzt Franzisco Saavedra) als General-Oberaufseher der Posten u. Couriers zum Präsidenten. Nach ihm folget der Gen. Postdirector (jetzt D. Julian Lopez de la Torre-Ayllon) samt noch 4 General-Directoren, darunter 2 aus dem Finanzconseil sind.

11) *Direccion del Banco National de San Carlos* (der National Banco).

Dabei sind 6 Directores biennales, 2 Directores honorarios, natos con voto, u. 2 Directores de Giro.

12) **Der Ritter-Ordens-Rath** (*Consejo Real de las ordenes*).

Präsident: Hz. v. Hijar. Hiernächst 10 Räthe, 1 Fiscal, 2 Secretairs, 1 Contador general, 1 Alguacil-Mayor u. 1 Schatzmeister.

Staatsbeamten der größern Staaten.

C) Von königl. spanischen Orden.

Der König ist Großmeister aller spanischen Ritter-Orden. Von den 4 alten spanisch. Militär-Ord. de Sant Iago, Calatrava, Alcantara u. Montesa, hat jeder seinen eignen *Procurador general* u. von den 3 ersten jeder seinen eignen Fiscal beym Ordens-Conseil.

Die Zahl der spanischen Ritter des goldnen Vließes, (welches Ordens Großmeisterschaft sowohl von dem k. k. Erzhause Oesterreich, als auch von dem Könige in Spanien ausgeübt wird) beläuft sich auf 50, wovon jedoch 4 Stellen unbesezt sind. Die Ordens-Beamten bestehen aus 1 Canzler, 1 Secretair u. 1 Wappenkönig.

Die Großkreuze des am 19ten Sept. 1771 gestifteten Ritter-Ordens v. Karl III. sind insgesamt Inländer, u. belaufen sich etwa auf 75, worunter der Patriarch von Indien Großkanzler u. Principalminister des Ordens ist. Die weltl. Ordensbeamten dabei sind 1 Secretair, 1 Ceremonienmeister u. 1 Schatzmeister.

Die Königin Marie Louise stiftete im Apr. 1792 den königl. Orden der Königin Marie Louise, welcher dermalen von 41 Damen getragen wird.

Vermöge königl. Erlaubniß kann, neben vorstehenden spanischen, auch der königl. sicilianische St. Januarius-Orden getragen werden.

D) Militär-Etat.

a) Zu Lande. General-Capitains (3): Joach. d'Abarca Gr. von Aranda; Franz de Gardoqui. Jos. Chev. d'Urrutia. N. Pr. v. Castelfranco. Alvarez. N. Mq. v. St. Simon. Gr. v. Campo de Alongo. Hiernächst 82 Gen. Lieutnants; 106 Marechaux de Camp; 164 Brigadiers; General-Inspectores; 18 Provinzial-Intendanten der Armee rc. Commandirender Director des Ingenieur-Corps: Franc. Sabatini, Gen. L. Gen. Inspect. der Cavall.: Diego Godoy.

b) Zur See. General-Capitains (2): Louis de Cordova. Massaredo, Admiral der Flotte zu Cadix. Admiral Langara, Staatssecretair der Marine. Hiernächst 19 Generallieutnants; 31 Chefs d'Escadre; 34 Brigadiers; 153 Schiffs-Capitains und 149 Fregatten-Capitains. Gen. Commandant der Marine Truppen zu Cadix: Massaredo. Gen. Inspect. der Marine: Felix de Texada, Gen. L. Gener. Commissarius des Artillerie-Korps der Marine: Franc. Robiga, Brigadier. Gen. Ingen. der Marine: Jos. de Romero y Landa, Chef d'Escadre.

E) Königl. spanische Gesandtschaften.

Berlin: Der Mq. v. Muzquiz, ausserord. Ges. u. bev. Minister. Wilh. v. Courtoys, Leg. Secret. Constantinopel: Jos. Buligni, Leg. Secret. Coppenhagen: Caval. de Normandez, ausserordentl. Ges. Louis de Onis, Leg. Secret. Dresden: Jos. Ritter v. Ruinones, bev. Minist. Florenz: Jos. v. Gardoqui-Godoi, Chargé d'Affaires. Genua: Chev. de Grua, bev. Minist. Basil. Ortiz de Velasco, Leg. Secret. Haag: Roman Lopez Angulo, Leg. Secr. Lissabon: Franz de

Mendoza Gr. v. Oyra, Gen. L. u. Cammerhr, Ambassad. Secret. **London**: vacat. **Maltha**: Ign. Baili de Argote, Chargé d'Affaires. **Mayland**: Jos. Lopez de la Huerta, Botschafter bey der cisalpin. Republik. **Neapel**: N. Marq. v. Nagrete, Ges. Alph. d'Aiguire, Chargé d'Affaires. **Paris**: Der Ritter Azara außerord. und bev. Ges. **Parma**: N. Gr. v. Val de Paraiso, bev. Minist. Franz Camacho, Leg. Secret. **Petersburg**: Jos. von Andagua, bev. Min. **Philadelphia**: Chev. de Yrugo, Ges. **Schweiz**: … **Stockholm**: Mq. de la Grave, Ges. **Turin**: Ant. Gr. v. Guemes, Ambassad. Ign. Lopez de Ulloa, Leg. Secr. **Venedig**: Clem. de Campos, Chargé d'Affaires. **Wien**: Bernh. Mq. del Campo, Ambass. Der Ritter d'Aguirre, Ambassade-Secr.

Gen. Consuls. Algier: Manoël Asprer. Amsterdam: Jos. Mas. Charlestown: Jos. Ign. de Vlar. Hamburg: Manoël d'Urcullu. Lissabon: Jos. de Rio. London: Eman. de las Heras. Marocco: Joh. Manuel Gonzalez Salmon. Petersburg: Ant. Colombi. Tripolis: Pet. Soler. Turkey: Joh. Soler. Tunis: Pet. Suchta.

Toscana.

Dieser kleine Staat in Italien, dessen Monarch den Titel eines Großherzogs führt, ist seit 1765 eine Secundogenitur von Oesterreich. Seit dieser Zeit hat nicht nur der 1790 zum Kaiser erwählte Peter Leopold durch mancherley weise Anstalten und Verordnungen, besonders durch ein neues Gesetzbuch, den Flor desselben ungemein befördert, sondern der jetzige Grosherzog Ferdinand III. hat denselben auch durch Befolgung einer strengen Neutralität vor den Erschütterungen bewahrt, welchen fast alle übrige Staaten Italiens bey den Stürmen des neuesten Revolutionskrieges ausgesetzt waren. -- Er enthält auf 441 Q. Ml. etwa 1,100,000 Einwohner, und die Staatseinkünfte sollen 2 und eine halbe Mill. Species-Thlr. betragen. --

Obristhofmeister: Gr. Manfredini. **Obriststallmeister**: Lor. Hz. Strozzi, F. v. Forano, k. k. w. geh. Staatsr. **Obercammerherr**: Gr. Carletti.

Kabinetssecretair: Jac. v. Sauboin, k. k. Hofr. u. des Steph. O. R. **Hofsecretair**: J. Bapt. Jos. Gavini.

Hofpfarrer: Abt Franz Cristani. **Teutscher Predig.** Abt Andr. Bach.

Staatsrath. Director: Ferd. March. Incontri. Thom. Gr. v. Piccolomini, Minister der ausländisch. Geschäfte. **Staatsrathskanzley**: Director: Franz Seratti, geh. R. Premierminister. Erster Secret.: Prior Carl Bonsi. Zweyter: Riguzzio Galuzzi. Secret. bey den ausländ. Geschäften: Ant. Fhr Corvelli.

Kriegsrath. Director: Vinc. Gr. v. Alberti.

Finanzrath. Director: Ant. Seristori, Senat. k. k. Cammerhr und geh. R. Direct. des k. Depositenamts: Aloys Dittm. v. Schmidweller. Gener. Administr. der k. Einkünfte: Jos. Gavard des Pivets u. Senat. Alex. Adami.

Oberste Justizstelle, bestehet aus folgenden Senatoren: Ant. Seristori. March. Lor. Ginori. Franz Glanin. Prior Ferd. Gr. Capponi. Octav.

Staatsbeamten der größern Staaten.   113

Octav. Bail. de Medici. Joh. Bapt. Nelli. Alex. Guadagni. Andr. Ginori. Nic. Simonetti. Marc. Cavoni. March. Vic. Capponi. Fab. Orlandini. Alex. Adami. L. Bartolini. Gr. Orlando Malevolti del Benino. Cäsar Gori. Jul. Mozzi. Auditores: Barthol. Raffaeli. Ugold Maggi. Pet. Berti. Canzler: Bernh. Sciarelli.

Consulta, (oberste Großherzogl. Stelle für Gewerbe- u. Justizsachen). Präses: Domin. Brichieri-Colombi, geh. R. Auditores: Julian Tosi. Ant. Cacciati-Bianchi. Mich. Ciani. Secretair: March. Sigm. della Stufa.

Leibhausverwalter: Senat. Joh. Bapt. Nelli.

Musäum. Director: Abt Felix Fontana von Roveredo, Phys. und Mathem.

Militair- und Seewesen.

Generalstab. Generalcommandant der Truppen: Gr. Rambald Strasoldo. Commandant der Landmiliz: vacat, Adjutant: Gerard. Bardin. Maffei. Commandant des kön. Regim. Gr. Rambald Strasoldo. Schiffscapitain: Aug. Guilichini. Capitain-Lieutnant: Ulr. Liebetrau. Eduard Berlinghieri. Command. v. Livorno: vacat. Von Portoferrajo: Paul Brichieri, Obristl.

St. Stephans-Orden.

ist ein militair. Orden, welcher 1562 vom Goßherz. Cosmus I. zu Ehren des Pabsts Stephan gestiftet worden ist.

Großmeister: Franz II. röm. Kaiser. Großkreuz: vacat. Großconnetabel: Onophr. del Mosca. Großprior: Nic. Simonetti, Sen. Großcanzler: Joh. Bapt. Lanfredani. Großschatzmeister: Anton Quarantotto. Großconservator: Joh. Gaston Inghirami. Prior der Conventualkirche zu Pisa: Aug. Febroni. Des Großmeisters Auditor: Joh. Neri-Badia. Vicecanzler und Advocat des Ordens: Giacc. Viviani. Oberaufseher: Gr. Andr. della Stufa. Visitator gener. der Güter des Ordens: Vict. Fossombroni. Commissarius des Conventes: Jos. Frosini.

Die Zahl aller Ritter, nebst den verschiedenen Prioren u. Baillifs beläuft sich auf 700.

Gesandte, Agenten und Consuls.

Alexandrien: W. Fr. Agostini, Cons. Alicante: Wilh. Jos. Vertoldi, Cons. Ancona: Pet. Gr. Pirroni, Cons. Bologna: Jac. Gr. Marulli, des St. O. R. k. k. u. großhzl. Kämmerer, Minister. Civitavecchia: Geo. Ant. Branchi. Genua: Cosm. Gr. Conti, Cons. Maltha: Franz Mazzei, Minister. Marseille: Joh. Jac. Kich, Cons. Messina: Domin. M. Celona, Cons. Neapel: Jos. Bonechi, Leg. Secr. u. Gen. Cons. Palermo: Innoc. Lungaro, Viceconf. Paris: Ritter Angiolini, bev. Ges. Franz Favi, Legat. Secr. Ragusa: Mich. Millischich, Cons. Smirna: Joh. Dan. Gr. v. Hochepied. Turin: Jac. Carotti, Cons. Wien: Hinsberg, Agent. Zante: Joh.

Türkey
oder Ottomannisches Reich.

Die Ottomannische Pforte gehört jetzt nur noch unter die Mächte der 2ten Klasse. Mehrere Umstände, besonders die Anhänglichkeit an ihre alte Verfassung, haben sie von ihrer ehemal. furchtbaren Uebermacht herabgesezt, vorzüglich hat sie Rußland durch die Entreissung der Krimm, ungemein geschwächt, und der Gefahr ausgesezt, nun auch zur See, vom schwarzen Meere aus, angegriffen zu werden. Demohngeachtet könnte das türkische Reich vermöge seiner Ausdehnung, Volksmenge und innern Hülfsquellen sich leicht den ersten Rang unter den europäischen Mächten erwerben, wenn eine bessere Staatsform an die Stelle der jezigen mangelhaften Regierung käme. Die europäischen Besitzungen sollen 11,410, die asiatischen 30,000 und Aegypten 8,600, mithin die gesamten dazugehörigen Länder über 50,000 Q. Meilen umfassen. - Die Volksmenge kann nicht genau bestimmt werden; man schäzt sie, aber wahrscheinlich zu hoch, auf 50 Mill. Menschen. Die Einkünfte werden ebenfalls verschieden, und von mehreren zu 45 Mill. Piaster oder Kaisergulden, al o 30 Mill. Thlr. sächsisch angegeben. Die Kriegsmacht mag in Kriegszeiten gegen 400,000 Soldaten betragen; und die Seemacht in 20 Liniensch. und mehreren kleinern Kriegsschiffen bestehen. -- Die Regierungsform ist despotisch, und der Regent ist durch nichts, als etwa durch Religionspflichten beschränkt. Die Schwäche und Sorglosigkeit der lezten Regenten hat jedoch gewissen Personen, zumal den Dienern des Seraj, und einigen Staatsbeamten, welche sich durch Verwaltung ihrer Aemter Ansehen erworben haben, starken Einfluß in die Regierung verschaft. -- Die Janitscharen sind zwar das Werkzeug, jedoch zugleich die Geissel der despot. Gewalt. --

Bey der Entfernung und der wenigen Verbindung, worin Deutschland mit diesem Reiche steht, würden Namensverzeichnisse der wichtigern Hof-Staats- und Militärpersonen hier sehr unzweckmäßig eingeschaltet werden; zur Uebersicht werden folgende Notizen hinreichend und interessant genug seyn.

A) Vom Hofstaat.

Der Hof hat seinen Sitz im Seraj (dem kaiserl. Schlosse zu Konstantinopel, welches mit seinen 3 Höfen oder Abtheilungen eine maßige Stadt ausmacht). In der 3n Abtheilung desselben ist die Wohnung des Sultans, wie auch dessen Härem, wozu ein großes Heer schwarzer und weisser Verschnittener gehört, dessen Oberhaupter Kislar- und Kapi-Aga heissen. Der erste ist gewöhnlich der vornehmste Vertraute des Sultans, und hat folglich unbegränzten Einfluß. Zu den Hofbeamten gehören der Seliktar-Aga oder Oberschwerdträger u. Hofmarschall; der Tschjokahdar-Aga oder Garderobemeister; der Muthpach-Emyny oder Oberküchenmeister; der Kädähkjar oder Obermundschenk; der Tschaschnyghyr-Baschy oder Vorschneider; der Berber-Baschy oder Leibbarbier; der Dulbend-Aga, welcher dem Sultan den Turban aufsezt; der Rekiabdar-Aga, oder der Steigbügelhalter. Diese zusammen machen die Chals-Oda oder die Kammer des Sultans aus, an deren Spize der Chafs-Oda-Baschy steht. Ferner gehören zu den Hofbeamten der Bujugk-Emyr-Achor oder Oberstallmeister; der Kapudschiylar-Kietchudassy oder Oberceremonienmeister im Seraj; der Tschjaulch-Baschy oder Oberceremonienmeister ausser dem Seraj, der eine starke

Dienerschaft unter sich hat; der Bostandschiy-Baschy, der über die Garten und das Aeussere des Sseraj die Aufsicht und mehrere Bostandschy unter sich hat, die zugleich eine Art von Garde ausmachen. — Die eigentliche innere Garde des Sseraj sind die Kapudschy oder Thürhüter, von welchen die Kapudschy-Baschy (Leute von angesehenen Familien u. zur äussern Hofhaltung gehörig, die bey Audienzen die Ausländer ins Audienzzimmer führen u. deren Oberhaupt Emyr A'lem heißt,) zu unterscheiden sind. Zu den Hofbeamten gehören auch viele geistl. Personen*) oder Mitglieder der Ulema, z. B. der Chodschjah oder Lehrer des Sultans; der Hekim-Efendy oder Leibarzt; der Münedschjim-Baschy oder der Hof-Astrolog; der Dschjerrah-Baschy oder Leibchirurgus.

B) **Civiletat.** Regierungscollegien ꝛc.

Der höchste Staatsrath heißt der Dywan. Er wird im 2ten Hofe des Sseraj gehalten und in den ordentlichen und ausserordentlichen eingetheilt. Zu dem ersten werden gewöhnlich alle vornehme Staatsbeamten u. die Aga's der Soldaten gerufen; zu dem leztern auch Personen von Einsicht aus allen Ständen. Beiden wohnt der Sultan nur bisweilen verborgen, in einem Nebenzimmer, bey; aber sein erster Minister der Groß-Wessir (Weſyr-ätzem) führt darin den Vorsitz. Dieser übt als Stellvertreter des Sultans die ganze Gewalt desselben in Civil- u. Militärangelegenheiten aus, genießt große Ehre u. Einkünfte, wird aber auch eben so leicht ein Opfer seines Despoten. Wenn er sich von Konstantinopel entfernt, ernennt er einen Verweser seiner Würde (Kaym-Mäkam u. ausserdem hat er, wie die meisten Staatspersonen, noch 2 Verweser, die man Kjetchuda oder Kihaja nennt. Der Minister der auswärtigen Angelegenheiten, der mit in dem Dywan sizt, ist der Reys-Effendi oder Reyſul-Kittal, (d. i. Director der Schriften u. der Canzley). Er ist das Haupt der Chodschjah-A'jan (der Civilräthe und Sekretarien), er ist auch der Hofcanzler und oberste Staatssecretär. Der Telkjerehdschiy ist gleichsam der Unter-Reys-Effendi, in dessen Verwahrung die Register der Canzley sind. Bey Verwaltung der auswärtigen Angelegenheiten sind die Dragoman oder Staatsdolmetscher sehr wichtige Beamte, und man nimmt nur vornehme Griechen dazu.

In dem Staatsrath sizt auch der Defterdar oder Großschatzmeister nebst den übrigen Vorstehern der Kalemji oder Rentkammer, wie auch der Janitscharen-Aga, der Sipahylar-Aga, der Kaputhan-Pascha und andere hohe Kriegsbediente. Der Mufti ist nicht eher gegenwärtig als bis er ausdrüklich gerufen wird.

Anmerk. Die Edicte des Kaisers heissen Ferman oder Catth-Scheryf. Der Groß-Wessir hat das große Reichssiegel. Der Bewahrer des kaiserlichen Handsiegels heißt Milchandschiy (i. e. ungefähr soviel als Großkanzler); sein

---
*) Die Geistlichkeit ist, da sie den Koran verstehen soll, (der beides die Bibel und das vornehmste Gesetzbuch der Türken ist) zugleich der rechtsverständige Körper (Ulema). Ihr besonderes Oberhaupt heißt Mufti. Sein Stellvertreter heißt Fetwa Emini, in großen Städten ernennt er Unter-Mufti. Nächst dem Mufti sind die Kadi-Leschkjers die wichtigsten Glieder der Ulema. — Die eigentl. Priester heissen Imam.

Gehülfe ist der Reys-Kjitab (der Staats- oder Geheimschreiber des Sultans).

In Kriegszeiten werden bey dem Mufti auch ausserordentl. Rathsversammlungen in Gegenwart des Kaisers gehalten. Dabey sind der Mufti, Kaym-Mäkam, Reys-Efendy und einige der vornehmsten der Ulema, wie auch die beiden Kadhy-Leschkjer (Oberrichter oder Kanzler von der europäischen u. asiat. Türkey) und der Istambul-Effendy (Oberrichter v. Konstantinopel) gegenwärtig.

Die Provinzen werden durch Statthalter regiert, die Pascha's heissen, welche Benennung indessen, (wie Effendi u. Aga) überall Staatswürden bezeichnet. Die Statthalter von Sophia, Kutaja u. Damaschk heissen vorzugsweise Begler-Begh, und zwar der erste Rumily-, der andere Anadoli- und der 3te Schäm-Begler-Begh. Unterbeamten in den Provinzen sind die Beghe u. Sandschake. Die Gewalt der Paschen ist beinahe uneingeschränkt, sie stehen an der Spitze eines Provinzialcollegii, dessen Beamten dieselben Titel, wie die Reichsbeamten, führen.

Anmerk. Alle Staatsämter werden gekauft oder durch Geschenke erlangt. Die häufigen Erschütterungen, die der Despotismus beständig hervorbringt, bewirken in deren Besetzung unaufhörliche Abänderungen.

Für die Justizverwaltung ist das höchste Gericht der Dywan-Chaneh, welcher wöchentlich 4 mal im Pallast des Wessirs u. unter dessen Präsidio gehalten wird. In seiner Abwesenheit vertritt der Tschiausch-Baschy (Maitre des Requetes) seine Stelle. Die Vorschriften des Korans sind die Staats-, Civil- u. Criminalgesetze; in wichtigen Fällen fordern die Gerichte von dem Mufti Entscheidungen (Fetfah genannt), von denen man Sammlungen hat, die man in zweifelhaften Fällen zu Rathe zieht. - Die niedern Gerichte versehen in den grossen Städten Richter, die man Molla oder Muly nennt; in kleinern die Kadhi. Beide haben grosse Vollmacht, denn ihre Urtheile werden auf der Stelle vollzogen. Jeder hält sich einen Kjetchuda oder Sachwalter, und bestellt bey längerer Abwesenheit einen Naïb oder Vicar. Die Obergerichte in den Provinzen werden von den Paschen verwaltet.

In Ansehung des Finanzwesens wird der Reichsschatz (Myry) oder die Staatskasse von dem Defterdar (Reichsschatzmeister) verwaltet, und ist gemeiniglich in schlechten Umständen. Von ihr ist die Schatulle des Sultans oder die Kaiserkasse (Haïyneh), welche ungemein reich ist, ganz verschieden. Die festbestimmten Einkünfte dieser Kasse sind: von Kahira jährl. 600,000 Piaster, der Tribut und die Geschenke aus der Wallachey u. Moldau. Weit grösser aber sind die zufälligen Einkünfte derselben, die von Einziehung der Güter gefallener Grossen, von Veränderungen der Aemter und von Erbschaften kommen, da der Grossherr in sehr vielen Fällen der Erbe des Vermögens seiner Unterthanen ist. Dieser Privatschatz steht unter der Verwaltung des Chasnehdar-Baschy — Eine 3te Kasse ist der Schatz der Moskeen, die unter gewissen Umständen von dem Staat gleichfalls benutzt wird.

C) Militär und Marine.

Von den besoldeten und immer stehenden Truppen, und zwar a) von der Infanterie sind die sogenannten Janitscharen (Jen-Ytschjery), in 162 Odas oder Kasernen vertheilt. Ihr allgemeines Oberhaupt ist der Janitscharen-Aga. Nächst ihm ist der Kul-Kjetchuda gleichsam Generallieutnant u. Intendant. Der Kukjihaja führt die Listen sowohl von den Janitscharen als von allem übrigen Fußvolk u. sitzt im Dywan selbst über dem Janitscharen-Aga. Er ertheilt die Befehle und Anordnungen, wenn die Besatzungen wechseln sollen. Der Janitscharen-Effendy führt die Register bey der Auszahlung des Soldes und betreibt auch ihre gerichtlichen Angelegenheiten. — Aus den Janitscharen wird eine starke Anzahl zur Wache des Kaisers ausgewählt. Sie heissen Solak, Karipi u. Peygk, die erstern, 500 Mann stark, bilden die Leibwache zu Fuß, die 2ten steigen bis zu 3000 u. sind die Leibwache zu Pferde; die lezteren sind nur Ceremonien-Jünglinge, die mit den Soldaten zur Seite des Sultans marschieren. — b) Die Cavallerie besteht hauptsächlich aus den Spahis (Sipahys). Man theilt sie in solche, welche aus der Reichskasse bezahlt werden Kapikuly) etwa 12,000 Mann; und in solche, welche von den Inhabern der Timar-Landereyen oder Kriegslehen, nämlich von den Zaims u. Timarioten in Kriegszeiten gestellt werden müssen. etwa 130,000 M. — Das allgemeine Oberhaupt der Spahis ist der Sipahylar-Aga. Eine andere Art Reuterey, die mit den Kürassieren Aehnlichkeit hat, sind die sogenannten Dschjebehdschiy, (18,000 Mann). c) Die Artillerie besteht aus Thoptschjy oder Kanonirern (etwa 15,000 Mann) und aus Kumbaradschiy oder Bombardirern, welche im Kriege bis zu 2000 steigen. Der Chef der Artillerie ist der Thoptschjy-Baschy.

Bey der Flotte ist der oberste Befehlshaber der Kaputhan-Pascha. Alle Bedienten bey der Marine und in den Zeughäusern hängen von ihm ab, und sobald er ausserhalb der Dardanellen ist, kann er unumschränkt über ihr Leben und ihre Güter gebieten. Seine Gerichtsbarkeit erstrekt sich über alle Inseln, Küsten und Seeplätze. So oft er mit der Flotte in einem Seehafen landet, hält er seinen eigenen Duwan, der die lezte Instanz ist. Er ist zugleich Generalgouverneur der Inseln im Archipelagus und hat seinen ordentl. Sitz zu Galipoli. Auch seine Einkünfte sind ausserordentlich groß. — Nächst ihm ist die wichtigste Person bey der Marine der Terschaneh-Emini oder Aufseher des Arsenals; nach diesem folgen die Schiffscapitains.

D) Gesandtschaften.

Die mehrsten christl. Mächte halten beständig Gesandten beß der Pforte; sie aber schikte deren bisher nur selten und auf kurze Zeit zu ihnen. Doch scheint sie gegenwärtig den Nutzen dieser diplomatischen Verbindung mehr zu fühlen, und unterhält bey einigen Hauptmächten Europa's ihre Gesandten. Diese sind in Berlin: Aziz Aly Effendi, als Ambassadeur, und Seluywer Effendy, als Legat. Secretar, nebst 2 Dollmetschern. — in London: Ismael Fourrough Effendi, als ausserord. Ges. u. bevollm. Minister, und Yussuf Effendi, als Legat. Secretair. — in Paris: Esseyd Aly Effendi, als Ambassadeur. — in

Wien: Ibrahim Asif Effendi, als Botschafter und Nahify Aly Effendi, als Botschafts-Secretär.

(Venedig.)

Im 5n Jahrhundert (461) retteten sich einige Bewohner des obern Italiens bey des Hunnenkönigs Attila verheerendem Kriegszuge in die Lagunen des adriatischen Golfs, baueten sich auf diesen Inseln an, blieben frey, wählten sich anfangs einen Tribun, und nach einiger Zeit deren zehn zu Regenten. Da in der Folge die Zahl der Tribunen willkührlich vermehrt wurde und daraus mancherley Beschwerden entstanden, so wurde im J. 69 ein Doge erwählt, unter welchem die Tribunen stehen sollten. Bald vergrösserte sich nun diese kleine Republik durch Eroberungen sowohl auf dem festen Lande um sich her, als auch im mittelländischen Meere, und zog den Handel der alten Welt und große Reichthümer an sich. Am Ende des 13n Jahrhunderts verwandelte der Doge Peter Gradenigo die demokratische Verfassung in eine Aristokratie. Im 14n und 15n Jahrh. breitete sie ihre Herrschaft in der Lombardie aus, und 1486 kam die große Insel Cypern unter ihre Botmäßigkeit. Das Ende des 15n Jahrhunderts war jedoch das Ziel ihrer Vergrößerung und der Anfang ihrer Abnahme. Durch die Entdeckung Amerika's und des jetzigen Weges nach Ostindien verlor sie zum Theil ihre Handlung: und wenn sie gleich dem Verderben, womit die Coalition v. Cambrai (1516) sie bedrohte, glüklich entgieng, so mußte sie 1571 doch Cypern der türkischen Gewalt überlassen. Diesem Verluste folgte 1669 Candia, wogegen ihr zwar im Carlowizer Friedensschluß ganz Morea verblieb, welches sie indessen 1718 im Passarowizer Frieden ebenfalls wieder verlor. So behauptete Venedig zwar gegen Oesterreich und den Pabst seine Unabhängigkeit, kämpfte auch seit 1783 mit dem Seeräuberstaat Tunis mit einigem Erfolg; allein in unsern Tagen mußte es endlich in seinem Kriege mit der französ. Republik völlig unterliegen und ist nun aus der Reihe selbstständiger Staaten gänzlich verschwunden. ---

Es besaß zuletzt a) in Italien 11 Landschaften oder Provinzen, welche auf 631 Q. Ml. über 2,370,000 Einwohner hielten, sodann b) ausser Italien ein Stück von Dalmatien und Albanien von 228 Q. Ml. mit 250,000 Einwohnern, und die griechischen oder levantischen Inseln Corfu 2c. von 56 Q. Ml. mit 150,000 Einwohnern, zusammen also 915 Q. Ml. mit 2,770,000 Einwohnern, welche etwa 9 Mill. Thlr. Einkünfte abwerfen mochten, wovon aber beinahe 2 Mill. Thlr. an jährl. Zinsen für die Staatsschulden bezahlt werden mußten. Die Kriegsmacht bestand aus 12,000 Mann Landtruppen, sodann aus 15 Liniensch. und 30 Fregatten u. Galeeren. ---

Durch den Frieden von Campo formio ist nun A) der größte Theil der venetian. Besitzungen an Oesterreich gekommen; nämlich von den 11 italiän. Landschaften: 1) Die Stadt und das Hzth. Venedig, 2) das Paduanische, 3) das Polesin von Rovigo, 4) der größte Theil des Veronesischen, 5) das Vicentinische, 6) die Treviser Mark, 7) Friaul und 8) Istrien, welche zusammen (unter dem Namen Neu = Süd = Oesterreich) 489 Q. Ml. und 1,600,000 Seelen halten mögen; ferner das bisher. venetian. Dalmatien und Albanien, von 228 Q. Ml. mit 250,000 Einw. In allem also etwa 717 Q. Ml. mit 1,850,000 Einwohnern. B) Der Cisalpin. Republik sind von den italiän Landschaften folgende einverleibt worden: 1) Das Brescianische, 2) das Cremaskische, 3) das Bergamaskische, 4) ein Theil des Veronesischen, zusammen etwa 142 Q. Ml. mit 770,000 Einwohnern. C) Die französ. Republik hat (außer der gesammten Marine, großen Contributionen 2c.) nur die so genannten levantischen oder griechischen Inseln

Corfu, Cephalonia, Zante ꝛc. welche 56 Q. Ml. mit 150,000 Einw. halten sollen, in Besitz genommen.

Zweiter Abschnitt.
Verzeichnisse der wichtigeren und auch minderwichtigen Staatsbeamten ꝛc. vom deutschen Reich insbesondere.

Erstes Kapitel.
Vom deutschen Reich in seiner Einheit, (oder nach seiner constitutionellen Reichsverbindung).

Deutschland, oder vielmehr das deutsche Reich bildet, vermöge seiner jetzigen Constitution ein großes, aus mehr denn 300 freien, und gewissermaßen von einander unabhängigen gemeinen Wesen zusammengesetztes, Staatenverein, welches, der Aufsicht und Leitung eines selbstgewählten Oberhauptes und gemeinschaftlich gegebenen Grundgesetzen untergeordnet, einen Staatskörper bildet, der den Namen eines deutschen Königreichs führt, mit welchem zugleich die Würde des römischen Kaiserthums verknüpft ist. — Die in den einzelnen Territorien desselben herrschenden Churfürsten, Fürsten, Grafen ꝛc vereinigt also das Band der Reichsstandschaft, vermittelst welcher sie über die Reichsangelegenheiten auf dem Reichstage durch Gesandte berathschlagen. — Wenn daher auch die Landeshoheit der deutschen Regenten mit einer souverainen Gewalt in sofern übereinkommt, daß sie fast alle Gerechtsame in sich begreift, welche Bestandtheile von dieser sind; so ist sie jedoch von einer unabhängigen Machtvollkommenheit darinn unterschieden, daß die meisten Regenten a) durch die besondere Verfassung ihrer Länder oder durch Landstände mehr oder weniger beschränkt; sämtlich aber b) der Majestät des deutschen Reichs untergeordnet sind, und besondere kaiserliche Reservate anerkennen müssen. — Deutschland ist sonach ein Wahlreich, mit monarchisch eingeschränkter Regierungsform; eine aristokratische Republik nach dem alten Feudalsystem, und hat das Eigene, daß es, ungeachtet seiner Zergliederung in so viele besondere Staaten, dennoch sein monarchisches Oberhaupt von vorigen Zeiten her beibehalten hat. Im Verhältnis gegen auswärtige Staaten ist dasselbe ein einziger freyer unabhängiger Staat, und die Reichsverfassung hat sich durch das Gleichgewicht der Reichsregierung und der Landeshoheit, durch die möglichst große Anwendbarkeit zu allen Fällen und durch die Verwahrung der Freyheit gegen Despotismus gut und dauerhaft bewiesen. —

Ganz Deutschland soll 12,000 Q. Ml Flächeninhalt, 500 deutsche Meilen im Umfange, 2330 Städte, 3000 Flecken, 100,000 Dörfer, 31,750 adeliche Schlösser, einige tausend Klöster und geistl. Höfe, und etwa 28 Mill. Einwohner enthalten. (Durch Ueberlassung des linken Rheinufers an Frankreich würde aber dessen Arealgröße um 1130 Q Mlen, und die Volksmenge um 2,133,000 Seelen vermindert werden). — Der Boden liefert hinlänglich die nöthigen Nahrungsmittel und Bedürfnisse, und die Bewohner wissen jetzt sie zu nützen. Zwar werden viele Dinge des Ueberflusses und Wohllebens eingeführt, dennoch soll sich Gewinn und Einbuße bey dem Handel die Wage halten und der deutsche Geldstock 500 Mill. Thlr. an baarem Vorrathe betragen. — Seit Luther, Friedrich II. und Joseph II. vermehrte sich der Seegen der Vernunft, und Deutschland hat jezt, nebst andern Aufklärungs=Anstalten, 36 Universitäten, (15 evangel. lutherische, 3 ev. reformirte, 16 röm. catholische, 2 vermischter Religion, und 3 jüdische Academien); über 6000 Schriftsteller, die jährlich etwa 5000 Bücher liefern und circa 200 Buchhandlungen. — Einkünfte: Die kaiserl. ordentl Einkünfte vom Reich sollen nur 14,000 fl betragen, die aller Reichsstände aber zusammen genommen, mögen sich auf 150 Mill. Thlr. belaufen. — Kriegsmacht: Die Reichsarmee soll in Friedenszeiten aus 80,000 Mann; in Kriegszeiten aus 120,000 Mann bestehen. — Die Truppenzahl der einzelnen deutschen Regenten aber, zusammen genommen, mag selbst in Friedenszeiten über 600,000 Mann geübter Krieger betragen.

In Ansehung der Reichsregierung äussert sich die höchste Machtvollkommenheit des deutschen Reichs auf dem Reichstage in den gemeinschaftlichen Verhandlungen des Kaisers und der Stände. Die allgemeine Reichsversammlung ist daher als die höchste gesezgebende Gewalt des Reichs anzusehen. Eben so beruhet die oberste Richtergewalt auf der vereinigten Hoheit des Kaisers und der gesammten Stände, welche die Justizverwaltung zweyen Reichstribunalen, dem Reichskammergericht und dem Reichshofrath, anvertraut haben. — Diese 3 höchsten Reichs-Collegia werden hier also angeführt werden müssen; worauf sodann die hohe Reichs=Generalität folgen wird.

Reichstags=Personale,

oder

Reichs=Versammlung zu Regensburg im Jahr 1798.

Kaiserl. Principal=Commission.

Principal-Commissarius: Carl Alexander Rsfürst v. Thurn und Taxis, gefürsteter Graf zu Friedberg=Scheer, Gr. zu Valsassina, Hr. der Hrsch. Demmingen, Mark=Tischingen u. Trugenhofen, k. k. w. geh. R., des württemb. gr. Jagd-O. R. 2c.

Concommissarius: Joh. Alois Jos. Rs=Fhr v. Hügel, kaiserl. Maj. w. geh. R.

Canzley=Director: vacat. **Secretarius**: Franz Xaver v. Carneri v. Eben u. Bergfelden. **Canzellist**: Carl Jos. Emmerich.

Churfürstliches Collegium.

Chur=Mainz.

Andreas Fhr v. Steigentesch, churmainz. w. geh. Staatsr. auch Principal= u. Reichs=Directorial=Gesandter.

Churmainzische Reichs=Directorial=Canzlei.

Legat. Secret. u. Rs Dictator: Joh. Nicol. Herrlein, b. R. Dr. und churmainz. Hofr.

Legat. Canzellisten: Joh. Vincenz Kämmerer u. Niclas Bartels, Notar. caes. publ. jur.

Chur-Trier.

Joh. Franz Fhr Lynker v. Lützenwick, Hr zu Romsberg und Denstedt 2c. k. k. w. geh. R. auch churtrier. Kämmerer und w. geh. R. und bei der allgem. Rsversammlung bev. Gesandter, des weiss. Adl. O. R.
Legat. Secretar. Franz Niclas Steffens, b. R. L., kaiserl. Pfalz- und Hofgraf, churtrier w. Legat. R.
Legat. Canzellist: Procop. Eisenkolb.

Chur-Cölln.

Phil. Franz Fhr v. Leykam, churcölln. w. geh. R. u. bey der Rsversamml. bev. Gesandter.
Legat Secret. Georg Joseph Hofmann.
Legat. Canzellist: Franz Ignaz Stöger.

Chur-Böhmen.

Joh. Franz Fhr Lynker v. Lützenwick ad interim, s. Churtrier.
Legat. Secretär: Joh. Ferdinand Jungen.
Legat. Canzellist: Joseph Labhard.

Chur-Pfalz.

Philipp Nerius Rsgr. v. u. zu Lerchenfeld-Premberg auf Köferring 2c. churpfalzb. Kammerer, w. geh. R. u. bei der Rsversamml. bev. Ges. auch des St. Georg-O. Commenth. u. Hptpfleg. zu Abach).
Legat. Secretär: Conr. Alois Bauer.
Legat. Canzellisten: Joh. Ant. Schwarz. Franz Xav. Obenhin.

Chur-Sachsen.

Peter Friedr. Rsgr. von Hohenthal auf Kayna und Weissenburg, chursächs. geh. R. zum Rs-Convent bevollm. auch evangel. Directorial-Gesandter, des Dannebr. O. R.
Legat. Secrecär: Nicol. August Herrich.
Legat. Canzellist: Georg Samuel Mirus.

Chur-Brandenburg.

Joh. Eustach Rsgr. v. Schlitz genannt Görz, k. preuss. w. geh. Etats- u. Kriegsminister, auch Grandmaitre de la Garderobe, des schw. Abl. O. R., Regim. Bürgm. der kais. Burg Friedberg, des St. Jos. O. Command. beim Rs-Convent bevollm. Gesandter.
Legat. Secret. Carl Philipp Kaufmann.
Legat. Canzellist: Marc. Friedr. Hedenus.

Chur-Braunschweig.

Dietr. Heinr. Ludwig v. Ompteda, königl. grossbritt. u. churbraunschweig-lüneb. beym Rs-Conv. bevollm. Gesandter.
Legat. Secretär: Aug. Christoph Kruckenberg.
Legat. Canzellist: Joh. Gottlieb v. Reck.

Das fürstliche Collegium.
Geistliche Bank.
Oesterreich und Burgund.

Egid. Jos. Carl v. Fahnenberg, erzherzogl. österreich. Directoria l; auch herzogl. burgundischer, u. markgräfl. Nomenischer Gesandter bey der allgem. Reichsversammlung.

Legat. Secret. weg. Oesterreich: Jos. Ant. Panthal. Ott.

Oesterreich. Legat. Canzellisten: Jos. Ernst Trázl. Ferd. Ludw. Domaschegg v. Sternheim.

Salzburg.

Joh. Seb. Fhr v. Zillerberg, churcölln. Kämmerer, dann k. k. auch fstl. salzb. w. geh. R. Directorial;Gesandter u. Landmann.

Legat. Secretär: Burkhard Cettl.

Legat. Canzellist: Franz Thadd. Bauer.

Hoch= und Teutschmeister.

Fhr v. Leykam, siehe Chur;Kölln!

Legat. Secretär: Georg Joseph Hofmann.

Bamberg.

Otto Phil. Fhr Groß v. u. zu Trockau, Capitular zu Bamberg und Würzburg, auch fürstl. bamberg. und würzburg. geh. R. und Rstagsgesandter.

Legat. Secretarii: Georg Jos. Vollerth, fstl. bamberg. Hofr. Georg Ant. Vollerth, beid. R. Lic.

Legat. Canzellist: vacat.

Würzburg.

O. P. Fhr Groß v. u. zu Trockau, s. Bamberg.

Legat. Secret. Georg Jos. Nicol. Marklof, fstl. würzburg. Hof; u. wirkl. Legat. R.

Leg. Canzellist: Jac. Jos. Nerl.

Worms.

A. Fhr v. Steigentesch, s. Chur;Mainz!

Eichstädt.

Joh. Franz Fhr v. Lynker zu Lützenwiek, s. Churtrier!

Legat. Secret. (wegen Eichstädt): Adam Hubert Bauer.

Legat. Canzellisten: Joh. Heinr. Deffo u. Erasm. Wischata.

Speyer und Weissenburg.

A. Fhr v. Steigentesch, siehe Churmainz!

Strassburg.

vacat.

Costanz.

Jos. Carl Joh. Nep. Gr. v. u. zu Lerchenfeld, Dompropst zu Regenspurg, fstl. costanz. geh. R. vertritt zugleich Freysingen.

Legat. Secret. vacat.

Augspurg.
Carl Gr. v. Oexle, v. u. auf Friedenberg, Hr. der Hofmark Leonberg, churtrier. w. Kämmer.
Legat. Secret. G. Ant. Vollerth. (s. ob. Bamberg).
Legat. Canzellist: Franz Reichenberger.

Hildesheim.
A. Fhr. v. Steigentesch. Siehe Churmainz!
Legat. Secretär: Joh. Vinc. G. Kämmerer.

Paderborn.
A. Fhr v. Steigentesch; s. vorher u. Chur=Mainz.
Legat. Secretär: Joh. V. G. Kämmerer; s. vorher!

Freysingen.
Jos. Carl Joh. Nep. Gr. v. u. zu Lerchenfeld. Siehe Costanz!
Legat. Secret. vacat.

Regenspurg.
Jos. Beneb. Rsgr. v. Thurn u. Valsasina, churmainz. w. auch fstl. regenspurg. w. geh. R., Statthalter, Hof= u. Cammer=Präs. dann bei allgemeiner Reichsversaml. bevollm. Gesandter, auch des Domcapit. allda summus Decanus.
Legat. Secret. Adam Hub. Bauer.
Legat. Canzellist: Joh. Haßler.

Passau.
Carl Graf v. Oexle. Siehe Augsburg!
Legat. Secret. Jos. Edl. v. Molitor, des h. r. Rs Ritter, fstl. passauischer w. Hofr.
Legat. Canzellist: Franz Christoph Reger.

Trient.
Joh. Nepom. v. Wolf, Bisch. zu Doryla, Weihbisch. zu Freising, churpfälz. auch fstl. freysing. u. regensburgischer w. geh. R. u. respect. Domcapitular, auch fstl. regensburg. Consistorialvicepräsident. (Vertritt auch Salm=Kyrburg nach Maasgabe des bekannten Alternations=Vergleichs).

Brixen.
Franz Gr. v. Künigl, Domcapitular zu Regensburg und Probst zu Ehrenburg.
Legat. Secretarii: G. Jos. Vollerth, fstl. bamberg. Hofr. u. G. Ant. Vollerth, fstl. brixischer w. Hofr. (Siehe oben: Bamberg!)

Basel und Johannittermeister.
Joh. Sebast. Fhr. v. Zillerberg ic. Siehe ob. Salzburg!
Legat. Secretär (wegen Basel): Carl Rud. Jos. v. Keller.

Münster.

Ph. F. Fhr v. Leykam. Siehe Churcölln!
Legat. Secretär: G. Jos. Hofmann. (S. Hoch- und Deutschmeister.)

Osnabrück.

Dietr. Heinr. Ludw. v. Ompteda. Siehe Churbraunschweig!
Legat. Secret. Aug. Christoph Krukenberg.

Lüttich.

Egid. Carl v. Fahnenberg Siehe Oesterreich!

Lübeck.

Conrad Reinh. v. Koch, auf Teublitz, des h. r. R. Ritter, fürst-
bischöfl. w. Conferenz-R. u. zur Rs-Versamml. bevollm. Gesandter.
Legat. Secret. Joh. Georg Göller, fürst-bischöfl. lübeck. u. herzogl. holstein-oldenburg. Canzleirath.

Chur.

Joh. Nep. v. Wolf. Siehe Trient!
Legat. Canzellist: Jacob Lorenz Chretien.

Fulda.

Leop. Fhr v. Hanxleden, Hr. zu Hanxleden, Delken u. Beringhau-
sen, Domcustos zu Regensburg und Domcapitular zu Passau, fürst-bi-
schöfl. fuldischer w. geh. R. u. bey der Rsversamml. bev. Gesandter.
Legat Secret. Georg Jos. Nicol. Marklof, fstl. fuldaischer geh.
Legat. u. Hofr.
Legat. Canzellist: Nic. Meyer.

Kempten.

Franz Fhr Lynker v. Lützenwiek. Siehe Churtrier!
Legat. Canzellist: Erasmus Wischata. (s. a. Eichstädt).

Ellwangen.

Carl Gr. v. Oexle. Siehe Augsburg! (Vertritt auch Berchtesgaden, schwäbische u. rheinische Prälaten).

Johannittermeister.

Joh. Sebast. Fhr v. Zillerberg. Siehe Salzburg!

Berchtesgaden.

Carl Rsgr. v. Oexle. Siehe Augsburg!

Weissenburg. (Probstey).

Fhr v. Steigentesch. Siehe Churmainz!

Prüm.

Fhr v. Lynker u. Lützenwiek rc. Siehe Churtrier!
Legat. Secretär: Franz Nic. Steffens, b. R. Lit. (s. a. Churtrier!

Erstes Kap. Des deutsch. Reichs in seiner Einheit. 125

(Corvey).

Fhr Lynker v. Lützenwick. Siehe Churtrier!

Schwäbische Prälaten.

Carl Rsgr. v. Oerle. Siehe Augsburg!
Legat. Secretär: G. A. Vollerth. (s. a. Bamberg!)

Rheinische Prälaten.

vacat.

Des Fürsten-Raths
weltliche Bank.

Bayern (Herzogth.)

Ph. M. Rsgr. v. u. zu Lerchenfeld. Siehe Chur-Pfalz! (Vertritt auch Leuchtenberg, Pfalz-Lautern, Simmern und alternationsweise das fürstl. veldenzische Votum).
Legat. Secretär: Joh. Nep. Edler v. Kleber.
Legat. Canzellist: Franz Xav. Obenhin (s. a. Chur-Pfalz).

Magdeburg.

Rsgr. von Schlitz genannt Götz. Siehe Churbrandenburg! (Vertritt auch Brandenburg-Onolzbach u. Culmbach, Halberstadt, Hinterpommern, Minden, Camin u. Ostfriesland).
Legat. Secretär: C. Ph. Kaufmann. (s. a. Churbrandenburg).
Legat. Canzellist: M. F. Hedenus. (s. a. Churbrandenburg).

Pfalz-Lautern.

Ph. M. Rsgr. v. Lerchenfeld. Siehe Chur-Pfalz!

Pfalz-Simmern.

Ph. M. Rsgr. v. Lerchenfeld. Siehe Chur-Pfalz!

Pfalz-Neuburg.

Ph. M. Rsgr. v. Lerchenfeld. Siehe Chur-Pfalz!

Bremen.

H. L. v. Ompteda. Siehe Churbraunschweig! (Vertritt auch Braunschweig-Zelle, Calenberg, Grubenhagen, Verden u. Lauenburg).
Legat. Secretär: Christian Fr. la Grange.
Legat. Canzellist: Ant. Sebast. Kruckenberg.

Pfalz-Zweibrücken.

Ludw. Rsfhr v. Rechberg u. rothen Löwen, herzogl. pfalzzweibrück. geh. R.
Legat. Secretär: Ph. Jac. Poschinger.

Pfalz-Veldenz.

Rsgr. v. Lerchenfeld (siehe Churpfalz!) u. Ludw. Fhr v. Rechberg (siehe Pfalzzweibrücken!) alternationsweise.

Sachsen-Weimar und Eisenach.
Rsgr. v. Schlitz genannt Görz. Siehe Churbrandenburg!
Legat. Secretär: Joh. Cstian Sept. Oppermann.
Legat. Canzellist: vacat.

Sachsen-Coburg.
C. A. Fhr v. Seckendorf, (ad interim). Siehe Würtemberg!
Legat. Secretär: Gerh. Matth. Baumgarten, hzl. sachsen-coburg-meiningischer Legat. R.
Legat. Canzellist: Joh. Wolfg. Schmidt.

Sachsen-Gotha und Altenburg.
Phil. Fhr v. Gemmingen, Herr zu Guttenberg, Niedersteinach ꝛc. hzl. sachs. gotha- u. altenburg. geh. Rath. (Vertritt zugleich die herzogl. schwerin. Vota, auch Schwarzburg).
Legat. Secretär: Phil. Friedr. Ernesti.
Legat. Canzellist: Friedr. Samuel Ernesti.

Brandenburg-Onolzbach und Culmbach.
Graf v. Schlitz gen. Görz. Siehe Churbrandenburg!

Braunschweig-Zelle.
H. L. v. Ompteda. Siehe Churbraunschweig!

Braunschweig-Calenberg.
H. L. v. Ompteda. Siehe Churbraunschweig!

Braunschweig-Grubenhagen.
H. L. v. Ompteda. Siehe Churbraunschweig!

Braunschweig-Wolfenbüttel.
Phil. Fhr v. Gemmingen. Siehe Sachsen-Gotha!
Legat. Secret. Nicol. Ludwig Sticker.
Legat. Canzellist: Friedr. Heinrich Sticker.

Halberstadt.
Rsgr. v. Schlitz genannt Görz. Siehe Churbrandenburg!

Hessen-Cassel.
Ph. J. Max. v. Günterrode zu Höchst an der Nidder fftl. hessencassel. geh. R. u. zur Rsversamml. bev. Gesandter. (Vertritt auch Hersfeld).
Legat. Secretär: Georg Wilh. v. Starkloff.
Legat. Canzellisten: Joh. Leonh. Götz. Phil. Ludw. Götz.

Hessen-Darmstadt.
Carl Ludw. v. Schwarzenau, fftl. hessen-darmstadt. geh. R. u. zur allgemeinen Rsversamml. bev. Gesandter, auch exspectivirter Domhr zu Halberstadt.

Verden.
H. L. v. Ompteda. Siehe Churbraunschweig!

Vor-Pommern

Canut v. Bildt, herzogl. vorpommerscher Comitialgesandter.
Legat. Secretär u. Canzellist: vacant.

Hinter-Pommern.

Rsgr. v. Schlitz genannt Görz. Siehe Churbrandenburg!

Würtemberg.

Christoph Albr. Fhr v. Seckendorf, Hr. zu Mkt-Sugenheim, Exelsheim, Dujenthal, Deutenheim, Wonfurth u. Reinhardswinden rc. hzl. würtemberg. w. geh. R., u. zur Rsversamml. bev. Gesandter.
Legat. Secretär: Aug. Fr. Batz, b. R. Dr., hzl. würtemberg. Legat. R.
Legat. Canzellist: Joh. Georg Müller.

Holstein-Glückstadt.

Wilh. Christoph v. Diede zum Fürstenstein, des Dannebrog- u. St. Josephs-O. R. kön. dan. geh. R. u. bev. Minister.
Legations-Secretär: Cstian Ludw. Pelt.

Baden-Durlach, Baden-Baden und Baden-Hochberg.

Rsgr. v. Schlitz genannt Görz. Siehe Churbrandenburg!
Legat. Secretär: Heinr. Gottfr. Bauriedel, fstl. baadischer R.

Mecklenburg-Schwerin.

Phil. Franz v. Gemmingen. Siehe Sachsen-Gotha!
Legat. Secretarii: Cstian Ludwig Becker, herzogl. mecklenburgschwerin. w. Reg. u. geh. Legat. R. Cstian Gottl. Gumpelzhaimer, herzogl. schwerin. Hofr.

Mecklenburg-Güstrow.

Ph. Fhr v. Gemmingen. Siehe Sachsen-Gotha!

Sachsen-Lauenburg.

D. H. L. v. Ompteda. Siehe Churbraunschweig!

Minden.

Rsgr. v. Schlitz genannt Görz. Siehe Churbrandenburg!

Holstein-Oldenburg.

Conr. Reinh. v. Koch, Rsritt. Siehe Lübeck!

Leuchtenberg.

Ph. N. Rsgr. v. Lerchenfeld. Siehe Churpfalz!

Anhalt.

C. A. Fhr v. Seckendorf. Siehe Würtemberg!
Legat. Secretär: H. G. Bingel, fstl. anhalt. Hof- u. Legat. R.
Legat. Canzellist: Joh. Paul Friedrich.

Henneberg.
C. L. v. Schwarzenau. Siehe Hessen-Darmstadt!

Schwerin.
Ph. Fhr v. Gemmingen. Siehe Sachsen-Gotha!

Camin.
Rsgr. v. Schlitz genannt v. Görz. Siehe Churbrandenburg!

Ratzeburg.
Ph. Fhr v. Gemmingen. Siehe Sachsen-Gotha!
Legat. Secretär: Heinr. Keller.

Hertzfeld.
Ph. M. v. Günterrode. Siehe Hessen-Cassel!

Nomeny.
Eg. Jof. C. v. Fahnenberg. Siehe Oesterreich!

Aremberg.
Carl Gr. v. Oexle. Siehe Augsburg!

Hohenzollern.
J. A. Fhr v. Steigentesch. Siehe Churmainz?

Lobkowitz.
J. F. Fhr Lynker v. Lützenwick. Siehe Churtrier!

Salm.
Fhr Lynker v. Lützenwick. Siehe Churtrier!

Dietrichstein.
Fhr v. Lynker u. Lützenwick. Siehe Churtrier!
Legat. Secretär (wegen Dietrichstein): Adam Hubert Bauer.

Nassau-Hadamar.
vacat.
Legat. Canzellist: Joh. Leonh. Götz (s. a. Hessencassel).

Nassau-Dillenburg.
vacat.
Legat. Canzellist: J. L. Götz (s. a. Hessencassel!)

Auersperg.
Carl Gr. v. Oexle. Siehe Augsburg!

Ostfriesland.
Rsgr. v. Schlitz genannt Görz. Siehe Churbrandenburg!

Fürstenberg.
C. Gr. v. Oexle. Siehe Augsburg.

Schwarz

Schwarzenberg.

C. Gr. v. Oexle. Siehe Augsburg!
Legat. Secretär: Franz Ign. Jos. v. Heuchling.

Lichtenstein.

C. Gr. v. Oexle. Siehe Augsburg!
Legat. Secretär: Jos. Edler v. Molitor; (siehe Passau!)

Thurn und Taxis.

J. F. Fhr. Lynker v. Lützenwick, fstl. thurn- und tarischer w. geh. R. S. Churtrier!
Legat. Secretär: Nic. Franz Steffens, b. R. L., churtrier. u. fstl. thurn- u. tax. Legat. R. (s. auch Churtrier!)

Schwarzburg.

Ph. Fhr v. Gemmingen. Siehe Sachsen-Gotha!
Legat. Secretär: Joh. Fr. Lemmerhirt.

Wetterauische Grafen.

Joh. Jac. Helfr. v. Mollenbec, reichsgräfl. wetterauisch- fränkisch- u. westphäl. wie auch fstl. ysenburg. geh. R.
Legat. Secretär: J. L. Ostertag.

Schwäbische Grafen.

Fhr v. Zillerberg. Siehe Salzburg!
Legat. Secretär: A. H. Bauer.

Fränkische Grafen.

J. J. H. v. Mollenbec. Siehe wetterauische Grafen!
Legat. Secretär: Joh. Fr. Loder.
Legat. Canzellist: Joh. Georg Selig.

Westphälische Grafen.

a) Catholischen Theils:

J. N. v. Wolf. Siehe Trient!

b) Protestantischen Theils:

J. J. H. v. Mollenbec. Siehe wetterauische Grafen!
Legat. Canzellisten: Jac. Lor. Chretien. Joh. Georg Selig, auch Registrator.

Reichsstädtisches Collegium.

Dermaliges Directorium.

Sigism. Georg Ulrich Bößner, des innern u. geh. Raths, auch Steueramts-Director der Stadt Regensburg und 1r Deputatus zum reichsstädt. Directorio.
Georg Barthol. Gumpelzheimer, des innern und geh. R. auch Umgeldamts-Director der Stadt Regensburg u. 2r Deput. zu dem reichsstädtischen Directorio.

Joh. Cstoph Theod. **Gemeiner,** des innern Raths, u. Bauamtsdirector der Stadt Regensburg.

Georg Gottl. **Gumpelzhaimer,** reichsstadt-regenspurg. Raths-Consulent.

Heinr. Joh. Thom. **Bößner,** r-stadt-regenspurg. Syndicus.

Zu Führung des Protokolls:

Ludw. Cstian **Kayser.**

Canzellist: Joh. Christoph **May,** Joh. Adam **Diethel,** Aug. Gottfr. **Oertel,** Mich. Fr. Andr. **Lippe.**

Cölln, Aachen, Rothweil, Ravensburg und Buchhorn.

Joh. Heinr. Ludw. Edler v. **Winkelmann** auf Urmitz, Ritter v. goldn. Sporn, fürstl. montbaraischer w. geh. R.

Canzellist (wegen Rothweil u. Buchhorn): Joh. Friedr. **Eggelkraut,** Rs-Edler v. Wildengarten.

Augsburg und Nürnberg.

vacant.

Lübeck und Nördlingen.

H. J. Th. **Bößner,** r-gräfl. ortenburg. R. u. Syndicus der Rsstadt Regensburg.

Worms, Eßlingen, Dortmund, Dünkelsbühl, Friedberg, Wetzlar, Wimpfen und Bopfingen.

Reinh. Albr. **Häberle,** Syndicus der Rsstadt Regensburg, Comitial-Bevollmächtigter.

Ulm.

Georg Gottl. **Gumpelzhaimer,** reichsstadt-regenspurg. Raths-consulent.

Speyer, Rothenburg ob der Tauber, Bremen und Windsheim.

Joh. Cstoph Theodor **Gemeiner,** des innern Raths u. Bauamts-Director der Stadt Regensburg.

Reutlingen, Schwäbisch-Hall, Memmingen, Lindau, Kempten und Kaufbeuern

Joh. Cstoph v. **Selpert,** obbesagter Reichsstädte Rath u. Comitialbevollmächtigter.

Frankfurt am Mayn.

Joh. Paul v. **Selpert,** r-stadt-frankf. Rath; u. Joh. Heinr. Georg v. **Selpert,** Comitial-Gesandte.

Ueberlingen, Schwäb. Gemünd, Biberach, Weil, Wangen, Pfullendorf, Offenburg, Gengenbach, Zell am Hammersbach und Buchau.

Gottfr. **Reicharzer,** b. R. Lic. fstl. regenspurg. w. geh. Hof-R.

Canzellist: Vitus Joseph **Soliva.**

Goßlar, Mühlhausen und Nordhausen.
Georg Gottl. Gumpelzhaimer. Siehe Ulm!

Heilbronn und Schweinfurt.

Georg Gottl. Gumpelzhaimer. S. Ulm! Heinr. Joh. Th. Bößner, rsstadtregensspurg. Syndicus.

Hamburg.

Joh. Paul v. Selpert u. Joh. Heinr. G. v. Selpert. S. Frankfurt!

Weissenburg am Nordgau und Aalen.

Joh. Paul v. Selpert u. Joh. H. G. v. Selpert. S. Frankfurt!

Des h. r. Reichs Erb-Marschall-Amt.

Reichsquartiermeister: Hieron. Gottfr. v. Müller, gräfl. pappenheim. Regierungs-Director, Consist. Präsid. u. Lehenprobst.
Canzellisten: Ad. Andr. Jac. Wiesand. Thom. Mich. Preu, Notarius caes. publ. jur.
Reichsprofos: Joh. Andr. Martini.
Reichs-Rath oder Session ist Montags und Freitags, um 12 Uhr Mittags.

Personale
des
Kaiserl. Reichs-Hofraths
und
der geh. Reichs-Hof-Canzley.
(in Wien) 1798.

Reichs-Hof-Raths-Präsident.

Wolfg. Cstoph Graf v. Ueberacker, k. k. w. geh. R. u. Reichs-Conferenzminister.

Reichs-Hof-Vice-Canzler.

Franz Gundaccar des H. R. Reichs Fürst v. u. zu Colloredo-Mannsfeld, Graf zu Waldsee, Vice-Graf zu Mels u. Markgraf zu St. Sophia, Hr. der Hrschaften Opotschna, Grünberg, Nepomuk, Prablo, Dappau, Sachsengrün, Staatz, Siebenharten, Völling, Sterndorf u. Vesten-Grävendorf, Obrist-Erbtruchseß im Königreich Böhmen, des goldn. Vl. Ritter, k. k. w. geh. Rath, Reichs-Conferenzminister und Kammerer.

Vice-Präsident.

Jos. Fhr v. Bartenstein, des St. Stephans-O. Command. u. k. k. w. geh. R., confirm. 18 Sept. 792.

Räthe vom Grafen- und Herrenstande.

Friedrich Graf v. Kageneck, k. k. w. Kämmerer u. dermal. Botsch. am kön. span. Hofe, *introd* 12 Aug. 769, conf. 18 Sept. 792.
Franz Paul Cstoph Fhr v. Seckendorf, k. k. Kämmerer, *introd*. 17 Nov. 735, conf. 18 Sept. 792.
Friedr. Ludw. Christ. Gr. zu Solms-Laubach, k. k. Kämmer. *introd*. 11 Aug. 791, conf. 18 Sept. 792.
Emmerich Jos. Gr. v. Eltz, k. k. Kämmer. u. bev. Minist. am churfächs. Hofe, *introd*. 17 Nov. 791, conf. 18 Sept. 792.
Franz Xav. Gr. v. Sauer, k. k. w. Kämmer. *introd*. 15 Apr. 793.
Carl Gr. von Firmian, *introd*. 14 Jul. 794.
Aloys Gr. v. Kaunitz-Rietberg-Questenberg, k. k. Kämmer. *introd*. 11 Jun. 795.

Räthe vom Ritter- und Gelehrtenstande.

Jos. Franz v. Münch, Fhr v. Bellinghausen, *introd*. 19 Jul. 764, conf. 18 Sept. 792.
Joach. Albert Fhr v. Heß, *introd*. 7 Dec. 768, conf. 18 Sept. 792.
Conr. Friedr. v. Puffendorf, *intr*. 6 Merz 770, conf. 18 Sept. 792.
Lazar. Carl v. Wölkern, *introd*. 31 May 779, conf. 18 Sept. 792.
Josua Jos. Fhr v. Nieffel, *introd* 24 Jan. 782, conf. 18 Sept. 792.
Joh. Bapt. v. Steeb, des heil. röm. R. Ritt. *introd*. 31 Jan. 783, conf. 18 Sept. 792.
Joh. Ludw. v. Werner, *introd*. 7 Jan. 791, conf. 18 Sept. 792.
Anton Fhr v. Bartenstein, *introd* 7 Jan. 791, conf. 18 Sept. 792.
Joh. Balth. v. Ockel, *introd*. 19 Jan. u. conf. 18 Sept. 792.
Friedr. Cstian Fhr v. Gärtner, *introd* 23 Merz 796.
Secretarii: Ignaz v. Hofmann, kaif. w. Hofr. Joh. Niclas von Schwabenhausen, kaif. w. Hofr.
Reshoffiscal: Paul Boulanger v. Ehrenritt, kaif. w. R.
Rsfiscal in Italien: Franz Xav. v. Orlando, kaif. w. R.
Protonotarius: Franz Xav. v. Bergauer.
Thürhüter: Joh. Cstian Enzeroth.

Kaif. und des Reichs geheime Hofcanzlei.

Reichs-Hof-Vicekanzler.

Franz Gundaccar des h. r. Rs. Fürst v. u. zu Colloredo, siehe vorige Seite.

Deutsche Expedition.

Geheim. Referendarius: Peter Anton Frank, kaif. w. Hofrath u. geheimer Reichs-Referendarius.
Registrator: Nicolaus Wolf.
Concipist: Peter Häfner, k. k. w. Rath.
Expeditor: Joh. Georg Holbein, Edl. v. Holbeinsberg, des h. r. Rs Ritter.
Expeditors-Adjunct: Leopold v. Kirschlager.

Erstes Kap. Des deutsch. Reichs in seiner Einheit.

Canzellisten: (12): Leopold v. Kirschlager. Joh. Georg von Neumüller. Franz Ludwig Selliers. Egidius Jacob v. Lichtenstern. Georg Holbein Edl. v. Holbeinsberg, des H. R. Rs Ritter. Bened. Marr Eugen Erwein von Dreger. Joh. Franz Dauber. Franz Xav. v. Carneri, derm. kais. Principal-Commissions-Secretär zu Regensburg. Franz Xav. v. Hofmann. Carl v. Manner. Leop. Schwarzhuber. Jos. Edler v. Molitor.

Lateinische Expedition.

Geh. Rs-Referendarius: Ant. Mauriz Fhr v. Kalckhoff, kais. w. Hofr. u. geh. Reichs-Referendarius.

Registrator: Joh. Baptist Petri v. Hartenfels.

Concipist: Jac. Franz Wilzbach.

Canzellisten (6): Joseph Keller, zugl. Registrator. Joseph von Blumendorf. Ferdinand v. Wernekingh. Joh. Philipp Dilg.

Kaiserl. Reichshofcanzlei-Taxamt.

Taxator: Joh. Ferdinand Edl. Hr. von Schulz, kais. w. Hofr. Taxamts Gegenhändler: Carl Dilg v. Dilgskron zugl. Taxators-Adjunct. Taxamts-Adjunct: Jos. Edler Hr. v. Schulz, zugl. Gegenhandlers-Adjunct. Vincenz Ignaz Edl. v. Seydel, des h. r. Rs Ritter, zugl. abjung. Taxamtsadjunct.

Judicial-Registratur. Registranten: Franz Popp. Franz Winterheld. Augustin Winger. Franz Knodt. Friderich v. Hofmann.

Wappen-Inspector: Jac. Franz Wilzbach.

Wappenmaler: Joseph Heideloff.

Rollisten u. Canzleydiener: Ign. Hafner. Anton Wieselberger. Andreas Schöner. Joh. Reinhold.

Canzlei-Heizer: Friedr. Schröder.

Hausmeister: Jos. Lechner.

Kaiserl. Reichshofraths-Agenten (24).

Anmerk. Die in folgendem Verzeichnis den Namen vorgesezten latein. Buchstaben haben Bezug auf das hinter dem Personale des Kaiserl. Reichskammergerichts folgende Verzeichnis verschiedener Röstände rc.

a. Franz Jos. Negelin v. Blumenfeld der 1te, Rs-Ritter.
b. Christian v. Klerf.
c. Joh. Mich. Edl. v. Stubenrauch der 1te.
d. Joh. Baptist v. Fichtl.
e. Erasmus v. Grezmüller.
f. Joh. Ludw. v. Alt. Augsb. Confess.
g. Joh. Georg Urban.
h. Franz Anton Edl. v. Ditterich v. u. zu Erdmannszahl, Reichs-Ritter.
i. Ignaz Edler v. Schumann.
k. Franz Aloys Thaddäus Edler Hr. v. Kirchbaur auf Pollanden, Rs-Ritter.

134 Zweiter Abschnitt. Staatsb. des deutschen Reichs.

l. Franz Xaver Matt.
m. Carl Müller.
n. Joh. Andr. Merk. Augsburg. Confeſſ.
o. Franz Carl v. Zelling.
p. Philipp v. Götz.
q. David Heinr. Gottfr. v. Pilgram. Augsburg. Confeſſ.
r. Leopold Hinsberg.
s. Jacob Negelin v. Blumenfeld, der 2te, Rs:Ritter.
t. Georg Eugen Edler v. Stubenrauch, der 2te.
u. Gottlob Friedr. Borſch. Augsburg. Confeſſ.
w. Joſ. v. Hofmann.
x. Heinr. Theodor Sicherer. Augsburg. Confeſſ.
y. Joh. Andr. Heinr. v. Fabrice. Augsburg. Confeſſ.
z. Adam Amend.

Anmerkungen. Der kaiſerl. Reichshofrath, welchem man, ſo wie dem Kaiſerl. und Reichskammergericht, in Inulaturen das Prädicat: hoch= preißlich beilegt, hält Seſſion: Montags, Dienſtags, Donnerſtags und Freitags.

Die Ferien ſind folgende: Vom 24 Dec. bis zum 6 Jenner incluſive. In der Faſtnachts=Woche: Montag, Dienſtag und Aſchermittwoch. Sodann vom Mittwoch nach Palmarum bis zum Montag nach dem Sonntag in al= bis. Endlich die ganze Pfingſtwoche.

Perſonale
des kaiſerl. und heil. röm.
Reichs=Kammergerichts
zu Wezlar 1798.

Kammer=Richter.

Philipp Carl Rsgr. zu Oettingen u. Wallerſtein, kaiſ. w. geh. R. (ſeit 23 Oct. 797). Cathol.

Präſidenten (2).

1) Joh. Sigism. Carl Fhr v. u. zu Thüngen, Hr auf Zeitloſs, Det= ter, Burgſinn, H. Creuz, Heßdorf u. Holerich; kaiſ. w. geh. R. (ſeit 16 Dec. 772). — Augsb. Confeſſion.
2) Die 2te Präſidenten=Stelle iſt dermalen nicht beſezt. — Cathol.

Aſſeſſoren.

1. Von wegen Churmainz: Ign. Friedr. v. Gruben. Seit 23 März 93. Cathol.
2. Von wegen Churtrier: Pet. Melchior v. Hommer. Seit 8 Nov 796. Cathol.
3. Von wegen Churcölln: Eſtian Franz v. Weidenfeld. Seit 16 Nov. 796. Cathol.

4. Von wegen **Churböhmen**: Franz Jos. Ign. v. Linden. Seit 19 Nov. 796. Cathol.
5. Von wegen **Churpfalz**: Joh. Dan. Clem. v. Hueber v. der Wildau. Seit 1 Jun. 782. Cathol.
6. Von wegen **Chursachsen**: Friedr. Aug. v. Leutsch. Seit 22 Oct. 791. Augsb. Confeß.
7. Von wegen **Churbrandenburg**: Friedr. Carl Aug. Phil. Fhr v. Dallwigk. Seit 12 Dec. 796. Augsb. Conf.
8. Von wegen **Churbraunschweig**: Dermalen nicht besezt. — Augsb. Confeßion.
9. Von wegen der alternirenden **Churen** augsb. Confeßion, vermöge Uebereinkunft vom 18 Nov. 781; jezt von Chursachsen: Joh. Ernst v. Globig. Seit 5 May 789. Augsb. Conf.
10. Von wegen Sr. kaiserl. Majestät: Aloys Jos. Fhr Maurer v. Kronegg. Seit 11 Apr. 783. Cathol.
11. Von wegen des **österreich. Kreises**: Max. Fhr v. Martini. Seit 26 Aug. 784. Cathol.
12. Von wegen des **burgundischen Kreises**: ist nicht besezt. — Cathol.
13. Von wegen des **fränkischen Kreises** (2): Jos. Fhr von Ulmenstein. Seit 1 Febr. 774. Augsb. Conf. Und
14. Jos. Ullheimer. Seit 20 Apr. 789. Cathol.
15. Von wegen des **bayrischen Kreises** (2): Carl Ludw. Fhr v. Branca. Seit 21 Jun. 791. Cathol. — und
16. Heinr. Fhr v. Reigersberg. Seit 29 Nov. 796.
17. Von wegen des **schwäb. Kreises** (2): Carl Casp. v. Hertwich. Seit 1 Jun. 782. Cathol. und
18. Eberh. Cstoph v. Oetinger. Seit 4 März 784. Augsb. Conf.
19. Von wegen des **oberrhein. Kreises** (2): Friedr. Jos. Fhr v. Schmitz zu Grollenburg. Seit 5 Febr. 774. Cathol. — und
20. Joh. Albert Fhr v. Cramer. Seit 8 Jan. 787. Augsb. Conf.
21. Von wegen des **niederrheinisch-westphäl. Kreises** (2): Joh. Fr. Albr. Constant. v. Neurath. Seit 1 Jun. 782. Aug. Conf. und
22. Der Cathol. Assessor vacat.
23. Von wegen des **obersächsischen Kreises** (2): Carl Georg v. Riedesel Fhr zu Eisenbach. Seit 19 Dec. 778. Augsb. Conf. — und
24. Heinr. Friedr. Fhr v. Autenried. Seit 1 Jun. 782. Augsb. Conf.
25. Von wegen des **niedersächs. Kreises** (2): Franz Dietr. von Ditfurth. Seit 28 Jun. 773. Augsb. Conf. — und
26. August Carl Bernh. Schüler genannt v. Sehnden. Seit 4 Marz 784. Augsb. Conf.
27. Von wegen der alternirenden **Kreise**, zufolge des 5n Art. §. 5. des westphal. Fr. — jezt vom obersächs. Kreise: Georg Gottlob v. Balemann. Seit 1 Jun. 782. Augsb. Conf.

Kanzley-Director.

Herm. Theod. Mor. Hoscher. Seit 19 May -81. Cathol.

General-Reichs-Fiscal.

Franz Alb. von Werner, b. R. Dr., kaif. w. R. Seit 20 Febr. 784. Cathol.

Fiscal-Advocat.

Ludw. Henr. Schelver, b. R. Dr., Seit 30 Sept. 770. Cathol.

Advocaten, Procuratoren, Protonotarien u. Aerzte.

Note. Die Advocaten und Procuratoren sind mit den gewöhnl deutschen Ziffern bezeichnet, welche zugleich auf das unten folgende Verzeichnis der Reichsstände ꝛc. Bezug haben. Die Protonotarien sind mit röm. Ziffern, und die Aerzte mit deutschen Buchstaben bezeichnet.

1. Jac. Losland, Lic.–Advocat seit 738; Procurator seit 746. Cathol.
2. Ferd. Wilh. Ant. Helfrich d. ält., Lic. — Advocat seit 742; Procurator seit 746. Cathol.
3. Joh. Jac. Jos. Kirschbaum, b. R. Dr. — Advocat seit 749. Cathol. (ist abwesend).
4. Heinr. Jos. Brack, Lic. — Advocat seit 750; Procurator seit 752. Cathol.
5. Damian Ferd. Haas, Lic. — Advocat seit 755. Cathol.
6. Phil. Jac. Rasor, b. R. Dr. — Advocat seit 755; Procurator seit 763. Augsb. Conf.
7. Joh. Jac. Wickh, b. R. Dr. — Advocat seit 755; Procurator seit 762. Augsb. Conf.
8. Joh. Fr. Lange, Lic. — Advocat seit 755; Procurator seit 763. Augsb. Conf.
9. Joh. Ph. Gottfr. Gülich d. ält., b. R. Dr. — Advocat seit 755; Procurator seit 762. Augsb. Conf.
10. Angelus Conr. Sipmann d. ält., b. R. Dr. — Advocat seit 755; Procurator seit 764. Augsb. Conf.
11. Theod. Cstian Rotberg d. ält., Lic. — Advocat seit 761 (ist abwesend). Augsb. Conf.
12. Georg Wilh. Stock, Lic. — Advocat seit 761. Augsb. Conf. (ist abwesend).
13. Casp. Fr. Hofmann d. ält., b. R. Dr. — Advocat seit 761; Procurator seit 769. Augsb. Conf.
14. Franz Ph. Felix Greß, b. R. Dr. — Advocat und Procurator seit 763. Cathol.
15. Aug. Culemann, b. R. Dr. — Advocat seit 763. Augsb. Conf. (ist abwesend).
16. Franz Carl v. Sachs, b. R. Dr. — Advocat seit 766; Procurator seit 769. Cathol.
17. Ph. Jac. Emerich, Lic. — Advocat seit 763; Procurator seit 780. Cathol.
18. Joh. Aug. Buchholz, b. R. Dr. — Advocat seit 764; Procurator seit 781. Augsb. Conf.

19. Joh. Wilh. Mainone, b. R. Dr. — Advocat und Procurator seit 764. — Cathol.
20. Pet. Franz Noël, Lic. — Advocat seit 765. Cathol. (abwesend).
21. Joh. Gotth. Hert, b. R. Dr. — Advocat seit 766; Procurator seit 781. Augsb. Conf.
22. Georg Wilh. Hoscher, Lic. — Advocat seit 767. Cathol. (ist abwesend)
23. Wilh. Cstian Rotberg d. jüng., b. R. Dr. — Advocat seit 767; Procurator seit 783. Augsb. Conf.
24. Friedr. Jac. Dietr. v. Bostell d. ält., b. R. Dr. — Advocat seit 767; Procurator seit 783. Augsb. Conf.
25. Ignaz Dilg, Lic. — Advocat seit 769. Cathol. (ist abwesend).
I. Cstoph Balth. Kirschbaum, Protonotar seit 769. Cathol.
26. Joh. Jac. Cstian Dietz, Lic. — Advocat seit 777; Procurator seit 787. Augsb. Conf.
27. Joh. Pet. Paul Helfrich d. jüng., Lic. — Advocat seit 777; Procurator seit 782. Cathol.
28. Joh. Gottl. Fürstenau, b. R. Dr. — Advocat seit 777; Procurator seit 789. Augsb. Conf.
29. Joh. Adolf Georg v. Brandt genannt v. Flender, Lic. — Advocat seit 777; Procurator seit 782. Cathol.
30. Friedr. Wilh. Bissing, Lic. — Advocat seit 777; Procurator seit 787. Cathol.
31. Jac. Abel, Lic. — Advocat seit 783; Procurator seit 790. Cathol.
32. Joh. Sebast. Frech, b. R. Dr. — Advocat seit 783; Procurator seit 91. Augsb. Conf.
33. Casp. Tilmann Tils, b. R. Dr. — Advocat seit 783; Procurator seit 787. Cathol.
34. Henr. Jac. Gombel, b. R. Dr. — Advocat seit 783; Procurator seit 791. Augsb. Conf.
35. Joh. Wilh. Lorsbach, Lic. — Advocat seit 783; Procurator seit 796. Augsb. Conf.
36. Joh. Jac. Trunk, b. R. Dr. — Advocat seit 785. Cathol. (ist abwesend).
37. Paul Sipmann d. jüng., Lic. — Advocat seit 18 März 785. Augsb. Conf.
II. Christoph Joseph Anton Wallreuther, Protonotarius seit 787. Cathol.
38. Franz Alb. Flach, Lic. — Advocat seit 787; Procurator seit 796. Cathol.
39. Joh. Fr. Cstian Feller, Lic. — Advocat seit 787. Augsb. Conf.
40. Joh. Wilh. Buff, Lic. — Advocat seit 787. Augsb. Conf.
41. Fr. Wilh. Hofmann d. jüng., b. R. Dr. — Advocat seit 789. Augsb. Conf.
42. Hans Carl v. Zwierlein, b. R. Dr. — Advocat seit 789; Procurator seit 793. Augsb Conf.
43. Matth. Jos. Schick, b. R. Dr. — Advocat seit 790. Cathol.

44. Cstian Ludw. Gülich d. jüng., Lic. — Advocat seit 790. Augsb. Conf.
45. Phil. Bostell, Lic. — Advocat seit 791. Augsb. Conf.
46. Wilh. Theod. Gotth. Pilger, b. R. Dr. — Advocat seit 791. Augsb. Conf.
III. Joh. Melch. Maria Hoscher, Protonotarius seit 1792. Cathol.
IV. Gotth. Eder, Protonotarius supernum. seit 795. Cathol.
V. Heinr. Wilh. Appelius, Protonotarius supernum. seit 795. Cathol.
VI. Jos. Ant. Bahlkampf, Protonotar. supernum. seit 795.
a. Franz Höpffner, Dr. der Medicin, seit 796. Cathol.
b. Die Stelle des 2ten Kammer=Medici ist vacant. Angsb. Conf.

Notarien oder Secretarien.

Joh. Georg Mathiowitz, seit 789. Cathol.
Joh. Bapt. Rosenbach, seit 789. Cathol.
Joh. Georg Krauß, seit 790. Cathol.
Alex. Anselm Kleber, seit 790. Cathol.
Ant. Pet. Maria Losland, (Supernumerarius) seit 790. Cathol.
Mich. Ant. Mor. Wallreuther, (Supernumerarius) seit 791. Cathol.

Leser oder Archivarien, und Fiscal=Notar.

Matth. Weber, seit 768. Cathol.
Franz Jagemann, seit 771. Cathol.
Hans Friedr. Greß, Fiscal=Notar seit 784. Cathol.
Joh. Phil. Dielmann, seit 787. Cathol.
Joh. Jos. Marks, seit 787. Cathol.
Peter Paul (Supernumerar) seit 787. Cathol.
Franz Constant. Baar (Supernumerar) seit 787. Cathol.
Fr. Joh. Wilh. Friedel (Supernumerar) seit 789. Cathol.
Reichs=Pfnningmeister: Wolfg. v. Hötzendorf, seit 775. Cath.
Tax=Einnehmer: Joh. Fr. Hohmann, seit 782. Cathol.
Completor: Joh. Severin, seit 788. Cathol.
Botenmeister: Hans Friedr. Greß, seit 786. Cathol.

Copisten oder Canzellisten.

Georg Adam Schäfer, Cathol. Casimir Molitor, Cathol. G. W. Schubert, Cathol. Joh. Cstoph Mart. Klöckner, Cathol. Franz Phil. Krecker, Cathol. Phil. Kayser, Cathol. Conr. Hert, (Supernum.) Cathol.

Hienächst 1 Canzleydiener; 4 Pedellen; 1 Holz=Anschneider; 36 Boten, (nemlich 12 reitende, 12 zu Fuß u. 12 Supernumerarien).

Note. Unter dem Namen und Siegel des regier. Kaisers erläßt das hochpreißliche Reichskammergericht alle Citationen, Mandate und Urtheile und ist, die Ferien ausgenommen, in immerwährender Thätigkeit, ohne bey dem Abgang des Kaisers, gleich dem Reichshofrath, ein Justitium zu machen.

Im Nov., Dec und Januar ist der Senat von 9 bis 12 Uhr, die übrige Zeit (ausser den Hundstagen) von 8 bis 11 Uhr versammlet.

Die gerichtlichen Sitzungen oder Verhöre werden Montags, Mittwochs und Freytags, von 2 Uhr Nachmittags an, und falls an solchen Tagen ein Feyertag wäre, an den vorhergehenden Tagen gehalten.

Ferien, an welchen weder Rath noch Verhöre gehalten werden, sind folgende:

a) **Lange Ferien.** Weynachten, vom 24. Dec. bis 7. Jenner inclusive. — Fastnachten, vom Sonntag Estomihi bis Invocavit — Ostern vom Palm = Sonnabend bis Quasimodogeniti. — Creuzwoche vom Sonntag Rogate bis Exaudi. — Pfingsten, vom Pfingstabend bis Trinitatis. — Hundstage, vom 18ten Jul. bis 28. Aug. inclusive; jedoch wird zur Beförderung der aussergerichtlichen Handlungen, Montags, Mittwochs und Freitags, wenn kein Festtag dazwischen kommt, von 9 bis 11 Uhr zu Rath gegangen.

b) **Kurze Ferien.** Zwei Tage zu jedem der nachstehenden Jahresfeste; wenn aber auf den Feyertag ein Sonntag fällt; so ist der Montag ein Gerichtstag. Im Febr. der 21te und 24te. — März der 19te und 25te.— April, der 25te. — May, der 1te und 3te. — Jun. der 7te, 24te und 29te. — Jul. der 2te, 22te, 25te, 26te. — August, der 10te, 15te und 24te — Septemb. der 8te 21te, 29te. — October, der 18te und 28te. — November, der 1te, 2te, 11te, 25te, 30te. — December, der 6te, 8te und 21te.

Verzeichniß

verschiedener Reichsstände auch anderer Fürsten, Grafen, Städte, Stifter und Herrschaften ꝛc. welche theils bey dem Reichshofrath ihre bevollmächtigten Agenten; theils bey dem Reichskammergericht wegen anhängiger Rechtssachen ihre Anwälde haben. Nebst Anzeige der besteßten Agenten bey ersterm, und der Anwälde bey lezterm.

(alphabetisch.)

Note. Da schon oben, bey dem Artikel: Reichshofrath, die sämtlichen Räthe und Agenten unter der Rubrik: Reichshofraths Agenten, angeführt und mit latein. Buchstaben bezeichnet worden sind; — da eben so bey dem vorstehenden Artikel Reichskammergericht, die Anwälde (durch welche die Rechtssachen geführt werden) unter der Rubrik der Advocaten und Procuratoren ebenfalls schon vorkommen und mit Ziffern bezeichnet sind; so werden beide in dem folgenden Verzeichniß, zur Ersparung des Raums, auch nur durch latein. Buchstaben oder Ziffern angedeutet.

Aachen, Rsstadt, b. 28. 25.
. . . . Krönungsstift, c. 15.
. . . . k. Schöffenstuhl, d. 17.
Aalen, Rsstadt, u. 7.
Adelmann, Gr. v. c. d. 14.
Ahremberg, Hz. b. c. 20. 2.
. . . . der Landsch. u. Gfsch. Kerpen, 4.
Albani, Fürst, p.
Alefeldt, Graf, 29.

Altenberg, adel. Jungfr. Kloster, 1. 18.
Altenbiesen, Deutsch=O. Balley, b. 15.
Altencamp, Abtey, c. 2.
Amorbach, Abtey, 34.
Altenstein, Gericht, 8.
Andernach, Stadt u. Ritterschaft, 31.
Andlern u. Wittem, Graf, 15.
Anhalt, fstl. Gesamthaus, u. 14.

Anhalt-Deſſau, Fürſt, u. 14.
.... Bernburg, Fürſt, u. 43. geh. R.
.... — Schaumburg, Fürſt, l. f. 25.
.... — — reg. Fürſtin. 35.
.... — — verw. Fürſtin. 35.
.... Cöthen, Fürſt, u. 7.
Anſemburg, Graf. 33.
Antonier-Orden in Deutſchl. e.
Arco, geſamte Grafen, Tyrol, L. p.
.... Gr. Phil., bayr. L., a.
Argenteau, Graf, a. 34.
Arnsberg, Stadt, 15.
Arnsburg, Abtey, b. c. i. 17. 20.
Arnſtein, Abtey, 14.
Asbeck, freiadel. Damenſtift, h.
Aspremont, reg. Rsgr., c. 15.
.... Gr. Max., 32.
Aſſenheim, Stadt, k. 27.
Attendorn, Stadt, 15.
Auersperg, Fürſt, 1.
Augsburg, Biſch. h. 2. 34.
.... Domcap., p. 1. 34.
.... Stift zu St. Stephan, c.
.... — zu St. Moritz, c.
.... Frauenklſt. zu St. Cath., g.
.... Rsſtift zu St. Ulrich, s.
.... Rsſtadt, c. f. 14.
Averbod, Abtey, 31.
Avold, Damenſtift, 17. 32.
Auria-Landi, Fürſt Doria, p.
Baaden, reg. Mkgf., f. 14. 43.
Balbian, Graf, a.
Bamberg, F. Biſch., d. b. r. 31. 34.
.... Dom Capit. d. i. 31.
.... Hofkammer, Domprobſtei u. Vicariat, d.
.... Stadt, a. 29.
.... Collegiatſtift zu St. Jacob, h.
Banz, Kloſter in Franken, t. 30.
Bardi, Graf, c.
Baſel, F. Biſchof, a. s. 1. 39.
.... Domcapit. k.
Baſſenheim, reg. Graf, 22.
Bayern, Churfürſt, d. r. 14. 32. 43.

Belderbuſch, Grafen, i. o. 15.
Bellegarde, Gräfin, t.
Bentheim-Bentheim, Graf, h. 25.
.... Pfandinhab. der Gſch. 43.
.... Steinfurt, Graf, h. 9.
.... Teklenb. reg. Graf. t. 14.
Bentink, reg. Graf, d. 25.
Beöthy zu Beſſenyö, Rsgraf, t. m.
Berchtesgaden, F. Probſt, b. 20.
Berlo, Graf, 34.
Bernſtorf, Graf auf Gartav, n.
Beuſt, Graf, i.
Biberach, Rsſtadt, o. 7. 15.
Bingen, Stadt, 32.
Biſſingen-Nippenburg, Graf, c.
St. Blaſien, F. Abt, c. m. 15.
Bocholt, Rsſtift, a.
Böbecken, Kloſter, 2.
Börſtel, adel. Stift, 9. 27.
Boitzenburg, Stadt, 19.
Bonn, Stadt, 2.
Boos zu Waldek, Graf, i. 34.
Bopfingen, Rsſtadt, r. 7.
Borchorſt, Stift u. Aebtiſſin, b.
Berggrave, Graf, e. 31.
Borgentreich, Stadt, 34.
Bortolazzi, Grafen, k. 34.
Brakel, Stadt, 34.
Brandenb. Anſp. Bayr. 43. 14.
Braunſchweig, Churf., n. y. 43.
.... Wolfenbüttel, Hz. n. y. 14. 43.
.... — Landſchaft, 25. 39.
Bredelahr, Gottesbaus, 20. 32.
Bremen, Rsſtadt, n. 14. 43.
.... Hzthum, 43.
Breslau, F. Biſch. m.
Bretzenheim, Fürſt, t.
Brixen, F. Biſchof, w. m. 20.
.... Dom Capitel, p. 20.
Brockdorf, Graf, f. 22.
Bronnbach, Abtey, c. t. 30.
Bruel, Stadt, 31.
Buchau, Aebtiſſin, d. m. r. 43.
.... Rsſtadt, o. t. 15.
Buchhorn, Rsſtadt, o. 20.
Büren, Stadt, 18.

Burtscheid, Rsstift, c. 15.
Bustorf, Collegiatstift in Paderb. 25. 9.
Burheim, Rs=Carthaus, p. 25.
Capenberg, Probst u. Capitel des freyadel. Stifts, 15.
Caretto Marchese del, 33.
Carlstadt, Stadt, 4.
Carmeliter=O. in Deutschl. p.
Castell, gräfl. Gesamthaus, i. 7.
 . . . Rüdenhausen, reg. Gr. f. 7.
Centurioni, Rsfürst, r.
Chasot, Graf, 8.
Chur, F. Bisch., b.
Coblenz, Deutsch. O. Balley, b. d. 30.
 . . . Collegiatst. zu St. Florin, 34. 2.
 . . . — zu St. Castor, 34.
Cölln, Churfürst, 15. 20. 32.
 . . . Domcapitel, e. 31. 15.
 . . . Landstände, r. 15.
 . . . Ritterschaft, h. 15.
 . . . Damenst. B. M. V., c. 15.
 . . . Abt zu St. Panhaleon, b. 20. 2.
 . . . Rsstadt, b. 34.
Colloredo, Graf Franz, k.
Comburg, Ritterstift, d. k. 4. 31.
Corbach, Stadt, 35.
Cornelii=Münster, Abt, c.
 . . . — Abtey, d. 1. 2.
 . . . — Land= u. Lehngericht, 15. 25.
Corvey, F. Bisch., a. b. 1. 2. 32.
 . . . Domcapitel, 36.
 . . . Landstände, u.
Costanz, F. Bisch., a. 30. 15.
 . . . der bischöfl. Curie, i.
 . . . Domcapitel, g. r.
 . . . Stadt, 3.
Coudenhoven, Graf, 4.
Crichingen, Gr., oder F. zu Wiedrunkel, 22.
Cronach, Stadt, 29.
Crow, Hz., t. 14. 39.
Czartorisky, Fürst, m.

Datheim, Kloster, 1.
Dassel, Stadt, 17. 34.
Degenfeld=Schomburg, Graf, n. 36.
Deidesheim, Stadt, 34.
Deutz, Prälat zu, b. 1.
Dierdorf, Stadt, 6.
Dietkirchen, Collegiatstift, 32.
Dillingen, Stadt, t.
Dortmund, Rsstadt, u. 14. 29.
 . . . Erbsassen und 24r Stände, 15. 18.
Drolshagen, Kloster, 15. 32.
Dünkelsbühl, Rsstadt, c. t. 34.
 . . . — evang. Antheils, f.
 . . . — cathol. Antheils, t.
 . . . des großen Raths, d.
Dürkheim, Graf, f. 29.
Ebrach, unmitt. Stift, c. t. 30. 11.
Echternach, Prälat zu, 15.
Eichstädt, F. Bisch., a. s. 31. 34.
 . . . Domcapitel, k. 2.
 . . . Stadt, 15.
Einsiedel, Gr. Detlef Carl, 35.
Einsiedeln, F. Abt, t.
Ellwangen, F. Probst, d. 30. 1.
 . . . Domcapitel, l. p. 1.
Elsaß und Burgund, Deutsch=O. Balley, 15.
Elten, F. Aebtissin, d.
Eltz, Graf, d. 31. 43.
Engelthal, Aebtissin zu, c. 15. 17.
St. Emmeran, F. Abt, m.
Enno, Gr. Franz Alberti v., 34.
Eppinghoven, Aebtissin, a. 15.
Erbach, gräfl. Gesamthaus, a. s. 43.
 . . . Erbach, reg. Gr. a. 43.
 . . . Fürstenau, f. 43.
 . . . Reichenberg, 6.
 . . . Schönberg, f. 43.
Escherde, jungfraul. Kloster, 17.
Essen, F. Aebtissin, h. 2.
 . . . Capitel, c. 15.
 . . . Landstände, 15.
 . . . Stadt, y. 14.
Eßlingen, Rsstadt, f. u. 14.
Ettenheim=Münster, Abtey, p. 9.

Ettlingen, Stadt, a.
Eßdorf, Graf, p. 35.
Falkenstein, Gfsch. 1.
Fieschi, Graf, p.
Firmian, gräfl. Vormundschaft, r.
Floreffe, Abt u. Stift, e.
Florennes, Stadt, l.
Fränkische Grafen, o. 15.
Fränkischer Kreis, d. g.
Franken, Deutsch. O. Balley, d.
Frankfurt a. M., Rsstadt, q. 14.
... Syndicatscolleg., r.
... Neuner: u. 5:r Colleg., n.
... Stift zu St. Barthol. 30. 4.
... — zu St. Leonhardt, 30.
Frauen=Alb, adel. Stift, r.
Fraulautern, adl. Abtey, 9.
Freckenhorst, adl. Stift, 2.
Freudenburg, Rsherrschaft, 15.
... Stadt, 18. 39.
Freysingen, F. Bisch. c. 17. 30.
... Domcapitel, e. p.
Friedberg, Rsstadt, q. 43.
... Burg, f. 7. 8.
Friedland, Stadt, b.
Frieß, Gräfl. Vormundsch. u.
Fritsch, Fr. Gräfin, q.
Fugger, gräfl. Seniorat, c.
... Dietenheim, Graf, g. 34. 15.
... Kirchheim, Graf, t. 34. 24.
... Glött, Graf, r. 34.
... Norndorf, Graf, t.
... Babenhausen, Graf, p.
... Mickhausen, Graf, p.
Fuld, F. Bisch., c. t. 1. 4. 39. 31.
... Domcapitel, c. 1. 4.
... Probstey zu Blankenau, 4.
... — zu St. Johann, 4.
... Stadt, 15. 34.
Fürstenberg, Rsfürst, c. t.
Fürth, Stadt, f.
Gaildorf, gräfl. wurmbrand. Reg.
 ju, 27.
St. Gallen, F. Abt, c. m.
Gandersheim, F. Aebtissin, c. 14.
Gelnhausen, Burg u. Rsstadt, 1.
Gengenbach, Rsstadt, a. 14.

... Rs=Abtey, 17.
Gernsbach, Stadt, 43.
Gerresheim, adel. Stift, 30.
Gesecke, Stadt, 8.
... Damenstift, 33.
Giech, reg. Graf, 15.
Giengen, Rsstadt, c. t. 7. 14.
Görz, Graf (Schlitz) c. 14.
... Gr. C. Ludw. Cstian, 35.
... der Gräf. Charlotte, 35.
Goldstein, Graf, 22.
Gonzaga, fürstl. Haus, p.
Goßlar, Rsstadt, u. x. n. 25.
... Stift zum Neuenwerk, c. 25.
Grafschaft, Abtey, 15.
Grimaldi, Mq de, d.
Gronau, Stadt, 22.
Gronsfeld, Graf, 9.
... Gräfin, h. 8.
Gröbing, Stadt, l.
Grünstadt, Stadt, 8. 33.
Güstrow, Stadt, u. 11. 19. 22.
Gutenzell, adel. unmitt. Gottesh.
 g. 31.
Hall in Schwaben, Rsstadt, n. 7.
Hallberg, Graf Constantin, i. 27.
... Gr. Alex., p. x.
... Gr. Matthias, r.
... Gräfin v. Wickenburg, geb.
Gräf. v. Hallberg, r. 39.
Hamal, Graf, f. 10.
Hamburg, Rsstadt, n. 25. 19.
... Domstift, 6.
Hammersbach, Rsthal, d. 29.
Hanau, Graf, (Hessen=Cassel) n. 9.
Hanrieden, gräfl. Erben, 2.
Hardehausen, Abtey, c. 32.
Harrach, Graf, c.
... Gräfin M. Rebekka, a.
Hasselt, Stadt, e. 10.
Hatzfeld, gräfl. Gesamthaus, 32.
... Wildenbg=Schönstein, Graf,
 n. 32. 15. 1.
... — Weisweiler, Graf, 25.
 15. 2.
... — — verw. Gräfin, 14.
Haxthausen, Graf, f. 30.

Hechingen, Stadt, 34.
Heggbach, Rsstift, a. k.
Heilbronn, Rsstadt, n. 14.
Helmstadt, Gr. Franz Ludw., r.
Hemricourt, Grafen, 9.
Herford, F. Aebtissin, 14.
Herkenrode, Aebtissin, 15.
Hessen, Deutsch O. Balley, b. o.
... Cassel, Landgr., n. 43. 8.
... Darmstadt, Landgr., n. 11.
... Hanau-Lichtenberg, n. 9.
... Homburg, Landgr. f. 14.
... Philipsthal, Ldgr. h. 25.
... — Erbprinzessin, t.
... Rheinfels-Rotenbg. Ldgr. d. r. 14.
Hendenfeld, Probstey, 2.
Hildesheim, F. Bisch. c. i. 2. 14.
... Domcapitel, c. 17.
... Dom-Probstey, i. 17.
... Landstände, 17.
... der 7 Stifter, w. 43.
... Stadt, y. 34.
Hillesheim, Grafen, 30. 20.
Himmerode, Abtey, 17.
Hörter, Stadt, 43.
Hohenlohe u. Waldenbg. Gesamthaus, t. 15.
... — Schillingsfürst, reg. F., t. 15. 30.
... — — Pr. Franz, t.
... — — verw. Fürstin Judith, d.
... Bartenstein, reg. Fürst, t. 34. 15.
... Neuenstein, Gesamthaus, q.
... Ingelfingen, reg. F, 43.
... — verw. Fürstin Eleon. Juliane, q.
... Kirchberg, reg. F., 43.
... Langenburg, 14.
... Oehringen, reg. Fürst, 43.
... Pfedelbach, 15.
... Weikersheim, 43.
Hohenzollern-Hechingen, reg. F., k. 3.
... Stadt u. Landschaft, 4.

... Sigmaringen, reg. F., k. m. 25.
Hollstein, Hzth., 43.
Holzkirchen, Probstey, 30. 2.
Hompesch, Graf, l. 9.
Horion, Graf, 1.
Horn, Graf, 4.
... Stände der Gfsch. 10.
... Stadt, 18. 24.
Hubert, Abtey, 31.
Huy, Collegiatstift, 31.
Ilbenstadt, Abtey, i. l. 1. 15. 32.
Ingelheim, Graf, r. 31.
Johanniter Ord. Obristmeister, a. d. 10.
St. Johann, Stadt, 6.
Isny, Asprálat, r. 2. 31.
. . Rsstadt, c. t. 7.
Jülich, Stadt, 4.
... und Berg. Stände, d. e. 15.
Kaisersheim, Rsstift, d. g. 30.
Kaufbeuern, Rsstadt, n. b. 7.
Kempten, F. Abt, b. a. 1. 31.
... Rsstadt, u. 7. 25.
Kercken, Graf, 2.
Kesselstadt, Graf, e. t. 17. 15.
Kettler, Graf, d 2.
Khevenhüller-Metsch, Fürst, n.
Khuen-Belasy, gräfl Erben, 34.
Kirchberg, Burggf, n. u.
... Stadt, 9. 35.
Kirchheim-Maria, Aebtissin, d.
Kirn, Stadt, 22.
Königsegg-Aulendorf, reg. Gr. o. s. 1.
... Rothenfels, reg. Gr. a. 25.
Königsfeld, Graf, 22.
Lagow, malthes. Commende, 17.
Lahr, Stadt, y. 24.
Landau, Stadt im Waldeck., 33.
Langenheim, Abtey, u. 1.
Langenhorst, Stift, 20.
Launoy, Graf, 34.
Laubach, Stadt, 8.
Lauda, Stadt, 15.
Lauterbach, Stadt, f. 27.
Leerodt, Gr. zu Born 2c. 15.

Lehrbach, Gr. zu Weinheim, k. 32.
Leiningen-Harbenbg, reg. F., c. q. 7. 24.
... — reg. Fürstin, f. 27.
... Guntersblum, Graf, c. t. 14.
... Heidesheim, Graf, c. t. 22.
... Westerburg, gräfl. Gesamthaus, l.
... — reg. Graf, n. g. 8. 35. 33.
... — reg. Gräfin, 25.
Lemgo, Stadt, 43. 25.
St. Leonhardt, Collegiatstift, 30.
Leonrodt, Graf, d.
Leutkirch, Rsstadt, c. 7.
Levignan, Gräfin, 31.
... Graf, 15. 32.
Leyen, Graf, b. d. t. 1. 14. 34.
Lich, Stadt, 8.
Lichtenstein, fstl. Haus, c.
... reg. Fürst, 2.
Liedekerke, Graf, e.
Ligne, Rsfürst, q. 2.
Ligneville, Graf, g. 2.
Limburg, Gesamthaus, oder gräfl. Allodialerben, r. 8.
... Bronchorst-Styrum, y. 30.
Lindau, gefürst. Damenstift, c. 20.
... Rsstadt, n. 14.
Linz, Stadt, 17.
Lippe-Detmold, reg. F., q. 24.
... — verw. Gräfin, f.
... Biesterfeld, Gr. Friedr. h. 22.
... — verw. Gräfin, geb. Gräf. v. Schönburg, 35.
... — Gr. Carl Cstian, y.
... Schaumburg, gräfl. Haus, h. 15. 20. 32.
... — gräfl. Vormundschaft, 15. 20.
... — Graf Joh. Wilh. und Gräfin Antoinette, 15.
Lobkowitz, reg. F., m. 2.
... fstl. Vormundschaft, k.
... F. August u. F. Anton, m.
Lodron, gräfl. Haus, k.
... Gr. Clemens, p.

Lodron, Gr. Joseph u. Carl, a.
Löwenstein-Wertheim, fürstl. und gräfl. Gesamthaus, n. h. 14. 24.
... reg. Fürst, d. 14. 43.
... der fürstl. Hrn. Gebrüder, 25.
... der beiden reg. Grafen, h. 22.
... des Gr. Friedr. Carl, u. 6.
... des Gr. Joh. Carl, 25.
Looz u. Corswarem, Hz. s. 14.
Lothringen, Deutsch. O. Balley, d.
Lubomirsky, Fürst u. Fürstin, m.
Lübeck, F. Bisch., 43.
... Domcapitel, g. 25.
... Rsstadt, n. 7. 19. 29.
... — der bürgerl. Colleg. 22.
... — des bürg. XIr Colleg. 27
Lüttich, F. Bisch., e. p. 43. 15.
... Domcapitel, d. 1. 15.
... Ritterstandes, c. 14. 31.
Lützel, Abtey, c.
Mähren, Mggfth. m.
Malchin, Stadt, u. x.
Maichow, adel. Stift, k.
Malgarten, adel. Stift, b. 17.
Malmedy, Kapitel, 32.
... Stadt, 34.
Manderscheid-Blankenheim, Gr. 17.
Marchthal, Rs-Abtey, k. 10. 2.
Mark u. Schleiden, Graf, 20. 2.
Marienborn, adel. Kloster, 9. 20.
Marienfeld, Abtey, 34. 27.
Marienrode, Abtey, 17.
Marienstadt, Abtey, d. 34.
Marulli, Graf, p.
Massa-Carara, reg. Hzogin, n.
Matteis, Abtey, 34.
St. Maximin, Rs-Abtey, e. 15.
Maynau, deutsch. O. Commende, 15.
Maynz, Churf., d. i. 1. 34. 31.
... Domcapitel, d. r. 1. 31. 9.
... Ritterstift zu St. Alban, d. 1.
... Abtey zu St. Jacobsberg, 34.
... Collegiatst. zu St. Peter, 14. 39.
... Liebfrauenstift, 34.

Erstes Kap. Des deutsch. Reichs in seiner Einheit.

Maynz, Collegiatst. zu St. Victor, 15.
Mecklenburg-Schwerin, Hz. h. 9. 42.
... Hzogin, 6.
... Strelitz, h. 43.
... beider Hzth. Ritter- u. Landsch. u. x. k. 25.
... Städte, z. 22.
Medebach, Stadt, 15.
Melle, Stadt, 27.
Memmingen, Rsstadt, g. 25.
Merode, Graf, a. 10.
Merveldt, Graf, 2.
Metternich-Winneburg, Graf, b. t. 14. 43.
Mönchsberg, Abt zu, b. c. 1.
Montjoye, Graf, 31.
Mühlhausen, Rsstadt, n. 14.
... des äussern Raths, e. p.
Münster, F. Bisch. b. 34. 15. 32.
... Domcapitel, b. 15. 2.
... Stadt, 2.
Münsterbilsen; F. Aebtissin, c. 14.
Murg, fstl. Stift, l.
Nassau-Dietz, Fstth., n. u. 43. 6.
... Saarbrücken, t. 25. 9. 43.
... Usingen, 11. 14.
... Weilburg, reg. F. u. x. 25.
Neipperg, Graf, q. i. 25.
Neresheim, Rsstift, d. p. 1. 17.
Nesselrode-Ereshofen, Graf, 2.
... Landskron, c. 30.
Neuß, Stadt, 30.
... adel. Damenstift, d.
Niedermünster, F. Aebtissin, c. m. 15. 25.
Nördlingen, Rsstadt, n. 7. 24.
Nordhausen, Rsstadt, u. 14.
Nostitz-Rhineck, Graf, 4.
Nürnberg, Rsstadt, q. 14. 25.
Oberklotzau, Stadt, 29.
Oberwerth, adel. Stift, 31.
Obristenfeld, adl. Damenst. 27.
Obermünster, F. Aebtiss., c. 15. 25.
Ochsenfurth, Stadt, p.
Ochsenhausen, Rsstift, p. t. 20. 31.

Odenheim, Rs-Ritterstift, d. r. 4. 18.
Oehringen, Stadt, 6.
Oettingen, Gesamthaus, 31.
... Baldern, b. k. 31. 20. 4. 1. 39.
... Wallerstein, c. i. 31.
... — Gr. Phil. Carl, t.
... Spielberg, a. g. 1. 31. 14.
Offenburg, Rsstadt, d. t. 14.
Oldenburg, Hz. 43.
Oranien, s. Nassau-Dietz.
Orsay, Graf, 15.
Ortenburg, Rsgr. a. 14.
Osnabrück, F. Bisch., 43.
... Domcapitel, c. 1. 17.
... Ritter- u. Landschaft, l.
... Stadt, d. 6.
Ostein, Rsgr., 9.
Ottenstein, Stadt, 20.
Ottobeuern, Rspralat, l. 4. 32. 39.
Oynhausen, Grafen, 22.
... gräfl. Allodialerben, c.
Paderborn, F. Bisch. c. i. 2.
... Domcapitel, b. 1.
... Landstände, n.
... Stadt, 27.
Pallavicini, Graf Joseph, a.
Palm, F. u. Fürstin, t.
Pappenheim, Rsgr. d. k. 14.
... verw. Gräf., 11.
Parchim, Stadt, u. 22.
Passau, F. Bisch., b. d. m. 30. 2.
... Stadt, a.
Pavlucci, Marchese, a.
Peina, Stadt, 8.
Petershausen, Rsstift, c. t. 15.
Pfalz-Bayern, Churf. r. d. g. 2. 14.
... Birkenfeld, b. 25.
... Neuburg, Hzth., 2.
... Sulzbach, Hzth. 2.
... Zweibrücken, r. 2. 9.
Pforzheim, adel. Stift, c.
Pfullendorf, Rsstadt, o.
Platen, Graf, c. 17.
Plettenberg-Wittem, Graf, d.
... Lehnhausen, h. 2.

S. B. 2r Th. 1798. K

Plettenberg-Lehnhausen, Gräfin, 9.
Portia, Fürst, t. m.
... Graf Niclas, t.
Preußen, 14.
Preysing, gräfl. Haus, t.
... verw. Gräfin, a.
Prüm, F. Abt, 20.
Pückler, Graf, g. 9. 8.
... Gräfin, h. 14.
Putbus, Grafen, f.
Quackenbrück, Stadt, 9. 27.
Quadt, Rsgraf, 2.
Quedlinburg, F. Aebtissin, 14.
Ranzau, Rsgraf, 22.
Ravensburg, Rsstadt, o. 4.
... evang. Theils, c.
... cathol. Theils, h.
... kais. Landgericht, 27.
Rechteren, Graf, f. r. 14.
Reden, Graf, 43.
Regensburg, F. Bisch. c. 30.
... Domcapitel, c.
... Rsstadt, n. 25.
Renesse, Graf, 9.
Reuß, fürstl. u. gräfl. Gesamthaus, f.
... Fürsten, f. u. 14.
... gräfl. Gesamthaus, f. 14.
... Gr. Heinr. XXX f. t. 14.
... Gr. Heinr. XXII. f. u.
... Gr. Heinr. LI. 14.
... Gr. Heinr. XLIII. n. 43.
Reutlingen, Rsstadt, c. t. 14.
Rhoden, Stadt, 9.
Riaucourt, Graf, a.
Rittberg, Stadt, 4.
Ritterschaft in Franken, aller 6 Orte, f. 14.
... — Ort Baunach, c. 9.
... — Ort Ottenwald, b. i. 14.
... — Ort Geburg, f. 7.
... — Ort Rhönwerra, f. n. 7. 27.
... — Buchisch Quartier, c. d. t. 14. 29.
... — Ort Steigerwald, f. 14.
... Ort Altmühl, u. x. d. f.
... am Oberrhein, i. 2. 31.
... am Mittelrhein, d. k. 9.
... am Niederrhein, t. c. 34.
... in Schwaben, aller 5 Orte, d. 14.
... — Ort am Kocher, d. c. t. 14.
... — Ort Creichgau, i. 14.
... — Ort am Neckar rc. a. c. t. 14.
... — Ort Högau rc. a. 14.
Rodoan, Gräfin, 33.
Roggenburg, Rsstift, o. t.
Rostock, Stadt, f. 19. 27.
Rotenbuch, Stift, c.
Rothenhann, Graf, 15.
Roth, Rs-Abtey, i. 30.
Rothenburg, Rsstadt, q. 43. 7.
Rothen-Münster, Rsstift, g. 30.
Rothweil, Rs-Stadt, d. r. 30.
Saarbrücken, Stadt, 6.
Sachsen, Churf. n. 14.
... Coburg, q. 7.
... — Landsch. n.
... Gotha, u. 43.
... Hildburghausen, y. 43.
... Meiningen, f. 29. 11.
... Weymar und Eisenach, n. u. 43.
... Lauenburg, Fstenth. 43.
Sachsenberg, Stadt, 35.
Salm-Salm, Fürst, c. t. 43. 20.
... Kyrburg, Fürst, b. 14. 4.
... — Pr. Moritz, 43.
... Reifferscheid, Fürst, d. t.
... — Dyck, b. r. 32. 34.
... — Bedbur, 1. 34.
... — Gräfin, t. 14.
Salmansweil, Rs Stift, o. 36.
Salzburg, Erzbisch., a. s. 34.
... Landstände, c.
... Domcapitel, d.
Sarstedt, Stadt, 27.
Sayn-Altenkirchen, 43.
... Hachenburg, 14. 43.
... Wittgenstein, gräfl. Haus, f. u.
... — Hohenstein, reg. Gr. 15. 7.

Sayn-Altenkirchen, Hohenstein, Gr. Wilhelm, t.
... — Gr. Ludwig, 35.
Schaacken, Damenstift, 33. 35.
Schaesberg, reg. Gr. 31. 35.
Schall, Graf, 15.
Schaumburg, Gfsch. (Hessencassel), 43. 8.
Schellard, Graf, 18.
Schenk v. Castell, Gr. Anton, c. 4. 24.
... — Gr. Ludwig, c.
Schlitz, Stadt, p. 35.
Schönborn-Wiesentheid, reg. Gr., c. t. 30. 15.
... Heusenstamm, reg. Gr., c. 30. 7.
Schönburg, fstl. und gfl. Gesamthaus, q.
... Waldenburg, Fürst, q.
... Rochsburg, Gräfin Carol., 27.
Schönthal, Abtey, c. t. 17. 34.
Schüttern, Abtey, c. m.
Schüssenried, Rsprälat, d.
Schulenburg, Grafen, 14.
Schwäbischer Kreis, a.
Schwäbische Grafen, o.
Schwäbisch-Gmünd, Rsstadt, d. r.
... Hall, Rsstadt, n. 7.
... Oesterreich. Landstände, m.
Schwarzach, Abtey, h. 17.
Schwarzburg-Rudolstadt, h. 43.
... Sondershausen, h. 27. 43.
Schwarzenberg, Fürst, c. m. 4. 17. 32.
Schweinfurt, Rsstadt, 7.
Schwerin, Stadt, 22.
Seeligenstadt, Abtey, c. 17.
Sickingen, gräfl. u. freihrl. Haus, 30. 22.
... reg. Gr. Franz, i. 22.
... Gr. Wilhelm, n. i.
... Gr. Casimir, 32.
Siegburg, adl. Abtey, b. 15.
... Stadt, 15.
Sinzendorf, Rsgraf, k. 10.
Söflingen, Rsstift, a. 15.
Soden, Graf, 32.
Solms, Gesamthaus, f. 7.
... Braunfels, reg. Fürst, n. 14. 32.
... — der 4 ält. Fürsten, f. 35.
... Hohen-Solms, reg. Fürst, f. 7.
... Laubach, n. u. 9. 14.
... Rödelheim, f. u. 27.
Spaur, gräfl. Haus, m. 22.
... Gr. Leopold, 2c.
Speyer, F. Bisch., c. t. k. 4. 39.
... Domcapitel, c. t. g. 17.
... Rsstadt, f. 14.
Sponheim, Gfsch. 30.
... (wegen Pfalzzweibr.) 2.
Stablo u. Malmedy, gefürst. Abtey, 4. 15. 32.
... Stadt, 31.
Stadthagen, Stadt, 34. 18.
Stadion, gräfl. Haus, d.
Stain, Gr. Carl Leop., g.
Stauffenberg, Rsgraf, 35.
Steinfeld, Stadt, k.
Steinfurt, Stadt, 29.
Steinheim, Stadt, 35.
Stolberg-Gedern, fürstl. Haus, b. 14. 29.
... Stolberg, Erbgraf, 27.
... Rosla, reg. Graf, 43.
Straßburg, Domcapitel, i. r. 31.
Stürzelbron, Abtey, 14.
Stuppenberg, adl. Damenstift, b.
Supplingenburg, Malthes. Ord. Commende, 35.
Tättenbach u. Rheinstein, Graf, 35.
... verw. Gräfin, c.
Taufkirch, Graf, 15.
... Teuschnitz, Stadt, c.
Teutsch-Ordens, Hochmeister, b. d. o. 30. 15. 34.
... der Balleyen Coblenz, Franken, Hessen, Lothringen, auch der Commenden Schiffenberg und Lutlum, 30.
... der Ballen Altenbiesen und Commende Maynau, 15.

148 Zweiter Abschnitt. Staatsb. des deutschen Reichs.

Thorn, F. Aebtissin, h. 2.
... Rsstift, 4.
Thulba, adl. Probstey, 4.
Thun, Grafen, k.
Thurn, gräfl. H. Linie zu Wartegg, k.
... — Tyrol. Linie, p.
... u. Taxis, Fürst, c. 30.
Toscana, Grosshz. r.
Tongern, Archidiaconalstift, 15.
... Stadt, 15.
Trient, F. Bisch., a. m. 34.
... Domcapitel, 33.
... Stadt, k.
Trier, Churf., b l. 20. 10. 22. 4.
... Domcapitel, e. 17. 18.
... Landstande, 17.
St. Trond, Abt, d. 2.
... Stadt, e. 15.
Truchseß, gräfl. Gesamthaus, a.
... Wolfegg, reg. Gr., l. 2.
... — Waldsee, p.
... Zeil-Zeil, a. 2.
... — Wurzach, r. 31. 2.
Ueberlingen, Rsstadt, o. t. 34.
Vellbrück, Graf, 4.
Ulm, Rsstadt, n. 7. 25.
Verden, Fstth., 43.
Vitzthum, Graf, 14.
Voit v. Rieneck, Graf, c. 27.
Vreden, weltl. Stift, d. 4.
Ursitz, Collegiatstift, 31.
Ursperg, Rsstift, o. t. 31.
Wadgassen, Abtey, 34.
Wahren, Stadt, 22.
Waldbott, Bassenheim, Graf, f. d. 30.
Waldeck, Fürst, 24.
... Gräf. Carol. Estiane, 18.
... Ritters u. Landschaft, 14.
Waldsassen, Prälat, 30.
Waldsee, Abt, 2.
Waldstein, Graf, t.
Wallenstein, adl. Damenstift, f. u. 33.
Wallmoden-Gimborn, reg. Graf, u. 4. 18. 14. 15.
Wallwitz, Graf Estian Reinh., 35.

Wangen, Rsstadt, h. 4. 39.
Wartenberg, Graf, b. 6.
... Gräfin, 27.
... verw. Gräfin, 43.
Wedinghausen, Abtey, 2.
Weil, Rsstadt, h. 34. 25.
Weingarten, Rsstift, o. 2.
Weissenburg, Rsstadt, g. 24.
Wengen, Abtey, p. 2.
Wengersky, Graf, k.
Werden u. Helmstadt, Rsabtey, b. 7.
Wertheim, Stadt, 22.
Werthern, Grafen u. Fhrn, q.
Westphäl. Stände, b. 15.
... Grafen, c.
Westphalen, Graf, c. 32.
Wetterauische Grafen, 27.
Wezlar, Rsstadt, f. 14.
Wickenburg, Graf, r. 39.
Wied-Neuwied, reg. Fürst, r. 7. 35. 39.
... — reg. u. verw. Fürstin, 22.
... Runkel, reg. Fürst, n. 12.
Wild- u. Rheingraf zu Grumbach, s. 14. 43.
... — zu Grehweiler, 32.
... fstl. u. gräfl. Dhaun. Allodial-erben, 25.
Wimpfen, Rsstadt, n. 43.
Windsheim, Rsstadt, q. 34.
Windischgrätz, reg. Gr., i.
Wolf-Metternich, Graf, 2.
Wolgast, Stadt, 22.
Worms, Hochstift, d. p. 34. 20. 32.
... Domcapitel, d. 17.
... Stadt, f. 6.
Würtemberg, Hz. u. 14. 25. 43.
... Landschaft, f.
Würzburg, F. Bisch., d. r. 2.
... Domcapitel, d. t. 4.
Ysenburg-Birst., Fürst, n. 43. 24.
... gräfl. Gesamthaus, n. 43.
... Büdingen, Graf, n. 43. 8.
... Meerholz, Graf, n. 43. 24.
... — reg. Gräfin, 25.
... Philippseich, Graf, n. 9. 14.
Zell, Rsstadt, k. 14.

Reichs-Generalität.

Bekanntlich wird erst dann, wann von den deutschen Reichsständen ein Reichskrieg beschlossen ist, eine Reichsarmee aus den Mitteln der Stände zusammengebracht, da sodann jeder Kreis sein Kreis-Corps, seine Kreiskasse und seine Kreis-Generalität bestellt. Indessen wird schon in Friedenszeiten, ausser der Generalität eines jeden Kreises, eine besondere Reichs-Generalität angeordnet, worin die hohen Stellen gemeiniglich nach der Religionsgleichheit besetzt, jedoch in Friedenszeiten nicht besoldet werden.

(Katholischer Seits.)   (Evangelischer Seits.)

Reichs-General-Feldmarschälle.

(Katholischer Seits.)	(Evangelischer Seits.)
Albert Hz. zu Sachsen-Teschen, seit 18. Dec. 767.	Friedrich Josias, Prinz zu Sachsen-Coburg-Saalfeld, seit 8 Apr. 793.
Joseph Wilh. reg. F. zu Hohenzollern Hechingen, seit 787.	
Carl, Erzhz. zu Oesterreich, seit 8. Apr. 796.	

Reichs-General-Feld-Zeugmeister und Generale der Cav.

Friedr. Landgr. zu Fürstenberg, Gen. d. Cav. seit 13 Jul. 787.	Ludwig Pr. v. Hessen-Darmstadt, seit 13 Jul. 787.
Alexander Gr. von Königsegg-Aulendorf, seit 13 Jul. 787.	Friedr. Ludwig, reg. F. von Hohenlohe-Ingelfingen, Gen. d. Cav. seit 8 Apr. 793.
(Carl Graf von Clairfait, seit 8 Apr. 793. † 98.)	Friedrich Landgr. zu Hessen-Homburg, seit 796.
Wenzel Graf v. Colloredo (a. d. fstl. L.) seit 8 Apr. 793. Gen. d. Cav.	

Reichs-Generalfeldmarschall-Lieutnants.

Franz Fidel. Graf v. Truchseß-Zeil-Wurzach, seit 8 Jul. 785.	Friedr. August Pr. von Nassau-Usingen seit 8 Jul. 785.
Hermann Graf zu Hohenzollern-Hechingen, seit 13 Jul. 787.	Anton Friedr. F. zu Solms-Braunfels seit 13 Jul. 787.
Joseph Freiherr v. Staader, seit 8 Apr. 793.	Ferdinand Pr. v. Würtemberg, seit 8 Apr. 793.
	Friedrich Pr. v. Anhalt-Bernburg Schaumburg, seit ...
	Christian Pr. v. Hessen-Darmstadt, seit ...

Zweites Kapitel.

Staatsbeamten in den geistl. Staaten des deutschen Reichs, nebst den Gliedern der hochw. Domcapitel.

Augsburg.

St**** im schwäb. Kreise; hält etwa 50 Q. Ml. mit 76,000 Einw. Die bi- l. Eink. werden auf 200,000 Rthlr. — die eines jeden Domherrn zu ... bis 1700 fl. (nach dem Preis der Naturalien) geschätzt. —

a) Domcapitel. (10)

Probst: Joh. Nep. August. Fhr v. Ungelter auf Deyssenhausen, Bisch. zu Pelle, General-Vicar (Weihbischof), auch fstl. augsb. w. geh. R. Conferenzminister u. Statthalter. — **Dechant:** Franz Friedr. Fhr v. Sturmfeder, auch bischöfl. Archidiacon. Kapitular zu Ellwangen, und Domic. zu Speyer, inful. Probst zu Straubingen; fstl. augsb. w. geh. R. u. des pfalzbayr. St. Georg-O. Commenth. und Dechant. — Max. Estoph Aug. Fhr v. Rodt, Jubilaus, Fürst-Bisch. in Costanz. — **Custos:** Clem. Ferd. Gr. v. u. zu Lodron-Lateran, inful. Probst zu Wiesensteig u. Erzpriester zu Villa im Tridentin, k. k. auch churfächs. w. geh. u. fstl. augsb. geistl. R., des bayr. St. Georg-O. Großcommenthur. — Franz Eust. Fhr v. u. zu Hornstein, inful. Dompropst zu Freysingen, u. fstl. augsb. geh. R. — Joh. Franz Fhr Schenk v. Stauffenberg, Hr. auf Wilflingen, Domcustos zu Würzburg, fstl. augsb. geh. R. — Sigism. Maria Fhr v. Reischach, Custos des Hochst. Ellwangen u. des Ritterst. Comburg, dann inful. Probst der Collegiata in Dillingen, k. k. auch fstl. augsb. und eilwang. w. geh. R. und des pfälz. Löwen-O. R. — Casimir Franz Ant. Gr. Schenk v. Kastell, auch Domcapit. zu Eichstädt. Nic. Xaver Gr. Adelmann v. Adelmannsfelden, auch Capitular zu Ellwangen u. Minden. — **Cellarius:** Joh. Friedr. Gr. v. Waldstein und Wartemberg, auch Domdech. zu Salzburg. — **Domscholaster:** Franz Xav. Fhr Späth v. Zwifalten auf Untermarchthal, fstl. augsb. geistl. R. — Theod. Franz Fhr v. Reibeld, b. R. Dr. — Franz Xav. Gr. v. Thurn und Valsassina, churfächs. geh. R. u. des pfalz. Löw. O. R. — Marqu. Fhr v. Riedheim, auch Capitular zu Eichstadt. — Carl Jos. Fhr v. Welden auf Kleinlauphheim. Ferd. Fhr von Brentano auf Brentheim u. Haunzenstein, Dr. der Theol. des St. Mich. O. Caplan. — Max. Gr. v. Waldkirch, auch Capit. zu Freysingen, des bayr. St. Georg-O. R. und erster Caplan. — Friedr. Fhr v. Leykam, b. R. Lic., des Stifts zu St. Gereon in Cölln Capitul., und des Ritterst. Wimpfen Domicellar. — Jos. Jac. v. Simonis, b. R. Dr. — Joh. Adam Nic. Fhr v. Palmer, b. R. Lic., fstl. augsb. Official, u. churpfalz. geh. R. — Carl Alex. Fhr v. und zu Hornstein, Domicellar zu Würzburg. Friedr. Alex. Notger, Gr. von Oettingen-Oett. u. Oett. Wallerstein, auch Capit. zu Cöln, u. Scholaster zu Ellwangen. — Bened. Fhr v. Freyberg auf Oepfingen, auch Domic. des Ritterst. Wimpfen. — Casp. Ant. v. Mastiaux, b. R. Dr. Carl Ph. Fhr Schenk v. Stauffenberg auf Amerdingen, auch Domic. zu Bamberg und Würzburg. — Casp. Leop. Adam Gr. u. Hr. zu Brandis, auch Capit. zu Brixen. — Ferd. Gr. v. Colloredo-Mansfeld, auch Domic. zu Passau. — Ferd. Rsgr. Truchseß v. Zeil u. Trauchburg, Fhr auf Waldburg. Phil. Ant. Gr. Schenk v. Kastell, auch Domic. zu Mainz, u. des bayr. St. Georg-O. R. und Caplan. Friedr. Jos. Fhr v. Welden auf Großlaubheim. — Ign. Fhr v. Wessenberg, Wilh. Fhr v. Baaden. Friedr. Pr. v. Oettingen-Oett. u. Oett.-Spielberg, auch Domic. zu Cöln. — Carl Max. Fhr von Rechberg und Rothenlöwen, auch Domic. zu Freysingen und des St. Georg-O. R. — Ferd. Fhr v. Speth zu Zwifalten auf Untermarchthal. —

Zweites Kapitel. Der geistlichen Staaten. 151

Ant. Cölest. Rigg, Dr. der Theol. Generalvicar in Spiritual, auch Chorhr bey St. Moritz. —Aug. Gr. v. Waldkirch. Franz Ant. Gr. v. Kagenegg. Ant. Fhrr. Donnersperg auf Iglingen. Franz Xav. Fhr v. Riedheim, auch Domic. zu Eichstädt.

b) **Hofstaats- und Dikasterial-Personale.**

Hofstaat. Oberhofmeister u. Hofmarschall: vacant. Oberjägermeister: Christoph Fhr Reichlin v. Meldegg, auch geh. R. u. Hofkammerjunker. Oberforstmeister: Max. Fhr v. Hohenegg. Hofkammerjunker: Ant. Fhr von St. Vincenz, w. Hofr. Ign. Fhr von Freyberg auf Knöringen, auch Pfleger zu Fuessen. Cstoph Fhr Reichlin v. Meldegg, geh. R. u. Oberjägermeister, auch Pfleger zu Oberdorf. Cstoph Fhr v. Winkelhofen, w. Hofr. u. Pfleger zu Westendorf. Ign. Fhr v. Schenk auf Schweinsberg, Pfleger zu Leder. C. Franz Jos. Fhr v. Stein auf Jettingen, Pfleger zu Zußmershausen. Joh. Nep. Fhr Reichlin v. Meldegg, auch Jagdjunker und Pfleger zu Bobingen. Leibmedicus: Fel. Reisinger, d. A. Dr. Hofmedici: J. G. v. Häßle, Hofr. C. A. Paul Dr. d. Med.

Geheime Raths Collegium Geheime Räthe: Marquard Fhr. v. u. zu Hornstein, Hofraths- u. Hofcammer-Vicepräsid. auch Stadtpfleg. zu Dillingen. Rud. Franz Cämmerer von Worms, Fhr. v. und zu Dalberg, der Stifter Bamberg u. Minden resp. Oblegarius u. Domcapit., Erboberamtm. zu Hammelburg und Salder. Jos. Ign. Fhr. von Welden auf Laubheim, Pfleg. zu Schwabmünchen. Wenz. Gr. v. Leiningen-Dachsburg, churtr. geh. R. u. Hofmarschall, auch des schwäb. Kr. Obristwachtmstr. Franz Ant. Fhr. v. Brulscher auf Schorn. Cstoph Fhr v. Reichlin zu Meldegg, s. ob. Carl Jos. Gr. v. Oexle, Ges. zu Regensburg.

Geheime Canzley Geheimer Referendar a) in geistl Sachen: Joh. Nep. Phil. Cstoph Betzel, Dr. d. Theol., geh. R., der Collegiatstifter zu St. Peter in Dillingen u. Augsburg respective Dechant u. Chorherr. b) In weltl. Sachen: Andr. Weber, Hofr. auch Oberarchivar. Geheim Canzellist: J. G. Rath.

Generalvicariat. Generalvicar: Ant. Cölestin Rigg s. ob. Assessoren: Der geh. Refer. Betzel, s. ob. Jos. Ant. Steiner, Dr. d. Theol., Bücher-Censor, Pönitenziar und geistl. R., u. Canon. zu St. Moriz in Augsb. Ludw. Rößle, Lic. d. Theol., geistl. R., Canon. zu St. Moriz, u. Regens des Seminarii zu Pfaffenhausen. J. G. v. Wagner, d. Theol. u. b. R. Dr., geistl. R. Franz W. Epplen v. Härtenstein, b. R. Lic., geistl. R., Scholaster zu St. Moriz u. Chorhr zu St. Peter. J. ... H. Lumpert, Dr. d. Theol., geistl. R. u. Siegler, auch Chorhr zu ... Gertrud. Aloys Mayr, Lic. d. Theol., geistl. R, u. Fiscal, auch ... rer in Gögginngen u. Stipendiatenverwalter. J. G. Wanner, b. ... g..stl. R. des Landkapitels Lauingen Dechant und Pfarr. zu ... Prof. des canon. Rechts an der Schule zu Dillingen. Secre- ... Dodell, b. R. Lic. **Expeditor**: J. G. D. Vulffer, Notar ...gistrator.

Geistl. Raths Collegium. Präsident: J. N. A. Ungelder, Fhr von Deissenhausen, s. ob. Räthe: Clem. Ferd. Gr. von Lodron, Domcustos, s. ob. A. C. Nigg, s. ob. Den geh. Referend. Betzel, s. ob. J. A. Steiner, s. ob. Ludw. Hößle, s. ob. Jos. Thom. de Hauben, geh. R. u. Vice-Official auch Chorhr bey St. Gertrud. J. G. von Wagner, s. ob. Franz Val. Epplen von Hartenstein, s. ob. J. J. H. Lumpert, s. ob. Aloys Mayr, s. ob. Secretär: Dodell, s. ob. Expeditor: Bulsfer, s. ob.

Consistorium. Officialis: J. A. N. Fhr. v. Palmer, Domhr, s. ob. Vice-Official: J. T. de Haiden, s. ob. Assessores: Jos. Steiner, s. ob. A. Mayr, s. vorher. Canzleydirect. Jos. Alexand. Höfler, b. R. Lic. u. Hofr.

Landes-Regierung (in Dillingen). Vicepräsident: M. Fhr v. u. zu Hornstein, s. ob. Canzler: Cstoph Ant. v. Sichlern, b. R. Dr. fstl. geh. R., Lehenprobst u. Prorector der Universität. Vice-Canzler: Jos. Franz X. Epplen v. Hartenstein, geh. R., Regier. Director, auch Gesandter zur schwäb. Kreisversammlung. Frequentirende Hof- und Reg. Räthe: Joh. Nep. von Mezger, geh. R., Regier. Vice-und Canzleydirector. Joh. Cstoph v. Breuning, geh. R. Ant. Schöberl, b. R. Lic., geh. R. u. Kammerdirector. Gallus Jos. Contamin. Cölest. Schmidt, b. R. Lic. Joh. Georg v. Hößle, b. A. Dr. Phil. Leop. v. Frech, b. R. Dr. Prof. juris publ. et feudal u. Universitätsgubernator. Jos. Schmidt, b. R. Dr. Prof. institut et pandect wie auch jur. crim. Sulpiz Häfelin. Secretarii (2): Cölest. Schmidt, s. ob. Wilh. Ant. Metz. Oberarchivar: A. Weber. Archivar: L. v. Bally, Hofrath.

Hofkammer. Vicepräsident: M. Fhr von und zu Hornstein, s. ob. Director: Ant. Schöberl, s. ob. Hofkammerräthe: Sulpiz Häfelin, s. ob. Franz Ant. von Stein, Hofr. Franz Wolf, Hofr. Joh. Casp. Spengler, zugl. Witwen- und Waisen-Casse-Verwalter, Marq. Schöberl. Ulr. Julius. Secretär: J. Barensteiner. Rechnungsrevisor: M. Reiber. — Hofzahlamt. Zahlmeister: B. Scheppich.

Lehnhof Lehnprobst: Cstoph Ant. v. Sichlern, s. ob. Secretarius: Wilh. Ant. Metz.

Erbämter. Marschall: v. Westernach. Cämmerer: v. Freyberg. Schenk: v. Welden. Truchseß: v. Stadion.

Gesandte und Agenten.

Botzen: Joh. Pet. Evrl. Inspruck: Joh. Hahn, b. R. Dr. obersterr. Reg. Advoc. München: Joh. Gerh. Fasmann. Regenspurg: Carl Jos. Gr. v. Oerle, churtr. Cämm. G. Ant. Vollert, Legat. Secret. Wien: Rs-Hof-Agent Franz Ant. v. Dittrich, Hofr. Wetzlar: Dam. F. Haas, Hofr.

Bamberg.

Bisthum im fränkischen Kreise; hat auf 65 Q. Ml. 19 Städte, 15 Flecken, 855 Dörfer, gegen 190,000 Einwohner. Die Einkünfte werden zu 1 Mill. Thlr. geschätzt. —

Zweites Kapitel. Der geistlichen Staaten.

a) Domcapitel.

Capitularherren (20).

Joh. Phil. Ant. Fhr v. Schaumberg, Domprobst: fstl. bamberg. geh. R. auch Probst des Stifts zu St. Stephan und Oberpfarrer zu Cronach. — Jos. Carl Georg Fhr v. Hutten zum Stolzenberg, Domdechant, Statthalter, Cellarius, Probst des Stifts zu St. Jacob, geh. R., und Richter des Consistoriums. — Friedr. Carl Jos. Fhr v. u. zu Erthal, Domscholaster und Senior, Erzbischöfl. u. Churf. zu Mainz, und F. Bisch. zu Worms. — Johann Ph. C. Gr. v. Stadion, Domicustos, auch Capituln. zu Mainz u. Würzburg, Probst des Stifts zu St. Gangolf, geh. u. geistl. R. — Joh. Jos. Heinr. Ernst Fhr v. Wirzburg, auch Capitul. zu Würzburg, fstl. bamb. geh. R. u. Präsid. des geistl. Raths, Generalvicar in Spiritual. dann Oberpfarrer zu U. L. Fr. in Bamberg u. zu Buttenheim. — Friedr. Cstian Nep. Wilderich Gr. v. Walderdorf, auch Capitul. zu Würzburg u. Eichstädt, geh. R., und Hofkammerpräsident. — Franz Erw. Gr. v. u. zu der Leyen u. Hohengeroldsegg, auch Capitul. zu Trier u. Würzburg. — Joh. Carl Jos. Ludw. Fhr v. Guttenberg, geh. R. — Franz Carl Heinr. Wilh. Fhr v. Redwiz, auch Capitul. zu Eichstädt. — Phil. Lothar. Joseph Fhr v. Kerpen, Domsänger, auch Capitul. zu Ellwangen. — Adam Fr. Gottfr. Fhr Gros v. zu Trockau, auch Capitul. zu Würzburg, geh. R., und Regier. Präsident. — Adam Fr. Carl Ign. Fhr v. Auffees, Probst des Collegiatst. zu St. Martin in Vorchheim, auch Präsident des bamberg. w. auffees. Seminariums. — Ph. Ant. Ulr. Gottl. Fr. Fhr v. Bubenhoven, geh. R., Obereinnahm: u. Hofkriegsraths=Präsid. auch des Ritterst. zu St. Burkhart in Würzbg Capitular. — Otto Phil. Fhr Gros von u. zu Trockau, auch Capitul. zu Würzbg, fstl. bamb. geh. R. u. Comitialgesandter zu Regensburg. — Fr. Ernst Gottfr. Wilh. Fhr Voit v. Salzburg, Probst der alten Kapelle zu U. L. Fr. in Regensburg. — Lothar Franz Fhr v. Fechenbach zu Laudenbach, auch Capitul. und Chorbisch. zu Trier u. Domic. zu Würzburg. — Fr. Carl Ph. Lothar Gottfr. Fhr Zobel v. Giebelstadt, auch Domic. zu Würzburg. — Carl Fr. Eman. Fhr v. u. zu Frankenstein, auch Capitul. zu Mainz u. Domic. zu Würzburg. — Ph. Ant. Jos. Fidel Fhr v. Guttenberg, auch Domhr des Ritterst. zu St. Burkhard u. Comburg. — Fr. Ant. Georg Wilh. Fhr v. Redwiz.

Domicellaren (14).

Emmer. Jos. Ph. Ign. Gr. v. Stadion, auch Domic. zu Mainz. — Franz Lothar Fhr Horneck v. Weinheim, auch Domic. zu Trier. — Franz Ludw. Carl Jos. Fhr Horneck von Weinheim auch Domic. des Ritterst. zu St. Burkhard in Würzburg. — Ph. Fr. Ant. Fhr v. Guttenberg auch Domic. zu Würzburg. — Max. Jos. Gr. v. Sickingen-Hohenburg, auch Domic. zu Würzburg. — Joh. Ph. Carl. Fhr Schenk v. Stauffenberg, auch Capitul. zu Augsb. u. Domic. zu Würzbg. — Franz Carl Fhr v. Münster. — Franz Carl Gr. v. Stadion. — Franz Ludw. Ph. Veit Jos. Fhr v. Schrottenberg, auch Domic. des Reichsstifts Odenheim in Bruchsal, so wie zu St. Peter u. Alex. in Aschaffenburg. —

Fr. Mar. Georg Fhr v. Waldenfels. — Mar. Wilh. Jof. Xav. Aloys Gr. v. Sickingen-Hohenburg, auch Domic. zu Würzburg. — Hugo Ph. Judas Thadd. Mar. Gr. v. Kesselstadt. — Georg Carl Franz Ign. Joh. Nep. Fhr v. Fechenbach zu Lautenbach, F. Bisch. zu Würzburg u. Hz. zu Franken. — Franz Ludw. Carl v. Redwitz, auch Domic. des Ritterst. zu St. Burkhard in Würzburg.

Domcapitlische Beamte.

Syndicus: Mart. Reider, b. R. Lic., churmainz. u. fstl. bamb. geh. u. respective Hofkriegs-R., der Dompropsten Administrator u. Lehenprobst. — Consulent u. Archivar: Joh. Franz Jof. Heinr. v. Grasmannsdorf, b. R. Lic. auch fstl. bamb. geh. R. — Consulent: Casp. Jof. Steinlein, b. R. Lic., auch fstl. bamb. geh. R.

b) Personale des Hof- und Civilstats.

Oberhofmarschall: Ant. Jof. Fhr Horneck v. Weinheim, Hr zu Thurn, geh. R. u. Oberamtm. zu Höchstädt, der Rsritterschaft in Franken, Orts Gebürg u. Baunach, Ritter R. u. Deputatus. — Oberstallmeister: Friedr. Gr. v. Rotenhahn auf Rotenhausen u. Merzbach, geh. R. u. Berghauptm. Oberamtm. zu Marloffstein, des kais. St. Jof. O. R. — Oberjägermeister: Fr. Carl Fhr. v. Schaumberg, geh. R., Oberamtm. zu Weißmayn u. Burgkundstadt. Hofmarschall: Adam Fr. Schenk v. Stauffenberg, Hr zu Ammerdingen, Greiffenstein, Heiligenstadt, Burggrub u. Streit, geh. R., Oberamtm. zu Scheßlitz, Ritterhauptm. des Orts Gebürg.

Leibmedici: Joh. Ign. Jof. Döllinger, Hofr. Franz Adalbert Markus, Hofr. Beichtvater: Benno Keller, Franciscan. Ordens.

Geistliche Regierung. Präsident: Joh. Jof. Heinr. Ernst von Würzburg, der Stifter Bamb. u. Würzbg. Capit., fstl. bamb. w. geh. R., u. General-Vicar. in Spiritual. Joh. Adam v. Behr, Bisch. zu Hymerien, Suffragan. Vicar. gen. in Pontif. u. Provicar. in Spiritual. fstl. bamb. geh. u. geistl. R., des bamb. Semin. Präs., Canon. Capit. des Collegiatstifts zu St. Steph. u. St. Mart. in bamb. Pfarr. Räthe: Joh. Phil. Rsgr. v. Stadion, w. geh. R. auch Capitul. zu Mainz, Bamberg u. Würzbg. Cstoph Müller. Mich. Heinr. Schubert, b. R. Lic., auch Dechant zu St. Gangolf. Laur. Carame, auch Dechant zu St. Stephan. Joh. Schott, b. R. Dr., auch Dechant zu St. Jacob. Heinr. Ott. Ant. Mor. Faber. Nic. Diez. Aug. Andr. Schellenberger. Melch. Ign. Stenglein. Eduard Geo. Daum. Fr. Molitor, auch Dechant zu Cronach. Joh. G. Schmidt. Joh. Gerner. Joh. Bapt. Reuder. Gall. Ign. Limmer. Andr. Frey. Burkh. Stapf, auch Consulent u. Advoc. der milden Stift. Joh. Seb. Kraus. Joh. Oesterreicher. Fiscal: Mich. Heinr. Schubert. Syndicus und Secret.: Heinr. Ott.

Consistorium. Richter: Jof. Carl G. Fhr v. Hutten zu Stolzenberg, Dombech. w. geh. R. u. perpet. Statthalter.

Geheime Hofcanzley. Geh. Referendar: Matth. v. Pflaum,

Zweites Kapitel. Der geistlichen Staaten.

w. geh. R. Geb. Cabinetssecretair: Hofr. Albert Fracassini. Geh. Archivar: Joh. Casp. Eder, Hofr.

Hofkammer. Präsident: Fr. Estoph Nep. Wilder. Gr. v. Walderdorf. Domcap. zu Bamberg, Würzburg und Eichstädt, u. w. geh. R. Director: Franz Jan. Rohrbach, w. geh. R. Geo. Fr. Püls, b. R. Dr., w. geh. R., Cammerconsulent und Procurat. Fiscal. cameral. Nic. Thadd. Gönner, b. R. Dr., Hofr. u. Cammerconsulent. Hofkammerräthe: Joh. Conr. Oesterreicher. Joh. Ant. Gottfr. Fortenbach. W. Nep. Mehler, Hofkastner. Joh. Jos. Aloys. Wunder. Wilh. Stenglein, Hofr. Franz Andr. Steinlein, Zahlmeister. Joh. Matth. Kriebel. Ferd. Arter. Jos. Stöcklein, auch Hofcammersecr. E. Dresch. Thom. Schuster. Jos. Weigand. J. A. Kälin. Ant. Förtsch. Gall. Hanauer. Gall. H. Gruber. C. Sigm. Pfretzschner. Andr. Stapf. Franz Schneidewind.

Hofrichter: Adam Jos. v. Pabstmann, Hofkanzler.

Hofkriegsrath. Präsident: Ph. Ant. Udalr. Gottl. Fhr von Bubenhoven, Domcap. zu Bamberg, w. geh. R. Gallus Brockard, Abt des Klosters Michelsberg. Director: Albert Schlehlein, geh. R. Hofkriegsräthe: Cajet. Roß, Coadj. der Abtey Michelsberg. Heinr. Aug. Marschall v. Ostheim, des deutsch. O. R., General. geh. R., Cämmer. u. Commandant zu Bamberg u. der Vestung Vorchheim. Ben. v. Redwitz, geh. R., Dir. u. Command. der Veste Kronach. Melch. Pfretschner, Obristl. Joh. Ph. v. Schaumberg, Obr. Friedr. v. Münster, Obristl. Elias A. v. Reider, Consulent. Joh. Mart. Relder, geh. R. und Domcap. Syndicus. Franz Jos. Ign. Schieder, Kriegscommissair. Joh. Georg Roppelt. Joh. Phil. Otto Titus. Melch. Weber. Heinr. Sondinger. Joh. Ant. Grau. Franz Steinmetz. G. Ign. Roppelt. Ant. Jos. Martin, Marschcommiss. Franz Fleischmann. Secretär: Jgn. Heunisch.

Obereinnahmspräsident: s. Hofkriegsrath.

Kaiserl. Landrichter: Phil. Ant. Maria Fhr v. Künsberg, geh. R. u. Oberamtm. Landschreiber: Franz Estoph Lorber v. Störchen.

Weltl. Regierung. Präsident: Ad. Fr. Gottfr. Loth. Joseph Fhr Groß v. u. zu Trockau, w. geh. R. Domcapit. zu Bamb. u. Würzburg. Hofkanzler: v. Pabstmann, s. ob. Adel geb. Räthe: Franz Wilh. Fhr v. Guttenberg. Joh. Ant. Jos. Horneck v. Weinheim. Ferdin. Estoph v. Künsberg. A. H. Marschall v. Ostheim, s. ob. Fr. Carl Fhr v. Schaumberg. Phil. Ant. v. Wiesenthau. Phil. v. Trautenberg. Joh. Phil. Carl Gr. v. Stadion. Carl Sigm. v. Künsberg. Phil. Ant. Fhr. v. Künsberg. Beruh. Mar. Karg v. Bebenburg. Carl Phil. Ign. Fhr v. Münster. Fr. Estoph Gr. v. Rotenhan. Fr. Estoph Gr v. Walderdorf. Joh. C. Jos. Ludw. Fhr v. Guttenberg. Ph. Ant. Udalr. Fhr v. Bubenhoven. Ben. Fhr v. Redwitz. Otto Ph. Fhr Groß v. u. zu Trockau. Franz Jos Fhr v. Redwitz. Franz Conr. Jos. Seb. Fhr v. Schrottenberg. Joh. Phil. Ign. von Aufseeß. Adalb. Fhr Späth zu Zwifalten. Ad. Fr. Fhr Schenk von Staufenberg. Franz Ph. Fhr v. Guttenberg. Ph. Franz Fhr v. Geb-

sattel. Fr. v. Guttenberg. Ant. v. Redwitz. Adel. Hof und
Regier Räthe: Franz Carl Heinr. Fhr v. Redwitz. Fr. Ernst Gottfr.
Wilh. Fhr Voit v. Salzburg. Adam Fr. Fhr Hornek v. Weinheim.
H. v. Künsberg. Adam Fr. v. Wiesenthau. Joh. Heinr. Fhr Groß
v. u. zu Trockau. A. Fr. Reding von Biberegg. Cstoph Franz Ph. von
Künsberg. Fr. v. Lochner. Carl Theod. Jos. Fhr v. Schaumberg.
Gel. geh. Räthe: Mart. Reider b. R. Lic. Joh. Ign. Ferd. Faber.
Franz Xav. Rohrbach. Fr. Jos. v. Heinrichen zu Grasmanns=
dorf, b. R. Lic. G. Fr. v. Haysdorf. Jos. Phil. von Oberkamp,
erster Kreisdirectorialges. zu Nürnberg. Franz Wenz. Degen, b. R. Lic.
Joach. Leonh. Mulzer, b. R. Lic. Franz Schubert, b. R. Lic. Matth.
Pflaum, b. R. Lic. auch geh. Refer. Lor. Carame. Joh. Heinr. Mich.
Schubert. Joh. Schott. G. Gottfr. Püls, b. R. Dr. Casp. Jos.
Steinlein, b. R. Lic. Joh. G. Wittmann. Dionys Korbach.
Alb. Schlehlein. Friedr. von Haynault. Gelehrte Hofräthe:
Ph. Fr. Pregler, b. R. Dr. C. Ph. v. Reider. C. Ant. v. Ober=
kamp. Franz Cstoph Lorber v. Störchen, b. R. Lic. Ferd. Zeller, b. R.
Dr. G. Franz Werner, b. R. Lic. Adalb. Ph. Hepp, auch 2r Kreis=
director. Ges. Nic. Thadd. Gönner, b. R. Dr. Valent. Molitor,
b. R. Lic. El. Ad. v. Reider, b. R. Dr. Burck. Stapf. Gall. Hack,
b. R. Dr. Alb. Ludw. Fracassini, s. ob. Mich. Weber, b. R. Dr.
Ad. Molitor, b. R. Lic. Joh. Ad. Ign. Oesterreicher, b. R. Lic.
Cstoph Fr. Dangel. Joh. Bapt. Mayer. Wilh. Stenglein. Jos.
Matth. Kriebel. Nic. Ditterich. Pet. Ziegler. Franz Valer.
Fischer. Ph. v. Heinrichen zu Graßmannsdorf. Fr. Ferd. Wink=
ler, b. R. Lic. Franz Conr. Eder. Secretairs: J. A. Ign. Oeste=
reicher, Hofr. u. Regier. Secret. Erh. Fexer, Hofr. und kais. Com=
missions= u. Polizeysecretair. G. Melch. Weber, Hofkriegsr. u. Kreis=
directorialgesandschafts=Secret.

Cent. u. Fraisch Gericht. Präsident: Wilh. Friedr. Fhr v. Küns=
berg, geh. R. u. Vicedom zu Bamberg. Secretair: Friedr. Herzog.

Lehenprobst: Geo. Franz Werner, b. R. Lic. Hofr. s. ob. Se=
cret. Georg Jos. Weigand.

Erbämter. Oberschenk: Churböhmen. Unterschenk: v. Auffsee
zu Oberauffsees. Obertruchseß: Churbayern. Untertruchseß: von
Bibra. Obermarschall: Chursachsen. Untermarschall: Marschall
v. Ostheim. Obercämmerer: Churbrandenburg. Untercämmerer:
von Rothenhan zu Rentweinsdorf.

Basel.

Bisthum an den Gränzen der Schweiz, das zum oberrheinischen Kreise ge=
rechnet wird, ist nun ganz von den Franzosen occupirt, und das bischöfl.
Gebiet macht mit der vormals hzl. würtemberg. Grafsch. Mömpelgard jetzt
das Departement Monterrible aus. Derjenige Theil desselben, welcher
bisher noch zum deutschen Reich gerechnet wurde, (wozu Bruntrut, die
Residenz des F. Bischofs, und Arlesheim, der Sitz des Domcapitels, ge=
hörte) und etwa 9 Q. Mln. mit 12,000 Einw. hatte, wurde bereits 1792
von Custine in Besitz genommen. Der übrige Theil, der sich schon längst
der Hoheit des deutschen Reichs entzogen hatte, aber doch die Hoheit des

Zweites Kapitel. Der geistlichen Staaten.

F. Bischofs noch anerkannte, war das sogenannte Erguel oder St. Immerthal, und wurde bisher unter die zugewandten Orte der Eidgenossenschaft gerechnet. Auch dieser Theil, von etwa 6 Q. Ml. und 11500 Einwohnern wurde im Dec. 797 von dem fränk. General St. Cyr in Besitz genommen. —

Domcapitel (18) bisher in Arlesheim. **Domprobst:** vacat. **Domdechant:** Franz Ign. Meinrad Xav. de Rose v. Multenberg. **Domcantor:** Franz Sigism. v. Blarer zu Wartensee. **Domarchidiacon:** Joh. Heinr. Herm. v. Ligerz, Probst zu Entschingen. **Domcustos:** Franz Ant. Jac. Fhr von Reinach zu Steinbrunn, auch Domhr zu Würzburg. **Domscholaster:** Joh. Wilh. Fidelis Rink von Baldenstein. — Phil. Val. von Reibelt, Dr. der Theol. — Carl Franz Eleazar Fhr v. Wangen zu Geroldsegg am Wassichen. — Joh. Augustin, Fhr v. und zu Andlau. — Franz Xav. von Maler, Dr. der Theol. Generalvicar. — Wilh. Lothar. Fhr v. Rotberg. — Franz Salesi Conr. Fidelis Rink v. Baldenstein. — Jos. Fhr v. Roggenbach. — Bened. Fhr v. u. zu Andlau, Fürst-Abt zu Lüders u. Murbach. Joh. Nepom. v. Wessenberg, Fhr v. Ampringen.

Berchtesgaden.
(oder Berchtolsgaden.)

Gefürstete unmittelbare Reichs-Probstey im bayr. Kreise, mitten im Salzburgischen, hält auf etwa 12 Q. Ml. 20,000 Einw. und soll 46,000 Thlr. Einkünfte bringen.

a) Domcapitel. (12)

Dechant: Franz Xav. Gr. v. Dietrichstein, Consist. R. u. Reg. Präsident. — **Senior:** Joseph Fhr v. Rechbach, Consist. u. Reg. R., auch Seeinspector. — Franz Jos. Nep. Gr. v. Wicka, Consistorial- und Reg. R. auch Oberküchenmeister. — Sigism. Gr. v. Herberstein, Reg. R. — Franz Xav. Gr. v. Berchem, Reg. R. — Leop. Ernst Fhr v. Möller, Domic. Jos. Joh. Nep. Fhr v. Gabelkhofen, Domic. — Die übrigen sind nicht besetzt.

b) Regierungs-Personale.

Geistl. Regierung: Franz X. Gr. v. Dietrichstein, Domdechant u. Consist. Präsident. — Jos. Fhr v. Rechbach, Consist. R. — Franz Joh. Nep. Gr. v. Wicka, Consist. R. — Franz Ant. v. Euth, Reg. Canzler u. Consist. R. — Joh. G. Schwarzmann, Consist. R. und Pfarrervicar. in der Ramsau. — Franz Tremel Consist. R., auch Pfarrer vicar. u. Senior in Berchtesgaden. — Franz Ant. Hasel, Hofr. und Consist. Secret.

Weltl. Regierung: F. X. Gr. v. Dietrichstein, s. ob. Jos. Fhr v. Rechbach, Consist. und Regier. R., auch Steininspect. Franz Jos. Gr. v. Wicka, Consist. u. Reg. R. Franz Ant. v. Euth, Hof- u. Reg. Canzler, Lehenprobst u. Salz-Commiss. August Tschiederer, Hof- u. Reg. R., Landpfleger, Gerichts-Administr. zu Berchtesgaden, und Hof-Markts-Richter zu Schellenverg. Jos. Krüger, Hof- u. Regier. R. und

Walddirect. Joh. Bapt. Fr. v. Steigentesch, Hof- und Reg. R. und Cabinetsrefer. Sigism. Gr. v. Herberstein, Reg. R. Franz Xav. Gr. von Berchem, Reg. R. Franz Xav. Prüflinger, b. R. Dr., Hofr. u. Agent am Churhofe zu München. Franz Ant. Hasel, Hofr. u. Secret. Franz Anton Kesseler, b. A. Dr. Hofr. u. Landschafts-Physicus. Franz Ant. Fembacher, Hofcammer-R. u. Hofzahlmstr. Aloys. Eisenmann, Hofcammer-R. u. Salzbeamter zu Frauenreith u. Schellenberg. Joh. Casp. Kaserer, Hofcammersecret. Cajet. Ant. Kramer, Regier. Registrat.

Gesandte und Agenten.

München: Franz Xav. Prüflinger, w. Hofr. und Agent. Regenspurg: Ign. Joh. Gr. von Oerle, Gesandter. Rom: N. Bonsiginoli, Rath und Agent. Wetzlar: Maimone, Agent. Wien: Estian v. Clerf, Agent.

St. Blasien.

Die Ländereyen, welche zu dieser reichen gefürsteten Benedictiner Abtey gehören, sind theils unmittelbar zum deutschen Reiche, theils unter die österreichische, theils unter die schweizerische Landeshoheit gehörig. Reichslande sind: Die Grafschaft Bonndorf (welche aus dem Oberamt Bonndorf und dem Obervogteyamt Bettmaringen besteht); ferner die Obervogteyämter Blümegg und Gutenburg. Unter oesterr Landeshoheit besitzt sie das Oberamt Stauffen und verschiedene Vogteyen; so wie auch unter schweizerischer Hoheit die Gerichtschreiberey Klingenau, mit einigen Vogteyen und verschiedenen Cameralgefällen. Alle zusammen mögen etwa 8 Q. Ml. mit 12,000 Einw. halten.

Fürstl. Regierung: Ant. Ferd. Mar. v. Lempenbach, Hofkanzler. Anselm v. Meyersburg, geh. R. Franz Marq. Gerbert v. Hornau, geh. R. Leop. v. Schlichtenfeld, geh. R. Ant. v. Klock, geh. R. Secret Conr. Duttlinger. Registrat. u. Canzellisten: Jac. Kienzi. Jos. de Sylva. Joh. Bapt. Balzer. Joh. Nep. v. Meyersburg. Thom. Vogt.

Kameralbeamte: Nicol. v. Uebersheim, Hofcammer-R. Carl Gerer, Forstr. Donat. Satler, Hofr. und Bergverwalter. Chr. Merk, Forstmeister. Fidel. Vogelbacher, Kastenvogt. Jac. Keller, Renovator.

Physicat: Leont. von Helbling, geh. R. und Leibmed. Sim. Krieg, Rath u. Medicus. Carl Romer, Hofchirurg. Jac. Harrer, Hofapotheker. Ambros. Piuma, Landspitalchirurg.

Ober- und Obervogteyämter. Oberamt Bonndorf: Joh. Evang. Würtenberger, Hofr. Franz Sales. v. Erast, Hofkrieger. Jos. Schauble, Actuar. Fr. Jos. Schmalholz, Scrib. Oberamt Staufen: Carl v. Gleichenstein, geh. R. Mich. v. Kuon, Hofr. R. Jos. Werra, Bergrichter. Fr. Jos. Schlegel, Actuar. Obervogteyamt Blümegg: Aloys. von Johler, Hofr. Jos. Wiedemann, Actuar. Obervogteyamt Gutenburg: Fidel. von Schalberg, Hofr. Franz Jos. Kees, Actuar. Obervogteyamt Bettmaringen: Ant. von Klock, Obervogt. Joh. Bapt. Balzer, Actuar.

Zweites Kapitel. Der geistlichen Staaten.

Amt **Oberried**: Joh. Nep. Frey, Amtm. Johann Bapt. Oertel, Actuar. Amt **Schönau**: Franz Aloys. Leo, Amtm. Rud. Wieland, Actuar. **Gerichtschreiberey Klingenau**: Franz Xav Schlininger. — **Cameralämter. Zürich**: Heinr. von Tauenstein, Amtm. **Basel**: Rud. Fäsch, Amtm. **Schafhausen**: Friedr. Imthurn, Amtmann. **Waldshuth**: Leop. Gerbert v. Hornau, Hofrath und Amtsverwalt. **Kaiserstuhl**: Franz Ant. Buol, Amtsverwalt. **Freiburg**: Heinr. Zink, Schaffner.

Brixen.

Dieses Bisthum im Umfange Tyrols hält in seinen, unter österr. Landeshoheit stehenden Ländereyen, gegen 17 Q. M. mit etwa 26,000 Seelen.

a) Domcapitel. (19)

Dom-Probst: Conr. Georg v. Buol zu Bärnberg, Hr. in Müllingen, Rs.Ritt., Dr. der Theol., u. Präsid. des geistl. Raths. — **Techant**: Joh. Phil. Ner. Aloys. Fhr v. Sternbach, im Stock, Luttach und Angerburg, Hr. in Oberfalken u. Groppenstein, geistl. R., Probst bey U. L. F. auf der Insel Werth in Krain. — **Senior**: Aegid. Oswald Colonna, Fhr v. Völs u. Schenkenberg, Hr zu Schloß Preßl, auch Domhr, w. geh. R. u. geistl. R. Präsid. in Frersingen. Jos. Joh. Nep. Roman Fhr v. Enzenberg zum Freyen und Jöchlsthurn, geistl. R. — **Summus Scholaster**: Franz Ant. v. Buol in Bärnberg, Hr. in Müllingen, Rs.R. geistl. R. — Hartmann Fhr v. Enzenberg zum Freyen u. Jöchlsthurn. — Casp. Gr. v. Brandis Fhr v. Leonburg, Vorst u. Fallburg, Probst bey U. L. F. in Ambitu, Domhr zu Augsburg. — Jos. Gr. v. Wolkenstein u. Trostburg, Fhr v. Neuhaus, Hofr. u. Fabricator. — Ernst Fhr v. Taris, Bordogna u. Vallnegra, geistl. R. u. Stadtpfarrer zu Brixen. — Max. Gr. v. Wolkenstein u. Rodeneck, Hofr. Friedr. Franz Jos. Gr. v. Spaur, Pflaum u. Valör, Hr. zu Burgstall, Winkl u. Pirschheim, fürstl. Hofr., Domhr zu Salzbg. Anton May. Gr. von Mohr, Fhr in Landstein u. Lichtenegg, Hr zu Montan und Dornsperg, geistl. R. — **Domcustos**: Damian Fhr v. Taris, Bordogna u. Vallnegra, Hofr. — Lact. Franz Fhr v. Winkelhofen zu Engloß, Meidenstein, Krähekofl u. Thurn. — Timoth. Franz Gr. v. Althann, Fhr von Murstetten, Hr. in Schwedendorf u. Goldenburg, geistl. R. — Georg Sigism. Gr. v. u. zu Portia, Brugnara, Hr. in Ober: u. Niederlauterbach, des St. Georg-Ord. Commenth. dann des Collegiatstifts zu Landshuth in Bayern inful. Probst. — Honorat. Max. Gr. v. Althann, Fhr von Murstetten, Hr. in Schwedendorf und Goldenburg, geistl. R.

Nicht Capitularen: Franz Lateranus, Gr. zu Lodron und Castro Romano, Hr. zu Zimberg, u. der Schlösser St. Johann, St. Barbara, Castellani u. Novi. Jos. Gr. Hendl v. Goldrain, Jufal u. Maretsch, Stadtpfarrer zu Klausen.

Syndicus u. Urbari Amtmann: Anton Söll v. Teissega zu Steinburg. **Notarius Capituli**: Jos. Valent. Niederweger, Priester.

b) Hofstaat und Dicasterien.

Obristhofmarschall: Franz Jos. Fhr v. Taxis zu Bordogna und Vallnegra, k. k. Cämmerer u. Obrist=Postmstr an der Etsch und Botzen. **Oberstküchenmeister:** M. Ant. Janvit. Fhr v. Cazan zu Griesfeld. **Obriststallmeister:** Joseph Gr. v. Platz, Hr zum Thurn. **Consistorium Präses:** Conr. Georg v. Buol zu Bärnberg, Hr in Müllingen, Domprobst. **Räthe** (14): Joh. Ph. Ner. Fhr von Sternbach, Domdechant, Probst in der Insel Werth zu Veldes in Crain. Jos. Joh. Fhr v. Enzenberg, Domhr. Franz Ant. v. Buol, Domhr u. Scholaster. Ernst Fhr v. Taxis, Domhr u. Pfar. zu Brixen. Ant. Max. Gr. v. Mohr, Domhr. Tim. Franz Graf v. Althann, Domhr. Honorat. Max. Gr. v. Althann, Domhr. Ant. Brock von Weisenberg, Chorhr, Lehrer der Theol. und Decan. des theolog. Studiums. Casp. Seb. Luz v. Guelfenstein, Dechant und Pfarrer zu Bruneck. Referend. Franz Aug. v. Waldreich zur Ehrenport, Chorhr u. Canzleydir. Jos. Hofer, Chorhr und Professor des geistl. Rechts, auch Decan. des theolog. Studiums. Joh. Ant. Cibbini, Dr. d. Theol. des fürstl. Priesterhauses Regens, u. Decan des philosoph. Studiums. Jos. Aloys. Fassand, Chorhr. Joh. Bapt. Pirchstaller, Stadtpfarrer zu Brixen. **Secretarii** (4): Ignaz Walther, Dombeneficiar. Jos. Ant. v. Lemmen und Lussingburg. Franz Ant. Anreitter v. Zierenfeld und Neidheim, Dr. der Theol. Joh. Bapt. Juliani, Hofcaplan. **Archivar und Registrator:** Ignaz Widmann, Priester.

Hofraths= u Cammerdicasterium. Präsident: vacat. **Wirkliche Räthe:** Jos. Gr. von Wolkenstein u. Trostburg, Domhr und Fabricator des hochwürd. Domcapit. Max. Gr. v. Wolkenstein und Rodenegg, Domhr. Damian Fhr v. Taxis, Bordogna und Vallnegra, Domhr. **Hofcanzler:** Joh. Peter Walter v. Herbstenburg, Lehenprobst u. Archiv. auch Cammerrath. M. Ant. Janvitis Fhr v. Cazan zu Griesfeld, Hofs= u. Lehenrichter, Hofcammerrath. Jos. Gr. von Platz, Hr. zum Thurn, auch Hofcammerrath. Jos. Adam Fhr von Winkelhofen, zu Englös und Carlsburg, Hofcavalier. Jos. Joh. Peisser v. u. zu Peissenau, Cabinetssecretair, Obrist= Jagds u. Waldmeisteramts=Verwalter. Jos. Aloys. Fassand, Chorhr u. Cammermeister. Hier. Riccabona v. Reichenfels, Stadthptm. u. Oberamtspfleger zu Brunneck. Ant. Lor. Chizzali v. Bonfadin, Richter zur Niedervintl. **Secretarii** (4): Joh. Anton Walther von Herbstenburg, Tit. Hofr. u. Pfleger zu Salern. Joh. Paul Kempter v. Rigburg und Zellheim, Hofjunk. Jos. v. Klebelsberg zu Thumburg, Richter in Lüsen. Ign. v. u. zu Löwenegg.

Erbämter. Erbmarschall: Die Grafen v. Welsperg u. Primör. **Cämmerer:** Die Freyherren Colonna zu Völs und Schenkenberg. **Schenk:** Die Grafen v. Thun. **Truchsesse:** Die Grafen v. Wolkenstein und Rodenegg.

Buchau.

Dieses gefürstete freiweltl. Damenstift im schwäb. Kreise am Federsee hat ein kleines Gebiet von etwa 2 Q. M. mit ungefähr 3,400 Einwohnern.

a) Stifts=

Zweites Kapitel Der geiſtlichen Staaten.

a) Stifts- und Capitular-Damen.

Stifts- u. Capitulardamen: Mar. Joh. Gräfin v. Hohenzollern-Sigmaringen. — Mar. Erneſt. Liebſteinsky, Gräfin v. Kollowrath, St. Cr. O. D. Mar. Felicit. Gräfin Truchſeß zu Zeil-Wurzach. M. Anna Gräf. v. Hohenzollern-Hechingen, kaiſ. Hofd. Mar. Carol. Gräfin v. Fugger-Norndorf. Joh. Joſ. Gräfin von Oettingen-Spielberg. Eleon. Walpurge Gräfin Truchſeß von Wolfegg-Waldſee. M. Ludovice Gräfin Truchſeß v. Wolfegg-Wolfegg. Mar. Thereſie, Gräfin v. Königsegg-Aulendorf. M. Anne Gräfin Schenk v. Caſtell. M. Anne Louiſe Gräfin Fugger v. Norndorf. M. Thereſie Gräfin v. Hohenzollern-Sigmaringen. Mar. Felicit. Aloyſie Gräfin Truchſeß v. Wolfegg-Wolfegg. Mar. Thereſie Gräfin v. Dietrichſtein-Hollenburg.

b) Geiſtlichkeit im Stift.

Joſ. Ignaz Niedmüller, 1r Canon. b. R. Lic. Joh. Bapt. Vogler, 2r Canon. b. R. Dr. Jac. Schmidt. Hofcapl. Ant. Reichle, Stiftspfarr. Joh. Bapt. Velſchinger, Korreg. Xav. Gollhofer, Frühmeſſer. Fidel. Hefacker, Subcuſtos. Joſ. Röſch, Vicarius.

c) Fürſtliche Regierung.

Geh. Rath: Carl Ant. Enroth, b. R. Lic. und Com Pal. Caeſ. Geh. Rath u. Regierungs Director: Joh. Franz Scheffold, b. R. Lic. Felix Widmann, Hofrath. Franz Joſ. Buzarini, Hofrath. Gebh. Vogler, Rath u. Oberamtmann in Strasberg. Jac. Savaz, Cammerrath u. Capitels-Rentmſtr. Bapt. Klotz, Amtm. in Saulgau. Bened. Abt, d. R. C. Amtm. in Mengen. Regierungsſecretair: Franz Xav. Widmann, d. R. C. Cammerſecretär: Carl Halſpiel. Regiſtrator: Joſ. Stengele. Acceſſiſt: Matth. Alſ.

Chur.

Von dieſem Bisthum in Graubündten, das zum öſterr. Kreiſe gerechnet wird, und zu welchem vormals der größte Theil des Gotteshausbundes gehörte, haben ſich viele Gemeinden nach u. nach theils durch Geld, theils durch Religionsveränderung losgemacht. Jetzt gehört noch dazu die Stadt Chur, als der Sitz des Stifts, und unter andern Domainen die Hrſch. Fürſtenburg in Tyrol, und Fürſtenau im Domleſger Thal. Die vormals reichen Einkünfte des F. Biſchofs ſollen jetzt nur noch etwas über 10,000 fl. betragen.

a) Domcapitel (24).

Probſt: Cſtian Jac. von Fliri, Dr. d. Theol. Dechant: Lucius Ant. M. v. Scarpatetti zu Unterwegen. — Scholaſter: Joh. Ant. Bataglia, Dr. d. Theol. — Cantor: vacat. Cuſtos: Franz Xav. Leand. Fhr. von Rüpplin zu Keſſikon. — Septarius: Ant. Joſ. Fhr v. Buol, Hr. in Wiſchenau. — Georg Anton Hofmann v. Leuchtenſtern, Dr. d. Theol. — Berthol. Joh. Nepom. Rsgr. v. Wicka in Wickburg und Reinegg. Hr zu Moncroir. — Peter v. Täſcher, Abbas Commendant zu St. Peter in Selincourt. — Joh. Jac. v. Cabalzer, Dr. d.

H. B. 2r Tbl. 1798.   L

Theol. — Bernh. Aloys Rsgr. v. Wolkenstein zu Rodenegg. — Joel Ant. Orsi v. Reichenberg. — Petrus Panier, Dr. d. Theol. — Jos. Ant. Mayr, Dr. d. Theol. — Ludw. Rud. v. Blumenthal. — Joh. Bapt. Orsi von Reichenberg. — Jac. Balletta, Dr. d. Theol. Lucius Leonh. v. Bergamin. — Joh. Ant. Scarpatetti v. Unterwegen. — Franz Nic. Toschini, Dr. d. Theol. Probst zu St. Victor. — Franz Jos. Huonder. — Georg Schlechtleutner, Dr. d. Theol. u. fstl. Hofcanzler. — Sebast. Barth. Bataglia, Dr. d. Theol. — Mich. Ant. Henni, Dr. d. Theol.

b) Vom Civiletat sind zu merken.

Hofmarschall: vacat. Hofcanzler: Georg Schlechtleutner. Hofrath u. Pfalzrichter: Casp. Rud. Godv. Greplang. Fiscal: Joh. Jos. Baal. Hofcaplan: Franz Xav. Adegold. Registrator: Gottfr. Purtscher.

Cölln.

Zu diesem Erzstifte im churrhein. Kreise gehört 1) das eigentlich sogenannte Erzstift an beiden Seiten des Rheins, wovon a) der jenseitige Theil, worin die beiden großen Städte Cölln u. Bonn liegen, gegen 40 Q. Ml. mit 94,000 Einwohnern halten mag. b) Der disseits liegende Theil hat ungefähr 12 Q. Ml. mit 18,000 Einw.
2) Das Vest Recklinghausen, disseits des Rheins zwischen der Emser und Lippe, von 12 Q. Ml. mit 18,000 Einw. und
3) Das Hzth. Westphalen, von 65 Q. Ml. mit 100,000 Einw.
Alles zusammen dürfte also 129 Q. Ml. und 230,000 Einw. halten. Die Einkünfte davon werden zu 1 Mill. Thlr. geschätzt. — Durch Abtretung des linken Rheinufers an Frankreich würde der oben angezeigte jenseitige Theil des Erzstifts von ungefähr 40 Q. Ml. und 94,000 Einwohnern von der gegebenen Summe wegfallen.

a) Domcapitel.

Dieses hat seinen Sitz in der Rsstadt Cöln und enthält 50 Präbenden, wovon der Pabst und der Kaiser jeder eine besitzen, und daher ihre eigene Capläne oder Vicarien haben. Von den übrigen 48 sind die eine Hälfte Capitular- und die andere Domicellar-Präbenden. Unter jenen sind 7 Prälaturen, deren Besitzer die Domicellar-Präbenden abwechselnd zu ertheilen das Recht haben. — Der älteste Domicellar erhält immer die nächsterledigte Capitularpräbende. Unter diesen letztern sind 8 Priesterpräbenden, zu deren Erlangung eben keine adeliche Herkunft, sondern ein academischer Gradus in der Theologie oder Rechtswissensch. erforderlich ist. Das Domcapitel ist zugleich der erste Landstand im Erzstift, wählt den Erzbischof, und legt ihm eine Capitulation vor. —

Capitularen.

Domprobst u. Thesaurar: vacat. Dechant: Meinrad Graf zu Königsegg-Aulendorf, auch Domcapitul. zu Strasburg. Vice- oder After-Dechant: Estian Fidel Gr. zu Königsegg-Rottenfels, auch Domcapit. zu Strasburg. Chorbischof: Jos. Estian F. von Hohenlohe-Bartenstein, auch FBisch. zu Breslau, Domicapit. zu Strasburg, und des Stifts St. Gereon zu Cölln Probst. Scholaster: Franz Carl Jos. F. zu Hohenlohe u. Waldenburg-Schillingsfürst, auch Domcapit. zu Strasburg. Diaconus senior: Joseph Rsgr. Truchseß zu Zeil-Wurzach, auch Domdechant zu Strasburg u. des adel. Stifts zu St.

Zweites Kapitel. Der geistlichen Staaten.

Gereon in Cölln Dechant. Diaconus junior: Ernst Gr. zu Königsegg-Rottenfels. — Cstian Ernst Amand F. zu Hohenlohe-Bartenstein, Domcap. zu Strasburg. — Damian Friedr. Gr. v. der Leyen u.
Hohengeroldsegg, Domprobst zu Mainz und Capit. zu Trier. — Wilh.
Florent. F. zu Salm-Salm, Herz. zu Hoogstraten, auch Erzbisch. zu
Prag. — Thomas Ludw. Rsgr. Truchseß zu Zeil-Wurzach Erzkepp-
ler. — Friedr. Alex. Gr. v. Oettingen-Wallerstein. — Franz Xav.
Fürstbisch. zu Gurk, Gr. zu Salm-Reifferscheid. — Maximil. Gr.
zu Königsegg-Rottenfels. — Sigism. Cstoph Rsgr. Truch-
seß zu Zeil-Zeil, auch Domdechant zu Salzburg, u. Bisch. zu Chiemsee.
— Clem. Aug. Maria v. Werle, Bisch. zu Bethsaida u. Weihbisch. zu
Cölln; auch churfürstl. weltl. Hofgerichts-Präsid. — Franz Carl Jos. v.
Hillesheim, b. R. Dr., Canon. der Collegiatkirche zu St. Aposteln,
u. churcölln. w. geh. R. — Joh. Gab. Bernh. v. Franz zu Dürresbach,
d. Theol. Lic., churcölln. Oberstiegler u. churpfalzb. geh. R. — Maximil. Jos. Joh. Nep. Edm. von Geyer zu Schwepsenburg. — Balthas.
Jos. v. Mylius, b. R. Dr. des Archidiakonatst. zu St. Cunibert und des
gräfl. Stifts zu St. Ursula in Cölln Canon. Cap. — Friedr. Georg Franz
v. Mylius, des k. k. Stifts zu Aachen Canon. Capit. — Pet. Joh. von
Cramer zu Clauspruck, des churfürstl. geistl. Gerichts Official, dann
Canon. Capit. der Archidiakonal-Stiftskirche zu Bonn u. der Collegiatkirche zu St. Georg in Cölln. — N. v. Caspers, b. R. Lic.

Domicellaren
Clem. Wenzel k. Pr. v. Polen, Hz. v. Sachsen, Erzbisch. und Chur-
fürst zu Trier, Fürst-Bischof zu Augsb. u. Probst zu Ellwangen. — Phil.
Jos. Gr. v. Oettingen-Wallerstein. — Maria Aloys Gr. v. Königs-
egg-Aulendorf. — Wilh. Florent. F. zu Salm-Salm, Herzog zu Hoog-
straaten. — Anton Euseb. Gr. zu Königsegg-Aulendorf. — Joseph
Wenzel v. Lichtenstein. — Franz Jos. Gr. v. Fugger zu Babenhau-
sen. — Friedrich F. zu Oettingen-Spielberg. — Franz Jos. Gr. zu
Salm-Dyck. — Carl Franz Xav. Rsgr. Truchseß zu Zeil-Wurzach.
— Clemens Wenzel Gr. zu Salm-Reiferscheid. — Ernst Jos. Fürst zu
Schwarzenberg. — Phil. Carl Ldgf zu Fürstenberg. — Gebhard
Rsgr. Truchseß zu Zeil-Wurzach. — Jos. Wilh. Carl Franz Gr. zu Nes-
selrode-Reichenstein. — Franz Jos. Anton. Gr. zu Salm-Reifer-
scheid. — Carl Ant. Sigism. Gr. v. Fugger zu Babenhausen. — Max.
Gr. v. Nesselrode-Reichenstein. — Prosp. Ludw. Pr. v. Aremberg.

Rath u. Syndicus: Joh. Heinr. Bollich, b. R. Dr., churcölln.
Hofr. u. des churfstl. weltl. hohen Gerichts Schöff.

Rath u. Secretär: Joh. Gottfr. Joppen, b. R. Dr. u. des weltl.
churfstl. Hofgerichts Commissar.

b) **Hof-Civil- und Militär-Etat.**

Oberhofmeister: Sigism. alter Rsgraf zu Salm u. Reifferscheid,
Hr zu Bedbur ꝛc. k. k. Kämmer. dann des Churfürstenthums Cölln Erb-
marschall. **Erbhofmeister**: Casp. Ant. Gr. von Belderbusch, k. k.
Kämmer. **Großkeppler**: Thom. Ludw. Reichsgr. Truchseß zu Zeil.
Oberforst- u. Jägermeister: Clemens Fhr von Weichs zu Rösberg,

adel. geh. R. und Amtm. zu Bonn und Zeltingen. Leibgarde-Hauptmann: vacat. Oberstkämmerer: Franz Jos. Gr. v. Nesselrode-Reichenstein, geh. extra-conferential-Reg. R., Hofraths-Präsid. und Statthalter im Vest Recklinghausen, auch Oberamtm. zu Kempen u. Oedt, des pfalzb. Löw. O. Großkr. **Obristhofmarschall:** Franz Carl Fhr von Forstmeister zu Gelnhausen, des deutschen Ord. R. u. Landcommenth. der Balley Coblenz, Commthur zu Coblenz, adel. geh. Conferenz- und Kriegs-R. auch General-Lieutn. **Erbmarschall:** Gr. v. Salm ꝛc. Hr zu Alfter. **Hofmarschall:** Clem. Aug. Fhr v. Schall zu Morenhofen, churfürstl. adel. geh. R. u. Amtmann zu Rheinbach. **Obriststallmeister:** Carl Gr. v. Spee, Hr zu Altenhof u. Heltorf, churfstl. adel. geh. R.

Hofprediger: R. P. Paulin, Ord. S. Franc Capuc. et Praed.
Hofmedicus: Toussaint Aler. Villene.

Geh. Staatscanzley. Staats- und Conferenzminister: vacat. **Geh. Referendarii:** Carl Jos. Wrede, b. R. Dr., der Archidiaconal-Stiftskirche zu Bonn, dann des Colleg. Stifts zu St. Apost. binnen Cölln, u. jenes zu Emeran Can. Capit. — Franz Jos. Gr. zu Nesselrode-Reichenstein, Hr zu Grimberg, Stein, Ehrenstein ꝛc. churfürstl. geh. Conferenz-R., Hofrathspräsident, Statthalter im Vest Recklinghausen, Oberamtm. zu Kempen und Oedt, des pfalzb. Löw. Ord. Großkr. **Geh. Conferenzsecretarii:** Ferd. Forlivesi, Tit. Hofcammerrath. Joh. Fr. d'Hauterive, Tit. Hofcammerrath. **Adel. geh. Räthe:** Joh. Adam Ernst Gotth. Fhr v. u. zu Sirgenstein, des St. Mich. O. Großkr. churtrier. Kämmer., fstl. kempt. und ellwang. geh. R. C. A. Fhr von Weichs zu Rösberg, s. oben. C. A. Fhr v. Lombeck-Goudenau Carl Ant. Fhr von Wenz zu Lahnstein, fstl. brandenb. geh. R. N. Fhr v. Hörde zu Eringerfeld. Ludw. Er. Fhr von Westerhold-Giesenberg, fstl. münster. Oberstallmeister. Clem. Aug. Fhr von Schell zu Schellenberg. Aug. Otto Fhr v. Grote, bev. Minister am niedersächs. Kreise. Clem. Aug. Fhr v. Kettler zu Haarkotten. Franz Fhr v. Guttenberg. Ferd. Jos. Fhr v. Wrede zu Melschede. C. A. Fhr von Wenghe, s. oben. Franz Wilh. Fhr v. Spiegel, Domcapit. zu Hildesheim und Münster, Hofcammerpräsid. u. der bonnisch. Universität Curator. Carl Friedr. Erdmann Fhr v. Stein zu Laußniz. Friedr. Cstian Fhr v. Hamm. Wilh. Giesb. Fhr v. Boene zu Loringhof. Clem. Aug. v. Weichs zu Wenne. Friedr. Ernst Fhr v. Spiegel, des deutschen Ord. R. u. Commenth. der Balley Westphalen. Friedr. Ferd. Fhr v. Schmiesing, gen. Kersenbroich. Fr. Fhr v. Böselager. Eberh. Friedr. Fhr v. Elrichhausen. Friedr. Ant. Bott, Fhr von Reinecke. Paul Fhr v. Landsberg, Erbdrost zu Balve ꝛc. Clem. Fhr v. Schall. Wilh. Gottl. Fhr v. Mussing. Franz Hugo Edm. Fhr v. Beissel-Gymnich zu Schmidtheim. Carl Gr. v. Spee.

Gel. geh. Räthe: Joh. Mich. v. Solemacher. Joh. Heinr. Edl. v. Monschau. Franz Carl von Hiltesheim, b. R. Dr., Domcapitular zu Cölln. Phil. Döhring. Franz Libor. v. Braumann. Franz Cramer, Abt des Gottesh. U. L. F. zu Altenberg, Cisterciens. Ord. zu Riehl ꝛc. Pet. Wilh. Jos. de Synetti, b. A. Dr. Joh. Steph. Sand, Amtm. zu Cölln u. Deutz. Joh. Gabr. Neesen. Joh. Alm. Pfingsten

Zweites Kapitel. Der geistlichen Staaten.

Joh. Tillm. Pelzer. Engelb. Casp. Biegeleben. Casp. Theod. Pape. Franz Phil. von Greß. Franz von Leykam. Maxim. Forkenb. Franz Forkenb. Paul Nic. Dercum. Friedr. v. Mehring. Jacob Müller, Ob. Appellationsgerichts-R. Joh. Jac. Schmits. Gotth. Wilh. Daniels, Ob. Appellationsgerichts-R. Ign. Fhr v. Hertwich. Herm. Jos. Hörster, Hofrathskanzley- u. Lehndirector. Geh. Canzley. Geh. und Cabinetssecretarien: Joh. Jos. Thewissen. Engelh. Floret. Geh. Canzellisten: Carl Casp. Kankol, Tit. Hofkammerrath. Leop. Wolf, churfstl. R.

Oberappellationsgericht. Präsident: Clem. Aug. Fhr v. Lombeck-Goudenau, churfstl. Minister u. Amtm. zu Godesberg, Mehlen u. Rheinberg. Direct. Joh. Clem. Pfingsten, geh. R. Räthe: Paul Nic. Dercum, geh. R. E. C. Biegeleben, s. oben. Joh. Tillm. Pelzer, geh. R. Gottfr. Wilh. Daniels, geh. R. Jac. Müller. Secretair: vacat.

Hofrath. Präsident: F. J. Gr. von Nesselrode-Reichenstein, geh. Confer. R. Director: Herm. Jos. Hörster, geh. R. Adel. Hofräthe: Max. Fr. Fhr v. Goudenau, churfstl. Kammer. Wilh. Fhr. v. Asbeck, churfstl. Kammer. Hofräthe: J. G. Edl. v. Monschau, s. oben. Joh. Gabr. Reesen. Alex. Cstian Jungeblode. Heinrich Jos. Edl. v. Pröpper. Franz Phil. Felix v. Greß. Heinr. Jos. Schüller. Casp. Jos. Dan. Sibenius. Joh. Heinr. Bollich. Bernhard Franz von Gerold. Adolph Wilh. v. Meer. Bertram M. Altstädten. Jac. Abel. Franz Ludw. Meyer. Jac. Friedr. Bouget. Cstian Theod. Arnds. Joh. Franz Guisez. Hub. Vollk. Adam Martin. Casp. Ant. Biegeleben. Joh. Jac. Schmits. Reiner Stupp. Barth. Fischenich. Jos. Wurzer. Hofraths-Canzleysecretarii: Joh. Wilh. Reiffen. Joh. Franz Guisez. Registrator: Franz Heinr. Nettekoven. Lehns-Registrator: Barth. Dupuis. Expeditor: Franz Hammann. Canzellisten: Max. Kirchner. Fr. Theod. v. Kleinsorgen. Joh. Bapt. Späner, Accessist.

Weltl. Hofgericht. Präsident: Clem. Aug. v. Merle. Commissarien: Herm. Heinr. Velten, b. R. Dr., Schultheiß zu Deuz. Joh. Marc. Simonis. Joh. Jos. Ernst Kügelchen, b. R. Dr. Joh. Baagen. Joh. Heinr. Großmann. Heinr. Wilh. Cläsen. Carl Joseph Pozzi. Conr. Jos. Bachem, b. R. Lic. Pet. Andr. Breuer. Carl Casp. Jos. Herestorf, b. R. Lic.

Geistl. Räthe: Vinc. Jos. Scampar, Probst der Archidiakonal-Stiftskirche zu St. Cunibert, Can. zu Kayserswerth u. zu St. Severin in Cöln. Jul. Heinr. v. Birkenstock. Jac. Sibenius. Franz de Paula Bruckmayer. Martin Karpf. Cstian Reising, Canon zu St. Joh. in Würzburg. Carl Oldelli, Canon. des gr. Stifts zu St. Ursul. in Cöln. Joh. Mich. Dumont, Dechant zu den h. Apost. und Canon. zu St. Cunibert in Cölln. Friedr. Saalmann. Joh. Heinr. Hövel, Canon. zu St. Cunibert ꝛc. Phil. Hedderich, Pater Min. Convent. Theol. D. etc. Balduin Neesen, Canon. zu Bonn. Jud. Guid. Schaaf, Canon. zu Bonn. Herm. Jos. Zaaren. Bonif. Oberthür,

166 Zweiter Abschnitt. Staatsb. des deutschen Reichs.

b. R. Dr. Joh. Adolph Freusberg, Canon. u. Past. zu St. Martin in Bonn. Vital. Lomberg, b. R. Dr. und Canon. zu St. Apost. in Cölln. **Hofkammer Präsident:** Franz Wilh. v. Spiegel zum Diesenberg u. Kanstein, s. oben. **Wirkl. Hofkammerräthe:** Joh. Theod. Albert. Maagh. Casp. Ant. Löltgen. Franz Libor. v. Braumann, geh. R. u. Landrentmeister. Joh. Ernst Keiffen, Advoc. Fisc. Ant. Wilh. Mengelberg. Andr. Isaac. Math. Jos. Kaufmann. Pet. Jos. Boosfeld. Carl Ant. Feusser. Adam Stahl. Carl Ant. Bened. Kalt. Joh. Nep. de Berghe's. Ant. Wilhelm Arndts. Joh. Jacob Trunk. Reiner Jos. Essen. **Secretair:** Franz l'Apostolle. Joh. Andr. Stengel. **Registrator:** vacat. **Expeditor:** Cstian Vinc. Schulten, Tit. Hofcammer=R.

Landdrost des Herzogth. Westphalen: Clemens Aug. Fhr von Welchs zur Wenne.

Kriegsrath. Räthe: C. F. F. Fhr von Forstmeister, s. ob. Ferd. v. Stieler, Gen. Maj. u. Command. zu Bonn. Tillm. Pelzer, geh. R. **Secretär:** vacat.

Generallieutnant: Carl Franz Fhr v. Forstmeister zu Gelnhausen, s. ob. **General Majors:** Ferd. v. Stieler, Command. zu Bonn. Ferd. Casp. Fhr v. Kleist zu Pomelow, des deutsch. O. R.

Minister und Agenten an auswärtigen Höfen.

Frankfurt: Carl Schmauß v. Livonegg, churrhein. Kreisges. und Resid. auch churtrier. geh. R. und oberrhein. Kreisges. **Haag:** vacat. **Hamburg:** Aug. Otto Fhr v. Groote, adel. geh. R. u. bevollm. Minist. bey dem niedersächs. Kreis. **Paris:** vacat. **Regenspurg:** Franz Fhr v. Leikam, geh. R. **Rom:** Ant. d'Agostini, auch fstl. salzburg. geistl. Rath, Erzst. cölln. u. Stift münster. Agent das. **Wetzlar:** Franz Phil. Fel. v. Greß, b. R. Dr., geh. R. u. 1ter Agent. Dr. Joh. Wilh. Mainone, Hofr. u. substit. Agent. Joh. Jac. Abél, substit. Agent. **Wien:** Franz Ant. v. Ditterich, Agent.

Churcöllnische Erbämter. Hofmstr: Ant. Gr. v. Belderbusch, s. oben. **Marschall:** Gr. von Salm. **Schenk:** vacat. **Kämmerer:** Franz Jos. M. Gr. v. Plettenberg.

Constanz. (Costnitz).

Das deutsche Gebiet dieses Bisthums an beiden Seiten des Bodensees ist nur klein und mag etwa 6 Q. Ml. mit 11,000 Einw. halten. Die bischöfl. Diöcese ist indeß eine der größten in Deutschland, und die meisten Güter liegen in Helvetien. — Die Einkünfte des F. Bisch. werden auf 20,000 fl. geschätzt.

a) Domcapitel. (20)

Comprobst: Aug. Fld. Joh. Nep. M. Ant. Rsfrhr und Edler Pannerhr v. Hornstein zu drey hoh. Stoffeln u. Weiterdingen ꝛc. Bischof zu Epiphanien, churtrier. u. churpfalz. w. geh. R., des Löwens O. R. — **Domdechant:** Ernst Maria Ferd. Gr. v. Bissingen u. Nippenburg, Hr zu Schramberg u. Grunzheim, geistl. Raths=Präsid., auch Vicar. in Spirit. Gen. — **Senior, Domcustos und Archidiaconus:** Joh. Conr. Ign. Cornel. Sal. Wilh. Fhr v. Ramschwag auf Guttenberg u. Großküssendorf ꝛc. geistl. Rath, auch fstl. Worms. Vicecammerpräsid.

Domcantor: Wilh. Jos. Leop. Fhr v. Baaden zu Kiel ꝛc. Bisch. von Mela, Suffragan. u. Gen. Vicar. in Pontif. auch Domcap. zu Augspg.

Domcapitularen: Jos. M. Gabr. Fhr v. Beroldingen zu Gündelhard. — Mainrad Rsgraf v. Hohenzollern-Hechingen, Pfarrer zu Böhringen. — Franz Conrad Fhr v. Speth zu Zwyfalten auf Hettingen, auch Domcapit. zu Mainz und Domic. zu Würzburg. Carl Jos. Beat. Fridol. Fhr v. Rotberg auf Bamlach, auch Domcap. zu Eichstadt. — Conr. Franz Xav. Aloys. Fhr v. Beroldingen zu Gündelhard. — Joh. Paul Fhr v. Thurn u. Valsassina auf Berg ꝛc., Probst des Colleg. Stifts zu St. Steph. in Constanz, u. Canon. der Colleg. zu Bischofszell. Franz Jos. Hesso Fhr v. Reinach zu Hirzbach, Domcap. zu Würzburg. Heinr. Carl Honor. Roth v. Schröckenstein, Domcap. zu Freysing. — Sigm. Cstoph Otto Ferd. Rsgr. Truchseß, zu Zeil und Trauchburg, Fhr auf Waldburg, auch Domdechant zu Salzburg, Domic. zu Cölln, fstl. salzb. geh. Rath. Franz Jos. Ant. Seb. Fhr v. Ulm zu Langenrhein. — Friedr. Jos. Fhr v. Hacke, Capit. zu Mainz. — Heinr. Cstoph Fhr v. Rothberg auf Bamberg, Domic. zu Speyer und Mainz. Nic. Carl Ludw. Joh. Nep. Fhr v. Enzberg zu Mühlheim u. Brennen. — Franz Jos. Ant. Sigism. Fhr v. Andlau zu Birsegg. Joh. Nep. Fhr v. Roll zu Bernau, auch Domic. zu Worms. Franz Xav. Rsgr. v. Königsegg-Aulendorf, Domhr zu Salzburg und Domic. zu Strasb.

Exspectanten: Ign. Fhr von Weffenberg, kaif. Precift. Joh. Adam Fhr v. u. zu Bodmann, Capitul. zu Gebweiler, und Pfarrer zu Bodmann. Franz Cassian Fhr v. Ramschwag auf Guttenberg und Küssendorf ꝛc. Joh. Jos. Bapt. Fhr Reichlin v. Meldegg auf Belheim.

Syndicus: Friedr. Wunibald Edler v. Chrismar, b. R. Lit., Com. Pal. Cäs.

b) Hof- und Civilstat.

Oberhofmarschall: vacat. **Hofmarschall:** Jos. Fhr v. Ow, zu Wachendorf ꝛc. churtrierischer Kämmerer. **Oberstallmeister.** vacat: **Oberjägermeister:** vacat. **Oberforstmeister:** Joseph Fhr Zweyer v. Evenbach.

Räthe u. Leibmedici: Joh. Ant. Flacho v. Ueberlingen, extraord. Andr. Benz, ord. **Theolog:** F. Flutan Linden, Capit. zu St. Blasien. **Hofcaplan:** Ant. d'Otti. Ital. Secuti. Casim. Bauer von Heppenstein. **Cabinetssecretär:** Joh. Nep. Rolle.

Wirkl. geh. Räthe: Joh. Fhr v. Landsee, Obervogt zu Kaisersstuhl, Rötteln u. Weißwasserstelzen. Benig. Jac. Bauer v. Heppenstein. Domin. M. Fhr v. Hundpiß auf Waldrams, Obervogt des fstl. Gotteshauses Reichenau. Joh. Casim. v. Bleicher, comes palat. cael. Andr. v. Hebenstreit, Hofcanzl. Lehenprobst u. Kreisdirect. Gef. Jos. Fhr v. Ow, auf Wachendorf, Hofmarsch. u. churtrier. Cämm. Ludw. Fhr v. Speth auf Hettingen, Ritter-R. u. Aussch. des Cant. Donau. Joh. Phil. Fhr v. u. zu Ratzenried, resign. Direct. Ausschuß u. Ritter-R. des Cantons Allgau u. Bodensee. Joh. Carl Gr. v. u. zu Lerchenfeld auf Köfering, Capit. zu Regenspurg u. Freysingen, auch Rstagsgesandt. Jos. Fhr v. Donnersberg auf Iglingen, zu Hurlach u. Kaufringen, des schwäb. Kreis. Maj. beym Hohenzoll. Cür. Regim. Marq. Fhr v. Speth auf Gammerdingen, Felds u. Harthausen, k. k. Kämm, Ritter-R. u. Aussch. des Cant. Donau.

Geistl. Regierung. Suffraganeus: Joh. Wilh. Leop. Fhr von Baden zu Liel, Bischof zu Mela, General-Vicar. in Spiritual. Capitul. Rathspräsident: Ernst M. Gr. v. Bißingen-Bappenburg, Vicar. in Spirit. gen. Capit. Wirkl. Räthe u. Beysizer: Joh. Conr. Ign. Salom. Fhr v. Ramschwag, Capit. Mainrad Gr. v. Hohenzollern, Capitul. Franz Conr. Fhr v. Speth auf Hettingen, Capit. Friedr. Conr. Fhr v. Beroldingen, Capit. Joh. Paul Fhr v. Thurn und Valsaßina, Capit. Joh. Friedr. Hesso Fhr v Reinach, Capit. Carl Honor. Roth Fhr von Schreckenstein, Capit. Joh. Evang. Labhard, Theol. Lic., Official, Stadtpfarr. u. Canon. zu St. Steph. in Constanz. Simon Spengler, Theol. Dr. u. Visit. gen. auch Canon. bey St. Joh. allda. Jud. Thadd. Reutemann, Dr. d. Theol.; Siegler u. Fiscal, auch Canon. bey St. Joh. allda. Ulr. Ign. Meerhard v. Bernegg, b. R. Dr., und geschw. Notar, auch Canon. bey St. Stephan. Const. Aug. Miller, Dr. d. Theol., Büchercensor auch Canon. bey St. Steph. Joh. Const. Pfäffer v. Allishofen, Dr. d. Theol. Canon. bey St. Joh. Ign. Faber, Großpönitentiar. Nepom. Matt, Dr. d. Theol. auch Canon. bey St. Steph. Joh. Ludw. v. Forster, Dr. d. Theol. auch Canon. bey St. Stephan.

Geistl. Canzley. Vicariatsverwalter u. Rathssecretair: Joh. Narciss. Premauer, b. R. Lic. Officialats-Canzleyverwalter: Carl Joh. Estian Nahm, b. R. Lic. Archivarius: vacat. Procuratores Curiä u. Advocat: Ant. Duelli, b. R. Lic. Procurator Fisci. Carl Schmit, b. R. Lic. Ign. Hütlein, b. R. Lic. Estian Burkhard, b. R. Lic. Registratores: Jos. Ammann. Conr. Hiriber. Expeditor: Lor. Fareichon.

Weltl. Regierung u. Lehnhof: Benign. Jac. Baur v. Heppenstein, geh. R. Joh. Casim. v. Blaicher, geh. R. Andr. v. Hebenstreit, geh. R. s. oben.

Wirkl. Hof- u. Reg. Räthe: Joh. Estian Vorschach, Obervogt zu Zettendorf u. Kreis-Direct. Gesandt. Franz Conr. Baur v. Heppenstein, Obervogt der Resid. Stadt Mörsburg. Jos. Zach. Binder, Cammerdirect. Aug. v. Gschwerden, Hofmarschall u. Forstamtsdeput.

Hof- u. Regier. Canzley. Archivar: Jac. Estian Kolb. Regier. Secret. Joh. Rud. Keller. Secret. in Kreissachen: Joh. Zapf. Registrator: Friedr. Carl Warthuus. Secret. in Lehensachen: Friedr. Lothar. Simonis. Expeditor: Friedr. Dottenhofer.

Hofcammerdirector: Jos. Zach. Binder, Hof- u. Reg. R. Hofcammerräthe: Jos. Maier, Hofzahlmstr. Jos. Höfle, Amtsverwalter zu Markdorf. Jud. Thadd. Gasser, Landsch. Cassier. Joh. Rud. Mohr, Untervogt. Secretair: Ant. Henzler.

Gesandtschaften u. Agenten. Regenspurg: Jos. Carl v. u. zu Lerchenfeld, geh. R. Rstagsges. Joh. Kummer, Legat. Secret. Schwäb. Kreisdirect. Gesandt. Andr. v. Hebenstreit, geh. R.

Zweites Kapitel. Der geistlichen Staaten.

Estian Vorschach, Hof- u. Reg. R. s. oben. Secretair: Jos. Zopf. Wien: Jos. Edler v. Rosenfeld, accred. Hof-R. Kaiserl. Rskammergericht: Wilh. Edler von Brand, Hofr. und Kammergerichts-Procur.

Erbämter. Marschall: Fhr von Sirgenstein auf Altenburg. Kämmerer: Fhr v. u. zu Ratzenried. Truchseß: Fhr Zweyer v. Evenbach. Schenk: Fhr Segesser v. Brunnegg.

Corvey.

Dieses neue Bisth. im westphäl. Kreise an der Weser mit 1 Stadt und 14 Dörfern soll nur 5 Q. M. mit etwa 9000 Einwohnern haben. Die Einkünfte werden zu 35,000 fl. angegeben.

Domcapitel. (20.)

Aler. Fhr v. Schade, Domdechant u. General-Vicar. in Spirit. — Casp. Fhr v. Reusch, Probst zu Stadtberg. — Ludw. Fhr v. Bendeleben, Reg. Präsid. — Carl Fhr v. Bock. — Ernst Fhr v. Spittael, Lehenspräsident. — Estian Fhr. v. Roth. — Phil. Fhr v. Esch, Kammerpräsid. — Ernst Fhr v. Werneck. — Wolfg. Fhr v. Wiehe, Oberforstmstr. — Engelb. Fhr v. Coppenhagen. — Wennemar Fhr v. Hövel. — Ludw. Fhr v. Pembler, Hofmarschall. Domicellar: Franz Fhr v. Esch.

Compastor: Bern. Grolle. Syndicus: Carl Lohr. Receptor: Ant. Bolle, Reg. Registrator.

Eichstädt.

Dieses Bisthum im fränkischen Kreise hält 20 Q. Ml. 10 Städte, 1 Flecken und 58,000 Einw. — Die Einkünfte sind nicht bekannt.

a) Domcapitel (28).

besteht aus 15 Capitularen und 13 Domicellaren, die alle von stifts- und rittermäßigem Adel seyn müssen, und 16 Ahnen darthun können.

Capitularen. Comprobst: Felix Gr. und Hr zu Stubenberg, Bischof zu Tenagria u. Weihbischof zu Eichstädt, geistl. R. u. Probst zu St. Nicolai im Spalt. Domdechant: Ans. Fr. Wilh. Fhr Groß v. u. zu Trockau, Domcap. zu Würzburg des Vicariats u. Consist. in Würzburg Official, sftl. eichstädt. geh. R., dann des Collegiatst. zu Herrieden u. des neuen Stifts zu U. L. F. in Eichstädt Probst. — Franz Heinr. Aler. Fhr v. u. zu Andlau in Homburg, Scholaster und Jubil., des Ritterst. zu St. Burkhard in Würzburg Capitular, sstl. eichst. geh. R. und freyw. resign. geistl. Raths-Präsid. — Joh. Bapt. Carl, Freys u. Edler Hr von Ulm zu Erbach auf Mittelblberach, Domcustos u. Jubil. sstl. eichst. geh. R. u. Hofr. Präsid. — Cstoph Gustav Fhr v. Eyb zu Neudettelsau, Domcantor u. Jubil. k. k. w. R. u. sstl. eichst. geh. R. u. freyw. resign. Hofcammer-Präsid., dann der unmittelb. freyen Rs-Rittersch. (Cantons Altmühl) erbet. Ritter-R. — M. Casimir Schenk, Gr. v. Castell, Domic. u. Domcapit. zu Augsp. sstl. eichstädt. geh. R. u. Hofcammerpräsid. — Friedr. Cstian Wilder. Nep. Gr. von Walderdorf, Capit. zu Bamberg und Würzburg, fstl. bamb. und eichst. geh. R. und Hofkammerpräsid. zu Bamberg. — Franz Xav. Ant. Fhr v. Zehmen, fürstl. eichst. Hofraths-Vicepräsid. — Friedr. Dan. Fhr von Gebsattel, des adel. Ritterst. zu St. Burkhard in Würzburg Dechant, fstl. eichst. geh. R. u. geistl. Raths-Präsid. — Carl Jos. Fhr von Rottberg, Domcapit. zu Constanz. — Franz Carl Friedr. Wilh. Fhr v. Redwitz, Domcap. zu Bamb. — Marquard Xav. Fhr v. Riedheim, Domcap. zu Augsburg. — Joh. Wilh. Fhr v. Hompesch zu Bullheim, Capell. Honoris, Domhr zu Speyer u. Capitul. zu Odenheim. — Mar. Franz Gr. von Starhemberg. — Edm. Jodoc. Wilib. Joh. Mar. Gr. v. Kesselstadt, Domhr zu Würzbg.

Domicellares: Joh. Franz Felix Gr. v. Nesselrode-Ehreshofen, Domcap. zu Münster. — Carl Theod. Ernst Fhr v. Redwitz, Domcap. zu Paderborn. — Marquard Frey- u. Edler Hr v. Ulm auf Erbach. — Phil. Franz Xav. Fhr v. Riedheim. — Wilh. Ernst Fhr v. Wambold in Umstadt, Domhr zu Trier. — Carl Theod. Eugen. des H. R. R. Erbmarsch. u. Gr. zu Pappenheim. — Friedr. Carl Fhr v. u. zu Guttenberg. — Heinr. Carl Fhr v. u. zu Guttenberg. — Raim. Anton Fhr v. Ow. — Wenzel F. v. u. zu Lichtenstein, Domhr zu Cölln und Salzburg. — Carl Heinr. Nicol. Gr. v. Thurn u. Valsassina. — Vinc. Gr. v. Khevenhüller-Metsch. — Ant. Bened. Fr. Fhr v. u. zu Andlau in Homburg, Fürst-Abt zu Murbach und Lüders.

b) Hofstaats-Personale und Landescollegia.

In Ermangelung ausführlicher Nachrichten davon, bemerkt man hier nur folgendes. Das Land ist in 11 Ober- oder Pflegämter abgetheilt, und die vornehmsten fürstl. Collegia sind

a) Der geistl. Rath. Präsident: Friedr. Dan. Fhr v. Gebsattel, s. ob. Domcapitel!

b) Der Hofrath (oder Regierung). Präsident: J. B. C. Fhr v. Ulm zu Erbach, s. ob. — Vicepräsident: Franz Xav. Ant. Fhr v. Zehmen, s. ob.

c) Hofkammer. Präsident: Casimir Gr. Schenk v. Castell, s. ob. Erbämter des Stifts. Erbmarschall: Gr. Schenk von Castell. Erbkämmer: Fhr v. Schaumberg. Erbschenken: Fhr v. Eyb. Erbtruchsessen: Grafen und Herren v. Leonrodt.

Ellwangen.

Diese gefürstete Probstey im Viergrunde in Schwaben (zwischen Würtembg. und Oettingen) hält gegen 8 Q. Ml. mit 20,000 Einwohnern. — Die Einkünfte werden zu 80,000 fl. angegeben.

a) Capitul.

Dechant: Franz Jos. Carl F. v. Hohenlohe-Schillingsfürst, fstl. ellwang. Statthalter u. w. geh. R., auch Regierungs- geistl. Raths- und Kammerpräsid. Senior: Carl Jos. Gr. v. Daun. — Custos: M. Sigism. Fhr v. Reischach, fstl. ellwang. w. geh. R. — Scholaster: Fr. Carl. Alex. Gr. zu Oettingen-Wallerstein. — Nicol. Xav. Graf Adelmann v. Adelmannsfelden. — Franz Jos. Gr. von Küenburg.

Zweites Kapitel. Der geistlichen Staaten. 171

— Franz Fr. Fhr v. Sturmfeder. — Phil. Lothar. Jos. Fhr von Kerpen. — Phil. Gr. Adelmann v. Adelmannsfelden. — Damian Hugo Fhr v. Lehrbach. — Sigism. Gr. v. Ezdorf, k. k. geh. R. — Max. Friedr. Fhr Beissel von Gymnich.

b) Dicasterial-Personale.

Regierung. Präsident: Franz Carl F. von Hohenlohe-Schillingsfürst, fstl. ellwang. Statthalter u. w. geh. R. Geh. Räthe: Mar. Sigism. Fhr v. Reischach. Joh. Ans. Gr. Adelmann zu Adelmannsfelden, Hofmarschall. Carl Jos. Fhrv. Knöringen, Oberjägermeister. Gottl. Gr. von Ezdorf, Vicedom, k. k. geh. R. Joh. Fidel v. Bauer, Edler v. Breitenfeld, geh. R. Hofkanzl. u. Kreisges. Carl v. Auer, geh. R. u. geh. Referendar. Hofräthe: Joh. Bapt. Pfeiffer, Capit. Syndic. jubil. Jac. v. Depra. Carl Gottfr. v. Schiller. Fidel. Gotth. Leinslier. Modest. Kraft, Criminal-Inquisitor. Titular Hofräthe: Jos. Aloys Röll, Capit. Consulent. Geo. Estian v. Trölsch. Joh. Bapt. v. Fichtl, Agent zu Wien. Joh. Nep. Schürt, Spitalpfleger zu Dilling. Phil. Kosner, Hofrath und Secret. Angelus Molitor, Capit. Secret. Heinr. v. Hardt, Archivrath. Aloys v. Neumüller, Secret. Adjunct. Franz Geo. Welz, Kapitul. Amtmann. Thadd. Demeter, Capit. Medicus. Franz Xav. Eysele, Hof-Stadt-und Landphysicus. Franz Domin. Baumann, Registrator. Franz Xav. Paulus. Mich. Friedr. Raue. Ant. Heckenmüller, Canzellisten. Phil. Kormesser, Accessist.

Geistl. Raths-Collegium. Präsident: Franz Jos. Carl F. von Hohenlohe-Schillingsfürst, s. oben. Geistl. Räthe: Franz Anton Brugger, Pfarr. zu Oberdorf. Andr. Stornbacher, Pfarr. zu Unterkochen. Ant. Stornbacher, Pfarr. zu Jagstzell. Jos. Ad. Stark Chori Provis. — Franz Phil. Baumann, Stifts-Pönitent. Titular geistl. Räthe: Friedr. Jos. Brechtel, Pfarr. zu Zöbingen. Secret. Joh. Leop. Stehle, chori provis.

Kammer-Dicasterium. Präsident: Franz Jos. Carl F. von Hohenlohe-Schill. s. oben. Kammerdirector: Fidel Gotth. Leinslier. Kammerräthe: Franz Xav. Gröm, Stadtamtmann. Joseph Ant. Gachet, Hofkastner, Jos. Cleander Häfele, Rentmstr. Gottfr. Högg, Schmelzverwalter. Gottfr. Canaris, Rechnungsrevis. Jos. Zeller, Rechnungsrevis. u. Eisenwerksdepartement. Titular Kammerräthe: Arn. Friedr. Prahl, Land-Capitain u. Steuercassier. Andreas Eyberger, Spitalverwalter. Secret. Franz Jos. Koch. Canzellist: Franz Mich. Kleiner. Franz Ant. Werner.

Erbämter. Marschall: Jos. Ant. Gr. Adelmann von Adelmannsfelden. Cämmerer: Ant. Fhr von Freyberg zu Eisenberg. Schenk: Maxim. Eman. Fhr v. Rechberg zu Hohenrechberg. Truchseß: Franz Jos. Wilh. Fhr v. Blarer zu Wartensee.

Lehenhof. Lehenprobst: J. F. v. Baur, s. oben. Secret. P. W. Kosner, s. oben.

Vicedomamt. Vicedom: Gr. von Egdorf, k. k. geh. R. s. oben. Rath u. Stadtschuldheiß: Emer. Stadtschreiber: Ziegler.

Essen.

Zu dieser gefürsteten unmittelbaren Frauen-Abten im westphäl. Kreise (zwischen Cleve und Mark) gehört die kleine Stadt Steel, nebst Boerbeck. Die Hrsch. Rellinghausen, Huckarde und Brysich (leztere liegt im Hzth. Jülich, und wird e durch Abtretung des linken Rheinufers an Frankreich kommen). — Auf 2½ Q. Ml. etwa 3,500 Einw. — Die Einkünfte mögen circa 47,000 fl. betragen. (s. auch Thorn!)

a) Capitul (10).

Pröbstin: Wilhelmine Landgräfin v. Hessen-Rheinfels. **Dechantin:** Mar. Josephe, Gräf. v. Salm-Reifferscheid-Bedbur, Fürstin u. Aebtiss. zu Elten, auch Aebtiss. zu Vreden, St. Cr. O. D. **Scholasterin:** M. Josephe Gräf. zu Hatzfeld und Gleichen, Canon. zu Thorn u. Pröbstin zu Rellinghausen. **Küsterin:** Eleonore Gräf. von Auersperg, St. Cr. O. D. Antonie Aloys. Prinzess. v. Lichtenstein. — Therese Gräf. v. Nesselrode-Reichenstein. Louise Henrike Gräf. von Manderscheid-Blankenheim. — Franciske, Prinzess. zu Hohenlohe-Bartenstein. — Marie, Gräf. v. Sternberg. — Mar. Anne, Gräf. v. Trautmannsdorf. — Marie Caroline Therese, Gräfin v. Nesselrode.

b) Erbämter.

Marschall: Fhr v. Dobbe. **Drost:** Fhr v. Schell. **Schenk:** Fhr v. Dungelen. **Kämmerer:** Fhr v. Nitz.

Freysingen.

Die Länder dieses Bisthums im bayr Kreise liegen nicht alle beysammen. — Ein Theil, das eigentl Hochstift, (von 4 Q. Ml. 8000 Einw) liegt an der Iser hin, und nicht weit davon die Ortschaften Eisenhofen, Massenhausen und Ottenburg. (1 Q. Ml.) Auf der andern Seite (nach Osten hin) liegt die Hrsch., Burgkrain. (1 Q. Ml.) Der größte Theil aber ist die ganz südlich im bayr. Kreise an der Gränze von Tyrol gelegene Grafsch. Werdenfels, von circa 13 Q. Ml. 15,000 Einw. — Das Ganze hält also etwa 19 Q. Ml. 25,000 Einw. und mag etwa 140,000 Thlr. Einkünfte geben.

a) Domcapitel (14).

Besteht aus 1 Dompropst, 13 Capitularen und 9 Domicellaren, theils adelichen, theils graduirten Personen. Die Dompropstey ist eigentlich nicht in genauer Verbindung mit dem Domcapitel, so daß jemand diese Stelle haben kann, ohne Domherr zu seyn.

Capitularen, Dompropst: Franz Eustach Fhr v. Hornstein in Göffingen, Domcapit. zu Augspurg, churtrier. w. geh. R., Staats- und Confer. Minister, auch fstl. freyssing. w. geh. R. **Dechant:** Joh. Nep. Franz Xav. Max. Fhrv. Ströhl, k. k. u. fstl. freyssing. w. geh. R., Hofrathspräsid. und Statthalter, des roth. Adl. O. Großkr. **Scholaster:** Jos. Ant. Regr. v. Königsfeld, zu Zaiz u. Pfackhofen, pfalzb. u. fstl.

Zweites Kapitel. Der geistlichen Staaten.

freysing. w. geh. R, des St. Georg-O. Gros-Commenth. u. Probst d
Collegiatst. zu Altötting, u. zu St. Martini in Landshut insul. Probst.
Egid. Oswald Fhr Colonna v. Völs auf Schreckenberg und Cast
Preisel, fstl. freysing. w. geh. R. u. geistl. Raths-Präsid. Official v.
Thesaur. Probst des Collegiatst. zu St. Joh. auf dem Berg vor Fr-
sing, auch Senior u. Domcapit. zu Brixen. — Jos. Carl Gr. von Lers
chenfeld auf Käfering, w geh. R. Domprobst u. Canon. imperial.
zu Regensburg, Probst des Collegiatst. St. Veit ob Freysingen, u Co-
mitial-Gef. der Hochstifter Freysingen, Konstanz u. Kempten. Ludw.
Adam Gr. von Ezdorf, Domcapit. zu Regensburg, Probst des Colle-
giarst. St. Andrea ob Freysingen, des St. Michaels-O. Grosse u. Commenthur, fstl. freysing. Hofkastner, auch pfalzbayr. fstl. freysing. u. regensburg. w. geh. R. — Heinr. Carl Fhr Roth v. Schröckenstein,
Domcap. zu Konstanz, und w. geistl. R. allda, auch fstl. freysing. w. Hof-
u. Cammer-R. und Oberforstmeister. — Franz Seraph. Eman. Gr. von
Törring-Gronsfeld zu Jettenbach, Domcustos, w. geh. und geistl.
R. des Collegiatst. in Straubingen insul. Probst u. b. churpfalzb. St.
Georg-O. R., Commenthur u. Dechant. — Franz Jos. Fhr v. Stengl,
b. R. Dr. Domprobsten-Coadjutor, w. geistl auch churpfalzb. w. geh. R.,
Probst zu St. Peter genannt Madron, u. des adl. Ritterst. zu Wimpfen
Can. auch Probst des Collegiatst. zu St. Andrea in Cölln. — Damian Hugo Gr. v. u. zu Lehrbach, fstl. freysing. w. geh auch pfalzb. geh. und
geistl. R., des Collegiatst. zu St. Zeno in Jsen Probst, Domhr zu Ellwangen, fstl. freysing. geistl. Raths-Vice-Präsident, des Priester-Semi-
nars zu Dorfen Regens, der Ord. Probsten zu St. Wolfgang insul.
Probst, auch des St. Georg-O. Commenthur u. Dechant. — Caspar Gr.
v. Sternberg, Domcapit. zu Regensburg, beider Hochstifter Hof- und
Kammerrath. Maximilian Jos. Gr. v. Waldkirch, Domhr zu Augs-
spurg, des churpfalzb. St. Georg-O. R. u. Caplan. — Hubert Clemens
Gr. v. Waldkirch, auch Domhr zu Regensbg. Carl Gr. v. Herberstein, w. geistl. R. auch Domhr zu Osnabrück.

Domicellaren: Jos. Maria Edler Panner u. Fhr v. Jmsland auf
Marktkofen u. Wildenau, Pfarrer zu Holzhausen bey Landshut. — Ferd.
Alois. Gr u. Hr. zu Freyen-Seybolts dorf, Domhr zu Regensba.
Probst des Collegiatst. zu St. Emeran im Spalt, (Bisthums Eichstädt)
fstl. eichstädt. w. geh. u. regensburg. Consistorial-R, des pfalzb. St.
Georg-R. u. Caplan. — Clem. Wenz. Gr. v. Arko. — Joh. Nep. von
Wolf, Dr. der Theol. Bischof zu Doryla, auch churpfalzb. w geh. R.,
Weihbischof zu Freysing, dann Domcapitular, w. geh. R. und Consistor.
Vicepräsid. zu Regensburg. — Joh. Paul Fhr v. Leykam, b. R. Dr.
auch Canon. zu Thorn. Friedr. Xav. Reinh. Fhr von Gumpenberg-
Breitenegg. — Joh. Bapt. Gr. v. Preysing, Fhr zu Alten-Preysing,
Cronwinkel genannt. Ludw. Gr. von Berchem. — Carl Fhr von Rech-
berg.

Expectivirt. Syndicus: Ludw. Jos. Ehrne v. Melchthal. Syn-
dicats-Verweser: Joh. Nep. Gries, b. R. Lic. Hof- u. Cammer-R.

b) **Hofstaats- und Dicasterial-Personale.**

Oberhofmarschall: Ferd. Fhr v. Bugniet des Croisetes, w. geh. R. auch Hof- u. Cammer-R. churtrier. Kämmerer. **Oberstküchenmeister u. Oberjägermeister:** Joh. Bapt. Rsfhr v. Freyberg u. Eisenberg, w. geh. R. **Oberststallmeister:** Heinr. Fhr v. Welden, churpfalzbayr. u. freysing. w. geh. R., u. resp. Kämmer., Oberstl. des badischen Regim. des schwäb. Kreises, des St. Mich. O. Großkr. u. Commenthur. **Geheimer Cabinets-Referendarius:** Joh. Jos. Friedr. von Steigentesch, auch fstl. regensburg. u. fstl. berchtesgad. geh. Cabinets-Referend. u. w. Hof- u. Reg. R. **Oberhofkaplan:** Friedr. Carl Fhr v. Karg auf Bebenburg, Can. u. Pfarr. zu St. Martin u. Kastul, dann Ruraldechant zu Landshut. **Hofcapläne:** Wilh. Jos v. Pauli, des Collegiatstifts zu St. Johann in Freysing Dechant, geistl. R. u. Kapellmeister. Pet. Haag, Dr. d. Theol. Can. zu St. Veit ob Freysing Fortunat. Kirzinger, Can. zu St. Joh. in Freysing. Matth. Schmid, Canon. zu St. Paul in Freysingen.

Wirkl. geheime Räthe vom Domcapitel: Franz Eustach Fhr v. Hornstein, Dompropst, s. ob. Joh. Nep. Fhr v. Ströbl, Domdechant, s. ob. Jos. Anselm Fhr v. Westernach auf Kronburg und Oettingen, Domscholaster zu Augspurg, des Collegiatst. zu St. Zeno in Isen Probst, churtrier. geh. R., u. fstl. freysing. Hofkammerpräsid. — Egid. Osw. Fhr Colonna v. Böls u. Schreckenburg, geistl. Raths-Präsident, Official. Capit. s. ob. Jos. Carl Gr. v. Lerchenfeld auf Köfering, s. ob. Jos. Ant. Gr. v. Königsfeld auf Zeiz u. Pfakhofen, s. ob. Erdmann Indobler, Dr. d. Theol. Domcapitular u. des geistl. Raths Vicepräsid., Probst zu St. Peter, gen. Madron. Damian Hugo Gr. v. Lehrbach, s. ob. Lud. Ad. Gr. v. Ezdorf, s. ob.

Wirkl. geh. Räthe, welche nicht Domherrn in Freysingen sind: Sigm. Maria Fhr v. Reysach, Domdech. u. resp. Domcapit. zu Augspurg u. Ellwangen, des Ritterst. zu Komburg Cap. u. Custos, churtrier. u. fstl. augspurg. geh. R. Heinr. Fhr v. Welden, Oberstallmeister, s. ob. Joh. Bapt. Wilh. Fhr v. Freiberg, Oberstküchenmeister, s. ob. Ferd. Fhr v. Bugniet, Oberhofmarschall, s. ob. Franz Jos. Fhr von Stromer. Eligius Fhr von Stromer, Vicedom und Stadtpfleger. Ruprecht Ehrne v. Melchthal. J. B. Hofmann, Lic. der Theol. Joh. Mart. Fhr v. Degen, b. R. Lic. Heinr. Palmaz Leveling, der A. u. Med. Dr. churpfalzb. Hofr., öffentl. Lehrer auf der Universität zu Ingolstadt, der kaiserl. Academie der Naturforscher Mitglied. Franz Xav. Mutschelle, Probst zu St. Wolfg. u. Stiftsdechant zu Altenötting, churpfalzb. w. geistl. R.

Geistl. Rath. Präsident: E. O. Fhr Colonna v. Böls, s. ob. E. Indobler, Dr. d. Theol. Domcapit. und Vicepräsid., s. ob. **Director:** vacat. **Geistl. Räthe:** Franz Gr. v. Törring-Gronsfeld, s. ob. D. H. Gr. v. Lehrbach, s. ob. Carl Gr. von Herberstein, Capit. zu Osnabrück. Franz Jos. Leop. Fhr v. Stengl, b. R. Dr. und Domcapit. Carl Jos. von Torri, b. R. Lic. Visitator Diöc.

Zweites Kapitel. Der geistlichen Staaten.

emer., Can. zu St. Andre. Joh. Geo. Kaiſer, b. R. Lic. Canzleydi: rector, Fiſcal Viſit. Diöc. u. Stiftsdech. zu St. Andr. Ladisl. Benno Stoixner, Dr. d. Theol. Can. Capit. zu Iſen. Joſ. Clem. Brau: miller, Lic. der Theol. Dechant u. Pfarr. zu Wolfrathshauſen. Franz Xav. Schmid, b. R. L. Canon. zu St. Veit. Joh. Carl Neumayr, b. R. Dr. Can. zu St. Andr. Joh. Georg Häckl, Dr. d. Theol. Pfarr. zu Maſſenhauſen. Carl Hezer, b. R. Lic. Stiftsdechant zu St. Wolf: gang. Ant. Danzer, Dr. d. Theol. Pfarr. zu Günzlhofen. Mart. Aug. v. Hofſtetten Dr. d. Theol. Prot. apoſt., Dechant u. Pfarr. zu Hoch: brunn. Sebaſt. Marterer, Lic. d. Theol. Stiftsdechant zu St. Veit. Carl v. Hezendorf, b. R. Dr. Pfarr. zu Pörkirchen. Sebaſt. Mut: ſchelle, Can. Cap. bey St. Veit ob Freyſingen, Bücher:Cenſor. Joſ. Schärl, Lic. d. Theol. Pfarr. zu Buch. Ludw. Joſ. Wölkl, Dr. der Theol. Canon. Cap. zu Iſen. Joh. Franz Ign. Hündl, b. R. Dr. Can. zu St. Andr. Franz Xav. Etmüller, Dr. der Theol. Pfarr. zu Mies: pach. Joſ. Stockmayr, b. R. Lic. Can. bey St. Andr. Clem. Ba: der, Dr. d. Theol. Can. bey St. Andr., auch erzbiſchöfl. ſalzburg. Con: ſiſt. R. Franz Xav. von Scherer, Stiftspfarr. und Can. zu U. L. F. in München, churfſtl. Hoftheolog. Joſ. Heckenſtaller, Dr. der Theol. geiſtl. R. u. Secret. auch fſtl. regenſpurg. Conſiſt. R. Joh. Nep. v. Ci: ſchini, Can. Cap. des Collegiatſt. zu St. Veit. Joſ. Darchinger, Lic. d. Theol. freyſing. Commiſſ. u. des Collegiatſt. U. L. F. zu München Can. Cap.

Hofrath. Präſident: Joh. Nep. Fhr v. Ströhl, Domdechant u. Statthalter ꝛc. Domcapit. ſ. ob. **Räthe:** Caſpar Gr. v. Sternberg. Heinr. Carl, Fhr Roth v. Schröckenſtein, Domcap., ſ. ob. Ferdin. Fhr v. Bugniet. Carl Ellg. Fhr v. Strommer, churpfalzb. Cäm: mer. Joh. Bapt. Braun, b. R. Lic. dirigirender Hofr. Maximil. von Steinhauſer, b. R. Lic. Carl v. Branca. Franz de Paula Ho: heneicher. Phil. Jacob Mayer. Ign. Söldner, b. R. Lic. auch Hofcammer: R. dann Hofzahlmeiſter. Joh. Nep. Gries. **Rath und Secretär:** Franz Dionyſ. Koch, b. R. Dr. auch Lehen:Secretär.

Hofkammer. Präſident: J. A. Fhr v. Weſternach, Domcapit. u. Scholaſt., ſ. ob. **Räthe:** Caſpar Gr. v. Sternberg, Domcapitul. ſ. ob. Heinr. Carl Fhr Roth v. Schröckenſtein, Domcap., ſ. ob. J. B. Braun, dirigir. Rath. Maxim. v. Steinhauſer. F. Fhr von Bugniet, ſ. ob. Carl v. Branca, ſ. ob. Aug. Friedr. Will, b. R. Lic. Franz Xav. Hoheneicher, Hofzahlmeiſter. Franz de Paula Ho: heneicher, b. R. Lic., ſ. ob. Joſ. Stuber, b. R. Lic. P. J. Mayr, ſ. ob. Joſ. Ign. Söldner, ſ. ob. Joh. Nep. Gries, ſ. ob. auch fſtl. regenſpurg. Hofger. Advoc. **Rath u. Secret.** Urban Friedl.

Erbämter. Marſchall: Joh. Bapt. Nic. Frey: u. Edler Hr. von Prinzenau, churpfalzb. Cämmer., Obriſtl. u. des Domſt. Paſſau Erb: truchſeß. **Cämmerer:** Joſ. Fhr v. u. zu Weichs auf Falkenfels, chur: pfalzb. Cämmerer, geh. R. und Vicedom zu Straubing, Hauptpfleg. zu Deggendorf und Natternberg, des St. Georg: O. R. **Schenk:** Joh. Max. Gr. v. Preyſing, Fhr v. Alten:Preyſing, gen. Kronwinkl, chur pfalzb. w. geh. R. Cämmer. u. Pfleg. zu Rosenheim, St. Georg O. R. Truchseß: Sigm. Maria Gr. v. und zu Freyenseyboltstorf, churpfalzb. Cämmer. u. Reg. R. zu Landshut.

Gesandte und Agenten.

Grätz: Ant. von Chatarin, b. R. Dr. Agent. — Inspruck: Jos. Della Torre, b. R. Dr. Agent. Laibach in Krain: Paul Frankenthaler, b. R. Dr. München: Ant. Xav. v. Pflindheim, b. R. Lic. u. bischöfl. Commissar. — NN. v. Pristinger, b. R. Dr. Agent, auch fstl. berchtesgad. Hofr. Regensburg: Jos. Carl Risgr. von Lerchenfeld auf Köffering, fstl. freysing. w. geh. R. u. Ges. bey der allgem. Reversammlung. Wetzlar: Carl von Sachs, Agent. Wien: Joh. Mich. Stubenrauch, Agent. Sigm. v. Baumgarten, b. R. Dr.

Fuld.

Dieses exemte Bisth. im oberrhein. Kreise hat auf 48 Q. Ml. 8 Städte, 2 Flecken, 20 Aemter, 60 Pfarrkirchen (worunter 15 lutherische) und 80,000 Einwohner. — Die Einkünfte werden auf 200,000 Thlr. geschäzt.

a) Domcapitel.

besteht aus 13 Capitularen und 3 Domicellaren freiherrl. Standes.

Capitularen. Domdechant: Benedict Fhr v. Ostheim, Probst zu St. Andreasberg, Statthalter, w. geh. R. u. weltl. Reg. Präsident. — Senior: Carl Fhr v. Piesport, Probst zu Sannerz, w. geh. R. — Joseph Fhr von Hettersdorf, Probst zu Blankenau, w. geh. R. — Heinr. Fhr v. Warnsdorf, Probst zu St. Michelsberg, General-Vicar in Spiritual., der geistl. Reg. u. des Consist. Präs., Lehenprobst und der fuld. Adolphs-Univ. fortwährender Canzler, w. geh. R. — Ludwig Fhr von Schönau, Probst zu St. Johannesberg. — Sigism. Fhr von Bibra, Probst zu St. Petersberg, churmainz. w. geh. R. — Const. Fhr von Guttenberg, Probst zu Thulba. — Alex. Fhr von Zobel zu Giebelstadt, Probst zu Zelle. — Heinr. Fhr v. Reisach, Probst zu Holzkirchen. — Aegid Fhr. v. Reichlin, genannt Meldegg, Land-Ober-Einnahms-Präsid. — Sigismund Fhr v. Huber, gen. Maur, Superior des adl. Convents zu St. Salvator, und der fuldischen Hospitalien Präsid. auch der fstl. adolphin. Univ. Rector Magnific. — Phil. Fhr v. Hettersdorf, des fstl. Vicedom-Amts, Ober-Raths- u. Polizey-Präsid. — Adalbert Fhr v. u. zu Bodmann, Ober-Forst-Amts-Präsid.

Domicellaren: Leonhard Fhr v. Hettersdorf. — Ferd. Fhr von Welden. — Rupert Fhr v. Bodeck.

b) Hofstaat und Dicasterien.

Gandersheim.

Zu diesem kaiserl. freywelti. luther. Frauenstift in der Stadt Gandersheim, unter herzogl. braunschw. Schutze, gehören die nahe gelegenen Klöster Brunshausen und Clus, und das Gericht Bornumhausen. Die Einkünfte sind unbekannt. —

Capitul.

besteht aus der Dechantin und einer unbestimmten Anzahl Canonissinnen. Davon jedoch mit Inbegriff der Dechantin nur 4 in der Hebung stehen. Diese tragen ausser einem schwarz emaillirten Ordenskreuz mit einem diamantnen Knopfe an einem 3 Finger breiten, blau gewässerten, mit schwarzer Einfassung versehenen Bande und Stern auf der Brust, keine besondere Kleidung.

Dechantin: Caroline Ulrike Amalie Princess. von Sachsen-Coburg-Saalfeld (seit 29 Sept. 795). Canonissinnen: Marie Therese Gräf. v. Solms-Laubach. — Friderike Gräfin v. Ortenburg. — Carol. Friderike Graf. v. Solms-Wildenfels-Zehista.

Hienächst befinden sich bey dem Stift 4 residirende und 4 abwesende Canonici oder Stiftsherren, nämlich

Residirende Canonici: Joh. Aug. Wilh. Hoyer, Senior. - Phil. Estian v. Hantelmann. — Achaz Carl Wilh. Gr. v. der Schulenburg. — Ernst Phil. Ludw. Freyenhagen. —

Nicht residir. oder abwesende Canonici: Natal. Ferd. Gelshub. — Friedr. Estian v. Strombeck. — Friedr. Carl von Strombeck. — C. v. Mahrenholz.

b) Hof- und Civiletat.

Hofdame: Fräulein von Schleuniz. Oberhofmeister: vacat. Hof- und Lehns-Rath: Joh. Fr. Ludwig Gelhub. Finanzrath: Estian Fr. Brumhardt.

Herford.

Von diesem evangel. fürstl. Frauenstift in der Stadt Herford in Westphalen, mit etwa 6000 Thlr. Einkünften, kann hier nur angeführt werden.

a) Das Capitul.

besteht aus 1 Dechantin, 1 Küsterin und einer willkührl. Anzahl von Chanoinessen fürstl. Standes.

Decanissin: Auguste Mar. Carol. Prinzess. v. Nassau-Weilburg, auch Coadjutorin. Küsterin: Johanne Charl. Prinzess. von Hessen-Philippsthal. Canonissin: Carol. Aug. Albert. Prinzess. v. Schwarzburg-Sondershausen.

b) Stiftsherren und Capitularen. (4)

Fr. Estian Röhr von dem Bangardt zum Münzhof, Erbschenk des Hochstifts. — Estian Ludw. v. Eller, k. preuß. Drost im Fsth. Ostfriesland. — Carl Ludw. v. Wrede, Obrist. — Casp. Heinr. v. Closter. —

c) Erbämter des hohen Stifts.

Erbmarschall: G. W. A. Rsgr. v. Münster-Meinhövel. Erbtruchseß: Domdechant Ernst Jobst Jobst Fhr von Winte. Erbschenk: H. B. zt Tb. 1798.

Fhr C. Rsfhr v. dem Bangardt s. oben. **Erbjägermeister:** Fhr von Exterde.

Hildesheim.

Dieses Bisthum im niedersächs. Kreise (gemischter Religion,) hat auf etwa 40 Q. Ml. 8 Städte, 4 Flecken, 234 Dörfer, 78,000 Einwohner, und vielleicht 300,000 Thlr. Eink. — 1781 mußten für die Staatsschulden, noch 71,000 Thlr. Zinsen bezahlt werden.

a) Domcapitel.

besteht aus 42 Gliedern, ist der erste Landstand, wählt den F. Bischof, führt in der Zeit, wo der bischöfl. Stuhl erledigt ist, die Regierung u. hat wichtige Einkünfte.

Dompropst: Carl Friedr. Fhr von Wendt, zu Widenbrück u. Papenhausen, Bischof zu Basinopel, General-Vicar in Pontificalibus und Spiritualib. auch Officialis u. Archidiakonus, dann Probst bey dem Collegiatstifte zum heil. Kreutz zu Hildesheim.

Domdechant: Engelb. Aug. Fhr v. u. zu Weichs, zu Sarstedt und Ahrbergen, Gerichtshr zu Eizum, auch Domcapitul. zu Münster und Paderborn.

Priester: Franz Georg Gr. von Boos zu Waldeck und Montfort, Domcantor, Dechant zu Bleidenstadt, Canon. zu Aschaffenburg, churmainz. u. churtrier. auch fstl. fuldaischer geh. R., des St. Mich. O. Großkr. — Jos. Ant. Sigism. Fhr von Berolbingen zu Gundelhard, Archidiac. zu Nettlingen, geh. R., Domcapit. u. Kammerpräsid. zu Speyer, auch Probst des Rsstifts in Odenheim. — Alex. Friedr. Fhr v. Elverfeld zu Steinhausen u. Dahlhausen, Schatz- u. Landrath, Domcap. u. Domscholaster zu Paderborn. — Cstoph Gr. zu Kesselstadt, Domcapit. zu Paderborn u. Domic. zu Halberstadt.

Diaconi: Franz Cölestin Fhr von Berolbingen zu Gundelhard, Archidiac. zu Elze, und dompropsteyl. Commissarius, auch Domicellar zu Osnabrück. — Franz Gr. v. Nesselrode zu Ereshofen, Domhr zu Lüttich u. Münster. — Theod. Werner Fhr v. Bochholz zu Hennekenrode, Störmede, Niehausen und Alme, Dompropst zu Paderborn, auch das. geh. R., Reg. Präs. u. Ober-Hofmarschall, Drost zu Beverungen und Herstel, Obercommissarius der Judenschaft u. des hess. gold. Löwen-Ord. Command.

Subdiaconi: Clem. Aug. v. Mengersen, Jubilarius, Domküster, Archidiac. zu Schmedenstedt, geh. Schatz- u. Kriegsr., Domcapit. zu Paderborn, auch das. geh. R. u. Kammerpräsid. — Franz Casp. Fhr v. Harthausen zur Apenburg, geh. R., Archidiac. zu Stöckheim und Gerichtshr zu Langenholzen. — Otto Herm. Fhr v. Spiegel zum Diesen-

zu Sarstedt und Ahrbergen, adel. Hofr. — Clem. Franz Rsgr. von der Heyden, gen. von Belderbusch zu Strevendorf, auch Domcap. zu Paderborn u. Speyer, u. Probst des kaif. Stifts zu Aachen. — Werner Aug. Fhr v. Elverfeldt zu Stein- und Dahlhausen, geh. R., Archidiac. zu Rüfeld, Domkellner zu Paderborn, auch dasiger landschaftl. Deputirter. — Jos. Ign. Fhr v. Beroldingen zu Gundelhard, Archidiac. zu Barum, auch Domcapit. zu Speyer. — Leop. Edm. Fhr von und zu Weichs, zu Sarstedt und Ahrbergen, auch Hofrichter, Domcap. zu Paderborn. — Friedr. Casp. Ferd. Fhr von Haxthausen zu Lipspringe, Archidiac. zu Goslar. — Carl Friedr. Fhr v. Vittinghof, gen. Schell zu Schellenberg, Domhr zu Münster. — Franz Wilh Fhr von Spiegel zum Diesenberg, churcölln. Kammerpräsid., auch Domcap. und Oberjägermeister zu Münster. Wilh. Arn. Fhr v. Kettler zu Haarkotten, geh. R. Domkellner, fstl. Hofkammerpräsid. auch Droste zu Peine, Archidiac. zu Wallensee, u. Domcap. zu Münster. — Clem. Aug. Fhr von Schorlemmer zu Heringhausen und Heilinghausen, auch Domcap. zu Paderborn u. Osnabrück. — Carl Friedr. Fhr v. u. zu Brenken zu Erdbehrenburg, Archidiac. zu Sarstedt, Hofkammer-R., Domcap. zu Paderborn, Cantor u. Capit. des Collegiatst. zu St. Moritz. — Franz Fhr von Wendt zu Papenhausen. — Joh. Fr. Gr. v. Hoensbroeck zu Hillenrath, auch Domcap. zu Münster und Probst zu Soest. — Matthias Fhr v. Kettler zu Haarkotten, Domcap. zu Münster u. Osnabrück. — Carl Gr. von Hoensbroeck zu Hillenrath, auch Domhr zu Trier. — Franz Ludw. Felix Mar. Rs-Fhr von Burscheid zu Burgbroel. — Clem. Aug. Fhr von Loe zu Wissen, auch Domhr zu Münster. — Georg Fhr von Brackel. — Wilh. Ant. v. u. zu Weichs zur Wenne und Eichholz auf Serkenrhode.

Domicellares: Max. Friedr. v. Haxthausen zur Apenburg und Bockendorf. — Heinr. Edm. Gr. von Schaesberg zu Krikenbeck. — Franz Jos. v. Beroldingen zu Gundelhard. — Ferd. Fhr v. Spiegel zum Diesenberg u. Canstein auch Domcap. u. Vicedom zu Münster. — Clemens v. Goudenau.

Syndicus: Franz Adolph Meyer, Hofr. und Hofger. Assess. auch Gerichtshalt. zu Harsum, Langenholzen und Sack.

Secretär: Franz Ferd. Osthaus, Hofgerichts-Assessor und Schatz-Actuarius.

b) Hofstaats- und Dicasterial-Personale.

Obristhofmarschall: Clem. Aug. Fhr v. Mengersen, Hr zu Rheder, Warburg und Borchholz, chursächs. Cammerhr. fstl. hildesheim. geh. R. u. Droste zu Woldenberg, auch paderborn. geh. R. u. Droste zu Schwalenberg-Oldenburg u. Lügde. Oberjägermeister: Clem. Aug. Fhr. v. u. zu Weichs, Hr zu Sarstedt, Ahrberg und Stenlah, fstl. hildesheim. Landhptm. u. Droste des Amts Bilderlah. — Hienächst 5 Kammerjunker, 3 Edelknaben ꝛc. ꝛc.

Geheimes-Cabinet. Geh. Referendar: Clem. Alex. Fhr v. Asbeck, geh. R. Drost des Amts Wienenburg, auch Kammerdirector und Lehenprobst. — Geh. Cabinets-Secretär: Wern. Jos. Rotermund,

180 Zweiter Abschnitt. Staatsb. des deutschen Reichs.

auch Lehn= und Appellationsgerichtssekretär. Secretär in geistl. Sachen: Franz W. Schlüter.

Hofzahlmeister: Franz Jos. Klöpper, auch Kammer=R. — Hof= u. Land=Baumeister: J. B. Pelizäus. — Leib= u. Hofärzte: Herm. Schmitjan, b. A. Dr., fstl. Hofr. Leibarzt u. Medicinal=R., auch Landphysicus. Joach. Niemann, b. A. Dr., Hof= u. Garnisons= Med. auch Stadtphys. in Peina. N. Wener, b. A. Dr., fstl. Hofr. und Leibarzt. — Leibchirurgi: J. M. Fricke. R. Prael.

Bischöfl. General Vicariat. General-Vicar in Pontifical. u. Spiritual.: C. Fr. Fhr v. Wendt, s. Domcapit. — Geistl. Räthe: W. Rören. St. J. Fhr v. Papius. P. A. Tioli. L. Martinelli. C. Steigentesch, Capitular zu Neuhaus. J. H. Hase.

Geheimes Rathscollegium. Präsident: Theod. Jos. Fhr v. Wrede zu Ameke. Domcapit. s. ob. Wirkl. geh. Räthe: Clem. Aug. Const. Fhr v. Mengersen, Domküster, s. ob. Jos. Ant. Fhr v. Berol= dingen, Domcapit. s. ob. C. A. Fhr v. Mengersen, s. ob. Fr. Aug. Fhr v. Westphal zu Freymißen u. Heidelbeck. Clem. Aug. Gr. zu West= phal, Hr zu Fürstenberg, Laer, Grunsteinheim, Herbram, Arme, Borch= holz, Dinkelburg, Lipspringe, Hervord, großen Heere, Milsborn u. Wie= schede, der Hochstifter Hildesheim, Paderborn und Osnabrück resp. Erb= schenk, Erbküchen= und Erbjägermeister, k. k. w. Cammerhr, fstl. hildesh. geh. R. u. Minister an den Churhöfen Cölln u. Trier, auch adel. Hof= und Reg. R. Droste der Aemter Hunnersrück und Liebenburg, auch fstl. pader= born. geh. R. Landdroste zu Dringenberg, u. des kais. St. Jos. O. Groß= kr. Fr. Casp. Fhr von Harthausen zur Apenburg, Domcapit. s. oben. Werner Aug. Fhr v. Elverfeldt, Domcap. s. ob. Wilh. Arnold Fhr v. Kettler zu Harkotten, Domcapit. s. ob. Clem. Fhr von Asbeck, auch Drost zu Bienenburg. Herm. Wern. Gottl. von Lochhausen, Consist. Präsid. Andr. Fhr von Steigentesch. Secretair: Joh. Gottfr. Schöne.

Regierung. Präsident: Theod. Jos. Fhr v. Wrede, s. ob. Dom= cap. Canzler: H. W. G. v. Lochhausen, geh. R. (s. ob.) auch Con= sist. Präs. Lebenprobst: Clem. Alex. Fhr v. Asbeck, (s. ob. geh. Cabi= net!). Hof= u. Reg. Räthe: Otto H. Fhr von Spiegel zum Diesen= berg, (s. ob. Domcap.) Franz Ign. Fhr v. Weichs zu Sarstedt, (s. ob. Domcap.) J. J. Flöcher, (s. Officialat=Gericht!) Heinr. Ant. Wolf, auch Kriegscommiss. Werner Ign. Menshausen, (s. auch Med. Col= leg.!) Friedr. Ant. Zeppenfeld. Franz Ant. Blum, Advoc. Patriä, u. Com. Palat. Casp. Erich Schelver, Dr. Max. Zeppenfeld, auch Cammerconsulent. Fiscal: Ign. Zeppenfeld, auch Archivar. Se= cretairs: Jac. Heinr. Graen. Fr. W. Rotermundt jun. Lehen = und Appellationsger Secretär: W. J. Rotermundt, (s. ob. Cabinet!). Lehensecretär: Carl Jos. Mack. Grenz= und Criminalsecretär: A. P. Neuhoff.

Weltl. Hofgericht. Hofrichter: Leop. Ed. Fhr v. Weichs zu Sar= stedt u. Ahrbergen, s. Domcap. Beysitzer: Dr. Carl Friedr. Schubert, Hofrath, Syndic. der Rittersch. und Städte. Franz Adolph Mayer,

Zweites Kapitel. Der geistlichen Staaten.

Hofr. und Capit. Syndic. Carl Ernst Albrecht, auch Confist. R. Aug. Abel, Hofr. und Syndicus der 7 Stifter. Cstian Dietr. Brandis- Ferd. Brandis, Adjunct. G. Ulr. Schubert, auch Rath, (s. Consistor.) Fr. Straub, auch domprobstenl. Syndicus. Franz Ferdin. Ost- haus, auch Secretär des Domcap. Secretair: Franz Jos. Hermann.

Die Regierungs Canzley und das weltl. Hofgericht haben die weltliche Gerichtsbarkeit, so jedoch, daß erstere die peinlichen Sachen allein versieht. Die geistliche Gerichtsbarkeit üben folgende Collegia, nemlich über die cathol. Einw. das bischöfl. Officialat und über die evangel. Einw. das Consistorium.

Geistl. Hof- und Officialat-Gericht. Officialis: Carl Friedr. Fhr. v. Wendt (s. ob. Domcap.) Beysitzer: Joh. Jobst Flöcher, Hof- u. Reg. R., auch Gerichtshalter zu kleinen Algermissen. Franz Wilh. v. Schulz, Probst u. Scholaster zu St. Simon u. Judä in Goslar, Canon. zu St. Andr. u. St. Mariä, auch Vicarius im Dom, und 1r Biblio- thekar der Dombiblioth. Heinr. Ant. Wolf, Hof- und Reg. R. Franz Ant. Zeppenfeld, Hof- u. Reg. R. Franz Leop. de Latour, Canon. vom heil. Kreuz. Fiscal: Ign. Zeppenfeld, (s. Regierung!) Se- cretär: Casp. Jos. Straub.

Consistorium augsb. Confess. Präsident: H. W. G. von Loch- hausen, geh. R. und Canzler, s. ob. Räthe: Dr. C. F. Schubert, (s. ob. Hofgericht!) Carl Ernst Albrecht, auch Hofgerichts-Assessor, s. ob. D. C. F. Schubert, s. ob. C. E. Albrecht, auch Hofgerichts-As- sessor, s. ob. G. Ulr. Schubert, auch Hofgerichts-Assessor, s. ob. Conr. Dan. Schumacher, Generalsuperint. u. Pastor primar. zu Bockenem. Cstian Leo Josua Illing, Generalsuperintend u. Pastor primar. zu Al- feld. Secretair: Ernst Cstian Brandis, auch immatricul. Advocgt.

Hofkammer: Präsident: W. A. Fhr v. Kettler zu Haarkotten ꝛc. (s. Domcapit.!) Director: Clem. Alex. Fhr. v. Asbeck, (s. ob. geh. Cabinet!) W. Hof-Kammer-Räthe: Ferd. Fhr. v. Fürstenberg, (s. Domcap.!) C. Fr. Fhr von Brenken, (s. Domcap.!) Edm. M. Schiller. Joh. Ant. Thomnienhaus. Joh. Fr. Feußner. Lamb. Bertheramb. Franz Jos. Klöpper, auch Hofzahlmeister. Kam- mierconsulent: Max. Zeppenfeld, auch Hof- u. Reg. R. Secretär: Ant. Meyer, auch Stadtvogt zu Hildesheim. Schreiber: F. A. Mos- qua, auch Buchhalter beym Leihhause. Procurator: A. H. Bartels.

Forstwesen. Oberjägermeister: C. A. Fht von und zu Weichs. Forstschreiber: Bern. Pelizeus, Hofkammer-R. auch Hof- u. Land- baumeister. Hienächst 5 Oberförster, 17 Förster ꝛc. ꝛc.

Leihhaus. Director: Franz Holsch, auch Hofkammer-R. Cas- sier: B. L. Mack. Buchhalter: Mosqua.

Münzwesen. Director: J. H. v. Uslar. Münzwardein: Joh. Heinemann.

Schatzcollegium. Vom Domcapitul: Cl. A. Fhr v. Mengers- sen, (s. Domcap.!) Schatz- u. Kriegsr. Alex. Fr. Fhr v. Elverfeldt, (s. Domcapit.) Schatz- u. Landr. Schatzactuar: F. F. Osthaus, s. oben. Von Seiten der 7 Stifter: Franz Primavesi, Schatz-R.

M 3

auch Probst zu Sülta. Von Seiten der Feldklöster: Const. Belling, Schatz R., auch Ordensgeneral u. Probst zu Grauhof. Syndicus der 7 Stifter: Aug. Abel, Hofr. Von Seiten d. Ritterschaft: Ludw. Ernst Fhr von Görz, gen. Wrisberg ꝛc. Schatz R. Ludw. v. Rheden zu Rheden. Georg Fhr von Bock. Syndicus der Ritterschaft und Städte: Dr. Carl Fr. Schubert, s. ob. Deputirte der Städte Bockenem u. Elze: Heinr. Andr. Lüders, Burgermeister in Beckenem. N. Grave, Burgermeister der Stadt Gronau. Land-Rentmeister: Joh. Fr. Blum.

Gesandte u. Agenten. Hamburg: Carl Lavezzari jun. Hofagent. Regensburg: Andr. Fhr v. Steigentesch, geh. R. und Comitialges. Wezlar: Dr. Hofmann, Hofr. Lic. Helfrich, Hofrath. Wien: M. v. Stubenrauch, Hofr. G. Ign. v. Schumann, Subst.

Johanniter- Maltheser-Orden.

Dieser Orden, (von welchem im ersten Theile dieses Handbuchs Seite 68 und 88 schon einige Nachrichten gegeben sind) besitzt in den meisten europäischen Ländern ansehnliche Güter, und hatte sich daher in 8 Zungen getheilt. Von diesen sind die 3 in Frankreich nun durch die Revolution mit ihren Gütern aufgehoben. Die englische fiel schon zur Zeit der Reformation weg. Das Großpriorat von Ostrog in dem ehemal. Königr. Polen ist neuerdings nach Rußland übertragen worden — In Spanien bestehen die 2 Zungen, nemlich von Castilien und Arragonien noch jetzt und in Sizilien hat dieser Orden große Vorrechte und Güter, welche jährl. 79,000 Ducati abwerfen sollen. Eben so hat sich auch die deutsche Zunge bisher erhalten, und besitzt ebenfalls ansehnliche Güter in Deutschland, ist jedoch in gewisse Branchen vertheilt. Zu jeder derselben gehöret eine Anzahl von Commenthurs und Rittern, welche hier anzuführen nicht unzweckmäßig seyn wird.

a) **Obristmeisterthum der deutschen Zunge zu Heitersheim.**

Dies ist die Hauptbranche der deutschen Zunge, und der Obristmeister ist ein deutscher unmittelbarer Reichsfürst (siehe ir Th. pag. 68). Die zu dem Obristmeisterthum gehörigen Güter liegen in Fallieren zerstreut. Ein Theil davon liegt im Breisgau, und besteht ausser dem Marktflecken Heitersheim aus 7 Dörfern. — Die Einkünfte des Obristmeisterthums sind unbekannt.

Capitularen, Großkreuze, Commenthuren und Ritter.

Ign. Balthas. Fhr v. Rink zu Baldenstein, Großprior v. Ungarn u. Commenthur zu Leugeren, Clingenau und Brugg. — Franz Heinr. Truchseß Fhr v. Rheinfelden zu Rappolsweyer, Großprior von Dacien, u. Comment. zu Münster, Steinfurt, Würzburg u. Bibelried. — Franz Phil. Fhr v. Schönau zu Saasen, Großbally und Commenth. zu Kleinnördlingen u. Ordens-General-Receptor in Deutschland. — Lothar. Fhr v. Rottberg zu Bamlach, Comment. zu Frankfurt. — Carl Phil. Fürst v. Hohenlohe-Schillingsfürst, Großkr. und Commenth. zu Tobel, Arnheim u. Nimwegen. — Ferdin. Fhr v. Hompesch zu Bullsheim, Bally v. Brandenburg, Commenth. zu Colmar u. Sulz, Basel u. Dorlisheim, Lagen u. Herford. — Wilib. Gr. Fugger von Boos, Commenth. zu Hemmendorf u. Rexingen. — Joh. Baptist Fhr v. Pfürdt zu

Zweites Kapitel. Der geistlichen Staaten.

Karspach, Commenth. zu Mainz u. Niederweisel. — Carl Euseb. Fhr v. Truchseß, Commenth. zu Trier, Adenau u. Brisich. — Franz Cstoph Gr. v. Thurn u. Valsasina, Commenth. zu Herrenstrund. — Joh. Jac. Fhr v. Pfürdt zu Blumberg, Commenth. zu Hohenrhein u. Reiden. — Franz Conrad Fhr v. Truchseß, Großkr. u. Commenth. zu Schwäbisch-Hall u. Apfeltrach. — Aler. Fhr v. Hornstein zu Weiterdingen, Commenth. zu Hassel u. Borken. — Victor Conr. Gr. v. Thurn u. Valsasina, Commenth. zu Basel u. Rheinfelden. — Ludw. Adam Fhr v. Loe zu Wissen, Commenth. zu Rothweil. — Franz Peter Fhr von Zu Rhein zu Morschweiler, Commenth. zu Ueberlingen. — Adam Maria Fhr von Reichenstein, Commenth. zu Bruchsal u. Cronweissenburg. — Joh. Bapt. Fhr v. Flachsland, Großkr. und Commenth. zu Rohrdorf und Dätingen. — Franz Thadd. Fhr v. Ulm zu Langenrhein, R. — Joh. Baptist Fhr von Rink zu Baldenstein, R. — Anton Fhr von Neveu, Commenth. zu Rothenburg u. Reichartsroth. — Franz Ludw. Gr. von Hatzfeld zu Wildenberg, R. — Jos. Wilh. Fhr v. Pfürdt zu Blumberg, R. — Jac. Sebast. Fhr v. Truchses zu Appenweyer, R. — Jos. Wilh. Fhr v. Schauenburg zu Herlisheim, R. — Phil. Hartmann Fhr von Andlau, R. — Jos. Bruno Fhr v. Forell, Commenth. zu Schleusingen u. Weisensee. — Ferdin. Jos. Fhr v. Hompesch zu Bülheim, R. — Ferd. Bened. Fhr v. Reinach zu Werth, R. — J. Bapt. Heinr. Pfyffer von Wyher, R. — Joh. Nep. Fhr von Rottberg zu Bamlach, R. — Joh. Jos. Fhr v. u. zu Bodmann, R. — Eberh. Fhr v. Truchseß zu Rapolsweyer, R. — Fr. Florenz Fhr v. Wenge, R. — Joh. Bapt. Fhr v. Pfürdt zu Blumberg, R. — Franz Edm. Fhr von Coudenhofen zu Setterich, R. — Franz Ferd. Fr. Fhr v. Speth zu Zwyfalten, R. — Cstoph Jos. Fhr v. Freiberg zu Wellendingen, R. — Felix Cölestin Gr. v. Reinach zu Fuchsmännigen, R. — Bened. Fidel Fhr v. Tschudi, R. — Georg Cölestin Gr. v. Thurn und Valsasina, R. — Carl Phil. Fhr v. Fechenbach.

Conventualpriester: Carl Ludw. v. Gaza, Commenth. zu Aachen u. Mecheln. — Franz v. Müller, Commenth. zu Regenspurg und Altmühlmünster. — Franz Xav. Streicher, Commenth. zu Worms. — Jos. Streicher, Commenth. zu Sobernheim, Hangenweisen und Roth. — Carl Jos. v. Blesen, Commenth. zu Freyburg im Uchtland. — Clemens Mar. von Dortom, Conv. Priest. — Franz Carl Wigand, Conv. Priest. — Joh. Paul Fhr v. Leykam, Conv. Diac. — Friedr. Casimir Häfelin, Conv. Priest. — Claud. Jac. Demougé, Comm. zu Strasburg. — Sigism. Jos. Fhr v. Karg zu Bebenburg, Commenth. zu Cölln.

In Heitersheim ist ebenfalls der Sitz der Ordensregierung, welche aus einem Statthalter Canzler und Räthen besteht.

Canzler: Jos. Albr. Ittner. — Secretär: Jos. Ant. Rietmüller.

b) **Herrenmeistertbum Sonnenburg im Brandenburgischen.**
Die Güter desselben sind theils, mittels päbstl. Dispensation, von den Tempelherren, theils durch Schenkung der Churfürsten von Brandenburg,

der Herzoge von Pommern, Braunschweig und Meklenburg, theils durch Kauf zusammen erwachsen. — Dieses Herrenmeisterthum ist protestantisch, und von dem Obristmeisterthum in Heitersheim unabhängig. Doch wird der von den Comituren erwählte Herrenmeister (immer aus dem Churbrandenburg. Hause) von dem Obristmeister bestätigt. — Der Herrenmeister übt in den Ordensgütern die bürgerl. und peinl. Gerichtsbarkeit aus, doch findet die Appellation an die Churfürstl. Regierung zu Cüstrin statt. Er hat ansehnl. Einkünfte (ungefähr 30,000 Rthlr.) und die 8 Commendarien dieses Ordenszweiges tragen, nach Unterschied, von 2000 bis zu 7000 Thlr. ein.

Herrenmeister: Aug. Ferdinand Pr. v. Preußen, s. 1r Th. p. 89.

Commendatoren und deren Mandatarien.

1. **Commende Lagow. Commendator:** Wilhelm Ldgr. zu Hessen-Philippsthal, geb. 726., als Commend. eingeführt 20 Sept. 797. **Mandatarius:** O. C. F. v. Voß, k. preuß. w. geh. Etats-Kriegs- u. dirigirender Minister, des Joh. O. R. auch Dompropst zu Harvelberg, g. 23 Jun. 755.

2. **Burschen. Commendator:** Alex. Cstoph von Münchow, k. preuß. Obr. v. d. Armee, g. 19 Oct. 726, eingef. 21 Sept. 797. lebt zu Crossen. — **Mandatarius:** C. Albr. Fr. v. Viereck, k. preuß. Kriegs- u. Domain. R., des Joh. O. R, g. 15 Merz 764.

3. **Supplingenburg. Commendator:** August Pr. v. Braunschweig-Wolffenbüttel, eingef. 19 Oct. 790; wohnt zu Nordheim im Hannövrischen. **Mandatarius:** Cstoph Fr. W. Fhr vom Hagen, k. preuß. geh Oberfinanz-R., des Joh. O. R., g. 1 Sept. 754.

4. **Liezen Commendator:** G. Fr. v. Beerfelde, k. preuß. Lieutn. d. Cav. (v. d. Armee) g. 15 Sept. 722 (vorher Commendator zu Gorgast seit 93) eingef. 27 Aug. 96. wohnt auf s. Gute Sommerfeld bey Crossen. — **Mandatarius:** C. Fr. Leop. Fhr v. der Reck, k. preuß. Cammerhr, Generaldirector der Schausp., Joh. O. R. und Domhr zu Magdeburg, g. 2 Sept. 46.

5. **Gorgast. Commendator:** Adolph Friedr. v. Waldow, herzl. meklenburg-strelitz. Kammerhr, Erbhr auf Königswalde, Osterwalde, Sophienwalde, Dennenwalde, Stubenhagen u. Sadelberg, g. 19 Nov. 725, eingef. 29 Sept. 797, wohnt zu Dennenwalde oder Königswalde. (Sein Vorfahr Fr. W. Gr. v. Schwerin, k. preuß. Maj., eingef. 13 Jun. 97. lebt noch zu Elbing, u. hat die Commende resignirt). **Mandatarius:** Phil. C. Fhr v. Alvensleben, k. preuß. w. geh. Staats-Kriegs- u. Cabinetsminister, des r. Abl. u. Joh. O. R., g. 16 Dec. 745.

6. **Schievelbein. Commendator u. Landvogt:** Carl Wilh. Rsgr. v. Finkenstein, Ordens Senior, k. preuß. erster w. geh. Etats-Kriegs- u. Cabinetsminister, des schw. u. r. Abl. O. R., eingef. 23 Aug. 776; wohnt zu Berlin. —

7. **Wintersheim. Commendator:** Fr. Alex. von Knobelsdorf, k. preuß. Gen. von d. Inf. Chef eines Inf. Regim., Gouv. v. Cüstrin, des schw. u. r. Abl. O. R., g. 18 May 723, eingef. 5 Jul. 97; wohnt zu Stendal oder Cüstrin. (Sein Vorfahr Caspar v. Buchwald, k. dän. Cammerhr u. Landr. g. 728, eingef. 7 May 97. lebt noch (zu Seer

Zweites Kapitel. Der geistlichen Staaten.

dorf bey Lübeck), hat aber die Commende resignirt). — Mandatarius: vacat.

8. **Werben.** Commendator: vacat. Mandatarius: Fr. Wernen Gr. v. Podewils, k. preuß. Oberhofmarsch., des Joh. O. R., g. 4 Oct. 741.

Ordens-Canzler: E. Fr. Joh. Gust. Rsgr. v. Wulich u. Lottum, k. preuß. Cammerhr, eingef. als Ordenscanzler 11 Dec. 93, wohnt zu Berlin.

c) Das Großpriorat von Böhmen.

Zu dieser Ordensbranche der deutschen Zunge gehören auch die Commenden in Mähren, Schlesien und Oesterreich. — Die mit einem * bezeichneten sind Profeß- und Capitularherrn.

Großprior: Joseph Maria Gr. v. u. zu Colloredo u. Walse, auch Comment. zu Mailberg.*

Capitularballey Scti Josephi zu Doschitz: Joh. Franz Gr. von â. zu Colloredo u. Mels, auch Commenth. zu St. Johann in Wien.

Commenthuren u. Ritter: Mich. Ign. Ant. Gr. von Wallis, Commenth. zu Brünn, Kralowitz u. Miecholup*). — E. Wenz. Gr. von Herberstein, Commenth. zu Troppau u. zu St. Michael, Ordens-Receptor in Böhmen, u. bevollm. Ordensminist. am k. k. Hofe*). — Leop. Mich. Jos. Gr. v. Strasaldo, Commenth. zu Maidelberg*). — Vinc. Mar. Jos. Liebsteinsky, Gr. v. Kollowrat, Commenth. zu Breslau, zu Fürstenfeld u. Mellingen*). — Joh. Thadd. Malowetz Fhr v. Malowitz*. — J. Carl Krakowsky Gr. v. Kollowrath. — J. Bapt. Fhr v. Haugwitz, Commenth. zu St. Peter in Crain*. — E. Vinc. Gr. v. Neipperg. — E. Jos. Gr. v. Morzin°. — Joh. Jos. de Guyard Gr. v. St. Julien*. — Phil. Wenz. Gr. v. Künigl zu Ehrenburg und Warth. — E. Wenz. Gotth. Schaffgotsch, Gr. u. Semperfrey zu Kŭnast u. Greifenstein, Commenth. zu Gröbnig und Kleindls°. — Herm. Thadd. Fhr v. Hemm zu Hemmstein, Commenth. v. Groß-Tinz u. Lossen°. — Franz de Paula Gr. Chorinsky v. Ledske. — J. Bapt. Gr. zu Hardegg, Glatz u. Machland. — W. Franz Gr. v. Lichnowsky v. Woststschitz. — Franz Adam Gr. v. Waldstein und Wartenberg. — Ladisl. Gotth. Schafgotsch, Gr. u. Semperfrey v. Kŭnast u. Greiffenstein. — Jos. Franz Gr. Palffy v. Erdöd. — E. Joh. Gr. Palffy von Erdöd. — Mor. J. E Gr. v. Dietrichstein-Nicolsburg. — Niclas Jos. Gr. Ungnad von Weissenwolf. — Ant. J. E. Gr. von Schirnding. — L. Franz Gr. v. Montecuccoli*. — Fr. Estoph Gr. v. Clam-Gallas. — Aloys. Jos. Pr. von und zu Lichtenstein. — Wilh. Jos. Cajetan. Gr. v. Thun u. Hohenstein, Commenth. zu Obitz, juris patronus. — Franz Ant. Hrzan Gr. v. Harras und Kapliers. — Jud. Thadd. Paczinsky Gr. v. Tenczin. — Leop. Mich. Gr. v. Kaunitz. — Jos. Franz Gr. v. Wengersky, Commenth. zu Strigau, zu Goldberg u. Löwenberg°. — N. Ritter v. Holy, Commenth. zu Reichenbach. — Franz Wenz. Gr. Chotek von Chotkowa u. Wognin. — Jos. Vinc. Gr. v. Waldstein u. Wartenberg. — Franz Jos. Gr. u. Hr. v. u.

zu Daun. — Procop. Joh. Fhr Dobrzensky, von Dobrzeniß. — Eman. Jos. de Sylva, Gr. v. Tarouca. Franz Salef. Gr. von Khevenhüller/Metsch. — Vinc. Franz Gr. v. Migazzi. — Joh. C. Gr. zu Hardegg, Glaß und Machland. — Jos. Gr. von Trautmannsdorf/Weinsberg. — Paul Mar. Jos. Gr. Brigido v. Bresowiß. — Carl Jos. Hrzan Gr. v. Harras.

Ordenspriester: Ant. Mar. v. Ricci, Domhr zu Laibach, Commenth. zu Pulst, Ebenfurt und Hailenstein*. — Joh. Nep. Mayer, inful. Prior des Ordens=Convents zu Prag.

Canzler: Innoc. Jos. Rs Edler v. Nuce, Ordens=Donat.

d) Das Großpriorat von Bayern.

Ist eine neue Branche der deutschen Zunge, welche von dem jeßigen Churfürsten zu Pfalzbayern, anstatt der erloschenen englischen Zunge 1782 errichtet wurde. Zur Grundlage dieser Stiftung wurden die beweglichen und unbeweglichen Güter gewidmet, die vormals der Jesuiter=Orden in den Hzgth. Bayern, Neuburg, Sulzbach und der obern Pfalz besaß, deren jährl. Ertrag sich auf 150,000 fl. belaufen soll.

Großprior: Carl August Rsfürst v. Bretzenheim, churpfalzb. Gen. Maj.

Capitularballey. Großbaillif: Franz Alb. Leop. Gr. v. Oberndorf, des Malthes. Ord. Großbaley vom Hzth. Neuburg, churpfalzb. Staats= u. Confer. Minist. 2c.

Commenthuren: a) weltliche (12): Max. Gr. Topor Morawizky, churpfalzb. Gen. M. u. Hofkriegsr. Direct. 2c. Großkr. u. Commenth. zu Biburg. — Franz Gr. v. der Wahl. — Em. Max. Rsgr. von Törring u. Gronsfeld zu Jettenbach, Großkr. u. Commenth. zu Landshuth. — Clem. Fhr v. Weichs, churpfalzb. Gen. L. und Hofkriegsr. Commenth. zu Amberg. — Fr. Rsgr. v. Vieregg, churpfalzb. Gen. M. Commenth. zu Landsberg u. Vogach. — Ernst Gr. v. Daun, churpfalzb. Gen. M., Commenth. zu Stocksberg. — Phil. J. Rsgr. v. Lamberg, churpfalzb. Gen. M., Commenth. zu Mindelheim. — Jos. Fhr von Weweld, churpfalzb. w. Hofcammer=R. zu Amberg, Commenth. zu Stockau. — Jos. Guido Gr. v. Taufkirch, Commenth. zu Taufkirch. — Vinc. Nucius Gr. v. Minuci, churpfalz. Obr. des Dragon. Regim. Pr. v. Thurn u. Taxis, Commenth. zu Straubing. — Joh. Bapt. Fhr. v. Flachsland, Großkr. Gen. der Galeeren v. Maltha, Commenth. zu Oberhaunstadt und zu Kastl. — Joh. Gr. v. Lodron, Commenth. zu Hornbach.

b) Geistliche Commentburen: NN. Maillet de la Treille, Prälat. Cas. Fhr v. Häfelin, Bisch. zu Chersonnese, päbstl. inful. Prälat, churpfalzb. Vicepräsid. des geistl. Rathscolleg. Viceprobst des Collegiatst. in München 2c. Commenth. zu Kallenberg u. des bayr. Großpriorats General=Vicar. Joh. Fel. Eisel, pfalzb. geistl. R., Commenth. zu Altenötting.

Der Commandeurs sind 12.

Ordens=Canzler: Desid. v. Schneid, Ordens=Donat. Secretair: J. G. Wildschuh.

Zweites Kapitel. Der geistlichen Staaten.

Kempten.

Diese unmittelbarr gefürstete Abtey im schwäb. Kreise hat ein Gebiet von 16 Q. Ml. mit 45,000 Einw. --- Die Einkünfte davon sollen 100,000 fl. betragen. --- Die Abtey hat ein kaiserl. Landgericht.

a) Kapitel (14).

Großdecan: Maurus Tänzel Fhr von Trazberg. — Vicedecan: Jordian Fhr v. Reisach zu Treffelstein. — Senior: Aemilian Tänzel Fhr von Trazberg. — Joh. Bapt. Fhr Ebinger von der Burg zu Steißlingen. — Jos. Fhr v. St. Vincent. — Jos. Nep. Fhr v. Bodmann. — Honor. Fhr v. Ow zu Felldorf. — Columb. Fhr von Ow zu Wachendorf. — Engelb. Fhr v. Zweyer zu Evenbach. — Ferd. Fhr von Deuring zu Heilsperg. — Aug. Fhr v. der Schleiß. — Bapt. Fhr v. Ow zu Wachendorf. — Bened. Gr. v. Wolkenstein u. Rodenegg.

b) Hofstaats- und Dicasterial-Personale.

Oberhofmarschall: Ant. Remig. Fhr v. Pappus u. Trazberg, zu Lauberg u. Rauhenzell ꝛc. s. unt. Geh. Räthe. Oberststallmeister: Leop. Fhr Lasser v. der Halden zu Lasseregg und Burgstall, geh. R. s. unten! — Hofcavaliers: Ferd. Fhr v. Schleich auf Haarbach, geh. R. s. unten! Marqu. Fhr v. u. zu Syrgenstein, geh. R. s. unten!

Edelknaben: Fhr v. Linker. — Fhr Tänzl v. Trazberg. — Fhr v. Ow zu Wachendorf. — Ferd. Fhry. Pfetten. — Fhrr. Enzberg.

Leibmedici: Ans. Fr. Heinisch, Hofr. Carl Baur, Hofrath auch Physicus der Rsstadt Memmingen.

Beichtvater: Lucidus Freysinger, Franciscan. Ord. strictae observantiae. — Hofcapläne: Ludw. v. Diepold, geistl. R. u. Pfarrvicar. C. Phil. Neumayr, Lic. d. Theol. und geistl. R. Jos. Thom. Weng, Dr. d. Theol. u. Philos. auch Mitgl. der röm. Acad. della Sapienza.

Hof Tanz- u. Sprachmeister: Joh. Nep. Vilange.

Geh. Expeditions-Secretär: Franz Xav. Lorenz.

Geh. Räthe: Leop. Lasser v. der Halden zu Lasseregg u. Burgstall, Fhr auf Marzoll u. Schwarzach, Hr zu Autenried, Ochsenbrunn und Anhofen, Oberstallmeister, auch fstl. salzburg. Kämmer. und Landmann. Carl Cstoph Roth Fhr v. u. zu Rohrbach, Pfleger zu Liebenthann. Ant. Remig. v. Pappus und Trazberg, Fhr zu Laubenberg und Rauhenzell, Oberhofmarschall, Absentpfleger der Landvogtey dißeits der Iller, kais. R. und Ausschuß des ritterschaftl. Bezirks Algau, Hegau u. Bodensee, auch churtrier. Kammerer. Maxim. Fhr von Deuring zu Heilsperg, Hr zu Gottmadingen, Absentpfleger zu Kemnath u. Apfeltrang. Ferd. Fhr von Schleich auf Haarbach, Absentpfleger zu Falken, Hofcav., auch churpfalzbayr. Kämmer. Marq. Fhr v. u. zu Syrgenstein auf Altenberg, Hofcav. Jos. Fhr v. Enzberg, Obrist des schwäb. Kreises beym Cüraß. Regim. Hohenzollern. Joh. Bapt. Fhr v. Neuenstein, Hauptm. des schwab. Kreis. beym Inf. Regim. Fürstenberg. Abwesende geh. Räthe: Joh. Franz von Lynker auf Lüzenwil, Hr zu Romsberg, des weiß. Adl.

Zweiter Abschnitt. Staatsh. des deutschen Reichs.

D. R., churtrier. Kammer- und Rtagsgef. zu Regenspurg. Joh. Wilh. Fhr v. Hompesch zu Gullheim, Domhr zu Eichstädt u. Speyer. Franz Lavizzart, Agent am päbstl. Hofe zu Rom. Conr. Jac. von Jenisch, Edl. zu Lauberszell, Rs-Ritt. Jos. Schott Edl. v. Scharpfenberg, Com. Pal. Cäs., fstl. augspurg. geh. R., Rs-Gotteshaus-Ochsenhauser R. u. Canzler, auch Syndic. des Rs-Prälaten-Collegii in Schwaben.

 Hof- und Regierungsrath: Präsident: Maurus Tänzel Fh: v. Trazberg, s. ob. Domcap. — Canzler: Joh. Jac. Casp. Leiner, b. R. Dr. auch geh. R. Jos. Müller, b. R. Lic., geh. R. u. des freyen kaiserl. Landgerichts in Kempten Landrichter. Adel. wirkl. Hof- u. Reg. Räthe: Bas. Fhr v. Ow zu Wachendorf. Ferd. Fhr von Schleich auf Haarbach, s. ob. Marq. Fhr v. Syrgenstein auf Altenberg, s. oben. Weltl. Hof- u. Reg. Räthe: Jos. Maria von Merlet zu Treuheim. Joh. Bapt. Renz. Carl Bernh. Feigele. Fr. von Springer, auch Hofrathsecretär. Nichtfrequentirende Hofräthe: Jos. Fr. Alb. v. Rom, b. R. Lic., und Oberamtm. des adel. Stifts zu Urspringen. Joh. Bapt. Kittler, freiherrl. von enzbergischer Oberamtm. zu Mühlheim. Joh. Jab. Karg, Pflegsverw. zu Thingau. Rup. Stegwein, Pflegs-verw. zu Sulz u. Wolkenberg. Jos. Schwaiger, Pflegsverw. zu Lauterach. Franz Xav. Graf, Pflegverwalter zu Grönenbach. Joh. Nep. Senger, des Ritterst. in Comburg Commissar u. Oberamtsrath. Franz Jac. v. Neth, gräfl. fugger-boosischer Oberdirector. Bonav. Frey, der unmittelbaren freyen Rs-Karthaus Buchsheim Rath u. Oberamtmann. Leop. v. Gimmy, Pflegsverw. zu Kemnath.

 Lehenhof. Lehenprobst: Bapt. Fhr. v. Ow zu Wachendorf, s. ob. Domcap. Lehenrath: Joh. Bapt. Renz. Secretair: Andr. Mey-helbeck, auch kaiserl. Notar. Canzlist: Ant. Gerstle.

 Consistorium. Präsident und General-Vicar: Maurus Tänzel Fhr zu Trazberg, s. ob. Wirkl. geistl. u. Consistorialräthe: Franz Xav. Schmittner, Pfarr zu Schlingen. Ant. Kramer, Pfarrer zu Buchenberg. J. N. Bürn, Pfarr. zu Dietmannsried. Marq. Fraitling, Pfarr. zu Arseltrang. Ludw. von Diepold, Vicar der eremites Pfarrkirche St. Laurent. Carl Wilh. Neumayr, Hofkaplan. Thomas Weng, Hofcaplan. Abwesende und nicht frequentirende geistliche Räthe: Joh. Evang. Schwicker, Chorvicar. bey St. Moriz in Augspurg. Franz Kaltenhauser, Erdech. zu Grönenbach. Leonh. Paulini, Pfarr zu Bezigau. Joh. G. Strohmaier, Pfarr. in Boos. Joh. Evang. Wöhrle, Pfarr zu Hopferbach. Franz Bunt, Pfarr. zu Dins-wangen. Aug. Götz, Pfarr. in Eggartskirch. J. A. Sala, päbstl. Caplan, Protonot. apostol. Pet. v. Obladen, b. R. Dr. u. Cand. der Theol. auch Protonot. apost. u. Canon. zu St. Peter in Augsbg. Franz Ant. von Springer, Pfarr. zu Legau. Fidel Schopp, Pfarrer zu Gebrazhofen.

 Hofkammer. Präsident: Engelb. Fhr von Zweyer zu Evenbach. Wirkl. Hofkammerräthe: Fhr v. Ow zu Felldorf. Fhr v. Deuring zu Heilsperg. Obristforstherren: Augustin Fhr v. der Schleiß. Jos. Mar. von Merlet zu Treuheim. Jos. Hörmann. Jos. von Hund-

Zweites Kapitel. Der geistlichen Staaten.

bis Mich. Thumb, Hofzahlmeister. Hofkammersecretär: Cstian Schreiber. Nicht frequentirende Hofkammerräthe: Jos. von Traub, Stallmeister. Jos. Hößle, Landcassier.

Erbämter. Truchseß: Fhr Rod v. Schröckenstein. Schenk: Fhr v. Bodman. Marschall: Fhr Pappus v. Trazberg u. Rauenzell. Kämmerer: Fhr Keller v. Schleitheim zu Isenburg.

Lindau.

Zu diesem gefürsteten reichsfreyen Damenstift gehören einzelne Güter im Gebiet der Reksadt Lindau.

a) Stifts- und Capitular-Damen. (16)

Seniorin u. Küsterin: Marie Sophie Ungelter Rsfreyin von Deissenhausen. — Johanne Bened. Carol. Rsfreyin von Westernach zu Cronburg. — Antonie Genov. Max. Walburge Rsfreyin von Enzberg zu Mühlheim. — Jos. Cath. Vinc. Aloysie v. Strasoldo Freyin v. Villanova. Domicellarinnen: Genov. Wilh. Mar. Anna Cresc. Walb. Rsfreyin v. Gemmingen zu Steinegg. Mar. Antonia Rsfreyin v. Speth-Schülzburg auf Granheim.

b) Räthe und Beamte.

Fidel. Braun, b. R. Lic. Rath und Canzleyverwalter. Innoc. Köhler, der R. Cand., Secretär. — Joh. Bapt. Gämmerle, Canzlist. — Joh. Franz Jll, Amtm. und Kölmeyer zu Altheim. — Ant. Ehinger, Kölmeyer zu Achhausen.

Lübeck.

Dieses luther. Bisth. im niedersächsischen Kreise hat auf circa 8 Q. M. 1 Stadt, 82 Dörfer, 15,000 Einw. Der F. Bisch. dem, ausser Eutin, 36 Dörfer gehören, zieht jährl. 16,000 Thlr. Eink. — Dem Domcapitel gehören 46 Dörfer.

a) Domcapitel

besteht aus 30 Gliedern, davon 4 katholisch, die übrigen lutherisch sind. Der Dompropst wird wechselsweise von dem Kapitel und der Stadt Lübek gewählt.

Dompropst: Joh. Carl Heinr. Dreyer, b. R. Dr. erster Syndicus und Consistorial-Präsid. der Rsstadt Lübeck. Panistä (10): Fr. Ludw. Gr. v. Moltke, kön. dän. geh. R. des Dannebr. O. R. Dechant, Offical des F. Bischofs, Cantor und Scholasticus. — Otto von Blome, kön. dän. geh. R. Cammerhr, Gen. Adjut. und Obrist, des Dannebr. O. R. Erbherr auf Heiligenstätten, Beckmünde, Peckhof, Campen und Büttel. — Joh. Ludw. Reichsgr. von Walmoden-Gimborn, kön. großbritt. u. churbraunschw. Gen. der Cav. Chef des Leibgarde-Regim. u. Oberstallmeister. — Cstoph v. Buchwald, kön. dän. Cammerhr, Commensalis des F. Btsch. Thesaur. u. Structnar Ecclesiä, Erbhr von Helmstorf. — °Adolph Friedr. v. Witzendorf, kön. dän. Cammerhr, Erbhr auf Krempelstorf, Westenbrügge u. Gressow, erster Distinkt. — Jos. Friedr. Gr. v. Schimmelmann, kön. dän. Cammerhr, Hofjägermeister und Minist. am niedersächs. Kreise, Erbhr auf Ahrendsberg. — Adolph Cstian Rsgr. v. Bassewitz, herzogl. mecklenburg-schwerin. Cammerhr. Max. Alex. Joseph Fhr v. Kurzrock, fürst=bischöfl.Schloßhptm. 1ster **Catholicus**. — Franz Ludwig Fhr. v. Hövel, kön. preuß. Cam=merhr. — Renat. Leop. Cstian Carl Fhr v. Senkenberg, sftl. hessen=darmstädt. Reg. R. — *Integrati*: Otto Cstian Fhr v. Stenglin, hzl. mecklenburg=schwerin. Cammerj. — Georg Conr. v. Wedderkop, hzgl. sachsen=meinung. Cammerj. *Semi-Integrati*: Otto Joach. Gr. von Moltke. — Magnus Gr. v. Dernath, kön. dän. Cammerhr u. De=put. im Gen. Landes=Oecon. u. Cömmerz=Colleg. — *e* Joh Fhr v. Mest=macher, ruß. kaif. w. Etatsrath, u. Gesandt. am chursächf. Hofe, 3ter Distinctus. Joh. Bapt. Aloys Gr. v. Edling, bischöfl. freysing. geistl. R. 2ter **Catholicus**. — Aug. Wilh. Franz Gr. v. Ranzau, bischöfl. lübeck. und hzgl. oldenburg. Cammerj. auch fürst=bischöfl. Reg. R. Joh. Georg Arnold v. Brökes. Magn. Fr. Rsgr. v. Holmer. — *Canoni-ci in herbis*: Carl Aug. Cstian Prinz von Mecklenburg=Schwerin. Cstian Ernst Rsgr. zu Stolberg. — *s* Friedr. Leop. Rsgr. zu Stollberg=Stollberg, des Alex. Newsky u. St. Annen=O. R., Präsid. der fürstbi=schöfl. Collegien, 3r Distinctus. — Georg W. Ernst Aug. v. dem Bu=sche. — Adolph Cstian Ulr. Rsgr. v. Bassewitz. — Cstoph Fhr v. El=mendorf, 3r **Cathol**. — Marcell v. der Decken, 4r **Cathol**. — Fr. Aug. Theod. v. Koch. *° Conr. Reinh. v. Koch, Rsritter, sstbischöfl. w. Conferenz=R. und bev. Minist. am kaif. Hofe u. bey der Rsversamml. zu Regensburg; 4r Distinctus.

b) **Hofstaats= und Dicasterial=Personale.**

Hofcavaliere: Hofmarschall v. Dorgelow. — Schloßhauptm. u. Domhr zu Lübeck Fhr von Kurzrock. — Hofjägermeister und Schloß=hauptmann zu Oldenburg von Witzleben. — Hofjägermeister Baron von Brockdorf. — Schloßhauptm. zu Eutin. v. Witzleben. — Kam=merjunker u. Landvogt Baron v. Brandenstein. — Kammerjunker u. Domhr zu Lübek Rsgr. zu Ranzau, auch Reg. R.

Bey den fürstl. Kindern. Oberhofmeisterin: v. Witzleben. — Instructor: Kruse.

Sonstige zum Hofetat gehörige Personen. Leibmedicus: Hein=ze, Justizr. Hellwag, Hofr. u. Marcard. — Hofcassirer: Fries. — Leibchirurgus: Bach.

Cabinet: Fr. Levin Rsgr. v. Holmer, auf Tangstedt, des w. Adl., Stanisl. und St. Annen=O. R., geh. R. u. Minister. — Justizr. L. B. Trede, Cabinetssekretär. — v. Halem, Secretär. — Lenz, Cabinets=registrator. — Maes, Copist.

Civiletat.

1) Geh. Rath und dirigirender Minister: Fr. Levin Rsgr. von Holmer, f. vorher. 2) Präsident u. Chef der hochfstl. Collegien: Fr. Leop. Rsgr. zu Stolberg=Stolberg, Domhr zu Lübeck, des Alex. Newsky u. St. Annen=O. R.

Regierungs= u. Justiz=Canzley. Präsident: Fr. L. Rsgr. von Stolberg, f. vorher! Wirkl. Mitglieder: Ludw. Ben. Trede, Ju=

Zweites Kapitel. Der geistlichen Staaten.

stizrath, s. oben. Cabinet! Jac. Hugo Eschen, Justizr — Joh O. Stricker, Canzleyrath. Aug. Wilh. Franz Régr. zu Ranzau, Reg. R. - Ludw. Conr. L. Wibel, Canzley=Assessor. — Secretariat: Canzleyassessor Fr. W. Lewon, Archivar. — Canzleyassess. Nic. Estian H. Eckard, 1r Canzleysecretär. — Casp. Estian Fr. von Prangen, 2ter Canzleysecretär.

Consistorium bestehet aus den ebengenannten Mitgliedern der Regierungs= und Justizcanzley. Ausser diesen hat darin Sitz u. Stimme: Jac. Leonh. Vogel, Consistor. R. u. Hauptpastor an der eutinischen Stadtkirche.

Rentekammer Präsident: Fr. Leop. Régr. v. Stolberg, s. ob. Würkl Mitglieder: Kammer=R. Kenne Hansen. Kammer=R. O. V. Janecke. Canzley=R. Corn. Estoph Martens. Kammer=R. C. L. C. Picker. — Secretariat: G. H. L. Nicolovius, 1r Kammersecret. J. C. Fr. Thiele, 2r Kammersecret. — Estian G. Fr. Meyer, Archivarius. Cassirer: Kammerassess. Nic. Straubsand.

Generaldirectorium des Armenwesens: besteht aus den Mitgliedern und Officialen der Regierung. Secretär ist dabey, der Canzleysecret. v. Prangen, s. ob. — Die Special=Direction in der Stadt Eutin haben: der Superintend. Vogel; (s. ob. Consistor).— Der Hofprediger Ukert; — Der Burgermeister Lütjens, u. der Syndicus Elers.

Gesandte: Conr. Reinhold v. Koch, Rsritter, bischöfl. w. Conferenz=R. u. bevollm. Minister am röm. kais. Hofe, wie auch am Rstage zu Regensburg. — Joh. G. Göller, Canzley=R. u. Legat. Secretär.

Lüttich.

Dieses bisher zum westphäl. Kreise gehört habende Bisthum, das auf 105 Q. Ml., 16 Städte, 1400 Dörfer 286.000 Einwohner enthält, und 1½ Mill. Thlr Einkünfte abwirft, steht bekanntlich seit 796 unter der Botmäßigkeit der franzöf. Republik, deren Verfassung auch darin eingeführt ist. Durch Abtretung des linken Rheinufers würde es auch Frankreich verbleiben. Aus dieser Ursache läßt man hier sowohl das bisherige Verzeichniß des dortigen Domcapitels, als auch das bischöfl Hofstaats= und Dicasterial=Personale ganz weg.

Mainz.

Die Lande dieses Erzbisthums und geistl. Churfürstenthums liegen zerstreut, größtentheils im churrhein. Kreise. Es gehören dazu a) das eigentl. Erzstift (94 Q. Ml. 210,000 Einw.) b) das Eichsfeld, (.9 Q. Ml 76,000 Einw.) — c) Erfurt mit seinem Gebiet (10 Q. Ml. 35,000 Einw.): d) Antheile an den Grafschaften Königstein, Gleichen und Rieneck (zusammen gegen 9 Q. Ml. mit 26,000 Einw. e) Das Bisth. Worms, als zufälliges Nebenland, (4 Q. Ml. 14,000 Einw.). Alle diese Besitzungen zusammen mögen etwa 146 Q. Ml betragen, welche 50 Aemter, 42 Städte, 25 Flecken und 810 Dörfer mit 361,000 Einwohnern umfassen. — Die Einkünfte werden zu 1½ Mill. Thlr. angegeben, wozu die Rheinzölle 116,000 Thlr. beitragen. Von dem ganzen Gebiet liegt nur ein kleiner Theil jenseits des Rheins, und durch Abtretung der linken Rheinseite würden nur etwa 8 Q. Ml. jedoch mit der Stadt Mainz und 40,000 Einwohnern an Frankreich kommen.

a) Domcapitel.

Besteht aus 5 Prälaten, 19 Capitularen und 18 Domicellaren, welche alle 16 Ahnen erweisen müssen. Die Einkünfte des Domcapitels sollen 360,000 Thlr. betragen.

Prälaten (5). Domprobst: Damian Friedr. Rchr. von und zu der Leyen u. Hohengeroldseck, Jubilarius, auch Capit. zu Cölln und Trier, u. des Malth. O. Ehrenritt. — **Dechant:** Cstoph Carl Adam Ludw. Jos. Fhr v. Dienheim, auch des Ritterst. St. Ferutii in Bleidenstadt Capit. Coadjut. der Probstei des kais. Wahl- u. Krönungsst. St. Bartholomäi zu Frankf. am Main, churmainz. geh. R. u. Statthalter im Eichsfelde. **Custos:** Franz Estoph Carl Phil. Hugo Fhr v. u. zu Frankenstein in Ockstadt, auch Capit. zu Trier, Chorbisch. und Probst zu Karden, Capitular zu St. Alban bey- u. Probst zu St. Johann in Mainz, churmainz. geh. R. und Hofraths- auch Hofkriegsrathspräsident. — **Scholaster:** Phil. Friedr. Carl Jos. Fhr v. Boos in Waldeck und Montfort, auch der Ritterst. St. Burkhart in Wirzburg, St. Ferutius in Bleidenstadt u. St. Alban bey Mainz Capit. — **Cantor:** Phil. Carl Fhr von Hoheneck, Jubilarius; des Cathedralstifts Worms Capit., der Ritterstifter zu St. Ferutii in Bleidenstadt u. St. Alban bey Mainz respectiv. Scholaster n. Capitular, des Domstifts zu Mainz Oberpincernmeister und Amtmann zu Mombach, churmainz. geh. R.

Capitularherren: Joh. Phil. Gr. v. Stadion, Jubilarius; auch Capitular zu Bamberg u. Wirzburg, dann Probst des Collegiatst. zu St. Gangolph in Bamberg. — Joh. Phil. Jac. Nep. Gr. u. edler Hr zu Eltzgen. Faust v. Stromberg, auch der Cathedr. u. Ritterst. zu Wirzburg und St. Alban bey Mainz, dann zu St. Ferutii in Bleidenstadt Capitular, des kais. Stifts zum h. Creuz in Nordhausen Probst, churmainz. geh. R., auch der Hofkammer u. Dompräsenz- Kammer Präsident. — Carl Wilh. Willib. Fhr v. Hohenfeld, Vicedom in Bingen. — Franz Ludw. Hyac. Xav. Willib. M. Gr. v. Kesselstadt, des Ritterst. St. Ferutii in Bleidenstadt Capitular, auch der Dompräsenz-Kammer Präsident. — Friedr. Franz Fhr v. Harf zu Dreyborn, des Erzst. Trier Capit. und Dothscholaster, des Collegiatst. St. Martini, Donati u. Nazarii in Morstadt Probst. — Georg C. Franz Ign. Fhr v. Fechenbach in Lautenbach, F. Bisch. in Würzburg, auch Domic. in Bamberg, u. Capit. des Ritterst. zu Comburg. — Hugo Franz Alex. Carl Fhr v. Kerpen, auch Capit. zu Worms, des Domstifts zu Mainz Oberfabrikmeister, auch fürstl. worms. Hofger. Präsident. — Emmerich Jos. Franz Xav. Fhr v. Beyssel zu Gymnich, auch Capitular zu Trier. — Franz Georg Adam Fhr v. Fechenbach zu Sommerau, des Ritterst. zu St. Alban Capitular. — Emmerich Joseph Carl Fhr v. Warsberg, auch Capitular zu Trier. — Friedr. Lothar Jos. Gr. v. Stadion, Capitular zu Würzburg u. des Stifts Ferutii in Bleidenstadt, fstl. würzburg. geh. R. u. churmainz. Kammeramts- u. Stadtgerichts-Präsident. — Franz Sebast. Fhr v. Bettendorf, des Ritterstifts zu St. Alban bey Mainz Capitular. — Carl Franz Emmerich Joseph Phil. Hugo Joh. Fhr v. u. zu Frankenstein in Ockstadt, des Ritterst. St. Alban bey Mainz Capitul. — Franz Cstoph Fhr von Wambold in

Zweites Kapitel. Der geistlichen Staaten. 193

Umstadt, auch Capitular zu Worms u. des Stifts St. Alban bey Mainz. — Emmer. Jos. Otto Fhr v. **Hettersdorf**, auch Capitular des Ritterst. St. Burkard in Würzburg. — Franz Amand. Ant. Fhr v. **Heddesdorf**, churmainz. geh. R. und Curator der Universität Mainz, auch Erzpriester. — Friedr. Jos. Fhr v. **Hacke**, auch der Cathedralst. Speyer, Constanz, und des Ritterst. St. Ferutii in Bleidenstadt Capitular und des Erzstifts Mainz Oberbibliothekar. — Joh. Casim. Carl Fhr v. **Redwitz**, churmainz. geh. R. und General-Vicar in Spiritual.

Domicellarherren: Emmer. Jos. Gr. v. **Stadion**, auch Domicellar zu Bamberg. — Carl Lothar Franz W. Fhr **Groß** u. zu Trockau, Domicell. des Ritterst. zu St. Burkard in Wirzburg. — Max. Friedrich Franz Gr. v. **Hatzfeld** auch des Ritterst. zu St. Alban Capitular und Probst des Collegiatst. zu U. L. F. — Fr. Jos. Ant. Fhr v. **Venningen**. — Clem. Wenz. Jos. Ant. Fhr. v. **Schütz** zu Holzhausen — Carl Jos. Ludw. Fhr **Horneck** v. Weinheim. — Jos. Gr. von **Metternich**. — Fr. Carl Jos. Fhr v. **Ritter** zu Grünstein. — Lothar Franz Phil. Carl Heinr. Val. Joh. Nep. Gr. und Sohn zu **Eltz-Wükowar**. — Friedr. Carl Theod. Jos. Franz Fidelis Fhr v. und zu **Guttenberg**. — Lothar Franz Fr. Jos. M. Fhr v. **Harf in Dreyborn**. — Fr. Carl Jos. Gr. v. **Kesselstadt**. — Fr. Carl Gr. v. **Nesselrode**. — Fr. Carl Gr. v. **Schönborn**. — Fr. C. Jos. Ign. Fhr v. **Fechenbach** in Lautenbach. — Ph. Ant. X. Joh. Nep. Gr. **Schenk** v. Kastell. — Octav. Herm. Joh. Gr. v. **Kageneck**. —

General-Vicar in Spiritual.: Jos. Casim. Carl Fhr v. Redwitz, s. ob. Provicarius: Valent. **Heimes**, Bisch. zu Vallone. Syndici und Secretarii: Joh. Rud. **Will**, Syndicus und Secretär. Georg Cstoph **Mulzer**, Syndicus u. Secret. Georg Cstian **Görz**, Archivar. u. Consecret. Franz Anton **Dürr**, Syndicus, churmainz. Hof- u. Reg. R.

b) Hofstaats- und Dikasterial-Personale.

Obristhofmeister: L. F. M. Fhr v. u. zu **Ehrthal**, Staatsminist. s. unten! Obristkämmerer: Phil. Carl Fhr von **Wambold zu Umstadt**, churmainz. auch kais. w. geh. R. Oberhofmarschall: Franz Carl Phil. Gr. v. **Ingelheim**, genannt Echter von u. zu Mespelbrunn, des kais. St. Jos. O. Comm., churmainz. geh. R. ꝛc. Hofmarschall: Fr. Jos. Carl Fhr v. u. zu **Frankenstein** in Ockstadt ꝛc. des St. Georg. O. R. churmainz. geh. R. ꝛc. Ober Silberkämmerer: Phil. Fhr von **Wambold** zu Umstadt. Obriststallm.-ister: Hugo Phil. Carl Gr. u. Edl. Hr zu Eltz, genannt Faust von **Stromberg**, des kais. St. Jos. Ord. Comm. k. k. dann churmainz. und churtrier. w. geh. R. Amtm. zu Gernsheim u. Oberlohnstein, Erbmarsch. und Oberamtm. zu Mayen, Montreal

Pattberg, des Colleg. Stifts zu Heiligenstadt Dechant, bischöfl. worms. geistl. R. ꝛc. Leonh. Becker, Dr. d. Theol. ꝛc. B. Jos. Garzweiler. Franz Schmelzer. J. B. Krick, b. R. Dr., des geistl. Privatrechts öffentl. Lehrer. H. Jos. Hober, Dr. d. Theol. öffentl. Lehrer der geistl. Beredsamkeit, Hofprediger ꝛc. Franz Cstoph Scheidel, Dr. d. Theol. und Profess., der mainz. Universität Canzler. Franz Phil. Frank, b. R. Dr. des geistl. Staatsrechts öffentl. Lehrer. Jos. Jac. v. Tautphäus. Cont. Ladrone, auch ordentl. öffentl. Lehrer der Aesthetik. Joh. Christian Barth, Dechant zu St. Barthol. in Frankfurt. C. J. H. Kolborn, Dr. d. Theol. H. A. v. Scherern. Jos. Weinrich, H. J. Burger.

Vicedom der Stadt Mainz: P. A. Fhr v. Bibra, s. ob. Vicedomamtsdirector: H. J. Heimes, s. oben.

Churfürstl. Geheimes Staatscabinet: Lothar Franz Mich. Fhr. v. u. zu Ehrthal, Malthes. O. Großkr. k. k. w. geh. R., churmainz. Oristhofmeister, erster Staats= u. Conf. Minist. auch Hofgerichtspräsident. Franz Jos. Fhrv. Albini, Hr auf Dürrenried ꝛc. k. k. w. geh. R. und Ritter (Cantons Odenwald), churmainz. Staats= und Conferenzminist.r, auch Hofcanzler, (gegenwärt. Gesandter zum Reichsfriedensgeschäft in Rastadt). Phil. Carl Fhr Deel zu Deelsburg, churmainz. Conferenzminister. Valent. Heimes, Bisch. zu Vallona, geh. Staatsrath und Staatsrefer. der geistl. Geschäfte, s. unt. Carl Herw. von Zwehl, geh. Secret. ꝛc. s. unten. Ans. Franz v. Wallmenich, geh. Secret. ꝛc. s. unt. Cstoph Leop. Kaisenberg, geh. Secret. ꝛc. s. unten. Canzleysecret. u. geh. Registratoren: Phil. Nep. Seiz. Urb. Steph. Müller.

Hof= u. Regierungsrath. Präsident: Franz Cstoph Carl Philipp Hugo Fhr v. u. zu Frankenstein in Ockstadt, des Erzstifts Mainz und Trier Capit. u. des Ritterst. zu St. Alban bey Mainz Capit. churmainz. geh. R. Hofcanzler: Franz Jos. Fhrv. Albini, s. ob. Reg. u. Canzleydirector: Ans. Franz Lieb, churmainz. geh. R., b R. Lic., Lehenprobst u. Revisionsgerichtsdirect. Adel. geheime Räthe: Carl Wilh. Fhrv. Hagen, Reg. Vicepräsid. Oberlandgerichts= u. Steueramtsbeisitzer im Eichsfeld, Stadthptm. zu Duderstadt. Phil. Franz Fhr v. Knebel zu Katzenellenbogen, Amtm. zu Kronberg. Ludw. Franz Schenk, Rsgr. zu Kastel=Tischingen, k. k. w. Kämmer. auch des Hochst. Eichstädt Erbmarsch. Dam. Hugo Casim. Phil. Fhr v. Schmittburg, des kais. St. Jos. O. R., Oberamtm. zu Hausen, der Rsritterch. am Oberrhein Ritterhptm. Fr. Franz Carl Kämmerer von Worms, Fhrv. Dalberg, Oberamtm. zu Miltenberg, des St. Jos. Ord. R. weltl. Statthalter zu Worms, u. der Rs=Ritterschaft am Oberrhein Vice=Ritterhptm. Ant. Fhrv. Owe zu Fehldorf ꝛc., auch fstl. eichstädt. dirig. geh. R. u. Pfleger zu Sandsee=Pleinfeld. Jos. Franz Ant. Fhrv. Fechenbach zu Lautenbach. — Gel. geheime Räthe: Lothar Jos. Heußer, geh. R. Heinr. Wilh. Graccher, auch Revisionsr. Georg Ad. v. Kieningen, d. h. r. Rs Ritt. auch Hofkriegsr., b. R. Dr. Georg Cstoph Mutzer. Joh. Rud. Will. Joh. Geo. Reuter, auch Revisions=R. Franz Dam. von Linden, auch Revisions=R. Ans. Franz v. Wallmenich, auch Revis. R. — Adel. Hof= u. Regier. Räthe: Franz Carl Fhr von Vorster.

Kapitel. Der geistlichen Staaten. 195

, Cammerhr. Phil. Ant. Fhr v. Bibra, Cammerhr
ten. Felix H. Gr. v. Spaur, Cammerhr. Aug. Fhr
Eſtlan Ant. Joſ. Fhr v. Fechenbach zu Sommerau,
Ant. Fhr v. Venningen. Phil. Carl Gr. von Fug-
— Gel. Hof= u. Reg. Räthe: Franz Ant. Dürr,
t. Syndicus. Carl Herw. v. Zwehl, auch Hofkriegsr.
Fhr v. Scheben, Hofgerichtsr. Heinr. Joſ. Hei-
director. Joh. Pet. v. Faber, auch Reviſionsrath.
hardt, auch Reviſionsr. Joh. Jac. v. Mörs, auch
Joſ. Hartleben, b. R. Dr. und des bürgerlichen
auch Reviſionsr. Lothar Franz Phil. Handel, Hof-
Franz v. Cunibert. Franz Heinr. Heffner, Hof-
merconſ. u. Lehenfiscal. Carl Joſ. Wilh. Will. Carl
nz Joſ. Bodmann. Joh. Val. Reichert, b. R.
ann, b. R. Dr. Geo. Adam Merget, auch Cen-
ſchriften. Rich. von Roth, b. R. Dr. H. Fhr von
w. Serger, Com. Pal. caſ. Adolf Joſ. Molitor.
ch Hofkammerdirect. A. Joſ. Mulzer. Titular-
Räthe: Joh. Jac. v. Haunold. Jvo Franz Xav.
fgerichtsr. Friedr. Langen, Reviſionsrath. Ludw.
retarien: Joach. Franz Xav. v. Tannſtein, Hof-
nr. Löhr, auch Botenmeiſter. Joh. Joſ. Werner,
ugo Phil. Fertig.
at. Präſident: Franz Chſtoph Carl Fhr von und zu
)ckſtadt. Beygeordnete Hof u. Regier. Räthe:
l, ſ. ob. Auguſt Fr. von Cunibert, ſ. ob. Fr. Joh.
. ob. J. J. v. Mörs, ſ. ob. G. A. Merget, ſ. ob.
Secretär: H. Ph. Fertig. Landes-Regier.
v. Zwehl, ſ. oben.
frichter: Phil. Ant. Fhr von Bibra, churmainz.
in der Stadt Mainz, Präſid. der Rente, des Kauf-
lsſtandes, auch Vicedom im Rheingau. Präſident:
u Ehrthal, ſ. ob. Director Edm. Ign. Jxſtein
id Hofger. Siegler, der oberrhein. Ro ritterſch. Syn-
be: Joh. Franz Fhr v. Staufenberg geh. R. F.
, ſ. ob. F. H. Gr. v. Spaur ſ. ob. Franz Ant. Fhr.
ſ. oben. Gelehrte Räthe: Joach. Franz Xav. von
. Franz Ant. Marx, b. R. Lic. Mich. Xav. Rüſſel-
mann. Joh. Geo. Hof. Herm. Joſ. Werren, b.
Kroppe. Lothar Franz Phil. Handel. J. Fr. X.
em. Fhr v. Scheben. Joh. Jac. v. Mörs. Joh. v.
Heinr. Hefner. Franz Bodmann, b. R. Dr. Ph.
R. Lic. Fr. Carl. Joſ. Bolle. Joſ. Gentil J. C.
: G. Edu. Köhler, b. R. Dr. Joach. C. v. Hart-
Franz Ant. Herm. Bender.
b-. Präſident: vacat. Director: Anſelm Franz
the: Heinr. Wilh. Bracher. Anſ. Franz Wall-

menich. Joh. Geo. Engelhard. Fr. Langen, b. R. Dr. Franz Jos. Hartleben, b. R. Dr. Joh. Geo. Reuter. Franz Dam. von Linden. Joh. Pet. v. Faber, s. oben. Secretair: F. C. Seeger, s. oben.

Hofkammer. Präsident: Joh. Phil. Jac. Nep. Gr. u. Edl. Hr zu Eltz, s. ob. Director: Jos. Desloch. Räthe: Adolph Balth. Kopp. Geo. Pittschaft. Joh. Wilh. Steiglehner. Joh. Franz Bauer. Sim. Fr. Thelemann. Jac. Adolph. König. Casp. Franz Ludwig. Jac. Gutdlet. Joh. Heinr. Jos. Bauer. Pet. Ign. Scheppler. Franz Jos. Rud. B. Loskant. P. Ad. Winkopp. Fr. C. Jos. Pelletier. Conr. J. Butzfeld. B. v. Haupt. B. J. Thollaus. F. Ph. Werle. Titul. Hofkammerräthe: Ant. Heusser. Joh. Casp. Rief. C. Franz Lippert. Joh. Franz Wackerbart. Heinr. Mart. Rief. Andr. Hebenstreit. Ant. Murmann. F. C. Linden, auch Hofkammerzahlmeister. J. B. Gerlach. Secretairs: A. Dreimüllen. A. A Frank. F. A. Kilian. J. M. Länger. J. J. Jordan. Registratoren: A. A. Frank, s. oben. H. M. Rief. C. J. Steinbrech. M. Petersen. J. M. Steinbrech. P. A. Bolmar. Phil. T. Graf. J. J. Hofmann. M. Waimann. J. P. Steinbrech.

Hofkriegsrath. Präsident: F. C. C. P. H. Fhr v. Frankenstein in Ockstadt, s. ob. Vicepräsident: Cl. Aug. Fhr von u. zu Gymnich. Hofkriegsräthe: Carl Herw. v. Zwehl, Hofs u. Reg. R. s. oben. Alex. Fhr v. Kotulinsky, auch Gen. FWM. G. A. v. Kieningen, s. ob. N. v. Winkelmann, Gen. Maj. A. J. Molitor, auch Hofkriegszahlamts-Director. Franz Ph. Werle, auch Rechnungsrevisor. Titul. Hofkriegsrath: Ad. Ant. Edel. Secret. Franz Ign. Brendel. J. Ritfahl. P. Guntershausen.

Generalstab. Gen. en Chef: Cl. Aug. Fhr v. u. zu Gymnich, geh. R. Gen. FZM. Gouv. zu Mainz ꝛc. s. oben. Generalfeldmarschallieutenants: Max. Sigm. Fhr v. Kotulinsky. Leop. Fhr v. Buseck, Cammerhr. Friedr. Fhr Rüdt v. Bödigheim, Hr zu Eberstadt, Cammerhr u. Inh. eines Inf. Regim. Joh. J. v. Faber, Inh. eines Inf. Regim. Nep. Fhr. von Pfirdt. Generalfeldwachtmeister: Cstoph Fhr v. Knorr, Command. zu Erfurt, Obrister u. Inh. eines Inf. Regim. Alex. Fhr v. Kotulinsky, Hofkriegsr. Dam. v. Winkelmann, Hofkriegsr. Fr. Stutzer. Franz H. v. Faber.

Leibgarde zu Pferde. Capit en Chef: J. Nep. Fhr v. Pfird, Gen. FML. Stabscapitain: J. M. Fhr von Redwitz, Gen. M. Oberlieutnant: C. L. Gr. v. Coudenhoven, Obr. Unterlieutnant: Franz Fhr v. Rodenhausen, Obristl. Cornet: A. Gr. von Boschi, Maj.

Statthalter zu Erfurt: Carl Theod. Ant. Mar. Kämm. v. Worms, Fhr v. u. zu Dalberg, Coadi. zu Mainz und Worms, u. zu Constanz.

Regierung zu Erfurt. Präsident: Der Statthalter. Director: Joh. Arn. Fhr v. Bellmont, Erb-Lehn- und Gerichtshr zu Geschwenden und Breitenbach, w. geh. Reg. R. und Cammerdirect. Stadtschultheiß

Zweites Kapitel. Der geistlichen Staaten.

und Präsident der Civil- u. Criminalgerichte zu Erfurt. Räthe: Joh. Jac. v. Gudenus. Alex. Bernh. Strecker, b. R. Dr. Inspect. des großen Hospitals. Geo. Manf. Ign. Rüding, b. R. Lic. Dan. Veit v. Pipper. Maurit. Bachmann. Gustav Adolph Graberg. Cstian Jos. Fhr v. Benzel. Fr. Ludw. Döring. Archivrath u. Archivarius: Joh. Ad. Schmitt, b. Weltw. Dr. Secret. Georg Melch. Gereon Otto. J. Cstoph Hölscher.

Kämmer zu Erfurt. Präsident: Der Statthalter. Director: Fhr v. Bellmont, s. ob. Räthe: Adam Fr. Cstian Reinhard. G. Fr. Trott. Franz Ant. Rasch. Secretair: Joh. Geo. Faupel.

Civil- u. Criminalgericht. Präsident: J. A. Fhr v. Bellmont, s. ob. Assessores: Mich. Fr. Spönla. Jac. Eberhard, b. R. Dr. Cstian Wilh. Wehn, b. R. Dr. Joh. Sigm. Winkopp. Fr. Samuel Hogel. Franz Melch. Seese. Cstian Jos. Fhr v. Bensel. Dr. Carl Em. Bader. Scabini: Jac. Franz Mecke, auch Gerichtsvogt. Ph. Pleckert, auch Gerichts-Actuar. Secretär: H. A. Spönla.

Statthalter im Eichsfeld. Präsident: Chr. C. A. D. L. Joseph Fhr v. Dienheim, geh. R.

Regierung im Eichsfeld. Präsident: der Statthalter. Director: H. C. L. Kolligs, churfstl. Hof- u. Regierungsr. auch Oberlandger. Direct. u. Lehenschreiber. Räthe: Geo. Cstian v. Steinmetzen. Cstoph Leop. Kaisenberg. Cstian Ant. v. Dresanus, auch Landschreiber. Joh. Gosw. Schraut. Assessoren: C. J. Kolligs. J. G. Geyert, b. R. Dr. Secretair: Franz Cstian Kirchner. Jos. Henning. Registrat. Geo. Wilh. Raabe.

Oberlandgericht. Präsident: der Statthalter. Director: H. C. L. Kolligs, s. ob. Räthe und Referendarii: J. F. Förster. Joh. Schuchart. Ferd. Haber. Joh. Geo. Jagemann, b. R. Dr. Cstoph Rittmaier.

Gesandte und Agenten.

Amsterdam: Pet. Ebeling, Resident. **Berlin:** vacat. **Cölln:** Franz Ludw. Meyer, Hofr. und Agent. **Regenspurg:** s. Reichstag. **Rom:** Joh. Bapt. Fargna, churmainz. Minist. Ludw. von Scrilli, churmainz. Minister. **Chur- u. oberrhein. Kreis Gesandter:** Heinr. Wilh. Graccher, churfürstl. geh. und Revisionsr. Phil. Nep. Seiz, Leg. Secret. **Wezlar:** Jac. Loskand, b. R. Lic. Hofr. und Agent. Casp. Tilmann Tils, b. R. Dr. Agent. Fr. Wilh. Bissing, b. R. Lic. Agent. **Wien:** Heinr. Jos. Fhr von Walter zu Aland, churfstl. geh. R. u. resid. Minister. Joh. Bapt. v. Fichtl, Agent beym Reichshofr. Geo. Ign. v. Schumann.

Münster.

Dieses Bisthum im westphäl. Kreise hat seit 1719 immer die Churfürsten zu Cöln zu Bischöfen und Regenten gehabt. — Es hält auf 230 Q. Ml. 24 Städte, 12 Flecken, 350,000 Einwohner und soll über 800,000 Thlr. Einkünfte abwerfen.

a) Domcapitel

besteht aus 40 Gliedern, welche von altem Adel seyn müssen. Dieses, die Ritterschaft und 12 Städte machen die Landstände aus.

Dompropst: Clem. Aug. v. Ketler zu Harkotten, domcapitularischer Oberwerkmeister, Präsident des geheimen Raths, fstl. Deputatus zur Landschafts-Pfenningkammer u. Landtagscommissarius, auch Probst im alten Dom, des St. Mich. O. Großkr. — **Domdechant:** Const. Ernst v. Droste zu Hülshoff, Archidiac. zu Dülmen, Vocholt, Werth u. Anholt, Probst des Collegiatst. zu Dulmen, auch Capitular zu Osnabrück. — **Domsenior:** Joh. Matth. v. Landsberg zu Erwitte, Archidiaconus zu Nahrendorf u. Witte, geh. R. u. Kammer-Präsident, auch Capitular zu Paderborn u. Osnabrück. — **Domküster:** Engelb. v. Wrede zu Melschede, geh. auch geheimer Kriegs R. u. Domscholaster zu Hildesheim. **Licedominus:** Ferd. v. Spiegel zum Diesenberg und Canstein, geh. R., Archidiaconus zu Telgte, Everswinkel, Darup und Stromberg, auch Capitular zu Osnabrück. — Ferd. Ludw. v. der Horst zu Capreien, Archidiaconus zu Beckum, u. Probst der Collegiatk. daselbst, auch fstl. Sigillifer, domcapitularischer Deputirter zur Landschaftspfennigkammer — Franz Fr. Wilh. Fhr. v. Fürstenberg zu Herdringen, auch Cantor und Archidiac. zu Alberslohe, churcölln. geh. Conferenz R., fstl. mürster. General-Vicar in Spiritual., auch Capitul. zu Paderborn. - Joh. Casp. v. Stael zu Sutthausen, auch Capit. zu Osnabrück. — Carl Franz Er. von Schaesberg zu Kerpen u. Lommersum, Archidiac. zu Stadt u. Sudlohn, auch Capit. zu Paderborn. — Carl Arn. v. Hompesch zu Bullheim, Archidiac. auf dem Dreen, der Collegiatst. zu St. Martin in Münster u. zu Vechte Probst. — Franz Egon Fhr v. Fürstenberg zu Herdringen, Bisch. zu Hildesheim u. Paderborn auch Capitul. zu Halberstadt. — Ferd. Fhr v. Galen zu Dinklage, auch Capitular zu Osnabrück, Worms u. Minden. — Joh. Fr. Gr. von Hoensbroik zu Hillenradt, auch Capitul. zu Hildesheim, u. Probst des Archidiaconalst. zu Soest. — Franz Carl Gr. v. Nesselrode zu Ehreshoven auch Capitul. zu Hildesheim und Lüttich. — Ferd. Goswin v. Böselager zu Eggermühlen, auch Capitul. zu Osnabrück. — Wilh. Ant. v. der Lippe zu Wintertrup, Subcustos minor, Archidiac zu Wenterswick 2c. — Matth. Bened. v. Kettler zu Harkotten, geh. R., auch Capitul. zu Osnabrück u. Hildesheim 2c. — Casp. Mar. Fhr Korff genannt Schmising, Deputatus zur Landschaftspfenningkammer, Probst zu St. Moritz in Münster, auch Capitular zu Halberstadt und Osnabrück. — Franz Wilh. Fhr von Spiegel zum Diesenberg u. Canstein, auch Domcapit. zu Hildesheim, churcölln. Reg. R. u. Hofkammer-Präsident, auch münster. Oberjägermeister. — Wilh. v. Kettler zu Haarkotten, Subcustos major, auch Domcapitular zu Hildesheim und Paderborn. — Clem. Aug. Fhr v. Loe zu Wissen, auch Capitul. zu Hildesheim. — Max. Fr. v. Elverfeld zu Werries auch Capit. zu Osnabrück. — Henr. Joh. v. Droste zu Hülshof. — Engelb. Aug. Fhr v. u. zu Weichs zu Sarstedt. — Lev. Joh. Wilh. Franz v. Wenge. — Carl Fr. v. Droste zu Senden. — Carl Fr. von

Zweites Kapitel. Der geistlichen Staaten.

Schell. — Franz Otto Fhr v. Droste zu Vischering. — Casp. Max. Fhr v. Droste zu Vischering, General-Vicar in Pontifical. u. Bisch. zu Jericho, auch Domprobst zu Minden. — Max. Fr. Fhr von Weichs zur Wenne auf Brenscheide. — Ferd. Fhr v. Lüning zu Niederpleiß, F. Bisch. zu Corvey. — Clem. Aug. Fhr v. Droste zu Vischering. — Const. Ernst v. Droste zu Hülshoff. Theod. Jos. v. Wrede zu Ameke. — Franz Carl v. Rump zu Crange. — Estian M. Ant. v. Wrede zu Melschede. — Burch. Paul Gr. v. Merveldt zu Westerwinkel. — Wilh. v. Westerholt (non emancip.) Paul Carl v. Hanxleben zu Dirk. — Casp. Ant. v. Böselager zu Heesen (non emancipatus).
Syndicus: Joh. Henr. Schwehling, b. R. Dr. u. Hofr. — Secretär: Casp. Franz Tyrell, b. R. Dr.

b) Hofstaats- und Dicasterial-Personale.

Obristhofmarschall: Clem. Aug. Fhr v. Korf, gen. Schmiesing, geh. und Kriegsr., Präsident des Medicinal-Colleg. auch adel. Hofr. und Drost des Amts Cloppenburg. Obriststallmeister: Fr. Ludolph Gr. v. Westerholt-Giesenberg, geh. R. Obristküchenmeister: Clem. Aug. Fhr v. Twickel, geh. R. Droste des Amts Rheine u. Bevergern, auch Drost des Amts Papenburg im Stift Hildesheim. Leibmedici: Ferdin. Saalman Hofr. Friedr. Estian Fortenbeck, Hofr.

Leibgardehauptmann: Cl. Aug. Fhr v. Wenghe zu Beck, churcölln. geh. R., auch fstl. münster. geh. Kriegsr., Command. der Haupt- u. Residenzstadt Münster, Cämmerer, Gen. Maj. u. Inh. eines Inf. Regim.

Geheime Staats- und Cabinetscanzley. Geh. Referendar: Joh. Ger. Druffel, geh. u. Kreis-Directorial-R. — Geh. Registrator: Ferd. Jos. Diricks, Titular-Hofkammer-R., auch Legat. Secret. des niederrhein. westphäl. Kreises. — Geh. Expeditor: Casp. Ant. Wrede, Titular-Kammer-R.

Geh Rath. Präsident: Clem. Aug. v. Kettler zu Haarkotten, Domprobst, rc. s. ob. Geistliche geh. Räthe: Franz Friedr. Wilh. Fhr v. Fürstenberg zu Herdringen. Joh. Matth. v. Landsberg, Domscholaster, s. ob. — Engelb. v. Wrede, Domküster, s. ob. — Matth. Bened. v. Kettler zu Harkotten. — Ferd. v. Spiegel zum Diesenberg und Canstein, Vice-Dominus, s. ob. Weltliche geheime Räthe: Adrian Wilh. v. Nagel zu Itlingen des St. Mich. O. Großkr. Friedr. Ludolph Gr. v. Westerholt-Giesenberg. Clem. Fhr v. Galen, Erbkämmer. s. ob. Aug. Otto Fhr v. Groote, bev. Minist. bey dem niedersächs. Kreis. C. A. Fhr von Korf, gen. Schmiesing, Obristhofmarschall, s. ob. Carl Friedr. Fhr von Elverfeld zu Werries, des St. Mich. Ord. Großkr. Aug. Ferd. Gr. von Meerfeld. C. A. Fhr v. Twickel, Obristbüchermeister. Joh. Ignaz Zurmühlen, Vicecanzler und Archiv. Christoph Bernh. Münstermann. Joh. Ger. Druffel, s. ob. Geh. Referendar: Joh. Bernh. Hosius, Hofr. und Adv. Patriä. Max. Fortenbeck, churcölln. geh. Rath, auch Advocat. Patriä und Hofr. Mich. Ant. von Lenspolde, auch Lehencommissär. Joh. Pet. von der Beck

Geh. Secretär: Estoph Bernh. Münstermann. Geh. Registrator: W. G. Humicke, auch Kreissecretär.

Regierung u. Hofrath. Vicecanzler: J. Ign. Zurmühlen, s. ob. Adel. Hof u Regierungsräthe: Matth. Casp. v. Ascheberg zur Wenne. Clem. Aug. Fhr v. Korf, gen. Schmiesing, s. ob. Casp. Max. Fhr v. Korf, gen. Schmiesing. Wirkl. gelehrte Hof-u.Reg.Räthe: Estoph Bern. Münstermann, s. ob. Dietr. Ferd. Gröninger auch Lehenkammerdirector. Franz Forkenbeck. Estian Bernh. Gräver, Advoc. Fisci. Herm. Ant. Havickhorst. Joh. Bernh. Hostus. Max. Forkenbeck. Ant. Matth. Sprickmann, a. Lehencommiss. u. Prof. jur. - Alb. Henr. Nacke, auch Prof. juris. Joh. Theod. Dingerkus. — Ratheu. Referendarii: Fr. Estian Greve. Bernh. Ant. Elmering. Max. Fr. Werner. Estoph Meyer. — Franz Theod. Scheffer, genannt Bolchorst. Herm. Aloys Callenberg. P. Hüger. Jos. Lüdorff. Max. Fr. Boner. Secretair: Friedr. Estian Borggreve, auch Hofkammerrath. Registrator: Theod. Heinr. v. Wagedes.

Hofcammer Präsident: J. M. von Landsberg zu Erwitte, Domscholaster, s. ob. Director: Arnold Heckmann. Wirkl. Hofkammerräthe: Nicol. Herm. Ant. Baeck. Clem. Aug. Detten. Bernh. Gröninger. Bernh. Schwick. Pet. Mor. Zurmühlen. Friedr. Estian Borggreve. Bernh. Ant. Duisberg. Franz Jos. Schweling, Kammer- u. Jagdadvocat. Adolph Vagedes, Kammer- u. Jagdadv., Bern. Maerle, auch Landrentmeister. Secretär: B. Schwick, s. vorher!

Lehenkammer. Director: Dietr. Ferd. Gröninger, Hofr., s. oben.

Commissarien: Mich. A. v. Tenspolde. Ant. M. Sprickmann, s. ob. P. Ign. v. Lotten, Sekret. u. Revisions Actuar.

Oberlandfiscalat Gerichts Commissarien: Cl. Aug. Detten, s. auch Hofkammer! — Jobst Herm. Zurmühlen, Canon. im alten Dom, auch Official. A. Vagedes, s. auch Hofkammer! G. W. Deiters, Landfiskus. Jos. Vogt, Actuar.

Fiscal Appellations-Gericht. Commissarien: Franz Forkenbeck, auch Hofr., s. ob. B. A. Elmering, auch Hof- u. Reg. R. s. ob. Jos. Vogt, Actuar.

Kriegsrath Räthe: Clem. Aug. v. Kettler zu Haarkotten, s. ob. Engelb. v. Wrede zu Melschede, s. ob. Matth. Casp. v. Ascheberg. Heinr. Joh. Fhr v. Droste zu Hülshof. Cl. A. v. Wenghe, s. ob. C. A. Fhr v. Korf, gen. Schmiesing, s. oben. Geh. Kriegsreferendar: Joh. Bernh. Hostus. Secretär: C. B. Münstermann, s. ob.

General Vicar. in Pontifical. Casp. Max. Fhr von Droste zu Vischering, s. oben. Secretär: Matth. Conrads. — In Spiritual: Franz Fr. W. Fhr v. Fürstenberg, s. ob. Administrat.: Franz Theod. Elmering. Assessoren: J. H. Rave, b. R. Dr. Ad. Cordes, Profess. juris ecclef. — N. H. A. Baeck, auch Hofkammer R., s. oben Sigillifer: Ferd. L. v. der Horst zu Cappelen. Fiscus ecclef. B. H. Suttmöller.

Zweites Kapitel. Der geistlichen Staaten.

Geistl. Hofgericht. Official: J. H. Zurmühlen, b. R. Dr., s. ob. Assessoren: Franz Theod. Elmering, b. R. Dr. J. E. Drussel, b. R. Lic. u. Canonicus.

Welt. Hofgericht: Amtsverwalter: Adam A. H. Scheffer, genannt Boichorst, b. R. Dr. Assessoren: Cstoph Bernh. Schücking, b. R. Dr. Franz Olfers, b. R. Dr. Protonotarius: Theod. Rasint.

Residenz-Bau Amt. Oberbaudirector: W. F. Lipper, Canon. Bauinspector: Arn. Boner, Artill. Hptm.

Medicinal Collegium. Präsidenten: Franz Fr. W. Fhr v. Fürstenberg, s. ob. Cl. A. Fhr Korf gen. Schmising, s. ob. — Vicedirector: Fr. Cstian Forkenbeck, s. ob. Räthe: Ferd. Saalmann, auch Leibmed. J. H. A. Wilberding, Garnisons-Apotheker. J. R. Giese, auch Landmed. Franz F. Druffel, auch Garnisonsmed. und Prof. der Pathol. - L. Elling, auch Regim. Chirurg. B. Lüders, auch Prof. der Anatomie. ec.

Räthe und Referendarii: F. C. Greve. B. A. Elmering. Actuarius: F. C. Depping.

Gesandte und Agenten.

Bourdeaux: J. W. Walter, Agent. Bremen: J. F. Ertel, Hofkommer. R. und Agent. Frankfurt: Fr. W. Hoynck, Agent. Hamburg: A. O. Fhr v. Grote, bev. Minist. am niedersächs. Kreise, geh. R. s. ob. Havre: Cst. Thürninger, Agent. Nantes: Th. A. Thürninger, Agent. Regensburg: Franz v. Leykam, s. Rstag! Sette: C. A. Seiffert, Agent. Wetzlar: Dr. Tils, Agent. Wien: F. A. von Ditterich, Rshofr. Agent.

Osnabrück.

Bisthum im westphälischen Kreise, vermischter Religion; hat auf 56 Q. Ml., 8 Städte, 285 Dörfer, 125,000 Einwohner, und die bischöfl. Einkünfte werden zu 140,000 Thlr. angegeben.

a) Domcapitel

besteht aus 25 Gliedern, worunter 3 evangelische sind; über den 4ten wird noch gestritten.

Comprobst: Franz Jos. Fhr v. u. zu Welchs zu Roesberg, Domcapit. zu Paderborn, geh. R. u. Official, auch Landr. — Dechant: Franz Ludwig Fhr v. Hacke, Scholaster, Sacell. in Dissen u. Hilter, Probst der Collegialkirche zu St. Johann, geh. R. u. Landr. — Cantor: Ferd. Goswin v. Böselager zu Eggers u. Grumsmühlen, auch Domhr zu Münster, fstl. osnabr. Oberjägermeister. Custos: Clem. Aug. M. von Harthausen zu Lipspringe. — Joh. Casp. v. Stael zu Suthausen u. Rheine, Sacell. in Melle, Capit. zu Münster u. Probst der Collegialkirche zu Wiedenbrück. — Const. Ernst Matth. v. Droste zum Hülshof, auch Domdechant zu Münster. — Joh. Matth. v. Landsberg zu Erwitte, Domküster zu Paderborn und Domscholaster zu Münster. — Ferd. Fhr v. Galen zu Dinklage, Capit. zu Münster, Minden, Worms und

Halberstadt. — Jos. Werner von Weichs zu Bilderlage, Sacell. in Schledehausen, Cammerhr. — Estian Max. Ant. v. Wrede zu Melschede, Sacell. in Laer. — Matth. Bened. v. Kettler zu Haarkotten, Capit. zu Münster u. Hildesheim. — Ferd. Jos. v. u. zu Weichs zu Roesberg, inful. Probst der Archidiac. Kirche zu Bonn. — Carl Jos. Gr. von Herberstein, Domhr zu Freysingen, Wegecommissär. — Aug. Phil. Fhrv. Hacke, Domhr zu Trier u. Domicell. zu Speyer. Clem. Aug. Fhe v. Schorlemmer, zu Heringhausen, auch Domhr zu Hildesheim und Paderborn, Probst des Collegiatst. zu Lippstadt. — Casp. Max. Fhr von Korf, gen. Schmising, auch Domcapit. zu Halberstadt und Münster, Probst zu St. Moriz daselbst. — Max. Friedr. von Böselager zu Eggers u. Grumsmühlen. — Ferd. Jos. v. u. zu Weichs. Ferd. v. Spiegel, auch Domcapit. zu Münster. — Max. Friedr. v. Elverfeld zu Werries, Domhr zu Münster. H. G. v. Hammerstein; evang. — L. v. Schele; evang. — A. v. Bothmer. — C. F. v. dem Bussche; evang. —

 Suffraganeus: C. C. v. Gruben, Bischof v. Paros.

 Gen. Vicar.: C. C. v. Gruben, Vicar. in Spir. gener., churcölln. geh. R.

 Assessores (3): Theod. Heinr. Kemper, Prädicat. P. J. Hingstebeck, Ord. Pr. P. B. Boyng, Franciscan. Ord. Secretär: J. B. Schlüter.

b) Hofstaats- und Dicasterial-Personale.

 Oberstallmeister: Ernst Hel. Jobst Fhr von Vincke. Oberjägermeister: Ferdin. Goswin Fhr v. Böselager. Hofmarschall: C. H. W. v. Freitag. Cammerherren: Georg Fhr v. Hammerstein zu Equord, auch kaiserl. Cammerhr. Ludw. Clamor Fhr v. Scheele. Franz Aug. Clem. Heinr. Fhr v. Morsey. Georg Carl Fhr v. Löw v. u. zu Steinfurth. Clem. Aug. M. Fhr v. Korf zu Suthausen. Friedr. Estian Fhr v. Dinklage. Clamor Dietr. Ernst Gerh. v. dem Bussche. Jos. Werner v. Weichs zu Bilderlage. v. Vincke. Kämmerjunker: N. v. Ostmann. N. v. Hammerstein.

 Geheimes u. Kammerräthe: Fhr v. u. zu Weichs, Dompropst, s. ob. Fhr v. Hacke, Domdechant, s. ob. Clamor Adolph Theod. Fhr von dem Bussche, w. geh. Räthe. F. A. Lodtmann, geh. Referendar. Conr. Wilh. von Voigt, Hofr. u. geh. Secretair. Estian Friedr. Preuß, Landrentmeister. Conc. Mor. Bert. Buch, Secr.

 Land- u. Justiz-Canzley, auch Lehenkammer und Landrath. Vicecanzler: Joh. Bernh. Hartmann, b. R. Dr. Räthe: Fr. Aug. Lodtmann, b. R. Dr. Fried. Wilh. Dyckhof. Ludw. v. Bär. Secretarii: Phil. Wern. Docen. Joh. Wilh. Friderici.

 Officialat: Franz Sales Fhr von u. zu Weichs, Domcapit. fürstbischöfl. geh. R. und Official. Secretär: N. Brostermann, b. R. Dr. u. Rath.

 Consistorium: Fr. Aug. Lodtmann, b. R. Dr. ir und weltl. R. s. ob. Just. Estian Block, Pastor zu Bramsche. N. Niemann, Pastor zu Nonnkirchen, geistliche Räthe. Secretair: Jost Jul. Fr. Reinhold.

Ständische Landräthe. Domcapitularische: Franz Ludw. Fhr. v. Hacke, Domdechant. Franz Sales. Fhr. v. und zu Weichs zu Roesberg, Domprobst und geh. R. Von der Ritterschaft: Carl Alex. von Stael, Erbhr. zu Suthausen und Rheifer, fstl. geh. R. Clamor Aug. Theod. v. d. Bussche zu Hünefeld, auch fstl. geh. Rath. Vom Städtischen Collegio: Ph. A. Gülich, b. R. Dr. 1r Burgermeister. D. Stüve, b. R. Dr. 2r Burgermeister der Stadt Osnabrück.

Erblanddrost: Gotth. Ludw. Fhr. v. Bar, Erbhr. zu Barenau, Rothenburg ꝛc. Wegcommissair: C. J. Groß v. Hirtenstein. Joh. Adolph Ludw. v. Bothmar, zu Schwebershof, Capit. von der churbraunschw. Inf. Landeshauptmann: Friedr. Phil. Fhr von Hammerstein zu Equord, Burgm. zu Quackenbrück u. Archidiac. zu Burkhausen und einorf. Stiftspfenningkammer: J. W. Schilgen, Littwe. Schatzrath u. Stiftspfenningmeister.

Criminal-Justitiariue: B. P. F. Forkenbeck, b. R. Dr. J. C. Struckmann, Criminal-Actuarius u. Zuchthaus-Commissar.

Advocati Patriä und Fisci: N. Dorfmüller, auch R. Friedr. Erich Dürfeld, b. R. Dr. auch R. J. G. F. von Lenguerken. C. Lodtmann, b. R. Dr. Advc. Fisci. Joh. Georg Wilh. Lengerke, Procurator Fisci.

Syndici u. Secretarii Statuum: N. Meier, b. R. Dr., s. ob. Ant. Ign. Kamps, b. R. Dr., Com. Pal. caes. Secret. des Domcapit. G. F. v. Lengerten, Syndic. Fr. Jos. Schelver, b. R. Dr., Secret. der Ritterschaft. Joh. Eberh. Stuve, b. R. Dr. Syndic. Gerh. Struckmann, Secret. des städtischen Collegii.

Paderborn.

Dieses Bisttum im westphäl. Kreise soll über 50 Q. Mi. 23 Städte, 3 Flecken, 136 Dörfer und über 100,000 Einw. enthalten. Die Landeseinkünfte werden gegen 320,000 Thlr. angegeben, wovon der F. Bischof jährl. 98,000 Thlr. und alle 10 Jahre noch 10,000 Thlr. von der Judenschaft ziehen soll. —

a) Das Domcapitel

besteht aus 24 Capitularen, die 16 Ahnen erweisen können, und hat ansehnliche Einkünfte, so daß der Domdechant über 6000 und der jüngste Domhe wenigstens 2000 Thlr. jährl. Revenüen hat.

Domprobst: Theodor Werner Fhr. v. Bocholz zu Störmede und Niehausen, Archidiacon, Regierungs-Präsid., Oberhofmarschall, Drost zu Beverungen u. Herstelle, auch Oberkommiss. der Judenschaft, Domkapitular zu Hildesheim und Münster, des heff. Löw. O. Command. — Domdechant: Dam. Wilh. Fhr. v. Forstmeister zu Gelnhausen, Archidiacon, churmainz. geh. R. Domcapit. zu Minden, Probst zu St. Johann daselbst, auch des Ritterstifts zu Fritzlar Cantor. — Franz Friedr. Fhr. v. Fürstenberg zu Herdringen, Domcapit. auch Vicar. general. zu Münster. — Domkämmerer: Carl Franz Mar. Ant. Gr. v. Schaefs-

berg zu Krieckenbeck, Archidiacon, Domcap. u. geh. R. zu Münster. —
Domküster: Joh. Franz Matth. Fhr v. Landsberg zu Erwitte, auch
Capitular zu Münster u. Osnabrück, Drost der Aemter Neuhaus, Delbrück u. Bok. — **Domcantor:** Otto Herm. Fhr von Spiegel zum
Diesenberg und Oberklingenburg, Archidiacen, geh. R., Domcapit. zu
Hildesheim u. Minden, auch adel. Hofr. zu Hildesheim. — Clem. Aug.
Fhr v. Mengersen zu Rhedar, geh. R. u. Kammerpräsid. Domküster
zu Hildesheim, geh. Kriegs- u. Schatz-R. das. — Werner Aug. Fhr von
Elverfeld zu Steinhausen, geh. R., Probst des Collegiatst. zum Busstorf, Domcavit. und Dechant zu St. Andreas, auch geh. R. zu Hildesheim. — Clem. Vincenz Gr. v. der Heyden, gen. Belderbusch zu Strievenstorp u. Monzen, Domcap. zu Hildesheim u. Speyer, auch Probst des
kaiserl. Stifts zu Aachen. — **Domscholaster:** Alex. Fr. Fhr v. Elversfeld zu Steinhausen, Domcapitular und Schatzr. zu Hildesheim. —
Franz Salesius Fhr v. u. zu Weichs zu Rödberg, Domprobst zu Osnabrück, auch fürstl. geh. R. u. Official daselbst — Clemens Phil. Fhr von
Spiegel zum Diesenberg v. Kanstein, Domschol. zu Minden. — Leop.
Edm. Fhr v. Weichs zu Saarstett, Domcep. und Hofrichter zu Hildesheim. — Fr. Arnold Fhr v. Vittinghof, gn. Schell zu Schellenberg. —
Clem. Aug. Fhr v. Schorlemmer zu Heringhausen, Domcap. zu Hildesheim u. Osnabrück, Probst zu Lippstadt. — Carl Friedr. v. Brenken
zu Erdberenburg, Domcapit. zu Hildesheim auch Cantor und Capit. des
Collegiatstifts zu St. Mauritz daselbst. — Theodor Jos. Fhr v. Wrede zu
Amecke, Domcapit. u. Regier. Präsid. zu Hildesheim, auch Capitular zu
Münster. — Maxim. Fhr v. Elverfeld, zu Steinhausen und Langen;
Deputatus. — **Domkellner:** Franz Phil. Fhr v. u. zu Weichs zur
Wenne und Eichholz. — Estoph Gr. v. Kesselstadt, Domcapit. zu Hildesheim u. Domicellar zu Halberstadt. — Jos. Fhr v. Hörde zu Schwarzenraben, Domcapit. zu Osnabrück. Max. Fhr von Ascheberg zu Venne. — Carl Theod. Fhr v. Redwitz zu Schmölz u. Theissenord, auch Capitular zu Eichstädt, u. churtrier. geh. R. — Engelb. Aug. Fhr von und zu
Weichs zu Saarstett, auch Domdechaat u. Capitular zu Hildesheim u.
Münster.

Syndicus: Franz Otto Wichmann, Hofr. **Secretär:** Alex.
Bachmann, b. R. Dr.

b) Hofstaat, Dicasterien rc.

Obristhofmarschall: Theod. Wern. Fhr von Bochholz, s. ob.
Domcapitel! **Hofmarschall:** Ferd. Jos. Fhr v. Wrede zu Melschede,
churcölln. und paderborn. geh. R. auch Deput. der Ritterschaft des Herzogth. Westphal. zu Arnsberg. **Schloßhauptmann zu Neuhaus:**
Franz Werner Fhr v. Haxthausen zu Lippspringe. Marienlohe, fürstl.
Vicedeputatus. **Kammerjunker:** Cl. A. Fhr von Haxthausen zu
Lippspringe. Carl Fhr von Kanne zu Breitenhaupt. Alex. Fhr von der
Lippe zu Wintrup. **Edelknaben:** W. A. v. Imbsen. Carl v. Wrede. Ferd. v. Wrede.

Hofcapelläne: J. A. Warnesius, Dechant zu Höxter. Ludw. von

Zweites Kapitel. Der geistlichen Staaten.

Clevorn, Beneficiat zu Paderborn. W. M. Gerken, Canon. zu Meschede. Joh. Kriner, Sacristan u. Beneficiat zu Paderborn. Estian Sievers, Beneficiat zu Paderborn. Ant. Furius, Vicar im Dom zu Paderborn.

Hofschlmeister: Ign. Franz Mähler, Hofkammer=R. und Landrentmeister.

Leib- und Hofärzte: Heinr. Chavet, Leibarzt. Franz C. Fr. Brockhausen, Med. Dr., Hofarzt.

Geh. Cabinets=Canzley. Geh. Referendarius: Estian Fr. Langen, b. R. Dr., Vicecanzler, Advocatus patriä primar., und Lehnbis rector. Geh. Cabinets=Secretair: Franz Jos. Göllner. Secretär in geistlichen Sachen: W. Rören, Bened. Ord., geistl. R.

Bischöfl. General=Vicariat. Vicarius in Spiritualibus generalis: J. Adolph Dierna, Decan der Collegiatkirche in Busdorf. Geistl. Räthe u. Assessores: Joh. Franz Escherhaus, k. R. Dr., bischöfl. Fiscal. Ferd. Schnur, Official, Cantor in Busdorf. Matth. Neuhaus, Dr. der Theol. Sebast. Gruben, Beneficiat. Wilh. Welle. Secretair: J. Heinr. Denker.

Geh. Raths=Collegium. Präsident: Theod. Werner Fhr von Bochholz, s. oben. Geh. Räthe: Otto Herm. Fhr v Spiegel, s. ob. Domcapitel. Clem. Aug. Fhr v. Mengersen zuRhedar, s. Domscapitel. Werner Aug. Fhr v. Elverfeld zu Steinhausen, s. Domcap. Clem. Aug. Gr. v. Westphal, Herr zu Fürstenberg, Laer, Grundsteinsheim, Herbram, Dinkelburg, Großen=Heerde, Meschede 2c. k. k. w. Kammerhr, geh. R. u. Minister an den Churhöfen Trier u. Cölln, hilsdesheim. geh. R., Landroste zu Dringenberg, Droste zu Liebenburg und Hunnesrück, des kaiserl. St. Jos. O. Großkr. Ferd. Jos. Fhr v. Brede, s. oben. Andr. Fhr von Steigentesch, Camitialgef. zu Regensburg. Estian Franz Langen, s. ob. Geh. Secretär: Franz Fr. Meyer. Registrator: Franz Andr. Riefen, auch Lehensecret. u. Archivar. Canzellist: Aug. G. Dudenhausen, auch Gowgerichtsactnar.

Regierungs=Canzley. Präsident: T. W. Fhr v. Bochholz, s. oben. Vicecanzler: Estian Franz Langen, s. oben. Hof- und Reg. Räthe: Albr. Jos. Everken, b. R. Dr. Georg Ant. Hartmann, Advoc. patr. Wilh. Ant. Gruben. Joh. Pet. Gülich. Franz Fhr v. Lilien. H. Aug. Langen. Titul. Hofräthe: Jos. v. Pein. Franz Jos. Wichmann. Franz Otto Wichmann, s. Domcap. Secretär: Carl Jos. Meyer. Registr. Ignaz Nolten. Canzellisten: Jos. Denker. Joh. Wilh. Brand.

Geistl Hof= und Officialatgericht. Official: Ferd. Schnur, s. oben. Assessores: Heinr. Wilh. Gerken, Advocat. Fisci, auch städtischer Deputatus u. Syndicus. Bened. Hölscher, b. R. Dr. Gogräre zu Paderborn. Rich. Dammers Canon. im Busdorf. Joh. Fr. Escherhaus, s. ob. Gen. Vicariat. Secretär: Franz Jos. Göllner, s. oben. N. Göllner, Adj. Fr. Göllner, Substit. Alexand. Kosselius, b. R. Dr.

Weltl. Hof= und Provincialgericht. Hofrichter: Ant. Bernh.

Meyer. Assessor: Friedr. Wilh. Bardt, b. R. Dr. Stadtrichter und Stadtsyndicus. Herm. Brandis, Syndic. des Adelstandes. Friedr. Wilh. Cosmann, b. R. Dr. Secretär: Ant. Phil. Holtgreve.

Hofkammer Präsident: Cl. Aug. Fhrv. Mengersen, s. Domcap. Räthe: Ign. F. Mähler, auch Hofzahlmeister, s. oben. Ludwig Brüll. Franz Budde, b. R. Dr., Rentmstr zu Dringenberg. Ant. Heinr. v. Maibom. Jos. Daltrop, Postmeister. Ludw. Gläseker. C. A. Schneidewind, Richter zu Lügde. H. F. L. Wahnschaffe. — Adolph Langen, Rentmeister zu Neuhaus. Adv. Camera: Heinr. Wilh. Gerken, s. ob. Secretär: Ant. Freytag. Procurator: Estoph Köhler.

Lehnkammer Director: C. F. Langen, s. ob. Secret. Fr. Andr. Rieses.

Landshauptmann: Alex. Fhr v. der Lippe zu Wintrup, s. ob. — Landrentmeister: Ign. Franz Mähler, s. ob. Land-Schatzeinnehmer: Barth. Gleseker. J. B. Gleseker, Adjunct. Advocati Patriä: C. F. Langen, s. ob. G. A. Hartmann, s. ob. Reg. Notarius Patriä: Joh. H. Stamm. Advocatus und Procurator Fisci: H. W. Gerken, Adv. s. ob. — C. Köhler, Proc. s. ob. Landphysici: Jos. Schmidt, Dr. d. Med. — Ph Grasso, Dr. d. Med.

Auswärtige Minister und Agenten.

Cölln: Joh. Pu. Jos. Gülich, Hofrath und Gesandt. am niederrhein. westphälischen Kreis. Hamburg: Carl Lavezzari, jun. Hofagent. Hildesheim: B. W. Hertz, Hofagent. Regensburg: Andr. Fhr von Steigentesch, geh. R. Wetzlar: Lic. F. W. A. Helfrich, Hofr. Dr. Casp. Friedr. Hofmann, Hofr. Wien: Mich. v. Stubenrauch, Hofr. G. v. Schumann.

Erbämter. Erbhofmeister: v. Haxthausen. Erbmarschall: v. Spiegel. Erbmundschenk: v. Spiegel. Erbküchenmeister: von Westphalen. Erbthorwärter: v. Mengersen.

Passau.

Bisthum im bayrischen Kreise; soll auf 15 Q.-Ml. 25,000 Einwohner enthalten. Die Einkünfte werden auf 160.000 Thlr. geschäzt.

a) Domcapitel.

besteht aus 16 Capitular. u. 9 Domicell. Die 9te Domicellarstelle bleibt jedoch unbesezt, und ihre Einkünfte werden zur Unterhaltung der Donaubrücke verwendet. Eine Domherrnprabende soll 3000 fl. eintragen.

Domprobst: Jos. Ign. Franz Gr. v. Attems, auch Senior und Scholaster zu Salzbg. u. Domhr zu Ollmütz. Dechant: vacat. Domcustos u. Senior: Leop. Friedr. Carl Fhr von u. zu Hanxleben, w. geh. R. u. Domcap. zu Regensprg, auch fürstl. fuldaischer Comitialgesandter in Regensprg. — Hieron. Gr. v. Colloredo, Erzbischof zu Salzburg, auch Domhr zu Ollmütz. — Jos. Adam Joh. Nep. Felix Gr. v. Arco, Bisch. zu Seckau, Domhr zu Salzburg, k. k. w. geh. R. — Carl Jos. Joh. Gr. v. u. zu Daun, Domhr zu Salzburg u. Ellwangen.

— Joh. Bapt. Gr. v. Auersperg, w. geh. R. auch Domhr zu Ollmütz, infül. Probst zu Ilz. — Theodor Mar. Gr. von Fugger-Glött, auch Domhr zu Costanz u. Passau. — Joseph Gr. von Stahremberg, auch Domcustos u. Consistorialpräsid. zu Salzburg. — Franz Cstoph Gr. von Miggazzi zu Waal u. Sonnenthurn, Domhr in Olmütz. — Phil. Jos. Gr. v. Thun und Hohenstein, Capit. zu Salzburg u. Trient. — Joh. Wilh. Gr. v. Sternberg, Domhr zu Augspurg und Regenspurg. — Leop. Max. Gr. u. Hr zu Firmian, Weihbischof, auch Domhr zu Salzburg. Domicellares: Joseph Gr. von u. zu Daun, auch Domhr zu Salzburg. — Ant. Oliv. Gr. v. Wallis. — Franz Xav. Fhrv. Rechberg u. Rothenlöwen, Domhr zu Regenspurg. — Carl Cajetan Gr. von Geisrück. — Jos. Carl Franz Xav. Fhrv. Neuenstein, Domicell. zu Regenspurg. — Hieron. Rud. Gr. v. Lützau zu Drey Lützau. — Jos. Gr. v. Khevenhüller-Metsch. — Ferd. Gr. v. Colloredo, Domhr zu Augspurg.

b) Hof- und Civiletat.

Oberhofmarschall: Leopold Gr. v. u. zu Arco, k. k. w. Kämmerer, fstl. passau. geh. R., Commandant ꝛc. **Obriststallmeister:** Friedr. Fhr v. Wulfen, fstl. pass. w. Hofkammer-R. **Oberstjägermeister:** Ant. Maria Gr. zu Wolkenstein-Trostburg u. Eberstein, Fhrv. Neuhaus, k. k. w. Kämmer. Obriststallmeister und Vorschneiter der gefürst. Grafschaft Tyrol. **Leibgardehauptmann:** Ant. Fhr v. Reigersberg, fstl. pass. w. Hofkammerrath. **Oberstsilberkämmerer:** Jos. Euchar. Gr. von Aham ꝛc. **Vice-Oberhofmarschall:** Cstoph Fhr v. Waidmannsdorf. **Oberstküchenmeister:** Aloys Gr. v. Anhold, churtrier. wirkl. Kammerer auch fstl. pass. Direct. der deutschen Schulen.

Geh. Cabinetsconferenz. Präsident: der Fürst-Bischof. Jac. Marian Edler v. Molitor, Rs-Ritt. fstl. pass. w. geh. R. Hofcanzler, Ritter, u. Beutellehenpropst, dann Beysitzer der geh. Cabinetsconferenzen u. derselben Director. Phil. v. Melchior, infül. Probst, fstl. pass. w. geh. R. ꝛc. Beisitzer der geh. Cabinetsconfer. Matth. Edler von Teng, Rs-Ritt. fstl. pass. w. geh. R. u. Refer. Hofrechn. Kammer-direct. dann Beysitzer der geh. Cabin. Conf. u. derselben Canzleydirect. **Geh. Secretär:** Joh. Geo. Kirschbaum. **Protocollist:** Jos. Ant. Edler von Albini, Rs-Ritt. **Registrator:** Franz Haska. **Einlags-Protocollist:** Felix Riedel.

Geh. Räthe: Joh. Bapt. Rs-Gr. v. Auersberg, Capitular. L. Gr. v. u. zu Arco, s. oben. Rudolph Joh. Bapt. Gr. v. Cappola, des Erzdomstifts zu Wien Domhr. Ign. Ant. Friedr. Fhr v. Oeyle auf Friedenberg, fstl. passau. Rstags-Ges. Heinr. Sigm. Alex. Gr. Topor-Morawitzk v. Tenczin u. Rudnitz. Jac. Marian v. Molitor, Hofcanzler. Jos. v. Leimer, w. Hofkammer-R. Pet. Ant. Tioli, päbstl. geh. Camm. Jos. Adam von Riedl, Hofkammerdirect. Damian Mich. von Mayr, infül. Probst zu Ardacker. Joh. Cstian Müller v. u. zu Mülleg, k. k. niederöst. Reg. R. u. pass. Hofagent am kais. Hof. Heinr. Walter, Edler v. Aland, Rs-Ritt. auch Resid. zu Wien. Phil. von Me-

chtor, inful. Probst. Matth. v. Teng, s. ob. Domin. v. Bettini, b.
R. Dr. u. Protonot. apost. Ign. von Wenzel, b. R. Dr. Notar. apost.
immatr., freyw. resign. geistl. Rathscanzl. Jos. Edl. von Fodrans-
perg, b. R. Dr.

Geistl. Rath. Official u. Vicarius generalis in Spirit. Leop.
Max. Gr. u. Hr. zu Firmian. Director: v. Bettini, s. oben. Räthe:
Matth. Gerhardingen, Dr. d. Theol. churpfalzb. w. geistl. R., des
Colleg. Stifts Vilzhofen Canonicus, dann der lateinisch. und deutschen
Schulen Commiss. Assessor. Domin. Rensi, Hofbibliothekar. Franz
Cstoph v. Conlini, Hofcaplan u. Secret. der italien. Expedition. Joh.
Kierger, b. R. u. der Theol. Dr. Officialat-Secret. Joh. Paul Freu-
denberger, b. R. u. d. Theol. Dr. dann des Colleg. Stifts zu Mathsee
Canonicus.

Hofrath. Hofkanzler: J. J. M. v. Molitor, s. ob. Director:
C. Fhr von Waidmannsdorf, s. oben. Räthe: Gottl. Dober-
schütz, Hofmarschallamts-Commissär. Raym. Aloys. Reichs-Ritter von
Fröhlichsburg. Henr. Cstoph v. Jäger, Profess. der Rechte. Franz
de Paula Koller. Mich. Domayr, Profess. jur. Ignaz Cajetan
Freyschlap v. Freyenstein, fstl. passau. Truchseß u. Stadtgerichts- auch
Policeycommissar. Adam Ertel, auch w. Hofkammerrath. Secretair:
Jos. Albr. Dabsul v. Rosenobl, Truchseß, Hofr. u. Ritter-Lehensse-
cretair.

Hauptrittersch. Lehenprobst: J. M. v. Molitor, s. ob.

Hofkammer. Director: J. A. v. Riedl, s. ob. Räthe: Ant. Fhr
v. Reigersperg, s. ob. Ant. Fhr v. Gugler auf Zeilhofen, Vice-
Oberforst- u. Fischmeister. Vinc. Oswald. Heinr. Warnus. Franz
Xav. Josch. Joh. Bapt. Wenzler. Matthias Wurm. Jos. Pu-
cher. Kammerprocurator u. Fiscal: Bernhard Pinder. Secretair: Joh. Nep. v. Edtmayr.

Hofrechnungskammer. Direktor: Matth. von Teng, s. oben.
Hauptcassier: Balth. Reinzl, Kammerzahlmeister. Joh. Georg
Langer, Aerarial- u. Pensions-Pfandcassier. Buchhalter: Sebast.
Ambös. Ernst Schöller.

Gesandten und Agenten.

Burghausen: Jos. Fischer, b. R. Lic. Agent, churbahr. R. n. Reg.
Adv. Linz: Jos. Phil. Schmidt, b. R. Dr. Agent u. Hofger. Advoc.
Jos. Ant. Mayrhofer, b. R. Dr. Agent und Hofgerichts-Adv. Joh.
Mich. Riedt, b. R. Dr. Agent. München: Phil. Jos. Sedlmayr,
Archiv. Regensburg: f Rstag: Wetzlar: Ferd. Wilh. Helfrich.
Joh. Adolph Brandt. Wien: Heinr. Walter, Edl. v. Aland, Rö-
Ritt. Resid. Joh. Cstian Müller v. u. zu Mülleg, Agent. Cstian Wilh.
v. Clerff, w. Hofr. und Agent. Joh. Bapt. v. Fichtl, w. Hofr. und
Agent.

Erbämter. Erblandmarschall: Carl Eugen Rsfürst v. Lamberg,
Fhr v. Ortenegg rc. Erbkämmerer: Jos. Euchar. Graf v. Aham, churpfalzb. w. Kämmerer. Erbschenk: Franz Jos. Gr. v. Weissenwolf, k.

Zweites Kapitel. Der geistlichen Staaten.

e. w. geh. R. u. Kämmerer. Erbtruchseß: Joh. Nic. Frey, u. Edl. Hr v. Pienzenau ꝛc. ꝛc. churpfalzb. w. Kämmerer u. St. Georg. Ord. R. Obrist. der Cav. des Domst. Freysing Erbmarschall.

Prům.

Diese gefürstete, seit 1579 dem Churfürstenth. Trier eingeschaltete Benedictiner-Abtey, deren Gebiet etwa 1 Q. Ml. mit 2000 Einw. halten mag, und jährl. 2359 fl. abwerfen soll, würde durch Abtretung des linken Rheinufers an Frankreich kommen, unter dessen Botmäßigkeit sie jetzt wirklich steht. Man übergeht deßhalb hier sowohl die Glieder des dasigen Capitels, als die zu deren Administration angestellten Beamten.

Quedlinburg.

Dieses unmittelbare gefürst. Damenstift, evangel. Rel. im obersächs. Kreise hat etwa 2 Q. Ml. mit 14,000 Einwohnern u. 20,000 Thlr. Eink. für die Aebtissin. Churbrandenburg hat die Erbvostey, auch die Landeshoheit über ihr Gebiet.

Capitel.

Pröbstin: Aug. Doroth. Prinzeß. von Braunschweig-Wolfenbüttel, postulirt 791, introducirt 792; auch Aebtiss. zu Gandersheim.
Canonissin: Marie Prinzessin v. Nassau-Weilburg (seit 797), auch Coadjutorin und Dechantin zu Herforden.

Regenspurg.

Zu diesem Bisthum im bayr. Kreise gehören die Röherrschaften Donaustauf, Wörth, Hohenburg an der Lauterach, u. verschiedene Besitzungen im österreich. Kreise, zusammen etwa 6 Q. Ml. mit 10,000 Einw. u. 30,000 Thlr. Einkünften.

a) Domcapitul.

Capitularen. Domprobst u. Erzpriester: Jos. Carl Ignaz Gr. v. u. zu Lerchenfeld auf Köfering u. Luckenpaint, Capell. Imp. w. geh. Consistor. Hof- u. Kammer-R., auch Domhr in Freysing, dann fürstl. constanz. freysings. u. temptisch. Gesandter am Rstag. — Domdechant: Jos. Bened. Wilh. Rögr. v. Thurn u. Valsassina, w. geh. R., Stattshalter, dann Hofr. u. Kammerpräsid. fürstl. regensp. Gesandt. am Rstag, dann churmainz. w. geh. R. Coadj. der Domprobst. zu Breslau. — Domcustos: Valent. Ant. Fhr v. Schneid, Bisch. zu Corycien, Suffragan u. Consistor. Präsid., churpfalzb. und fürstl. regenspurg. w. geh. R. — Ludw. Adam Gr. v. Eßdorf, w. geh. R. St. Mich. O. R. des Stifts St. Emeran in Spalt Probst, auch Domhr in Freysing. — Domscholaster: Joseph Gr. v. Stubenberg, des Collegiatstifts St. Johann insful. Probst, auch Fürstbischof zu Eichstädt. — Joh. Nep. v. Wolf, Dr. d. Theol., substituirter Scholasticus u. Bischof zu Doryla, Weihbischof zu Freysing, churpfalzbayr. auch fürstl. regenspurg. w. geh., Hof- u. Kammer-R. Consist. Vicepräsident, auch Domhr zu Freysing. — Franz Xav. Aloys Gr. v. Künigl, Capel. hon. w. geh., Hof- u. Kammer-R. Domcustos in Passau. — Carl Ignaz Felix Gr. v. Törring-Gronsfeld, w. Consist. R. — Clemens Franz Xav. Fhr v. u. zu Asch, w. Consist. R. u. Official. — Ignaz Maria Gr. Sauer, v. u. zu Ankenstein, Fhr v. Kostach ꝛc. w. Consist. R. — Caspar Gr. von Sternberg, w. geh. R. — Jos. Fhr v. Zweyer von Evenbach, w. Hof-und Kammer-R. — Joh. Georg Alons Gr. von und zu Freyenseyboltstorf. — Franz Anton Tanzl Fhr v. Tratzberg, w. Consist. R.

Domicellares: Joh. Bapt. Gr. v. Sternberg, Domhr zu Augsburg u. Passau. — Phil. Fhr v. Reigersperg. — Hubert. Clemens Carl Jos. Gr. v. Waldkirch. — Jos. Joh. Nepom. Fhr v. Frauenberg. — Clem. Wenzel Rsfrhr v. Branka, b. R. Dr. — Marquard Jos. Gr. v. Neisach. — Jos. Carl Fhr v. Neuenstein. — Franz Xav. Fhr v. Rechberg u Rothenlöwen. — Carl Jos. Thom. Phil. Fhr von Gumpenberg auf Breittenegg.

b) Hofstaat und Dicasterien.

Hofmarschall: Caspar Fhr von Bernklaw auf Schönreit, Lemmershof u. Aldo f, churpfalzb. u. churtrier. w. geh. R. u. Kammerer des St. Michael-O. R. Hofcavaliers: Joh. Bapt. Fhr v. Ulm auf Iangenrain, churbayr. u. churtrier. Kämmer. des St. Mich. O. R., w. geh. R. u. Reisemarschall. Jos. Gr. v. Lamberg, churbayr. Kämmerer.

Cabinet: Joh. Jos. Fr. v. Steigentesch, geh. Hofr. u. Referendar. Franz Xav. Speer, sstl. bisch. Secret. u. geh. Registrator. Ant. Eisenmann, geh. Canzlist.

Hofcapläne: Ant. Brügger, Dr. d. Theolog. sstl. augspurg. u. regenspurg geistl. R., Can. zu Landshut, und Pfr. zu Oberndorf. Andr. Mayr, Lic. d. Theol. w Consist. R. Joh. Paul Thadd. Cavallo, w. Consist. R. u. Canon. zu Vitzhofen. Franz Jos. Widmann, w. geistl. R. u. Dech. des Collegiatst. zu Isen. Jos. Piersack. Franz Jos. Reinfeld. Adam Schmidbaur.

Geistl Dicasterien. Consistorium. Präsident: Valent. Ant. Fhr von Schneid, b. R. Dr., s. oben Domcapit. Vicepräsid. Joh. Nep. v. Wolf, Dr. d. Theol. s. ob. Domcap. Räthe: Jos. C. Ign. Gr. v. u. zu Lerchenfeld, s. ob. Domcap. Franz Xav. Aloys. Gr. von Künigl, Capit. s. oben. C. Ign. Felix Gr. von Törring-Gronsfeld, s. ob. Clem Franz Xav. Fhr v. u. zu Asch, Officialis. Ign. Mor. Jos. Gr. v. Sauer. Franz Ant. Tänzl Fhr v. Tratzberg, s. ob. Joh. Jos. Thom. v. Haaß à Füllhofen, der Theol. auch b. R. Dr. Canzleidir., dann Dech. des Collegiatst. zur alten Capelle. Joh. Nep. Karges, Dr. der Theol. des Collegiatst. zu St. Johann Dechant. F. A. Brucker, s. ob. Steph. Zahlhas, Lic. der Theol. Dech. und Pfr. zu Donaustauf. — Andr. Mayer, Lic. d. Theol. u. Not. Apost. J. P. T. Cavallo, s. ob. Franz Jos. Reinfeld, Dr. d. Theol. Can. zur alten Capelle, Dechant u. Pfr. zu Allersprung. Secret u. Registr. Jos. Ecker, Dr. d. Theol.

Weltliche Regierung. Präsident: Jos. Wilh. Gr. v. Thurn und Valsassina, zugl. Statthalter, Domdech. u. Rstagsges. s. ob. ꝛc. Joh. C. Jan. Gr. von Lerchenfeld, Domprobst, s. oben. Valent. Ant. von Schneid, s. ob. Joh. Nep. v. Wolf, Domcap. s. oben. Leop. Fr. C. Fhr v. Hanrieden, s. ob. Jos. Fhr v. Zweyer v. Evenbach, Capit. s. ob. Canzler und Ob. Lehenprobst: Max. Wagner, b. R. Lic.

Zweites Kapitel. Der geistlichen Staaten.

Räthe: Joh. Jac. Depra, Edl. v. Plain, Rsritt. Joh. Seb. Hauser, b. R. Dr. und domcapitularischer Synd. Joh. Gottfr. Reicharzer, b. R. Lic. geh. Hofr. Bannrichter u. Oberarchivar. Städtischer Ges. am Reichstag. Joh. G. Sigl, Rentzahlmeist. und Burgpfleger. Ant. Bened. Staindl, b. R. Lic. u. Syndic. zu St. Paul. Bernh. Lacence, Hoftastner u. Lehenssecret. Jac. Polizeka, b. R. Lic. Pflegscommiss. zu Wörth. Franz Xav. Harter, Hoftkammer-R. auch Pflegscommiss. zu Wildenberg. Registrator: Pascal Plecher.

Agenten.

Amberg: Cornel. v. Sechser. Landshut: Mich. Jhrler, b. R. Lic. München: Joh. G. Obermayr, Hofger. Adv. Straubing: Benj. Koller, b. R. Lic. Wien: Joh. Mich. von Stubenrauch, Rshofr. Agent u. Hofr.

Erbämter. Marschall: Gr. v. Törring. Kämmerer: Fhr von Stinglheim. Schenk: Fhr v. Pfetten. Truchseß: Gr. v. Tauskirch.

Salzburg.

Dieses Erzbisthum im bayr. Kreise umfaßt, mit Inbegriff der im österr. Kreise liegenden Besitzungen, 164 bis 180 Q. Ml. und 250,000 Einw. Es ist nicht nur rein von ständischen und fürstl. Schulden, sondern die Kassen auch reich an Baarschaften. Die Einkünfte werden verschiedentlich angegeben, die Bischöflichen mögen gegen 1 Mill. Thlr. betragen.

a) Das Domcapitel

besteht aus 24 Personen die alle aus dem Grafen- und Herrenstande seyn müssen. Es führt auch, wenn der erzbischöfl. Stuhl erledigt ist, das Directorium im Rsfürstenrath.

Domprobst und Erzpriester: Vinc. Jos. Franz Sales. Gr. von Schrattenbach F. Bisch. v. Lavant. — Dechant: Joh. Friedr. Gr. v. Waldstein u. Wartenberg, auch Domhr zu Augsburg. — Senior u. Scholasticus: Joseph Gr. Attems auch Dompropst zu Passau u. Capitular zu Ollmütz, fstl. salzburg. Hofrathspräsid. — Carl Jos. Gr. u. Hr. v. u. zu Daun, auch Domhr zu Passau u. Ellwangen. — Ant. Wislib. Rsgr. Truchseß v. Wolfegg, Hofkammerpräsident. — Friedr. Virgil Jos. Gr. von Lodron, Oblajarius. — Jos. Phil. Adam Gr. von Strasoldo. — Franz Xav. Gr. v. Salm-Reifferscheid, F. Bisch. zu Gurk, auch Domhr zu Cöln u. Strasburg. — Domcustos: Jos. Gr. u. Hr. v. Stahremberg, auch Domhr zu Passau u. Ollmütz, fstl. salzburg. Consistorial-Präsident. — Herm. Jac. Gr. v. Attems. — Phil. Jos. Gr. v. Thun, auch Domhr zu Passau u. Trient. — Jos. Adam Gr. v. u. zu Arco, F. Bisch. zu Seckau, auch Domhr zu Passau. — Sigism. Cstoph Rsgr. Truchseß v. Zeil u. Trauchburg, auch Domhr zu Cöln u. Costanz. — Friedr. Franz Jos. Gr. von Spaur, auch Domhr zu Brixen. — Leop. Max. Gr. u. Hr. zu Firmian, Weihbisch. zu Passau. — Franz Jos. Gr. v. Khuenburg, auch Domhr zu Ellwangen. — Joseph Wenzel Pr. von Lichtenstein, auch Domhr zu Cöln und Eichstädt. — Jos. Franz Gr. v. u. zu Daun, auch Domic. zu Passau. — Mich. Gr. v. Spaur. — Ant. Gr. v. Wallis, auch Domhr zu Passau. — Eman.

Gr. v. Thun, Weihbisch. zu Trient. — Ernst Jos. Pr. v. Schwarzenberg, auch Domhr zu Cöln u. Lüttich. — Ant. Euseb. Gr. v. Königsegg-Aulendorf, auch Domhr zu Cöln u. Straßburg.

b) Hofstaat und Dicasterien.

Obristkämmerer: Heinr. Gund. Gr. v. Wurmbrand, k. k. Kämmerer und salzburg. geh. R. **Obriststallmeister:** Leop. Jos. Gr. von Khuenburg, k. k. Kämmerer, fstl. salzburg. w. geh. R. u. Erbschenk des Erzstifts Salzburg. **Obristjägermeister:** Leop. Gr. v. Künigl, k. k. Kämmerer, und salzburg. w. geh. R. **Leibgardehauptm.** Leop. Gr. v. Lodron. **Obristküchenmeister:** Carl Gr. v. Arco, Kämmerer, Hofkammer-R. u. Pfleger zu Neuhaus. **Obristsilberkämmerer:** J. Nep. Fhrv. Rehlingen, Kämmerer u. Hofkammer-R. auch Gen. Einnehmer.

Geh. Rathscollegium: Das Haupt davon ist der Erzbischof selbst. **Wirkl. geh. Räthe:** Sigism. Cstoph Regr. Truchseß F. u. Bischof zu Chiemsee, s. ob. Jos. Adam Gr. v. Arco, Fürstbisch. zu Seckau, s. oben. Vinc. Jos. Franz Sales. Gr. v. Schrattenbach, Bisch. zu Lavant und Domprobst. Dominic. Abt zu St. Peter in Salzburg. Joh. Fr. Gr. von Waldstein, Domdechant, s. ob. Heinr. Gund. Gr. v. Wurmbrand, Obristkämmerer, s. ob. L. Gr. v. Künburg, s. oben. Leop. Franz Gr. v. Künigl, Oberjägermeister, s. ob. G. Ant. Fhr Mozl, Hofkammer-vicepräsid. Generalsteuereinnehmer v. der Ritterschaft. F. Fhr von Enzenberg, resignirter Ministerresident am kaiserl. Hofe, Lehencommissar. in Oesterr. u. Hptm. zu Träsmauern. Joh. Sebast. Fhr v. Zillerberg Comitialgesandter c. Fr. Thadd. v. Kleinmaiern, Hofraths-director. Gottfr. L. Fhr v. Moll, Pfleger zu Abbtenau. Franz Xav. Hochpichler, Consistor. Direct. P. Damasc. Kleinmaiern, b. R. Dr. des Benedict. Ord. zu Wessobrun, der salzburg. Universität resign. Rector magnificus. **Geh. Canzleydirector:** vacat. **Archivar und Secret** J. Nep. v. Zillerberg, Hofr. Landm. und Pfleger zu Neumarkt. **Geh. Registrator u. Taxator:** Jos. Eyweck.

Consistorium. Präsident: Jos. Gr. u. Hr. zu Starhemberg, Domcustos, s. ob. **Director:** Franz Xav. Hochpichler, s. ob. **Räthe:** Alb. Edl. v. Mölk, Secret. Landm. u. Canon. zu St. Joh. in Regensburg J. Mich. Bönicke, Canzler in geistl. Sachen, geh. Consist. Secret. u. Notar., b. Theol. Dr. Ph. Gabr. Taller, b. R. Dr. Zach. Lang, Wistt. gener. Franz Xav. Rieger. Franz Markreuter. Jos. Seb. Naupp. Jos. Freisinger.

Hofrath Präsident: Jos. Gr. v. Attems, Domhr s. ob. **Director:** F. Th. v. Kleinmayern, s. ob. **Räthe:** G. A. Fhr v. Mozl, s. oben. G. Fhr v. Papius. Joh. Gr. v. Khüenburg. Edm. Fhr v. Schmitz-Grollenburg. Fr. M. von Zillerberg, Landm. J. Ph. Steinhauser v. Treuberg, b. R. Dr. u. Profess. jur. publ. W. Jos. v. Grand-Jean. J. Nep. v. Zillerberg, s. ob. Joh. Bapt. Camerlohr v. Weichingen, Landm. J. Bapt. Jos. C. v. Kostern, b. R. Dr. Pandect. Profess. Bened. von Loeß, Stadtsyndicus. Joach. von

Zweites Kapitel. Der geistlichen Staaten.

Schledenhofen, Landm. und Landschaftscanzler. Mart. Sauter. J. Wohlfahrtstätter, Hoftriegsr. Ph. Gäng, b. R. Dr. Instit tut. Profess. Jos. Haas. Hieron. v. Kleinmayern. Conr. Theod. Hartleben, b. R. Dr. Prof. ord. Gr. Sedlmayr. Phil. v. Fichtl. Secretarii: Joh. Strasser, Hofr. Registr. Joh. Hofer. Jos. Ant. Millberger. Jos. Fellner. Leop. v. Kaspis.

Hofkammer. Präsident: Ant. Wilib. Gr. Truchseß v. Wolfegg, Domhr. s. ob. Vicepräsident: G. A. Fhr von Motz, s. ob. Director: C. Ehrenb. Fhr v. Moll, Hr u. Landm. in Oesterr. ob der Enns u. in Tyrol c. Räthe: J. N. Fhr v. Rehling, Obristsilberkammer. Leop. Gr. v. Platz, Kämmerer. Wolfg. Jos. Gr. v. Ueberacker, Kämmer. C. Gr. v. Arco, s. ob. Jos. Fhr. von Rehling, Viceobriststallmeister. Estoph Fhr v. Semmingen, Viceobristjägermeister. Nic. Gr. v. Gal ler Kammer. Leop. Gr. v. Arco, Kammer. Franz Jos. Edl. v. Aman. C. v. Weingarten. Jos Ant. Vögele. Leop. Enk von der Burg. Ferd. Lierzer. Virgil v. Helmreich. G. Wolfg. C. Sarve. Franz de Paula Pichler, Hoftammerprocur. Secretarii: J. Jos. Moß hammer. J. Matth. von Wasner. Virgil. Jos. Dietrich. J. von Kostern. J. Bapt. Fink. Ph. Reischl. Jos. Ant. Schwarzacher. Franz Ferd. Gasser. Franz X. Kaser. Ant. Auer. Gen Einneh mer: J. N. Fhr v. Rehlingen, s. ob. Hofzahlmeister: Fr. Vinc. Lantmayr.

Hoftriegsrath. Präsident: vacat. Vicepräsident: Joh. Gott fr. Gr. Lützow, v. Dreyplützow u. Seedorf c. k. k. w. Kämm. u. Obristl. Command. der Hauptvest. Hohensalzburg und Landobristl. Director: vacat.

Gesandte und Agenten.

Grätz: Dr. Matth. Ant. Prieberling, fstl. salzburg. Bevollmäch tigter. **Klagenfurt:** Dr. Aloys Rainer zu Harbach, fstl. salzburg. Bevollm. Dr. Franz Edl. v. Wolf, fstl. salzburg. Bevollm. **München:** Franz Xav. Haselbeck, Agent. **Regensburg:** Joh. Seb. Fhr. von Zillerberg. **Wetzlar:** Casp. Tilemann Tils, b. R. Dr. Hofrath u. Agent. Joh. Bapt. Baron v. Berghof, Agent. Joh. Sortschan, Anwalt.

Erbämter. Marschall: Hieron. Gr. v. Lodron. **Schenk:** Gr. v. Künburg. **Kämmerer:** Ant. Gr. v. Törring. **Truchseß:** Carl Egon F. v. Lamberg.

Militair-Orden St. Ruperti.

Command. Joh. Nep. Dückher, Fhr von Haßlau, k. k. Obristl. **Ritter:** Leop. Gr. zu Lodron, Kämmer. und Leibgardehauptm. Ferd. Dückher Fhr v. Haßlau, Kämm. u. Obristlieutn. Carl Gr. von und zu Arco, Kämm. und Obristküchenmeister. Sigm. Fhr v. Prank. Sigm. Gr. v. Wicka. **Ritter-Erspettanten:** Rich. Gr. von Thun. Anton Alex. Auer Fhr von Winkl. Jos. Gr. von Ueberacker. **Verwalter:** Franz Jos. v. Mayrau.

Speyer.

Von diesem Bisthum im oberrhein. Kreise, das auf etwa 18 Q. Ml. gegen 50,000 Einw. enthalten, und 200,000 fl. Einkünfte bringen soll, liegt die größere Hälfte von etwa 10 Q. Ml. jenseits des Rheins u. steht gegenwärtig unter französ. Botmäßigkeit.

Domcapitel.

Capitularen. **Probst**: Alex. Franz Fhr v. Wessenberg, Hr zu Ampringen, Domcustos zu Worms u. Dechant des Ritterstifts Odenheim, churmainz. auch fürstl. speyer. w. geh. R. — **Dechant**: Cstoph Philipp Wilib. Fhr von Hohenfeld, des Domstifts zu Worms und Ritterst. zu Wimpfen Capit. fstl. speyer. w. geh. R. und Vicar. generalis in Spirit. — Scholaster u. Jubilar. Carl Adolph Jos. Fhr v. Mirbach, Hr zu Harf, des Ritterst. Odenheim Cantor und des Collegiatst. zu Allerheil. Probst. — Friedr. Ludw. Ant. Fhr v. Mirbach, Hr zu Harf, des Ritterstifts Odenheim Capit. — Jos. Ant. Sigm. Fhr v. Beroldingen, Capitular zu Hildesheim, des Collegiatstifts zu St. Johann und Guido in Speyer und des Ritterstifts Odenheim Probst, fürstl. speyer. geh. R. — **Cantor**: Cstian Franz Fhr v. Hacke, Chorbisch. zu Trier des Collegiatst. zu St. German in Speyer Probst, churtrier. geh. R. und Amtmann zu Welschbillig. — Ant. Ferd. Fhr v. Hanxleden. — Joh. Phil. Anton Franz Fhr v. u. zu Frankenstein, Dompropst zu Worms, auch Capitular und Custos des Ritterstifts St. Alban zu Mainz, Probst des Collegiatstifts U. L. F. zu Worms, der Universität zu Heidelberg beständiger Canzler. — **Custos**: Leop. Ludw. Rsgraf u. Marquis v. Hoensbroech, fstl. speyer. geh. R. — Franz Carl Ludw. M. Fhr v. Kerpen, auch Capitular zu Würzburg. — Ans. Franz Theod. Joh. Nep. Fhr v. Kerpen, Domdechant zu Trier, churtrier. geh. R. und Statthalter zu Trier, auch Amtshr zu Kylburg. — Friedr. Jos. Fhr v. Hacke, Capit. zu Mainz und Cnstanz. — Ignaz Jos. Fhr v. Beroldingen, Capit. zu Hildesheim und Murbach. — Clem. Vinc. Franz Rsgraf von der Heyden, genannt Belderbusch, Probst zu Aachen, auch Capitular zu Hildesheim und Paderborn.

Domicellares (13): Joh. Friedr. Hugo Kämmerer v. Worms, Fhr v. u. zu Dalberg, auch zu Trier u. Worms Domicell. — Heinr. Cstoph Fhr. v. u. zu Rottberg, Capit. zu Cnstanz. — Aug. Phil. Jos. Fhr v. Hacke, Domic. zu Trier. — Joh. Wilh. Fhr v. Hompesch, auch Domic. zu Eichstädt, u. Capitular des Ritterstifts Odenheim. — Franz Friedr. Wilh. v. Sturmfeder. — Emmerich Jos. Fhr. v. Wambold zu Umstatt. — Clem. Wenzel Gr. v. Eltz Kempenich. — Friedr. Fhr v. Coudenhoven. — Ferdin. Cstoph Carl Fhr von Schütz zu Holzhausen. — Franz Eleazar Fhr v. Wangen, Capitular zu Arlesheim. — Ph. Franz Ludw. Carl Fhr v. Waldenfels. — Phil. Franz Maxim. Fhr von Zu Rhein. — Carl Jos. Friedr. Gr. von Schönborn.

Strasburg.

Von diesem Bisth. im oberrhein. Kreise kam schon 1697 im ryswick. Frieden der jenseits des Rheins liegende größere Theil von etwa 7 Q. Ml. mit

Zweites Kapitel. Der geistlichen Staaten. 215

14,000 Einw. unter französ. Landeshoheit; doch hatte der F. Bisch. neben der geist- u. weltl. Gerichtsbarkeit bisher noch die Einkünfte davon. Während der Revolution ist aber dieser Theil ganz unter französ. Botmäßigkeit gekommen. — Der diesseits liegende Theil begreift die beiden Aemter Oberkirch (nebst Oppenau) und Ettenheim, welche zusammen gegen 6 Q. Ml. mit 11,000 Einwohnern halten mögen.

Domcapitel.

Capitularen. Domprobst: Max. Ferdin. Pr. v. Rohan-Guemene, bisher Erzbischof zu Cambray. — **Kämmerer:** Christian Franz Gr. v. Königsegg-Rottenfels, auch Vicedechant zu Cölln. — **Scholasticus:** Joh. Estian Carl Pr. v. Hohenlohe-Bartenstein, F. Bisch. in Breslau, auch Chorbischof u. Domhr zu Cölln. — Carl Mainrad Gr. v. Königsegg-Aulendorf, auch Domdechant zu Cölln. — Estian Ernst Pr. v. Hohenlohe-Bartenstein, Domhr zu Cölln. — Franz Carl Jos. Pr. v. Hohenlohe-Schillingsfürst, Domhr zu Cölln u. Ellwangen. — Wilh. F. v. Salm-Salm zu Hoogstraten, Bisch. zu Dornick, Domhr zu Cölln u. Lüttich. — Jos. Franz Ant. Gr. Truchseß von Zeil-Wurzach, auch Domhr zu Cölln.

Domicellares: Ernst Adrian Gr. v. Königsegg-Rottenfels. — Max Jos. Gr. von Königsegg-Rottenfels. — Franz Xav. Gr. von Salm-Reifferscheid, F. Bisch. zu Gurk, s. Salzburg. — Carl Ernst Jos. F. v. Hohenlohe-Bartenstein. — Ludw. Camill. Jul. Pr. v. Rohan-Rochefort. — Carl Gottfr. Aug. Duc de la Tremouille, Gr. de Laval. — Ludw. Vict. Meriadec. Pr. v. Rohan-Guemene. — Anton Euseb. Gr. v. Königsegg-Aulendorf. — Franz Wilh. Gr. v. Salm-Reifferscheid-Bedbur. — Franz Xav. Gr. v. Königsegg-Aulendorf. — Carl Franz Xav. Gr. Truchseß v. Zeil-Wurzach, Domic. zu Cölln.

Syndicus: Franz Bruno Homburg, R. **Secretair:** Nic. Hermann, R. **Gen. Einnehmer:** Frichell. **Archivar:** Arroi.

Teutschen Ordens Hochmeisterthum (zu Mergentheim).

Schon im 1n Theil (Seite 76.) ist von diesem Orden einige Nachricht gegeben, auch daselbst der Hoch- und Deutschmeister als ein deutscher geistlicher Reichsfürst angeführt worden. Hier werden nun noch a) sowohl die Landcommenthurs, Commenthurs und Capitularen der verschiedenen zu dem Orden gehörigen Balleyen, als auch b) das wichtigere Personale der hoch- und deutschmeisterlichen Dicasterien nachzutragen seyn. — Die in den Balleyen zerstreut liegenden, dem Orden gehörigen, Güter würden, wenn sie beysammen lägen, ein ansehnl. Fürstenthum ausmachen. Mehrere davon, (z. B. die Balleyen, Altenbiesen und Lothringen), liegen jenseits des Rheins und stehen gegenwärtig unter französischer Botmäßigkeit. — Die reinen Einkünfte des Hoch- und Deutschmeisters sollen sich jährlich über 100,000 Thlr. belaufen.

a) Land-Commenthure, Commenthure und Rathsgebietige.

1. **Balley Elsaß und Burgund:** Beat. Conr. Phil. Friedr. Fhr. Reutner v. Weil, Landcommenthur der Balley Elsaß, Burgund und Hessen, Commenth. zu Altshausen, Marburg u. Wetzlar, k. k. w. geh.

R., auch fſtl. hoch- und deutſchmeiſterl. w. Staats- u. Conferenz-Miniſter.

Hieher gehören: Cſtian Friedr. Phil. Fhr Truchſeß von Rheinfelden zu Rappoltsweiler, Rathsgebietiger u. Commenth. zu Brüggen. — Nicol. Franz Carl Friedr. Fhr v. Schönau, Commenth. zu Ruſſach u. Gebweiler, k. k. w. Kämmer. — Ant. Fidel. Anſelm Domin. M. Fhr v. Hornſtein zu Göffingen, Capit. u. Commenth. zu Freiburg, churpfalzb. Obriſter. — Carl Friedr. Heinr. Fhr v. Landsberg, Commenth. zu Andlau. — Franz Fidel. Ant. Thom. Rsgr. Truchſeß zu Zeil-Wurzach, Commenth. zu Hitzkirch, k. k. Kämmer., Rs-Gen. FML. und Gen. Maj. des ſchwäb. Kreiſes. — Franz Phil. Ign. Joſ. Fhr Blarer v. Wartenſee, Commenth. zu Rohr und Waldſtätten, auch Obriſtl. des fränk. Kreiſes beym Dragon. Regim. Brandenbg-Onolzbach. — Conr. Joſ. Sigm. Carl Fhr Reich v. Reichenſtein, Hauptm. einer fränk. Kreis-Comp. Inf. — Franz Heinr. Carl Gr. Reinach v. und zu Fuchsmännigen u. Montreux Hr zu Roppach, Hauscommenthur in der Landcommende zu Altshauſen.

2. Balley Oeſterreich: Aloyſius Rsgr. v. Harrach zu Rohrau, Landcommenth. der Balley Oeſterreich, Commenth. zu Wien, Grätz am Lech u. Linz, k. k. geh. R. u. Kämmer. u. Gen. FZM.

Hieher gehören: Carl Rsgr. u. Hr. v. Zinzendorf u. Pottendorf, Rathsgebietiger u. Commenth. zu Laibach, k. k. geh. R. u. w. Staatsminiſter bey dem inländ. Staatsrath, auch Erb-Landjägermeiſter in Oeſterr. unter der Enns. — Aloys Gr. v. Auersperg, Rathsgeb. u. Commenth. zu Großſonntag, k. k. w. Kämmer. — Cſtianreg. Rsgr. v. u. zu Erbach-Schönberg, Hr. zu Breuberg, Capit. u. Commenth. zu Friſach u. Sanſhof, fſtl. hoch- u. teutſchmeiſter. w. geh. R. und Statthalter zu Mergentheim, k. k. Gen. Maj. — Ignaz Franz Vinc. Gr. v. Attems, Commenth. zu Möttlingen u. Tſchernembel, k. k. Hauptmann. — Leop. Cajet. Seraph. Gr. Sauer v. Ankenſtein, Commenth. zu Meretinzen, fſtl. hoch- u. teutſchmeiſter. adelicher Hof- und Reg. R. — Maximil. Gr. von Starhemberg, k. k. Hauptm. unter dem Inf. Regim. Neugebauer. — Adam Franz Gr. v. Brandis, k. k. Rittmeiſter unter dem Cav. Regim. Erzhz. Franz v. Mailand. — Joh. Carl Franz Gr. v. Sinzendorf, k. k. Hptm. unter dem Inf. Regim. Pellegrini.

3. Balley Coblenz: Carl Friedr. Fhr v. Forſtmeiſter zu Gelnhauſen, Landcommenth. der Balley Coblenz u. Commenth. zu St. Cathar. in Cölln, churcölln. geh. Staats- u. Conf. Miniſt. Gen. L. und Obriſthofmarſch. auch hoch- u. teutſchmeiſterl. w. Staats- und Conferenz-Miniſter.

Hiezu gehören: Wenz. Gr. v. Colloredo, Rathsgeb. und Commenth. zu Pitzenburg binnen Mecheln, k. k. Kämmer. u. Gen. FZM. — Clem. Aug. Max. M. Gr. v. Kreuth, Commenth. zu Waldbreitbach, churcölln. Kammerhr. — Carl Ant. Leop. Niclas Fhr v. Kerpen, Commenth. zu Rheinberg, k. k. Gen. Maj. — Ferd. Caſp. Fhr von Kleiſt, Commenth., churcölln. Kämmer. u. Gen. M. — Friedr. Joſ. Adolph Fhr v. Welchs, Commenth.

4. **Balley Etsch und imGebirg:** Joh. Theod. Fhr v. Belderbusch, Landcommenth. dieser Balley u. Commenth. zu Weggenstein und Lengmos, churpfalzb. geh. R., Gen. L. u. Gouvern. der Stadt u. Vestung Mannheim.

Hiezu gehören: Ignaz Jud. Thadd. Adam Gr. v. Brandis, Coadjutor, Commenth. zu Störzingen, auch k. k. Gen. FWM. Franz Jos. Ant. Gr. Reinach v. u. zu Fuchsmännigen u. Grandwell, Hr. zu Roypach, Münstroll u. Brünn, Capitular und Commenth. zu Schlanders, churcölln. Kammerhr.

5. **Balley Franken:** Franz Conr. Phil. Leop. Zobel v. Giebelstadt, Landcommenth. der Balley Franken u. Commenth. zu Heilbronn.

Hiezu gehören: Max. Phil. Conr. Fhr v. Riedheim, Statthalter der Hrsch. Freudenthal, Eulenburg u. Büsow in Schlesien und Mähren, Rathsgebietiger u. Commenth. zu Donauwörth, hoch- u. teutschmeisterl. w. geh. R. — Wilh. Bapt. Truchseß v. Rheinfelden, Rathsgebietiger u. Commenth. zu Nürnberg, k. k. Gen. Maj. — Adolph Fhr v. Reichlin auf Meldegg, Rathsgebietiger und Commenth. zu Kapfenburg. — Wilh. Casim. Fhr v. Redwitz, Rathsgeb. und Commenth. zu Ramslau u. Würzburg. — Carl Phil. Ferd. Georg Fhr v. Frankenstein zu Ockstadt, Rathsgebietiger und Commenth. zu Plommenthal. — Franz Jos. Wilh. Agap. Cajetan Gr. v. Thürheim Rathsgeb. Commenth. zu Oettingen, k. k. Kämmer. u. Gen. FWM., Vicestatth. der hoch- und teutschmeist. Herrschaften in Schlesien u. Mähren. — Casp. Carl Fhr Reutner v. Weil, Commenth. zu Ulm, u. fstl. hoch- und deutschmeist. Oberamtm. zu Mergentheim. — Franz Heinr. Fhr v. Hettersdorf, Commenth. zu Ganghofen u. Frankfurt, auch fstl. hoch- u. teutschmeist. Oberamtm. zu Ellingen, churcölln. und fürstl. würzburg. Kämmer. — Ferd. Ernst Jos. Gabr. Gr. von Waldstein und Wartenberg, Commenth. zu Viernsperg, k. k. Kämmer., Obr. u. Inh. eines Regim. in kön. großbritt. Diensten. — Jul. Cäs. Quirin Franz Fhr v. Enzenberg zum Freyen- und Jöchelsthurn, Commenth. zu Münnerstadt. — Carl Phil. Ernst Fhr v. Nordeck zur Rabenau, Commenth. zu Regensburg. fstl. hoch- und teutschmeisterl. Oberamtm. des Scheuerberger Gebiets zu Hornegg am Neckar u. der Commende Heilbronn, churcölln. u. fstl. würzburg. Kämmer. — Joh. Bapt. Sim. Fhr v. Andlau, Commenth. zu Mainz und Kloppenheim, churcölln. Kämmerer und k. k. Hptm. bey dem Regim. Teutschmeister. — Max. Franz Gr. von Merveldt aus dem Hause Dulmen, k. k. Gen. Maj. und Inh. eines Uhlanen-Regim. — Carl Jos. Maria Fhr von Burscheidt zu Burgbroel, k. k. Rittmeister unter Coburg Dragoner. — Friedr. Ferd. Xav. Fhr von Hornstein zu Göffingen, Hauptm. u. Inhab. einer des hoh. Ordens Contingents-Compagnie des fränk. Kreises. —

6. **Balley Hessen:** Landcommenthur: Fhr Reutner ꝛc. s. oben die Balley Elsaß.

Hiezu gehören: Friedr. Unico Fhr v. Münster, Rathsgeb. u. Commenth. zu Schiffenberg. Heinr. Mor. Fhr v. Berlepsch, Rathsgebietiger u. Commenth. zu Griesstadt, fstl. hoch- u. deutschmeisterl. geh. R., k.

k. Kämmer. ꝛc. s. auch die Balley Thüringen! — Carl Ludw. Fhr von Dörnberg, Capitular u. Commenthur zu Frizlar, fstl. hessen=cassel. Obristl. u. Oberhofmarschall beym Erbprinzen. — Ernst Ludw. Fhr von Freudenberg, Capitular u. Commenthur zu Oberflörsheim, hessendarmstädt. Gen. Maj. u. Commandant zu Darmstadt. — Friedr. Wilh. Fhr v. Maltitz, Hptm. unter dem nassau=using. oberrhein. Kreis=Regim. zu Fuß, und des reg. F. zu Nassau=Usingen Hofmarschall. — Ernst Fhr von Baumbach, Brigade=Maj. u. Hptm. bey dem hessen=cassel. Garde=Regim. zu Fuß. — Alex. Friedr. Wilh. Fhr v. Seckendorf, k. k. Kammer. u. Gen. Maj.

7. Balley Altenbiesen: Franz Jos. Fhr v. Reischach, Landcomment. dieser Balley, Commenth. zu Mastricht, k. k. Kämmer. und Gen. FML.

Hiezu gehören: Lothar. Franz Fhr Horneck v. Weinheim, Rathsgebietiger und Commenth. zu Siersdorf, churpfalzb. Kammer. und Gen. Maj. der Cav. — Franz Nicol. Fhr v. Kolf, Rathsgeb. u. Commenth. zu Bernsheim, churpfalzb. Gen. M. — Heinr. Jos. Mar. Fhr von Droste zum Hülshof, Rathsgeb. u. Commenth. zu Beckefort, churcölln. Kammerhr, Gen. L und Inh. eines Inf. Regim. auch Gouv. zu Münster. — Heinr. Aug. Fhr v. Marschall zu Ostheim, Rathsgeb. und Commenth. zu Gruptrode, fstl. bamberg. geh. und Hofkriegs=R., Gen. Maj. des frank. Kreis=Regim. von Hohenlohe, Command. der Stadt Bamberg u. Vestung Forchheim. Wilh. Loth. Maria Fhr v. Kerpen, Rathsgebiet. und Commenth. zu Achen, k. k. Gen. FML. — Joh. Franz Ant. Adolph Gr. v. Schaesberg, Commenth. zu Cölln, churpfalzb. Oberamtm. der jülichschen Aemter Baierburg u. Barmen. — Friedr. Jos. Wilh. Silvius Fhr v. Bentink, Commenth. zu St. Petersfuhren. — Wolfg. Phil. Nep. Jos. Gr. v. Ursin und Rosenberg, Capit. und Commenth. zu Oerdingen, k. k. Kammerhr. — Wilh. Eugen. Jos. Fhr von Wal, Capitul. u. Commenth. zu Kammersdorf. — Heinr. Jos. Fhr von Lützerode, churpfalzb. Kammerhr u. Capit. der Leibgarde zu Pferd.

8. Balley Thüringen: Heinr. Moritz Fhr v. Berlepsch, Landcommenth. der Balley Thüringen, Rathsgeb. der Balley Hessen u. Commenth. zu Griefstadt; k. k. Kämmer. auch fstl. hoch=u. teutschmeist. geh. R.

9. Balley Westphalen: Franz Wenz. Gr. v. Kaunitz=Rietberg, Landcommenth. der Balley Westphalen, Commenth. zu Möhlheim und Münster, k. k. Kammerhr, Gen. FZM. u. Inh. eines Inf. Regim.

Hiezu gehören: Carl Wilh. Fhr v. Schlammersdorf, Rathsgebietiger und Commenth. zu Welheim. — Fr. Ernst Fhr v. Spiegel, Commenth. zu Mahlenburg, churcölln. geh. R. und Deput. im Hzgth. Westphalen. — Joh. Wilh. Fhr v. Loe zu Wissen, Commenth. zu Brackel, Hptm. in churpfalzb. Diensten. — Joh. Phil. Jos. Nep. Fhr von Wydenbruck zu Loe, churcölln. Obrist=WM. u. Cornet unter der Leibgarde.

10. Balley Lothringen: Jos. Leop. Seb. Fhr Zweier v. Evenbach, Landcommenth. der Balley Lothringen, Commenth. zu Trier, Betingen u. Saarbrücken.

Zweites Kapitel. Der geistlichen Staaten. 219

Hiezu gehören: Ludw. Fhr v. Dienheim, Rathsgeb. und Commenth. zu Mainsiedel, churtrier. Kammerhr u. Obr. der churtrier. Truppen. — Franz Sigm. Fhr Zweier v. Evenbach, Commenth. zu Luxemburg, auch churmainz. Kämmer. u. Obrist=WM.

11. Balley Sachsen: Gottl. Friedr. Wilh. Fhr v. Hardenberg, Landcommenth. der Balley Sachsen, Commenth. zu Luklum u. Langeln. Hiezu gehören: Friedr. Wilh. Fhr v. Veltheim, Coadj. u. Commenth. zu Bergen, landgräfl. hessencassel. geh. R. und Obrist=Hofmarschall. — Ludw. Herm. Ant. Fhr Waldner v. Freundstein, Rathsgeb. u. Commenth. zu Bürow. — Joh. Friedr. Fhr v. u. zum Stein, Capitul. u. Commenth. zu Weddingen. — Phil. Otto Fhr v. Münchhausen, Capitular u. Administrat. der Commende Göttingen, auch Rittmeister in churbraunschweig. Diensten. — Alex. Fr. Wilh. Fhr v. Seckendorf, Capitul. und Hauscommenth. zu Luklum; f. Balley Hessen. — Aug. Georg Ulr. Fhr v. Hardenberg, Hrtm. in churbraunschweig. Diensten. — Aug. Friedr. Wilh. Fhrv. Wöllwarth, k. k. Obrist=WM. bey dem Drag. Regim. Würtemberg.

b) Hoch= und Deutschmeisterische Dicasterien.

Geheime Conferenz= und Hofkanzley. Chef: Der Hoch= und Deutschmeister in höchster Person. Conferenzminister: Beat. Conr. Fr. Phil. Fhr Reuttner v. Weyl, Landcommenth. der Balley Elsaß, Burgund u. Hessen, f. ob. C. Franz Fr. Fhr v. Forstmeister zu Gelnhausen, Landcommenth. der Balley Coblenz, f. ob. Geh. Referendar: Franz Jac. v. Breuning, Hof= u. Reg. R. Hof= und Cabinetscassier: Franz Klingler. Geh. Canzlist: Joh. Ceßner. Scribent u. Canzleydiener: Ign. Kolb.

Regierung zu Mergentheim: Christian reg. Rsgr. zu Erbach=Schönberg, Statthalter. Casp. Carl Fhr Reutner zu Weyl, Oberamtm. Adeliche Hof=, Regierungs= u. Kammerräthe: Leop. Cajet. Seraph. Gr. Sauer v. Ankenstein, Commenth. zu Meretinzen. C. Ph. E. Fhr v. Nordegg zur Rabenau, churcölln. und fstl. würzburg. Kämmer. Commenthur zu Regensburg ꝛc. Wirkl. aufgehende geh. Hof= u. Reg. Räthe: Jac. Mar. Jos. v. Kleudgen, geh. und geistl. R.. Ordenskanzler u. Gesandter bey dem fränk. Reichsconvent zu Nürnberg. Canzley=Director: vacat. Franz Jos. Schrodt, geh. R. Georg Ant. Handel, geh. R. Franz Leop. Müssig, geh. R. und Hofkammerdirect. Joh. Erh. Fridolin v. Senger, Hofr. Jos. Ad. Förster, Hofr. Joh. G. Jos. v. Wagner, Hofr. Joh. G. Jos. v. Wagner, Hofr. auch Syndicus der Balley Franken. Franz Jac. v. Breuning, Hofr. f. ob. Phil. E. Gemming, Hofr. u. Amtm. zu Heilbronn. Jos. Joh. Bapt. Herzberger, b. R. Lic. Hofr. Hofratbreferendarien: Cajetan v. Tautphäus. Ludw. Riegel. Hofratbassessor: Steph. v. Breuning. Geb. Hof= u. Reg. Räthe: H. Cxian v. Stengel, geh. R. Gottfr. v. Ulrich, geh. R. u. Minister=Resident zu Wien, auch Syndicus der Balley Oesterreich. Joh. Fr. Alex. Killinger v. Eschenau, Hofr. C. Geo. Edl. v. Klerff, Hofr. Fr. Kands ler, Hofr. u. Oberamtssecret. zu Freudenthal. Edm. Bottinger, Dr. d. Med. Hofr. u. Hofmed. zu Mergentheim. Damian Ferd. Haas, b. R. Lic. Hofr. Joh. Schönhals, Hofr. auch Syndic. der Ballen Hessen u. Director der Ballen-Canzley. Herm. Jos. v. Welter, Hofr. auch R. u. Archivar. der Balley Coblenz. Joh. Mich. v. Zelling, b. R. Lic. Hofr. auch Synd. u. 1r R. der Balley Elsaß, Oberamtm. zu Altshausen. Franz Xav. Schmidt; b. R. Lic. Hofr. auch Canzleyverwalter in der Commend. Maynau. Leop. Wilh. Lyssen, Hofr. auch Syndic. der Balley Westphalen. Fidel. Kible, Hofr. auch Synd. der Ballen Lothringen. Conr. Jos. Bachem, Hofr. und Synd. der Balley Altenbiesen. Wenz. Polzer, Hofr. und Archivar. Rud. Ant. Kleiner, Hofr. und Ober-Gerichtsverwalter zu Ellingen, auch Marschcommissar. Christian Raym. v. Emmerich, Hofr. u. Kastner in der Commende zu Nürnberg. Franz Ant. Scharpf, Hofr. u. Reg. Secr. Wilh. Mosthaf, Hofr. Advocaten: P. A. Breitenbach. Melch. Lotz. Franz Ant. Roder. Joh. Ben. Weitzel. Archivar.: Wenz. Polzer, Hofr. Oberregistrator: Conr. Kern. Registrator: Geo. Pfau, auch Bibliothek-Actuar. Registratur-Adjunct: Ulr. Kern.

Geistl. Rathscollegium: Estianreg. Rsgr. v. Erbach, s. ob. E. E. Fhr Reuttner v. Weyl, s. oben. G. Jos. v. Breuning, s. oben. Wirkl aufgehende geistl Räthe: Ernst Simon, Dr. der Theol. Pfarr. zu Kochenthürn. G. Pet. Höpfner, Dr. d Theol. auch Seminarii Direct. zu Mergentheim. J. Theod. Marck, Pfr. zu Mergentheim. Leonh. Röser, Dr. d. Theol. Pfr. zu Ellingen. Geistl. Räthe: Joach. Bernh. Siverdes, Stadtpfarrer zu Beverungen. Jos. G. Leers, Pastor zu Moelheim.

Hofkammer Statthalter: Est. Rsgr. v. Erbach, s. ob. Casp. E. Fhr Reuttner v. Weyl, s. ob. Adel Hof-Reg. und Kammer-Räthe: Leop. Cajet. Gr. Sauer v. Ankenstein, s. ob. E. Ph. E. Fhr v. Nordeck, s. ob. Canzler: Jac. Mar. Jos. v. Kleudgen, geh. R. Direct.: Franz L. Müssig, geh. R., s. ob. Wirkl. Hofkammerräthe: Ign. Pfenning, auch Rechnungsrevisor. Jos. Mart. Orth. Adam Dietz, auch Contributions-Obereinnehmer. J. Fr. Offenstein, auch des fränkischen Kreises Obermarschcommiss. zugl. Rechnungsrevisor. Ferd. Lindner, Rentmeister. Franz Jos. Naab, auch Rechnungsrevisor. Ant. Dilg. Joh. Mart. Wohlfahrt, auch Rechnungsrevisor. Jos. Gaviratti, Commendeverw. zu Kronweißenburg. Hofkammerräthe: Anton Breitenbach. Wolfg. Jul. Seiler, auch Rö-Oberpostamtssecret. zu Frankfurt. Franz Mich. Lindner, auch Amtm. zu Neckarsulm. Andr. Schröder, R. der Balley Sachsen. Geo. Ant. Rosalino, Amtm. der Commende Frankfurt. Franz Röser, Amtm. zu Heuchlingen. G. Jos. Meglinger, auch Rechnungsführer der sstl. Bibliothek. Referendar: Jos. Spang. Secretair: Jos. Beit. Registrator: Joh. Ad. Balling.

Oberämter der hoch und teutschmeisterischen Lande. a) Tauber-Oberamt zu Mergentheim: E. E. Fhr Reuttner von Weyl Oberamtm. Albr. Jos. Spang, Oberamtsrath. Stadtgericht zu

Zweites Kapitel. Der geistlichen Staaten.

Mergentheim: C. Adam Taglieber, R. und Stadtschultheiß. Jos. Holzwarth, öffentl. kaif. Notar. Stadtschreiber. Jos. Krazmann, Adjunct. Mich. Springer. Erasm. Baumgartinger und Franz Ghiringhelli, bürgerliche Beisitzer. Franz Ant. Gaviratti, Cassier. Sgn. Sutor, Oberschätzer. Matth. Erhard, Oberaufseher über Weg u. Feld. b) Neckar-Oberamt zu Horneck: C. Ph. E. Fhr v. Norbegg zu Rabenau, Oberamtm. s. ob. Wilh. Mosthaf, Hofr. s. oben. Franz Sigm. Kleudgen, Oberamtsr. c) Oberamt Ellingen: Franz H. Fhr v. Hettersdorf, Oberamtm. Commenth. zu Ganghofen und Frankfurt c. Räthe: J. A. Förster, s. oben. U. J. Prümmer, Oberamtsr. G. P. v. Stipplin, Oberamtsassessor. U. A. Hofstetter, Oberamtsassessor. Jos. Ign. Schrodt, Oberamtsassessor. d) Hrschaften Freudenthal, Eulenberg u. Bousow (in Schlesien und Mähren) Statthalter: Max. Ph. Conr. Fhr v. Riedheim, w. geh. R. Vicestatthalter: Franz Jos. W. Rsgr. v. Thürheim, k. k. Kämmer. u. Gen. Maj.

Trient.

Dieses Bisthum im österreich. Kreise hat auf etwa 70 Q. Ml. 3 Städte, 7 Flecken, 480 Dörfer und 150,000 Einwohner; steht zwar unter österr. Landeshoheit (besonders seit 1796) doch hat der F. Bsch. die weltl. und geistl. Gerichtsbarkeit. — Die Einkünfte sind unbekannt.

Domcapitel.

Domdechant: Sigism. Ant. Gr. von Manzi in Ebenheim. — Probst: Jos. Ant. Fhr von Pizzini v. Thyrberg. — Archidiacon: Joh. Franz Gr. v. Spaur zu Valör. — Senior: Bartholom. Gr. v. Bartolazzi zu Sartardorf u. Prunnenberg. — Scholaster: Franz Ant. Phil. Gr. v. Alberti di Enno. — Joh. Bened. Fhr von Gentilotti zu Engelsbrun. — Phil. Jos. Mich. Gr. v. Thun u. Hohenstein, auch Domhr zu Passau. — Sim. Alban. Zambaiti v. Vezzano, General-Vicar. — Vinc. Ferd. Fhr v. Taxis, Bordegna u. Valnegra. - Jos. Urban Fhr v. Buffa Hr. zu Castelalto. — Franz Gr. von Khuen Fhr v. Belasi. — Felix Cstoph Gr. v. Arz t u. Vasegg. — Bartholom. Gerv. Pius Simon Gr. v. Lodron. — Eman. Gr. v. Thun und Hohenstein, Weihbischof, auch Domhr zu Salzburg. — Ludw. Adam Fhr v. Pizzini v. Thyrberg. — Mart. Adam Gr. v. Trilaco. — Jos. Ant. Fhr Egerle v. Waldgrieß. —

Trier.

Von diesem Er-stift und geistl. Churfürstenth. liegt der größte Theil jenseits des Rheins, nemlich etwa 110 Q. Ml. mit 236,000 Einw., und ist gegenwärtig unter französ. Botmäßigkeit. Diesseits liegen noch etwa 16 Q. Ml mit 32,000 Einwohnern. Das Ganze würde mithin 126 Q Ml umfassen. Es hat 38 Aemter, 28 Städte, viele Klöster und adeliche Güter, 268,000 Einwohner. Die Einkünfte werden auf 600,000 Rthlr geschätzt.

a) Domcapitel.

Dom- und Capitularherren. Domprobst: Phil. Franz Wilperich Gr. v. Walderdorf zu Molsberg und Isenburg, F. Bisch. zu Speyer. — Domdechant: Joh. Phil. Franz Hyac. Gr. von Kessel-stadt, Hr zu Bekond, Rivenich u. Ternich, churtrier. w. geh. R., auch erbetener Ritter R. Cantons am Niederrhein. — Oberchorbischof: Cstian Franz Fhr v. Hacke, Oberchorbisch. Tit. S. Lubentii in Dietkir-chen, und Jubilarius, auch Domsänger und Capitular zu Speyer, chur-trier. geh. R. — Chorbischöffe: Franz Cstoph Carl Ph. Hugo Fhr von u. zu Frankenstein, Chorbisch. Tit. S. Castoris in Cardona, Domsän-ger auch Capitular zu Mainz. — Carl Wilh. Jos. Marq. von Hoens-broech, Chorbisch. Tit. S. Agathä in Longuiono, auch Capitular zu Hil-desheim. — Jos. Adolph Alfons Marq. u. Gr. v. u. zu Hoensbroech, Chorbisch. Tit. S. Petri. — Lothar Franz Fhr v. Fechenbach, Chor-bisch. Tit. S. Mauritii in Tholeya, auch Capitular zu Bamberg. — Ca-pitularen: Dam. Friedr. Gr. v. und zu der Leyen u. Hohengeroldseck, Jubilarius, auch Domprobst zu Mainz u. Capitular zu Cöln, des malthes. O. Ehren-R. — Franz Erwein Gr. v. u. zu der Leyen u. Hohengerolds-eck, Domcustos, auch Capitular zu Bamberg u. Würzburg, des mal-thes. O. Ehren-R. — Friedr. Franz Fhr v. Harf zu Dreyborn, Dom-scholaster, auch Capitular zu Mainz. — Joh. Friedr. Hugo, Kämme-rer v. Worms, Fhr v. u. zu Dalberg, Sacellanus Domini, auch Ca-pitular zu Worms u. churtrier. geh. R. — Emmerich Jos. Fhr v. Beiss-sel zu Gymnich, auch Capitular zu Mainz. — Aug. Ph. Jos. Fhr von Hacke, auch Capitular zu Osnabrück u. Domicellar zu Speyer, churtrier. w. geh. R. u. Oberamtm zu Welschbillig, Probst des Collegiatst. St. Ge-orgs zu Limburg. — Jos. Cstian Joh. Fhr v. Hompesch. — Emmerich Jos. Fhr v. Warsberg. — Ph. Ant. Mich. Fhr v. Venningen.

Domicellaren: Joh. Phil. Nep. Fhr von Heddesdorf. — Carl Theod. Fhr v. Warsberg. — Jos. Clem. Fhr v. der Vorst zu Lombeck-Goudenau. — Clemens Wenz. Gr. u. Edler Hr v. u. zu Eltz. — Clem. Wenz. Gr. v. Kesselstadt. — Max. Franz Fhr Beyssel v. Gymnich. — Emmerich Jos. Fhr v. Fechenbach zu Sommerau. — Fr. Aug. W. Leop. Fhr Schütz v. Holzhausen. — Franz Lothar Fhr Horneck v. Weinheim. — Wilh. Ernst Fhr v. Wambold. — Franz Carl Fhr von Heddesdorf. — Friedr. Carl Fhr v. Ritter zu Grünstein — Wilh. Ph. Jos. Fhr v. Waldenfels. — Franz Loth. Fhr v. Breidbach zu Bürresheim. — Otto Ph. Fhr v. Greiffenclau zu Vollraths. — Fr. Carl Gr. v. Schönborn. — Friedr. Carl Jos. Gr. von Stadion. — Lothar Franz Gr. u. Edler Hr v. u. zu Eltz. — Jos. Ign. Fhr v. Berol-dingen. — Lothar Franz Fhr v. Harf zu Dreyborn. — Jos. Clem. Gr. v. Westphalen. — Friedr. Carl Gr. v. Kesselstadt.

b) Hofstaat und Dicasterien.

Geistlicher Staat. Suffraganei des hohen Erzstifts: Joh. Maria v. Herbain, Bisch. v. Ascalon, churtrier. geh Staats-r. Mich. Jos. v. Pidoll, Bisch. zu Dioklezopel, Weihbischof zu Trier, chur-fstl. w. geh. R. u. Referend. in geistl. Geschäften, Dechant des Stifts zu St. Paulin bey Trier, u. Capit. des Ritterst. zu Springirsbach.

Zweites Kapitel. Der geistlichen Staaten.

Generalvicariat. Vicarius in Spiritual.: vacat. Provicarius generalis: M. J. von Pidoll, s. vorher! Official: Pet Jos. v. Hontheim, churtrier. geh. R., Dechant des Collegiatstifts zu St. Maximin.

Erzbischöfl. geh. u. geistl. Räthe, auch Assessoren: Nic. Nell, b. R. Dr., Canon. zu St. Paulin. J. G. Reitz, Baccalaur. der Theol. Stadtpfarrer zu Berncastel. G. Ph. Cstoph Leurner, b. R. Dr., Prof. jur. canon., des Collegiatst. zu St. Simeon Secretär und Bibliothekar. Dam. Hart. Faber, Custos u. Canon. Capit. zu St. Simeon, auch Generalreceptor der Geistlichkeit im obern Erzstift. Cstian Kohl, b. R. Dr., Can. Capit. zu St. Simeon Franz A. Haubs, Dr. d. Theol., Fiscal, auch Syndicus der Geistlichkeit im obern Erzstift. Pet. Conrad, Dr. d. Theol., Profess. regens des clementin. Seminariums zu Trier, u. Can. Cap. zu St. Simeon. Pet. Jos. Weber, Dr. d. Theol. u. Prof., auch Canon. Cap. des Collegiatst. zu Pfalzel. Joh. Jac. Simeon, Can. Cap. des Collegiatst. U. L. F. in Kylburg, auch Prof. der litterar. Classe. Secretär: Cstian Kohl.

Consistorium zu Trier. Präsident: vacat. **Officialis:** F. J. v. Hontheim, s. oben. **Assessores:** Nic. Nell, s. oben. G. P. Chr. Leurner, s. ob. J. Jos. Simon, s. ob. **Secretär:** C. Casp. Eschermann, Can. Cap. zu St. Simeon.

Geistl. Justizsenat zu Trier. Director: M. J. v. Pidoll, s. ob. **Beysitzer:** D. H. Faber, s. ob. F. A. Haubs, s. ob. Pet. Conrad, s. ob. P. J. Weber, s. ob. **Secretär:** Cstian Kohl, s. ob.

Synodal-Examinatoren: Sämmtl. Glieder des Erzbischöfl. Vicariats. Ferner: C. Maybaum, Dr. d. Theol. auch geistl. R. Wilh. Schorr, Dr. d. Theol. u. Prof. d. Dogmatik. P. Jos. Rosen, Domprediger. Ant. Becker, Pfr. zu U. L. Fr. L. G. Pestinari, Pfr. zu St. Gangolph. Ant. Cordel, Pfr. zu St. Antonius. Eug. Flach, Dr. d. Theol.

Erzbischöfl. Officialats-Commissariat zu Coblenz. Commissar officialis: Jos. L. Beck, Dr. d. Theol., w. geh. R., Präses der zu milden Stiftungen verordneten Commission, Probst zu St. Martin, Pfr. zu Kempenich u. Can. Cap. zu St. Paulin. **Geistl. Räthe u. Assessores:** J. Jac. Edl. v. Coll, Rs. Ritt. b. R. Dr., des Collegiatst. zu St. Florin in Coblenz Dechant. Pet. Kopp, des Collegiatst zu St. Castor in Coblenz Canon. Cap., auch Präs. des Priester-Seminar. daselbst. J. Jac. Bausch, b. R. Lic. Dechant des Collegiatst. zu St. Martin in Münster-Meyenfeld. Matth. Joseph Driesch, Dechant zu St. Castor. Franz Kleudchen, Dr. d. Theol. Landdechant des Capitels Cunostein-Engers, und Pfr. im Thal Ehrenbreitstein. L. Jos Hommer, Fiscal u. Canon. Cap. zu St. Castor, auch Syndic. u. Secretär der Geistlichkeit im niedern Erzstift. Jac. Conrad, zu St. Martin in Münster-Meyenfeld Canon. Joh. Matthie, Canon. Cap. zu St. Castor in Carden. C. Jos. v. Lassaulx, Canon. Cap. zu Carden. **Secretär:** M. J. Driesch, s. ob.

Weltl. Staat des hohen Erzstifts.

Churfstl. Cabinet. Staats- und Cabinetsminister: Ferd. Thr

v. Duminique, k. k. w. geh. R. u. churfftl. Obriftftallmeifter, des weiff. Abl. O. R., des malthef. O. Ehrenritter, auch fftl. augsburg. Oberpfleger zu Sonthofen u. Tettenberg. Geh. Staatsrath: Joh. Mar. v. Herbrain, Bifch. zu Ascalon, f. ob. Geiftl Departement: Mich. Jof. v. Pidoll, Weihbifchof u. w. geh. R. f. ob. Concipift: Franz Fr. Carove, w. geiftl. R. Landfchaftl. Departement: Joh. Eftian Hermeneg. Efchermann, Regierungscanzler, auch Revifions u. Hofkriegsraths Director, u. w. geh. R. Regierungsdepartement: Joh. Pet. Weckbecker, w. geh. R. Kammerdepartement: Pet. Kalt, w. geh. R. Geh. Secretär im inländifchen Departement: J. H. Liel, Hofr. Im ausländifchen: Heinr. Jof. Seidenberger. Geheime Canzley: Andr. Seitz, Regiftrator. Geh Canzelliften: J. Jacob Fleck. J. Jac. Lanius. Franz Casp. Anschütz. Anfelm Zeitzem. Franz Roesgen. Joh. Jac. Nösgen.

Landhofmeifter: vacat. Obriftkämmerer: vacat. Oberhofmarfchall: L. Jof. W. Gr. Boos von Waldeck, Montfort und Waffenbach, Burghr zu Sayn, kaif. und churtrier. w. geh. R. Oberamtm. zu Zell und Baldeneck, des churpfälz. Löw. Ord. R., Oberamtm. zu Simmern, auch Rath der freyen Reichs Ritterfch. am Niederrhein. Viceobermarfchall: Wenz. Gr. von u. zu Leiningen-Heidesheim, churtrier. und fftl. augfpurg. geh. R. und Pfleger des Amtes Bugloe, Amtm. zu Montabaur, des kaif. St. Jof. O. R. des schwäb. Kreis Regim. Obriftwachtmeifter. Reifemarfchall: Jof. H. Fhr v. Thünefeld, churfrier. Kämmer. Rittmeifter der Leibgarde zu Pferd u. Amtm. zu Wittlich, auch Chef der churfftl. Hofökonomie. Obriftftallmeifter: Ferd. Fhr von Duminique, f. oben. Oberbereuter: Joh. Hugo Schleichert von Wiefenthal. Oberjägermeifter: Fr. W. Fhr v. Trott, churfftl. geh. R. Leibmedicus: Felix Reifinger, auch Hofr. u. Leibchirurg.

Adel. Geh. Räthe: Franz Hugo Edm. Fhr Beyffel v Gymnich zu Schmidheim, churfftl. Kämmerer, Oberamtm. zu Prüm, Schöneken u. Schönberg, reichs ritterfchaftl. R. des Cantons am Niederrhein. J. M. Rud. Gr. Waldbott zu Baffenheim, Erbritt. Burggraf zu Friedberg ic. ic. Franz Adolph Fhr von u. zu Buttler, fftl. fuld. geh. R. u. Obriftftallmeifter. Alex. Sigism. Ph. Fr. Fhr v. Redwitz, fftl. würzburg. geh. und Hofkriegsr. Obr. der Leibgarde, des fränk. Kreifes Geu. FML. u. des St. Mich. O. Großkr. u. Commenth. Hugo Ph. C. Gr. u. Edl. Hr zu Eltz, gen. Fäuft von Stromberg, kaif. u. churmainz. w. geh. R. Oberftallmeifter ic. ic. J. Franz Fhr v. Linker u. Lützenwik, Herr zu Romsberg, Denuftädt, k. k. w. geh. R., churtrier. Reichstagsgefandter u. Kämmerer. Franz Fhr v. Crailsheim, Hr zu Rugland, Raffenberg ic. des Ritter Cant. Altmühl Ritterhptm. J. Mar. Fhr Brinz v. Treuenfeld, Kämmer., Malth. O Ehrenr. Casp. J. Ant. Bernklau, Fhr v. Schönreuth, Hr auf Lommersdorf, Altendorf ic. fftl. regenspurg. geh. R. u. Obermarfchall, des St. Mich. Ord. Großkr. Damian Hugo Fhr von Schmidtburg, des trier. Erzftiftes Erbfchenk, des kaif. St. Jof. O. R. churmainz. w. geh. R. u. Oberamtm. zu Orb u. Lohr, Ritterhptm. der Rö- Ritterfch. am Oberrhein. Fr. W. Fhr v. Trott, churfftl. Oberjägermeifter

Zweites Kapitel. Der geistlichen Staaten.

ster u. Kämmer. Franz Fhr von Kerpen, churfstl. Kämmer. und Chur-Kreisgesandter, auch Ritterhauptm. der Rsritterschaft am Niederrhein. Franz Rob. Gr. v. Eichhold, k. k. w. geh. R. churfstl. Kamm. u. Obrist-hofmeister der Fürstin v. Essen u. Thorn. J. Bapt. Ferd. Fhr v. Ulm zu Langenheim, churfstl. Kämmer. churpfalzb. u. fstl. regenspurg. geh. R. des St. Mich. O. R. Ph. Aloys Gr. v. Adelmann, fstl. ellwang. geh. R. u. Hofmarsch. auch churfstl. Kämm. Clem. C. Aug. Fhr v. Freibergs Ravenau, Hr v. Eisenberg u. Hohenfreiberg, des kais. St. Jos. Ord. R. C. Theod. Fhr v. Redwitz, Capitular zu Paderborn.

Landesregierung Canzler: J. Cstian Hermeneg. Eschermann, geh. R. Lehenprobst, auch Revisions- und Hofkriegsrathsdirector. Adel. geh. Hof-, Regier. auch Lehenhofs-Räthe: Eug. Jos. Fhr v. und zu Westerhold, Kämmer. und Amtmann zu Boppard rc. Franz Nep. Fhr Erbschenk v. Schmidtburg, Amtm. zu Bernkastell rc. Kammer. u. des kais. St. Jos. O. R. Gel. geh. Hof-, Reg. u. Lehnhofsräthe: J. Joach. G. Fhr von Münch zu Bellinghausen, w. geh. R. auch Hofgerichtsdirector. C. Casp. Hub. Cohausen, w. geh. R. auch Direct. des churfstl. Justizsenats. C. Casp. von Pidoll, w. geh. auch Revisionsr. J. Pet. Wekbecker, w. geh. R. J. L. Schäfer, Hof- u. Reg. R. auch Reg. u. Lehnhofssecret. Gottfr. v. Wallmenich, Hof- u. Reg. R. auch Archivar. C. L. Franz Rademacher, Hof- u. Reg. R. auch Archivar. J. Adam von Lassaulx. Secretarii: Joh. Lud. Schaffer. Joh. Jac. Rsritter u. Edler v. Coll, chfstl. R. Archivarii: Gottfr. v. Wallmenich, f. ob. C. F. L. Rademacher, f. ob. Dam. Cardon, Hoft. Registrat.: J. Adam Wirz. Canzleyexpeditor: Paul Ant. Sosy.

Justizsenat im Niedererzstift. Director: C. Casp Hub. Cohausen. Räthe: C. F. L. Rademacher, f. ob. J. A. Lassaulx. Secretair: P. A. Sosy.

Hofrath zu Trier. Statthalter: vacat. Geh. und Hofräthe: J. W. Reuland, geh. R. auch Stadtschultheiß. Joh. Hellbronn, w. geh. R. u. offentl. Lehrer der Landrechte. Jac. v. Hontheim. Pet. Jos. von Anethan. Ad. Theod. Finger. H. Sonntag, auch Domcap. Syndic. Franz Rich. Mor. Jos. Gattermann, auch Amtm. zu St. Wendel. Ant. Franz Willems, b. R. Dr. u. Profess. der Institut. Secretär: Ad. Theod. Finger, f. ob.

Justizsenat im Obererzstift. Director: J. J. W. Reuland, f. oben. Räthe: G. H. Aldringer, b. R. Dr. Profess. Pandect. und Cod. A. Franz Willems, b. R. Dr. f. ob. J. Mich. Hezrod, Hofgerichts-Schöff, auch Hofr. J. Jac. Linius, Stadtrath und Amtsverwalter zu Kulburg. Secretär: Pet. Brönner.

Hofkriegsrath. Director: Joh. Ch. H. Eschermann, f. oben. Räthe: J. Jos. Fhr v. Wenz, zu Ahnstein, Kämmer. Gouvernementsverweser u. Gen. Maj. Nicol. Simon, auch Hof- u. Hofkammer-R. Secretair: Max. Nell.

Leibgarde. Obrist: H. C. Fhr v. Breiten-Landenberg. Rittmeister: J. H. Fhr v. Thünefeld.

Regimentsstab. Gen. Major u. Gouv. der Vestungen Ehren-

H. B. 2r Th. 1798.   P

breitſtein u. Coblenz: Joh. Joſ. Fhr v. Wenz, Obriſt u Regim.
Commandant; Joh. Ph. v. Faber. Obriſtl. F. N. Knipp, Com=
mand. zu Trier. J. W. Fhr v. Kolb zu Waſſenach. Joh. Joſ. v. Trape,
Edler v. Ehrenſchild. Wolfg. Fhr v. Kolb zu Waſſenach, Emerit. C. te
Beſche, Emerit. Major: Pet. Hermanni, Platzmajor zu Coblen;
Herm. Fabre, Regim. Maj. Regiments=Adjutant: N. Colno

Reviſions=Rath. Director: J. C. H. Eſchermann, ſ. oie
Räthe: C. Caſp. v. Pidol, b. R. Dr. Wilh. Schaaf. J. Ph. Liel
auch Hofr. Bened. Joſ. Kopp. Secretär: Pet. Günther, auch
Hofgerichtsaſſeſſ.

Hofgericht. Director: Joh. Joach. G. Fhr v. Münch v. Bellings=
hauſen, w. geh. R. Räthe u. Aſſeſſoren: Pet. Dötſch. Herm. Joſ.
Welter, b. R. Dr. Fr. Sabel. Dam. Hartard v. Meeß zu Leuters=
dorf. Clem. Mähler. Conr. Kochems, b. R. Dr. Acceſſiſt: Dam.
Linz, Amtsverwalter zu Montabauer. Secretär: Joſ. von Stram=
berger, Hofgerichtsaſſeſſ.

Hofkammer=Director: Cſtian Joſ. Linz, w. geh. R. Vicedirec=
tor: Aloys Pet. Lippe, w. geh. R. Räthe: Aloys Mainone. Aloys
de Gavarelle. Phil. E. Oſtermann. J. Ph. Al. Carov. Fr. G.
Remmert. Nicl. Simon. C. Joſ. Burret. Pet. Franz Elz. Marx
Aloys Pottgieſer. P. Krahe. Aloys Dinget. Acceſſiſt: Nic.
Ign. Winkelmann. Secretairs: Franz G. Remmelt. Marc.
Aloys Pottgieſer. Syndici: Herm. Joſ. Schunk, Hofr. Nicl.
Simon. Aloys Dinget. Landrentmeiſter: Ph. E. Oſtermann.

Erbämter. Marſchall: Hugo Phil. C. Gr. u. Hr zu Eltz, genannt
Fauſt v. Stromberg, kaiſerl. u. churmainz. geh. R. ꝛc. ꝛc. Kämmerer:
Carl Franz Gr. v. Keſſelſtadt, churmainz. Kämmer. und Oberjägers
meiſter. Truchſeß: F. Gr von u. zu der Leyen und Hohengeroldsegg.
Schenk: L. Wolfg. Joſ Fhr v. Schmidtburg, geh. R.

Geſandte und Agenten.

Am Churkreiſe zu Frankfurt a. M. Franz Fhr v. Kerpen, churtrier.
geh. R., Kämm. Amtm. zu Cochem, Ulmen u. Dhaun, des niederrhein.
Rs. Ritter=Cant. Hptm. Am oberrhein. Kreiſe: Phil C. Schmauß
v. Livonegg, churtrier. geh. R. Frankfurt: Franz Brentano, chur=
trier. R. u. Reſident. Regenſpurg: J. Franz Fhr v. Linker u. Lützen=
wick, ſ. ob. Franz Nicl. Steffens, b. R. Lic. auch churtrier. und ſſtl.
thurn=u. taxiſcher Legationsr. Wetzlar: J. W. Mainone, b. R. Dr.
churtrier. Agent, Joh. Gotth. Hert, b. R. Dr. 2r Agent. Wien: Cſtian
W. Edler v. Clerf, Hofr. u. Agent. Franz Xav. Matt, Hofr. und R
hofrathsagent.

Worms.

Bisthum im oberrhein. Kreiſe, etwa 6 Q. Ml. groß, mit 13,000 Einw. und
18,000 fl. Eink. für den F. Biſchof. Es liegt an beiden Seiten des Rheins;
der jenſeitige Theil, (gegenwärtig unter franzöſ. Botmäßigkeit) mag etwa
4 Q. Ml. und 10,000 Einw. enthalten.

a) Domcapitel.

Capitularen (13). Domprobst: Joh. Phil. Franz Ant. Fhr v. u. Frankenstein, des Colleg. Stifts U. L. F. zu Worms perpet. Probst Patron, der Universit. zu Heidelberg Cancell. perpet. auch des Domst. Speyer u. des adel. Ritterst. zu St. Alban bei Mainz Capit. und Cus. — **Dechant:** Franz Ant. Fhr v. Zu Rhein, geh. R. Statth. und g. Präsid., Vicar. generalis, des Ritterst. zu St. Alban bei Mainz Cas. — **Custos:** Alex. Franz Fhr von Wessenberg zu Ampringen, ompr. zu Speyer, u. des Ritterstifts Odenheim Dechant, fstl. worms. speyer. geh. R. — **Scholaster:** Hugo Franz Gr. v. Hatzfeld=Wilburg, churmainz. geh. R. und Minister am preuß. Hofe, auch fstl. rmf. Hofkammerpräsident — **Cantor:** Amand. Friedr. Conr. re. Fhr Hanxleden, des Cathedralst. zu Passau Domicell. — **Capitularen:** toph Phil. Wilh. Fhr v. Hohenfeld, des Domstifts zu Speyer, auch s Ritterstifts zu Wimpfen im Thal Dechant. — Franz Cstoph Fhr v. ambold, des Domst. Mainz und des Ritterst. St. Alban bei Mainz pitular. — Joh. Friedr. Hugo Kämmerer v. Worms, Fhr v. Dalrg, Capitular zu Trier u. Speyer. Phil. Carl Fhr v. Hoheneck, des zstifts zu Mainz Sänger und der Ritterst. St. Ferutii und Alean bei ainz Capit. und Scholaster, churfürstl. mainz. geh. R. — Hugo Franz r Alex. Fhr v. Kerpen, des Domstifts zu Mainz Capit. fstl. worms. ofgerichtspräsid. — Franz Fel. Fhr Blarer v. Wartensee. — Ferd. ar. Fhr v. Zobel zu Giebelstadt.

Domicellares (9): Ferd. Ant. M. Fhr v. Galen zu Dinklagen. — rl Theod. Fhr v. Warsberg. — Friedr. Carl Jos. Gr. v. Staon. — Joh. Nep. Fhr v. Roll zu Bernau. — Franz Gr. v. Coudenven. — Const. Phil. Ant. Fhr v. Ritter zu Grünstein. — Carl Franz eazar Fhr v. Wangen. — Franz Jos. Gotth. Fhr v. Andlau. — il. Ant. Fhr v. Greiffenclau. — Clem. Wenzl Gr. v. Kesselstadt, ch Domic. zu Trier.

Syndicus: Joh. Nic. Wolf, fürstl. worms. Hofr. **Secretair:** th. Franz Dittmann.

b) Dicasterien.

Geistl. Staat. Gen. Vicar. in Spirit.: Franz Ant. Fhr v. Zu hein, fstl. worms. geh. R, Domdechant Statth. und Reg. Präs. zu orms. **Geistl. Räthe:** J. F. A. Oberbaur, Protonotar. apostol. Midnacht. Ph. Plattberg. J. L. Becker. Ph. Platz. Assor: J. Franz Jos.

Regierung. Präsident u. geistl. Statthalter: Franz Ant. Fhr Zu Rhein, Domdech. s. ob. **Weltl. Statthalter:** Fr. Franz C. mmer. zu Worms, Fhr v. u. zu Dalberg, churmainz. geh. R. und eramtm. zu Miltenberg. **Canzler:** J. Franz Fhr v. Rieffel, b. R. fstl. worms. geh. R. u. Lehenprobst. **Hof u. Reg. Räthe:** Phil. of. Fhr v. Hertling, Hof u. Reg. R. auch Directorial=Ges. des obers in. Kreises. J. Valent. Köbel, Hof und Reg. R. Matth. Garr

weiler, auch Archivar. Cstoph Leop. Kaisenberg. Reg. Secret.:
Joh. Adam Scholl, Hofgerichtsr. H. Hersemeyer. Registrator:
Phil. Franz Wigand.

Hofgericht. Präsident: Hugo Franz C. Alex. Fhr v. Kerpen, des
Domst. zu Mainz Capit. und Obristfabrikmeister. Director: Fhr v.
Rieffel, s. ob. Räthe: sämtl. Hof- u. Reg. Räthe. Casp. Ant. Böd-
iker. Secret.: H. Hersemeyer, s. oben. Bernh. Demasson.

Hofkammer. Präsid. Hugo Franz Gr. v. Hatzfeld-Wildenburg,
Capit. des hies. Domstifts und zu Paderborn. Director: J. Bernh.
Reisenbach. Räthe: C. Phil. Heeger. J. Mich. Hofmann,
auch Kammersynd. und Fiscal. Phil. Hellwig. Andr. Heberling.
Secretarius: Franz Phil. Diel. Kammerzahlmeister: M. A.
Hahn, s. oben. Revisor: Wiedemann, auch Registrator.

Würzburg.

Bisth. im fränk. Kreise; hat auf 95 Q. Ml. 33 Städte, 250,000 Einw. —
Die Land-seinkünfte werden zu 1,500,000 Thlr geschätzt, wovon der F.
Bisch. etwa 6000,000 Thlr. ziehen mag.

a) Domcapitel.

besteht aus 24 Capitularen u. 30 Domicellaren, die insgesammt aus alten,
stiftsfähigen, gräfl. oder freiherrl. Familien seyn müssen.

Domprobst: Carl Theod. Ant. Maria Kämmerer v. Worms Fhr
v. Dahlberg, Coadjutor zu Mainz, Worms u. Constanz. — Dechant:
Loth. Anselm Fhr v. Gebsattel, auch Capitular und Cantor des Ritterst.
Comburg, fstl. würzbg. geh. R. u. Statthalter zu Würzburg. — Capitularen: Joh. Jos. Heinr. Ernst Fhr v. Würzburg, Cellarius und
Jubiläus, auch Capit. zu Bamberg, der Julius-Universität Receptorat-
amts-Präsident, fstl. bamb. u. würzbg. geh. R., auch geistl. Regierungs-
Präsident, Vicar. generalis in Spiritualibus, u. Oberpfarrer zu U. L. F.
in Bamberg. Friedr. Carl Ernst Fhr v. Guttenberg, Jubiläus, Ober-
pfarrer zu Sänheim u. Gresthal, fstl. würzburg geh. R. und Julius-Spi-
tals Präs. — Joh. Phil. Gr. v. Stadion u. Thannhausen, auch Capit.
zu Mainz u. Bamberg, Probst des Cbllegiatst. St. Gangolph in Bamberg,
Oberpfarrer zu Herbolsheim, fstl. bamberg. u. würzbg. geh. R. — Christ.
Franz Amand Fhr von Buseck, F. Bisch. zu Bamberg. — Joh. Franz
Schenk Fhr v. Stauffenberg, Dom-Custos, auch Capit. zu Augsburg, fstl. würzburg geh. R. u. General-Vicar, dann geistl. Regierungs-
Präsident. — Joh. Gottfr. Lothar Franz Fhr v. Greifenclau zu Voll-
raths; Jubiläus, des abl. Ritterst. zu Comburg Dechant, auch des Colle-
giatst. zu Hauch und Neuenmünster in Würzburg Probst. — Heinr. Carl
Wilh. Graf v. Rothenhann, Jubiläus, Oberpfarrer zu Hasfurt und
Heilbronn, geh. R. auch Hof- Kriegs- und Hofkammerraths-Präsident,
dann Probst zu St. Burkhard in Würzburg u. Oberprobst zu Wechters-
winkel. — Franz Erwein Carl Gr. v. der Leyen u. Hohengeroldsegg, zu
Trier u. Bamberg Capit. auch resp. Scholaster, fstl. würzbg. geh. R., des
Malth. O. R. — Ant. Phil. Friedr. Fhr Groß v. u. zu Trockau, zu Eichstädt Domdechant, Präs. des Vicariats u. Consist. zu Würzburg auch fstl.
würzburg. u. eichstädt. geh. R. — Wilder. Friedr. Reichsgraf v. Walder-

Zweites Kapitel. Der geistlichen Staaten.

dorf, zu Bamberg und Eichstädt Capitular, auch fstl. bamberg. Hofkammer-Präsid. — Franz Carl Ludw. M. Fhr von Kerpen, Capitular zu Speyer, fstl. würzburg. geh. R. und Landrichter des kaiſ. Landgerichts, Herzogthums zu Franken. — Joſ. Franz Heſſo Fhr v. Reinach, Capit. zu Constanz, fstl. würzburg. geh. R. — Joh. Phil. Nep. Gr. von Eltz, genant Fauſt v. Stromberg, Capit. zu Mainz, Probſt des kaiſ. Stifts zu Nordhauſen, churmainz. geh. R. und Präſenz-Kammer-Präſident. — Adam Joſ. Mar. Valentin Donat. Fhr Heulein v. Euſſenheim, Cantor u. Oberzollherr, fstl. würzburg. geh. R. u. Präſident des Polizeygerichts des obern Raths. — Franz Ant. v. Reinach, Capit. zu Baſel, auch Probſt zu Iſtein. — Adam Friedr. Gottfr. Lothar Joſ. Mar. Fhr Groß v. u. zu Trockau, auch Capit. u. weltl. Regierungs-Präſid. zu Bamberg. — Fr. Lothar Franz Gr. v. Stadion u. Thannhauſen, auch Capitul. zu Mainz, fstl. würzburg. geh. R. — Otto Philipp Erhard Fhr Groß v. u. zu Trockau, Capit. zu Bamberg, fstl. würzburg. geh. R. u. weltl. Regier. Präſident, auch würzburg. und bamberg. Comitial-Geſandt. zu Regensburg. — Heinr. Phil. Fhr v. Münſter. — Emmer. Carl Heinr. Fhr Schütz v. Holzhauſen, auch Capit. zu Odenheim, u. Domic. zu Mainz. — Edm. Gr. v. Keſſelſtadt, auch Capit. zu Eichſtädt. — Carl Alex. Fhr v. Hornſtein, auch Capit. zu Augsburg.

Domicellaren (30): Friedr. Carl Dietr. Fhr. von Guttenberg, auch Domic. zu Mainz u. Eichſtädt. — Bened. Ant. Friedr. Fhr v. Aydlau, auch gefürſt. Abt zu Murbach u. Lüders. — Emmer. Fhr von u. zu Frankenſtein, Cap. zu Mainz, Bamberg, u. zu St. Alban bey Mainz. — Friedr. Carl Joſ. Fhr v. Fechenbach zu Sommerau. — Lothar Franz Ign. Fhr v. Fechenbach, Capit. zu Trier. u. Bamberg auch Chorbiſch. zu Trier. — Friedr. Phil. Ant. Franz Fhr v. u. zu Guttenberg, auch Domic. zu Bamberg. — Friedr. Carl Phil. Lothar. Fhr Zobel v. Giebelſtadt, auch Capit. zu Bamberg. — Carl Ludw. Friedr. Ferd. Joh. Nep. Franz de Paula Fhr v. Wambold in Umſtadt, auch Domic. zu Combg. — Max. Friedr. Fhr Beiſſel von Gymnich, auch Capit. zu Elwangen u. Domic. zu Trier. — Heinr. Franz Carl Bernh. Fhr v. Guttenberg, auch Domic. zu Eichſtädt. — Emmerich Otto Joſ. Joh. Phil. Heinr. Valent. Fhr v. Hettersdorf. — Aloys Joh. Damian Phil. Ant. Fhr v. Greifenclau zu Vollraths. — Wilh. Phil. Joſ. Fhr v. Waldenfels, auch Domic. zu Trier. — Phil. Carl Fhr Schenk v. Staufenberg, auch Domhr zu Augsburg. — Aloys Phil. Fhr von Greifenclau zu Vollraths. — Constantin Phil. Ant. Fhr Ritter von Grünſtein. — Clem. Wenzel Fhr Schenk von Staufenberg. — Joh. Gottfr. Fhr v. u.

230 Zweiter Abschnitt. Staatsb. des deutschen Reichs.

Redwitz. — Franz Damian Rsgr. v. Sickingen. — Const. Ant. Jos. Fhr v. Pöllnitz.

Syndici: Joh. Bernh. Wilh. Werner, auch Consulent. Joseph Thom. Schubert.

b) **Hofstaat und Dicasterien.**

Oberhofmarschall: Franz W. Fhr v. Guttenberg, churmainz. u. fstl. bamberg. u. würzburg. geh. R., auch k. k. w. R. und der Rs=Ritterseh. Orts Gebürg Ritter=R., zugl. Oberamtm. zu Werneck und Dettelbach. Hofmarschall: vacat. Oberjägermeister: Const. Fhr v. Pöllnitz, churcölln. u. fstl. würzburg. geh. R. u. Oberamtm. zu Grünsfeld, des Cantons Steigerwald Ritter=R. Vice=Oberjägermeister: Phil. Ant. Fhr v. Pöllnitz, fstl. würzbg. Hofr. und Oberamtm. zu Schlüsselfeld und Prölsdorf, auch churmainz. Kammerhr. Oberforstmeister: Jos. H. v. Elesheim. Franz Estoph v. Zobel. Oberstallmeister: Phil. C. Ant. Fhr v. Greifenclau zu Volraths, des kais. St. Jos. O. R. churmainz. u. fstl. würzburg. geh. R. und Oberamtm. zu Aura Teimberg, auch kais. w. R. und des Cantons Baunach Ritt. R. Leibgarde=Obrist: Jos. Wilh. Fhr v. Bubenhofen, Kämmer. und Hofkriegs= R., Gen. Maj. u. Inhab. eines Drag. Regim.

Beichtvater: P. Bonav. Rüger, Conventual des franciscan. Ord. Leibmedici: Dr. Carl Casp. Siebold, Hofr. und Prof. Adalb. Fr. Markus, Hofr. J. Casp. Gutberlet, Hofr. Hofmedicus: Ant. Müller.

Geistl. Regierung. Präsident: J. Franz Fhr Schenk v. Staufenberg, geh. R. Domcapitular, f. ob.

Consistorium. Präsidenten: J. F. Fhr Schenk, v. Staufenberg, f. ob. Anf. Phil. Fr. Fhr Groß v. u. zu Trockau, geh. R. und Domcapitular, f. oben.

Weltl. Staat. Geheime Canzley. Geh. Referendar: Joh. Mich. Seufert, b. R. Dr. fstl. würzburg. geh. R. Cabinetssecretär: Casim. Jos. Gusbacher, Hofr. Geh. Registratoren: Joh. Jos. Düring. Otto Phil. Müller.

Hofkammer. Präsident: H. C. W. Gr. v. Rotenhan, Cap. zu Würzburg, geh. R. und Hofkriegsraths=Präsid. Directoren: Mich. Ant. Hartmann, geh. R. b. R. Lic. Joh. Phil. Franz Goldmayr, geh. R. Consulent: Pet. Jos. Behringer, b. R. Lic. geh. R. Räthe: J. Ph. Geigel. Pancrat. Pfriem, Landgerichts=R. Estoph Fr. Seelmann, Hofkriegsrath und Oberkriegscommissar. Fr. G. Ad. Meyern, auch fstl. thurn= u. taxischer Hofr. Andr. Füglein, Landvfit. Forstmeister u. Oberjäger. Franz Sebast. Stoll. Herm. Jos. Mertloch, auch Accisamtm. G. Jos. Ulsamer. Ign. Jos. Langen, b. R. Lic. Hofr. auch Zollamtmann. Ferd. Aug. Scheidler, auch churcölln. Hofkammer=R. G. Seb. Schäfer, auch Hofkriegsr. u. Ober=Marsch=Commissar. beym löbl. fränk. Kreis. Heinr. Aloys. Geigel, auch Hofbau=Amtm. Franz Ign. Ph. Herz, b. R. Lic., Lehrer der Cameral= und Pollzeywissensch. Franz Papius, auch Hofkriegsr. Balth. Schmitt.

Zweites Kapitel. Der geistlichen Staaten.

Jos. Kuß. Jac. Jos. Heinr. Seidner, auch Hoftammerzahlmeister. Bernard Weingärtner. Secret. Jos. Theen, b. R. Lic. Pet. Jos. Adelmann. Jos. Bapt. Wucherer.

Kaiserl. Landgericht Herzogtums Franken. Landrichter: Franz C. L. Fhr v. Kerpen, geh. R. und Capitular, s. ob. Adel. Beysitzer: C. H. Jos. Zobel v. Giebelstadt, geh. R. u. Oberamtm. zu Geroldshofen. Phil. Ant. Fhr v. Redwitz, geh. R. Oberamtm. zu Röttingen. Fr. Ferd. FhrLochner v. Hüttenbach, Hofr. und Oberamtm. zu Rottenfels. Hartm. Phil. Fhr v. Mauchenheim, gen. v. Bechtolsheim, Hofr. und Oberamtm. zu Kitzingen. Ad. Fr. Fhr v. Reichersberg, Hofr. u. Oberamtm. zu Hardheim, Ripperg u. Freudenberg. Fr. Fhr v. Bettendorf, Hofr. u. Ob. Amtm. zu Lauda. Franz C. H. Jos. Fhr v. Greiffenclau.

Kriegsrath. Präsident: H. C. W. Gr. v. Rotenhan, s. oben. **Hoftriegsräthe:** J. C. W. Fhr v. Drachsdorf, k. k. w. Kämmer. sstl. würzburg. geh. und Hoftriegsr., Gen. FZM. Command. des Artill. Corps, und der Festung Königshofen im Grabfelde. Fr. W. Fhr v. Ambotten, sstl. würzburg. geh. R. Gen. FML. auch Command. zu Würzburg u. der Fest. Marienberg. Aug. L. Fhr v. Sternenfels, Gen. M. Jos. W. Fhr v. Bubenhofen, geh. R., Gen. M. und Inh. eines Drag. Regim. Ctsoph Fr. Seelmann, Obrist u. Kriegscommiss. Hugo Franz C. Lautern, Hofr. Franz Rud. Lurz, Hofr. Urb. Jos. Deissenberger, Hofr. G. Seb. Schäfer, auch Hoftammer R. und Obermarschcommissar. Franz Papius, Maj. und Kriegscommissar. Secret. Fr. Cstian W. v. Navarre, Hptm.

Kriegsstaat: J. C. W. Fhr v. Drachsdorf, Gen. FZM. s. oben. Fr. W. Fhr v. Ambotten, Gen. FML. J. Ph. H. Fhr v. Wolfsteel, Gen. M. auch k. k. w. R. sstl. würzburg. geh. R. des preuß. r. Adl. O. R. A. L. Fhr v. Sternenfels, Hoftriegsr. u. Gen. M. s. ob. W. Fhr v. Bubenhofen, Gen. Maj. auch Obr. des Huf. Corps. G. Ant. v. Redwitz, Gen. Maj. auch geh. R. Gen. Adjut. Phil. Krabath, Hptm.

Polizeygericht des obern Raths. Präsident: Ad. Jos. M. Fhr Heuslein v. Eussenheim, geh. R. u. Capitular, s. ob. C. Ph. Fhr v. Würzburg.

Weltl Regier. u Hofraths-Präsident: O. Ph. Erb. Fhr Groß v. u. zu Trockau, geh. R. u. Comitialgesandter, Capitular, s. ob. Hoftanzler: Cstian J. Bapt. Wagner, b. R. Dr., geh. R. u. geh. Referend. Adel. geh Hof- u. Reg. Räthe: Const. Fhr v. Pöllnitz, geh. R. Franz W. Fhr v. Guttenberg, geh. R. Obermarschall ꝛc. s. ob. W. Lucas Fhr v. Quadt, sstl. würzburg. geh. R. k. k. Kämm. u. Oberamtm. zu Aschach und Kissingen. Ph. C. A. Fhr v. Greifenclau zu Vollraths, s. ob. C. H. J. Zobel Fhr v. Giebelstadt, s. ob. Jos. Ant. Fhr v. Quadt, geh. R. auch Ob. Amtm. zu Homburg am Main. C. Jos. Fhr v. Welden, sstl. würzburg. auch thurn: u. tar. geh. R. k. k. Kämmerer, d... St. Georg O. Commenthur. Ph. Ant. Fhr v. Redwitz, s. ..... Fhr v. Würzburg, geh. R. Vicedom der Stadt Würz burg u. Ob. Amtm. zu Heydingsfeld. Fr. Fhr v. u. zu Frankenstein geh. R. u. Oberamtm. zu Proselsheim mit Rimpar. Hartm. Ph. Fhr v. Manchenheim, gen. Bechtolsheim, Oberamtm. zu Kitzingen u. Ipshofen. Gelehrte geb. Hof und Reg. Räthe: Ant. Franz Jos. Sixtus b. R. Lic. C. Jos. Kleinschrod, b. R. Lic. Syndicus. Bernh. Wilh Werner, b. R. Lic. des Domst. Syndicus ꝛc. J. Pet. Jos. Beringer, b. R. Lic. Hofkammerconsulent. Fr. Jos. Röthlein, Juden-Amtm. Pet. Franz L. Wiltb. Behr, b. R. Lic. J. Mich. Seuffert, b. R. Dr. H. Elian Edl. v. Heß, Rs-Ritt. Ges. beym fränk. Kreise zu Nürnberg. Benn. Katzenberger, b. R. Dr. Andr. Aler. Franz v. Hammer, b. R. Lic. Rsritt, Syndicus u. Lehenprobst, auch fstl. freysing. geh. R. Adel. Hofräthe: Ant. Kolb, Fhr v. Rheindorf. Fort. Dom. v. Bjornberg. Ph. Ant. Fhr v. Pöllnitz, Viceoberjägermeister, s. ob. Ad. Fr. Fhr Zobel v. Giebelstadt, auch Oberamtm. zu Hofheim u. Lauringen. Fr. Fhr v. Bettendorf, auch Beis: des kais. Landgerichts u. Oberamtm. zu Lauda. C. Aler. Fhr v. Werneck, auch Oberamtm. zu Neustadt an der Saal. Ad. Fr. Fhr v. Reichersberg, auch Oberamtm. zu Hardheim ꝛc. Fr. Ad. v. Späth, auch Oberamtm. zu Karlstadt. Cstoph Franz Fhr v. Groß, auch Oberamtm. zu Ebern. C. H. v. Hirschberg, auch Oberamtm. zu Arnstein und Büchold. Franz v. Hutten, auch Oberamtmann zu Klingenberg, churpfalz. Kämmer. Elian Franz Fhr v. Gebsattel, auch Oberamtm. zu Gemünden. Franz C. Fr. Jos. Fhr v. Greiffenclau, Landgerichts Beis. auch Oberamtm. zu Eltmann u. Hasfurt. Ferd. Wenz. Fhr v. Bibra, auch Oberamtm. zu Bischofsheim, Fladungen u. Hilders. Ans. Fhr v. Frankenstein. L. Const. Fhr v. Welden, auch Oberamtm. zu Mainberg u. Poppenlauer. Franz Loth. Fhr v. Fuchs. Fr. C. Fhr v. Redwitz. Franz Loth. Fhr v. Wurm. Franz L. Fhr v. u. zu Guttenberg. Georg Adam v. Adelsheim. Fr. Carl v. Reigersberg. Jos. Bernard v. Stein. Gel. Hofräthe: Hugo Franz Lautern, Kriegsr. Franz Rud. Lurz, Hofkriegsr. Joh. Bapt. Alons Samhaber, b. R. Dr. u. Prof. juris. Valent. Papius, s. ob. Joh. Bap. Cstoph Jos. Lurz, b. R. Lic. Just. Val. Philippi, b. R. Dr. Urban Jos. Deissenberger, Kriegsr. Jos. Thom. Schubert, auch des Domst. Syndicus, und Landger. R. Jac. Jos. Lohr, b. R. Lic. auch Landger. R. Ph. Jos. Kammerzell, b. R. Lic. auch Syndicus. Phil. Rud. Wilhelm, b. R. Dr. auch Landger. R. Cstoph Nic. Klinger, b. R. Lic. Casim. Jos. Gußbacher, auch Cabinets-Secr. Jos. Mich. Kleinschrod, b. R. Lic. auch Consulent. Gotthard Martinengo. C. Aug. Haus. G. Ant. Rottmann, b. R. Dr. Jos. Schmitt. Reg. Fiscal: Fr. Ant. Liebler, Malefizamtssecret. Procur. Fisci: J. H. Demper, b. R. Dr. auch Consist. R. Archivar: J. B. Philippi, s. oben. Regist. J. Bapt. Schmitt. Secretarien: G. Casp. Pleickner, Kreis-Secretär zu Nürnberg Fr. A. Liebler, s. ob. Jac. C. Vogel, Lehnamtssecret. Mich. Jos. Vornberger, Reg. Tax- und Bothenmeister. Carl Phil. Schüll, Gebrechenamtssecretar. Ph. Häfner, b. R. Lic. Malefizamts-secret. Ph. Andr. Franz Beringer, b. R. Lic. Hofr. Secret. Jos. Valent. **Pfister**, Regier. Secret. Franz Ludw. **Henkel**, 2r Kreis-Secret. zu Nürnberg.

 Lehenpropst: Andr. Alex. Franz v. **Hammer**, s. ob.
 Vicedom zu Würzburg: Carl Phil. Fhr v. **Würzburg**.
 Erbämter des Hochst. Würzburg und Hzgth. Franken. Erb-obermarschall: Franz Gottl. Fhr v. **Guttenberg**. Oberschenk: Fr. L. C. Eßlan Gr. v. **Castell**. Erbtruchseß: Damian Hugo Erw. Gr. v. **Schönborn**. Oberkämmerer: Max. Jos. Clem. Gr. von **Seinsheim**.
 Erb-Untermarsch.: Lebr. Gottfr. v. **Bibra** ꝛc. Erbküchenmeister: Ph. Cstoph Fhr v. **Thüngen**. Unterkämmerer: C. H. Jos. **Zobel** v. u. zu Gibelstadt.

Anhang zum zweiten Kapitel,
enthält:

Die Vorsteher, Capitulsglieder (zum Theil auch Dienerschaft) der vornehmsten deutschen, nicht reichsständischen, Stifter.

Brandenburg.
Domcapitel.

Majores oder *Residentes* (7). Probst: Fr. Aug. Hz v. **Braunschweig-Oels**, k. preuß. Gen. d. Inf. Gouv. v. Cüstrin; residirt in Oels. — Dechant u. Thesaurar: Albr. H. von **Arnim**, Direct. der chur u. neumärk. Landschaft. — Senior u. Cantor: Aug. H. Rsgr. v. **Wartensleben**, des Joh. O. R. k. preuß. Hofmarschall. — Fr. Ferdin. v. **Kleist**, kön. preuß. Obrist der Cav., Joh. O. R. ꝛc. — Hans E. Dict. Fhr v. **Werder**, preuß. w. geh. Etats-Kriegs- und Finanzminister. — H. Fr. L. Fhr von und zum **Stein**, Oberkammerpräsident zu Cleve. — Joach. Erdm. v. **Arnim**, preuß. geh. Legat. R. u. Cammerhr. — *Canonici minores* a) von Seiten des Königs (3): Hans Eßlan Gr. v. **Puttkammer**, k. preuß. Cammerhr ꝛc. — W. L. Vict. Gr. **Henkel von Donnersmark**, kön. preuß. Lieutn. des Cüraß. Regim. von Barsdeleben. — Hans Edler von **Putlitz**. — b) von Seiten des Capitels (3): C. E. Adolph Fr. v. **Bredow**, des oberbarninischen Kreises Deputirter u. Erbherr auf Buchow-Carpzow. — Fr. Jul. Dietr. v. **Werder**. — C. Ferd. v. **Troschke**, kön. preuß. Stabscapitain bey dem Füs. Bataill. v. Rabenau.

Breslau.
Vicar. apost. u. Weihbischof: Ant. Ferd. v. **Rothkirch** u. Panthen, Bischof zu Paphos, der Bresl. Diöces, kön. preuß. Antheils, Vicar. Apost. Suffragan u. Hofrichter des Bißthums niederen Kreises. Vicar. generalis u. offic. Episc. Wilh. Gr. v. **Praschma**, infus. Probst zu Johannisberg. Infulirte Prälaten. Probst: Jos. Benj. Wilh. Gr. v. **Thurn** u. Valsassina, Domdechant in Regensb. Dechant:

A. F. von Rothkirch. Archidiakon: Ernst von Strachwitz und Großzauche. — Cantor: Carl Fhr v. Coudenhoven, Probst des Collegiat. zum heil. Creuz. Scholasticus: Eman. von Schimonsky. Custos: C. W. v. Blacha. Canzler: Cajet. Gr. v. Schafgotsch. Residirende Domherren: Joh. Nep. Gr. v. Matuschka, Carl Leop. v. Hochberg und Buchwalde. — Joh. Ant. Fhrv. Langen und Münchhofen. — N. N. v. Wostrowsky. — Joh. Felix v. Frankenberg. — Andr. v. Francheville. — Carl Gr. von Hohenzollern, Bisch. von Ermeland. — Andr. von Garnier, Pfr zu Ziegenhals. — Joh. Cstian Mischkowsky. — J. H. Gr. v. Frankenberg. — Joh. Fhr v. Vogten. — C. v. Rußig, auch Domhr zu Brün. — Marq. de Cavalcabo. — N. v. Schubert. — Jo. v. Schymonsky. — J. W. F. Gr. v. Hohenzollern. — N. N. v. Aulock. — Wilh. Gr. v. Wengersky — N. N. v. Jverin — N. N. v. Montmartin. — NN. v. Schubart. — Gr. v. Pinto. — NN. v. Strachwitz.

Collegiatstift zum heil. Kreuz.

Domprobst: Carl Fhr v. Coudenhoven, s. ob. Dechant: A. F. v. Rothkirch. Scholasticus: Cajet. Gr. v. Schaffgotsch. Cantor: C. v. Strachwitz. Custos: von Schymonsky. — Domherrn: Geo. Mq. v. Cavalcabo. — J. N. Gr. v. Matuschka. — J. C. v. Miszkowsky — Ant. Herrmann. — v. Jerin. — N. Scholz. — C. J. v. Rußig. — Gr. v. Pinto. — N. v. Frankenberg. — N. v. Wostrowsky. — N. v. Schosky. — N. Steiner.

Brünn in Mähren.

Domcapitul. Dechant: Carl Fhr von Waldstätten, des kön. Domstifts erster und inful. Prälat, Decan. capit. et canon. regius, bischöfl. R. u. Consistor. Assess. dann capitul. Deput. bey den mahr. Landständen. — Franz Hassenwein v. Festenberg, 2r Prälat, Archidiacon, Canon. Curat. und Custos, bischöfl. Rath, Consist. Assess. und Pfarr. an der Minoritenkirche zu Brünn. — J. Bapt. von Grimm, Senior. — Jos. Leop. von Blumencron. — C. J. von Rußig, auch Domhr zu Breslau, inful. Archidiac. der Colleg. Kirche zu Oppeln, im bresl. Bisth. Landdechant u. Erzpriester zu Patschkau. — Carl Tauber, Fhr v. Taubenfurth, Curat. u. Archidiac. zu Znaim u. Jglan, des Bisth. Brünn Vicar. in Spirit. gener. u. Officialis, bey der Domkirche in Brünn Pfr. und capitul. Deput. bey den mähr. Landständen. — J. Nep. Troilo, Fhrv. Troyburg, Noveredo und Jscia, auch Domhr zu Ollmütz. — Ant. Gr. v. Cobenzl, auch Domhr zu Ollmütz. — J. Nep. v. Dankesreither, Dr. d. Theol., bischöfl. R., Consistor. Assess. und Canzler.

Budweis.

Capitul: Joh. Alb. Hegenmüller, Fhr von Dubenweilern, inful. Probst bischöfl. R. u. Consistor. Beys. — Jos. Kahl, inful. Dom. u. Stadt-Dechant, bischöfl. R. u. Consist. Beis. — Joh. Michalowitz, Dom-Custos, bischöfl. R. u. Consist. Beis. — Franz Jos. Hunck, Senior, Gen. Vic. u. Official. — Jos. Pingas, Capitular, bischöfl. R.

Zweites Kap. Anhang: Der vornehmsten Stifter ꝛc. 235

u. Consistor. Beis. — Ernst Ruziczka, Capit. bischöfl. R. und Consist. Beis. — Sim. Kudler, Capit. bischöfl. R. u. Consist. Beis.
Dom-Vicarien: Mart. Deboys. Gualb. Haußer. Luk. Jatisch und Andr. Minnich.

Cammin.

Probst: Wichard Joach. H. v. Möllendorf, k. preuß. Gen. FM. Chef eines Inf. Reg. des schw. Adl. O. R. Domdechant zu Havelberg und Gouv. zu Berlin.
Domcapitul. Decanus und Resident: Joach. Erdm. Fhr v. Arnim, kön. preuß. w. Cammerhr, geh. Legat. R. des Dannebr. und rothen Adl. O. R. **Cantor u. Resident:** Alex. Sigm. Fr. G. Rich. v. Blankensee, k. preuß. Cammerhr. **Thesaurar u. Resid.** N. v. Puttkammer, preuß. Obr. des Inf. Regim. v. Owstien. **Scholastic. u. Resid.** N. von Stutterheim, preuß. Obristl. des Inf. Regim. von Hausen. **Vicedom:** N. v. Heyden-Linden, auf Tützpatz. **Canonici:** Gust. Sigm. von Pannewitz, Maj. des preuß. Drag. Regim. Bieberstein. Gideon von Benoit, geh. Legationsrath. Estian Sigm. Aug. Fhr von Schickfuß. N. v. Trenk. N. Cammana. Dav. Splittberger, Oberjägermeister des Pr. Ferd. v. Preuß. N. Fhr v. Carmer.

Colberg.
Domcapitel.

Probst: Aug. Fr. Herm. v. Wißmann. — **Dechant:** Hans Gr. von Schlitz, Leg. R. — **Cantor:** H. Fr. von Dietz, geh. Leg. R. — **Scholasticus:** Ferd. Fr. von Stechow. — Aug. Bogislaus Gr. von Schmettau. — C. Fr. M. Paul Gr. v. Brühl.

Comburg.
Adel. Ritterstift in Franken.

Probst: Ans. Ph. Fr. Groß von und zu Trockau, auch Capit. zu Würzburg und Domdech. zu Eichstädt, fstl. würzb. Consist. Präsid. ꝛc. — **Dechant:** Joh. Gottfr. Lothar. Franz Fhr v. Greifenclau zu Vollraths, Domhr zu Würzburg u. Probst der beid. Collegiatst. Haug u. Neumünster das. Probst. — **Capitularen. Custos:** Sigm. Mar. Fhr von Reitschach, auch Custos zu Ellwangen, k. k. geh. R. — **Scholaster:** Ans. Phil. Friedr. Fhr Groß von u. zu Trockau, auch des Ritterst. zu St. Burkhard in Würzb. **Domicellar. — Cantor:** Loth. Anselm Fhr v. Gebsattel, auch Domdechant zu Würzburg. — Carl Ludwig Fhr von Wambold zu Umstadt, auch Domicellar zu Würzburg. — Phil. Aloys Gr. v. Adelmann zu Adelmannsfelden, Hr auf Hohenstadt und Markschechingen, auch Capit. zu Ellwangen, des St. Mich. O. Großk:. — Joh. C. Franz Fhr Speth v. Zwiefalten. — Phil. Ant. Fhr von und zu Guttenberg, auch Capitular zu Bamberg. **Domicellaren:** Carl Franz Fhr v. Spath zu Zwiefalten. — Jos. Conr. Jac. Reutner von Weil, auch Capit. des Ritterst. Murbach. — Die 3te u. 4te Domicellar-Präbende ist vacant. —

Der Vicarien sind 12.

Räthe und Officianten.

Syndicus: G. H. Potschka, b. R. Lic. auch fstl. bamberg. Hofs u. Reg. R. **Canzleyrath:** Clem. Frick, b. R. Lic. Canzleyrath, Obervogt und Convertiten-Pfleg-Verwalter: Adam Andr. Keidel. Amtmann zu Gebsattel: Fra.. Xav. Mich. Prahl, auch schillingsfürst. Hofr. Rath u. Amtmann zu Künzelsau: Joh. Dav. Knapp. Rastner u. Commissarius: Conr. Schmitt. Canzleysecretair, Registrator und Verwalter zu Weinsberg: Joh. Bern. Keidel. Forstmeister: Joh. Cstoph Manger. Canzleyactuar: Jos. Hopfenstetter.

St. Gallen.

Domcapitel. Decanus: Cölestin Spieß v. Stauffen. Regier. u. Pfalzraths-Präsid. — Jos. Bloch von Oberbuchsitter, Subprior. — Hieron. König von Füsser, Senior. — Placid. Stadelmann von Mörschweil, Official. — Joach. Andr. v. Wangen, Lehenprobst. Das Capitel bestehet aus etwa 90 Gliedern, davon 67 Capitularen, 7 oder 8 Professi und 20 Conversbrüder sind.

Gengenbach.

Geistl. Räthe u. Officianten. Prior: P. Placidus Reichert. — **Subprior:** P. Matth. Senfert.
Weltl. Räthe u. Beamte: Ign. v. Frembgen, Oberamtm. und Consulent. Magn. Scheffel, Oberschaffner u. Canzley-R. Ph. Jac. Erhart, Registrator. — **Auswärtige weltl. Beamte:** G. Ant. von Christmann, Oberamtm. und Rath bey den Wegen zu Ulm, Stifts Gengenbach. Kreisrath. Jos. Lechleitner, Schaffner zu Offenburg. Jos. Ant. Lechleitner, Schaffner zu Zell.
Auswärts beamtete Religiosen: P. Ph. M. Linz, Inspector auf der Dörrenbacher Fabrik. P. Mart. Meyer, Superior zu Zell. P. Bened. Schmiderer, Pfr. allda. P. Nicol Pfaff, Cooperator allda. Joh. Bapt. Mayer, Pfr der Reichsstadt Gengenbach. P. Greg. Fürst, Pfr zu Elgerswehr. P. Andr. Breunig, Pfarr. zu Dundenheim. P. Ambros. Derendinger, Pfr zu Ichenheim.

Halberstadt.

Domcapitel.

Probst: Ferdinand Pr. v. Preußen. — **Dechant:** Joh. Aug. C. v. Alvensleben, auf Erxleben — **Senior:** Wern. L. Clamor v. dem Bussche, aus dem Hause Hünnefeld, Burgvogt, Probst des Ober-Collegiatst. zu U. L. Fr. u. des Collegiatst. zu St. Peter u. Paul. — Fr. W. Leop. von Elditt. — Cstian Fr. Gr. zu Stolberg-Wernigerode. — Fr. Eberh. v. Rochow, Protonotarius. — Ferd. Jos. Fhr v. Fürstenberg. — Franz Egon Fhr v. Fürstenberg, Bisch. u. F. zu Hildesheim u. Paderb. — Fr. W. Gr. v. Schlaberndorf. — Cstoph Aler. C. Fr. Fhr v. Wylich zu Dirsfort. — Casp. Mar. H. Fhr v. Korf, genannt

Schmising. — C. L. v. Berg, Cammerhr. — Wernh. Heinr. A. Fhr v. Spiegel, zum Diesenberg, Archidiac. und Obedient. — G. W. Pet. Alfr. von der Horst. — Levin J. W. Franz Bernh. v. der Wenghe. — Aug. L. Busso v. der Asseburg, auf Neindorf und Peseckendorf zu St. Bonifac. u. St. Moriz. — G. F. W. v. Veltheim. — Albr. W. von Pannewitz. — N. v. Alvensleben auf Calbe. —

Minores Praebendati: Heinr. Graf zu Stolberg-Wernigerode. — Levin Fr. Cstph Aug. v. Bißmark. — C. Fr. Otto von Voß. — Aug. Fr. Botho Cstian Gr. zu Stollberg. — Leo Vict. Felix Gr. Henkel von Donnersmark. — NN. v. Levetzow. — Phil. Adolph Friedr. v. Münchhausen. — Fr. W. H. C. E. v. Schlabrendorf.

Electi: W. Ph. Aug. v. der Hagen. — Fr. W. Ferd. v. der Hagen. — Gust. Fr. Franz H. v. Blumenthal, — Fr. Ferd. Pr. v. Anhalt. — Jan. H. v. Rößing. — NN. von Korf. — L. Ph. W. vom Hagen. — C. Aug. Albr. Hans von Borstel. — Hans Heinr. VI. des H. r. Rs. Gr. v. Hochberg, Fhr zu Fürstenstein. — Ferd. H. Thom. v. d. Waldau. C. Emil Spiegel, v. u. zu Pikkelsheim. — Hans G. von Ribbek. — C. W v. Grüter. — G. L. Fr. Wern. v. Monster. — C. Wern. Achaz Gr. v. d. Schulenburg. — Constant. Gr. zu Stollberg-Wernigerode. — Clam. Dietr. L. v. dem Busche. — Alex. Ph. v. der Hagen. — C. L. v. Elditt. — H. Aug. Spiegel, von und zu Pikkelsheim. — Franz C. L. Gr. v. Erbach. — Fr. Gust. von der Hagen. — Const. C. Ant. Gr. von Schlaberndorf. — J. W. C. von Witzleben.

Hamburg.

In der Reichsstadt Hamburg ist ein Domcapitel, das Churbraunschweig wegen Bremen zugehört.

Probst: Cstian Ludw. v. Stemann, kön. dän. geh. R. u. Oberpräsident zu Altona, des Dannebr. O. R. — **Dechant:** J. Jul. Palm, b. R. Dr. Scholasticus. — **Domherren:** Matth. von Clausenheim, schleswig Holstein. Kammerhr, Senior. H. W. Hasperg, b. R. Dr. u. p. t. Prafectus, Structuarius, Salinator u. Panista. — H. Engelh. Schlüter. — Dietr. Gerh. Höpfner, b. R. Dr. hzl. mecklenburg. Justizr., p. t. Provisor. — Matth. Paulsen, b. A. Dr. Thesaurarius. — Fr. J. Lor. Meyer, b. R. Dr. p. t. Bursarius und Eleemosynarius. — Herm. J. Linau, b. R. Dr. Berend J. Rodde, b. R. Dr. — Franz Em. Lücker, b. R. Dr. — Casp. H. G. Schlütter. P. D. Lamprecht, b. A Dr. Syndicus: J. H. Detenhof, b. R. Dr. Secretarius: J. Joach. Voiten, b. R. Dr. Physicus: Thom. G. Suter, b. A. Dr. Canonici minores: Mich. Wilkens. J. Otto Luterloh, b. A. Dr. Fr. Pet. Ant. v. Wibel, k. dan. Hofstallmeister. J. Phil. Beckmann, b. R. Dr. Nic. Gerh. Fenga, b. R. Dr. H. Kellinghusen, b. R. Dr. G. L. Bockelmann, b. R. Dr. Fr. Ludw. v. Wiebel.

Vicarii immunes: H. Andr. Sonnenkalb, Dr. d. Med. Mor. Marc. Martini, b. A. Dr. J. Gottfr. Sonnenkalb, b. A. Dr. J.

Man. Moll, Notar. — G. Aug. Suter. — Fr. Gerh. Vogel, b. R. Lic.
J. Fr. Conr. Schwanecke, b. A. Dr. — J. H. Clem. Lange, holstein.
plönisch. Secret. — J. Herm. Vogel, b. A. Dr. Jac. Fr. Bergen-
grühn, practis. Arzt. J. Jac. Hartmann, d. A. Dr. J. H. Dan.
Moldenhawer, b. A. Dr. J. Fr. Hülsbusch, b. A. Dr. H.
Herm. v. Borstell, b. A. Dr. Fr. L. Wagen. C. Jacob Sigmund
Schmidt, b. R. Lic.

Havelberg.

Domcapitel (8). Probst: Otto C. Fr. v. Voß, k. preuß. w. geh.
Staats- und Finanz-Minister. — Dechant: Wich. J. H. v. Möllendorf, k. preuß. Gen. FM. — Vicedechant: Fr. W. von Thulemeyer, k. preuß. Etats- u. Justizminister. Senior: Otto Fr. v. Bre-
dow, k. preuß. Kammerhr. Leg. R. auch des Joh. O. R. Subsenior:
Adam W. v. Poleuz, Joh. O. R. k. preuß. Major bei dem v. Werther.
Drag. R. — Domherren: G. Fr. W. von Bismark, k. preuß. Maj.
der Armee. — Hans Rudolph v. Bischofswerder, k. preuß. Gen. L.
der Cav. — C. L. H. Const. Rsgr. von Kalkrenth, k. preuß. Cürass.
Lieutn. — Precist: Adolph Gr. v. Einsiedel, k. preuß. Assessor bey der
Breslau. Kammer. Canonicus minor von Seiten des Königs:
Gustav, Erbgr. v. Münster-Meinhövel, sftl. osnabr. geh. R. Cano-
nici minores von Seiten des Capitels: Hans Ernst Wilh. v. Krö-
cher. — C. Fr. Herm. v. Beeren, Major bey dem Drag. Regiment Hz.
von Zweibrücken. C. Gerh. von Pellet, k. preuß. Obristl. — Wilh. Fr.
Herm. L. v. Voß. — NN. v. Arnim.

Königingrätz, in Böhmen.

Domcapitel.

Infuł. Domdechant: Augustin Helfert, zugl. Consist. R. und
Canzleydirector. — Franz Wenz. Gelbich v. Oftrich, Erzdiacon, jubil.
Domhr u. Priester, Consist. Präs. u. Vorsteher des bischöfl. Priesterhau-
ses. — Carl Schneider, jubil. Priester, Canonicus, Senior u. Consist.
R. — Joh. Venuto, Consist. R. — Franz Wurda, Domhr, Consist.
R. u. Secret. Jos. Kodesch, Domhr u. Consist. R. — Ign. Blümel,
Domhr u. Consist. R. — Jos. Czeniek v. Wartenberg, Canonicus cu-
ratus u. Consist. R. — Ign. Blazek, des Capituls Syndicus. — Franz
Lenk, b. R. Dr., des Capituls Actuar.

Leutmeritz, in Böhmen.

Domherren: Jos. Hurdalek, Dr. d. Theol. infuł. Domdechant.
Franz Xav. Piller, Theol. Baccal. und Präsident des Consistorii. —
Wenz. Heller, Consist. R. — Barthol. Winkler, Consist. R. u. Canz-
leydirect. Ant. Hirnle, Dr. d. Theol. u. Consist. R. — Franz Caroli,
Consist. R. Ehrendomherrn: Franz Strahl, Stadtdechant in Leut-
meritz. — Ign. Thom. Trechsler, Dechant zu Dur. — Wenz. Strahl,
Lic. d. Theol. und malth. O. R. — Ign. Jaiksch, Pfr. in Zwickau. —

Ph. Paul, bischöfl. Vicar und Dechant in Reichenberg. — Alex. Parzizeck, Director der k. k. Normalschule in Prag.

Magdeburg.
Domcapitel.

Domprobst: Pr. Heinrich v. Preußen. Dechant: L. C. v. Kalkstein, Obedient. auch Probst des Colleg. St. Nicolai, k. preuß. Gen. der Inf. u. Gouv. v. Magdeburg. Senior: Ph. W. Fr. v. Münchhausen, Thesaur. u. Obedient. auch Probst des Stifts St. Petri u. Pauli. — Subsenior: Steph. Adolph W. Eberh. v. dem Bottlepberg, gen. Kessel, Cellarius und Obedient. — *Majores residentes*: Hanns Jürge Pr. v. Anhalt=Dessau, Cantor und Probst des Collegiatst. St. Sebastiani. — Cstoph G. Gustav Gr. v. Schlaberndorf, Camerar. — Fr. W. H. Ferd. v. Wulffen. Otto C. Fr. v. Voß, k. preuß. geh. Staatsminister, auch Dompr. zu Havelberg. — C. G. Aug. Erbpr. von Braunschweig. — Fr. W. C. H. E. Gr. v. Schlaberndorf. N. N. von dem Busche. — *Majores non residentes*: C. Franz Paridom Röfhr von Mylendonck v. dem Knesebeck, k. preuß. Kammerhr. — W. Cstian Leop. Fr. C. Gr. von Kalnein. — H. Leop. Aug. Gr. von Blumenthal. — Adolf Ernst L. Gr. von der Schulenburg. Pr. Gustav von Meklenburg=Schwerin. — NN. v. Levetzow — *Minores*: Fr. Aug. W. Ferd. C. v. Schlaberndorf. — W. Franz Dietr. v. Rauchhaupt. H. Leop. Gr. v. Reichenbach. — Hans C. Gottl. Gr. von Sandrasky. — C. Alex. Fr. Fhr v. der Golz. — C. Theob. Gans Edler Hr v. Putlitz. H. Cstoph Joach. Gr. v. Reichenbach. — Fr. W. Fhr v. der Reck. — NN. v. Stedingk. —

Meißen.
Domstift.

Domprobst: Cstian Ferd. v. Zedwitz. Domdechant: vacat. Senior: G. W. Gr. v. Hopfgarten, Probst zu Budissin. Cantor: Dr. J. Fr. Burscher, Prof. Th. zu Leipzig. Custos: Fr. Adam v. Stammer. Capitularen: G. Adolph v. Hartitzsch. — Dr. J. G. Rosenmüller, Prof. d. Theol. zu Leipzig. — Carl Gr. v. Einsiedel. Syndicus: Cstian Hofmann. Stiftsbaumeister: Cstian Fr. Glück. Stiftsactuarius: G. Fr. Neumeister.

Merseburg.
Domstift.

Domprobst: C. Bernh. v. Wolfersdorf. Domdechant: Adolph Aug. v. Berbisdorf, auch Consist. Präsid. und Stiftsr. Senior: C. Cstoph v. Zehmen, Prapos. St. Strci und Resid. Custos: Mor. Ferd. v. Wilcke. Cantor: Adolph H. Bose, Resid. — C. Ludolph v. Alvensleben, Resid. auch Stifts= u. Consist. R. — Fr. Aug. v. der Pforte. — Dr. H. Gottfr. Bauer, der Decretal. Prof. ord. zu

Leipz. — H. Aug. v. Holleufer Ref. u. Scholaſt. — C. Gottl. L. v. Britzke, Reſid. — Gottl. Adolph E. v. Noſtiz u. Jänkendorf. — G. Hartm. v. Witzleben, Reſid. u. Aedilis. — C. Eſtoph v. Arnim. — Hans Fr. Ferd. v. Bodenhauſen. — Aug. Fr. Werner v. Oldershauſen, Canon. maj.

Canonici minores: Detlev Gr. v. Einſiedel. — Herm. C. v. Uffel. — C. Fr. Aler. H. v. Brandenſtein. — Fr. Lebr. v. Trotha.

Syndicus: Cſtian Fr. Schmidt. Gerichtsverweſer der Domprobſtey: Dr. C. Aug. Salzmann.

Minden, in Weſtphalen, an der Weſer.
Domcapitel.

Domprobſt: Caſp. Mar. Fhr v. Droſt zu Viſchering. Domdechant: C. Jdel Jobſt Fhr v. Vinke, Archidiac. u. Obleglar. und erſter Landesdeputirter, ſſtl. osnabrück. Oberſtallmeiſter und Landdroſt zu Gröneburg. Domherrn: Damian W. Caſp. Fhr Forſtmeiſter v. Gelnhauſen, auch Domdech. zu Paderborn. Otto Herm. Fhr Spiegel von Dieſenberg, auch Domcapit. zu Paderborn und Hildesheim. — J. Aug. Fhr v. Kerſtenbruch, auch Domküſter. — Ferd. Aler. Ant. M. Fhr v. Gahlen, auch Domcap. zu Halberſtadt, Münſter, Osnabrück und Speyer. — Ph. G. Fhr v. Cornberg, auch Dechant bey dem Collegiatſt. St. Andrea zu Lübeck, u. k. preuß. Landr. — Franz Phil. Fhr Eſch von Langwieſen, auch Archidiac. — Cajet. Rsgr. v. Schaffgotſch, auch Domcap. zu Breßlau. — Nic. Xav. Rsgr. Adelmann v. Adelmannsfelden, Domcap. zu Augſpurg und Ellwangen. — Ph. Clem. Fhr v. Spiegel zum Dieſenberg u. Canſtein, Domſchol. u. Capit. zu Paderborn. — Clem. Aug. Fhr v. Gahlen, aus Ermalinghof. — Fr. Fhr v. Jüden. — Clamor C. Aug. Fhr v. dem Busſche. — C. Jdel Jobſt Vict. Fr. Aug. W. Fhr v. Vincke, auch ſſtl. osnabr. Kammer u. Rittmeiſter bey der hannövr. Leibgarde. — NN. v. Vinke. — NN. v. Levetzow. —

Official: J. Jac. Laue, Syndic. u. kön. Juſtizr. Secretair: Fr. Aug. Engel. Rentmeiſter: Albr. Conr. Bruggemann.

Naumburg.
Domſtift.

Domprobſt: C. Aug. v. Uffel. Domdechant: Fr. W. v. Seebach. Senior u. Cuſtos: J. Aug. Aler. v. Seebach. Subſenior: C. Fr. v. Berlepſch. Scholaſticus: Eſtian Fr. Aug. v. Meding. Cantor: G. W. Gr. v. Hopfgarten. — Eſtian H. Aug. v. Uffel, Reſid. — L. Adam Eſtian v. Wuthenau. — C. W. Fr. v. Mandelsloh, Präſid. zu Zeitz. — E. L. W. v. Dacheröden, Stiftsr. zu Zeitz. — Herm. C. v. Uffel. — Carl Gr. v. Einſiedel.

Majores präbendati: Fr. Alb. Gr. v. der Schulenburg. — Wolf H. Wurmb v. Zink. — Hans H. Adolph v. Bodenhauſen. — E. L. Gr. v. Hopfgarten. — Aug. Fr. Wern. v. Oldershauſen. —

M. Fr.

W. Fr. L. v. Zerßen. — Minores präbendati: W. Fr. v. Gerlepſch. — Fr. Phil. v. Schwarzenfels. — Bárries Ant. Eſtián v. Oeynhauſen. — Heinr. Mor. Gr. v. Hopfgarten.

Syndicus: Dr. Fr. Eſtian Gottl. Oertel, auch Dompropſteygerichtsverweſer.

Dom- und Capitularherren: Otto Ant. Minquitz Fhr v. Minquitzburg, Prāl. prim. inful. Dechant u. Cuſtos, fſtl. ollmütz R. u. Conſiſt. Aſſeſſ. — Joh. Matth. Butz, Fhr v. Rollsberg, Prāl. Prāpoſ. inful. - Mar. Ant. Vetter, Gr. und Hr. v. der Lilien zu Burg Feiſtritz, Archidiacon. u. inful. Prälat. — Franz Eſtoph Gr. v. Migazzi v. Wall und Sonnenthurn, Scholaſt. und inful. Prälat, auch Domh. zu Paſſau. — Joh. Bapt. Joſ. Gr. v. Pergen, (Biſch. v. Mantua.) — Joſ. Gr. v. Attems, Domhr zu Salzburg u. Paſſau. — Wenz. Phil. Gr. v. Clary, Rect. petpet. inful. ab St. Annam, erzbiſchöfl. R., Conſiſt. Aſſeſſ. u. Archidiac. zu Znaym. — Joh. Bapt. Gr. v. Auersperg, Domhr zu Paſſau. — Wilh. Franz Joſ. Fhr v Haugwitz. — C. Gottfr. v. Roſenthal, Biſch. zu Capernaum, Vic. gen. und Offic. auch Suffrag. — Carl Gr. v. Khevenhüller, Hr in Aichelberg u. Gr. in Alt-Oſterwitz, Fhr. in Landskron u. Werenberg, auch Domhr zu Salzburg u. Paſſau. — Joh. Bapt. Fhr v. Buol, auch inful. Probſt zu St. Moritz. - Aloyſ. Krakowsky Gr. v. Kollowrath. — Joh. Nep. Troilo, Fhr v. Troitburg, Canon. regul. der Cathedr. Kirche zu Brünn. — Joh. Nep Gr. Sereny v. Kis-Seren, Hr in Lomnitz, Blatnau u. Skworotiz. — Joſ. Gr. v. Scherfenberg, Hr in Hohenwang, Spielberg ꝛc. — Franz Ant. Gr. v. Cobenzl, auch Domhr zu Brünn. — Emer. Gr. v. Starsray de Eadem und Nagy Mihaly. — Friedr. Gr. v. Hardegg, Hr zu Seefeld u. Kadolz. — Joſ. Franz Gr. v. Coreth, Hr in Starkenberg u. Coredo, Probſt der Collegiatk. zu St. Moritz in Cremſier. - Mar. Thad. Gr. v. Trautmannsdorf u. Weinsberg, Biſch. zu Königsgrätz. — Ant. Fhr v. Rolsperg, Hr in Kirchwidern. — Weich. Gr. v. Trautmannsdorf u. Weinſperg ꝛc. Probſt zu Moritz in Cremſier.

Prag, in Böhmen.
Domſtift der Metropolitankirche zu St. Veit.

Domprobſt: Wenz. Adalb. v. Herites, erſter Prälat im Königr. Böhmen, Dechant der Collegiatkirche aller Heiligen. Domdechant: Joh. Mich. Wahrlich v. Bubna, Prälat im Königr. Böhmen. — Archidiaconus: Wenz. Chlumczansky, Ritter v. Przeſtawlk und Chlumczan, Biſch. zu Cannda, Prälat, Suffrag. und Vicar. general in Pontifical. Scholaſter: Wenz. Lehnhard, Prälat, Oberaufſeher der L.L. Normalſchulen in Böhmen. Cuſtos: Joh. Goſtkho v. Sachſenthal, des permanenten Landesausſchuſſes Beiſitzer. — Cantor: Franz Xav. Hain. Canonici: J. Bart. Schmid, erzbiſchöfl. Conſiſt. R. — Joſ. Dobſch, Dechant bey St. Apollinar u. erzbiſchöfl. Conſiſtor. R. — Franz Pallas, Nobilis de Lauro, Dr. d. Theol. Joſ. Locatelli. — Carl Futa. — Joh. Richlowsky.

H. B. 2r Th. 1798.

242 Zweiter Abschnitt. Staatsb. des deutschen Reichs.

In Prag befindet sich noch ferner:

a) Das k. k. Theresianische freyweltl. Adel. Damenstift ob dem Prager Schlosse.

Capitular=Damen: Mar. Anne, Freyin Glatz v. Althauß, Dechantin. — Raymunda Freyin v. *Saint Genois*, Unterdechantin. — Henriette Gräf. v. Stubenberg, 1te Assistentin. — Mar. Josephe Gräfin v. Migazzi. — Mar. Hedw. Gräf. v. Schaffgotsch. — Mar. Theres. Katzianerin, Gräfin v. Katzenstein. — Mar. Auguste, Gräf. v. Rumpf. — Mar. Theres. Gräf. v. Arco. — Mar. Agnes Gräf. v. Morzin. — Corone Antonie Gräf. v. Metternich. — Caroline Gräf. v. Frankenberg. — Mar. Sophie Gräfv. Waldstein u. Wartenberg. — Walpurge Gräf. v. Morzin. — Caroline Gräf. Desfours zu Mont u. Adienville. — Mar. Elisab. Borzek Dohalsky, Gräf. v. Dohalitz. — Leop. Gräf. v. Hohenfeld. — Mar. A. Gräf. v. Klenau. — Benedicta Gräf. v. Ezegka. — Theresia Gräf. v. Morzin. — M. Beatrix Gräfv. Hardegg. Aloysia Jos. Hrzan Gräf. v. Harras. — Josephe Freyin v. Dobrzensky. — Mar. Anne, Gräf. v. Gaisruck. — Wilh. Josephe Gräf. v. Auersperg. — Aloysie Gräfin v. Strasoldo. — Maria Freyin v. Bieschin. — Elisab. Gräf. v. Taroucca.

b) K. K. und Röm. Rs=freyweltl. Adel. Stift der H. Engel auf der Neustadt.

Oberin: J. Nepomucena Gräf. v. Wieznik. Capitulardamen: Barb. Freyin v. Wallbrunn, 1ste Assistentin. — Joh. Gräf. v. Lazanzky, 2te Assistentin. — Franc. Freyin v. Malowetz. — Mar. Jos. Gräf. v. Wieznik. — Joh. Freyin v. Kfellner und Sachsengrün. — Joh. Gräf. v. Morzin. — Louise Gräf. v. Sternberg. — Arne Gräf. v. Kinsky. — Therese Freyin v. Mladota. — Joh. Freyin v. Malowetz. — Franc. Freyin v. Hartlieb. — Jos. Gräf. v. Pötting. — M. Anne Gräf. v. Nostitz u. Rhineck. — Jos. Freyin v. Malowetz.

Sitten, im Walliserland.

Residirende Domherren: Pet. Jos. Imseng, Großdecan, Hr v. Mölignon, Vic. Gen. u. Officialis. — Steph. Oggier, Decan v. Valery, Hr v. Besch. — Franz Jos. Xav. Preux, Großsacristan, Promotor im untern Wallis. — Joh. Fel. Pet. Wyß, Baccalaur. der Theol., Cantor. — Franz Xav. Gottsponer, Dr. d. Theol. Senior, auch Stadtpfarr. u. Pönitentiar. Ant. Zurkirchen, Theologat, Hr v. Cre

Suffr. Vic. gener. u. Official, Hr auf Kienberg, auch Canzler der Wiener Univerſ. **Dechant:** Domin. Joſ. Rs, Fhr v. Waldſtädten, Conſiſt. R. u. inful. Prälat. **Cuſtos:** Rud. Gr. v. Coppola, inful. Prälat, fürſtl. paſſau. geh. Conſiſt. R. — **Cantor:** Carl Joſ. Gr. v. Henkel Fhr v. Donnersmark, Conſiſt. R. u. inful. Präl. — **Scholaſticus:** Joh. Spendou, Direct. der Normalſchulen, Conſiſt. R. u. inful. Prälat. — **Domherren:** Mich. Ant. Fhr v. Piloa, Conſiſt. R. — Joh. Schobinger, Conſiſt. R. — Wenz. Gr. u. Hr v. Edling, Conſiſt. R. Domhr und Pönitent. maj. des Domſtifts zu Görz, römiſch. Präl. — Wern. Joſ. Praitenaicher v. Praitenau, Dr. d. Theol. u. Conſiſt. R. — Franz Paul v. Smittmer, Conſiſt. R. u. Joh. O. Commenth. zu Hallenſtein. — Ant. Gr. v. Cavriani, Conſiſt. R. — Franz Böhme, Dr. d. Theol. u. Conſiſt. R. — Franz Parkar, Dr. d. Theol. und Conſiſt. R. — Joſ. v. Herbert, Dr. der Phil. u. Theol., Conſiſt. R.

Wimpfen im Thal.
(Das adel. Collegiatſtift zu St. Peter daſelbſt.)

Dechant: Franz Ant. J. Bapt. Roll zu Bernau, ſ. Worms! — **Cuſtos:** Ludw. Fhr v. Falleville, des Collegiatſt. St. Adalb. zu Aachen Probſt. — **Capitularen. Senior:** J. Phil. v. Horn, genannt Goldſchmidt, Domhr u. Vicar. gener. in Spirit. zu Cülln, churcölln. geh. R. — Cſtian Ph. W. Fhr v. Hohenfeld, auch Capitul. zu Speyer u. Worms, churtrier. w. Staatsr.. — Max. Joſ. Fhr v. Stengel, Domicell. zu Freyſing. und Probſt zu Sittart. — **Domicellaren:** Steph. Fhr v. Scheben, auch Capit. zu St. Victor u. Moriz in Mainz. — Bepedikt Fhr v. Freyberg. — N. Edl. v. Leykam.

Syndicus: Joſ. Aug. Reinhard, b. R. Lic., churpfälz. Reg. R. u. gräfl. Leyenſcher Hofr. **Amtm.** Joſ. Ant. Sartorius.

Wurzen, Stift.

Probſt: Juſtus Jul. von Wieth, Hofr. **Dechant:** J. Cſtian C. Zahn, Stiftscanzler. **Canonici:** J. Gottl. Boßeck, Prof. zu Leipzig, Cuſtos u. Sen. — Dr. E. W. Küſtner, Rathshr zu Leipzig. — Dr. Cſtian L. Stieglitz, Rathshr zu Leipzig. — H. Fr. C. Brand v. Lindau, w. Stiftscanzler. — J. H. Knabe. —

Syndicus: J. H. Hofmann, Accisinſp.

Zeiz, Stift.

Dechant: J. Jac. Gr. v. Hohenthal, Stift Merſeburg. Cammerdirect. **Senior u. Cuſtos:** Fr. W. Gr. v. Hohenthal. **Subſenior:** H. Ferd. Edl. v. Gärtner. **Canonici:** D. H. Fr. Innoc. Apel, Hofr. — Fr. Cſtian v. Zedtwitz, Kreishptm. im thüring. Kreiſe. — Dr. E. W. Hempel, Theol. Prof. publ. ord. zu Leipzig. — J. Ad. Gottl. Kind, churſächſ. Appellat. R.

Syndicus: J. Cſtian Cramer.

Drittes Kapitel.

Staatsbeamten in den weltlichen Chur und Fürstenthümern, auch einigen Grafschaften des deutschen Reichs.

Anhalt.

Fürstenthum im obersächs. Kreise; hat 48 Q. Ml. 18 Städte, 3 Flecken, 189 Dörfer (auch einige Schlösser u. fstl Vorwerke) 114,000 Einw. — 650,000 Thlr. Eink. Das Land ist nun noch, nach Abgang des zerbster Hauses, unter 3 regierende Linien vertheilt, deren jede ihre besondere Landesregierung, Kammer-Collegium und Consistorium hat.

a) Anhalt-Dessau.

Der Landesantheil, mit dem 1797 angefallenen Theile von Zerbst (der Stadt) umfaßt etwa 16 Q. Ml. 7 Städte 2 Flecken, 56 Dörfer, 42,000 Einw. 250,000 Thlr. Eink. Ausserdem besizt diese Linie noch das Amt Alsleben im Hzth. Magdeburg, die Rittergüter Salzfurt u. Löberitz im Chursächs. u. beträchtl. Güter in Ostpreußen, die einen ansehnl Strich Landes ausmachen. Zusammen also etwa 21 Q. Ml. 50,000 Einw. 300,000 Thlr. Einkünften.

Oberhofmeister: NN. von Berenhorst. **Hofmarschall:** von Glasey. **Oberforstmeister:** von Görschen. **Jägermeister:** von Harling. **Reisemarschall:** von Brancont. **Reisestallmeister:** v. Holl äufer. **Kammerjunker:** N. aus dem Winkel.

Fstl. Jägercorps Commandant: Major von Chambaud, auch Schloßhauptm. — **Lieutnant:** von Hoyer. — **Fähndrich:** von Wolframsdorf.

Cabinet. Räthe: A. Rode. L. de Marées.

Regierung. Präsident: Carl Eschwien v. Krosigk. **Räthe:** J. Ludw. Kuhn. C. A. v. Wolframsdorf. Joh. Estian Mann. **Assessor mit Stimme:** Dr. Georg Fr. Richter, Hof- u. Stiftsr.

Consistorium. Besteht aus Sim. Ludw. Eberh. de Marées, Consist. R. u. Superint. u. den Mitgliedern der Regierung.

Kammercollegium. Präsident: Sr. Durchl. der Erbprinz Friedrich. **Oberaufseher:** Franz Gr. v. Waldersee. **Kammerdirector:** NN. v. Raumer. **Oberforstmeister:** v. Görschen. **Kammerräthe:** NN. Augusti. — NN. Mann. **Assessor mit Stimme:** K. de Marées.

b) Anhalt-Bernburg.

Der Landesantheil, mit dem neuen Theile von Zerbst, mag etwa 16 Q. Ml. 7 Städte, 30 Dörfer ꝛc. 36,000 Einw. umfassen, und 200,000 Thlr. Eink. bringen.

Hofmarschall-Amt. Oberstallmeister v. d. Lochau. **Reisestallmeister** J. A. v. Schlegell. **Justiz** R. J. A. Bues.

Regierung. Präsident: der geh. R. Edler v. Sonnenberg, des hess. gold. Löw. O. R. — Der Consist. Director Joh. Gottfr. Spiegel — Der geh. Hofr. Dr. Aug. Culemann. — Der Reg. R. Lebr. Aug. Behmer. — Der Reg. R. Reich, als Deputatus zur Polizey.

Consistorium. Director: Joh. Gottfr. Spiegel, s. ob. — Con

Der weltl. Chur- u. Fürstenthümer ꝛc.

nd Oberprediger, Joh. Gottl. Knochenhauer. —
)mer, s. ob.

r geh. Kammer-R. Ludw. Dietr. G. Mabelung. —
-R. Joh. Heinr. Döring. — Der Kammer-R. Carl
— Der Kammer-Assessor Fr. Wilh. Günth. Schäfer.
Referendär (cum voto) Joh. Fr. Cstian Allihn. —
erjägermeister v. Schlotheim. — Hofr. Joh. Cstian
stmeister Fr. Rud. Kirchner.
ommission: Landkammer-R. Ludw. Fhr v. Bran-
g-R. Keßler.
ommission: Forstcommissär Joh. Fr. Ermisch. —
s Schlüter.

c) Anhalt-Cöthen.

efallenen Theile von Zerbst mag der Landesantheil etwa
ädte, 89 Dörfer, 36,000 Einw. umfassen, und 200,000
en.

v. Lattorf. Hofmeister: v. Horn. Stallmei-
r re

inetsrath: Joh. Cstian Ludw. Salmuth.
riedr. Wilh. Splithusen, Reg. R. J. C. L. Sal-
R. s. oben. Joh. Vollr. Ludw. Salmuth, Canzley-
. Vierthaler, Lehnsrath.
: Joh. Dav. Rindfleisch, Superint. u. Consist. R.
h, s. oben. J. V. L. Salmuth, s. ob. L. L. Vier-

Wilh. Aug. v. Lattorf, Hofmarschall und Kammer-
isch, Kammerrath. Joh. Fr. Pötsch, Kammerrath.
r. — Bened. Heinrich, Assess. u. Kammermeister,
vacat.

Baden.

larkgräfl. badenschen Länder nach der gemeinen Angabe
ädte, 13 Flecken, 598 Dörfer, 200,000 Einw. — Nach
im schwäbischen Kreise 38 Q. Ml. 146,000 Einw., die
ise 14 Q. Ml. 54,000 Einw. In dem Frieden mit Frank-
796 wurden a) die Hrsch. Rodemachern u. Hesperin-
: b) Der badische Antheil an der Grafschaft Sponheim
äfenstein, die Aemter Benheim u. Roth ꝛc. kurz alle Be-
des Rheins an die französ. Republik abgetreten. — Die
zu 1,500,000 Thlr. angegeben.

hall: vacat Obristkämmerer: Georg Ludw. Fhr
. geh. R. u. Minister der auswärt. Angelegenheiten,
ndt. bei den schwäb. Kreistagsversammlungen, auch

Oberhofprediger: vacat. **Hofprediger:** Joh. Leonh. Walz, Kirchenrath.

Der Frau Erbprinzeſſin Amal. Friderike **Oberhofmeiſter:** vacat. **Hofdamen:** Carol. Frau v. Rouſſillon. Carol. Aug. Frl. v. Sternenfels. Cſtina Albert. Frl. v. Staff.

Miniſterium: (Eberh. Fhr. v. Palm, w. geh. R.). Cſtian Heinr. Fhr Gehling v. Altheim, w. geh. R. u. Kammerpräſid. G. Ludw. Fhr v. Edelsheim, w. geh. R. f. ob. (Geo. Cſtoph Krieg, geh. R. und Obervogt zu Raſtatt). (Carl Fr. Seubert, geh. R.). Eman. Meier, geh. R. Joh. Nicl. Fr. Brauer, geh. R. u. Kirchenrathsdirect. Max. W. Reinhard, geh. R. u. Hofgerichtsdirect.

Geheime Secretarii: Pet. Poſſelt, Hofr. Joh. Cſtoph Griesbach, Hofr. und geh. Cabinetsſecret. (Zur Audienz u. fürſtl. Handkanzlei): Joh. Gerh. Herzberg, Hofr. und weltl. Kirchenrath. Fr. Aug. Wieland, Rath.

Hofraths- u. Regierungs-Collegium. Präſident: vacat. **Vice-Präſident:** Fel. Fhr Rüdt v. Collenberg, geh. R. **Hofrathsdirector:** Ernſt Sigm. Herzog, geh. Hofr. **Adel. Bank. Hofräthe:** Carl Wilh. Marſchall v. Biberſtein. **Gel. Bank. Hofräthe:** Joh. Bapt. v. Holzing. Joh. Fr. Eichrodt. Carl Fr. Fiſcher. Wilh. Heinr. Poſſelt. **Aſſeſſores:** Phil. Heinr. Holzmann. Joh. Jac. Krieg. **Hofrathsſecretarii:** Wilh. Fr. Baum. Joh. Theoph. Sachs. Franz Carl Schwarz. Dan. Reinh. Heidenreich.

Hofgerichtscollegium. Director: Max. Wilh. Reinhard, ſ. ob. **Räthe:** Georg Fr. Fein, geh. Hofr. und Kirchenraths Vicedirect. Joh. Gottfr. Stöſſer, geh. Hofr. Phil. Carl Scherer, Hofr. Cſtoph Wohnlich, Hofr. Carl Fhr v. Wechmar, Aſſeſſor und Joh. Mallesbrein, Aſſeſſ **Secretär:** Heinr. Sim. Cruſius, Hofrathsſecret.

Kirchenraths- u. Ehegerichts-Collegium. Präſident: vacat. **Director:** Joh. Nic. Fr. Brauer, ſ. ob. **Vicedirect** Georg Fr. Fein, geh. Hofr. ſ. ob. **Weltl. Räthe:** Carl Wilh. Marſchall v. Biberſtein, ſ. oben. Phil. Rud. Stöſſer, Hofrath. Phil. C. Scherer, ſ. ob. Joh. Gerh. Herzberg, ſ. oben **Adel. Aſſeſſ:** Carl Fhr von Wechmar. **Geiſtl. Räthe:** Gottl. Aug. Tittel, Kirchenrath, Prof. Gymn. Lorenz Beckmann, Hofr. u. Prof. Gymn. Carl Joſ. Bousgine, Kirchenr. u. Rect. Gymn. Aug. Gottl. Preuſchen, Kirchenr. u. Stadtpfarr. in Carlsruhe. Joh. Leonh. Walz, Kirchenr. u. Hofprediger. **Secretairs:** Georg Fr. Heidinger. Carl Ludw. Wilhelm.

Rentkammercollegium. Präſident: C. H. Fhr Gayling von Altheim, ſ. ob. **Adel. Aſſeſſ.** Aug. v. Kalm, Kammerhr. **Procurator:** Carl Max. Maler, Hofr. **Räthe:** Joh. Friedr. Enderlin, auch Forſtr. Joh. Friedr. Junker. Jac. Friedr. Reinhard. Carl Cſtian Kloſe. Dan. Lemke. Joh. Cſtoph Volz. **Kammerconſulent:** Benj. Heinr. Roth, Hofrathsaſſeſſ. **Aſſeſſor:** Joh. Cſtoph Volz. Cſtoph Fr. Bernhardt. **Kammerſecretarii:** Cſtian Friedr. Seeber. Joh. Friedr. Hahn. Ernſt Friedr. Obermüller. Joh. Gottfr. Obermüller. Georg Eman. Gros.

Gesandte und Agenten.

Berlin: Dr. Joh. Carl Conr. Oelrichs, Resid. **Frankfurt am Mayn:** Franz Fhr v. Schmidt zu Rossan, Leg. R. und Resid. **Haag:** vacat. **Oberrhein. Kreis:** Franz Fhr v. Schmidt, s. ob. **Paris:** vacat. **Petersburg:** N. Koch, kais. russ. w. Etats-R. Chargé d'Affaires. **Schwäb. Kreis** 1ter Gesandter: G. L. Fhr v. Edelsheim, s. ob. 2ter Gesandter: Ludw. Fhr v. Wöllwarth. Secret. Fr. Matth. Wierodt, Hofr. **Regensburg:** J. Eust. Gr. von Schlitz, gen. Görz. Secret. Cstian Gottfr. Baurittel, Rath. **Strasburg u. im Elsaß:** Rath Kraus, Agent. **Wetzlar:** Casp. Fr. Hofmann. Hans Carl von Zwierlein. J. A. Brand. **Wien:** Cstoph Cstian Fhr v. Mühl, auch Churbraunschw. bev. Ges. J. L. v. Alt, Agent.

Braunschweig.

Die churfstl. u. herzoglich-braunschweigischen Lande liegen größtentheils im niedersächs. Kreise.

a) Chur-Braunschweig.

Von denen der Churlinie gehörigen Besitzungen liegen

a) im niedersächs. Kreise

	Q. M.	Einw.
1) das Hzth. Lauenburg	26	46,000
2) das Hzth. Bremen	96	180,000
3) das Land Hadeln	5	17,000
4) das Fstth. Lüneburg-Celle	201	260,000
5) das Fstth. Calenberg	77	180,000
6) das Fstth. Grubenhagen	30	50,000

b) im obersächs. Kreise ein Theil an der
Grafschaft Hohenstein — 3 — 7,500

c) im westphal. Kreise

1) das Fstth. Verden	24	45,000
2) die Gfsch. Hoya	51	65,000
3) die Gfsch. Diepholz	11	13,000
4) die kl. Gfsch. Spiegelberg	1½	1,500
5) die Gfsch. Bentheim (pfandweise)	24	36,000
zusammen	550	900,000

Kriegsmacht: 26,000 Mann. — Einkünfte: 4 Mill. Thlr.

Hofmarschall: Joh. Carl v. Löw, auch Cämmerer. **Oberkämmerer:** Clam. von dem Bussche. **Oberstallmeister:** J. Ludw. Rsgraf v. Wallmoden-Gimborn, Gen. der Cav. Chef des Leibgarde-Regim. **Viceobriststallmeister:** Fr. Aug. v. dem Bussche. **Schloßhauptmann:** A. W. C. Gr. v. Hardenberg. **Oberjägermeister:** Friedr. Georg v. Beaulieu Marconnay. **Oberhofbau- und Gartendirector:** Cstian Ludw. Hacke, geh. R.

Geheimes Staatsministerium. Wirkl. geh. Räthe u. Staatsminister: Carl Rud. Aug. Gr. v. Kielmannsegge, Kammerpräsid. Gotth. Dietr. v. Ende, Präses in den brem. u. verdenschen Collegien zu Stade, auch Gräfe des Landes Hadeln. Christian Ludw. Aug. von Arnswald, Consistorialpräsident. G. X. v. Steinberg, Großvoigt. Ernst Ludw. Jul. von Lenthe, jetzt als Chef der hannövr. Canzley in London.

Clausv. d. Decken. Wirkl. geh Secretarien: Dr. Wilh. Aug. Rudloff, geh. Justizr. u. Archivar. Dr. Georg Heinr. Nieper, Hofr. Georg Aug. Best, Hofr. jetzt in London.

   Kammerpräsident: C. N. A. Gr. v. Kielmannsegge, geh. R. f. ob. Cl. v. der Decken, geh. R. f. oben. Geheime Kammerräthe: Otto Ulr. Grote. Ernst Cstian Georg Aug. Gr. von Hardenberg, anjezt als ausserordentlicher Gesandter zu Wien. Adolf Aug. Friedr. von d. Wense. Kammerräthe: Carl Friedr. Alex. v. Arnswald. C. Fr. Herb. Gr. v. Münster. Geh Kammer-Secretarien: Ludw. Joh. G. Meier, Hofr. Ph. L Grote. Heinr. Dietr. v. Anderten. Kammermeister: Cstoph Ludw. Albr. Patje, auch Commerzrath.

   Kriegsgerichts-Commission und Kriegs-Canzley. Präsident: C. L. A. v. Arnswald, f. oben. G. Aug. v. Steinberg, geh. R. f. ob. Ernst Ludw. Jul. von Lenthe, geh. R. (jezt in London). Ernst Franz Carl v. Hacke, geh. Kriegsr. F. L. W. v. Reden, geh. Kriegsr., Bevollm. beym Rsfriedens-Congreß zu Rastadt, auch niedersächs. Kreis-Directorialgef. u. ernannter ausserord. Gef. und bev. Minister am preuß. Hofe. B. G. A. Bremer, geh. Kriegsr., jezt als ausserord. Gef. u. bev. Minister zu Dresden. Ludw. Fr. Gr. von Kielmannsegge, Kriegsr. auch Landrath des Herzogth. Lauenburg. Ludw. Conr. G. v. Ompteda, Kriegsr. (jezt zu Berlin). Secretarien: J. D. Ramberg, auch Commerjr. J. P. Velthusen. Fr. Pauer. Registrator: Der Kriegsssecret. G. L. C. Meißner. Oberzahlcommissar: J. Fr. Ludw. Soest.

   Gen. Kriegsgericht. Präsident: Wilh. v. Freytag, Feldmarschall. Gen. Auditeur: Joh. Cstian Movius. Ober-Auditeur: Fr. C. H. Hartmann.

   Commerz Collegium. Präsidenten: C. L. A. v. Arnßwald, f. ob. Cl. v. der Decken, f. oben. Commerz Räthe: C. L. A. Patje, f. oben. Joh. Dan. Ramberg, Kriegssecret. Carl Ludw. Höpfner, geh. Canzleysecret. Cstoph Carl v. Reiche, geh. Canzleysecret.

   Oberappellationsgericht zu Celle. Präsident: Georg Fr. Aug. v. der Wense. Vicepräsidenten: Otto Ludw. von Schlepegrell. Gerh. Ludw. v. Voigt. Räthe adel. Bank: Dietr. Aug. v. Werfebe. Carl Aug. Ludw. v. Harling. Dietr. Cstian Arn. v. Zesterfleth. Carl Phil. Gr. von Hardenberg. Vict. Fr. Adolph von der Wense. Friedr. v. Bülow. Ferd. Adolph v. Ende. Gelehrte Bank: Wilh. Gottfr. v. Werlhof. Ernst Aug. Rumann. Heinr. Ludw. von Avemann. Ludolf Fr. Joh. Pufendorf. Fr. Wilh. Bas. v. Ramdohr. G. Ernst v. Rüling. G. A. Ebel. Protonotarius: Joh. Conrad Benecke.

Assessoren: Heinr. Adolph Ludw. v. Zerssen, Hofr. u. Licentcommissar. Conr. Heinr. von Dankwerth. Joh. Heinr. Meyer, Calenb. Landsynd. Georg Aug. Wilh. von Pape. Ant. Phil. Böhmer, auch Consistorial-R. Georg Ernst Carl Fhr v. Grote. Cstian Phil. Island, extraord., auch Bürgermeister und Syndicus zu Hannover.

Consistorium zu Hannover. Präsident: C. L. A. v. Arnswald, geh. R. s. ob. Consistor- und Kirchenräthe: Dr. Ernst Ant. Heiliger, Hofr. Burgermeister der Altstadt Hannover. Dr. Ernst Friedrich Heit. Falke, Hofr. u. Burgermeister der Altst. Hannover. Joh. Cstoph Salfeld, Abt zu Lockum, erster Land- u. Schatzrath des Fürstenth. Calenberg. G. Cstoph Dahme, lüneburg. Generalsuperintend. cellischen Theils. Aug. Georg Uhle, hoyaischer Generalsuperintend. Anton Phil. Böhmer, s. oben. Th. Jac. Plank, Prof. der Theol. zu Göttingen. J. Conr. Gericke, Consist. Assessor. auch Hof- u. Schloßprediger.

Justiz-Canzley zu Celle. Director: Jobst Adolph von Voigt. Hof- u. Canzley-Räthe: Joh. Georg Bacmeister. Wilh. Ludw. v. Willich. Ludw. Friedr. v. Laffert. Dr. Theod. Hagemann. Joh. Ludw. v. Bobers. Bodo Georg Ludw. v. d. Wense, auch Landcommissar. Georg Fr. v. Hohnhorst, extraord. auch Hofgerichts-Assess. Joh. Just. Jul. Bacmeister, extraord. F. G. C. v. Werlhof, extraord. W. H. von Witzendorf, extraord. Auditores: Lev. G. C. von Hohenhorst. G. L. H. Max. v. Avemann.

Hofgericht zu Celle. Hofrichter: Hans Ludw. Grote. Assessores ord: J. G. Bacmeister, s. ob. Dr. Th. Hagemann, s. vorher! Cstian Ludw. v. Bilderbeck, Hofrath und Assessor zu Ratzeburg. Joh. Andr. Stromeyer, Syndicus der Stadt Celle. G. Fr. von Hohnhorst, s. vorher! Licent-Commiss. Geo. Wilh. v. Harling. Fr. G. C. von Werlhof, s. vorher!

Bergamt. Berghauptmann: vacat. Viceberghauptmann: Franz Aug. v. Meding. Bergdrost: F. O. B. v. Reden.

Oberste Forstbeamten. a) im Calenbergischen: G. Fr. von Lenthe, Oberforstmeister. C. D. G. v. d. Busche, Forstmeister. C. v. Beaulieu Marconnay, Forstjunker. J. F. Mejer, Forstschreiber. — b) In dem Fstth. Göttingen u. Grubenhagen: C. L. C. von Seebach, Oberforstmeister. C. B. W. L. v. Kerssenbruch, und F. W. L. v. Hacke, Forstjunker. H. L. Kritter, Forstschreiber. — c) Im Fürstenth. Celle: Rud. C. v. Spörken, Oberforstmeister. F. von Malortie, Forstmeister. Ludw. v. Monroy, Forstjunker. d) In der Gfsch. Hoyau. Diepholz: A. Fr. v. Voß zu Nienburg, Oberforstmeister. O. F. C. Stock, Forstschreiber. e) Im Hzth. Bremen: L. v. Zastrow zu Haarburg, Oberforstmeister. C. F. R. v. Clausenheim, Forstschreiber. f) Im Hzth. Lauenburg: J. C. v. Düring, Oberforstmeister. B. C. L. v. Schulte, Forstjunker. C. C. von Schulzen, Forstschreiber.

Landschaften.

a) Calenberg. Von der Prälatur: J. C. Salfeld, Abt zu Lockum, s. oben. Joh. Heinr. Marquard, Canon. des Stifts St. Boni-

facti zu Hameln. Cstoph Carl v. Reiche, Commerzrath u. geh. Canzley=
secretair, als Canon. des Stifts Cosmä und Damiani zu Wunstorf. Von
der Ritterschaft. Land= u. Schatzräthe: O. Fr. Jul. v. Münch=
hausen. F. F. D. Bremer, Hofrichter zu Hannover. Ritterschaft=
Deputirte: Cstoph Aug. v. Wangenheim, Licent=Commiss. Ernst
Friedr. Cstian v. Lenthe, Kämmerer u. Licent=Commiss. Heinr. Adolph
Ludw. v. Zerssen. N. Gr. von Kielmannsegge, Cammerjunker.
C. B. v. Hugo. E. W. Götz v. Ohlenhausen. Von den großen
Städten: O. Jul. Hieron. Tuckermann, Vicesyndic. von Göttin=
gen. Cstian Phil. Iffland, Burgermeister v. Hannover. G. Heinrich
Grimsehl, Burgermeister von Hameln. O. Joh. G. Cstoph Steche,
Syndicus v. Nordheim. Von d kleinen Städten: Joh. H. Schmidt,
Syndicus von Münden. Joh. Fr. Ubbelode, Burgermeister v. Mün=
den. Joh. Cstoph Koch, Burgermeister von Pattensen. Joh. Christoph
Sprengel, Burgermeister v. Hardegsen. Landsyndicus: Joh. H.
Meyer. Landrentmeister: Dr. Georg Andr. Wendeborn.

b) **Grubenhagen.** Stiftsdeputirte: Friedr. Conr. von Köne=
mann, Sen. des Stifts St. Alex. zu Eimbeck. G. Joh. Cstian v. Ram=
dohr, Sen. des Marien=Stifts zu Eimbeck. Von der Ritterschaft:
der jedesmal. Berghauptmann, wegen Förste. — Bösen, wegen Hörden.
— v. Dassel, zu Wellersen. — v. Hagen, zu Rüdigershagen. — von
Hedemann, zu Dorste. — v. Hugo, zu Lindenberg. — — v. Min=
nigerode, zu Wollershausen. — v. Oldershausen, zu Förste. — v.
Welsen, zu Elbingerode. Deputirte der Städte: Burgermeister
Crohme und Syndicus Dr. Söldner, wegen Eimbeck. — Burger=
meister Jenisch u. Syndicus Köpp, wegen Osterode. Landsyndicus:
Ludw. H. Köpp. Landrentmeister: Just. H Jenisch.

c) **Lüneburg.** Landschaftsdirector: Friedr. Ernst v. Bülow,
Abt des Klosters St. Mich. in Lüneburg. Landräthe: Georg Ernst von
und zu Hohnhorst, Oberforstmeister u. Landcommissar. Alex. Otto Ernst
v. Plato zu Grabau, Land= u. Licentcommissar. Carl Levin Otto v. Len=
the, zu Wrestedt. Fr. Aug. Otto von Behr zu Stellichte, Landcommiss.
Geo. Hans Werner v. Meding zu Amelinghausen, Obristl. auch Land=
u. Licentcommissar. J. A. v. Hodenberg, Obristl. auch Landcommiss=
sar. Friedr. Joh. Heinr. Wilh. von der Wense, Oberhptm. zu Hizacker.
Cstian Otto Ludw. Fhr von Mahrenholz, auch Landcommiss. Schatz=
räthe: Cstian Aug. Ludw. v. Behr zu Rethem, Rittmeister. Ernst Bo=
do Fr. v. Alten zu Burgwedel, Drost. Joh. Andr. Stromayer, Hof=
ger. Assess. u. Synd. in Celle, Schutzverordnet. der Städte Celle u. Utzen.
Ritterschaftsdeputirte: G. Wilh. von Harling zu Wohlendorf,
Land= u. Licentcommissar. Fr. Fhr Schenk v. Winterstedt zu Schwach=
hausen, Landcommiss. Geo. Fr. Wilh. Detl. v. Lüneburg, Hptmann.
Landsyndicus: Andr. Ludw. Jacobi. Landrentmeister: Georg
Wilh. Wienecke.

d) **Hoya.** Land= u. Schatzräthe: Cstoph Andr. v. Huga, Land=
commiss. Just. Ludw. E. von Trampe, Hptm. Joh. Heinr. v. Heim=
bruch. Ritterschaftl. Deputirte: von Quiter, Hauptm. G. Aug.

Wilh. v. Pape. C. G. S. v. Schuttdorf, dän. Hofr. Drost v. Ompteda. NN v. Rauchhaupt. Deputirte der Freyen: Georg Wilhelm Stegmann. Deputirte der Städte: Joh. Bertr. Wilh. Bollmeyer, Burgermeister zu Nienburg. Heinr. Fr. Woestmann, Burgermeister zu Stolzunau. Joh. Dietr. Seefing, Burgermeister zu Hoya. Joh. Heinr. Leymann zu Suhlingen. Landsyndicus: Ernst Carl von Reiche. Landrentmeister: Cstian Ant. Cordemann.

e) **Bremen und Verden.** Ritterschaftspräsident: Casp. Ludw. Schulte, zu Kuhmühlen, Burgmann zu Horneburg u. Klosterdirector zu Neuenwalde. Landräthe der Bremischen Ritterschaft: Alex. Schulte zu Burgsittensen, Mai. Claus von der Decken, geh. R. Gräfe im Lande Kehdingen. Georg Dan. Ernst Bar. von der Schulenburg zu Altendorf. Anton Caspar von Wersebe, Major. Gerh. Adolf v. Düring, Hofger. Assess. Cstian Heinr. v. Goeben, Hptm. Von den Bremischen Städten: E. Aug. Turninger, Burgermeister zu Stade. C. Nic. Adler, Burgermeister zu Stade. H. Fr. Carl Siebes, Burgermeister zu Buxtehude. Fr. Lor. v. Ludowig, Burgermeister zu Buxtehude. Von der Verdischen Ritterschaft: Joh. Aug Levin von Schlepegrell. Von der Stadt Verden: Ludw. Cstian Heinsius, Hofgerichtsassessor und Stadtsyndicus. Landsyndicus: Joh. Herm. Gerh. Rose.

f) **Lauenburg.** Landräthe: Detlev Barth. v. Schrader, Oberhptm. Henning v. Rumohr auf Schenkenberg, auch Hofgerichtsassessor zu Ratzeburg. Ludw. Fr. Gr. von Kielmannsegge, s. ob. Schack von Buchwald auf Basthorst, auch Hofgerichts- u. Consist. Assessor zu Ratzeburg. Landsyndicus Barth. Detl. Walter.

Brem- u. Verdensche Landescollegia zu Stade.

a) **Regierung.** Präsident: Gotthelf Dietr. v. Ende, w. geh. R. Reg Räthe: Joh. G. v. Uslar. Mor. v. Borstel.

b) **Justizcanzley:** G. D. v. Ende, geh. R. s. ob. J. G. v. Uslar, Reg. R. s. oben. Mor. von Borstel, s. oben. J. J. C. v. Schlüter, Canzley- Hofgerichts- und Consistorial- Vice - Director. Georg Friedr. Ant. v. Spilker, Justiz- u. Consist. R. Ernst Friedr. v. Willich, Justiz- u. Consister. R. El. Fr. Ad. v. dem Bussche, Justizr. u. Hofgerichts- Assessor. Hanns Detl. v. Hammerstein, Justizr. u. Hofgerichts- Assessor. B. O. H. v. der Decken, Justizr. u. Hofger. Assessor. Ad. Fr. v. Einüber, Justizr. Casp. Detl. Schulte, Hofger. Assessor extraord. G. L. Fr. von Engelbrechten, Auditor. Carl Wilh. Adolf v. Ende, Auditor. Carl Ludw. v. Bobers, Auditor. W. F. v. Borries, Audit.

c) **Hofgericht;** wie die Justizcanzley, nebst folgenden Assoren: 1) von der Bremischen Ritterschaft: Joh. Fr. W. v. Düring. Gerlach Adolph v. Düring. Georg von Düring. 2) Von den Bremischen Städten: Joh. G. v. Rönne, Syndicus zu Stade. Dietr. Kerstens, Syndicus zu Buxtehude. 3) Von der Verdenschen Ritterschaft: Levin v. Schlepegrell. 4) Von der Stadt Verden: Ludw. Cstian Heinsius, Syndicus zu Verden, Landr.

d) **Consistorium:** G. D. v. Ende, geh. R. s. ob. J. G. v. Uslar, Regierungs-Rath, s. ob. Mor. von Borstel, Reg. Rath, s. ob. Joh. Jul. Conr. von Schlütter, Consistorial-Vicedirector s. ob. Fr. A. G. v. Spilker, Consist. u. Justiz, R. s. ob. Ernst Fr. v. Willich, Consist. Reg. und Justizr. s. oben Dr. Joh. Casp. Velthusen, Consistorialr., auch Gen. Superintendent. Albr. Andr. Watermeier, Consistorialrath u. Garnisonsprediger. Herm. Andr. Niefestahl, Consistorialrath auch Spec. Superint. und Past. prim. am Dom zu Bremen. Ulr. Jac. von Stade, Consistor. R. auch Special-Superintend. und Past. prim. am Dom zu Werden.

Lauenburgische Landescollegia zu Ratzeburg.

a) **Regierung.** Friedr. Gr. v. Kielmannsegge, Landdrost. Dr. Heinr. von Döring, Reg. R. Carl Fhr. Langwerth von Simmern, Reg. R.

b) **Hofgericht.** Hofrichter: B. v. Schrader, auch Landr. u. Oberhptm. zu Blekede. Räthe: Dr. Heinr. v. Döring, Reg. R. Carl Fhr. Langwerth v. Simmern, Reg. R. H. v. Rumohr, Assess. u. Landr. Estlan Ludw. v. Bilderbeck, Assess. Georg Heinr. v. Döring, Assess.

c) **Consistorium.** Präses: F. Gr. v. Kielmannsegge, s. oben. Dr. H. v. Döring, Reg. R. s. oben. Joh. Conr. Eggers, Superintend. und Pastor primar. zu Ratzeburg. Joh. Ernst Beer, Pastor zu Sandesneben.

Land Hadeln. Consistorium, Justiz-Vice-Ober-Executions-Appellations-und Oberstadt-Gericht: G. D. von Ende, s. oben, Gräfe des Landes Hadeln, Präses. Joh. Friedr. Sarnighausen, Gerichtsdirector. Georg Wilh. Marwedel, Amtm. zu Ottendorf, kön. Assessor.

Hoheits-Commissarius in der Grafschaft Hohenstein: G. Gerh. Lueder, Amtmann zu Ilfeld.

Kriegsstaat.

Feldmarschall: Wilh. v. Freytag, command. Chef der gesammten Truppen, Chef des 9ten Regim. der Königin leichte Dragoner. a) **Cavallerie.** General der Capallerie: Joh. Ludw. Rsgr. v. Wallmoden-Gimborn, Chef des Leibgarderegim. zu Hannover. General-Lieutenants: Wilh. de Jonquieres, zu Lüneburg, Chef des ersten, oder Leibregim. Georg Wilh. von Ramdohr, Chef des 5ten Regim. Drag. G. L. Gr. v. Oeynhausen, zu Nienburg, Chef des 7ten Regim. Drag. Gen. Majors: Joh. Levin v. Dachenhausen, Chef des 6ten Regim. Carl Aug. v. Mandel, Chef des 3ten Regim. G. Wilh. Phil. v. Wangenheim, Chef des 4ten Regim. Cav. Pr. Ernst Aug. von Großbritanien, Chef des 2ten Regim. Cavall. Bernh. v. Linsingen, Chef des 10ten Regim. leichte Drag. Jac. Conr. Niemeyer, beim 8ten Regim. Obristen: G. Fr. Bremer, beim 7ten Regim. Carl v. Bülow, bei der Leibgarde. b) **Infanterie.** General der Infanterie: Ernst Gottl. Albr. Pr. v. Mecklenburg-Strelitz, Chef des 8ten Regim. Generals

Majors: Aug. Ludw. Fr. v. Diepenbroick, Chef des 11ten Regim. Rud. G. Wilh. v. Hammerstein, Chef des 6ten Regim. Ludw. Heinr. Aug. v. Scheither, Chef des 1ten Regim. Carl Gust. v. Issendorf, Chef des 2n Regim. Geo. Ludw. v. Bothmer, Chef des 4n Regim. Pr. Adolph Friedr. v. Grosbrittannien Chef des Garderegim. Obristen: Ludw. W. Ad. v. Stedingk, Chef des 3ten Regim. Bernh. Fr. Rud. von Scheither, Chef des 13ten Regim. Fr. Wilh. von Diepenbroick, Chef des 14ten Regim. J. W. du Plat, Chef des 7ten Regim. G. v. Walthausen, Chef des 12ten Inf. Regim. E. von Saffe, zu Celle, Chef des 10ten Inf. Regim. Adolph Estoph v. Hacke, Flügeladjut. NN. v. Hugo, Chef des 9ten Regim. — C. Estian v. Drechsel, b. d. Garde. c) Artillerie. Gen. Major: Vict. Lebr. von Trew, Chef, Command. zu Hameln. d) Ingenieurscorps. Obrist: Fr. Christoph Kunze, Chef.

Landregimenter: General Major: Georg Sigm. von Pufendorf, Inspect. über sämmtl. Landregimenter, und Chef des cellischen auch diepholz. Regim. Obristen: Fr. C. von Düring, Chef des hannövr. Regim. Joh. Fr. v. Quernheim, Chef des wendenschen Regim. Obristlieut. Vict. v. Hugo, Chef des calenb. Regim. G. Gabriel v. Gerber, Chef des grubenhagenschen Regim. Major: von Coulon, Chef des hamelnschen Regim. Melch. Weber, Chef des lüneburg. Regim. — Tallard, beym lüneburg. Regim. Tit. Rumann, beym hoya'schen Regim. Garnisons-Regimenter. Chefs: Herm. Melch. von Wersebe, Gen. Maj. u. Chef des razeburg. Regim. Georg Gottl. v. Harling, Obrist und Chef des 1ten hamelnsch. Regim. A. W. von Maudenrode, Obrist und Chef des 2ten hamelnsch. Regim. Joh. Arn. Hagen, Obr. u. Chef des harburg. Regim.

Gesandte und Residenten.

Auf dem Reichstag zu Regenspurg: Geh. Leg. R. Dietr. Henr. von Ompteda, Comitialgesandter. Legat. Secret.: A. C. Kruckenberg. Beym Rsfriedens-Congreß zu Rastadt: F. L. W. von Reden, geh. Kriegsr. u. bevolm. Gesandter. — Dr. G. F. von Martens, Hof- und Canzley-R. J. v. Schwarzkopf, auch Minister-Resident am oberrhein. Kreise. J. C. Wägner, Legat. Canzlist. Am k. Hofe zu Wien: Geh. Cammerrath Ernst Estian Geo. Aug. Gr. v. Hardenberg, ausserord. Abges. Hofrath Estoph Estian Fhr v. Mühl, bevolm. Minister. Am k. preuß. Hofe zu Berlin: Franz Ludw. Wilh. v. Reden, geh. Kriegs-Rath ernannter außerordentl. Abgesandter und bevollm. Minister (jezt zu Rastadt). L. C. G. von Ompteda, Kriegsr. C. F. G. Deichmann, Reg. Canzlist. Am Chur- u. oberrhein. Kreise: Joach. v. Schwarzkopf, Minister-Resident. Am churfächf. Hofe zu Dresden: Bened. Aug. Bremer, ausserord. Abges. und bevollm. Minister. G. Albr. von Hugo, geh. Canzley-Auditor. Am churpfalzbayr. Hofe zu München: Geh. Legat. R. v. Ompteda, als bev. Minister. Bey den Generalstaaten der vereinigten Niederlande im Haag: Georg v. Hinüber, Legat. R. und bevollm. Minister. Am markgräfl. brandenburg. anspach. Hofe zu

Anspach: Der dasige Hofr. Fr. Carl Schegk, als Chargé d'Affaires. Am schwäb. Kreise, am herzgl. würtemberg. markgräfl. badenschen und herzogl. pfalzzweybr. Hofe: Wilh. v. Knebel, Leg. R. und Resident. Am niedersächs. Kreise: F. L. W. v. Reden, s. oben. und der geh. Canzley-Auditor. J. C. C. Wackerhagen, als Chargé d'Affaires J. J. L. Stunkel, als Legat. Canzlist.

Agenten. Amsterdam: Joh. Georg Matthes. Augsburg: J. Fr. Gullmann. Bremen: Carl Ludw. Brauer. Frankfurt a. M. General-Major v. Smelin. Hamburg: Meyer Mich. David, Komeragent. Wetzlar: Dr. Hans Carl v. Zwierlein, Rath u. Procur. beym Rskammergericht. Wien: Joh. Merk, Rshofrathsagent.

b) Braunschweig-Wolfenbüttel.

Man schätzt die Arealgröße der herzogl. Lande gewöhnlich zu 94 Q. Ml. aber sicher zu hoch. Wahrscheinlicher ist folgende Berechnung:

1) das Fstth. Wolfenbüttel · · · 63 Q. Ml. 165,000 Einw.
2) das Fstth. Blankenburg · · · 6 · · 13,000
beide im niedersächs Kreise;
3) das Amt Walkenried · · · 3 · · 6,000
im obersächs. Kreise; und
4) die Hälfte des Amtes Thedinghausen
im westphälischen Kreise · · · 2 · · 4,000

Zusammen 74 Q. Ml, welche 12 Städte, 11 Flecken, 426 Dörfer und 188,000 Bewohner enthalten; die Einkünfte werden zu 1 Mill. 500,000 Thlr. und der Kriegsetat auf 5,500 Mann angegeben. — Da das von hochfürstl. Canzley erbetene Verzeichniß der Landesdienerschaft den Verlegern nicht mitgetheilt worden ist; so kann hier auch das Personale der Staatsbeamten nicht angeführt werden.

Castell.

Die Grafsch. Castell in Franken besteht aus unterschiedenen, von einander abgesonderten Stücken, wovon das größeste auf dem Steigerwalde neben der Grafsch. Schwarzenberg liegt. Das Ganze mag etwa 6 Q. Ml. und 14,000 Einw. betragen, und ist unter die beiden regierenden Linien zu Castell-Remlingen und Rüdenhausen getheilt. — Hier kann für diesmal blos angeführt werden die

Castell-Remlingensche Landesdienerschaft.

Regierung. Director derselben und sämtl. Collegien: Fr. Ad. von Zwanziger, mehrerer Fürsten und Stände des schwab. Kreises geh. R. und 1r Kreisgesandter zu Nürnberg. Vicedirector: J. H. Müller, geh. Hof- und Reg. R. Uebrige Mitglieder: G. F. C. Braun, geh. Hof- u. Reg. R., auch mehrerer Fürsten und Stände des fränk. Kreises 2r Kreisgesandter zu Nürnberg. — C. C. v. Jan, b. R. Dr. Hof- u. Reg. R. — J. A. Hermann, Reg. Assessor. — Joh. Reeser, Reg. Canzlist.

Kammer- u. Landschaftscollegium. Ausser sämtl. Mitgliedern der Regierung noch: Cstian Frieblein, Hofkammer-R., der auch zugleich die Cameralien im Amt Castell u. das Landschafts-Cassieramt besorgt.

Unter diesem Collegio steht auch die Land-Kredit-Kasse, in Ansehung deren das Collegium blos dem Lande verpflichtet ist. Administrator dieser Kasse ist: der geh. Hof- u. Reg. R. Müller.

Conſiſtorium. Auſſer den Gliedern der Regierung noch: Johann Bauer, Conſiſt. R. u. Hofprediger. J. H. Stephani, Conſiſt. R. Phyſicat: Dr. u. Hofr. J. F. Dörſter (zu Neuſtadt), herrſchaftl. Leibmedicus und Landphyſicus Dr. Neidhardt, Amtsphyſicus zu Remlingen. Dr. Köhler Practicant zu Burghaslach.

Aemter: a) Caſtell: Andr. Endres, Juſtiz-Amtm. — b) Remlingen: C. H. Zwanziger, Rath u. Amtm. — J. A. Dorſch, Zentgraf (gemeinſchaftl. mit Würzburg). — J. P. Wäſch, Amtskaſſier und Rechnungsbeamter. Eſtian Wäſch, Amtsactuar. — c) Burghaslach: Joh. Eyſelin, R. u. Amtm. B. M. Jung, Zentgraf. J. H. Hammer, Amtsactuar. — d) Breitenlohe: J. Eyſelein, auch Amtm. zu Burghaslach. — e) Urſpringen: C. H. Zwanziger, ſ. oben, (gemeinſchaftl. mit der rüdenhauſ. Linie). — f) Limpurger Heimfall (gemeinſchaftl. mit der rüdenhauſ. Linie): Joh. M. Neeſer, Juſtizamtm. u. Lehenvogt zu Abtſchwindt.

Contingents-Lieutenant: F. L. Viebeck.

Bey dem ältern Hrn Gr. Friedr. Carl iſt Privat-Secretär und Rechnungsführer: C. L. Schorn.

Friedberg.

Zu dem unmittelbaren Burggrafthum Friedberg in der Wetterau gehören mehrere Güter, welche in die 3 Aemter Altenſtadt, Ober-Carben und Büdesheim abgetheilt ſind, deren Einkünfte (jährlich 20,000 fl.) die Hüter der Burg, oder die Burgmänner, genießen. Dieſe Burgmannſchaft hat Theil an der Reichsſtandſchaft der Stadt Friedberg, und unter den Burgmännern ward 1337 ein Burgfrieden, d. i. eine Verbindung zur wechſelsweiſen Eintracht und Beſtimmung der Pflichten bey der Burghuth errichtet, der 1349 und 1531 vom Kaiſer beſtätiget ward. Das Haupt der Burgmannſchaft iſt der Burggraf, welcher jährlich als Geſoldung 6000 fl. und auſſerdem anſehnliche Nebengefälle zieht. Derſelbe iſt ſchon im 1ten Theil, Seite 285 namentlich angeführt. Hier wird nun noch a) die übrige Burgmannſchaft, und b) das Perſonale der Burgbeamten nachgetragen.

a) Die Burgmannſchaft.

Für dieſe errichtete Kaiſer Joſeph II. am 20ten Jul. 1769 einen weltl. Ritter-Orden, nämlich den kaiſerl. Joſephs-Orden, wovon erwähnter Kaiſer das Großmeiſterthum ſich und ſeinen Nachfolgern im Reiche vorbehalten, den jedesmaligen Burggrafen aber zum Ordensgroßprior ernannt hat.

Baumeiſter und Regiments-Burgmänner.

(Diejenigen, ſo mit einem * bezeichnet, ſind des hohen kaiſerl. St. Joſeph-Ordens Commandeurs).

*Joh. Fr. Joſ. Carl Xav. Fhr v. u. zu Frankenſtein, älterer Baumeiſter, churmainz. geh. R. und Hofmarſchall, jur. als Burgm. 20 Apr. 763, als Regim. Burgm. 2 Oct. 787, als adel. Sechſer beim Stadtrath 11 Oct. 787. C. — Jüngerer Baumeiſter, vacat. — Wilh. Eſtian v. Diede zu Fürſtenſtein, k. dän. w. geh. R. u. bevollm. Miniſter am Rstag zu Regensburg, jur. als Burgmann 29 Dec. 750, als Regiments-Burgm. 11 Sept. 766, als adel. Sechſer beim Stadtrath 1. Oct. 773.

Ev: — *Hugo Phil. Carl, Graf u. Edler Hr zu Elt, genannt Fauſt von Stromberg, Gr. zu Bucovar, k. k. w. geh. R., churmainz. u. churtrier. w. geh. R. Oberſtallmeiſter und Oberamtm. zu Lohnſtein und Gernsheim, Erbmarſchall und Oberamtm. zu Mayen, Montreal und Kaiſerseſch, des niederrhein. Ritter-Cantors erbet. Ritter-R. jur. als Burgm. 3 Sept. 764, als Regim. Burgmann 5 Oct. 768. C. — *Friedr. Ludw. Wurmb, churſächſ. Conferenzminiſter u. w. geh. R. jur. als Burgm. 27 May 744, als Regim. Burgm. 13 Sept. 775. Ev. — *Friedr. Carl Fhr v. Groſchlag, des ungar. St. Steph. O. Command., jur. als Burgm. 28 Dec. 746, als Regim. Burgm. 26 Sept. 776. C. — *Franz Carl Phil. Gr. v. Ingelheim, gen. Echter v. Meſpelbrunn, churmainz. geh. R. und Oberhofmarſchall, jur. als Burgm. 8 Sept. 764, als Regim. Burgm. 4 Oct. 779. C. — *Clem. Aug. Gr. v. Weſtphal zu Fürſtenberg, Erb-Küchenmeiſter des Hochſtifts Paderborn, Erb-Ober-Jägermeiſter des Hochſtifts Osnabrück, kaiſ. w. Kämmer. geh. R. u. bevollm. Miniſter an den Churhöfen Trier u. Cölln, u. am Niederrhein, Hochſtift Paderborn-Landdroſt; jur. als Burgm. 4 Oct. 779, als Regiments-Burgmann 2 Juny 783. C. — *Clem. Aug. Fhr v. u. zu Gymnich, k. k. w. Kammerhr u. Gen. FWM., churmainz. geh. R., Gen. FZM., Gen. en Chef der churfürſtl. Truppen, (Gouv. der Stadt und Weſtung Mainz,) Hofkriegsraths-Vicepräſident, Obr u. Inh. eines Inf. Regim. kurkölln, Oberamtm. zu Liedberg, jur. als Burgm. 8 Apr. 767, als Regim. Burgm. 15 May 786. C. — *Dietr. Phil. Auguſt Fhr v. Stein, k. k. Kämmerer, jur. als Burgm. 12 Oct. 761, als Regim. Burgm. 19 Oct. 789. Ev. — *Carl Heinr. Joh. Wilh. Gr. v. Schlitz, gen. Görtz, churſächſ. Kammerhr u. bevollm. Geſandter in München, jur. als Burgm. 16 May 777, als Regiments-Burgmann 7 Oct. 793. — *Georg Carl Herm. Wilh. Loew v. u. zu Steinfurth, k. großbritt. u. churbraunſchw. Obriſtl. bey der Garde zu Fuß u. Kammerhr des Hz. v. York, jur. als Burgm. 14 May 770, als Regim. Burgm. 6 Jun. 796, wird adel. Sechſer e. d.

Gemeine Burgmänner.

(Diejenigen, ſo mit einem * bezeichnet, ſind des St. Joſephs-Ordens Ritter.)

Beat. Conr. Phil. Friedr. Fhr Reutner v. Weyl, des deutſch. O. R. u. Landcommenth. der Balley Elſaß, Burgund u. Heſſen, Commenth. zu Altshauſen, Meyum, Marburg und Wezlar ꝛc. k. k. w. geh. R. und des deutſch. O. verordn. Miniſter jur. 9 Jun. 777. C. — Franz Phil. Fhr von Hettersdorf, des deutſch. O. R. u. Commenth. zu Frankfurt u. Gangehofen, churcölln. u. fſtl. würzb. Kämm. auch hoch- und deutſchmeiſt. Oberamtm. zu Ellingen, jur. 9 Octobr. 1789. C. — Ludw. Wilh. Aug. van Phull, hzl. würtemb. Gen. L. u. Chef eines Grenad. Regim. a Cheval, des groß. Jagd-O. R. u. des milit. O. Command, auch d. ſchwäb. Kreiſes Gen. M. der Cav. u. Command. eines Drag. Regim. jur. 3 Sept. 742. Ev. — Lothar. Franz Mich. Fhr v. u. zu Ehrthal, des Malth. O. Ehren-Großkreuz, k. k. w. geh. R. churmainz. geh. R. Obriſthofmeiſter und Hofgerichtspräſid. jur 3 Sept. 742. C. — Georg Ludw. Rieſeſel, Fhr zu Eisenbach, Erbmarsch. v. Hessen, Obristl. des Pr. v. Oran. Erbstatth. Leibregim. zu Fuß, jur. 18 Dec. 743. Ev. — *Carl Friedr. v. Minigerode Silkerode, holländ. Gen. L. der Inf. und Command. der Vestung Sas van Gent, jur. 3 Febr. 745. Ev. — Friedr. Wilh. v. Phull, hzgl. würtemb. Trabanten- u. Oberschloßhptm. Kammerhr und des St. Carl O. R. jur. 6 Jul. 745. C. — Eugen Erwein Gr. v. Schönborn, des goldnen Vließes R. kais. geh. R. jur. 28 Dec. 746. C. — *Franz Hugo Edm. Fhr Beissel von Gymnich zu Schmidtheim, churtrier. und churcölln. w. geh. R., churtrier. Oberamtm. und Mannrichter der Aemter Brün, Schönecken u. Schönberg, der niederrhein. Rittersch. Ritter R. jur. 5 Aug. 749. C. — *Carl Phil. Vogt, Fhr v. und zu Hunolstein, jur. 5 Aug. 749. Ev. — *Einstach Gr. v. Schlitz, gen. Görz, k. preuß. geh. Staats- u. Kriegsminist. bev. Minist. am Rotage zu Regensb. des schw. Adl. O. R. jur. als Burgm. 18 Apr. 754. Ev. — *Phil. Jos. Heinr. Ignaz Fhr Zobel v. u. zu Gibelstadt, fstl. würzburg. geh. R. des kais. Landger. Hzgth. zu Franken Assess. u. Oberamtm. zu Geroldshofen, jur. 28 Jul. 755. C. — *Otto Wilh. Aler. Rau v. und zu Holzhausen, zu Dornheim, hzl. würtemb. Kämmer. u. Gen. FWM. jur. 28 Jul. 755. Ev. — *Ernst Christ. Vogt Fhr v. u. zu Hunolstein, churpfälz. Kämmer. u. Obr. der Inf. jur. 28 Jul. 755. Ev. — Joh. Fr. Carl Max. Gr. v. Ostein, kais. w. geh. R. und Kämmer. jur. 5 Sept. 757. C. — *Damian Fr. Carl Franz Erwein Gr. v. Schönborn, k. k. geh. R u. Kämmer. jur. 20 Apr. 763. C. — *Fr. Georg Ludw. Schenk v. Schweinsberg, kais. ruß. Obristl. u. Obervorsteher der adel. Stifter in Hessen, jur. 30 Sept. 765. Ev. — Joh. Ant. Rsgr. u. Hrv. Pergen, Hr der Hrsch. Pottenbrun, Aspang, des St. Steph. O. Großkr. k. k. w. geh. R. Kämmer. Staatsminister in inländ. Geschäften, Landmarsch. in Oesterr. unter der Ens, jur. 11 Aug. 766. C. — *Damian Hugo Casim. Phil. Jos. Fhr v. Schmidtberg, churtrier. Erbschenk, churmainz. u. trier. w. geh. R. u. respect. Oberamtm. zu Hausen, Orb u. Lohr, der oberrhein. Ritterschaft Hptm. jur. 28 Apr. 767, C. — *Joh. Nepom. Casim. Ferd. Jac. Meinr. M. Fhr v. Sickingen zu Hohenburg, k. k. Kämmer. jur. 15 Sept. 767. C. — *Franz Ant. Fhr v. Baaden zu Liel, k. k. Kämmer. u. w. geh. R. im Breißgau, landständischer Consessual-Präsident, jur. 15 Sept. 767. C. — *Joh. Georg Jos. Nep. Gr. v. Stadion zu Thannhausen, churmainz. geh. R. u. Ober-Silber-Kämmer. jur. 15 Sept. 767. C. — *Phil. Anton Ignaz Fhr v. Greiffenclau zu Vollraths, churmainz. u. fstl. würzburg. w. geh. R. u. Oberamtm. zu Jagsbergen, erbet. Ritter R. des Cant. Baunach in Franken, jur. 5 Oct. 768, C. — *Carl Fr. Fhr v. Esch, churtrier. Kammerhr u. Oberamtm. jur. 15 Nov. 769. C. — *Phil. Ant. Fhr v. Bibra, churmainz. Hofrichter u. Vicedom der Stadt Mainz u. des Landes Rheingau, fstl. bamberg. und fuld. geh. R. auch Oberamtm. zu Hamelburg, jur. 15 Nov. 769. C. — *Joh. Carl Löw v. u. zu Steinfurt, k. großbritt. und churbraunschw. lüneb. Hofmarschall u. Kammerhr, wie auch der mittelrhein. R-Ritterschaft erbet. Ritter R. jur. 14 May 770, Ev. — *Cstoph Ludw. Voit Gr. v. Rieneck, k. k. Kämmer. jur. 12 Sept. 770, C. — *Amand. Ernst Phil. Fhr

v. Ebersberg, gen. v. Weyhers u. Leyen, k. k. Kämmer. jur. 12 Sept. 770, C. — *Wolfg. Herib. Tob. Otto Kämmer. v. Worms, Fhr v. u. zu Dalberg, churpfälz. Vice-Kammer-R. Präsid. jur. 12 Sept. 770, C. — *Fr. Franz Carl Eckemb. Bened. Kämmer. von Worms Fhr v. Dalberg, churmainz. geh. R. und des oberrhein. Ritter-Cant. erbet. Vice-Ritterhptm. jur. 12 Sept. 770, C. — *Ludw. Ernst Heinr. Gr. von Schlitz gen. Görz, auch v. Weißberg, Schatzr. der Landschaft Hildesh. jur. 10 Sept. 771, Ev. — *Carl Gr. v. Schall zu Bell, churpfälz. Ges. am sächs. Hofe und Oberamtm. zu Lautern, jur. 16 Sept. 772, C. — *Ph. Fr. Löw v. und zu Steinfurt, fstl. nassau-weilburg. Oberforst-meister, jur. 16 Sept. 772, Ev. — Joh. Friedr. Albr. Ludw. v. Pontau, k. preuß. Hauptm. jur. 13 Sept. 775, Ev. — Heinr. Franz Jos. Gr. v. Rothenhan, k. k. w. geh. R. und Kämmer. auch kön. böhm. Ob-rist-Burggraf zu Prag, jur. 23 Apr. 776, C. — *Fr. Cstoph Gr. v. Rothenhan, fstl. bamberg. Kammerhr, Oberamtm. und Reg. R. jur. 23 Apr. 776, C. — *Wilh. Cstian Aug. Gr. v. Brockdorf zu Schnen, fstl. bamberg. geh. R. jur. 25 Sept. 776, Ev. — *Fr. Phil. Carl Fhr v. Breidbach zu Bürresheim, gen. v. Riedt, churmainz. Obristl. jur. 25 Sept. 776, C. — *Joh. Nep. Fhr Speth v. und zu Zwyfalten, kais. Hauptm. jur. 25 Sept. 776, C. — Franz Wilh. Zobel v. Giebelstatt, Oberlieut. des würzburg. Inf. Regim. v. Wurmb, jur. 25 Sept. 776, C. — *Franz Jos. Nep. Fhr Erbschenk v. Schmidtburg, churtrier. Käm-merer u. Oberamtm. zu Bern-Castell, Waldenau u. Hunolstein, jur. 17 Febr. 777, C. — *Joh. Phil. Fhr Boos v. Waldeck, churmainz. Kammerhr, jur. 17 Febr. 777, C. — Carl Fr. Eugen v. Wöllwarth, k. preuß. Hptm. jur. 14 Merz 777, Ev. — *Wenzel Jos. Gr. v. Lei-ningen-Dachsburg-Guntersblum, churtrier. Vice-Oberhofmarschall und Major vom schwäb. Kreise, jur. 9 Jun. 777, C. — *Wilh. Mor. Cstian v. Stein, fstl. hess. Obristl. v. der Inf. jur. 9 Jun. 777, Ev. — *Ludw. Carl v. Schenk zu Schweinsberg, fstl. hessen-cassel. Kammerhr, jur. 9 Jun. 777, Ev. — *Sigm. Cstoph Gustav Löw v. u. zu Stein-furt, kön. großbrittan. u. churbraunschw. Major der Garde zu Fuß zu Hannover, jur. 9 Jun. 777, Ev. — Carl Heinr. Ludw. Fhr v. Gei-spitzheim, churpfälz. Major, jur. 9 Jun. 777, Ev. — Alex. Emich Cstian Heinr. v. Geispitzheim, churpfälz. Oberlieutn. bey dem Regim. Zedtwitz jur. 9 Jun. 777, Ev. — *Carl Ludw. Georg Fhr v. Wöll-warth, hzl. würtemberg. Staatsminist. u. Kammerpräsid. jur. 9 Jun. 777, Ev. — Jos. Ferd. Ant. Friedr. v. Phull, hzgl. würtemberg. Kam-merj. jur. 12 Jun. 777, C. — *Carl Theod. Eug. Jos. Fhr v. Sturm-feder, churpfälz. Kammerhr u. Reg. R. jur 4 Oct. 779, C. — *Franz Ant. Jos. Gr. v. und zu Sickingen, jur. 2 Oct. 780, C. — Jos. Carl Fhr v. und zu Schauenburg, jur. 2 Oct. 780, C. — *Cstoph Erdm. Steube v. Schnadiz, fstl. cassel. Ober-Appellat. R. jur. 27 Sept. 781, Ev. — Clem. Carl Aug. Fhr v. Freyberg und Ranau, Hr zu Eisen-berg rc. churtrier. Geh. Rath u. Kammerhr, jur. 3 Jun. 782, C. — *Joh. Phil. Gr. v. Stadion, k. k. Kammerhr, jur. 3 Jun. 782, C. — *Gott-fr. Fhr v. Waldner v. Freundstein rc. jur. 3 Jun. 782, Ev. — Eugen

Friedr. Sigm. Rau v. u. zu Holzhausen, k. großbritt. u. churbraunschweig-Lüneb. Maj. jur. 3 Jun. 782, Ev. — *Friedr. Ludw. Phil. Gust. Fhr v. Wöllwarth, mgfl. anspach. Kammerhr und geh. Reg. R. auch Consist. Präsid. jur. 2 Jun. 783, Ev. — Franz Carl Gr. von Kesselstadt, churmainz. Kammerhr und Landoberjägermeister, auch churtrier. Kammerhr, jur. 2 Jun. 783, C. — *Joh. Phil. Adalb. Fhr v. Buttlar, churtrier. Kammerhr, Hofcav. u. Hofr. zu Fulda, jur. 2 Jun. 783, C. — °Eugen Fhr v. Wöllwarth, churfürstl. trier. w. Kammerhr, jur. 2 Jun. 783, Ev. — Aug. Friedr. Wilh. Fhr v. Wöllwarth, Rittm. bei dem hzl. württemberg. Drag. Reglm. in k. k. Dienst. jur. 2 Jun. 783, Ev. — Geo. Wilh. Ernst v. Utterod zum Scharfenberg, jur. 13 Sept. 784, Ev. — *Carl Phil. Ignaz Fhr v. Münster, fstl. bamberg. Kammerhr, geh. R. und Oberamtm. zu Forchheim, jur. 13 Sept. 784, C. — *Heinr. Jul. Alex. Fhr v. Kalb auf Kalbsrieth, jur. 13 Sept. 784, Ev. — *Jos. Rsgr. u. Hr zu Pergen, k.k. Kämmer. w. Reg. R. und Stadthptm. in Wien, jur. 16 Aug. 786, C. — °Otto Fhr v. Gemmingen, churpfälz. Kämmer. u. Reg. R. jur 2 Oct. 787, C. — *Carl Gr. v. Nesselrode, churpfälz. Kämmer. u. Oberamtm. jur. 2 Oct. 787, C. — *Joh. Fhr v. Fechenbach, churmainz. Kämmerer, Hof- und Reg. R. jur. 2 Oct. 787, C. — °Aug. Cstoph v. Wangenheim, k. großbritt. Obr. bei der Inf. jur. 2 Oct. 787, Ev. — °Ignaz Fhr v. Rotberg, fstl. bischöfl. basel. Hofr. u. Coadministrator des Oberamts Schlingen, jur. 19 Oct. 789, C. — *Wilh. Hans Aug. Fhr v. Hagen, churmainz. w Kammerhr u. abel. Hof- und Reg. R. jur. 10 Oct. 791, C. — *Phil. Fhr v. Wambold v. Umstadt, churmainz. Kammerhr u. Obristsilberkämmerer, jur. 10 Oct. 791, C. — Emerich Jos. Fhr v. Eltz-Rübenach, churtrier. Kammerhr und Oberamtm. zu Coblenz, jur. 10 Oct. 791, C. — °Anselm Fhr v. u. zu Frankenstein, churmainz. Kammerhr, jur. 10 Oct. 791, C. — Fr. Wilh. Ernst Raban Fhr Spiegel v. Pikelsheim, k. k. Oberlieutn. bey dem Cür. Regim. Hz. Albert, jur. 10 Oct. 791, Ev. — Franz Carl Raw v. u. zu Holzhausen, jur. 6 Jun. 796, Ev. — *Clemens Wenz. Gr. v. Boos zu Waldeck, churtrier. Kammerhr, jur. 6 Jun. 796, C. — Friedr. Carl Erbgr. v. u. zu Bassenheim, jur. 6 Jun. 796, C. — *Franz Carl Fhr v. Greiffenclau, k.k. Kammerhr, jur. 6 Jun. 796, C.

b) Burgbeamten.

Canzley u. Rentkammer, auch des kaiserl. St. Josephs-Ordens Bediente. Canzleydirector: vacat. Canzleyräthe: Ludw. Conr. v. Preuschen, des kais. St. Josephs-O. Secret. u. Schatzmstr. Jul. Gottfr. Siegfrieden. Cammerrath und Rentmstr: Carl Ludw. Helmolt. Canzleysecretair: Friedr. Alex. Bapst, auch des kais. St. Jos. Ord. Canzlist. Registrator: Ferd. Rud. Cstoph Dav. Schatzmann. Bauverweser und Geometer: Joh. Phil. Hofmann. Gerichtschreiber: Geo. Heinr. Rolfs, Canzlist.

Consistorium: L. C. v. Preuschen, s. ob. J. G. Siegfrieden, s. ob. Fr. Ferd. Fettsch, Inspect. Consistor. Burgpfarr. Geo. Eberh. Jul. Schäfer, Consist. u. Pfarr. zu Rendel.

Agenten u. Bevollmächtigte. Wien: Joh. Ludw. v. Alt. Wetzlar: Dr. Joh. Jac. Wick.

Uebrige Burgbediente: Carl Aug. Schazmann, Stadtschultheiß in der Stadt. Dr. Joh. Fr. Kritter, Burg-Medic. und Physicus ord. Joh. Carl Marquard, Capit. und Oberförster. Phil. Lebrecht Koch, Amtm. zu Büdesheim. Franz Ludw. Helmolt, Amtm. zu Großkarben. Wilh. Ludw. Mader, Amtm. zu Altenstatt. **Advocati und Procuratores:** Joh. Phil. Wiesner. Joh. Friedr. Dietsch. Ludw. Geyer. Carl Wilh. Schäfer.

Fürstenberg.

Die Lande des fürstl. Hauses Fürstenberg liegen im schwäb. Kreise zerstreut, und bestehen aus

1) der Landgfsch. Bar,		12 Q. M.	33,000 Einw.
2) der Lbgfsch. Stühlingen,		11 —	31,500 —
3) der Grafschaft Heiligerberg		5½ —	15,000 —
4) der Herrschaft Meßkirch, und der Herrschaft Waldsperg		4 —	11,500 —
5) dem Amt Haingen		1 —	3,000 —
zusammen etwa		34 Q. M.,	94,000 Einw.

Die Einkünfte sind unbekannt, mögen sich indeß leicht auf 200,000 Thlr. belaufen.

Oberjägermeister: Jos. M. Fhr. v. Laßberg, geh. R. **Hofmarschall:** Aloys Erasm. Fhr. v. Laßberg, geh. R. hzgl. württemberg. Kammerhr. u. des St. Carl O. R. **Obriststallmeister:** Carl Fhr. v. Freyberg, geh. R. auch erzbischöfl. salzburg. Kämmer. **Hofcavaliers:** Jos. v. Auffenberg, des schwäb. Kreis. Major. Jos. Estoph Fhr. v. Freyberg. C. Fhr. v. Neuenstein, Obristl. des schwäb. Kreises.

Geheimes Hof- und Regierungs- auch Lehenhofs-Collegium. Präsident: Carl Aug. Fhr. v. Laßberg, geh. R. **Hof- und Regierungs-Canzler:** Franz Barth. Ludw. v. Huppmann, w. geh. R. auch sstl. lüttich. u. hzgl. pfalzzweybrück. geh. R. **Geb. Hof- u. Regierungs- auch Lehen-Räthe:** Jos. v. Kleiser, w. geh. R. Jos. Franz Xav. Würth, Hof- u. Reg. R. Joh. Conr. Rappenegger, Hof- und Reg. R. Franz Felix Neufer, Hof- und Reg. R. **Geb. Cabinets-secretair:** Joh. Nep. Renn, Hofkammer-R. **Hof- und Regier. auch Lehenhofs-Secretarien:** Jos. Schwab, u. Joh. Nep. Würth.

Hofkammercollegium. Kammerdirector: Carl Klevel, geh. R. **Hofkammerräthe:** Jos. Elsässer, Hof- und Regier. R. F. Schmidt, Hof- u. Reg. R. Ant. Keller. Jos. Fischer. **Hofkammersecr.:** Joh. Nep. Renn, Hoftam. R. s. ob. Mich. Held v. Hessenburg, Rath.

Reg. u. Kammercanzley-Expedition: Jos. Faller, Expeditions-R. Joh. Geo. Wernhammer, Expeditions-Secretär. — Conr. Dirrhammer, Secret. Ant. Rauter, Secret. — **Canzellisten:** J. B. Stocker. Ign. Baur. Nep. Salzmann. Xav. Weyß. Jos. Zwengen.

Hauptarchiv, Registratur u. Bibliothek. Archivarius: Joh.

Rep. P. Merk, Hofr. Registratores: Joh. Bapt. Birk, R. Franz Xav. Straffer. Joh. Bapt. Müller, Bibliothekar u. Registrator. **Rechnungs-Revisionskammer.** Rechnungsrath: Jac. Rauter, Hofkammer-R. Revisores: Joh. Fidel. Rebstein. Valent. Schridek. Aloys. Weishar. Wenz. Franz v. Titelstein.

Gesandte und Agenten.

Retagsgesandschaft: Carl Fhr v. Oexle. Schwäb. Kreis-und Collegialgesandtschaft: Carl Aug. Fhr v. Lasberg. Reshofrathsagenten: Mich. v. Stubenrauch, Hofr. Substitut: Geo. v. Urban. G. E. v. Stubenrauch, accreditirter Hofr. Oesterreichischer Agent zu Wien: E. Steinhauser, Hofr. Substitut: Ferd. Fhr Müller v. Mühlegg. Procurator beym Reskammergericht zu Wetzlar: Adolf v. Brand, Hofr. Substitut: Lic. Bissing.

Hessen.

Die gesammten hessischen Lande halten etwa 268 Q. Ml. mit 585,000 Einw. welche unter die beiden regier. Hauptlinien getheilt sind.

A) Hessen-Cassel.

Dies. Hauptlinie besitzt: Im oberrhein. Kreise:

	Q. M.	Einw.
1) Von der Landgfsch. Hessen ganz Niederhessen und einen Theil von Oberhessen	118	224,000
2) Das Fürstenthum Hersfeld	7	13,000
3) Der größte Theil von der niedern Graffchaft Katzenelnbogen	6	20,000
4) Die Graffchaft Hanau Münzenberg	22	70,000
Sodann im fränk. Kreise		
5) einen Theil der gefürsteten Graffchaft Henneberg (Schmalkalden)	6	16,000
Endlich im westphälischen Kreise		
6) Einen Theil der Graffchaft Hoya	4	4,500
7) Den größten Theil der Graffchaft Schaumburg	8	17,000
8) Einen Theil der Graffchaft Diepholz	1	1,500
zusammen	172	366,000

Der Kriegsetat wird zu 15000M. u. die Einkünfte zu 2,500,000 Thlr. angegeben.

1) Hofstaat.

Obristkammerhr: Jul. Jürg von Wittorf, geh. Staatsminist. Ritt. und Canzler des goldn. Löw. Ord. **Obristhofmarschall:** Fr. Wilh. v. Veltheim, geh. R. u. Kammerhr, des deutschen O. Command. **Oberschenk:** Hans Fr. Estian v. Stockhausen, Kammerhr. **Hofmarschall:** Ludw. Helm. v. Jasmund, geh. R. und Kammerhr. **Kammerherren:** Hans Fr. Aug. Fhr v. Dörnberg. Fr. Ludw. Gr. v. Bohlen, auch Obristl. Fr. A. Cas. v. Lindau. W. Fr. Gust. von

262 Zweiter Abschnitt. Staatsb. des deutschen Reichs.

Der regierenden Fr. Landgräfin Oberhofmeister: Carl Aug. v Moltke, des Dannebr. und heff. goldn. Löw. O. R. Kammerherr: G. W. E. v. Buttlar. Hofdamen 2.

Der verwittw. Fr. Landgräfin Oberhofmeister: G. E. L. von Winzingerode. Kammerhr: J. B. Gr. de Belcastel. Oberhofmeisterin: Fr. Generalin v. Schönfeld.

Des Erbprinzen Oberhofmeister: E. L. Fhr v. Dörnberg, des deutsch. O. Command. Lt. u. Flügeladjutant E. v. Winzingerode. Secretair: W. Kopp.

Der Gemahlin des Erbprinzen Oberhofmeisterin: Fr. von Gundlach. Hofdamen: 2.

Der Prinzeß Caroline Hofdame: Frl. v. Osterhausen.

Hofmarschallamt. Der Ob. Hofmarschall, Oberschenk, u. Hofmarschall; sodann der Oberkammerrath v. Dörnberg, Kammerhr v. Buttlar u. Stallmeister Hünersdorf.

Hofgericht. Der Ob. Hofmarschall, Oberschenk und Hofmarschall, dann der geh. Reg. R. v. Schmerfeld, ferner der Kriegsr. Engelhard und Kammerhr v. Buttlar, als Assessoren c. voto. J. C. Thomas, Secr. J. Fr. A. Steuber, Registrator.

Hofmedici: Ober-Hofr. u. Leibmed. Dr. J. J. Huber; Hofr. und Stadtphys. Dr. P. Franz Grandidier. Dr. Waitz, Hofrath.

Musäum. Director: Der Ob. Hofmarsch. v. Veltheim. Bey den Alterthümern Münzen und Kunstsachen: Ludw. Völkel, K. Bei den Mineralien u. sämmtl Naturalien: Dr. Grandidier, Hofr. Bei der Bibliothek. Bibliothekar: Strieder, Hofr. u. L. Völkel, R. Bei den mathematischen, physicalischen und mechanischen Instrumenten u. bei dem Observatorio: Profess. C. W. Fr. Matsko.

Hofbibliothek u. geheim. Kabinets-Archiv: Bibliothekar u. geh. Kabinets-Archivar: Hofr. Strieder. Archivar: Joh. Dietr. Cäsar.

Hofarchiv. Archivar: R. Völkel, s. ob. Registrator: P. C. Jung.

Falkonerie. Oberfalkenmeister: W. Phil. Spiegel, Fhr zum Diesenberg. Falkoniermeister: Henr. Verhuven. Phasanerie 2c.: Ludw. v. Osterhausen, Hof-Jägermstr.

Gärten-Direction: Der Ob. Kammer-Rath Schminke, der Ober-Kammer-R. u. Ober-Baudirect. Dury; der Kammer-Assess. von Cornberg. Der Baudirector Jussow.

2) Civiletat.

Geheimes Ministerium. Geheime Staatsministri: Jul. Jürgen v. Wittorf, Oberkammerhr und Canzler des goldn. Löw. O. R. Mor. Friedr. v. Münchhausen. Friedr. Sigm. Waitz Fhr v. Eschen.

Geheime Kriegs-Canzley. Geh. Kriegssecretarius: Carl Wilh. Lennep, geh. Kriegs-R. Cab. Secretair: Henr. Steinbach, R. Archivar: J. J. Wipprecht.

Geh. Landcanzley. Geh. Landsecretär: Der Reg. R. U. Kopp. Archivar: Joh. Galland. Registrator: J. G. Ross.

Oberappellationsgericht. Director: Wilh. Cstian Möller, geh. R. Ober-Appellationsräthe: Justus Heinr. von. Motz. Cstoph Erdm. v. Steuben, zu Schnadiz, des St. Jos. O. R. Ludw. Georg Motz. Henr. Gödddus. Joh. S. v. Schmerfeld. Dr. C. W. Robert. Secretair: Joh. Friedr. Dehn-Rothfelser. Archivar: C. F. A. Huth. Registrator: J. C. Hildebrand. Th. B. Cnyrim.

Regierung zu Cassel (repräsentirt auch den Lehnhof, Consistorium u. Pup. Colleg.). Vicepräsident: Wilh. Ludw. v. Baumbach, geh. R. Vicecanzler: Joh. Franz Kunckel. Geh. Reg. Rath: Joh. Dan. v. Schmerfeld. Reg. Räthe: Bernh. Cstian v. Heister. Conr. Wilh. Ledderhose. Joh. Conr. Jhringk. Geo. Franz Heinr. Lennep. H. O. C. F. v. Porbeck. Justizräthe: C. Ludw. Richter. Carl von Monroy. Cstoph Gerh. Ungewitter. Assessores mit Stimme: Phil. W. v. Motz. Phil. H. Cnyrim. Dr. C. Fr. Wittich. Assess. ohne Stimme: Fr. Ad. v. Wille. W. v. Kruse. Secretarii: Lehensecret. C. Fr. Robert, Reg. R. Joh. Cstian Gundlach, Rath. Burkh. Wilh. Rüppel. Georg Pet. Becker. J. C. M. Wüst, Accessist. Archivarii: Cstian Gerh. Apell, Reg. R. C. W. Ledderhose, Reg. R.

Zum Consistorio gehören noch ausser den Gliedern der Regierung, Consistorialräthe: Just. Ph. Rommel, Superintend. u. Oberhofpred. Joh. Apelius, Metropol. in der Freyh. Gemeinde. Syndici: Reg. R. Ledderhose u. Reg. R. Lennep. Secretair: Joh. Cstian Gundlach, s. ob. Secret Accessist: Wüst, s. oben.

Beim Officio Fisci: Joh. Hartm. Assbrand, Hofger. R. Procurat. Fisci: Fr. C. Stückradt.

Beim Criminalgericht: Joh. Cstoph Buch, Criminalrichter. Assessor: J. Lor. Collmann. H. Cstoph Burchardi. Actuar: Wansgermann.

Französische Justiz-Canzley zu Cassel. Chef des Depart. von sämmtl. Colonien: J. D. v. Schmerfeld, geh. Reg. R. s. ob. Canzleyrath: Ernst Fr. Robert. Assess. u. Secret. Franz des Coudres.

Regierung nebst dem Consistorio zu Marburg. Director: J. H. Jhm, Vicecanzler. Reg. Räthe: Franz Benj. Ries. J. C. C. H. F. v. Wildungen. Justiz Räthe: D. C. W. Zanthier. Ferd. von Schenk. Wilh. Fr. v. Trott. Assessor mit Stimme: Heinr. Cstian Scheffer. Assess. ohne Stimme: C. Ph. Aem. v. Hanstein. Secret. Joh. Phil. Ries.

Zum Consistorio gehören noch (außer diesen Gliedern der Regierung): Leonh. Joh. Carl Justi, Prof. d. Theol. und Consistorialr. Sue

Sammt - Hofgericht. Hofrichter: Carl Ludw. Aug. v. Schollen (zu Malsfeld). Hofgerichts-Räthe: L. G. Motz, Oberappell. Ger. R. (in Cassel). F. W. C. E. S. v. Buri, Reg. R. (in Gießen). Ludw. Friedr. v. Wallbrunn, geh. R. (in Darmstadt). J. Fr. C. Benner (in Gießen). Secretair: J. Just. Raabe, Rath u. Lt.

Officium Fisci. Adv. Fisci: Franz Gärtner. Procurat. Fisci: B. Stern, Assess. extraord.

Regierung zu Hanau: repräsentirt auch das Hofgericht. Vicecanzler: Joh. H. Kraft. Regier. Räthe: G. W. Ries, geh. Reg. R. Joh. Balth. Hundeshagen. Wolfg. Estoph. Ries. Hofgerichtsrath: Wilh. Aug. v. Meyerfeld, Reg. Assessor. Justizräthe u. Assessores: Joh. Heinr. Kaup. Carl Friedr. v. Trümbach. Assessoren mit Stimme: F. B. C. T. v. Motz. A. Fr. Mor. v. Trott. J. W. L. Ihm. Secretair: Dan. Balde, Rath, Reg. u. Lehen, auch ev. reform. Consist. Secret. Archivar: Fr. Ihm, Rath. Estian Jac. Bernhard.

Reform. Consistorium zu Hanau. Director: Der Vicecanzler Kraft. Consistorialräthe: Wolf Estoph Ries, Reg. R. Bernh. v. Porbek, Kammer-R. W. A. v. Meyerfeld, Hofger. R. Geo. Jonas Merz, Insp. der reform. Kirchen u. Schulen in der Grafschaft Hanau. Assessor mit Stimme: Ph. Henr. Eberhard, Pfarrer. Secretair: Dan. Balde, R.

Beym Luther. Consistorio, Director: geh. Kammer-R. Walt v. Eschen. Consist. Räthe u. Inspector: Joh. Geo. Wilh. Blum, Inspector. Joh. Andr. Benig. Bergsträßer, Justiz. von Trümbach. Consistorial-Assessoren: Friedr. Aug. Vulpius. Friedr. Carl Blum. Syndicus: Fr. Estian Andr. Walther.

Officium Fisci. Advoc. Fisci: Joh. Conr. Deines, Rath. Procurator Fisci: Fr. C. A. Walther, s vorher!

Regierung nebst dem Consistorio zu Rinteln. Director: Joh. Heinr. v. Motz, geh. R. Regier. Räthe: J. G. v. Manger. Geo. Ludw. Estian Heusser, Bernh. Estian Duysing. Justizrath: Dr. C. R. König. Assess. mit Stimme: Gerh. Gärtner. Fr. B. C. Theod. v. Motz. Secretair: Joh. H. Beermann. Archivar: G. W. Müldner.

Zum Consistorio kommt noch: Joh. Engelb. Kahler, Consist. R. u. Insp. der Kirchen u. Schulen in d. Gfsch. Schaumburg, Dr. u. Prof. der Theol. auch 1r Pred. bey der Luth. Kirche.

Officium Fisci. Advocatus Fisci: R. J. Eigenbrod, Rath. Procurator Fisci: Joh. Ludw. Schwabe. Assessoren: J. P. L. Gräbe. W. L. Schrader.

Ober-Rentkammer. Präsident: Carl Wilh. v. Meyer, geh. R. Salz- u. Bergwerks-Director: Staatsminister Fr. Sigm. Waitz v. Eschen, s. ob. Geh. Kammerräthe: Joh. Conr. Lichtensteiger. Joh. Dav. v. Schmerfeld. Oberkammerräthe: Dav. v. Apell. Joh. Fr. Arnoldi. Hans Fr. Aug. Fhr. v. Dörnberg. Jac. Carl Sigm. Fulda. Joh. Herm. Schmincke. Carl Fr. Wilh. v. Bose.

Joh. Adolph v. Heppe. Affeff. mit Stimme: Aug. Carl v. Cornberg. Sigm. v. Meyer. Ludw. v. Manger. Dan. v. Schmerfeld. Carl Fr. Ihring. Secretairs: Joh. Adam Wittich, Rath. Hieron. Ries. Joh. Helfr. Stieß. J. Casp. Fischer. Kammerzahlmeister: Joh. H. Hofmann. Archivarii: Joh. Fr. Arnoldi, Oberkammerrath. C. Fr. Ihring. Hiezu gehört noch das Baudepartement. Oberbaudirector: Sigm. L. Du Ry. Baudirector: H. C. Jussow.

Bergwerks Departement. Berg- und Salzwerksdirector; Fr. Sigm. Waitz, Fhr von Eschen. Regierungsrath: v. Heister. Obercammerrath: Jac. Carl Sigm. Fulda. Affeff. mit Stimme: Fr. Sigm. v. Meyer. Secretair: C. B. L. Strippelmann.

Münzdirection in Cassel. Geh. R. u. Cammer-Präsid. v. Meyer. Obercammer-Rath Arnoldi. Kriegsr. E. Harnier. Münzmeister Dietr. Henr. Fulda, R.

Rentkammer zu Hanau. Director: F. L. v. Moß, geh. R. Geheime Cammerräthe: Joh. Fr. Waitz v. Eschen. Cammerräthe: Joh. Isaac Serrurier. Joh. Schraidt. Bernh. v. Porbeck. Joh. Henr. Döring. Levin v. Winzingerode. Secretair u. Assessor: Andr. Otto. Cämmerzahlmeister: Estian Henning.

Bey der Münze zu Hanau. Specialdirector: Geh. Cammerrath Waitz v. Eschen.

Kameralbediente zu Rinteln: W. Schwarzenberg, Oberkammer-R: C. L. Heuser, Rentmeister.

Oberforstamt. Oberjägermeister: Ludw. Henr. v. Osterhausen. Ober-Jägermeister: Fr. Ludw. v. Witzleben. Obercammerrath: Joh. Herm. Schmincke. Forstrath: Joh. Nicol. Quentel. Affeff. mit Stimme: L. v. Manger. C. Fr. W. Schmincke. Secretair: Joh. Paul Köhler.

Diesem sind untergeben: Landjägermeister: W. Treusch v. Buttlar. Oberforstmeister: v. Harstal zu Rinteln. Phil. Frz. Mor. v. Lehenner, zu Marburg. Georg Ferdin. v. Hannstein, zu Allendorf. Wilh. Ludw. Carl v. Eschwege, zu Jesberg. Carl Aug. v. Schlotheim, zu Hanau. Albr. Estian H. v. Lindau, zu Schmalkalden. Mor. v. Lützow, zu Hersfeld.

Steuercollegium in Cassel. Steuerdirector: vacat. Steuerräthe: Joh. Dan. Wetzel, Kriegsr. Joh. Estoph Ungewitter. Carl Fr. Korngiebel. Estian Fr. v. Moß. Affeff. mit Stimme: Joh. Gerh. Fr. Gschwind, auch Secret.

Landcassen-Direction in Hanau. Director: Der Reg. Vicecanzler Kraft. Sodann der Cammer-R. Schraidt; Justizrath Kaup; Consist. Affessor Blum. Joh. Pet. Reitz, Obereinnehmer und Ober-Kr. Commiss.

Steuerdirection in Hanau: Diese machen die erstern 4 Personen v. obengedacht. Landcassen Direction aus. Steuersecret W. Is. Borries.

Oberpostamt. Chef: v. Münchhausen, geh. Staatsminister. Oberpostdirector: J. F. Kunkel, Vicecanzler f. ob. Oberpostcom missair: Joh. Friedr. Geschwind, Kriegsrath. Oberpostmeister: Cstian Himmelmann. Postsecret: der Ob. Postcommissait Jac. Carl Ewald.

Ober-Wege-Baucommission. Director: Ob. Baudirect: u. Ob. Cammer-R. Dury; Obercammerrath Fulda. Reg. R. Kopp. Baudirect. Jussow. Weg- u Brücken-Ingenieurs: Carl Aug. de Gironcourt, Hptm. Joh. Dan. Selig. J. L. Kopp. C. A. Eulner. A. V. Rauschenbach, Capitain. C. A. Rödiger.

Commerzien-Collegium: Präsident: der Staatsminister Waitz, Fhr v. Eschen. Obercammerrath u. Polizeydirector Fulda. Der Reg. R. Robert. Die Finanzräthe Pet. Gottl. Ahnesorge. Seb. Heinr. Ahnesorge. Der Bürgermstr Wetzel ꝛc. Secretair. Carl Ludw. Fischer.

3) Militair-Etat.

Kriegscollegium. Präsident: Gen. L. von Kospoth, zu Cassel. Director: Gen. M. v. Benning. Kriegsräthe: Carl Wilh. Lennep. Joh. Phil. Engelhardt. Joh. Wilh. Franke. Carl Fr. Kopp. Assessor mit Stimme: Just. Heinr. Friedr. v. Apell. Georg v. Wille. Gr. L. C. v. Taube. Secretarius: Joh. Phil. Avenarius. Montier. Commissarius: J. A. Wiederhold, Maj. u. Oberkriegscomm.

Damit stehet noch in Verbindung:
Oberkriegszahlamt. Tirector: Obr. C. L. Baurmeister. Kriegsr. Erasm. Harnier. Kriegsrath C. Fr. Buderus. Steuerr. v. Motz. Secrerair: J. F. Volmar. Diesem sind ferner untergeordnet. Kriegszahlamt. Kriegszahlmeister: Carl Fr. Buderus, Kriegsr. C. L. Hastenpflug. Buchhalter u. Gegenschreiber: J. Geo. Notarius. Oberkriegscommissaril: Casp. Harnier, Kriegsr. Erasm. Harnier, Kriegsr. C. G. Breda.

Generalstab. Generaladjutanten: Maj. v. Wakenitz, v. der Inf. — Maj. v. Heister, v. der Cav.; auch Quartiermeister. Lieut. Flügeladjutant: Major Wilh. Fr. v. Schlotheim. Hans Adolph v. Thümmel, Hptm. Joh. Aug. Mor. v. Müller, Hptm. Carl v. Winzingerode, Ltn.

Generalität.

General-Lieutenants: Pr. Carl v. Hessen, Chef eines Inf. Regim. — Pr. Friedrich v. Hessen, Chef eines Dragon. Regim. — N. v. Donop, Gouv. zu Ziegenhayn. — F. W. v. Losberg, Gouv. zu Rinteln, Chef eines Inf. Regim. — H. J. v. Kospoth, Gouv. zu Cassel, Chef eines Inf. Regim. — C. W. A. v. Dalwigk, Gouv. zu Hanau, Chef des Carab. Regim. — N. v. Bork, Command. zu Ziegenhayn. — C. E. v. Hanstein, Chef des Gardes Grenad. Regim. — Wilh. Erbprinz v. Hessen, Chef eines Inf. Regim. — F. L. v. Benning, Commandant zu Cassel, u. Commandeur des Regim. Garde.

General-Majors: G. E. v. Lengerke, v. d. Inf. — L. J. A. v. Wurmb, Chef des Leibregim. Inf. — Pr. Friedrich zu Hessen, v. d. Inf. — O. C. W. v. Linsing, Command. des Regim. v. Kospoth. —

Dritter Kap: Der weltl. Chur u. Fürstenthümer ꝛc. 267

L. W. J. v. Schenk, Chef des Leib-Regim. Dragoner. — J. J. Schreiber, Chef des Husar. Regim. — N. v. Kruse, Command. der Garde du Corps. — R. J. v. Staal, Chef des Regim. Gens d'Armes. — H. M. v. Biesenrodt, Command. des Regim. Erbprinz. — N. v. Fuchs, Command. des Regim. Pr. Carl, Command. zu Hanau.

Chefs der übrigen Corps.

Cadettencorps. Capt. F. W. Seelig. Artillerie-Regim. Commandeur: Obristl. von Schleenstein. — Feldjägercorps. Commandeur: Obr. A. E. C. v. Prüschenk. — Füselier-Bataillon. Commandeur: Obr. A. E. C. v. Prüschenk. — Invaliden-bataillon. Obr. Ph. Fr. Beck. — Landregim. a) in Cassel, Chef: Obr. v. Porbeck, b) in Marburg, Chef: Obr. v. Schallern. c) in Eschwege, Chef: Obr. v. Barthel, d) in Hersfeld: Obr. Hilchen, e) in Ziegenhayn, Chef: Obr. v. Gilsa, f) in Geismar. Chef: Obr. Wolf von Gudenberg, g) in Rinteln. Chef: v. Colson. h) in Hanau. Chef: C. F. v. Hanstein.

Gouverneurs.

Cassel: Gen. L. v. Kospoth. Vicecommandant: Gen. M. v. Benning. Platzmajor: Bode. Ziegenhain: Gouverneur: Gen. L. v. Donop. Commendant: Gen. L. v. Borck. Platzmajor: Cpt. Baupel. Hanau: Gouverneur: Gen. L. von Dalwigk. Platzmajor: Capit. Henel. Rinteln. Gouverneur: Fr. W. v. Loßberg, Gen. L. Marburg. Platzmajor: v. Porbeck. Spangenberg. Command. Obristl. F. H. Scheer. Babenhausen. Commandant: Maj. Noltenius. Carlshafer Invalidenhaus. Commandant: Obr. Beck.

4) Gesandte, Residenten und Agenten.

Berlin: Geh. R. Faubel, Resident. Bern: Mallet, Resid. Bremen: Bartholomäus Grovermann, Agent. Frankfurt: Justinien v. Adlerflycht, geh. Leg. R. und oberrhein. Kreisges. Franz Ihr von Schmidt zu Rossan, Resid. Haag: v. Bosset, Resid. Hamburg: von Döhren, Agent. London: der geh. R. Estian Mor. v. Kurzleben, bev. Minister u. auß. Ges. Nürnberg: geh. R. v. Türkheim, Ges. am fränk. Kreis. Paris: der Ob. Appell. Ger. R. v. Steube, Hr. zu Schnaditz, ausserord. u. bev. Minist. — Der Kriegsr. Kopp, Leg. Secr. H. J. Karcher, Agent. Regensburg: Max. v. Günderode, geh. R. Wetzlar: Hofr. v. Zwierlein, Agent. Wien: Hofr. Merk, Agent beym Rshofrath.

Geh. u. Legations-Räthe: v. Nimpsch, geh. R. D. L. v. Bobenhausen, geh. Leg. R. Mq. de Trestondan, geh. Leg. R. G. Rob. v. Tschudi, geh. Leg. R. L. Fr. A. W. Gayling v. Altheim, geh. Leg. R. Joh. Heinr. Jordis zu Frankfurt, Leg. R.

5) Ritter-Orden.

a) Orden v. goldnen Löwen; gestiftet 14 Aug. 1770. v. Friedrich II. Landgrafen v. Hessen.

268 Zweiter Abschnitt. Staatsb. des deutschen Reichs.

Ordensmeister: Wilhelm IX. Landgr. v. Hessen.

Ritter: Wilh. Erbpr. v. Hessen. Carl Pr. v. Hessen. Friedr. Pr. v. Hessen. Alex Fr. Estian reg. F. v. Anhalt-Bernburg. Prinz Friedr. ält. Sohn des Pr. Carls. Wilh. Landgr. v. Hessen-Philippsthal. Adolph, Pr. v. Hessen-Philippsthal zu Barchfeld. Ludw. Pr. v. Hessen-Philippsthal Fried. Jos. Ludw. Pr. v. Hessen-Homburg. Ludw. Wilh. Pr. v. Hessen-Homburg. Wilh. Estian Carl reg. F. v. Solms-Braunfels. Fr. Ludw. reg. F. v. Hohenlohe-Ingelfingen. Joh. Carl Gr. v. Löwenstein-Werth. Ludw. Ad. Gr. v. Lippe-Detmold. J. G. v. Wittorf, Staatsminister f. ob. Fr. Carl Fhr v. Moser, ehem. fstl. hessen-darmst. geh. R. Präsid. u. Kanzler. Theod. Werner Fhr v. Bocholz, fstl. paderborn. geh. R. Drost u. Obermarsch. C. Wilh. Fhr v. Hagen, churmainz. geh. R. W. M. v. Dittfurth, Gen. L. W. H. A. v. Donop, G. L. M. E. v. Schlieffen, Gen. Lin. Wilh. Dietr. v. Wackenitz, Gen. L. Wilh. Fhr v. Knyphausen, Gen. L. Wilh Phil. v. Spiegel, Fhr v. Diesenberg, Oberamtm. Fr. Estian v. Jungken, Gen. L. Mor. Gust. v. Bischhausen, Gen. L. Wilh. v. Loßberg, Gen. L. Georg Ludw. Fhr v. Riedesel zu Eisenbach, Erbmarsch. hzl. braunschw. Gen. L. Heinr. Jul. v. Kospoth, Gen. L. Mor. Friedr. v. Münchhausen, geh. Staatsminister. Fr. Wilh. v. Wurmb, Gen. L. Carl Aug. v. Moltke, Ob. Hofmeister. G. Estoph W. Ad. v. Dallwigk. L. H. v. Osterhausen, Oberjägermeister. Fr. Albr. Edm. v. Sonnenberg, anhalt-bernburg. geh. R. u. Reg. Präsid. Fr. Sigism. Fhr Waitz v. Eschen, geh. Staatsminister.

Ordenskanzler: geh. Staatsminist. v. Wittorf, f. ob. **Ordensceremonienmeister:** geh. Staatsminist. v. Münchhausen, f. oben. **Ordensrath:** Joh. Fr. Gschwind, Kriegsr. **Schatzmeister:** Phil. Wilh. Bauer, Hofintendant.

b) **Orden pour la Vertu militaire** gestiftet 5 Merz 1769 von Friedr. II. Ldgrf zu Hessen.

Ordensmeister: Wilh. IX. Ldgf. zu Hessen.

Ritter: Carl Pr. v. Hessen. Friedr. Pr. v. Hessen. W. M. von Dittfurth, f. oben. W. H. A. v. Donop, f. oben. M. E. von Schlieffen, f. ob. W. D. v. Wackenitz, f. ob. W. v. Knyphausen, f. ob. M. G. A. W. v. Bischhausen, f. oben. C. A. v. Jungken, f. ob. Joh. Wilh. v. Gohr, Gen. M. G. v. Dalwigk, Gen. L. Fr. W. v. Loßberg, Gen. L. H. Jul. v. Kospoth, Gen. L. Fr. W. v. Wurmb, Gen. L. Ludw. Lemppe, Gen. Maj. Heinr. v. Gork, Gen. L. Aug. Gerh. v. Schmied, Gen. Maj. J. W. Schreiber, Gen. M. Carl Erdm. v. Hannstein, Gen. Maj. Val. Detl. Aug. v. Lützow, Gen. M. L. Joh. Ad. von Wurmb, Gen. M. Phil. von Wurmb, Obr. Ludw. Fr. v. Stamford, Maj. Joh. Ewald, k. dän. Obr. Fr. H. v. Gröning, Capit. E. C. Ad. von Prüschenk, Obr. Wilh. von Wißmowsky, Obristl, F. L. v. Benning, Gen. Maj. Wilh. Erbpr. v. Hessen. Geo. Eman. v. Lengerke, Gen. M. O. C. W. v. Linsing, Gen. Maj. C. W. v. Schlotheim, Gen. M. C. W. J. v. Schenk, Obr. J. J. Schreiber, Obr. E. P. A. von Winzingerode, Obr. C. M. v. Kutzleben, geh. R. u. Obr. M. von

Rüchel, k. preuß. Gen. Maj. Pr. Friedr. ält. Sohn des Pr. Carls.
Ph. L. W. v. Lindau, Cap. Jac. v. Staal, Obr. Joh. Engelhard,
Artill. Cap. N. von Radt, k. preuß. Lieut. N. v. Trenk, k. preuß.
Lieutn. C. Plümke, k. preuß. Artill. Lieutn. G. Faber, kön. preuß.
Artill. Lieutn. Matth. v. Fuchs, Obr. C. Ludw. Riepe, Artill. Lieut.
Cr. Fr. v. Hirschfeld, k. preuß. Obr. N. v. der Osten, k. preuß. Maj.
Carl Reinh. v. Motz, Obristl. Carl v. Münchhausen, Capit. Carl
Ludw. v. Wolf, Lieut. Franz Wetzel, Lieut. Hans Adolph v. Thüm-
mel, Capit. Ad. Ludw. Ochs, Capit. Joh. Conr. Flies, Capit.
Cstian von Waldschmidt, Capit. Georg Schneider, Lieut. Wilh.
Henr. Casim. Pr. v. Solms-Braunfels. Ludw. Aug. von Lehsten,
Maj. Joh. Fr. v. Stein, Obr. Carl v. Wurmb, Obr. Ant. Wilh. v.
Stein, Rittmstr. H. v. Schabitz, österr. Artill. Oberlieutn. Fr.
Ludw. reg. F. v. Hohenlohe-Ingelfingen.

B) Hessen-Darmstadt.

Zu den Landen dieser Hauptlinie gehört im oberrhein. Kreise:

	Q. Ml.	Einw.
a) ein großer Theil der Lbgfsch. Hessen (das Ober-Fürstenthum)	48	96,000
b) die ganze obere Gfsch. Catzenellenbogen	18	63,000
c) ein Theil der niedern Grafsch. Catzenellenbogen	2	5,000
d) Die Hrsch. Epstein	2	4,000
Sodann e) der zum Theile dißeits des Rheins liegende deutsche Theil von Hanau-Lichtenberg	4	14,000
f) der im Elsaß gelegene, nun von den Franzosen occupirte Theil,	20	47,000
zusammen	94	229,000

Der Kriegsetat wird zu 6000 Mann; die Staatseinkünfte zu 1,200,000
Thlr. die fürstl. Eink. zu 600,000 Thlr. angegeben.

1) Hofstaat.

Oberhofmarschall: Franz Fhr von Zillenhard. Oberschenk:
Wolfg. Sigism. G. von Uttenrodt, Hr zum Scharfenberg. Kam-
merherren: Georg Gr. v. Lehrbach, Major. Ludw. Friedr. v. Wall-
brunn, geh. R. Sigm. Pergler von Perglas, des Malth. O.R. J.
G. C. v. Langwerth, Kammer-R. Cstian C. von Rothenhan. C.
Phil. v. Reitzenstein, Reg. R. Cstian Ernst v. Rothenhan. Rud.
Gr. v. Jenison-Wallworth, in k. k. Diensten. Fr. Just. von Gün-
derode, Reg. R. Fr. W. v. Gohenhausen. Fhr v. Lichtenstein.
Viceoberstallmeister: C. L. Fhr v. Barkhaus-Wiesenhütten.
Leibmedici: W. Hesse. Theod. Fr. Balser. Dr. Möllner. Ge-
org Thom. Jagdjunker: Cstian Ernst H. v. Bibra.

Der reg. Frau Landgräfin Oberhofmeisterin: Frau Charl. v.
Schrautenbach. Hofdame: Frl. Carol. v. Bode.

Des Erbprinzen Gouverneur: Obristl. Fhr von Baumbach.
Des Pr. Georg Hofmeister: Major Kuhn. Der Prinzeß Louise
Hofmeisterin: Fr. Charl. v. Bülow. Des Pr. Friedrich Hofmei-
ster: N. Duchastel.

2) **Civiletat, und zwar**

a) **Collegia und Anstalten, die sich über sämtliche Lande erstrecken:**
Geheimes Ministerium. Geh. Räthe: Andr. Peter von Hesse. Estian Hartm. Sam. Fhr von Gatzert. Fr. Gottfr. Ludw. Fhr von Lehmann. Geheime Canzley: Fr. August Lichtenberg, Expedit. R. u. geh. Secret. Joh. H. Coulmann, geh. Secret. Geheime Canzellisten: G. C. Schüler, Canzleysecret. H. Herzberger, Canzleysecr. K. P. Backert Canzleysecr. J. Zimmer. (Geh. Archivarii: Ludwig Wilhelm Hartm. Strecker, Archiv-R. Theod. Geo. Schulz. Ludw. Kister.

Oberappellationsgericht. Director: C. H. S. Fhr von Gatzert, f. ob. Räthe: Joh. Aug. Schenk. Ludw. Fr. v. Wallbrunn. Carl Happel. (Beide letztere haben zugleich bey der fürstl. Regier. in Darmst. in Staatssachen Sitz und Stimme.) Secretair: Rud. Ludw. Schulz, R.

Lehenhof. Lehenprobst: Andr. P. von Hesse. Lehenräthe: Franz Ludw. Gottfr. Fhr von Lehmann. Sam. Strecker, Reg. R. Secretair: Joh. Fr. Lor. Schulz, auch Reg. Secret.

Rentkammer. Präsident: F. L. S. Rsfhr von Lehmann, geh. R. f. ob. Kammerräthe: Joh. Ernst Kleinschmid, geh. Kammer R. Joh. Ludw. Martin. Phil. Engelh. Klippstein. Joh. Wilh. Langsdorf. Joh. Estian Koch. G. A. Jäger. Franz Wilh. Miltenberg, Landschreiber. Geo. Wilh. Panzerbieter. Phil. Th. Schmitt. Estoph Nungesser. Joh. Georg Ernst v. Langwerth. C. Wilh. Zimmermann. Assessoren: Theod. von der Lahr de Smeth. Wilh. von Bode. L. F. I. Möter. Advocaten: L. Schnauber zu Darmstadt, C. Elwert, Cammerconsulent zu Gießen. Secretarii: Joh. Balth. Christhold, R. Joh. Estian Hermann. Joh. Eman. Sturz. Fr. Jac. Heim.

Rechnungsdepartement. Rechnungsrevisor: Andr. Eckard. Rechnungsjustificatores: Phil. Gottl. Gerau, Rechnungs-Rath. Joh. Matth. Plus. Carl Wilh. Lipp, Kammersecret. G. H. Welker. J. N. de Neufville. Rechn. Probatores: J. C. Frey. K. Dittmar. F. K. Lange.

Kassen. a) Generalkassendeputation: Die Kammerräthe Panzerbieter und Zimmermann; der Rechnungsr. Gerau. Buchhalter: der Rechnungsprobator G. A. Olff; u. der Kammersecr. J. F. Bernhard. — b) Schuldenkassen Deputation. Chefs: A. P. Hesse, s. oben. C. H. S. Fhr v. Gatzert, s. ob. Räthe: J. E. Kleinschmidt, geh. Kammer-R. P. E. Klippstein. Rechner u. Secretär: Joh. Friedr. Siebert. Registrator: P. G. Gerau, Rechnungs-R. c) Landschreiberey. Landschreiber u. Berechner der Zollkasse: F. W. Miltenberg, Kammer-Rath. Actuar: J. F. Schober. d) Stempelpapierkasse. Rechner: J. W. Kekule, Kammer-R. e) Dispensationskasse. Rechner: G. C. Schüler, Canzleysecr.

Berg-Salz- u. Forstwesen. a) Bergamt. Bergcommissar:

Der weltl. Chur- und Fürstenthümer ꝛc.

rb, Amtm. zu Böhl. Bergmeister: L. A. Emmer,
zu Thal Itter. Berg- u. Hütteninspector der brei-
werke: J. Bornemann. b) Salzwerk zu Salz-
or: J. W. Langsdorf, Kammer-R. c) Oberforst-
ockhausen, Reg. R. J. E. Kleinschmidt, geh.
T. Rekule, Kammer-R. L. W. Reusing, Kammer-
angwerth, Kammer-R. E. Nungesser, Kammer-
Bibra, Forstmeister.
nomie-Deputation: Dr. G. E. Stockhausen,
artin, Kammerrath. P. E. Klippstein, Kammer-
Langwerth, Kammer-R. Ant. Merk, Kammer-
Gersten, Assess. Joh. Estoph Baur, Assess. Mor-
usen, Assess. Wilh. v. Bode, Kammerassess. Secre-
artin.
ation. Director: Joh. Aug. Schenk, Oberappell-
rer: Joh. Lor. Köhler, Kriegsr. J. L. Martin, S.
chmitt, Kammer-R. N. Wiebeking, Steuer-R.
inspector. Assessor: W. von Bode. Secret. Just.
Reg. Secr.
tion: Reg. R. Stockhausen, und Kammer-Rath.
retär: J. E. Sturz, Kammersecret. Münzmeister:

e Cameralbeamten: Hofbaudirector: Obristl.
Landbaumeister: Ingenieurhptm. Fr. Sonneman.
: J. C. Follenius. Generalintendant der Klass-
geh. R. Fhr F. L. v. Lehmann.
ind Anstalten für die Ober- u. Niedergraffschaft
atzenellenbogen, die Hrsch. Epstein.
Darmstadt. Director: E. H. S. Fhr v. Gatzert,
äthe: Dr. Geo. Conr. Stockhausen. Joh. Wilh.
r. Brade. L. v. Wallbrun, geh. R. J. A. Schenk,
beide letztere haben Sitz in Staatssachen). Joh. Friedr.
Ludw. May. Fr. Justin von Günderode. E. C.
toose. Secretairs: Estian Carl Hesse, Reg. Assess.
Follenius. Just. Jac. Reh. Geo Ludw. Schmal-
Siebert. Estian Ludw. W. Büchner.
cht. Richter: J. C. Sumpf, Reg. R. Assessoren:
, Vormundsr. und Berechner der Criminalkasse. J. Z.
W. E. Hertel, Consist. R. Gerichtsschöffen: J.
athsverwandter. J. W. Hessemer, Rathsverwandt-
J. Martin. Advocatus Fisci: W. L. Hofmann,

zu Darmstadt. Director: Geh. R. F. G. L. von
m. Räthe: Dr. Joh. Aug. Stark, Oberhofprediger.
lff, Superintend. Joh. Jac. Brade, Reg. R. J.
g. R. J. David Krämer, Insp. zu Reinheim. Helfr.
Direct. des Pädagogs. Georg Wilh. Petersen, Hof-

pred. Georg Wilh. Ernst Hertel. Secretär: J. F. L. Schulz, Reg. u. Lehenssecret. Just. Jac. Reh, Reg. Secr. Registrator: Ludwig Weidig.

Regierung zu Giesen. Director: Ludw. Adolph Eskan v. Grießmann, geh. Reg. R. Regierungsräthe: Lic. Fr. Cstoph Buff, E. Joh. Georg Adolphi, Fr. W. Cstian Cas. S. v. Buri. Joh. Fr. Cstoph Benner. Joh. Phil. Wilh. von Krug. J. Andr. Phil. Schwabe. Georg Phil. Carl Heß. P. G. C. Leußler. Assessor: E. F. L. von Grollmann. Secretairs: Carl W. Langsdorf, Archivr. Phil. Carl Elwert. Joh. Cstian Oßwald. Joh. Geo. Fr. Faber, Botenmeister. Heinr. Cstian Löber.

Criminalgericht. Richter: C. B. Münch, Criminal-R. — Assessoren: F. R. C. Schott jun. J. C. Follenius. Dr. C. W. Sundheim.

Consistorium zu Gießen. Director: L. A. C. v. Grollmann, s. ob. Räthe: Dr. Joh. G. Bechtold, erster Superint. und Stadtoberpfarr. Fr. Cstian Schulz, 2ter Superint. u. 1ter Burgpred. Just. Basth. Müller, Superintend. u. erster Stadtpfarr. F. C. Buff, s. ob. F. W. v. Buri, s. oben. Secretarien: die nemlichen wie bey der Regierung.

c) Collegia und Anstalten für die Grafschaft Hanau-Lichtenberg.

Hanau-Lichtenberg. Geh. Cabinet in Darmstadt. Geh. Cabinetsminister: C. H. S. Röshr v. Gatzert. Geh. Cabinetssekretär: J. C. Follenius. Kanzellist: F. W. Bauer.

Da die Hanau-Lichtenberg. Dienerschaft durch die französ. Unruhen größtentheils ausser Wirkung gesezt ist, so ist provisorisch folg. Einrichtung gemacht.

Regierung für die Aemter Lemberg, Lichtenau und Willstett zu Pirmasens. Präsident: L. S. Fhr von Rathsamhausen, zu Ebenweiher, geh. R. Regierungsräthe: J. R. Bornagius. D. M. Besnard. Secretär: Rath F. R. Hessert.

Consistorium für gedachte Aemter, wie bey der Regierung, (den Reg. R. Besnard ausgenommen); Secretär u. Registrator: Wilh. Heer.

d) Collegia, die mit Hessen-Cassel gemeinschaftlich angeordnet sind.

Sammt-Hofgericht zu Marburg. Hofrichter: Carl Fr. Ludw. von Scholley, Obervorsteher zu Malsfeld. Räthe: Ludw. Georg Motz, Oberappellat. Gerichts-R. zu Cassel. F. W. C. C. v. Buri, R. Rath zu Giesen. Ludw. Fr. von Walbrunn, geh. R. zu Darmstadt. Gust. Levin Cstian Hombergk zu Vach, Reg. R. zu Cassel. Secretairs

3) Militäretat.

Generalität. G. L. v. Rohr, Gen. M. C. F. v. Schorolofsky, Gen. M. Commandeur der Garde du Corps. E. L. Fhr v. Freudenberg, des teutsch. O. R. Gen. Maj. und erster Commandant zu Darmstadt. Ad. L. W. Rtgr. zu Saynu. Wittgenstein, Gen. Maj. u. Chef des 2ten Bataill. des Inf. Regim. Landgraf. Joh. Fr. Baur, Gen. Maj. und Vicepräsident des Kriegscollegii. G. L. v. Werner, Gen. Maj. und Command. der Chevaux-legers; auch 2r Command. zu Darmstadt.

Commandements. Darmstadt: Gen. Maj. E. L. Fhr von Freudenberg, 1r Command. Gen. Maj. v. Werner, 2r Command. Giesen: Gen. M. von Rohr, Commandant. Weßlar: Obristl. G. W. Lißius, Command. Marxburg: Maj. Joh. Jac. Hill, Command.

Kriegscollegium. Vicepräsident: J. S. Baur, Gen. Maj. Director: geh. R. Fhr v. Barkhaus-Wiesenhütten. Mitglieder: Obristl. Jf. Behagel v. Flammerdinghe, Kriegsr. J. L. Köhler. Generalauditeur: E. E. G. Schneider. Kriegsr. H. W. Hofmann. Secretairs: G. F. Helfmann. R. G. Scriba. E. F. Wittich.

4) Gesandte und Agenten.

Berlin: v. Recker, geh. R. Frankfurt: Franz Wilh. Fhr v. Wiesenhütten, geh. R. Joh. Fr. Purgold, Resid. und Hofr. Hamburg: Fr. Rolfs, Rath und Agent. Regensburg. f. Reichstag Weßlar: Dr. Sippmann, Hofr. und Procurator. Wien: Ludw. Fr. v. Jan, geh. Legat. R. u. Gesandter. v. Merk, Agent.

Hohenlohe

Das Fürstenth. Hohenlohe im fränk. Kreise soll auf 20 □ M. 80,000 Einwohner haben und 400,000 fl. Einkünfte abwerfen. Es ist aber unter 6 Herren vertheilt, denn die neuensteinische oder evangel. Hauptlinie besteht aus 4, und die waldenburgische oder cathol. Hauptlinie aus 2 regier. Häusern. Hier kann diesmal blos von der lezten Hauptlinie die Landesdienerschaft angeführt werden.

Hohenlohe und Waldenburg.

A) Gemeinschaftlicher Civil-Etat.

1) Gemeinschaftliche Regierung. Präsident: Joh. Bernh. Bertrandt, Fhr von Franken, fstl. hohenlohs u. waldenburg. auch churpfalzbayr. u. fstl. tarischer geh. Rath, u. herzogl. württemberg. Cammerhr, des fstl. hohenlohischen Haus O. Command. u. des churbayr. St Michaelis O. Großkr. Geheime Räthe: Joh. Mich. Knörzer. Casp. v. Hegemann. Geh. Hof- u. Reg. Räthe: Theoph. Jac. Brecht. Ludw. Fischer. Hof- u. Reg. Räthe: Estoph Ant Löwen. Joh. Ludw. Herwig. Archivar: Joh. Just. Herwig, Hofr. Secret.: Joh. Ant. Baumgärtel. Canzellist: R. Stolz.

2) Gemeinschaftl. für den alten pfedelbach. Landes-Anfall beibehaltenes Consistorium. Dazu deputirte Hof- u. Reg. Räthe: Th. J. Brecht, f. ob. F. L. Fischer, f. ob. Ph. Estian Hirsch, fstl. hohenloher

H. B. 2r Th. 1798.   S

waldenb. gemeinschaftl. Ober-Superintend. u. geh. Kirchenrath. Geistl. Assessores: Geo. Fr. Busch. Georg Mugler. Secret. Mich. Fecht.
    3) Gesandte und Agenten Anspach: M. Lenk, Agent. Augspurg: M. Gullmann, Agent. Dünkelsbühl: M. Voß in, ge Cammer. R. Resid. Frankfurt: Dr. Joh. Fr. Plitt, Resident. Gotth. Carl Ludw. v. Goebel, genannt Goebler, Resident u. Legat. R. Hamburg: M. Fhr Ecker v. Eckhofen, geh. R. u. Resd. Lüttich: M. Moulan, R. u. Resd. Nürnberg u. Fränkischer Kreis: Joh. Bernh. Bertrand Fhr v. Fränken, s. ob. Paris: Nic. Frz. Fhr. d'Aupin-Dumesnils, abl. geh. R. des hohenloh. Haus O. Command. Resid. Rom: Anton Abbe Santarelli, geh. R. u. Minister. Wezlar: Dr. Tills, Hofr. und Procur. Wien: G. E. Edler v. Stubenrauch Hofr. u. Geschäftsträger.

    B) Hohenlohe und waldenbg=bartensteinische
                  particulare
    1) Landesregierung. Präsident: vacat. Geh. Hofr. und Referendar: Heinr. Balth. Kirchner. Director: Jos. Herré. Hofräthe: Bernh. Bauer. Cstoph Ant. Löwen, s. ob. Cstian v. Godin. Joh. Casp. Falkenberg, Oberamtm. zu Pfedelbach. Carl Dorner, Hofr. u. Oberamtm. zu Bartenstein. Wilh. Steltmann, Amm. zu Mainhard. Secretair: Cstian v. Godin, s. ob. Gottl. Seeger, adj. Secret. Ant. Walter, adjung. Registrat. Andr. Stümpfle, Canzellist.
    2) Hofkammer. Präsident: vacat. Director: Jos. Herré, Hof- u. Landschaftsrath. Finanzrath: Fr. Meyer. Secretair: Lorenz Pet. Kirchner. Registrator: Jac. Koch. Burgvoigt: Jos. Dürr. Baumeister: Jac. Ernst.
    3) Hofstaat. Oberjägermeister: Ludw. Fr. Frz Fhr v. Werneck, des hohenloh. Haus O. Command. Hofmarschall: Rupr. Fhr v. Lettenborn, des hohenloh. Haus O. Command. Kreishauptmann: Franz Xav. v. Schmiel. Leibmedicus: Ant. Medicus, Reg. R. u. Landphysic. Französ. Secretair u. Bibliothecarius: Cstian Bärf. Der reg. Fürstin Hofdame und Cammerfräulein: Theresia von Champrenauld.
    4) Geh. Cabinet. Geh. Hofr. u. Referendar: Heinr. B. Kirchner.

    C) Hohenlohe und waldenbg=schillingsfürstl.
                   particulare.
    1) Landesregierung. Präsident: vacat. Vice=Präsident: Isaac Reinh. v. Godin, geh. R. Canzleydirector: C. v. Heggemann, geh. R. Joh. M. Knörzer, geh. R. auch gemeinsch. Reg. Director. Hof- u. Justizräthe: A. C. Klötzka, geh. Hofr. Jos. Ant. v. Mayer. H. E. Stark. J. Just. Herwig, Hofr. u. Archivar. G. Jos. Retbeld, Höfr. u. Oberamtsverwes. zu Waldenburg. Val. Joh. Grebner, Justizr. u. Amtsverwes. zu Kupferzell. Justiz Assessores: J. A. Baumgärtel (jun.) auch gemeinsch. Reg. Secret. G. Fr. Linz

haas, auch Rath und Cabin. Secret. Frz Jos. Richter, Justizrefer. J. Aug. Weber, Justiz-Secret. Ad. Frz Stichler, Registrat.
2) Hofkammer. Präsident: vacat. Director: J. M. Knörzer, geh. R. s. ob. Hofkammerräthe: Ant. H. Baumgartel (Sen.) Geo. And. Schell, auch Forstrath. Jos. Ant. Neher, auch Rechnungs-R. und Oberamtsverwes. zu Schillingsfürst. Joh. Fr. Meyer, evang. Pfr zu Kupferzell, Oeconomie-u. Domain: R. Secretair und Hofverwalter: Frz Schopf. Cammerschreiber: Ant. Rübel.
3) Hofstaat. Oberhofmeister: Jos. Vicomte v. Roußel, Hr auf Düferlingen, adel. geh. R. des fstl. hohenloh. Haus-O Comm. Oberstallmeister u Hofmarschall: Carl Fhr v. Bertie auf Merchingen, adel. geh. R. des fstl. hohenloh. Haus-O. Comm. u. Canzler. Oberjägermeister und Schloßhauptmann: Joseph Fhr Hover von Löwenfeld. Cammerjunker: Fhr von Imhof. Carl Fhy von Reuß, genannt Haberkorn. Carl Fhr von Stein, Major. Rupert Fhr von Tettenborn, Gren. Hauptm. Franz Fhr von Bertie. Jagdjunker: Fr. Fhr Hover v. Löwenfeld, des fstl. hohenloh. Haus-O. Command. Geb. geistl Rath und Beichtrater: Jos. Mouret, Dr. d. Theol. u. Regens des fürstl. Convicts. Leibmedici: N. Geßner, g. h. Hofr. Carl Engerer, Hofrath, auch Landphysicus in Schillingsfürst.
Der reg. Fürstin Oberhofmeisterin: Frfr. von Bertie, gen. von Eschweg. Hofdame der Prinzeßin Mar. Anne; Frl. Albertine von Bertie.

Hohenzollern.

Die Lande dieses fürstl. Hauses liegen größtentheils im schwäb. Kreise und bestehen in der Stammgrafschaft oder dem unmittelbaren Fstth. Hohenzollern-Hechingen (etwa 6 Q. Ml. 12,000 E nw mit 40,000 fl. Eink.) welche die ältere Linie oder das Haus Hohenzollern Hechingen besitzt; sodann aus der Grafsch. Zollern-Sigmaringen mit Möhringen, Haigerloch und Wehrstein in Schwaben, unter österr. Landeshoheit (etwa 4 Q. M. l. 8000 Einw. mit 30,000 fl. Einkünften) welche die jüngere Linie oder das Haus Hohenzollern-Sigmaringen besitzt. Ebendemselben gehörte bisher auch die jenseit des Rheins in der Grafsch. Zütphen gelegene G'sch. Hero oder Herrenberg (etwa 3 Q. Ml. 9000 Einw. mit 30,000 fl. Eink.) welche aber durch Abtretung des linken Rheinufers an Frankreich fallen würde, — Hier kann nur die Staatsdienerschaft von

Hohenzollern-Sigmaringen.

angeführt werden.
Hofstaat: Mich. Fhr von Noel, Hofcav. Fr. Ant. Fhr v. Laßberg, Hofcav. Fr. Jos. Besserer von Besserseck, Cammerjunk. und adel. Hofr. Franz Xav. Mezler, Hofr. und Leibmed. auch Landschaftsphys. Joh. Sträßle, des hohenzollern-sigmaringen. Kreis-Cüraß. Regim. Rittmeister u. Stallmeister. Joh. Ant. Vanotti, des hzgl. würtemberg. Kreis-Inf. Regim. Oberlieutn. Jos. Sibold, Gouverneur des Erbprinzen und Hofcaplan. Fidel Vilser, Jagdcaplan.
Regierung u. Canzley. Canzler: Joh. Dan. Mar. von Frank, fstl. hohenzoll. hechings und sigmaring. geh. R. Regierungsdirector: Jud. Thadd. von Mayersburg, geh. R. Hof-und Regierungsr-

the: Carl Jof. Nebsamen. Jof. Tib. Widmann. Carl v. Schütz, Jof. Melch. Sesler. Registrator: Franz Xav. Kolb, Rath. Secretär: Matth. Jof. Clas. Expeditor u. Landschaftskaffirer: Joh. Ign. Wilib. Schießle.

Oberforstamt. Oberjägermeister: vacat. Director: J. Th. v. Mayersburg, f. ob. Carl v. Schütz, Hofr. u. Forstamtsdeput. Secretair: Aloys. Sauter. Wunibald Bregenzer, Forstmeister.

Hofkammer: Joh. Jac. Dopfer, Hofkammer:R. u. Rentmeister. Rentamt: Joh. Ad. Landenberger, Kammer:R. u. Rentmeister. Joh. Friedr. Meyer, Revisionsr. Cstian Friedr. Späth, Kammersecretär: Jof. Schwarz, Renteyschreiber. Casp. Danner, Brauhausverwalter. Joh. Geo. Buck, Kastenverwalter. Moriz Cramer, Baumeister.

Oberamt. Saigerloch: Joh. Tib. Widmann, Hofr. u. Oberamtmann. Joh. Geo. Haller, Hofkammer:R. u. Rentmeister. Joh. Respolt, R. und Registrator. Jof. Mietinger, Oberamtssecret. Jof. Meyerhofer, Expeditor und Landschaftscaffier.

Auswärtige Gesandte und Agenten.

Kreisgesandter: v. Frank, f. ob. Regensburg: f. Rstag. Wezlar: v. Bostell, Hofr. Wien: Edl. v. Kirchbauer, Hofr. u. Agent. Müller v. Müllegg, Reg. R. u. Agent.

Holstein.

Das Herzogthum Holstein hat auf 175 Q. M. 312,000 Einwohner, und soll jährlich 900,000 Thlr. Einkünfte bringen. Vormals hatten beide Hauptlinien des Hauses Holstein Theil an diesem Herzogthum; die jüngere oder gottorpische Hauptlinie vertauschte jedoch 1773. ihren einseitigen u. gemeinschaftlichen Antheil gegen die Grafschaft Oldenburg u. Delmenhorst an die ältere Linie, so daß die in Dänemark regier. königl. Linie nun ganz Holstein; der jüngere Zweig der gottorp. Hauptlinie aber Oldenburg besitzt. Die Landesdienerschaft des Herzogth. Holstein ist auch schon oben Seite 7. unter dem Artikel Dännemark angeführt. Hier wird also noch nachgetragen

Holstein=Oldenburg.

Die Grafschaften Oldenburg und Delmenhorst haben auf etwa 46 Q. M. 86,000 Bewohner und sollen jährl. 300,000 Thlr. Einkünfte bringen.

Hofstaat.

Gesellschafts=Cavaliere des in Plön residirenden Herzogs Pet. Fr. Wilhelm: Der Conferenzr. u. Ritter v. Seethorst. Der Kammerj. v. Witzleben, u. RR. v. Seelhorst.

Drittes Kap. Der weltl. Chur- u. Fürstenthümer.

rector. Der Conferenzr. A. G. v. Berger, Vice-Canzley-Director. Der Staatsr. J. C. Georg. Der Justiz- u. Regier. R. Th. G. Herbart. Der Canzley- u. Regier. R. G. A. v. Halem. Die Canzley-Assessoren: W. L. Schloifer u. G. F. Schlotz. Secretarii: B. D. Kellers u. J. W. C. Erdmann.

Consistorium. Ausser vorstehenden Gliedern der Regier. Canzley noch ferner: E. H. Mutzenbecher, Gen. Superint. u. Consist. R. H. C. Lenz, Consist. R. G. M. Claussen, Consist. Assessor.

Kammer. Präsident: der Gr. v. Holmer, s. ob. Director: Fr. Wilh. v. Hendorff, Kämmerer, auch Kammerhr. Canzleyrath: P. G. Schuhmacher. Kammerräthe: A. H. Bolken. D. C. Römer. J. Fr. J. Herbart. J. Fr. J. Schloifer. Assessoren: C. F. Mentz. C. H. F. Schloifer. Auscultant: J. H. Koch. Secretarien: J. C. Tenge. B. J. Toel. Registrator: C. G. Starckloff. Kassier: H. A. Freye. Revisoren: C. Wiechmann. J. Oeltermann, Sportelrendant. — Beym Bauwesen: Inspector: J. H. G. Becker. Baumeister: J. B. Winck. — Deichgräve: Cstoph Burmester. — Brandkassen-Receptor: Canzlist Erdmann. — Inspector der herrschaftl. Domänen: F. H. Bolcken.

Amts- u. Hebungsbediente: J. H. H. Zebelius, Kammer-R. und Hausvogt zu Oldenburg, Amtsvogt in der Vogtey Wüstenland, Stempelpapier- u. Schloßverwalter. N. U. Gähler, Kammer-R. und Amtsvogt zu Mohriem u. Oldenbrok. F. C. Gether, Amtsvogt in den Vogteyen Strückhausen u. Hammelwarden. H. G. W. C. Greif, Kammersecret. und Amtsverw. zu Hatten u. Wardenburg. P. C. A. Kunstenbach, Kammerassessor u. Amtmann zu Rastede in der Vogtey Thade. C. v. Negelein, Justizr. u. Amtsverw. zu Zwischenahn. J. H. Köhnemann, dän. Hptm., Amtm. zu Axen. A. P. Sauermann, Kammerassess. Amtsverw. zu Neuenburg. H. J. Amann, Kanzleysecr. Amtsverw. zu Golzwarden u. Rothenkirchen. A. C. Wardenburg, Amtsr. zu Burhave. H. H. Hansen, Kammersecr. u. Amtsv. zu Eckwarden u. Stollhamm. C. F. Straterjan, Kammer-R. Amtsv. zu Schwey. J. K. Bulling, Kanzleyassess. u. Amtsverw. im Lande Wührden. A. Bruns, Canzley-R. Hausv. zu Delmenhorst u. Amtsv. zu Stuhr. C. F. Scheel, Kammer-R. Amtsv. zu Berne und Altenesch.

Landgerichte a) in den 4 Marschvogteyen. Landvogt: vacat. Assessoren: J. P. H. v. Muck. J. F. Cordes. Canzleyrath: A. L. v. Berger. J. A. Frühling. F. A. Rüder. — b) Im Stad- und Budjadinger Lande. A. G. von der Loo, Justizr. und Landvogt. Assessoren: J. A. Gramberg, Canzley-Rath. Secretairs: P. G. Gleimius u. J. Spark. — c) In der Landvogtey Neuenburg. Landvogt: vacat. Assessoren: F. W. Zebelius. B. F. von Halem. Secretairs: C. A. N. Schröter. N. L. v. Holsten. d) In der Landvogtey Delmenhorst. Landvogt: C. L. F. J. Fhr. von

278 Zweiter Abschnitt. Staatsb. des deutschen Reichs.

Brandenstein, Landr. Assessor: E. C. C. von Rößing. Secretair: P. N. Epping.

Isenburg.

Die Graffch. Ober-Isenburg liegt in 2 abgesonderten Theilen in der Wetterau, und soll 15 Q. Ml. 35,000 Einw. u. 167,000 fl. Einkünfte haben, wovon jede der beiden Hauptlinien etwa die Hälfte besitzt.

a) Isenburg-Birstein-Lande.

Hofmarschall u. Oberforstmeister: Fr. Fhr. v. Lepell. Hofjunker: Carl v. Bode, Capitain. Joh. Bapt. v. Düret, Lieutn. Regierungs-Collegium. Geh. Rath und Director: Joh. Jac. Mollenbeck, reichsgräfl. wetterauisch-fränkisch- u. westphäl. Comitialgesandter. Geh. Regierungsrath: J. M. Kugler. Reg. Räthe: Ernst Wilh. Kugler. Wolfg. Estian Carl Ludw. Goldner. Hofger. Rath: Ph. Jac. Diehler. Secretär: Ernst Vict. Geldern. Kammercollegium Director: Fr. Fhr. von Lepell. Kammerräthe: Emil Wolfg. Christian Schenk. Estian Gottfr. Kugler. Secretair: Ernst Estian Machenhauer. Rath: Carl Estian Wreden.

In Ansehung
b) Der büdingischen Lande

kann hier diesmal blos die Staatsdienerschaft der gräflichen Linie zu Meerholz angeführt werden.

Regierungs-Canzley Collegium. Director: Fresenius. Regier. Rath: Dosch. (Diesem Collegio sind die Justizämter zu Meerholz und Marienborn so wie alle Theile der Gerichtsbarkeit u. Polizey untergeordnet).

Rentkammer. Director: Der Kammer-R. Huth, dem auch das Forst- und Bau-Amt, so wie alle ins Camerale einschlagenden Aemter u. Recepturen untergeordnet sind.

Lippe.

Die Graffch. Lippe im westphäl. Kreise enthält nach den besten Karten, die man da on hat, 22 Q. Ml. ohne den an der Lippe gelegenen abgesonderten Theil von beinahe 2 Q. Ml. Mit Einschluß der Stadt Lippstadt, welche von Preußen und Lippe gemeinschaftlich besessen wird, wohnen über 73,000 Menschen darin. Sie begreift 6 landtagsfähige Städte, 31 landtagsfähige adeliche Güter u. überhaupt 152 Bauerschaften. Das fürstliche regierende Haus

Lippe-Detmold.

besitzt dieselbe ganz (außer zwey Aemtern), und dessen Einkünfte davon mögen leicht auf 150,000 Thlr. steigen. Hofstaat. Obermarschall: Wilh. Gottl. Levin Fhr von Donop, Hr auf Lüdershofen, Maspe rc. Drost des Amts Detmold, des fürstl. hohenlohischen Hausord. Commandeur. Hofmarschall: Gottl. Aler. Geo. Aemil. Fhr v. Blomberg. Kammerjunker: Fr. Vict. Phil. Mor. Fhr von Donop. Hofarzt: Dr. Joh. Estian Fr. Scherf, Hofr. Oberstallmeister: vacat. Stallmeister: Joh. Fr. Lorenz, Maj. Der regier. Fürstin Hofdamen: Fräul. von Rauschenblatt.

Drittes Kap: Der weltl. Chur- und Fürstenthümer ꝛc. 279

Fräul. v. Biederſee. Der verw. Fürſtin Hofdamen: Fräul. v. Röder von Dierſpurg. Fräul. v. Donop zu Silbach.

Regierung. Präſident: Bernh. Ferd. Edler von Hofmann, (lebt auff. Guth zu Brake). **Director:** Diet. Aug. König, auch Landgohgraf. **Reg. Räthe:** Carl Friedr. Funky. Senftenau. Sim. Heinr. Volkhauſen, ſ. unten. Friedr. Wilh. Helwing, ſ. unten. **Canzleyrath:** Juſt. Fr. Drewes. **Archiwräthe:** Ludw. Knoch. Cſtian Gottl. Cloſtermeyer ſ. unt. **Secretairs:** Phil. Ant. Clauſing, geheimer und auch Lehns-Secret. Georg Friedr. Wilh. Gregorius, Canzleyſecret. auch Reg. u. Canzley-Regiſtrator. W. Albr. Ernſt Stein, Commiſſions-Secret. **Actuar und Botenmeiſter:** Joh. Gottfried Weber.

Hofgericht. Hofrichter: Ludw. Wolfg. Aler. Fhr von Blomberg, Herr auf Iggenhauſen, Nieder-Talle ꝛc. ritterſchaftlicher Deputirter und Landrath. **Aſſſeſſores:** Phil. Ernſt, Rath auch Advoc. Fiſci, ſ. unten. Aug. Sterzenbach, Rath, ſ. unt. **Auſſerordentl. Aſſeſſores beim General-Hofgerichte:** Droſt und Landrath Adolph Eſtoph Bernh. von Mengerſen, Hr auf Keelkirchen, von Seiten der Ritterſchaft. Rath u. Burgermeiſter Joh. Alb. Heldmann in Lemgo, v. Seiten der Städte des Landes. **Secretarien:** Heinr. Engelbert Cruel. Joh. Ant. Friedr. Volland. **Fiſcal:** Ph. Aug. Anzen, auch Advocatus Camerä.

Conſiſtorium. Allgemeine Commiſſarien: Regierungsrath S. H. Volkhauſen, ſ. ob. **Generalſuperindent:** Ludw. Fr. Aug. von Cölln. **Secretair:** Joh. Friedr. Geo. Knoch.

Criminalgericht. Criminalrichter: Reg. Director D. A. König, ſ. ob. **Criminalaſſeſſor:** Rath A. Sterzenbach, ſ. ob. **Secretär:** Conr. Ad. Petri, ſ. unten.

Rentkammer. Kammerräthe: Georg Carl Stein. (führt das Directorium). Georg Ferd. Führer. Fr. Wilhelm Helwing, ſ. oben. Wilh. Meinke. **Landkammerrath (auch Kammerjunker):** Fr. Vict. Phil. Mor. Fhr von Donop, hat das Departement der Forſt- und Jagd-Sachen. **Forſtmeiſter:** Sim. Heinr. Joſeph Pählig. **Landrentmeiſter:** Cſtian Gottfr. Mor. Drewes. **Secretair:** Johann Friedr. Volland. **Forſtſecretair:** Gottlieb Hermann Lindinger. **Regiſtrator:** Aug. Wilh. Waſſerfall. **Calculator:** Friedr. Carl Reinold. **Landbaumeiſter:** Chriſtian Teudt. **Salineninſpector zu Salzuffeln:** J. C. Trampel. **Brunnen-Commiſſär zu Meinberg:** Heinr. Aug. Liebich.

Collegium medicum (unter der Direction der Regierung): **Medicinalräthe:** Dr. J. C. Fr. Scherf, Medicinalreferent, auch Amtsphyſicus u. Brunnenarzt zu Meinberg, ſ. ob. Dr. Ziegler, Amts- u. Stadtphyſicus zu Horn u. Brunnenarzt zu Meinberg. Dr. Joh. Ludw. Albrecht Pocke, Amts- auch Stadphyſicus zu Lemgo. Ferner die Amts- u. Stadtphyſici Dr. Gehekoth zu Salzuffeln, u. Dr. Fürſtenau zu Blombg.

Polizey Commiſſion in der Reſidenzſtadt Detmold. Von Seiten des Militairs: Obriſt Ernſt Joh. v. Schröders. — Als Deputatus der Regierung: Rath C. H. Cloſtermeyer, ſ. ob. — Als Bürgermeiſter

S 4

Land Lieutenant: Hauptmann Estian Ludw. D. n ch. Landrecep-
tor: Fr. Heinr. Kellner, Rath. Landsyndicus; N. Hofbauer.
Auswärtige Gesandte und Agenten. Niederrhein. Westphäl.
Kreis: Kreis-Agent: Hofr. Franz Heinr. Fauth in Mühlheim. Re-
gensburg: s. Reichstag. Wezlar: Hofr. Joh. Jac. Wickh., Hofr.
Meckel. Hofr. Wilh. Estoph Rotberg. Wien: C. C. Gr. zur Lippe-
Weissenfeld. Dav. H. v. Pilgram, Reichshofraths-Agent.
Die 2tt Hauptlinie des Lippischen Hauses nämlich das gräfliche Haus

Lippe-Schaumburg.

besitzt von der Grafschaft Lippe nur 2 Aemter, welche demselben jährlich
10,000 Thlr eintragen sollen. Aber von der Grafsch. Schaumburg besitzt
dasselbe die kleinere Hälfte, etwa 6 Q. Ml. mit 2 Städten, 2 Flecken,
78 Dörfern, 13,000 Einw. und 40,000 Thlr. Einkünften.

Mecklenburg.

Das ganze Herzogthum Mecklenburg soll auf 278 Q. M., 305,000 Einwohner, 37 Städte, und 1267 Dörfer enthalten (wovon der Schweden gehörige Theil etwa 6 Q. M. und 10,000 Einw. hat.) Der Adel ist sehr zahlreich und die demselben gehörigen Güter sollen über 1 Mill. Revenuen
bringen. Das Land ist unter die beiden herzogl. Linien getheilt, jedoch
so, daß

a) Mecklenburg-Schwerin,

welchem nun auch die Lande der erloschenen Güstrowschen Linie gehören, über
4/5 davon besitzt, (etwa 220 Q. M. mit 240,000 Einw.) Die fürstl. Einkünfte werden von einigen zu 700,000 Thlr. von andern zu einer Mill. und
drüber angegeben.

Hofstaat. Oberkammerherr: Ludw. v. Dörne, des roth. Abl.
O. R. Oberhofmarschall: Conr. Ign. Baron v. Lützow, des pfalzb.
Löw. O. R. Hofmarschall: Bernh. Joach. v. Bülow, Kammerhr.
Schloßhauptmann: Ludw. Hartw. v. Both, Kammerhr. Ober-
schenk: W. Joach. Casp. Baron v. Förstner, Kammerhr. Oberjä-
germeister: Adolph Hans v. der Lühe, Kammerhr. Oberstallmei-
ster: vacat. Oberforstmeister: Fr. Wilh. v. Lowzow. Estian v.
Welzin. Canzleyrath: Dr. Aug. Hartw. Reuß. Hofprediger:
Heinr. Jul. Tode, Consistorialr. Estian Fr. Studemund, Consisto-
rialr. Leibmedicus: Joh. G. Störzel; Hofr. Dr. Gust. Estian
Masius, Hofr. Hofmedici: Dr. Aug. Heinr. Evers, Hofr. Dr. C.
C. Wittstock. Dr. G. F. A. Buchholz. Dr. Aug. Evers. Vice-

Drittes Kap. Der weltl. Chur- und Fürstenthümer ꝛc.

Der regier. Herzogin Oberhofmeister: Aug. v. Lützow. Oberhofmeisterin: vacat. Secret. Joh. Mich. Földner, s. ob.

Des Erbprinzen Cavalier: Dietr. Joach. v. Oertzen, Kammerherr.

Der jüngern Prinzen Gouverneur: Carl Dietr. Baron Schulz v. Ascheraden. Instructor: G. E. B. Ackermann.

Der Herzogin Frau Mutter Hofmeister: Levin Joach. v. Barner.

Geh. Ministerium. Geh. Raths Präsident: Steph. Werner v. Dewitz, des weiss. Adl. u. Stanisl O. R. Geh. Räthe: Carl Krüger. Bernh. Fr. Gr. v. Bassewitz. Geh Secretair: Fr. Aug. Rudloff, Legationsr. Fr. W. Estoph Siggelkow, Canzleyr. Geh. Registrat.: Gottl. Wernecke.

Regier. u. Lehenkammer: Präsident: Steph. Werner v. Dewitz, s. ob. Geh. Räthe: Carl Krüger. Bernh. Fr. Gr. v. Bassewitz, s. ob. Reg. Rath: Aug. Geo. v. Brandenstein, Kammerhr. Reg. u. Lehenfiscal: Estian Fr. Krüger, Hofr. Regierungssecretarien: Fr. Wilh. Estoph Siggelkow, Canzleyr. s. ob. Rud. Carl Peter Faul. Reg. Registratores: P. Manecke, auch Reg. Secret. Aug. Joh. Carl zur Nedden. Ernst Rassau.

Geheimes u. Hauptarchiv. Geh Archivrath: Carl Fr. Evers. Archivsecretarien: Dan. Estoph Neumann.

Kammercollegium Director: Peter Manecke. Geh. Rath: Ludw. v. Dorne, Oberkammerhr, s. ob. Geh Kammerräthe: Conr. Wilh. Brüning. Cornel. Heinr. v. Wendland. Kammerräthe: E. Fr. Cordshagen. Fr. W. Bühring. Kammersecretarien: Estian Carl Livonius, Hofr. Estian Gottlob Schild, Hofr. Joh. Herm. Aug. Faul. Revisionsrath: Nicol. Cahns. Registratoren: E. E. Bohne. C. F. L. Caspar. Estian Fr. Wulff. P. W. Delagarde. J. C. Degner. Landrentmeister: Ernst Fr. Cordshagen, s. oben.

Reluitions Commission: Steph. Werner von Dewitz, geh. Rathspräsid. s. oben. Pet. Manecke, Kammerdirector, s. ob. Ludw. v. Dorne, geh. R. s. ob. Secretarien: s. Kammer. Oberzahlcommissair: Joh. Jac. Pauli.

Forst Collegium: P. Manecke, Kammerdirect. s. ob. L. v. Dorne, geh. R. s. ob. C. Wilh. Brüning, geh. Kammer-R. s. ob. Estian Wulff, Oberforstinspect. A. H. v. der Lühe, Oberjägermstr, s. ob. Cornel. Heinr. v. Wendland, geh. Kammer R., s. oben. E. Fr. Cordshagen, s. ob. Fr. W. Bühring, s. oben. Auditor: Estian v. Welzin, Oberforstmeister. Secretar. u. Registratoren: s. Kammer Collegium.

Hof u. Landgericht zu Güstrow. Präsident: Estian Albr. Bar. v. Kleinmannsegge. Vicepräsident: Aug. W. v. Bülow. Ordentl. Assessores: Carl Ulr. v. Holstein. Fr. Estoph Julius Hesse. G. F. Brandt. Geo. Ludw. E. v. Blücher. Dr. Fr. Wilh. Si beth. Ausserordentliche Assessores: Franz Heinr. v. Holstein, Landr. Friedr. v. Prißbuer, Landr. Levin Joach. Bar. v. Meerßheimb, Landr. Joach. Dietr. v. Levezow, Landr. Dr. Cstian Ludw. Behm, Burgermeister zu Rostock. Bernh. Joach. Voß, Hofr. Burgermstr zu Parchim. D. Joach. Heinr. Cstian Krüger, Hofr. Burgermstr zu Güstrow. Protonotarien: Gust. Joach. Zeller, Hofr. Geo. Wilh. Hausen, b. R. Lic. und Hofr. Secretar. Jac. Heinr. Wulffleff. Fiscal: Dr. Ulr. Joh. Fr. Daries.

Justiz-Canzley zu Schwerin. Canzleydirector: Aug. Cstian Fromm. Vicedirector: Dr. Joh. Jac. Prehn. Justiz-Räthe: Fr. v. Oertzen, Kammerjunker. Burch. Hartw. v. Bülow. Canzleyrath: Dietr. Fr. W. v. Mecklenburg. Secretär: Joh. Cstian Pläte, Hofr. Registrator: Joh. Gottfr. Drümmer, Secret. Fiscal: Geo. Lembke.

Justiz-Canzley zu Rostock. Canzleydirector: Carl Fr. Wilh. Baron v. Nettelbladt. Vicedirector: Joach. Fr. v. Frehse. Justizräthe: Pet. Fr. Detl. Andr. Bar. v. Förstner. Fr. Cstoph von Thomstorf. Canzleyrath: C. Joh. Th. Stumpe. Secret. Joh. Fr. Taddel, Hofr. Registrator: G. C. Warnemünde. Fiscal: Dr. F. Gottl. Jul. Burchard.

Consistorium zu Rostock. Consistorial-Vicedirector: Dr. Joh. Matth. Martini. Weltl. Consistorialrath: Dr. Mich. Gust. Friedlieb. Geistl. Consistorial Assessor: Dr. Cstoph Dav. Ant. Martini. Protonotarius: P. J. Meyer. Fiscal: D. J. G. Burchard, s. oben.

Consistorium zu Schwerin: siehe Justizcanzley daselbst. Consistorialrath: Heinr. Jul. Tode, s. oben.

Steuer-Polizey- u. Städtische Kämmerey-Commission zu Güstrow. Hofräthe: Dr. Joach. Heinr. Cstian Krüger. Joh. Fr. Canzler. Adolf Fr. Schultze. Secretair: Joh. Dietr. Virek, Steuerrath u. Auditor.

Kriegscommission. Commissarien: A. C. Fromm, s. ob. C. F. D. Marggraf, Hptm. Carl Fr. Reinh. v. Röder, Maj.

Lotteriedirection. Commissarien: Joh. Nic. Sevecke, Commissionsr. Joh. Herm. Aug. Faull, Kammersecret., s. ob.

Militairetat. Generallieutnants: Dietr. v. Glüer, Commandeur des Leibgrenadier Regim. und Commandant zu Schwerin. Friedr. Ludw. Erbprinz zu Mecklenburg-Schwerin, Chef eines Inf. Regim. des Schwerdt u. roth. Adl. O. R. u. Commandant zu Güstrow. Gen. Majors: Bernh. v. Pressentin. Gust. L. v. Restorf, Kammerhr, Commandant und Chef der Garnison zu Dömitz. Abrah. Gottl. v. Kralewitz, Chef der Garde, Kammerhr. Obristen: Carl Leop. Winter, Chef eines Grenadierregim. u. Commandant zu Güstrow. Carl Friedr. Dietr. v. Hobe, Kammerhr.

Engerer Ausschuß der Ritter- und Landschaft. Landräthe: Joach. Dietr. v. Levezow, s. oben. Levin Joach. Baron v. Meerßheimb, s. oben. Ritterschaftl. Deputirte: Adam v. Oldenburg,

Drittes Kap. Der weltl. Chur- u. Fürstenthümer rc. 283

Hptm. Adolph Albr. Wilh. v. Flotow. Leop. Balth. v. Gentzkow, Assessor. Städtische Deputirte: Dr. Andr. Dav. Wiese. Joh: Joach. Detloff Hofr. Dr. Joach. Heinr. Spalding, Hofr. Andr. Fr. Spalding, Hofr. Ernst Joh. Friedr. Manzel, Hofr. Ritterschaftl Syndicus: Dr. Joach. Cstoph Breslach, Hofr. Secretair: Dr. C. A. H. Wolff. Archivar. Dr. Peter Ludw. Behrmann.

Auswärtige Minister und Agenten.

Berlin: A. v. Lützow, Envoyé extraord. Marcus Marcuse, Agent. Bremen: Albr. Gottl. Eckenberger, Agent. Coppenhagen: J. P. Hiorthoy, Consul. Haag: de Bosset, Envoyé extraord. J. C. W. Dähne, Agent. Hamburg: Heinr. Matth. Pauly, Legationsr. Beym Kreisconvent zu Hildesheim: Bernh. Fr. Gr. von Vaßewitz, geh. R. Fr. Aug. Rudloff, Legationsr. H. Flemming, Legat. Canzlist. Lübeck: F. C. A. Lewenroth, Agent. Regenspurg: s. Rotag. Wetzlar: Joh. Ph. v. Gülich, geh. R. Kammerger. Procur. Hans Jac. Carl v. Zwierlein, geh. Reg. R. Kammerger. Procur. Wien: Franz Ant. Edl. v. Ditterich, Rshofraths-agent.

b) Mecklenburg-Strelitz

besitzt von dem Hzth. Mecklenburg mit Inbegriff des Fsth. Ratzeburg nur 52 Q. M. mit 54,000 Einw. — Die fürstl. Eink. werden von einigen zu 3 von andern zu 500,000 Thlr. geschätzt.

Hofstaat. Schloßhauptmann: Cstoph H. Adolph v. Zehmen, Kammerhr. Reisemarschall: E. Fr. Geo. v. Brockhusen, Kammerhr. Oberschenk: Fr. Eug. v. Hobe, Kammerhr. Kammerherren: v. Plessen. — v. Holstein. — Gr. v. der Schulenburg. — v. Waldow. — v. Kampz. — v. Grävenitz. — Gr. v. Blumenthal. — v. Reitzenstein. — v. Ledebur. — Fhrr. Selb. — Gr. v. Richmond. — v. Voß. — Ferd. v. Grävenitz. — v. Oppel. Kammerjunker: Fr. v. Schmalensee. — v. Viereck. — v. Kampz. — v. Behmen. — Gust. v. Schmalensee. — v. Türk. Oberjägermeister: Carl Fr. Theod. von Behmen. Oberforstmeister: von Wickede. — v. Voß. Oberstalimeister: Cstian Ad. Fr. v. Bülow. Chef u. Major der Garde zu Pferd: Cstian Fr. v. Bonin, Kammerhr. Staabsrittmeister: Fr. v. Schmalensee. Chef u. Oberst der Garde zu Fuß: vacat. Hauptmann: Vette v. Grävenitz.

Geheimes Raths-Collegium u. Ministerium. Präsid. Ulr. Otto v. Dewitz auf Gr. Milzow, Holzendorf u. Helpte, des roth. Adl. O. R. Geh. Rath: Ant. Ludw. Seip, auf Klocksien. Reg. Rath: Adolph Fr. v. Normann, auf gr. Plasten. Alb. v. Kampz, auf groß Dratow, hzgl. mecklenb. schwerinischer Kammerhr, des Löw. O. R. Geh. Secret. u. geh. Registrator: Adolph Albr. Aug. Horn, Hofr.

Lehenkammer: Seip, geh. R. Joh. Matth. Scherpelz, Canzleydirect. Ad. Fr. v. Normann, Regierungsr. s. oben. N. Horn, Secret.

Justizcanzley: Seip, geh. R. J. M. Scherpelz, Canzleydir.

rect. Heinr. Cstian Gerschow, Canzleyr. C. Cstoph H. Alb. von
Kampz, Canzleyr. Auditor: v. Türk. Secret. Götz.
Consistorium: Seip, geh. R. — Masch, Consist. R. und Superint. — Zander, Consist. R. — Horn, Secret.
Kammercollegium: v. Dewitz, Kammerpräsid. s. ob. Ad. Fr. Gerschow, Kammerdirect. Ad. C. L. v. Scheve, Landdrost. A. F. v. Oertzen, Kammer.R. Joh. Cstian Dietr. Eggers, u. C. Fr. Mende, Secretarien. Carl Ludw. Knust, Rentmstr.
Forstcollegium: v. Behmen, Oberjägermeister, s. oben A. F. Gerschow, Kammerdir. s. ob. v. Scheve, Landdrost, s. oben. Joh. Sam. Cogho, Secret.
Regierung zu Ratzeburg: Joh. Phil. Seip, geh. Justizr. C. H. F. v. Bülow, Kammerr. Dav. Cstian Boccius, Justiz- und Kammerr. Secret. Duft (machen auch die Kammerdeputation u. nebst dem Oberforstmeister v. Wickede die Forstdeputation aus).
Consistorium zu Ratzeburg: Masch, Consistor. R. s. ob. Nauwerk, Conf. R. u. Probst. Seip, geh. Justizr. s. ob. v. Bülow, Kammerr. s. ob. Boccius, Justizr.

Auswärtige Minister und Residenten.

Frankfurt am Mayn: Gr. v. Ponte Leon, Minister, Resid. u. Kammerhr. Hamburg: Jul. Heinr. Hempel, Agent. Hannover: Dommes, Finanzr. u. Agent. Regensburg: Fhr. v. Gemmingen, geh. R. u. Comit. Gesandt. Wetzlar: Hans Carl Fhr v. Zwierlein, geh. Kriegsr. Wien: v. Ditterich, Agent.

Beym Corpore der Landstände: Asmus Wilh. v. Bredow, auf Usadel, Landr. Friedr. v. Hahn auf Pleez u. Remplin, Ritt. v. Dannebrog, Landmarsch. Ad. Fr. Theod. v. Oertzen, auf Kotelow, Vice-Landmarschall.

Nassau.

Die Nassauischen Lande liegen theils im oberrheinischen, theils im westphälischen Kreise (zum Theil in einzelnen von einander abgesonderten Stücken). Alle zusammen mögen etwa 80 Q. M. und 200,000 Einw. enthalten. Sie sind unter die 2 Hauptlinien des fürstl. nassauischen Geschlechts so vertheilt, daß die walramsche Hauptlinie diejenigen im oberrhein. Kreise; die ottonische Hauptlinie aber die im westphäl. Kreise besitzt.

Die Länder der walram. Hauptlinie im oberrhein. Kreise (von etwa 48 Q. M. mit 120,000 Einw.) waren bisher unter die 3 regier. Häuser dieser Hauptlinie, Usingen, Sarbrücken und Weilburg vertheilt. Da das Haus Saarbrücken 1797. in männl. Erben ausstarb, fiel dessen Landestheil an Usingen. Mithin besitzt

a) Nassau-Usingen.

1) Den bisher schon innegehabten Landesantheil, oder das Fürstenth. Nassau-Usingen, ein zusammenliegendes Stück in der Wetterau, von etwa 17 Q. M. mit 40,000 Einw. und 73,000 Thlr. Einkünften. — 2) Den 97 angefallenen saarbrückischen Landestheil. Dieser besteht a) aus der Grafschaft Saarbrücken, b) der Gfsch. Saarwerden; c) ? der Vogtey Herbizheim, d) 5/9 vom Amt Homburg e) der Hälfte von Wölstein, f) der Kellerey Ap-

senthal; welche Stücke zusammen etwa 16 Q. M. mit 39,000 Einw. und 86,000 Thlr. Einf. betragen mögen, aber insgesamt jenseits des Rheins liegen, und daher gegenwärtig unter französ. Vormaß stehen.

b) Nassau-Weilburg.

Der Landesantheil besteht auch in mehreren Stücken, welche theils disseits, theils jenseits des Rheins liegen. Disseits liegen einige Stücke in der Wetterau neben Usingen (worin Weilburg) sodann in Breisgau (Lahr und Jdstein). Jenseits besitzt dieses Haus ½ an der Glan, Saarwerden, und einzelne Stücke in der Gegend des Donnersbergs (Kirchheim, Stauf ꝛc.), zusammen etwa 15 Q. M. mit 41,000 Einw. 100,000 Thlr Einkünften. — Von obigen beiden Häusern der walram. Linie, kann diesmal die Landesdienerschaft hier nicht angeführt werden. Die ottonische Hauptlinie blüht nur noch in dem einzigen Hause

c) Nassau-Oranien oder Dietz.

Dessen Lande alle disseits des Rheins im westphäl. Kreise liegen und mit Inbegriff der Hrsch. Beilstein etwa 32 Q. M. u. 78,000 Einw. haben u. circa 300,000 Thlr. Eink. bringen.

Landesregierung zu Dillenburg. Geh. Räthe: J. D. v. Passavant-Passenburg. R. v. Neufville. Geh. Reg. Rath: W. F. v. Schenk, auch Oberamtm. zu Wehrheim. Reg. Räthe: N. M. F. Gürtler von Gürtelrein. J. W. Chelius. J. Arnold. J. H. von Erath. C. J. H. v. Eck. Secretairs: C. Terlinden. W. Fr. von Schenk. Registrator: C. F. Schenk. J. H. Meinhard.

Justiz-Canzley. Geh. Rath: R. v. Neufville, geh. Justiz-R. s. oben Vicedirector: W. F. v. Auffem. Ober-Appellat. Rath: C. L. v. Bierbrauer zu Brennstein. Justiz-Räthe: J. H. v. Erath, s. ob. G. E. L. Fhr. Preuschen. J. F. Forell. Canzley-Assessor: A. Z. v. Diepenbroick. Secret. J. M. Dules, Tit. Rath. C. O. P. Lorsbach. Registrat. W. H. Hombergk-Kesselring. C. W. Kühle.

Rentkammer. Geh. Rath: R. v. Neufville, s. oben. Director: J. W. F. v. Schenk, s. ob. Oberkammerräthe: J. J. Heusler. Andr. Frensdorf. Cammerräthe: J. Arnold. W. L. Dapping. A. W. von Canstein. A. A. Pagenstecher. Secretairs: J. W. Winter. N. Hatzfeld. Rechungsrevisor: J. H. Meinhard, Titular-Secretair. Registrator: C. J. Hufeisen, Titul. Secret. G. Wagner.

Consistorium u. geistl. Ehegericht. Geh. Rath: von Neufville, s. oben. Vice-Director: C. L. von Bierbrauer zu Brennstein, s. oben. Weltl. Räthe: L. E. v. Schenk. J. F. Forell, s. ob. Geistliche Räthe: F. A. Vollpracht, Insp. u. erster Pred. zu Dillenburg. J. W. Grimm, Prof. in Herborn. Secret. J. G. Sartor. Registrat. J. C. Faber.

Bergwerks- u. Hüttencommission. Präsident: vacat. Räthe: J. J. Heusler, s. ob. J. E. L. Fhr v. Preuschen, s. ob. J. P. Becher. Oberbergmeister: J. H. Jung. Secret. J. Schenk.

Oberjägermeister: vacat. **Oberforstmeister:** F. v. Diepenbroick. **Generalempfänger:** C. W. Hofmann, Tit. Kammer-R.

Unterdirectorium zu Siegen. Justizrath: M. Dresler. Secret. J. P. Schneider.

Canzley zu Coppenbrügge in der Grafschaft Spiegelberg. Rath und Amtmann: P. C. Schepp. Secret. C. A. König.

Auswärts angestellte Gesandte und Residenten.

Cölln: J. G. Fauth, Hofrath und Resident. Frankfurt: geh. Leg. R. Plitt, churrheinisch. Kreisgesandt. Franz Frh. Schmidt von Rossan, Resident. Regensburg s. Reichstag. Wetzlar: C. J. Fhr. v. Zwierlein. Wien: N. Merk, Agent. N. v. Borsch, Substitut.

Oettingen.

Die ganze Grafsch. Oettingen im schwäb. Kreise hat auf 24 Q. Ml. 61,000 Einw. und bringt gegen 200,000 Thlr. Eink. Sie ist unter die beiden einzig noch blühenden fürstl. Häuser = Spielberg und Wallerstein, getheilt, nachdem der gräfl. Ast, Katzenstein = Baldern, 1797 erloschen ist.

a) Oettingen-Spielberg.

Der Spielberg. Antheil an der Grafsch. beträgt 9 Q. Ml. mit 20,000 Einw. und 70,000 Thlr. Eink. — Wahrscheinlich hat dieses Haus auch die schwäbischen Lande des abgestorbenen gräfl. Astes zu Baldern erhalten, welche etwa 3 Q. Ml. mit 6000 Einw. und 20,000 Thlr. Eink. betragen.

Cabinets-Departement. Joh. Bapt. Edm. Stanisl. v. Ruoesch, wirkl. vortragender geh. R. und Regier. Präsident. Wilh. Reichsfrhr. von Braun, wirkl. vortragender geh. R. Christian Albr. Bieringer, geh. Hofr. Jos. Beyer, Cabinets = Secretär. Jos. Schedler, Cabinets = Canzlist u. Protocollführer bey dem Hauptjournal.

Regierung a) ersten Senats. Präsident: v. Ruoesch, s. ob. Vicepräsident: (mit dem Character eines w. geh. R.) Joh. Nep. Rs. Fhr. v. Imsland, pfalzb. Kammerherr u. des Malthes. O. Ehren-R. — Geheime auch Hof = und Reg. Räthe: Joh. Paul Meyerhofer, geh. Hofr. Joh. Jac. Benecke, Oberamtm. zu Roth. Joh. Fr. Camerer, Stadtpfleger zu Oettingen. Ant. Lindner, Hofkastner u. Domainen = Inspector. Joh. Nep. Wocher, auch Haupt = Kammercassier. Xav. Mayer, auch Forstmeister. Joh. Caspar Meittinger. Dr. G. W. Strampfer, Reg. Assessor cum voto. — Regier. Secretäre und Assessoren: Rog. Ign. Hirschbeck. Ferd. Linder. — b) Zweiten Senats: Geh. Hofr. und Regier. Director, Aloys Barnab. Fischer. Hof = und Regier. Räthe: Franz Jos. Meisriemel. Rob. Koth. Carl Beneke, Reg. Assessor, Fiscal u. Secretär.

Rechnungskammer. Director: Der geh. Hofr. und Oberlandes = Commissar: J. N. Mayerhofer, s. oben. Sodann Andr. Hirschbeck, Hofr. Revisores: Xav. Strober. Ign. Weber. Ph. Zöller.

Archiv u. Registratur: Joh. G. Schmidt Archival-R. und erster Registrator. Ph. H. Sonnenmayer, Archival-R. u. Archivar. Franz Xav. von Senger, Archival-R. — Ant. Mayerhofer, Reg. Registrator.

Canzley. Joh. Cstian Prinz, w. Canzley-M. Xav. Gast, Canzley-verwalter. Canzlisten: J. Bauer. Mich. Spiegel. A. Stuhl üller. Copisten: X. Thannmüller. X. Meitinger. Botenmeister: M. Nittinger.

Gemeinschaftl. öttingisches evangel. Consistorium. (zu Oettingen.) Director: Cstian Albr. Bieringer, geh. Hofr. Consistorial Räthe: G. Jac. Schäblen, Gen. Superintend. Stadtpfarrer u. Oberinspect. des Seminars und Waisenhauses. G. Jac. Stahl, fstl. öttingen-wallerstein. Consistorial-R. J. G. Schöner, fstl. ötting. wallerstein. Consist. R. u. Special-Superintend. zu Deiningen. Secretär: Ph. H. Sonnenmayer, Archival-R. s. ob. Registratores: Joh. Carl Löblein. G. Conr. Stahl.

b) Oettingen-Wallerstein.

Der Landesantheil dieser Linie beträgt etwa 12 Q. Ml. mit 36,000 Einw. 100,000 Thlr. Einkünften. Sie hat wahrscheinlich nach Absterben des gräfl. Astes zu Baldern die Hrsch. Dachstuhl im oberrhein. Kreise (etwa 1½ Q. Ml. mit 3000 Einw.), jenseits des Rheins, erhalten, die aber durch Abtretung des linken Rheinufers an Frankreich kommen würde.

Fürstl. Regierung zu Wallerstein. Präsident: vacat. Canzler: vacat. Hof- u. Regierungsräthe: Franz Ruel, Kreisgesandt. auch Syndic. des rsgräfl. Colleg. in Schwab. Joh. Cstian Preu, auch Forstamts-Referend. Aloys v. Miller, auch Oberamtm. zu Wallerstein. Phil. Carl Lang. Jos. Belli de Pino, auch Oberamtmann zu Offingen. Georg Jac. Stahl, auch Consist. R. Assessor mit Stimme: Johann Bened. Röberlin. Canzleyverwalter: Joseph Valentin Wiedemann. Secretair: Jos. Eiberger. Registrator: Franz Strausbenmiller. Canzellisten: G. Conr. Stahl. Vinc. Andr. Böhm. Joh. Mich. Jrwangen. G. Albrecht Fr. Hörner. Peter Keckhut. Joh. Bapt. Theod. Bezler. Reg. Advocaten: Jos. Ludw. Boos. Joh. Georg Christen.

Rentkammer. Präsident: vacat. Director: G. Gottfr. Strelin. Räthe: Franz Ant. Schweigländer, Kastner zu Neresheim. Heinr. Wilh. v. St. Georgen, Hofcassier. Wilh. Cstian Jos. Kramer, Domainen-Inspect. Ant. Rettenmeyer. Franz Mainr. Manz, Kastner zu Wallerstein. Assessor mit Stimme: Joh. Joach. Popp, auch Zollcommissar. Secret. Geo. Fr. Stahl. Jos. Gerstmeyer, Access. Registrator: Pet. Heinr. Vogelsang. Meinr. Schreiber. Canzellisten: Ambros. Lederer. Joh. Steph. Wecker. Strassenbau- und Landoberbauinspector: Georg Zear.

Contributionskasse: Joh. Casp. Linsenmayer, Cassier.

Consistorium. Der diesseitige Antheil an dem gemeinschaftl. ötting. Consistorium besteht in zwey Mitgliedern: G. J. Stahl, Hof- u. Consistorialrath. Joh. Geo. Fr. Schöner, Consistorialrath Superintend. u. Pfarr. zu Deiningen. Gemeinschaftl. Secretär: J. Ph. H. Sonnenmayer. Canzellisten: Joh. Conr. Stahl. G. A. Fr. Hörner.

Cabinetscanzley: Phil. Chamet, Hofr. und Secretär. H. W. v. St. Georgen, Kammer-R. und Hofcass. Franz Xav. Ludwig, R. und Secret. Cornel. Weizelbaum, Regstr. Franz Ign. Dirr, Accessist.

288 Zweiter Abschnitt. Staatsb. des deutschen Reichs.

Archiv: Carl Zinkernagel, R. und Archivar. G. Ruff, Archivschreiber.
Landphysicat: Dr. Wolf Jul. Joach. Jan, Hofr. Leibmed. und Landphysicus. Dr. Jos. Maria Zöllner, Höfr. u. Pract. zu Neresheim. Dr. Jac. Klein, Pract. zu Harburg. Dr. Franz Anand Wiedemann, Pract. zu Wallerstein. Franz Jos. Schopp, Hofchirurgus, Geburtshelfer u. Hebammenmeister. Joh. Wilh. Winkelmann, Hofapotheker.
Resident zu Frankfurt a. M. Joh. Fr. Plitt, b. R. Dr.

Pfalz Bayern

Die Besitzungen dieses Churhauses begreifen folgende Lande unter sich

a) im niederrhein. Kreise.   Q. Ml. | Einw.

	Q. Ml.	Einw.
Das Churfsth. Pfalz am Rhein, (102 Q. Ml.) wovon		
diesseits des Rheins	44	97,000
jenseits	58	135,000
b) im oberrhein. Kreise.		
1) das Fsth. Simmern ⎫	9	21,000
2) " " Veldenz ⎬ alle	3	7,000
3) " " Lautern ⎬ jenseits	14	30,000
4) der Antheil an der Gfsch. Sponheim ⎭	4	9,000
c) im Baierschen Kreise.		
1) das Hzth. Bayern	580	822,000
2) die Oberpfalz	120	173,000
3) das Fsth. Neuburg	52	92,000
4) das " Sulzburg	26	43,000
5) die Landgfsch. Leuchtenberg, die Gfsch. Haag, die Herrschaften Pyrbaum, Sulzburg, Hohenwaldeck, Breiteneck, Ehrenfels; zusammen	12	24,000
d) im westphälischen Kreise.		
1) das Hzth. Jülich, jenseits	74	210,000
2) das " Berg, diesseits	56	212,000
e) im schwäb. Kreise		
die Herrschaften Wiesensteig, Mindelheim, Schwabeck	10	27,000
Endlich f) die niederländischen		
Hrsch. Ravenstein, Gfsch. Bergenopzoom.	9	9,000
zusammen	1071	1,930,000

Durch Abtretung des linken Rheinufers würden aber alle jenseits des Rheins gelegenen Lande (zusammen 171 Q. M. mit 440,000 Einw.) von der Summe wegfallen; mithin nur noch 900 Q. M. mit 1,490,000 Einw. übrig bleiben. — Die Kriegsmacht wird zu 35,000 M. und die gesamten Einkünfte zu 8 bis 9 Mill. Thlr. angegeben. — Die Staatsschulden sollen etwa 40 Mill. betragen.

1) Hofstaat.

Oberhofmeister: vacat. Obristkämmerer: Jos. Ferd. Gr. zu Rheinstein und Tattenbach, w. geh. Staats- und Conferenz Minist. Oberhofmarschall: Ant. Clem. Gr. zu Törring u. Seefeld. Obristküchenmeister: Herm. Joh. Nep. Fhr. v. Lerchenfeld, Cammer. w. geh. R. und Pfleger zu Hengersberg. Hofbischof u. Groß Almosenier: Cajet M. Ign. Fhr. v. Reisach, Bischof zu Ottona, w. geh. R. u. geistl. Raths Präsid. Reisemarschall: Georg Fhr. v. Sturmfeder.

Drittes Kap. Der weltl. Chur- und Fürstenthümer rc. 289

feber. Obristsilberkämmerer: Jos. Rsgr. v. Tauskirch, geh. R. Obriststallmeister: Matth. Gr. v. Vieregg, Kämmer, u. w. geh. R. Staats- u. Conferenzminister, Landvogt u. Oberforstmeister zu Höchstätt. Viceobriststallmeister: Cstoph Fhr v. Segesser, Kämmer. Obristjägermeister zu Mannheim: Clem. Aug. Rsgr. von Waldkirch, Kämmer. u. w. geh. R. Oberforstmeister: Carl Fhr zu Buchwitz, Kamm. Nic. Gr. v. Portia, St. Georg: O. R. adl. w. Hofkammer: R. hat die Anwartschaft. Oberjägermeister zu München: Theodor Gr. v. Waldkirch, Kämmer. w. geh. R. Hauptmautner, auch Wild- und Forstmeister zu Neuen-Oetting. Viceobristjägermeister: Sigm. Gr. von Preysing, Cammerhr. Carl Gr. v. Oberndorff, Beigeordneter. — Den Kammerherrenschlüssel haben 45: Personen.

Leibgarde der Hatschier. Hauptmann: Gerh. Gr. von Rambaldi, Kämm. und Gen. L. Leibgarde der Trabanten. Hauptmann: Phil. Ernst Gr. v. Wiser, Gen. L. Intendant der Hofmusik u. des Theaters: Jos. Ant. Gr. Seeau, w. geh. R. des adel. St. Mich. O. Großkr. und Canzl. Viceintendant. Clemens Rsgr. v. Törring-Seefeld. Theatralarchitekt des Opernhauses: Lor. v. Quaglio, Hofkammer-R. u. Mitgl. der Acad. zu Düsseldorf. Director der Residenz-Hofcapelle zu München: Leopold Krieger, geh. R. Eleemosinar u. Vicedechant zu U. L. F. in München. Capellmeister: Franz Grua. Bibliothekar in München: vacat. In Mannheim: Andr. Lamey, Hofr. C. Theod. Edler von Traiteur, Rs. Ritt. Hofger. R. Münz-Cabinet. Antiquar und Schatzmeister: Casimir Rsfrhr v. Häffelin, Bisch. v. Chersonnes, Malth. O. Commenth. zu Kaltenherberg, w. geh. R. rc. Mahlerey-Gallerie-Direction: Joh. Nep. Edl. v. Welzenfeld. Rsritter, geh. u. w. Hofkammer-R. Naturalienkabinet. Director: Cosm. Collini, geh. Secret. u. Historiograph. Sternwarte. Hofastronom: Roger Bary. Hofoberbaudirector: Carl Lespilliez.

Hofärzte. a) in München: Dr. Erh. Winterhalter, Med. R. u. Landschaftsphys. Joh. Edl. v. Oßwald, teutsch. O. R. Medic. R. Dr. J. N. Heinleth, Medicinal- auch Büchercensur-R. Dr. J. G. Oeggl. Dr. J. Saal, Büchercensur-R. Dr. B. J. Hartz, Med. R. Dr. L. Schubauer, w. Med. R. auch Criminal-Polizey u. Stadtphys. in München. Dr. C. J. Edler v. Tein, Rsritter. b) in Mannheim: Dr. A. Edler v. Winter, Medic. R. u. Leibchirurgus. Dr. J. B. Zehner, pfalzweibr. Hofr. Dr. A. Edler v. Wilhelmi, Med. R. Dr. Alex. Plaicher, Medic. R.

Der Churfürstin Obristhofmeister: Phil. Rsgr. v. Vieregg, Kämmer. Obr. der Cav. Obristhofmeisterin: Elis. Rs-Gräf. v. Pappenheim, geb. Gräfin v. Leiningen-Westerburg. Dames du Palais: Wald. Rsfürstin v. Bretzenheim. Hyac. Gräf. v. Törring und Gronsfeld. M. Anna Charl. Freyfr. v. Gumpenberg. Gabr. Rsgräfin v. Paumgarten-Frauenstein. Ph. Rsgräf. v. Oberndorf. Theres. Freyfr. v. Lerchenfeld. M. Anna Rsgräfin v. Vieregg. Jos. Rsgräf. v. Tauskirch. Beichtvater: Ant. Franz Rossi.

H. B. 2r Thl. 1798. T

2) **Civiletat,** und zwar
A) **die fürs Allgemeine angeordnete hohen Collegia.**

Ministerium. Geh. Staats und **Conferenzminister:** Franz Albr. Leop. Gr. v. **Oberndorf,** des Malth. O. R. Großballey vom Herzogth. Neuburg, Kämmer. Hofrichter zu Mannh. Präsd. der Acad. der Wissensch. ꝛc. Matth. Gr. v. **Vieregg,** s ob. Franz Carl Fhr v. **Hompesch,** Kammerhr, jülich: u. berg. geh. Raths-Canzler, Oberjägermeister im Herzogth. Jülich, Oberamtm. zu Düren, Pyru. Werken ꝛc. Ferd. Gr. zu **Rheinstein** u. **Tattenbach.** Carl Rsgr. zu **Nesselrode in Ehreshofen,** Oberamtm. zu Steinbach ꝛc. Geh. **Canzler:** Friedr. Fhr v. **Hertling,** w. geh. Staats- u. Conf. Minister. Wirkl. geh. **Staatsrath:** Joh. Georg Fhr v. **Stengel,** geh. Canzleydirector, auch geh. Referendar geh. Cabinets- u. des St. Elis. O. Secret. Direct. der Acad. der Wissensch. ꝛc. Geh. **Referendarien:** Mart. Rsfhr v. **Degen,** auch w. geh. R. J. C. Edler v. **Lippert,** auch geh. R. u. beygeordn. geh. Cabinetssecr. Ant. v. **Eyb,** auch geh. R. Geh. **Confer. Secretär:** Joh. Rud. v. **Baumen,** w. Reg. R. L. M. v. **Baumen,** w. Oberlandsreg. R. zu München, Adjunct. Geh. **Kriegs-Confer. Secretär:** Jos. Edler v. **Schultes,** desh. r. Rs Ritter.

Geb. **Canzley. Director:** J. G. Fhr v. **Stengel,** s. ob. Geh. **Secretarii** (so zugleich w. Räthe sind): Pet. v. **Stamm.** Joh. Geo. v. **Plötz,** zugl. Cabinetszahlmeister und der churf. Cabinetsh: sch. in Bayern u. der Oberpf. Admin. Secr. Wolfg. Eberh. v. **Tein,** w. geistl. R. Capit. zu U. L. Fr., päbstl. Protonot., des goldn. Sporn.O. R. Phil. **Herdt,** Prof. der Philosophie. Franz Carl v. **Raufer.** Franz Edl. **Schmitz v. Aurbach,** Reg. R. — Michael **Geiser,** Administrator der bayr. Zahlenlotterie. Phil. **Waquier de la Barthe,** geh. Legat. R. Capit. des Collegia:st. zu U. L. Fr. in München. Pet. Jos. Edler v. **Vollmar.** Joh. Dav. **Heeser.** Edmund Edler v. **Brot,** w. geh. Legat. R. Joh. Arnold Edler von **Langenbach.** Georg Edl. von **Schloesser.** Benno Leop. Edler v. **Kirstner.** Carl v. **Klessing,** auch Cab. Zahlmeister. Franz Xav. Edl. v. **Krauß.** Cstoph **Sartorius,** auch geh. Registr. Ign. **Kirmayr,** Edl. v. **Eschenbach.** Joh. Bapt. Edl. von **Schneidheim,** Rs-Ritt. Jos. Edl. von **Schultes.** Ant. Edl. von **Raufer,** der Jüng. W. Jac. **Heidel.** Joh. Geo. **Nemmer.** Jos. Edl. v. **Lori,** u. Wilh. **Braam,** geh. Registratoren. Jos. M. **Babo.** Egid. **Kobell.** Jos. **Keßler.** Jos. Mart. **Lagache.** Franz Jos. **Hausmann.** Matth. Edler von **Krempelhuber.** Franz Xav. **Kleinheinz.** Andr. **Karg,** zugl. Ingrossist. Jos. **Leers,** zugl. geh. Registrator. Sim. v. **Walck.**

Wirkl. geheime Räthe (die zugleich Kämmerer sind): Phil. Ant. Fhr **Dalwigk,** Domcapit. zu Münden. Carl Fhr v. **Rodenhausen,** s. oben, jülich. und berg. Hofkammerpräsident. Aug. Gr. v. **Törring-Jettenbach,** s. unt. Sigm. Gr. v **Spreti,** des churfürstl. Bücher-Censur-Colleg. Präsid. Gener. Lottodirect. in Bayern. Carl Fürst v. **Leiningen-Hardenb.** Gen. L. der Cav. Franz Fhr v. **Schmidtburg,**

Cap. zu Trier, Speyer u. Lüttich. Jos. Ign. Fhr v. Leiden, Pfleg. zu Osterhofen u. Landsteurer Bezirks Landshut. Jos. Ferd. Gr. v. Salern, auf Gelbolfing, St. Mich. O. Großkr. s. unt. Theod. Gr. v. Waldskirch, s. unten. Phil. Gr. v. Lerchenfeld-Prenberg ꝛc. Joh. Nepom. Fhr v. Dachsberg, Vicedom zu Landshut, der Landschaft in Bayern Verordneter, Rentamts Landshut. Theod. Gr. Topor-Morawitzky, Malthes. O. Großkr. u. Commenth. zu Biburg. H. Fhr v. Lerchenfeld, s. ob. Maxim. Gr. v. Preysing, gen. Cronwinkel, Pfleg. zu Rosenheim, in Ober- u. Nieder-Bayern, des Domst. Freys. Erbschenk, der Landschaft in Bayern verordn. Landsteuer, Rentamts München. Max. Fhr v. Rechberg, Administr. der Rs-Grafsch. Wiesensteig, des sftl. Stifts Ellwangen Erbschenk. Joh. Theod. Fhr v. Belderbusch, des deutsch. O. R. u. Landcommenth. der Ballen an der Etsch u. im Gebirge, Gen. L. der Inf. Gouv. v. Mannheim u. Inh. des 12ten Füsel. Regim. Jos. Gr. v. Seeau, Intendant von der Hofmusik u. Theater, Pfleg. Kastner u. Mautner zu Pfaffenhofen, des St. Mich. O. Großkr. u. Canzler. Anton Fhr v. Perglas, Hofkammerpräsid. Oberamtm. zu Heidelberg. Max. Jos. Gr. v. Seinsheim, k. k. Kämm. w. geh. R. der Acad. der Wissenschaften in München Mitgl. der Landsch. in Bayern Landsteurer Rentamts Straubing. Ernst Franz Gr. v. Platen. Thadd. Anton Fhr v. Vieregg, v. u. zu Gerzen, Reg. R. zu Landshut. Joh. Nep. Jos. Gr. v. Exdorf, St. Mich. O. Großkr. Reg. R. zu Landshut, und der Landsch. in Bayern-Verordneter, Rentamts Straubing. Wolfg. Herib. Fhr v. Dalberg, Ober-Appellat. Präsid. zu Mannheim, u. Vorsteher der deutschen Gesellschaft allda. Franz Amand Fhr v. Dienheim, des St. Mich. O. Großkr. auch churmainz. w. geh. R. u. Oberamtm. zu Diesburg. Gottl. Gr. v. Exdorf, St. Mich. O. Großkr. auch churmainz. w. geh. R. ellwang. Vicedom, der Acad. der Wissensch. in München Mitgl. Sigism. Gr. v. Preysing, Fhr zu Altenpreysing ꝛc. Gen. L. und Inhab. eines Füsel. Regim. auch Statthalter zu Ingolstadt, und des das. Rathscolleg. Präsid. Friedr. Fhr v. Ritz, jülich- u. berg. Hofraths-Präsid. auch Amtm. zu Gladbach u. Grevenbroich. Max. Wunib. Rs-Erbtruchseß, Gr. v. Zeil ꝛc. Administr. der Herrsch. Türkheim, Anglberg, Amberg u. Oesteretteringen. Ad. Alex. Gr. v. Schellhard v. Oberndorf, Hr zu Geistern, Austrum ꝛc. Carl Gr. v. Berchem auf Piesing, Vicedom u. Rentamts-Commiss. zu Burghausen ꝛc. Sigism. Gr. v. Haslang, auf Hohenkammer ꝛc. Erblandhofmstr in Ober- u. Niederbayern, s. unten. Franz Fhr v. Leoprechting, der geistl. Administration zu Heidelberg Präsident, auch Pfleger u. Kastner zu Allersberg. Max. Jos. Gr. v. Holnstein, Hr der berg, Landsteurer Rentamts Burghausen. Ant. Gr. v. Hegnenberg, gen. Dux auf Ober- u. Unterdolling ꝛc. geh. Decimations-Commiſſär und Pfleg. zu Schrobenhauſen, Landsteurer Bezirks Ingolſtadt. Max. Gr. v. Thurn u. Taſſis, k. k. Kämmer. auch Land-ſch. Commiſſar u. Landober-ſter des Hzth. Neuburg. Ant. v. Schmid, Fhr v. Haßlach auf Pirnbach, Reviſionsrathsdirect. in München. Joſ. Gr. v. Oberndorf, Hofkam-merpräſid. zu Amberg, b. Hzth. Neuburg Landmarſch. und Landſchafts-Commiſſär, auch Pfleg. zu Gundelfingen. Claud Mart. Gr. von St. Martin. Max. Em. Gr. von Tauffkirch, Obriſt der Cav. Pfleg. zu Krandsberg, des w. Adl. O. R. Anton Gr. v. u. zu Sandizell, Hof-raths-Vicepräſid. u. Pfleger zu Rhain. Joſ. Fhr v. Weichs, Regier. Vi-cepräſid. in München, Erbpfleg. zu Stadt am Hof, Landsteurer Rentamts München. Benj. Tompſon Rs-Gr. v. Rumford, Gen. L. der Artill. u. Chef des Generalſtabs. Ferd. Aloyſ. Fhr v. u. zu Aſch, päbſtl. infulir-ter Prälat, w. Reg. R. zu Landshut ꝛc. Eſtoph Gr. v. Reiſach, Land-ſchafts-Commiſſ. zu Neuburg. Joh. Nep. Rsgr. v. Yrſch, Adminiſtrat. der Cabinetshrſch. in Bayern, des Luſtſchloſſes Schleißheim, der obern Pfalz und der Graffſch. Wald. ꝛc. Max. Gr. v. Berchem, w. Reg. R. Rentmeiſter und Hofbauamts-Inſp. zu Burghauſen, Ritterſteurer Rent-amts Straubing. Fr. Gr. v. Vieregg, Gen. Maj. der Inf. des Malth. O. Großkr. und Commenth. zu Landsberg ꝛc. ꝛc. Joh. Caſp. Aloyſ. Gr. Bäſſelet v. Laroſee, Reviſ. Raths-Vicedirect. in München. Ludw. Fhr v. Hövel, Reg. Vicepräſid. zu Mannheim. Joſ. Gr. v. Königsfeld, inful. Probſt zu Altenötting, Capit. zu Freyſing, auch Freyſing. w. geh. u. Hofr. Landſch. Verordneter Rentamts Burghauſen. Cajetan Fhr v. Rei-ſach, ſ. ob. Gottfr. Fhr v. Bevern, jülich- und berg. geh. Raths- und Oberappellat. Ger. Vicepräſid. ꝛc. Max. Rs-Fhr von Gumpenberg. Franz Rsgr. von Zedtwitz, Gen. L. Ludw. Gr von Ezdorf, Capit. zu Freyſing u. Regensb. Geo. Sigm. Rsgr. v. Portia, Probſt zu Lands-hut, auch Capit. zu Brixen, des St. Georg-O. Commenth. und Dechant. Clem. Gr. v. Waldkirch, Obriſtjägermeiſter zu Mannh. Ph. Rsgr. v. Vieregg. Guido Rsgr. v. Tauffkirch, Malthes. O. R. u. Commenth. zu Sulzbach, auch Reg. Vicepräſid. zu Amberg. Franz Xav. Rsgr. von Dietrichſtein, Dechant zu Berchtesgaden ꝛc. Carl Rsgr v. Schall. bev. Miniſter zu Berlin. Max. Rsgr. v. Leiningen-Weſterburg, Reg. Präſid. zu Neuburg.

Churf. wirkl. geh. Räthe (die keine Kämmerer ſind): Willibrodus Abt zu St. Maximin. Adolph Abt des Benedict. Kloſters zu Erbach. Joſ. Herm. v. Planck, auf Haidenhofen, Rs-Ritt. Hofkammer-Direct. in München. Joh. Rupert Fhr v. St. Vincent. Andr. Goldhagen, Reviſionsr. Canzl. Joh. Bapt. Gr. v. Salis. Caſim. Fhr v. Häſſe-lin, päbſtl. inful. Prälat, Malth. Commenth. des geiſtl. Rathscolleg. Vicepräſid. Franz Fhr v. Berghe, gen. Trips, zu Hemmersbach; berg. Obriſtjägermeiſter. Carl Albr. Edl. v. Vachiery, Rs-Ritter, Hofraths-Canzler u. der Acad. der Wiſſ. hiſtor. Kl. Director. Mart. Joſ. v. Georgac, Gen. Commiſſ. in den Niederl. Joh. Lamb. Fhr v. Babo, Reg. R. u. Hofkammer-Direct. zu Mannheim. Carl Phil. Heußler, Hofkriegsanzley-Director zu München. Joh. Nep. v. Wolf, Weihbisch. zu Freysing, fstl. churischer bev. Rtstagsgesandt. zu Regensb. Franz Jos. Fhr v. Stengel, Domcapit. zu Freysing. Mart. Fhr v. Degen, geh. Referend. in Regier. Justiz- und Policeysachen. Steph. Fhr v. Stengel, Vicecanzler der Oberlandesregier. in München. Joh. H. Rsfhr von Grein, Ges. am Churhofe zu Cölln. Joh. Casp. Edl. v. Lippert, geh. Referendär, s. ob. Franz Xav. Fhr v. Schneider, Oberlandreg. R., Direct. des Bücher-Censur-Collegiums, geh. Archivar. Ant. v. Eyb, geh. Referendär, s. ob.

Hofkriegsrath. Präsident: Fr. Wilh. Pr. v. Isenburg, Gen. L. der Cav. Proprietärlieutn. des churfstl. Leib- u. ersten Grenad. Regim. des Alex. Newsky- und des St. Steph. O. R. Vicepräsident: Jos. Ferd. Gr. von Salern, Gen. L. der Inf. Obristlandzeugmstr. Director: Mar. Rsgr. Topor-Morawizky, s. ob. Hofkriegsräthe u. Chefs der verschiedenen Departements: Aloys. Gr. v. Taufkirch, Chef vom Personale, Commando u. Dienst. Jac. Fhr v. Thiboust, Chef der General-Controlle, Obrist. Wilh. Regnier, Chef des Kriegsbau- und Armaturwesens. Wilh. van Douwe, Chef des Oeconomiewesens. Canzley Director: Carl Phil. Heußler, zugl. Director vom Justiz- wesen. Canzleyvicedirector: Geo Cstoph Wrede, zugl. Vicedir. vom Justizwesen. Hofkriegs- u. Justizräthe: Franz Pet. v. Berenklau. Jos. Edl. von Bollmar. Jos. Mar. Steinsdorf. Ant. Baumgärtner. Fr. Hansen. Joh. H. Frank. F. J. Lipowsky. Jos. Daubenmergl. Hofkriegs- u. Oeconomieräthe: Joh. Ant. Heerdan. Jos. Ant. Orff. Phil. Fhr v. Mohr, Maj. u. Gen. Adjut. Ign. v. Fercher. Joh. Bapt. Lechner. Kriegspräsidialsecretär: Jos. Deiter. Hofkriegsrathssecretarien: Joh. Jac. Lotter. Carl Förg. Jac. Deninger. Franz Xav. Zeiller. Georg Narciß. Nic. Versch. Franz Neuner. Matth. Anders. J. A. Rainprechter. Hofkriegszahlamt zu München. Kriegszahlmeister: Georg Carl Sartori. Hofkriegscasse zu Mannheim. Cassier: Bernhard Schlemmer, Hofgerichtsr. Oberlandzeugmeister: Gr. v. Salern, Kämmer. s. oben.

B) **Landescollegia und Dicasterien für die einzelnen Provinzen.**

a) Churpfalz.

Regierung. Präsident: vacat. Vicepräsident: Ludw. Fhr von Hövel, w. geh. R. Adel. Reg. Räthe: Ign. Fhr v. Reibeld, Oberappellat. Gerichtsrath. Fr. Fhr. v. Reibeld, Oberamtm. zu Germersheim. Carl Fhr v. Sturmfeder. Carl Gr. v. Schall, Oberamtm. zu Lautern. Carl Gr. v. Vieregg, Kämmer. und Oberappellat. Gerichtsrath. Cstian Gr. v. Oberndorf, s. ob. Franz Xav. Fhr v. Reichlin, auch Oberappellationsgerichtsr. u. bev. Minister zu Wien. Carl Fhr von Haacke, Hofgerichtsr. Vicecanzler: Matth. v. Klein, Obercurator der Universität zu Heidelberg. Gel. Regier. Räthe: Pet. v. Roseneck, Oberappellat. Gerichtsdirect. zu Mannheim. Phil. Fhr v. Koch.

Wilh. Fhr v. Weiler, auch Oberappellat. Gerichtsr. u. Gef. beym oberrhein. Kreise. Ferd. Adrian Fhr v. Lamezan, auch Oberappellat. Gerichtsr. Franz Edl. v. Zentner. Franz Herm. Fhr v. Schmitz, als Oberappellat. Gerichtsr. u. Amtm. zu Dilsberg. Joh. Lamb. Fhr v. Libo, s. ob. Jac. Jos. v. Tautphäus. Steph. Fhr v. Stengel, s. a. Phil. Franz Edler v. Edel, Rs. Ritt. w. Hofkammer. Dr. Ign. Edl. v. Reichert, Oberappellationsr. Fr. Jung, Oberappellationsr. Franz Hyac. Edl. v. Dusch, w. Hofger. R. Cstoph Fhr v. Fick. Sigm. Edl. v. Dawans, Oberappellationsger. R. Nic. Fhr v. Stengel, zugl. Hofger. R. Dr. Bernh. Siegel, auch Hofger. R. Franz Edl. v. Schmitz, auch Hofger. R.

Oberappellationsgericht. Präsident: Heribert Fhr von Dalberg, s. ob. Vicepräsident: Friedr. Fhr v. Kofler. Adel. Räthe: C. Th. Gr. v. Vieregg, s. ob. Franz Xav. Fhr von Reichlin. Director: Pet. Jos. v. Roseneck, s. ob. Gelehrte Räthe: Franz Fhr von Schmitz, s. ob. Ferd. Fhr v. Lamezan, s. ob. Ign. Edl. v. Reichert, s. ob. Fr. Jung, s. oben. Sigm. Edl. v. Dawans, s. ob. Wilh. Fhr v. Weiler, s. ob. Franz Edler v. Zentner, s. ob. Secret, Registrat. und Expeditor: Carl Collini, Hofger. R.

Hofgericht Hofrichter: F. A. Gr. v. Oberndorf, s. ob. Vicehofrichter: Ign. Fhr von Reibeld. Adel. Räthe: Ferd. Gr. von Arzt. Jos. Fhr v. Castell. Cstian Gr. v. Oberndorf. Carl Gr. von Wieser. Jos. Fhr v. Hundheim. Carl Rsgr. v. Yrsch. Canzleydirector: Mart. v. Steinhausen. Gelehrte Räthe: Jos. Velli, Reg. R. Franz Brandenburger. Jos. Fhr von Wrede. Bernh. Siegel. Tobias von Sperl. Cstian Fhr v. Fick. Franz Xav. Courtin. Joh. Nicol. Fhr v. Stengel. Franz Hyac. Edl. v. Dusch. Ludwigr. Verschaffelt. Phil. Fhr v. Horn. Ludw. Stockmar. Bernhard Schlemmer. Carl Phil. Fhr. von Wrede. Geo. Jos. Wedekind. Aug. Algardi. Jac. Edl. v. Traiteur. Franz Ad. Edl. von Schmitz. Ernst Fhr v. Stengel. Joh. Melch. Edl. von Dawans. Jos. Fhr v. Stengel. Innoc. Kobell. G. de Troge. Secret: Franz Reuß, churfstl. R. Joh. Stein.

Hofkammer. Präsident: Ant. Fhr v. Perglas. Vicepräsident: Franz Fhr v. Wrede, s. ob. Adel. Räthe: C. Fhr v. Sturmfeder, s. ob. Nicol. Gr. v. Portia. Carl Gr. v. Wiser. Wilh. Fhr v. Kofler. Carl Rsgr. v. Yrsch. Fr. Fhr v. Wenningen. Accessisten: Carl Gr. v. Nesselrode. Cstian Gr. v. Oberndorf. Jos. Fhr v. Hundheim. Director: Lamb. Fhr v. Babo. Vicedirector: Joh. Gosw. Wideder. Räthe: Heinr. Dan. Bingner, Commerzienrath. Joh. Jac. Dyckerhoff. Phil. Edler v. Edel, auch Fiscal. Joh. Wilh. Söldner. Franz Ludw. Speicher. Franz Griesen, auch Fiscal. Joseph Greis, auch Fiscal. Elias Stengel, Frucht- Wein- und Fourageecommissair. Joh. Carl Schmuck, Gefällverweser des Oberamts Heidelberg. Steph. Gruu, Fiscal. Carl Edler v. Dusch. Joh. Pet. Kling. Franz v. Vogel. Joh. Bapt. Fhr v. Villiez. Conr. Eckenbrecht. Franz Ant. Wilhelmi, Gen. Cassier. Ludw. v. Maubuisson, auch Fiscal.

Drittes Kap. Der weltl. Chur- und Fürstenthümer ꝛc.

Cstian Ludw. Wilhelmi, auch Fiscal. Joh. Friedr. Dückerhoff. Fr. Cstoph Dückerhoff. Alb. Lionard, Schatzungscommissar. Carl von Försch. Ernst Fhr v. Stengel. Franz Edler von Dawans. Arnold Link, auch Fiscal. Ferd. Fhr v. Hartmann, auch Fiscal. Franz Friedrich. Ferd. Fhr v. Lamezan. Franz Ant. von d. Mast, auch Fiscal. Secretaris: Matth. Jos. Müller, Hofkammerrath. J. W. Söldner, s. ob. F. L. Speicher, s. ob. Seb. Heinr. Heckmann, Zollcommiss. Secret. Nicol. Sting. Joh. Matt. Eichholz. Adolph Goeck.

Hofforstkammer. Präsident: Ant. Fhr v. Perglas, s. ob. Vicepräsident: Franz Fhr v. Wrede. Adel. Räthe: C. Fhr v. Buchwitz. Fr. Fhr v. Venningen, s. ob. Direct. Steph. Grua, s. oben. Räthe: J. P. Kling. F. J. Edler v. Dawans. A. Link.

Münzcommissairen: Matth. Gabr. v. Klein, geh. auch Reg. Rath. Heinr. Bingner, Hofkammer: R.

Salinencommission. Oberintendant: F. A. Gr. von Oberndorf, s. ob. Generalcommissair: Franz Hyac. Edler v. Dusch, s. ob. Directores: Hermani, pfalzweybrück. Reg. R. G. Schuhmacher. Salinensecretair: Adam Putheiger. Registrator: Geo. Ehehalt.

Oberbergamtsdirector: Jos. Fhr v. Weiler, s. ob.

Reformirter Kirchenrath zu Heidelberg. Director: vacat. Räthe: Carl Eman. Fuchs, polit. Reg. R. u. Directorial-Stellvertreter. Joh. Valent. Hofmeister, Pfarr zu Schwetzingen. Phil. Jacob Hilspach, Inspect. der Classe Wißloch und Pfarr. zu Neckargemünde. Joh. Heinr. Gruber. Joh. Phil. Dav. Falk, Oberappell. Gerichtsr. Joh. Fr. Mieg, Dr. d. Theol. und Pfarr. zum heil. Geist in Heidelberg. Geo. Dan. Kaibel, 2ter Pfarr. bey der hochdeutschen Gem. in Mannheim. Dan. Wund. J. P. Wachter. Secretair: P. W. Ehrhard. J. G. Hecht.

Evangel. Luther Consistorium (zu Heidelberg) Director: Alb. Ludw. Rittmann. Räthe: Carl Benj. List, ir Pfr. zu Mannheim. J. H. Piton, Pfarr. zu Mannheim. Joh. Friedr. Köster, Pfarr. zu Wauer u. Angelloch. Reinh. Steimmig, auch Eheger. R. J. H. Zeller, Ehegerichter. Dan. Peiffer, Pfar. C. Th. Wolf, 2r Pfarr. zu Heidelberg. C. D. Volz. Secretair: Eberh. Rittmann.

Ehegericht zu Heidelberg. Director: vacat. Räthe: Alb. Rittmann, s. ob. A. J. Mieg. G. W. Köster. J. H. Zeller, s. ob. R. Steimmig, s. oben. Cstian Bomatsch. C. D. Müller. J. Pet. Wachter. Carl Wund. Secretairs: J. W. Müller. G. C. Hecht.

Geistl. Administration zu Heidelberg. Präsident: Fr. Joseph

zugl. Baucommiſſ. Burch. de Pre. Franz Ludw. Trommer. Joh. v. Bibiena, auch Forſtcommiſſ. C. W. Rettig, auch Forſtcommiſſ. W. H. Bettinger, Controleur. Secret. Joh. Haub, Adminiſtrat. R. Heinr. Wilhelmi. Joſ. Molitor. Dom. Lippe. F. C. Wilhelmi. J. H. L. de Pre. Joh. Hepp. Fr. Phil. Porta. C. Dühmig.

b) **Bayern.**

Landesregierung. Vicepräſident: Joſ. Mar. Fhr von Weichs, ſ. oben. Vicecanzler: Steph. Fhr v. Stengel, geh. R. Adel. Räthe: Benno Ign. v. Hofſtetten, zugl. Hofoberrichter und Gerichtsherr ob der Au. Franz de Paula Fhr v. Frauenberg. Franz Xav. Fhr von Schneider. Rud. Fhrv. Schwachheim, geh. R. Carl Albr. Fhr von Aretin, auch Lehnhofsſecret. Gallus Heinr. Baur, Fhr v. Heppenſtein. Joh. Ad. Fhrv. Aretin, beigeordneter Oberſtlehenhofscommiſſ. Gel. Räthe: Gottfr. Fhr v. Wallau, geh. R. Joh. Nep. Edl. v. Stubenrauch, geh. R. Max. Edl. v. Dreern. Joh. Nep. von Sicherer. Joſ. Edl. v. Stichanner. Joh. Nep. Gottfr. Edler von Krenner, Rs-Ritt. Profeſſ. der Rechte zu Ingolſtadt. Leop. v. Bäumen. A. A. v. Welz. Wirkl. aber nicht frequent. Räthe: Joſ. Fhr v. Widemann. C. Rsgr. v. Arco. D. F. v. Linbrunn, auch Kammer-, Münz- u. Berg-R. Secretarii: J. G. Kroiß. Conrad Ruprecht. Franz Wagner. Dom. Rainprechter. Joh. Georg Laßhofer. Matth. Hauſer. Joſ. Ant. Eiſenried. Franz Mich. Prandl. Franz Xav. Käſtl. Cſtoph v. Schmöger. Joach. Faber.

Reviſorium. Director: Ant. v. Schmid, Fhr v. Haßlach, ſ. ob. Vicedirector: Joh. Caſp. Aloyſ. Gr. v. Laroſee, ſ. ob. Canzler: Andr. Goldhagen, ſ. ob. Räthe v. der Ritterbank: W. Rößr v. Leyden. Clemens Benno Fhr von Oeffele, auch Pfleger zu Neuburg. Erasm. v. Werner zu Grafenreuth. Franz de Paula Edler v. Perger. Joh. Phil. Jahnſon v. d. Stock. Joh. Nep. Fhr von Kreitmayr. Gel. Räthe: G. G. Schelf. Lor. Aichberger. Joſ. Mar. v. Chlingensberg. Quirin Fhr v. Käppler. Joſ. Edl. v. Köſtler, Reichs-Ritt. Max. v. Branca. Secretär: Joh. Geo. Fränkl.

Hofrathsdicaſterium. Präſident: A. Gr. v. Törring-Gronsfeld, ſ. ob. Vicepräſident: Gr. v. u. zu Sandizell, w. geh. R. ſ. ob. Canzler: Carl Albr. Edl. v. Bachiery, ſ. oben. Vicecanzler: Deſid. v. Schneid, ſ. oben. Adel. Räthe: Benno v. Hofſtetten, Hofoberrichter, ſ. ob. Joſ. Gr. von Preyſing. Franz Fhr von Donnersberg. Deſid. Rsgr. v. Laroſee. Clem. Fhr von Leyden. Max. Rsgr. v. u. zu Hegnenberg. Max. Gr. von Löſch. Joh. Mar. Fhr v. Baſſus. Phil. Ner. Gr. v. Arco. Max. Rsgr. v. Lamberg. Marc. Fhr v. Erbt, Pfleger zu Landsberg. Franz Fhr v. la Fabrique. C. Fhr v. Aretin. Joh. Bapt. Edl. v. Bachiery, Rs-Ritt. auch Wechſelger. R. Univerſitäts u. Studien-Curator. Leop. Edl. v. Peiſſer auf Peiſſenau. Gel. Räthe: Marq. von Gürtner. Fr. Aug. von Courtin. Franz Xav. Edler v. Natterer, Rs-Ritt. Franz Joſ. v. Schmöger. Joſ. Engl. Ferd. von Harſcher. Ign. Dom. Lott. Franz Xav. von

p. **Der weltl. Chur- und Fürstenthümer ꝛc.**

, auch geistl. R. Jos. Gouvier. Jos. Faistenber-
 von Setzger auf Haidenberg, Rs. Ritt. Franz Xav.
M. von Delling. Franz Xav. Edler von Hartmann.
 ech. Joh. Nep. v. Mayr. Phil. Zwack. Jos. Sigm.
r, Rs. Ritt. C. Cstian Edl. v. Mann. Ferd. v. Bran-
v. Caspar. Franz Ign. Edl. v. Plötz. Franz de Pau-
. Joh. Mich. Edler von Patz, Criminalr. Jos. Mari-
. v. Grafenstein. Secretairs: Phil. Jos. Haas,
 ien dl, R. Joh. Andr. Pößl, R. Paschal. Atten-
r. Jos. Lueger. Jos. Ant. Edl. von Weizenbeck, w.
 ld. G. C. Mayr, s. ob. Joh. Ant. Wibmer. Joh.
. w. R. Joh. Pet. Praun. Franz Mich. Schmidt.
 erger. Barthol. Beiß. Jos. Casp. Oettel. Franz
 er. Franz Fehneberg.
scollegium. **Präsident:** Cajet. Fhr. v. Reisach, s.
 äsident: Casim. Fhr. v. Häffelin, s. ob. Director:
Kumpf, Dr. d. Theol. Dech. u. Pfarr. zum h. Peter in
stl. **Räthe:** Franz Jos. v. Stengel, s. ob. Ildephons.
chercensurrath. Franz Xav. Mutschelle, Dr. d. Theol.
nzini, Capit. des Collegiatstifts in München. Lor. We-
 ch Büchercensurrath. Joh. Nep. v. Schneider. Jos.
 peckert, auch Büchercensurrath, Pfarr. zu Ruppers-
 ler v. Degen, Dr. d. Theol. Weltl. **Räthe:** Joseph
 av. v. Pettenkofen. Franz Fel. Schober. Franz
Secret. Sim. Ign. Auracher. Jos. Köllmayr.
 lbauer. Franz Mich. Schmidt.
legium. **Präsident:** Jos. Aug. Gr. v. Törring u.
 ttenbach. **Director:** J. H. von Planck. **Räthe:**
 nenberg. Ferd. Fhr. v. Gumpenberg. Franz Xav.
 feld. Carl Gr. v. Preising. Cstoph. Fhr von Schütz.
 berndorf. Cstoph Rsgr. v. Waldkirch. Ludw. Rs-
 joh. Nep. Edl. v. Weizenfeld. Jos. Ign. von Kretz
 fen, Hofzahlmeister. Joach. Edler von Paur. Anton
 . Andr. Edl. v. Lößl. Joh. Adam Pöckl, zugl. Salzr.
 assauer. Joh. Bapt. Casp. Edl. v. Hahn, d. R. Lic.
 agn. Marc. Kölle. Mich. v. Distl. Adr. v. Riedl.
 empelhuber. D. v. Linbrunn, zugl. Münz- und
 of. Kittreiber, zugl. Fiscal. Mich. Riedl, Johann
 Küller. Franz Xav. Schießl. Joh. Bapt. Edler von
 Cstoph Ellerstorfer. Jos. Andres, zngl. Salzrath.
 der, D. Edl. v. Schwaiger. Franz von Krenner.
 chlierf, beyd. R. L. Franz Jos. Pöckert. Joh. Nep.
 R. Lic. auch Archivar, Münz- und Berg-R. zugl. Fiscal.
 Berg-R. Aloys v. Planck, Münz- u. Berg-Rath.
 nn. Jos. Bened. Edl. v. Grundner. Cajet. Stür-
 ugl. Salz-R. G. Grünberger. Mart. Pöllner,
 Jos. Billich, zugl. Fiscal. J. B. v. Hoffstetten, auch

T 5

Salz-R. Jos. Edl. von Wenger. Joh. Jos. Kirschbaum. Franz Fel. Schober, zugl. Fiscal. Jos. Haazi, zugl. Fiskal. Max. v. Vttschaffeld. Max. Kaltner. Aug. von Münsterer. Jos. Mart. Kleber, zugl. Fiscal. Hub. Steiner. Secretarien: Castolus Seitw. R. Jos. Leop. Baumgarten. Joh. Nep. Edler von Faßmann, Rs-Ritt. B. Klausewitz. Joh. Nep. Kraus. Jac. Ign. Moser. Joh. G. Fischer. C. Casim. Pezl, Rentdeput. R. zu Straubing. M. Renner. Joh. Nep. Const. Sölch. Joh. Nep. Schießl. Max. Jos. le Feubüre. Conr. Ueberreiter. M. Franz Horwath. Jos. Dom. Edl. v. Mayr, b. R. Lic. Ludw. Wolf, b. R. Lic. Jos. Weinbuch. Joh. Mich. Kreitmayr. Franz Xav. Edl. v. Schwaiger, Rs.Vitt. Franz Xav. Schießl. A. G. Niggl, b. R. Lic. Corb. Badhauser.

Forstkammer. Präsident: Jos. Gr. von Törring-Gronsfeld. Director: Joh. P. Kling. Räthe: C Gr. v. Oberndorf. Christoph Gr. von Waldkirch. J. Nep. von Thoma. G. Grünberger. Jos. Haazi. J. G. Seybold.

Büchercensur-Collegium. Präsident: Sigm. Gr. v. Spreti. Director: Franz Xav. Fhrv. Schneider. Räthe: Marq. v. Güttner. Ildephons. Kennedy. Lor. Westenrieder. Matth. Flarl. Joh. Nep. Heinleth. Jos. Klein. Franz S. von Ditterich. Jos. Mar. Babo. Jos. Saal. Aloys Wolfinger. Ludw. Seccard. Theoph. Huebpauer. Carl Edler von Mann. Mar. Vott. J. V. Fischl. Ign. Hardt. Joh. Nep. v. Moser. P. Speckert. Max. Imhof. Secret. Cstoph v. Schmöger.

Oberster Lehenhof zu München. Obersterlehenprobst: Fr. Fhrv. Hertling, s. ob. Commissär: C. Fhrv. Aretin. Beygeordneter: Joh. Adam Fhr v. Aretin. Archivar: Dom. Hohenaicher. Officianten: Benno Theod. von Reindl. Jac. Roßmann. Franz Xav. Burger. Franz Xav. v. Mayr. Lehenprobst zu Landshuth: Fr. Poeßl. Zu Straubing: Jos. Fhr von Prutberg. Zu Burghausen: Franz Xav. Hohenrieder, Reg. Canzler daselbst. Der Ob. Pfalz: W. Fhr v. Weinbach.

c) Oberpfalz.

Regierung (zu Amberg). Statthalter: Max. Gr. von Holnstein, w. geh. R. und des weißen Adl. O. R. Vicepräsident: Guido Aloys Rsgr. v. Taufkirch. Canzler: W. Fhr v. Weinbach. Edel. Räthe: Joh. G. Fhr v. Gobel, Landrichter. Ant. Fhr v. Ruml. Jos. Fhr v. Froschheim. Ludw. Fhrv. Egkher. Phil. Fhr v. Leonrodt. Phil. Fhr v. Giese. Fr. Gemmingen Fhr v. Massenbach. Ign. Fhr v. Preysing. Franz Xav. Rsgr. v. Holnstein. Jos. Fhrv. Frank. J. M. Franz Fhr v. Wildenau. Ferd. Mich. Fhr v. St. Marie Eglise. Franz Cstoph Fhr von Griesenbeck. Clem. Fhr von Burgau. Franz Fhr v. Geisweiler. Gel. Räthe: Franz Paul Fhr v. Ruprecht auf Eresbach, Druck u. Troglau, w. Hoffkammer-R. Joh. Casp. Wolf. Ant. Engelb. Reinfeld. Cstoph v. Stropper. Phil. Edl. von Cloßmann, pfalzzweybr. geh. R. Bernh. Jos. Edl. von Reichert. G. M. Edl. v. Ibschet, w. Hoffkammer-R. Ulr. Edl. v. Birzele, zugleich

Archivar. Jof. Ant. Sam. v. Schenkl. Phil. Jof. v. Schmitt. Joh. Mich. Edl. v. Lehner. Jac. Jof. de Battis. Andr. Jof. Edl. v. Griennagl. Mich. Vogt, Dech. und Stadtpfr. in Amberg. Jof. von Korb. Joh. Ant. Edl. v. Roeckl. J. A. Edl. v. Griennagl. Joh. Aloys v. Paur. Jof. v. Schenkl. Archivar: Ulr. Edl. v. Birzele. Secretarien: Barth. v. Hözendorf, b. R. Lic. u. w. Rath. G. M. Gärtner. Rud. Koller. Max. Jof. Stoll. Ildephons Merkl. Martin Gerngroß. Sim. Plank. Max. Schleiß v. Löwenfeld. Joh. Nic. Mayr. Franz Xav. Stockmayr. Franz Xav. Sedlmayr. Mor. Soliva.

Hofkammer (zu Amberg): Vicepräsident: Joh. Sigm. Graf v. Kreith. Director: Franz Ant. von Schenkl. Räthe: Jof. Fhr v. Frank. Joh. B. Fhr v. Duprel. Ant. Gr. v. Oexle. Clem. Gr. Holnstein. J. G. R. Fhr von Ott. Casim. Fhr von Gravenreuth. Joh. G. Fhr. v. Aretin. Gottfr. Fhr von Stengel. A. C. Weiß. C. Jac. Edler v. Vincenti. J. P. Miller. J. W. Arnold. G. M. Edler v. Jbscher. Jof. v. Leistner. J. B. v. Heeg. J. M. v. Reiffen. J. P. Penner. J. G. Diener. Jof. v. Destouches. Franz Xav. Reisenegger. H. v. Sechser. Jof. Thanhauser. Edm. Goes. Jof. Dorner. Leonh. v. Depra. Leonh. Dobmaier, zugl. Fiscal. Secretarien: Seb. Roth. Franz Jof. Ellerstorfer. Franz Bscheper. Franz Xav. v. Schrödl. H. Weingärtner. Ad. Zwack. Joh. Mich. Reiß. C. v. Geißler. Mich. Zanner. G. Forster. Balth. Hiltl. Jac. Kellermann.

d) Herzogth. Neuburg.

Regierung. Präsident: Max. Rögr. v. Leiningen-Westerburg. Canzler: C. Fhr v. Hartmann, geh. R. auch hzl. würtemb. Cammerherr. Räthe von der Ritterbank: J. Nep. Fhr v. Weveld. Jof. C. Fhr v. Schmith. Fr. Fhr von Hertling, zugl. Lehenpropst des Hzgth. Neuburg. Franz Fhr v. Tautphäus. Gel. Räthe: C. Ph. Schönmezler. Lor. Edl. v. Schintling. Mart. Stanisl. Brukmayr. Casp. Aloys Pirkl. Aloys v. Hosemann. Gottfr. Roth. Joh. Nep. Delagera. Carl v. Günther. J. C. v. Hefner, b. R. Lic. J. Fr. Pflieger. Franz Xav. Gietl, Hofkammer-R. u. Kirchenfiscal. Archivinspector: F. X. Fhr. v. Schneider. Archivar: G. Roth. Secretarien: Joh. Bernh. Edl. v. Tein, w. R. Jac. Draude. Sim. Walk. Jac. Jof. Seelus. A. Franz Xav. v. Eyb.

Hofkammer. Präsident: Jof. Gr. v. Oberndorf. Director: J. M. A. Fhr v. Schatte, geh. R. Räthe: A. Fhr v. Haacke. Joh. Fhr v. Weveld. Ferd. Fhr v. Rummel. Raim. Fhr v. Weittenau. W. Fhr v. Geisweiler. G. C. von Oelhafen. Franz Fhr von Reigersberg. F. M. Seel. Jof. Arnold. J. J. Bächerle. J. H. Gietl. F. X. Bruckmayer. G. J. Pichler. J. L. Docker. F. X. Gietl, f. ob. J. N. Seel. Secretarien: Franz Böhaimb. J. Bächerle.

Landschaft. Landmarschall: Jof. Gr. v. Oberndorf, f. oben.

Verordnete: Max. Gr. v. Thurn u. Taſſis. Aloys Fhr v. Haacke. **Canzler:** C. Gremmel.
  Erboberjägermeiſter: A. Fhr v. Haacke. **Oberſtforſtmeiſter:** Mor. Fhr v. Junker. Matth. Rsgr. v. Vieregg.

e) Herzogth. Sulzbach.

Landrichter u. Lehenprobſt: Franz Xav. Rsgr. v. Seyboltsdorf. **Adminiſtrator:** Joh. Mich. Bedall. **Hofkaſtner:** Tob. Bayer, auch Landſchreiber. **Oberſteuereinnehmer:** H. Gareiß.

f) Herzogth. Jülich und Berg.

Geh. Rath. Canzler: Franz C. Fhr v. Hompeſch. **Vicepräſident:** Gottfr. Fhr v. Beveren. **Adel. Räthe:** Arnold Fhr Raitz v. Frentz. Joſ. Gr. v. Goltſtein, Oberamtm. zu Geilenkirchen und Randerath. Max. Fhr von Bentink, Hofkammerpräſid. auch Oberamtm. zu Elverfeld. Max. Fhr v. Pfeil, zugl. Wegcommiſſ. und Oberappell. Gerichts-Canzleydirector. Carl Fhr v. Kolf, geh. u. Oberappellat. Ger. Rath. A. Eſtoph Fhr v. Dorth. **Acceſſiſt:** Joh. Wilh. Fhr von Hompeſch. **Vicecanzler:** G. Joſ. Fhr v. Knapp, Lehendirect. Hoheitsreferend., Relig. Commiſſar. u. Oberappellat. Canzleydirect. **Gel. Räthe:** Heinr. Fhr v. Grein. Ant. Wilh. Joſ. von Robertz, geiſtl. geh. Rath, Probſt zu Kerpen. Gosw. Joſ. v. Buinink, Oberappellat. Gerichtsr. u. Bibliothekar. Joſ. Edl. von Corſten, Oberappell. Gerichtsr. Bertr. v. Hagens, Oberappell. Gerichtsr. u. Lehenfiscal. Heinr. Wilh. v. Lemmen, Syndic. und Secret. bey dem niederrhein. weſtphäl. Kreiſe. Alex. Joſ. Edl. v. Daniels, auch Criminalreferend. u. Hofr. Jak. Fhr v. Kylmann, Oberappell. Gerichtsr. und Steuerreferend. Joh. Wilh. Jeger, zugl. Oberappell. Gerichtsr. ꝛc. Joh. Wilh. Bewer, Oberappell. Gerichtsr. Joh. Engelb. Fuchſius, Oberappell. Gerichtsr. Joh. Wilh. Windſcheid, auch w. Oberappell. Gerichts-Hofkammer- und Oberforſtrath. Joh. Gottfr. Fränken, w. Hofr. und Stadtſchultheis zu Düſſeldorf. **Archivar:** Alex. Edl. v. Daniels. **Secretarii:** Arnold Janſen, geh. R. Pet. Schulten.

Steuer- Finanz- u. Kriegs-Departement. Präſident: Franz C. Fhr v. Hompeſch, ſ. ob. **Director:** Gottfr. Fhr von Beveren. **Adel. Räthe:** Joſ. Gr. von Goldſtein. **Gel. Räthe:** H. Fhr von Grein. Jac. Fhr v. Kyllmann. Joh. C. Fuchſius, ſ. ob. **Secretair:** C. L. Eylertz, Hofr.

Jülichſche Landſchaft. Landmarſchall: C. Gr. von Hatzfeld, ſ. oben. **Land-Commiſſarien:** Joſ. Gr. von Goldſtein. Carl Fhr v. Hompeſch zu Bollheim. Ludw. Fhr v. Harf. **Bergiſcher Landmarſchall:** Gottfr. Fhr v. Beveren. **Bergiſch. Landhofmeiſter:** Mor. Fhr v. Gaugreben. **Landcommiſſarien:** C. Gr. von Neſſelrode. Fr. v. Lützerode. C. Fhr v. Hompeſch zu Bollheim, ſ. ob.

Oberappellationsgericht. Präſident: F. C. Fhr v. Hompeſch, ſ. ob. **Vicepräſident:** G. Fhr v. Peveren, ſ. ob. **Adel. Rath:** Carl Fhr v. Kolf. **Canzleydirector:** Geo. Joſ. Fhr v. Knapp. **Gel. Rä-**

the: Gosw. v. Buinink. Jos. Edl. v. Corsten. Vertr. v. Hagens. Jac. Fhr v. Kyllmann. J. W. Jeger, s. ob. J. W. Bewer, s. ob. J. E. Fuchsius, s. ob. J. W. Windscheid, s. oben. Secret. Arnold Jansen. Pet. Schulten.

Hofrathsdicasterium. Präsident: Fr. Fhr v. Ritz. Adel. Hofräthe: Franz Carl Fhr von Bourscheid zu Burgbroell. Arn. Cstoph Fhr v. Dorth. Ign. Ed. Fhr Berghe von Trips. Ferd. Jos. Fhr von Bourscheid. Accessist: J. W. Fhr v. Hompesch. Gel. Hofräthe: Wilh. Beuer, Obersteuereinnehmer. Franz Carl v. Hagens. G. Waguer, Crimin. Refer. Alex. Edl. v. Daniels. Paul. Ant. v. Katz. W. Sebast. v. Reiner. C. Theod. Frinken. Pet. Linden, auch Criminal-Referend. Joh. Wilh. von Zantis. Joh. G. Franken, s. oben. Steph. v. Harold. Franz Brewer. Jac. Baumeister. Carl Theod. Fhr v. Proff. Jos. v. Palmer. Arn. Bewer. Ant. Schmitz. H. Jos. Kerris. Phil. Legrand. Casp. Bender. Jülich Secret. Ant. Dippy, Hofr. Berg. Secret. Wilh. Mor. Mühlheim, Hofr.

Hofkammer. Präsident: M. Fhr v. Bentink, s. ob. Vicepräsident: Jos. Gr. v. Goltstein. Adel. Räthe: Carl Fhr v. Eynatten zu Trips. Carl Alex. Fhr v. Blankart. Director: Franz Fhr v. Collenbach. Räthe: Franz Jos. v. Dackweiler. Erasm. von Hagens. Carl v. Kochs, Fiscal. Fr. H. Jacobi, geh. R. u. Zollcommiss. Joh. Wilh. Windscheid, Fiscal. Joh. Reiner. Mörs. Joh. Gottfr. Schram. Jos. von Dörsten. Gottfr. Fhr von Franz. Reich. Casp. Steinwarz, Landrentmeister. Joh. Zach. Bertoldi. Joh. Cstian Frohn. Ign. Jos. Fhr v. Otten. Carl Stahl. Bergrath: Wilh. Hardt. Secret. Pet. Entenich. J. F. Steffens.

Jülich. Oberjägermeister: F. C. Fhr v. Hompesch, s. ob. Berg. Oberjägermeister: Franz Fhr von Berghe, gen. Trips zu Heimmersbach, geh. R. Ign. Fhr Berghe v. Trips.

Herrschaft Ravenstein. Landdrost: Amand v. Bree. Landrentmeister: J. J. v. Willingen.

Herrschaft Erkelenz. Appellations-Director: J W. Jeger.

Marquisat Bergen Op-Zoom. General-Commissär: Carl Gr. v. Vieregg. Beygeordneter: Mart. Jos. von George, Gen. Controlleur der Domainen des Marquisats.

C) Generalität.

Generalfeldmarschall: vacat. **Generalfeldzeugmeister:** Carl Fhr v. Rodenhausen, s. ob. **Gen. Lieutnants:** E. Fhr von Belderbusch, s. ob. Jos. Gr. Fugger zu Wickhausen. Cstoph Fhr von Hauzenberg. Jos. Fhr v. Hohenhausen. Carl Fr. F. v. Leiningen-Hardenberg u. Dachsburg ꝛc. Carl v. Pfister, Chef des Ingenieur-Corps. Sigm. Gr. v. Preusing. Gerard Gr. v. Rambaldi. Benj. Thomson, Gr. v. Rumford. Jos. Gr. v. Salern. Ernst Gr. von Schwichelt. Clem. Fhr von Welchs. Phil. Gr. v. Wiser. Wilh. Pfalzgr. bey Rhein ꝛc. Friedr. Pr. v. Isenburg. Georg Aug. Gr. v. Isenburg. Frz Rsgr. v. Zedtwitz. Max. Hz. von Zweybrücken.

Gen. Majors: Heinr. Fhr. v. Baden, Inh. des 4ten Grenad. Regim. Carl F. v. Bretzenheim. Fr. Fhr. v. Dalwigk. E. Gr. v. Dern. (titul.) Erasm. Deroy, Comm. zu Mannh. Jos. v. Gaza, Ih. der Inf. W. Fhr. v. Gleissenthal, (titul). Edm v. Harold. St. Fhr v. Hohenhausen. Frz Fhr v. Horneck (titular). Casim. F. v. Herding. Fidel. Ans. Fhr v. Hornstein. Frz Xav. Fhr. v. Ingenheim. Ant. Fhr v. Junker. G. Aug. Fhr von Kinkel. Nic. Fhr v. Kolf. Theod. Gr. v. Königsfeld. Phil. Gr. v. Lamberg. Carl Erbpr. v. Leiningen. Frz v. Longevalle. Fr. Fhr v. Mestral. Max. Rsgrf Topor-Morawizky. Alex. dela Motte. Ferd. Gr. v. Minuci. Jos. Gr. v. Nogarola. Joh. Phil. Fhr v. Reuß, (titul.) Ernst Gr. v. Schönburg. Jos. Gr. v. Seyssel d'Aix. Jos. Gr. v. Spreti. Ferd. Fhr Stael v. Holstein. Max. Jos. Rsgr. v. Taufkirch. Max. F. v. Thurn u. Taxis. Fr. Gr. v Vieregg, (titul). Ant. Gr. v. Wickenburg, gen. Stechinelli, (titul. Frz. Fhr. v. Zandt. Jos. Fhr. v. Zobel.

Leibadjutanten: Jobst Gr. v. Schwichelt, s. ob. Benj. Thomson. Gr. v. Rumford. Ferd. Ludw. Gr. v. Schulenburg-Oeynshausen, Oberst der Inf. Casim. Fhr. v. Herding. Obr. Max. Gr. v. Taufkirch. Reinh. Fhr. v. Werneck, Obr.

D) Gesandte, Minister und Agenten.

Augspurg: Joh. Bapt. Staudinger, Hofr Berlin: Carl Rsgr. v. Schall, bev. Min. Jos. Max. Fhr. v. Posch, Hofr. u. Hptm., Chargé d'Affaires. Bonn: s. Cölln. Brüssel: Carl Gr. v. Vieregg, bev. Min. Eugen Hyac. Charlier, Agent. Cleve: Joh. Bernh. Hasenbach, jülich- und berg. geh. R. Resident. Cölln: Joh. Heinr. Rsfhr. v. Grein, jülich- u. berg. w. geh. R. Ges. u. Directorialr. des niederrhein. westphäl. Kreises, Stener-Referend. u. Münzcommissar, accredit. Ges. Jos. Fhr. v. Franz zu Düresbach, Resident. Colmar: Ludw. Dailand, R. u. Agent. Dresden: Carl Gr. v. Schall, gevollm. Minister, s. ob. Jos. Fhr. v. Posch, Chargé d'Affaires. Frankfurt: Wilh. Fhr. v. Weiler, Ges. u. Directorialr. des churs. u. oberrhein. Kreises. Geo. Jos. Ortenbach (Reg. Secret. in Mannh.), Legat. Secret. Fr. Frz. Fhr. v. Schmidt zu Rossan, Resid. u. Hofr. Agenten: Joh. Mich. Luther, Commerzienr. Joh. Heinr. Mannskopf, Hofr. Fr. Nebel, Commerzienr. Haag: Frz. Ant. v. Willingen, Chargé d'Affaires. Heilbronn: Ludw. Fr. Fischer, Resid. London: Sigism. Gr. v. Haslang, bev. Minister. Memmingen: Estoph Wechsler, Agent u. Salzfactor. Neapel: Casp. Marq. de Curtis, Hofr., Minister u. Resid. Nürnberg: Joh. Nep. Fhr. v. Tautphäus, oberpfälz. w. Reg. und Hofkammerr., bev. Ges. am fränkisch. Kreise. Paris: Frz. Kymli, Agent. Petersburg: Frz. Xav. Rsfhr. Reichlin v. Meldegg, bev. Minister. N. Sülzer, Legat. Secr. Regenspurg s. Rotag. Trier: Carl Theod. Eichhorn, Hofger. R. Syndic. u. Lehenrath der Abtey St. Maximin, Agent. M. Marschall, Commercial-Resid. u. Agent. Venedig: Gabr. Cornet, churfstl. R. Ulm: Wilh. Fhr. v. Hertling, w. Hofkammevr. bev. Ges. zum Kreisconv. Wetzlar: F. W. A. Helf

Drittes Kap. Der weltl. Chur- u. Fürstenthümer ꝛc. 303

ch. M. v. Hofmann und C. Schick, Agenten. Wien: Ant. Rsgr. Wickenburg, gen. Stechinelli, bevollm. Minister. Jac. Duras, gat. Secret. Ph. Friedmann, Canzl. Agenten: Mar. Cheval. Urbain, Hofr. und Agent für Böhmen und die österr. Niederlande. Joh. Bapt. v. Fichtl, R. u. Leop. Hinsberg, beym Rshofr.

E) Churpfälz. Ritterorden.

Diese bestehen a) in dem St. Hubertus-Orden, der 1749 erneuert wurde. Ausser einer unbestimmten Anzahl fü:stl. Personen, erhalten solchen 12 Ritter gräfl. oder freyherrl. Standes, wovon die 3 ersten 6:6, die 6 folgenden jeder 500, und die 3 letzten jeder 350 Thlr jährl. Revenüen haben. b) Der St. Georgs-Orden und c) der pfalzische Löwen-Orden, deren Mitglieder hier anzuführen, zu weitläufig seyn würde.

Sachsen.

Die gesamten Lande des herzogl. sowohl als Churhauses Sachsen haben nach einer wahrscheinlichen Berechnung auf etwa 820 Q. Ml., 2,550,000 Einw. wovon die herzogl. Häuser etwa 130 Q. M. mit 404,000 Einw. das Churhaus aber circa 690 Q. M. 2,145,000 Einw. besitzen.

A) Chur-Sachsen.

Die chursächs. Lande liegen, ausser den Maggsth. Ober- und Niederlausitz, und einem Theile an der Grafschaft Henneberg, insgesamt im obersächs. Kreise, und folgende Berechnung ihrer Arealgröße und Bevölkerung mag der Wahrheit sehr nahe kommen. Sie bestehen aus 7 Kreisen und einigen andern Ländern, nämlich

1) Der Churkreis	77 Q. Ml.	—	130,000 Einw.
2) Der Thüringer Kreis	52	—	136,000
3) Der Meisnische Kreis	98	—	400,000
4) Der Leipziger Kreis	70	—	280,000
5) Der Erzgebirg. Kreis	111	—	480,000
6) Der Vogtländische Kreis	29	—	90,000
7) Der Neustädtische Kreis	14	—	36,000
8) Das Fürstenthum Querfurt	10	—	20,000
9) Der Antheil an Mannsfeld	15	—	20,000
10) Das Stift Merseburg	14	—	35,000
11) Stift Naumburg und Zeiz	10	—	20,000
Zusammen im Obersächsischen Kreis	500 Q.M.	—	1,657,000 Einw.
Hiezu 12) die Ober- und Nieder-Lausitz	180	—	460,000
13) Der Antheil an Henneberg	10	—	28,000
Alles zusammen	690 Q. M.	—	2,145,000 Einw.

mit 200 Städten und Flecken, und beynahe 500 Dörfern. (Hiebey sind die unter der obersten chursächs. Landeshoheit stehenden Lande, als die Grfsch. Stolberg, die Schönburg. Herrschaften ꝛc. zusammen etwa 27 Q. M. mit 56,000 Einw. nicht mitgerechnet). Die Kriegsmacht steigt auf 36,000 Mann, und die Einkünfte sollen 7 ½ Mill. Thlr. betragen. Die Staatsschulden belaufen sich noch auf 19 Mill. nehmen aber immer ab.

1) Hofstat.

Erster Hofmarschall: Melch. Heinr. v. Breitenbauch. Ober-Kammerherr: Camillo Gr. Marcolini, w. geh. R. und Cämmer. Direct. über die Acad. der Künste in Dresden, des St. Steph. u. Andr.

Ord. R. **Oberstallmeister**: vacat. **Oberhofjägermeister**: Geh. Fr. Casimir v. der Schulenburg, Direct. u. Oberinspect. aller Flößn. **Oristküchenmeister**: vacat. **Oberschenk**: Fr. Sigm. v. Mittiz Schweizerhauptmann: Joh. Jos. Fhr v. Forell. **Hofmarschall** Fr. W. Aug. C. Gr. v. Bose, des Nordstern=O. Command. aus Oberdirect. des Theaters u. der churfürstl. Capelle. **Oberküchenmeister**: Gottlob Erich von Berlepsch; (von des hochsel. K. Aug. III. Hofst.). **Hausmarschall**: Jos. Fr. Fhr v. Raknitz, Malth. O. R. **Ceremonienmeister**: W. A. Fhr v. Just. **Beichtvater**: P. Fr. Herz. **Leibmedici**: Dr. W. Fr. von der Jahn, Hofr. Dr. J. Ehrenfr. Pohl, Hofr. Dr. J. G. Leonhardi, Hofr.

Der **Churfürstin Oberhofmeisterin**: M. Jos. Freyfrau von Wetzel, geb. Freyin v. Wessenberg. **Oberstbofmeister**: Estian Const. v. Dziembowsky. **Fräul Hofmeisterin**: die verw. Fr. w. geh. Räthin Gottl. Gräfin Herczan, geb. Gräf. Collonna. **Kämmerfräuleins**: 2. **Hofdamen**: 4. **Beichtvater**: P. Joh. Limpacher.

Der **Prinzessin Marie Auguste Aya**: Estine verw. v. Gablenz, geb. v. Chmielewska, St. Cr. O. D. **Beichtvater**: P. Jos. Preißler.

Des Prinz. Anton Obristhofmeister: Fr. Xav. Gr. v. Thurn u. Valsaßina, geh. R. **Beichtvater**: P. Joh. Huber.

Der **Gemahlin des Prinz Anton Oberhofmeisterin**: Leuise Gräfin v. Hrczan u. Harras, geb. v. Naundorf. **Hofdames**: 2. **Cammerherr**: Alex. Mar. Marchese Piatti. **Beichtvater**: Thom. Scheisler.

Des Prinz. Max. Oristhofmeister: Mich. Siwowaz Jurkowsky, geh. R. **Beichtvater**: P. Jos. Huber.

Der **Gemahlin des Prinz. Maxim. Oberhofmeisterin**: Fr. Louise Marquise Piatti, geb. v. Erdmannsdorf. **Hofdames**: 2. **Cammerherr**: Estoph Wilh. v. Reitzenstein. **Beichtvater**: P. Jos. Huber.

Der **Prinzessin Mar. Anne Oberstbofmeisterin**: M. Claudia Miaczinska, geb. Gr. v. Kollowrat. **Hofdame**: 1. **Beichtvater**: Joh. Bapt. Matthieu.

Des Prinz. Xaver Adjutanten: Frz Marq. v. Pelagrue, Wilh. von Cuming. **Beichtvater**: P. Mor. Gressard.

Der **Königl. Prinzessin Elisabeth Oberhofmeisterin**: Marie Johanne Gräfin v. Byllandt. **Hofdame**: 1.

2) **Civil-Etat** (oder hohes Ministerium, Landescollegia ꝛc.)

Geh. Cabinet. Geh. Cabinetsministri: Joh. G. Fr. Gr. v. Einsiedel. Joh. Adolph Gr. vom Loß, des russ. St. Andr. O. R. Estian Gotth. Fhr v. Gutschmid, des russ. St. Andr. O. R.

Departements des geh. Cabinets: a) Departement der inländischen Geschäfte. Director: C. G. Fhr v. Gutschmidt, s. ob. Dabey expediren: Fr. Aug. v. Schmidt, geh. Cabinets-secret. u. Archivar. G. Sam. Creutziger, Hof- u. Justizr. u. geh.

Cabi

Drittes Kap. Der weltl. Chur- und Fürstenthümer.

Cabinetssecret. Dr. Traug. Adr. Biedermann, Hofs u. Justizr. u. geh. Cabinetssecret. Just. Jul. v. Vieth, Hofr. Joh. Adolph Gr. vom Loß, Cammerhr. Cstian Gotthold Wenzel u. Carl Gottl. Grünewald, geh. Secr. u. geh. Cab. Registratoren. — b) Militär-Departement. Director in Land- und Wirthschaftssachen, auch vorjetzt in Commandosachen: Carl Gotth. Fhr von Gutschmidt, s. oben. Dabey expediren: G. Fr. v. Großmann, geh. Kriegsr. u. geh. Cabinetssecret. C. Fr. Benj. Pietzsch, Kriegsr. u. geh. Cabinetssecret. Fr. Gottl. Müller, geh. Secret. u. geh. Cab. Registratoren. — c) Departement der ausländischen Geschäfte. Director: L. A. Gr. vom Loß, s. ob. Dabey expediren: Aug. Wendt, geh. Legat. R. u. Cab. Secret. Aug. Polyc. Fhr v. Leyser, Hofs u. Justizr. u. geh. Cab. Secret. Cstian Gottl. Unger, Leg. R. Carl Gottfr. Kretschmar, geh. Secr. u. Chiffreur. d) Geh. Cab. Archiv: Fr. Aug. v. Schmidt, geh. Cab. Secret. u. Legat. R. auch Archivarius. Joh. Anton Ehrlinger v. Ehrenthal, geh. Leg. R. u. geh. Cabinets-Registrator. Ant. Heinr. Platz, Leg. R. u. geh. Cab. Registrat. C. Cstian Emil. v. Weissenbach, Hofr.

Conferenzministri: Fr. Ludw. v. Wurmb, des kais. St. Jos. O. R. Detlev Carl Gr. v. Einsiedel. Otto Ferdin. Gr. v. Löben. Georg Reinh. Gr. v. Walwitz. Georg Wilh. Gr. v. Hopfgarten. Cstoph Gottl. v. Burgsdorf.

Geh. Consilium. Wirkliche geh. Räthe, so darinnen Session haben: F. L. v. Wurmb, s. oben. O. Fr. Gr. v. Löben, s. oben. Georg Wilh. Gr. v. Hopfgarten. Chr. G. v. Burgsdorf, s. ob. Geheime Referendarii: Cstian Aug. Menius, Hofr. Dr. Carl Rud. Gräfe, Hofs u. Justizr. auch geh. Archivarius. Hanns Ernst v. Teubern, Hofs u. Justizr. Wilh. Cstoph Donauer, Hofr. Georg Heinr. Leonhardt. Ernst Fr. Adam Fhr v. Manteufel, Hofs u. Justizr. Carl Aug. Segnitz, Hofs u. Justizr. Carl Gottl. Günther, Hofs u. Justizr. auch geh. Archiv. C. Wolfg. Dietrich. Wirkl. geh. Räthe, so keine Session haben: Clem. Gr. v. Lodron. C. Gr. v. Marcolini, s. oben. Gust. G. v. Völkersahm. G. Reinh. Gr. v. Wallwitz. Hanns Mor. Gr. v. Brühl. Jac. Friedemann Gr. v. Werthern.

Landesregirung. Canzler: Fr. Adolph v. Burgsdorf, Cammerhr. Vicekanzler: Aug. Gottl. Fhr v. Gärtner. Hof- und Justizräthe: Joh. Wilh. Sigism. v. Zeschau, geh. R. Carl Fr. v. Seydewitz. Joh. Heinr. Aug. v. Hühnerbein. Joh. H. E. v. Nostiz. Wilh. v. Eberstein. Wilh. Adolph v. Schindler. Carl Friedr. v. Brandt. Fr. Wilh. L. Leop. v. Wilke. Georg Fr. Traug. v. Schönberg. Wolf Cstian Albr. v. Löben. C. W. Aug. v. Kamiensky. Jul. Ferd. v. Könneritz, Cammerj. C. Fr. Adam Fhr v. Manteufel. Günth. Gr. v. Bünau, Cammerhr. Günth. v. Bünau. Joh. Fr. W. v. Brandenstein. H. Vict. Aug. Fhr v. Ferber. Aug. Fr. H. v. Oppen. Herm. C. v. Uffel. Ge. Gr. v. Einsiedel, Cammerhr. C. Fhr v. Fritsch. G. F. C. Fhr

H. B. 2r Th. 1798. U

306 Zweiter Abschnitt. Staatsb. des deutschen Reichs.

v. Rochow. G. Fr. Wurmb, Cammerj. Mor. Haub. v. Schönberg, Cammerj. Fr. Cstian L. Senft v. Pilsach, genannt Lauhe. Fr. Lebr. Seb. Gr. v. Wallwitz, Cammerj. C. L. v. Römer. Dr. C. L. Krebel. Hans E. v. Teubern. Dr. C. Rud. Gräfe. Ge. Sam. Creuziger. Gottfr. Ferd. Fhr. v. Lindemann. Dr. C. F. Treitschke. Dr. Traug. Andr. Biedermann. Dr. Cstian Heinr. Weinlig. Dr. Cstian Sam. Gehe. Dr. Joh. Fr. Junghannß. Dr. Joh. Gottfr. Schwope. Dr. H. Ferd. Hübel. C. Aug. Segnitz. C. Gottl. Günther. Dr. Tr. Fr. Gensicker. C. A. Panzer. Dr. Cstian Jac. Eisenstuck. Canzley: Joh. Fr. Gotth. Arnold, geh. u. Lehens-Secret.
Appellationsgericht. Präsident: C. W. v. Carlowitz, auch Cammerhr. Wirkl. Appellationsräthe: C. Albr. v. Nimptsch, Cammerhr u. geh. R. adel. Kreissteuereinnehmer u. Insp. der Landsch. zu Meißen. E. H. Gr. v. Hagen, geh. R. Cstian W. v. Theler. A. R. v. Gersdorf. Hanns R. W. v. Minkwitz. A. E. Fhr v. Mannteufel. Hanns A. Rudolf v. Gersdorf, Camerj. H. Aug. v. Unruh, Camerj. Dr. Cstian Fr. Wilisch. Dr. C. H. Heydenreich. Dr. Gottfr. Sigism. Seyfried. Dr. Flor. A. Reichel. Dr. Joh. Ad. Gottl. Kind. Dr. Cstian Gottfr. Körner. Dr. Just. Cstian Günz. Dr. Cstian Gottfr. Meisner. Dr. Joh. L. H. Hermann. Dr. Fr. Albr. Schmidt. Dr. J. Fr. Hermann. Dr. Ferd. G. Fleck.
Geh. Kriegsraths-Collegium. Präsident: Wolf Cstoph Fr. v. Felgenhauer, Gen. L. der Inf. Wirkl. geh. Kriegsräthe (mit Sitz u. Stimme): Joh. C. v. Hopfgarten, Cammerhr. Carl Vict. v. Brotzem. Gottl. Aug. Fhr v. Gutschmidt. C. Fr. L. von Watzdorf, auch Cammerj. C. L. Zanthier. Wirkl. geh. Kriegsräthe (so keine Session haben). Fr. Adolph v. der Albe. Fr. Ludw. von Reinecke. Wirkl. Kriegsräthe: Casp. Fr. von Gersdorf. Carl Fr. Benj. Pletsch. C. G. Richter. Gottfr. Aug. Wagner. Oberkriegscommissarii: Fr. Lebr. Pönitz. Fr. Aug. Thyme. Kriegssecret. Gotth. Wilh. Rup. Becker.
Geh. Finanzcollegium. Präsident: Georg Reinh. Gr. von Wallwitz, Confer. Min. w. geh. R. auch des churpf. Löw. O. R. Geh. Finanzräthe: Fr. Wilh. Fhr v. Ferber, geh. R. u. Vices direct. der Commerzdep. Dr. Joh. Georg Fhr v. Spillner, geh. R. Fr. Herm. Carl Gr. v. Langenau. Andr. v. Wagner. Carl E. v. der Lochau. Pet. C. Wilh. Gr. v. Hohenthal. E. Fr. Fhr v. Rochow. Cstian Reinh. Gr. v. Walwitz, Kammerhr. Wilh.

Cſtian Gottl. v. Dieskau. Joh. Ferd. A. v. Ziegenhird. Wirkl. Acciseräthe: C. Cſtian Linke. Eng. Fr. Triebel, J. Th. v. Rachel. Bergräthe: J. W. Fr. v. der Jahn, Hofr. J. Fr. W. v. Charpentier. G. Adolph Fhr v. Gutſchmid. C. W. v. Oppel. Geh. Finanzſecretarien und Finanz-Aſſiſtenz-Räthe: Gottl. Aug. Schuhmann. Gottl. Meyler. Cſtian Gottl. Matthäi.

Oberſteuercollegium. Director: C. A. v. Schönberg auf Meineweh, Kammerhr. Oberſteuereinnehmer von churfürſtl. Seite: Joh. Hilmar Ad. Gr. v. Schönfeld auf Löbnitz, Schloßtheils, Kammerhr. Georg Heinr. v. Carlowitz auf Röhrsdorf, Kammerhr u. Kreishptm. Joh. G. Fr. Fhr v. Frieſen auf Rötha, Kammerhr u. Oberhofger. Aſſeſſ. Fr. A. Gr. Witzthum v. Eckſtädt auf Lichtenwalde, Kammerhr. Von geſammter Landſchaft: C. Aug. Gr. v. Löſer auf Reinharz, geh. R. u. Erbmarſchall. Fr. Alex. v. Schönberg auf Görnichen, Kammerhr. Ludw. Ad. Cſtian v. Wuthenau auf Gleſien, Domhr zu Naumburg u. Viceoberhofrichter. Ehrh. Fr. v. u. zu Mannsbach, auf Teichwolframsdorf, Amtshptm. Oberſteuerbuchhalter: C. G. Heymann.

Oberrechnungsdeputation. Director: Cſtoph Gottl. von Burgsdorf, Confer. Min. u. w. geh. R. Räthe. Von Seiten des geh. Finanz-Collegii: Dr. Joh. G. Fhr v. Spillner, geh. Finanzr. Andr. v. Wagner, ſ. ob. Von Seiten des geh. Kriegs-Collegii: C. Vict. Aug. v. Brotzem, geh. Kriegsr. Von Seiten der Landesregierung: Dr. Cſtian Lebr. Krebel, ſ. oben. Von Seiten des Oberſteuercollegii: G. H. v. Carlowitz, ſ. oben.

Oberconſiſtorium. Präſident: H. Ferd. v. Zedtwitz. Räthe: Caſp. Ferd. Gottſchalk. Dr. C. Fr. Gehriſch. Dr. C. Cſtian Tittmann, Superintend. Dr. Franz Volkmar Reinhard, Oberhofprediger. Dr. Joh. Cſtian Köhler. Dr. Joh. Cſtoph Rädler. Dr. Benj. C. Heinr. Heydenreich. Secret. C. Gottl. Kühn. (Hiernächſt iſt noch ein Conſiſt. zu Leipzig, und ein anderes zu Wittenberg).

Lands-Oekonomie-Manufactur- u. Commerzdeputation. Director: F. L. v. Wurmb, ſ. oben. Vicedirector: Fr. Wilh. Fhr v. Ferber, ſ. oben.

Kammer-Creditcaſſen-Commiſſion. Commiſſarii: J. G. Fhr v. Spillner, ſ. oben. W. Fhr v. Gutſchmid, ſ. oben. Thom. v. Wagner, ſ. oben. W. G. v. Leipziger, ſ. oben. C. Ludolph Zanthier, geh. Kriegsr. Fr. A. Ferd. v. Lindemann, Finanzr. Cſtian Linke, Acciſr. Juſt. Jul. v. Bleth, Hofr.

Auſſer dieſen giebt es noch verſchiedene andere Collegien, Commiſſionen u. ſ. w. Dergleichen iſt die Commiſſion zur Beſorgung der allgemeinen Armen-Zucht- u. Waiſenhäuſer. Die Brandſchäden-Commiſſion (unter der Direction des Conferenzminiſt. Gr. v. Löben). Die Geſez-Commiſſion (unter der Direction des Conferenzminiſt. Gr. v. Hopfgarten). Die Kaſſen-Billets-Commiſſion. Die Porcellaine-Manufactur (unter der Direction des Obriſtkammerherrn Gr. Marcolini). Die Polizey-Commiſſ. zu Dresden. Das Sanitäts-Colleg. Das Civil-Oberbauamt u. ſ. w.

Noch ſind folgende provincielle Landesſtellen ꝛc. zu merken.
1) In der Ober-Lauſitz. Landvoigt: vacat. Dechant: Franz G. Lock. Landeshauptmann: Ludw. Gottl. Gr. v. Lüttichau auf Doberſchütz ꝛc. auch Cammerhr. Amtshptm. J. W. Traug. v. Schönberg auf Luga, Trattlau ꝛc. Appellat. R. u. der Zeit Oberamtsverw. Amtshptm. von Görlitz: E. Aug. Rud. v. Kyau.
2) In der Nieder-Lauſitz. a) Oberamts-Regierung. Präſident: Aug. Wilh. von Troſky, auf Großjehſer. Oberamtsräthe: O. Eſtian. Ehrenr. v. Stutterheim. Fr. Lebr. Michaelis. Joh. Eſtian Carl Klingguth. Hans C. Gottl. v. Reinsperg. Aſſeſſoren: G. F. C. von der Jahn. F. H. W. v. Wiedebach. b) Landeshauptmannſchaft. Landeshptm. Mor. Ludw. E. Gr. v. Lynar, auf Drehnau, geh. R. c) Conſiſtorium. Präſes: A. W. v. Troſky, ſ. oben. d) Landgericht. Landrichter: Gottl. C. Wilib. v. Houwald, u. ſ. w.
3) Stift Meißniſche Regierung u. Conſiſtorium zu Wurzen. Stiftshauptmann: Fr. E. v. Gablenz. Canzler: H. Fr. C. Brand v. Lindau. Hiernächſt 4 Reg. Räthe, welche nebſt dem Stiftshptm., Canzler u. dem jedesmal. Superintend. (jetzt M. Eſtian Ludw. Wendler) zugleich das Conſiſtorium ausmachen.
4) Stift Merſeburg. a) Kammercollegium. Director: Joh. Jac. Gr. v. Hohenthal. Hiernächſt 7 Kammerräthe. b) Regierung. Canzler: Eſtian Fr. Fhr v. Gutſchmid. Hiernächſt 2 Stiftsräthe, 5 Reg. Räthe ꝛc. c) Conſiſtorium. Präſes: Adolph Aug. von Bersbisdorf, Domdech. und Stiftsr. Hiernächſt 3 Conſiſtorialräthe ꝛc.
5) Im Stifte Zeiz und Naumburg. a) Kammercollegium. Director: Jac. Fridem. Gr. u. Hr v. Werthern, w. geh. R. Reichs-Erb-Kämmer-Thürhüter, des weiſſ. Adl. O. R. Hiernächſt 4 Kammerräthe ꝛc. b) Regierung. Canzler: Carl Mor. Boſe, auch Schulinſpect. zu Pforta. Hiernächſt 2 Stiftsräthe und 4 Reg. Räthe ꝛc. c) Conſiſtorium. Präſes: C. Fr. W. v. Mandelsloh ꝛc.
6) Churfſtl. Oberhofgericht zu Leipzig. Oberhofrichter: H. Adolph Erdm. Hr v. Werthern, auf Wiehe ꝛc. Viceoberhofrichter: Ad. Eſtian von Wuthenau, Domhr zu Naumburg. Hiernächſt 8 adel. und 12 gelehrte Beiſitzer ꝛc.
7) Churfſtl. Hofgericht zu Wittenberg. Hofrichter: Ad. Friedr. Aug. v. Watzdorf, auch Kreisſteuereinnehmer. Hiernächſt 3 Beiſitzer auf der adel. u. 5 auf der gelehrten Bank ꝛc.
8) Im Fürſtenthum Querfurt: Joh. Gottl. Bernh. von Münchhauſen, Kreisdirect. des Querfurtiſchen Kreis. Fr. von Kleiſt, Kreisdirect. des Jüterbogkiſchen Kreiſes.
9) Im henneberg. Amt Schloß u. Stadt Schleuſingen. Oberaufſeher: Eſtian Aug. v. Taubenheim. Hiernächſt 3 Reg. Räthe, welche zugleich nebſt dem Superintend. das Conſiſtorium ausmachen.

10) In der Grafschaft Mannsfeld. Oberaufseher ant zu Eisleben. Oberamtmann: W. E. Eisenhuth, Hofr. Oberforstmeister: J. E. Gr. v. Schönburg, Kammerhr ꝛc.

3) Militär=Etat.

Generalfeldmarschall: vacat. Generals: J. Adolph Prinz von Sachsen=Gotha, (Inf.) — Volp. Estian Riedesel, Fhr zu Eisenbach, (Inf.) Gouvern. zu Dresden u. Präsid. des Gen. Kriegsgerichts. L. E. v. Benkendorf (Cav.), auch Chef der Garde. Gen. Lieutn. C. Jos. Gr. v. Marainville (Inf.), titular. Nic. Reinh. von Pfeilitzer, genannt Frank (Inf.), Comm. zu Neustadt bey Dresden. Alexis Chev. du Hamel, (Cav.) Joh. Jos. Bar. von Forell (Inf.), und Schweizerhptm. Joh. Fr. Fhr von Hiller (Inf.), und command. Obrist des Feldartillerie=Corps. Fr. Aug. Gr. v. Zinzendorf u. Pottendorf (Inf.), auch Gen. Adj. C. H. v. Reitzenstein (Inf.), und Gouv. zu Leipzig. Ant. Franz Herm. von Lindt (Inf.), auch Gen. Inspect. der Inf. u. Chef eines Regim. Hans Gottl. v. Zezschwiz, Gen. Insp. der Cav. u. Chef eines Cür. Regim. Heinr. Ad. v. Boblick (Inf.), Command. der Fest. Königstein. Wolf Estoph Fr. v. Felgenhauer, (Inf.) auch Präsid. des geh. Kriegsraths=Collegii. Max. E. von Gersdorf, Gen. Insp. der Cav. auch Chef eines Chevaux=Legers=Regim. Gen Maj. Franz Theod. Bar. v. Stain, (Cav.) Pens. — Estian Wilib. v. Goldacker, (Cav.) Pens. — M. W. von Larisch, (Inf) Pens. Sigism. Fr. A. v. der Heyde (Inf.), u. Chef eines Regim. Joach. Fr. Gotth. v. Zezschwitz (Cav.) Chef des Carab. Regim. Jos. Franz von Roßler, (Cav.) Chef eines Regim. Chevaux=Legers. Joh. Gottfr. von Hoyer, (Inf.) auch Oberzeugmeister. Heinr. Adolph von Dehn=Rothfelser, (Cav.) C. Fr. aus dem Winkel, (Inf.) Chef eines Regim. Georg von Rechten, (Inf.) auch command. Obr. der Leib=Grenad. Garde. Eth. Ad. von Stammer (Inf.), Pens. Const. Hartw. von Nostiz (Inf.), Chef eines Regim. W. Hans Estoph von Niesemeuschel (Inf.) Chef eines Regim. C. H. Sänger (Inf.) und command. Obr. des Inf. Regim. Pr. Gotha. W. v. Low, Gen. Insp. der Cav. Albr. Fr. von Malmberg (Cav.).

Gouverneur zu Dresden: V. E. Riedesel, Fhr v. Eisenbach, s. ob. Command. zu Neustadt: N. R. v. Pfeilizer, s. ob.

Chef der Garde du Corps: L. E. v. Benkendorf, Gen. der Cav. Obrist: G. Fr. Aug. v. Polenz. Obristl.: Max. Rud. v. Uechtriz. Majors: Fr. Hugo Fhr v. Nimptsch. C. W. Fhr v. Ende.

General=Kriegs Gerichts=Collegium. Präsident: Volp. Estian Riedesel, Fhr zu Eisenbach, s. oben. Räthe: C. Estoph Friderici, Gen. Auditeur. J. Gottl. Claußnitzer. Fr. Aug. Laue.

4) Ministri, Residenten und Chargés d'Affaires.

Berlin: Fr. Aug. Gr. v. Zinzendorf u. Pottendorf, Gen. L. Envoyé extraord. G. A. W. Helbig, Leg. Secr. Constantinopel: Fr. Fhr Hübsch v. Großthal, Hofr. Chargé d'Affaires. Coppenhagen: Rud. Gr. v. Bünau, geh. R. Env. extraord. Joh. Friedr. Merbitz,

Leg. Secret. Haag: vacat. London: Hans Mor. Gr. v. Brühl, Martinskirch, w. geh. R. Cammerhr und Env. extraord. A. G. Gelhardt, Leg. Secr. Madrit: Phil. Fhr v. Forell, Cammerhr, Ministr plenip. J. W. Persch, Leg. R. Mainz, Trier u. Cölln: vacat. München: C. H. Gr. v. Görz, Envoyé extraord. G. W. Beigel, Leg. R. Paris: vacat. Petersburg: Gust. Geo. v. Völkersahm, geh. R. Minist. plenip. C. Fr. Rosenzweig, Leg. Secret. Regenspurg: Pet. Fr. Gr. v. Hohenthal, geh. R. u. bev. Minist. Nig. Aug. Herrig und Theod. C. Mirus, Leg. Secr. Geo. Sam. Mirus, Gesandtschafts-Canzell. Stockholm: Envoyé extraord. vacat. Fr. Aug. Internari, Leg. R. Turin: vacat. Wien: Joh. Hib. Adolph Gr. v. Schönfeld, Cammerhr, Min. plenipotent. Joh. Carl Otto, Leg. Secr. Wetzlar: D. Matolay, Procurator.

B) Die sächl. Herzogthümer.

Die herzogl. Sächsischen Häuser der Ernestinischen Linie besitzen im obersächs. Kreise folgende Fürstenthümer, Weimar, Eisenach, Gotha, Altenburg, Coburg; und im fränk. Kreise den größten Theil der Grsch. Henneberg, welche folgendermaßen unter die 5 herzogl. Häuser vertheilt sind.

a) Sachsen-Weimar und Eisenach.

Der Landes-Antheil besteht aus den Fürstenth. Weimar und Eisenach, nebst den henneberg. Aemtern Ilmenau, Lichtenberg und Kaltennordheim; zusammen etwa 35 Q. M. mit 104,000 Einw. und 700,000 Thlr. Einkünften. Obermarschall: vacat. Hofmarschall: vacat. Obercammerhr: Ferd. G. Fhr v. Werthern, Röerbkammerthürhüter. Oberstallmeister: vacat. Stallmeister: Joh. Ernst von Seebach, auch Cammerj. Wolfg. Fr. Hamberger. Aug. W. Böhm. Oberforstmeister: Fr. Aug. Fhr v. Fritsch, Cammerj. Cstian Fr. v. Staff, auch Cammerhr. L. v. Arnswald, auch Cammerj. Forstmeister: Nic. H. Cotta. W. Fhr von Stein, auch Cammerj.

Geh. Consilium in Weimar: Jac. Fr. Fhr v. Fritsch, w. geh. R Cstian Fr. Schnauß, geh. R. Dr. Joh. Wolfg. v. Göthe, geh. R. Joh. Cstoph Schmidt, geh. R. u. Cammerpräsid. Cstian Gottl. Voigt, geh. R. Geh. Secret. Joh. L. Schnauß, Leg. R. J. W. Machts. C. Kirms. J. Schmidt. Geh. Räthe ohne Session: C. Fr. Ernst Fhr v. Lynker auf Flurstedt, Oberconsistorialpräsid. in Weimar. Carl Cstian v. Herda zu Brandenburg, Kammerpräsid. auch Obersteuer und Kassendirect. zu Eisenach. Joh. L. v. Mauchenheim, gen. Bechtolsheim, Canzl. und Oberconsist. Präs. zu Eisenach. Otto Fr. v. Wangenheim, auf Lauchröden. Joh. Fr. v. Koppenfels, Canzler zu Weimar.

Regierung zu Weimar. Canzler: Joh. Fr. v. Koppenfels, auch Jenaisch. Landsch. Kassendirect. Reg. Räthe: C. C. Const. von Schardt, geh. Reg. R. Traug. Lebr. Schwabe, Hof- und Reg. R. Dr. Cstian Just. Wiedeburg, Hof- u. Reg. R. Wolfg. Gottl. Cstoph v. Eglofstein, Reg. R. u. Cammerhr. Cstian Fr. C. v. Wolfskeel, Hof- und Reg. R. auch Cammerhr. C. Wilh. Fhr. v. Fritsch, Reg. R. auch Cammerj. Fr. H. Gotth. Osann, Reg. u. Oberconsist. R. Cstian L. v. Oertel, Reg. Assessor mit Stimme. Secretarii: G. Lor. Batsch, Lehenssecret. L. Fr. Gruner, Gerichtssecret. Joh. H. Franz Sey

Secret. Joh. Nic. Wickler, Canzley-Secret. Thom.
schild, Commissions-Secret. Gottl. Meisel, Lehens-
Fr. Undeutsch, Polizey-Secret. und Registrat.
[ollegium. Präsident: Joh. Estoph Schmidt, geh.
Joh. Estian Gülicke, geh. Kammerr. Franz L. Albr. von
ammerhr u. geh. Kammer-R. Jos. Joh. Jac. Fhr v. Lin-
wick. Fr. E. Büttner, Kammer-R. Cornel. Joh. Rud,
Fr. Fhr v. Stein, Assess. mit Stimme und Kammerj.
sulenten: Aug. Bernh. Rühlemann, R. und Hofadv.
nzley. Secretarii: Sigm. Fr. Steinbrück, R. Franz
d, Forstsecret. Franz W. Schellhorn, Cammer-Canz-

storium zu Weimar. Präsident: Carl Fr. E. Fhr v.
luhrstedt, geh. R. u. Landschaftsdirect. Vicepräsident:
Herder, auch Oberhofprediger und Gen. Superintend.
er weltl. Bank: Fr. H. Gottfr. Osann, Reg. und Ob.
R. C. Aug. Böttger, Oberconsist. R. J. Sylv. List,
sess. mit Stimme. Räthe auf d. geistl. Bank: A. Gottl.
Oberconsist. R. und 1ter Hofpredig. G. Gottl. Weber,
R. und 2ter Hofpredig. Secretarii: H. Fr. W. Seid-
Temler.

)aftl. Hofgericht zu Jena. Hofrichter: Aug. Fr. E. v.
gl. sachsen-goth. geh. R. u. Canzl. Adel. Assess. Joh. E.
ofen, hzgl. sächs. meining. geh. Reg. R. Fr. Hildebr. v.
achs. weimar. Kammerhr. Franz Josias v. Hendrich,
geh. Reg. R. Joh. Ant. Bachov v. Echt, sachs. goth. und
g. u. Consist. R. Gelehrte Assessores: Dr. Joh. L. von
chs. weim. geh. Hofr., Profess., des Schöppenstuhls und
ult. Ordinarius. Dr. Carl Fr. Walch, sachs. weimar. geh.
chs. goth. Hofr. und Profess. des Jenaisch. Schöppenstuhls
st. Estian L. v. Schellwitz, sachsen-coburg. Hofr. u. Prof.,
sch. Schöppenstuhls Assess. Dr. Joh. Aug. Reichardt,
Hofr. u. Profess. u. des Jenaisch. Schöppenstuhls Assess.
um zu Jena: Estian H. Krüger, Consistor. R. auch
a. Estian W. Oemler, Consist. R. u. Superintend. Joh.
l, Assess. u. Archidiac. G. Estian Wilh. Völker, Assess.

zu Eisenach. Geh. Rath u. Canzler: Joh. L. von
im, gen. Bechtolsheim, Oberconsist. Präs. Vicecanzler:
Damnitz. Räthe: Phil. Ernst v. Feilitsch, geh. Reg.
nsist. Vicepräsid. J. Estian L. v. Göckel, Hof- u. Reg. R.
hon, Hof- u. Reg. R. Hans G. Fr. v. Oldershausen,
hofjunk. Carl Fhr. v. Bühler, Assess. mit Stimme, auch
retarii: J. Jac. A. Wolf, R. und Reg. Secr. auch Ar-
L. Kellner, Reg. auch Vormundsch. Secr. Joh. Gottl.
ich Lehens- und Gerichtssecr. Estian L. Schnauß, auch
Gottl. W. Pistorius. G. Fr. Henschel, Canzleysecr.

U 4

312 Zweiter Abschnitt. Staatsb. des deutschen Reichs.

Kammercollegium. Präsident: Carl Cstian von Herda zu Brandenburg, geh. R. Geb. Kammerrath: E. A. Ant. v. Göchhausen. Kammerräthe: W. C. Appelius. J. C. S. Thon. C. Wolfg. v. Todenwarth, Landcammer-R. Consulenten: J. C. L. Schellhaß, R. Cstoph Ant. Fr. von Fischern und Joh. G. Wittich, Cammersecr. Cstian Fr. Schnauß, Cammercommiss. Secret. Obersteurer und Cassendirector: C. C. v. Herda, s. ob. Oberconsistorium: J. L. v. Mauchenheim, gen. Bechtolsheim, Präsid. s. ob. Joh. Cstian v. Damnitz, Vicecanzler und Ob. Consist. R. Ph. C. v. Feilitsch, Vicepräsid. Welt. Rath: Aug. Cstian v. Göckel. Geistl. Räthe u. Assess. Cstian W. Schneider, Oberconsist. R. und Gen. Superintend. J. W. Petri, Oberconsist. R. und Archidiac. Secretair: J. Cstian Sigm. v. Lingen. Cstian Fr. Koch. Kriegscommission: Joh. Cstoph Schmidt, geh. R. auch Kammerpräsid. Ph. Cstian Weyland, Kriegsassess. mit Stimme. Obristl. der Inf. W. H. v. Germar, Cammerhr. Fr. L. von Germar. Cstian W. Gottl. v. Milkau, Cammerhr. Husarencorps: Rittmeister. G. Lebr. v. Luck, Cammerhr.

Gesandte und Agenten.

Augsburg: Joh. Gullmann, Commiss. R. u. Agent. Kreisversammlung in Nürnberg: Lt. Joh. Ehrh. Strobel, Leg. R. Florenz: D. Giovacchino Cambiagi. Frankfurt am M. Cstian Fr. Steiz, Hofr. u. Resid. C. Ph. Riese, Resid. Haag: Cornel. v. der Koop, Agent u. Procur. Leipzig: Cstian Andreä, Agent. Petersburg: Joh. Cstoph Krieger, Hofagent. Regensburg: Eust. Gr. v. Görz, s. Churbrandenburg. Rom: Abt N. Rocatani. Wetzlar: D. Hans C. v. Zwierlein. Joh. v. Büff. Wien: Joh. Andr. Merk, Leg. R.

Hausorden vom weissen Falken.

Oberhaupt: Carl August Hz. zu Sachsen-Weimar. Ritter: W. Ferd. C. Hz. v. Braunschweig-Wolfenbüttel. Fr. Aug. Pr. v. Braunschweig-Wolfenb. Aug. Pr. v. Schwarzburg-Sondersh. G. Fr. C. regier. Hz. zu Sachsen-Meiningen. Franz Cstian Eckbrecht Fhr v. Dürkheim, sachs. meining. geh. R. N. v. Sinclair, gewesener kön. franz. Obr. des milit. Ord. R. Carl Cstian v. Herda zu Brandenburg, hzl. weimar. geh. R. s. ob.

Sachsen-Gotha und Altenburg.

Der Landestheil besteht aus dem Fstth. Gotha, bem größten Theile des Fstth. Altenburg und dem henneberg. Amte Themar, (lezteres gemeinschaftlich mit Coburg); etwa 50 Q. M. 160,000 Einw. mit 800,000 Thlr. Einkünften. Obercammerhr und Oberhofmarschall: vacat. Hausmarschall zu Altenburg: G. v. Hardenberg, w. geh. R. Oberschenk: C. Rud. v. Grone. Schloßhauptm. Cstian G. v. Helmolt, Obr. u. Command. der Leibgarde. Oberstallmstr: vacat. Oberjägermeister: Hannib. Casp. Fhr v. Schmerzing im Hummelshayn. Oberlandjägermeister: W. Adolph v. Stutterheim zu Kloster Lausnitz.

Landjägermeister: Fr. Leop. v. Hahn zu Schwarzwald, Cammerhr. Joh. Adolph Chr. v. Uetterodt zu Tabarz. Hans Fr. v. der Gablenz zu Altenburg. Fr. L. Const. v. Wangenheim zu Georgenthal. E. W. Fr. von Etzdorf, Forstmeister in den gothaischen Landforsten, und Cammerjunk.

Oberhofprediger: W. Fr. Schäfer, Oberconsist. R. **Leibmedici:** Dr. Joh. Casp. Sulzer, geh. Hofr. Dr. Fr. Büchner, Hofr. Dr. Joh. Fr. C. Grimm, Hofr. **Hofmedici:** Dr. Fr. Gabr. Sulzer, R. auch Brunnenmedicus zu Ronneburg. Dr. Joh. Bernh. Steinecke.

Geh. Rathscollegium. Wirkl. geh. Räthe: Sylv. Fr. L. Fhr v. Frankenberg, Obersteuerdirect. und Amtshptm. der Aemter Leuchtenberg u. Orlamünde. Aug. Fr. C. Fhr v. Ziegesar, Canzl. H. W. von Thümmel, Kammerpräsid. auch Ober-Steuerdirect. zu Altenburg. **Geh. Assistenzrath:** Joh. Cstian v. Hof. **Geh. Canzley:** Ludwig Cstian Lichtenberg, Legat. R. Fr. H. C. Laurentii, R. Joh. Sigm. Fr. Waiz, geh. Secr. Carl Adolf v. Hof, Leg. Secr. Cstian Ernst Angelroth, geh. Bothenmeister. **Geh. Archivar:** L. C. Lichtenberg, s. ob. J. F. W. Gotter, s. ob. J. S. F. Waiz, s. ob. Joh. Carl Heß, geh. Archivar. C. Adolf v. Hof, s. ob.

Landesregierung in Gotha. Canzler: Aug. Fr. C. Fhr v. Ziegesar, geh. R. **Räthe:** Carl Adolph Wachler, geh. Reg. R. H. v. Bünau, geh. Reg. und Consist. R. Joh. Carl v. der Becke, Reg. R. H. C. v. Eichelberg, Reg. R. J. C. Geißler, Reg. R. F. C. A. v. Seebach, Reg. R. u. Cammerjunker. Aug. v. Studnitz, Reg. R. u. Cammerjunk. Carl Emil L. Fr. v. Herda zu Brandenburg, Regier. Assessor und Hofjunker. **Secretair:** Fried. Dan. Schlichtegroll, R. Fr. Benj. Krügelstein. A. Cstian Perrin.

Oberconsistorium zu Gotha. Vicepräsident: Cstian L. H. Jäger. **Räthe weltl. Bank:** H. v. Bünau, s. ob. Joh. H. Gelbke, Ob. Consist. R. **Geistl. Bank:** Joh. Fr. Cstian Löffler, Gen. Superintend. W. Fr. Schäfer, s. ob. **Secret.** W. Jonath. Löw. J. A. Sommer. Cstian Fr. Geutebrück.

Kammercolleg zu Gotha. Präsident: Hans W. von Thümmel, s. ob. L. Alb. v. Scheliha, Vicekammerpräsid. und Kammerhr. Adolph v. Münchhausen, Kammerhr und Kammer-R. E. Fr. von Schlotheim, Kammer-R. u. Kammerj. Ad. C. Fr. v. Wangenheim, Kammer-R. u. Kammerj. **Secret.** G. Ad. Bernh. Lotz, Forstsecret. Cstian Wilh. Ludw. Gundermann, Kammerconsul. und Reg. Fiscal. Fr. W. Stöpfel. Joh. Tob. Kästner, Rentmeister. Fr. Walther.

Steuer-Obereinnahme zu Gotha. Sylv. Fr. Ludw. Fhr von Frankenberg, s. ob. w. geh. R. Direct. u. hzl. Obereinnehmer. **Ritterschaftl. Einnehmer:** Fr. Bernh. von Wangenheim, k. preuß. Rittmeister. Casp. Herm. Stieler, Hofr. u. Burgermeistr. Städt. Obereinnehmer. C. Adolph Wachler, geh. Reg. R. u. Steuerassessor. **Obersteuer-Secret.** Joh. Cstian Bertuch. **Obersteuercaßier:** Fr. Schaller, R.

Kriegscollegium. Director: vacat. **Räthe:** Fr. Cstian John,

Kriegsr. E. L. Hendrich, Kriegsr. Kriegscanzley: G. C. Ewan.
Buddeus, Secret. J. Fr. Dürfeld, Kriegscommiss. Joh. Wg.
Kaupert, Kriegszahlmeister. Fr. E. C. Gotthard, Secret.

Regierung zu Altenburg. Canzler: Fr. C. Adolph v. Trütt‑
ler, geh. R. Räthe: Joh. H. v. Schulenburg, geh. Leg. auch H.
u. Consistorialr. J. Cstoph Ant. Fhr Bachof v. Echt, geh. Reg. R. F.
Aug. v. Minkwitz, geh. R. und Consist. R. E. Adolph v. Mühlen
Reg. R. Joh. Bernh. Cstoph Eichmann, Reg. R. Aug. C. L. Fr. v.
Baumbach, Reg. R. Joh. Aug. Theod. Rolle, Reg. R. H. C. L. v.
der Gabelenz, Reg. Assessor. Secret. Joh. Aug. Mahn. E. Fr.
Schneider. W. A. Pietsch. J. Aug. Schneider. A. L. Lorenz.
C. L. Schmidt. C. Weller.

Consistorium zu Altenburg. Präsident: vacat. Vicepräsi‑
dent: F. A. v. Minckwitz. Räthe auf der weltl Bank: J. H. v.
der Schulenburg, s. oben. H. Ferd. Fhr v. Ende, Consist. R. u. Cam‑
merhr. E. Ad. v. Mühlen. Joh. B. C. Eichmann. Räthe auf der
geistl. Bank: M. Gottl. Fridem. Löber, geh. Consist. R. u. Gen. Su‑
perint. Consistorial‑Canzley: Cstian Aug. Laurich, Secret. Joh.
G. Scholber, Archivar.

Kammercollegium zu Altenburg. Präsident: Hans Wilh. v.
Thümmel, geh. R. Kammerpräsid. u. Obersteuerdir. Räthe: L. W.
v. Grießheim, Vicepräsid. und Obersteuereinneh. Aug. Fr. Bar.
Cammer‑R. Fr. W. v. Stutterheim, Cammer‑R. Secret. Fr. C.
Günth. Lenz, R. Joh. Gottfr. Straube. Cstian Gottl. Pierer.

Obersteuercollegium. Director: H. W. v. Thümmel, s. ob.
Obersteuereinnehmer: L. W. von Griesheim, s. ob. Wegen des
Kammercollegii: Fr. C. Fhr v. Seckendorf, hzl. braunschw. Obrlst.
A. F. C. Fhr v. Ziegesar, s. oben. G. Fr. von Berlepsch, Kammer‑
präsid. zu Zeitz und Domdechant zu Naumburg. Wegen der Stadt Alten‑
burg: J. Gottfr. Bachmann, Burgermeister zu Altenb. Fr. Stv.
Cstian Vater, Stadtsyndit. von der Stadt Saalfeld. Joh. H. Eisen‑
winner, Burgermeister von der Stadt Saalfeld.

Obersteuercanzley: W. H. Schultheiß. Obersteuersecret.
Joh. W. Pabst, Obersteuerbuchhalter.

Kriegsstaat. Generals: Aug. Pr. v. Sachsen‑Gotha, Gen. L.
Aug. v. Berbisdorf, Gen. Maj. Friedrich, Pr. v. Sachsen‑Gotha,
Gen. Maj.

Auswärtige Gesandte und Agenten.

Frankfurt am Mayn: J. Jac. v. Riese, Leg. R. **Haag:** Joh.
Gysb. Heenemann, Kriegsagent. Rud. Henzy, Agent. **Hamburg:**
Joh. Heß, Agent. **Kehl:** Aug. Benj. Fr. Strobel, Hofr. u. Agent.
Leipzig: Cstian Fr. Stock, Hofagent. **Lyon:** Rob. Perrin.
Nürnberg: Hofr. L. J. Ehrh. Strobel, Kreisagent. **Regenspurg:**
s. Reichstag. **Wetzlar:** Dr. H. C. Fhr von Zwierlein. **Wien:**
W. H. von der Lith, accred. geh. R. und Ges. Gust. von der Lith,
Legat. R.

c) Sachsen-Coburg-Meiningen.

Der Landestheil besteht aus einem Antheil am Fstth. Coburg und einem beträchtl. Theile der Grafschaft Henneberg, zusammen etwa 18 Q. M. mit 50,000 Einwohner und 200,000 Thlr. Einkünften.

Obermarschall: vacat. Oberhofmeister: Franz Cstian Eckbrecht Fhr v. Dürkheim, w. geh. R. des weiß. Falken-O. R. Oberjägermeister: Eug. G. Aug. v. Bibra, w. geh. R. Hofjägermeister: Franz Carl Fhr v. Ziegesar. Schloßhptm.: vacat. Reiseoberstallmeister: Gottl. Fr. Hartm. v. Erffa. Reisestallmeister: Aug. v. Wechmar. Obermarschallamts-Assessor: C. H. J. Jacobi, Hofr.

Der verwittw. Fr. Herzogin Charlotte Amalie Oberhofmeisterin: Marg. verw. v. Steube, geb. v. Rackel.

Geh. Rathscollegium: Fr. Chr. Eckbrecht Fhr v. Dürkheim, s. oben. C. W. Wolfg. v. Donop, w. geh. R. u. Oberamtm. zu Sonneberg. J. C. Aug. v. Uttenhoven, Canzler. Franz Jos. v. Hendrich, geh. R. Geh. Secret. C. H. L. Jacobi, s. ob. Geh. Archivar: G. Bernh. Walch, R. auch Reg. Archivar u. Bibliothekar.

Regierung. Präsident: vacat. Canzler: J. C. A. v. Uttenhofen, s. ob. Geh. Reg. Rath: Fr. Joh. Hendrich, s. oben. Reg. Rath: C. Const. v. Künsberg. Assessores: G. C. W. Ph. v. Donop, Cammerj. L. v. Türk, Cammerj. J. B. Dan. Vey. Secret. G. W. Heim, R. Lehenssecret. J. Carl Böttiger.

Consistorium. Vicepräsident: Joh. Fr. W. Zink, geh. R. Räthe: Joh. G. W. Volkhardt, Oberhofprediger, General-Superintend. u. Beichtvater. Joh. L. Heim, auch Hofr. Assessor: Joh. Casp. Hopf, Superintend. und erster Prediger zu Meiningen. Assessor: Joh. Lor. Vierling, Hofpred. Secretair: El. Salom. Ph. Fromm.

Kammer. Präsident: O. P. v. Türk, s. ob. E. G. A. v. Bibra, s. ob. Joh. Ant. Ferd. v. Uttenhofen, geh. Kammer-R. Kammer-Räthe: L. E. Caroll. Conr. Gr. von Ranzau, des Joh. O. R. Secretair: Cstian Fr. E. Schenk.

Kriegskommission. Kriegsräthe: Ant. L. v. Diemar, Kammerj. u. Maj. A. v. Türk, Kammerj. u. Hptm. Assessor u. Secret. J. G. Tischer.

Minister-Resident zu Frankfurt am Main: Joh. Fr. Plitt.

d) Sachsen-Hildburghausen.

Der Landesantheil besteht aus einem Theile des Fstth. Coburg und dem henneberg. Amte Behrungen; etwas über 10 Q. M. mit 30,000 Bewohnern und 100,000 Thlr. Einkünften.

Obermarschall: Ernst Ludw. v. Lindenboom, geh. R. u. Landsch. Direct. Hofmarschall: Just. Siegfr. v. Koppenfels, geh. R. Oberstallmeister: Fr. Wilh. v. Beust, Obr. Oberhofmeisterin der regier. Herzogin: Magdal. Freyin v. Wolljogen. Reisemarschall: Joh. v. Soussio, Obristl.

Geh. Rathscollegium: Joh. Cstoph Brunnquell, geh. R. Just. Siegfr. v. Koppenfels, geh. R. Joh. Ulr. Röder, geh. Hofr. Secret. J. F. Fehmel, Canzleyr.

Wirkl. geh. Räthe: Joh. Carl Cstian v. Heßberg. Joh. Gottfr. v. Kutschenbach. Cstian Fr. v. Stockmeier.

Regierung. Canzler: J. C. Brunquell, s. oben. **Reg. Räthe:** J. S. v. Koppenfels, geh. R. s. oben. Joh. Ulr. Röder, geh. Hofr. Joh. Fr. Fehmel. Gottl. Ludw. v. Bibra. **Assessor:** Aug. Scheler. Secret. Wilh. Hieronymi, R. Joh. Fr. Euseb. Lotz.

Kammer. Präsident: C. F. v. Stocmeier, geh. R. **Räthe:** L. Fr. v. Bibra, geh. R. u. Hofjägermeister. Gottfr. L. Kämmermann, geh. Kammer-R. Secret. Joh. G. Habermann, R.

Consistorium. Präsident: Ernst Fr. Carl v. Beck. **Räthe:** J. B. Röder, s. oben. Joh. Fr. Fehmel, s. oben. Joh. Andr. Genßler, auch Oberhofprediger. Secret. Joh Fr. Euseb. Lotz.

Kriegscommission Chef: C. Cstian v. Heßberg, Gen.-Maj. **Beisitzer:** Ludw. Fr. v. Bibra, Reg. R. Joh. Nic. Mauer, Hptm. Secret. Cstian Friedem. Bartenstein, Auditeur.

e) Sachsen-Coburg-Saalfeld.

Der Landesantheil besteht aus einem Theile des Fstth. Coburg; einem Antheile an Altenburg (Saalfeld), und an den henneberg. Aemtern Themar und Römhild; zusammen etwa 17 Q. M. auf 60,000 Einw. und 200,000 Thlr. Einkünften.

Hofmarschall: Adam Sigm. v. Brandenstein, geh. R. Obrist u. Command. der Stadt u. Vestung Coburg, auch Chef des gesammten Militärs. **Oberhofmeister:** Casp. Siegm. v. Wasmer, Kammerj. u. Major, auch Marschcommissar. Joh Casp. Müller. **Reisestallmeister:** C. H. W. v. Speßhardt, Cammerj. **Landjägermeister:** C. L. Fr. Gotthold v. Marschall, genannt Greif. **Forstmeister zu Saalfeld:** C. C. v. Imhof, Kammerj. **Schloßhauptmann zu Saalfeld:** C. Fr. v. Stockmeier, geh. R. **Hofdiaconi:** Elieser Bagge. Fr. Arn. Scherzer. **Leibmedici:** Dr. Cstian Gottfr. Gruner, geh. Hofr. Dr. Valer. Mich. Hornschuh, Hofr. **Hofmedicus:** Herm. Gottl. Hornschuh, Medicinalr.

Geh. Rathscollegium: J. Melch. Heuschkel, geh. R. G. Friedem. Göbel, geh. Hofr. G. Fr. Schnetter, Hof- u. Reg. R. auch geh. Referend. **Geh. Secretär:** G. Casp. Frank, Canzleyr. auch geh. Archivar. Canzleysecret. Joh. Fr. Gruner. **Geh. Botenmeister:** Felix Jac. Kummeth.

Hofmarschallamt: A. S. v. Brandenstein, s. oben. C. H. L. W. Spiller v. Mitterberg. J. Mich. Tittel, Secret.

Regierung. Präsident u. Canzler: J. Melch. Heuschkel, s. oben. **Hof- und Regierungsräthe:** Franz Fr. Ant. v. Gersdorf, Kammerj. Hof- u. Reg. R. C. H. L. W. Spiller v. Mitterberg, Kammerj. Hof- u. Reg. R. auch Consistor. R. G. F. Schnetter, s. oben. G. Fr. Habermann, Reg. R. auch Reg. u. Lehenssecret. Regierungsassessor: Ferd. v. Mayern, Kammerj. Secret. Estoph Fr. H. Krauseneck, Expeditionssecret. Joh. Sebast. Facius, Secret. u. Registr.

Consistorium. Präsident: G. F. Göbel, s. ob. Räthe: Dr. Ehrg. Nic. Bagge, Gen. Superintend. u. Pastor primar, auch Prof. prim. Theol. am academ. Gymn. C. H. L. W. Spiller v. Mitterberg, s. ob. Assess. Gottl. C. H. Schmidt. Secretär: Estian C. Fr. Link, Canzleyr.

Kammer. Präsident: vacat. Hof- u. Kammerräthe: J. Sam. Bühl. J. Casp. Lebr. Facius. Kammerassessor: J. Gottfr. Gruner, R. Rentmeister: Fr. Arn. Hein. Secretär: Fr. W. Frank, R. Secret u. Registrator: Joh. Fr. Gruner. Rentensecret. J. Sam. Kuhlow. Forstcommissär: Aug. Fr. Schön. Kriegscommissär: A. S. v. Brandenstein, s. oben. Kriegsr. Gottl. Mich. Schmuzer.

Geh. Canzley zu Saalfeld. Hofräthe: Albr. Ant. Adolph Hofmann. Carl v. Friesheim. Canzleysecret. Joh. Phil. W. Baumann, R.

Resident zu Frankfurt a. M. Dr. J. Fr. Plitt, geh. Leg. R.

Schwarzburg.

Die Grafschaft Schwarzburg im obersächs. Kreise besteht aus 2 abgesonderten Stücken und soll auf 40 Q. Ml. 13 Städte, 9 Flecken, 230 Dörfer mit 100,000 Bewohnern enthalten. Jede der beiden Linien des fürstlichen Hauses hat ihren Theil sowohl an der untern als obern Grafschaft.

a) Schwarzburg-Sondershausen.

Der Landestheil umfaßt auf etwa 20 Q. Ml. 4 Städte 9 Flecken, 85 Dörfer, welche unter 12 Aemter vertheilt sind, und bringt gegen 100,000 Thlr. Einkünfte.

Hofmarschall: Joh. Sam. von Wider. Schloßhauptmann: Gottfr. Ludw. v. Wilke, Kammerj. Obristjägermeister: Rudolph Carl von Wolfersdorf. Oberstallmeister: Wilh. Fr. v. Reitzenstein. Cammerjunker: Friedem. von der Hardt, Hptm. Casp. Wilh. v. Kaufberg. Carl von Wurmb. Leibmedicus: Fr. Estian Ebart, Hofrath.

Regierungscollegium zu Sondershausen. Geh. Räthe: Hans Günth. v. Thümmel, Canzler u. Landschafts-Director. Heinr. Fr. Estian Fhr v. Lynker. Geh. Cabin. u. Hofrath: Joh. Gottl. Wunderlich, geh. Referendar. Regier. u. Consist. Räthe: Joh. Estian Rinck, Hofr. Fr. Wilh. Ernesti, Hofr. Geo. C. Ludw. Gottschalk, Hofr. u. Consistor. Präses zu Ebeleben. C. Aug. Chopp. Regier. Assess. Carl Estian Ferd. Chopp.

Regier. Collegium zu Arnstadt. Präses: Rud. Wilh. Casp. v. Kaufberg, Canzler und Consistor. Präsid. Hof- und Consistorial-Räthe: Joh. Henning Winkler. Joh. Heinr. Franke. Assessores: Joh. Benj. Friedr. Eberwein. Estian Heinr. Tämpfel, auch Amtmann zu Arnstadt.

318 Zweiter Abschnitt. Staatsb. des deutschen Reichs.

Die Consistoria zu Sondershausen u. Arnstadt bestehen aus eben den Mitgliedern, welche die Regier. Collegia ausmachen, nur kommen als Assessores hinzu a) in Sondershausen: der Kirchen-R. u. Superint. J. Gottfr. Cstian Cannabich, u. der Consistor. R. und Archidiac. Joh. Gottl. John; b) in Arnstadt aber der Superintend. Joh. Benj. Busch. und der Archidiac. M. Cstian Eberhardt.

Kammer Colleg. (zu Sondershausen). Kammerdirector: Fr. Wilh. v. Roth. Kammer-Räthe: Ludw. Adolph Weiße, auch Hofr. Joh. Ehrenr. Jacobi. Joh. Georg Hartmann. Räthe und Kammer-Assessoren: Joh. Aug. Wolfg. Rödiger. Aug. Ebart, Kammer-Consulent u. Landschafts-R. Kammerassessor: Fr. Gottl. Beyer, zu Arnstadt.

Forstamt (zu Sondershausen). Ob. Jägermeister des untern Fürstenthums: Ludw. Carl v. Wolfersdorf. Ob. Jägermeister des obern Fürstenth. Erich Wilh. von Schierbrandt. Forstrath: Rud. Hühne, auch Hofr. beym Marschallamt. Forst-Assessor: Mic. Schinzel.

Militair. Obrist der Garde zu Fuß: Fr. Aug. v. Hopfgarten, Command. zu Sondershausen. Obristl. W Fr. v. Reitzenstein, Oberstallmeister. N. v. Berg. Obrist und Command. der Garde du Corps: Aug. Fr. E. v. Hopfgarten.

Resident zu Frankfurt am M.: Dr. Joh. Fr. Plitt, Hofr.

b) Schwarzburg-Rudolstadt.

Der Landestheil enthält auf etwa 19 Q. Ml. in 14 Aemtern, 9 Städte und 144 Dörfer. Die Einkünfte mögen gegen 100,000 Thlr. betragen.

Oberjägermeister: Joh. Friedr. v. Beulwitz. Viceoberjägermeister: Fr. Bernh. Ludw. v. Holleben. Landjägermeister: Ernst von Holleben. Oberforstmeistere: Ludw. Fr. Theob. von Schönfeld, u. Carl Ulr. v. Kettelhodt. Hofmarschall u. Oberstallmeister: Joh. Fr. v. Kettelhodt. Hausmarschall: Hof-Consistor. u. Kammer-R. Carl Ant. Fr. von Wurmb. Stallmeister: Fr. Ernst Heinr. Heubel. Reisestallmeister: Leop. v. Ketelhodt, Kammerj.

Geh. Rathscollegium: Carl Gerh. von Ketelhodt, w. geh. R. Canzler, Consist. Präsident u. Steuerdirector, des roth. Adl. O. R. Joh. Fr. Schwarz, w. geh. R. Vicekammerpräsident und Vicesteuerdirect. Fr. W. Ludw. von Beulwitz, w. geh. R. Vicecanzler und geh. Leg. R. auch Amtshauptmann des Amts Schwarzburg. Fr. W. von Ketelhodt, Vicecanzl. u. Viceconsist. Präs. auch Amtshptm. zu Frankenhausen. Ludw. v. Röder, Cammerj. Hof- und Kammer-R. auch Amtshptm. der beyden Aemter Rudolstadt und Blankenburg.

Regierung und Lehenscurie zu Rudolstadt. Canzler: C. G. von Ketelhodt, s. ob. F. W. L. v. Beulwitz, s. ob. Traug. J. C. Bamberg, Hofr. W. C. Teutschenbach, Hofr. Fr. W. v. Ketelhodt, s. ob. Ludw. v. Röder, s. ob. Cstoph H. Meister, Hofr. Cstoph L. Schwarz, Justiz-R. Ludw. C. Cstian v. Ketelhodt, Kammerj. und Regier. Assessor.

Drittes Kap. Der weltl. Chur- und Fürstenthümer ꝛc.

Consistorium zu Rudolstadt. Präsident: C. G. v. Ketelhodt, s. ob. Aug. Fr. North, Hof- u. Consistor. R. F. W. L. v. Beulwitz, s. oben. C. Ant. Fr. v. Wurmb, s. oben. W. C. Teutschenbach, s. oben. Mag. Ahasv. Joh. Biel, Gener. Superint. und Kirchen-Rath. Cstian H. Gottl. Reichard, Vicegeneralsuperint., Hofprediger u. Kirchen-R. Mag. L. Fr. Cellarius, Kirchen-R. u. Oberpfarr. Cstoph L. Schwarz, s. ob. Joh. Ludw. Hesse, Consist. R. u. Director b. Gymnasio.

Kammer zu Rudolstadt. Präsident: J. Fr. Schwarz, s. oben. **Räthe:** C. G. v. Ketelhodt, s. oben. Fr. Cstian Hartm. Werlich, Hof- und Kammer-R. C. A. F. v. Wurmb, s. ob. Ludw. von Röder, s. ob. Joh. Gerh. Scheibe, Kammer-R. Fr. Heinr. Cstoph Bergmann, Kammer-R. C. G. Fr. Ullrich, Kammerassess.

Steuer-Collegium. Director: C. Gerh. v. Ketelhodt, s. oben. J. F. Schwarz, s. oben. A. F. North, s. oben. Fr. H. Cstoph Bergmann, s. ob. **Assessor:** Cstian W. Schwarz, geh. Secr. u. Archivar.

Regierung zu Frankenhausen. Director: Fr. Wilh. v. Ketelhodt, s. ob. Cstian Aug. Hankel, Hofr. Joh. Heinr. Conr. Klipsch, Hofr. Ant. Cstian Ernst Sülzner, Hofr. Joh. Ludw. Kolbenach, Hofr. Joh. Cstian Scheinhardt, Hofr.

Consistorium daselbst. Die Membra sind die bey der fstl. Regierung angezeigten, wozu noch kommt der Gen. Superint. Mag. Gebh. Aug. Schmelzer, Kirchen-R. Joh. Wilh. Oberländer, Superintend., Consist. R. u. Pastor primarius.

Kammerexpedition daselbst: Ernst v. Holleben, Landjägermeister, s. ob. Rud. Conr. Aug. Arends, Kammer-R. Aug. Friedr. Schrader, Kammer-Commiss. R.

Obrist und Commandant der Feldmiliz: Carl Wilh. Ludwig von Beulwitz.

Schwarzenberg.

Die fürstl. Schwarzenbergischen Lande bestehen 1) aus dem Fstth. Schwarzenberg im fränk. Kreise (etwa 10 Q. Ml. mit 24,000 Einw.) 2) aus der gefürsteten Landgrafsch. Kleggau im schwäb. Kreise (etwa 4 Q. Ml. mit 10,000 Einw.) 3) aus dem Hzgth. Krummau in Böhmen (wozu die Stadt Krummau nebst einigen Herrschaften gehöret.) 4) aus etwa noch 20 andern Herrschaften in verschiedenen Kreisen des Königreichs Böhmen; deren Arealgröße und Volksmenge zusammengenommen nicht genau zu bestimmen sind. Die Einkünfte mögen sich auf 200,000 Thlr belaufen.

Geh. Hofcanzley. Director: Leop. Plach, Rsritter v. Seinsberg, geh. R. **Hofsecretaire:** Joh. Wilh. Esser. Jos. Aloys von Heuchling. Jos. Aloys Friedr v. Piller. **Hofcanzley-Expeditor:** Ant. Joh. Jüngling. **Hofconcipisten:** Eug. Alb. Sigl. Franz Xav. v. Heuchling. Norb. von Feldeck. **Hofprotocollist:** Leop. Joh. Krenmüller. **Hofcanzellisten:** Ign. Wenz. Eschinger. Jos. E. Payer. **Canzleyschreiber:** Adalb. G. Schebl.

Hof-Archiv und Registratur. Director: Mart. Forch. **Geh. Archivar:** Joh. W. Esser, s. ob. **Registrator:** Mart. Wenz. Tomschy. **Registrant:** Jos. Aloys Jaus.

Hofzahlamt. Director: Leop. Plách, Ritt. v. Seinsberg. Zahlmeister: Fr. Jos. Kletschka. Matth. Wenz. Wonesch.
Hofbuchhalterey. Buchhalter: Thadd. Bernh. Czuba. Accidenten: Wenz. J. Zinner. J. Aug. Hermann. Fr. Thom. Maschat.
Leibärzte: Jos. Habermann der ältere, k. k. Hofmed. Jos. L. Schreibers. Jos. Habermann der jüng., k. k. Hofmed.

Regierung und Kammer zu Schwarzenberg. Director: Phil. Franz Jos. v. Rhode, gen. Rhodius, des h. r. Rs Ritt. Räthe: Seb. Jos. v. Grandjean. Thom. Casp. Burkhard. J. Nep. Allweyer. Reg. Protocollist: Jos. Sartorius. Registrat. v. Walbecker.

Evang. Luther. Consistorium (zu Marktbreit). Präses: vacat. Geistl. Beysitzer: Estian Ulr. Mühlrall, Stadtpst. das. J. Mich. Schmitt, Stadtcapl. J. Mart. Herbst, Pfr. zu Gnözheim. G. W. Jering, Pfr. zu Unterlaimbach. Weltl Beysitzer: Joh. Phil. Henninger. E. Gottl. Jänisch. J. G. Kistner. Secretair: J. Nic. Wirtmann.

Landgrafschaft Kleggau. Amtsstatthalter des dieser Landgrafsch. anklebenden Erbhofrichteramts und Rshofgerichts zu Rotweil: vacat.

Regierung und Kammer (zu Thiengen). Director: Judas Thadd. Xav. v. Weinzierl, w. geh. R. Räthe: Franz C. v. Beck. Franz Jos. v. Weinbach. Carl v. Mohr. Secretair: Zach. Schwingenstein.

Kaiserl. Landgericht im Kleggau. Landrichter: Joh. Bapt. Wirtenberger.

Militairstand a) zu Schwarzenberg: Joh. Fr. Schöll, Capit. Lieut. Jos. Siegrist, Lieut. b) im Kleggau: Carl Pr. zu Schwarzenberg, Hptm. des Gr. Truchseß=Wolfegg. schwäb. Kreis=Inf. Regim. N. von Weinzierl, Fähndr. desselben Regim. W. Rosshirt, Cornet unter dem Hohenzoller. Kreis=Cav. Regim.

Gesandte und Agenten.

Reichstag: Carl. Jos. Gr. v. Oexle auf Friedenberg, Hr zu Sonderspiel, bev. Minist. Ign. Franz v. Heuchling, Legat. Secr. Fränk. Kr. zu Nürnberg: Phil. Franz Jos. von Rhode, gen. Rhodius, Rs Ritt. Ges. Joh. Heinisch, Agent. Schwäb. Kr. zu Ulm: Thadd. von Weinzierl, Ges. Wien: Mich. von Stubenrauch, Rshofr. Agent. Wezlar: Dr. Jos. Brack, und Lic. Abel, Kammergerichts Procuratoren.

Würtemberg.

Von den herzogl. Würtembergischen Landen wurden in dem Frieden mit Frankreich vom 7ten August 1796, die jenseits des Rheins gelegene gefürstete Grafschaft Mömpelgard, nebst den ihr einverleibten 9 Herrschaften, (Hericourt, Passavant, Hornburg, Reichenweiher ꝛc.) zusammen etwa 24 Q. M. mit 50,000 Bewohnern an die französ. Republik abgetreten. Das eigentliche Herzogth. Würtemberg im schwäb. Kreise (mit Inbegriff des Stücks von Limpurg im fränk. Kreise) hat etwa 150 Q. M. und 620,000 Bewohner, 68 Städte, 1200 Flecken und Dörfer. Der Kriegsetat wird zu 5000 Soldaten, und die Einkünfte zu 2 Mill. Thlr. angegeben.

Drittes Kap. Der weltl. Chur- u. Fürstenthümer ꝛc.

Hofstaat. Oberkammerherr: vacat. Der wirkl. Kammerherren sind 104. Obristhofmarschall: Carl Gustav Rsgr. v. Uxküll-Gyllenband, des gr. Jagd-O. R. Hofmarschall: Cstian Fr. Fhr v. Behr, des gr. Jagd-O. R. Oberschenk: Joh. W. Fr. Fhr Senft v. Saulburg, Kammerhr. Hausmarschall: C. Fr. Reinh. v. Gemmingen, Kammerherr. Reisemarschall: C. R. v. Röder, Kammerherr. Vice-Oberstallmeister: F. C. E. Fhr v. Kniestädt, Kammerherr. Reiseoberstallmeister: E. Eug. v. Görlitz, Kammerhr. Landoberstallmeister: Franz Max. Fr. Fhr Bouwinghausen v. Walmerode, Kammerhr auch Obrist und Gen. Adjut. der Cav. Obristjägermeister: C. A. W. Schilling v. Canstadt. Viceoberjägermeister: Carl v. Weitershausen, Kammerhr. Landoberjägermeister: Jul. Fr. v. Lützow, Kammerhr u. Oberforstmeister zu Leonberg. Vice-Landjägermeister: Cstian Fhr Vogt zu Hunoldstein, Kammerhr auch Oberforstmeister zu Neuenburg. Hof-Oberforstmeister: von Brockdorf, Kammerj. v. Reischach, Kammerj. Hienächst: 61 Kammerjunker; 3 Jagdjunker; 12 Edelknaben; 3 Kammerdiener ꝛc.

Inspector a) des Mü- 3- Medaillen- und Kunstkabinets: Fr. C. Lebret, Prof. u. Bibliothekar. b) Des Pflanzenkabinets J. S. Kerner, Prof. auch pfalzzweibr. Hofr. c) Des Mineralien- u. Thierkabinets: Dr. Jäger, Hofmed. Gemälde-Gallerie-Director: Hetsch. Oberdirector der Hofmusik u. des Theaters: der Staats- u. Conferenzminister Gr. v. Zeppelin (hat auch die Oberintendenz über sämtl. Residenzschlösser und herzogl. Häuser). Hof-Pflegverwalter: Fr. Kaufmann, geh. auch Hof- u. Reg. R. Leibmedici: Dr. C. F. Jäger, Rath. Dr. G. D. Duvernoy, Rath. Dr. Cstian Klein, Rath. Dr. C. G. Reuß, Rath. Oberhofprediger: Dr. C. G. Storr, Consist. R.

Der regierenden Frau Herzogin. Oberhofmeister: A. E. Fhr Schenk v. Geyern, des großh. Jagd- und des milit. O. R. Oberhofmeisterin: Fr. Baronne von Spiegel. Staatsdamen: Fr. von Seckendorf. Fr. v. Görlitz. Hofdamen: Frl. v. Seckendorf. Frl. v. Spiegel. Geh. Secretär: F. H. W. Mögling.

Des Erbprinzen Friedrichs Gouverneur: C. A. v. Mühlenfels, Cammerhr u. Obrist. Sousgouverneur: N. N. Pistorius.

Des Prinzen Pauls Gouverneur: Fr. Aug. v. Röder Cammerhr und Major.

Der Prinzessin Catharine Gouvernantin: Frl. v. Waldner.

Der verw. Herzogin Franziske Theresie. Cavaliers: der preuß. Kammerhr Baron v. Böhnen. Der Kammerhr Baron v. Blesdenfeld, und der Baron v. Rüben. Hienächst 3 Hofdamen.

Der verw. Herzogin Sophie Albertine. Cavalier: der Baron v. Epting. Hienächst 2 Hofdamen.

Civiletat.

Des Herzogs Geheimes Sekretariat. Director: Gottl. Cstian Pang, geh. R. Geheime Secretarien: J. H. Menoth, geh. Legat.

H.B. 2r Th. 1798.

322 Zweiter Abschnitt. Staatsb. des deutschen Reichs.

R. Cstian Ludw. Aug. Vellnagel, Reg. R. Joh. Jac. Boger, b. R. Dr. Joh. D. Baer, Hofr. Joh. Georg Herbort, zugl. geh. Registr. Geh. Canzellisten: J. C. Haug, Secret. Ph. Fr. Hettler, Secret. **Geheimes Raths-Collegium. Adeliche Bank:** Emich Joh. Fhr v. Urküll-Gyllenband, Präsident, Staatsminister, Kreisdirectorialgesandter ꝛc. Joh. Carl Cstoph Fhr v. Seckendorf, Kreisdirector. Gesandter, des würt. gr. O. R. und des Malthes. O. design. Comturenthut auf Wittersheim. Carl Ludw. G. Fhr v. Wöllwart, Staatsminister und Kammerpräsident, des gr. O. R. ꝛc. Joh. Carl Gr. v. Zeppelin, Staats- und Conferenzminister, des würt. gr. O. R. **Gelehrte Bank:** Joh. Dan. Hofmann, Präs. der Accis- und Landrechnungs-Deput. des gr. O. Secr. J. Eberh. Fischer, Präs. der Schafzuchtverbesserungs- u. Landesdefensions-Deputation. Gottl. Cstian Lang, s. vorher! Ludw. Thim. Spittler. Geh. Secret. Joh. Gottfr. Renz, Reg. R. J. Gottfr. Griesinger, Reg. R. zugl. Ober-Taxator. Joh. Dan. Leypold, Reg. R. Joh. Cstoph Schwab, geh. Hofr. C. H. Fromman, Reg. R. Cstian L. A. Vellnagel, s. ob. J. Cstoph Fr. Haug, Comes palat. J. Jac. Boger, b. R. Dr. s. ob. J. Dan. Bär, Hofr. s. ob. Dan. Fr. Leypold, zugl. Kreissecretär. J. H. Menoth, s. ob. J. G. Herbort, s. ob. Geh. Archivarii: J. Fr. Jäger, Reg. R. C. Fr. Erbe, Lic. W. Ferd. L. Scheffer. C. Fr. Pfaff. Geh. Registratores: Wolfg. Jac. Moser, geh. Secr. und Taxator. J. H. Harprecht. J. G. Herbort, s. ob. Secret. u. geh. Canzellisten: Ph. Gottfr. Faber. G. Cstian Knab, Taxamtsverwalter. C. E. Fr. Kurz. J. C. Haug, s. ob. C. Aug. Fr. Knab. Ph. Fr. Hettler, s. ob.

Regierungs-Collegium. Präsident: Rud. Aug. Lebr. Fhr von Taubenheim, w. geh. R. Lehenprobst, Präs. des Wechselger. und der Commerzdeput. des groß. O. R. **Adel. Reg. Räthe:** C. Fr. Em. Fhry. Urküll, geh. R. Kammerhr, Präses des Tutelar-Raths. Phil. Cstian Fr. v. Normann, geh. R. Kammerhr, Hofrichter u. Präs. der Armendeput. Ulr. Lebr. v. Mandelslohe, geh. R. Kammerhr, Kreisdirectorialges. Präses der Brandschadensversicherungs-Deput. u. Referens in Forstsachen. J. Hans Otto v. der Lühe, Kammerhr und Hofger. Assess. C. Fr. Ph. H. v. Reischach, Kammerj. u. Hofger. Assess. Jac. Fr. v. Bühler. **Gelehrte Reg. Räthe:** Fr. Cstoph Wächter, Consist. Vicedirect. Hof- und Wechselger. Assess., Landrechnungs- u. Commerzdeputat. auch Forstreferens. J. Fr. Kaufmann, geh. Leg. R. Marschallamts, Polizey, auch Strassen- und Zuchthaus-Deputations-Beisitzer u. Wechselger. Assessor. Carl Fr. Haselmayer, Kriegsrath und Accisdeput. Ferd. W. Weckherlin, Hofger. Assess., Tutelar-R. Strassen-Wittw. u. Waysenkassen- u. Umgeldsdeput. C. Vict. Banger, Tutel. R. Weim Armen- u. Waldenser-Deput. und Handw. Refer. Dr. C. Fr. Elsässer, Präs. der Sanitätsdeput. Dr. J. G. Fr. Heyd, Polizey, stuttgarder u. allgem. Armendeputations-Beisitzer. Dr. J. Aug. Reuß, Referens in Lehensfachen. Dr. Eberh. Fr. Georgii, Kirchenkastens Advoc. und Consist. R. auch Deput der stuttg. Armen- und Umgelds-Deput. C. Fr. Feuerlein. Dr. Cstian Fr. Otto, Kammerprocurator, Präses der

Drittes Kap. Der weltl. Chur- und Fürstenthümer rc.

Umgelds, der Limpurger Accis- und Commerzdeput. Dr. C. Eberh, Wächter. Dr. Joh. Fr. Schmidlin, Kreisdirectorialgesandter. Dr. Benj. Ferd. Mohl. Dr. W. Aug. Fr. Danz, Hofger. Assess. Secret. Lt. G. Fr. Stockmayer, Tarator. J. Dav. Moser, Ehegerichts-Wittw. und Waisenkasse, u. Brandschad. Versicherungsdeputat. Secret. Cstian Fr. Sattler, Lehens- und Commerz. Deput. Secr. Cstian L. Breyer, Wechselgerichtsactuar. H. W. Amand Schmidlin. J. W. Cstian Vischer. J. C. Cstian Heigelin. **Obere Registratur:** J. Jac. Vischer, Reg. Raths- und Accis-Deput. Secr. J. Jac. Bonz, Reg. Raths-Secret. Ph. Gottl. W. Hausleutner, Regier. Secret, **Untere Registratur:** J. Eberh. Schott, Reg. Raths- auch Zucht- u. Arbeitshauses Deput. Secret. J. Cstian Breyer, Reg. Raths-Secr. Dr. Eb. Fr. Hübner. **Lehens-Registratur:** Ph. Gottfr. Lohbauer, Secr.

Lehenhof. Lehenprobst: der geh. R. und Reg. Präsident Bar. v. Taubenheim. **Räthe:** die sämtl. Regier. Räthe. **Referens in Lehensachen:** der Reg. R. Reus. **Secretär:** der Reg. Secr. Sattler. **Registrator:** Lohbauer. **Ehegericht. Eherichter:** der Reg. Präsid. Baron v. Taubenheim, s. ob. **Räthe:** wie bey der Regierung. **Secretär:** der Reg. Secr. Moser.

Hofgericht (hält seine Sitzungen jährl. 2mal in Tübingen). **Hofrichter:** der Reg. u. geh. R. v. Notmann. **Adliche Bank:** der adl. Reg. R. und Kämmerhr v. der Lühe, s. ob. Der adl. Reg. R. v. Reischach, s. ob. **Gelehrte Bank:** Dr. S. J. Kapf, geh. R. und Prof. der Rechte. Fr. C. Wächter, Reg. R. s. ob. Lic. Ferd. W. Weckherlin, Reg. R. s. ob. Joh. H. Mögling, geh. R. Joh. W. Seubert, Hof- und Domain. R. Dr. Cstoph Gottl. Canz, Rath. Dr. Joh. Fr. Eisenbach, R. u. Oberamtm. zu Bietigheim. Dr. W. A. Fr. Danz, Reg. R. Dr. Dan. Fr. Faber, Rath. **Assessoren auf der Landschaftsbank:** Lic. J. A. C. Kölle, Bürgermeister in Tübingen. G. Fr. Beiel, Burgermeister in Blaubeuren. Em. Heinr. Klüpfel, Burgermeister in Stuttg. Lic. Cstian Fr. Baß, Burgermeister in Ludwigsburg. Ludw. Hofacker, Rathsglied zu Nagold. **Secretär:** J. Cstian Breyer, Reg. Secret.

Consistorium. Director: A. C. W. Ruoff. **Vicedirector:** F. C. Wächter, Reg. R. s. ob. **Räthe:** G. Fr. Griesinger, Prälat zu St. Georgen. E. Fr. Georgii, Reg. R. s. ob. E. Urb. Keller, Stiftspred. und Prälat zu Herrenalb. Dr. G. C. Stort, Oberhofpred. f. ob. **Secretarii:** Fr. W. Hauff. Carl Cstian Grüneisen. **Registratoren:** Ludw. Chr. Neuffer, Secr. und C. E. Haug, Secr.

Kriegsrath. Räthe: C. Fr. Haselmeyer, Reg. R. s. ob. Joh. Dan. Weng, Obrstl. J. Jac. Boger, Obrstl. Oberkriegscommiss. u. Cassier. Joh. Fr. Dünger. **Secretair:** Günth. Aug. Fr. Römer. **Registrator:** J. Eberh. Roth, Secr.

Kammer-Collegium. Präsident: C. L. G. Fhr v. Wöllwart, geh. R. s. ob. **Director:** Jac. Fr. Authenrieth. **Procurator:** C. F. Otto, Reg. R. s. ob. **Hof- u. Domainen Räthe:** J. L. Cstian

v. Breitſchwerd, Kammerj. C. Aug. v. Schönfeld, Kammerj.
Aug. H. F. v. Urküll, Kammerhr, Forſt-Referens. Cſtian W. Flat-
rich, zugl. Kaſtenkeller. J. W. Seubert, Hofger. Aſſeſſor, ſ. ob. G.
Hartmann. Fr. Burkh. Pfaff, Gen. Caſſier. J. Eberh. Wächter,
Forſt-Referens. Gottl. Fr. Elſäſſer. Cſtian Fr. Spitler. Reinh.
H. Hettler, Hofr. u. Kammerſchreibereyverwalter. Ferd. Fr. Pfeif-
fer, Geſtütskaſſier. Generalkaſſe. Generalkaſſier: Fr. Pfaff,
Hofs u. Dom. R. Kammerrath: C. G. Pfaff. Buchhalter: C.
Ruoff. G. Fr. Reinhard. Kammer-Rechnungsräthe: der
Expeditionsr. Kunder, zugl. Stallcaſſier. J. J. Nonnenmacher.
C. G. Dizinger. G. P. W. Weikersreuter, Tutelar-R. J. F.
Haupt. F. P. H. Firnhaber. C. F. Bilfinger. J. C. Stahl.
V. H. Hermann. A. W. Mayer. G. F. Ritter. J. F. Bernrit-
ter. Secretair: G. L. Hegel, Expedit. R. und Tarat. Steph. L.
Viſcher, Expedit. R. Franz Conr. Müller. Cſtoph Ludwig Möger-
lin. Joſ. Gottfr. Seger. Dietr. Ph. Cſtian Kempff. Joh. Ph. Fr.
Beurlin. Cſtoph Fr. C. Stahl.

  Kirchenraths-Collegium. Director: Joh. Amand Andr. von
Hochſtetter. Kirchenkaſtens Advocat: Everh. Fr. Georgii,
Reg. R. ſ. ob. Exped. Räthe: C. Gottl. Mohl, Hofr. Kirchenkaſtens
verwalter. Cſtian von Mylius, Hofr. Cſtian Gotth. Knapp. J. Fr.
Cſtoph Weiſſer. C. W. Fr. König. C. Cſtian Jäger. J. G. A. Hart-
mann. J. C. Gänzler. Kammerräthe: C. Fr. Enßlin, Exped.
R. W. L. Megerlin, Exped. R. Phil. Jac. Niederer. Fr. Auguſt
Märklin. Cſtoph Fr. Schweizer. Ulr. Dav. Schultheiß. L.
Cſtian C. Liebenau. C. Cſtian Müller. F. W. Gmelin. Secre-
tairs: Joh. Benj. Hofmann, Exped. R. Cſtoph Fr. Fleiner. C.
Christoph Fr. Hopfenſtock. Dr. Im. Fr. Rappolt. C. Fr. Wolff.
NN. Keller. Jac. Auch. C. F. Schweizer. Regiſtratoren: J.
Fr. Conz, Exped. R. J. Jac. Wagner.

  Tutelar-Rath. Präſes: C. Fr. C. Baron von Urküll, geh. R.
ſ. ob. F. W. Weckherlin, Reg. R. ſ. oben. C. W. Banger, Reg. R.
ſ. ob. J. W. Seubert, Hof-n. Dom. R. ſ. ob. J. F. König, Expedit. R. ſ. ob. C. Fr. Weckherlin, Canzleyadvocat. G. P. W. Weikersreuter, Kammer-R. ſ. ob. Secret. C. Iman. Gottl. Pfizer.

  Wechſelgericht. Präſes: Der Reg. Präſid. v. Taubenheim, ſ.
ob. Aſſeſſores: F. C. Wächter, Vicedirector, ſ. oben. D. F. Kaufmann, geh. Leg. R. ſ. ob. C. Vict. Banger, Reg. R. ſ. ob. Ehren-
feld, Major u. Oberaudit. G. Heller, Reg. R. u. Stadt-Oberamtm.

  Auſſer obigen Collegien ſind für allerley Zweige der Polizey- u. Finanzverwaltung noch beſondere Deputationen angeordnet; z. B. die Deputationen zur Beförderung des Handels, zur Verbeſſerung der Forſten, des
Land- u. Weinbaues, der Armenverſorgung, der Brandſchäden-Ver-
ſicherung, des Straßenbaues; die Accis-Deputation, das Münz- und
Bergamt; die Landrechnungs- — Sanitäts- — Handwerks- — Por-
cellainfabriks- und andere Deputationen.

  Landſchaftl. engerer Ausſchuß. Prälaten: Dr. Joh. Fr. Märklin, Probst zu Denkendorf. G. Fr. Griesinger, Prälat zu St. Georgen. Weltl. Stände oder Assessores von den Städten: H. J. Klüpfel, Hofgerichtsassess. u. Burgermeister in Stuttgardt. V. W. Fr. Hauf, Burgermeister in Tübingen. Estian Fr. Batz, Reg. R. Hofgerichtsassessor u. Burgermeister in Ludwigsburg. Dr. Ludw. Hofacker, Rathsglied zu Nagold. J. C. Speidel, Burgermeister zu Sachsenheim. C. Deffner, Burgermeister zu Gröningen. Consulenten: Dr. E. F. Georgii, Reg. R. — J. W. Hauf, R. — C. Abel, Hof- und Legat. R. — Lic. J. G. Kerner.

General-Staab. General-Lieutenants: NN. v. Hügel, Commandeur des ganzen herzogl. Corps, Gouv. der Residenzstadt Stuttgard, des Carls-O. Comменth. NN. von Nicolai, Commandant zu Ludwigsburg, auch Gen. Quartiermeister u. des St. Carls-O. Commandeur. N. von Harling (pensionirt). General-Majors: NN. Fhr von Phull, Commandant zu Stuttgardt, des St. Carls-O. Commenthur. NN. Fhr v. Rau, Commandeur eines Inf. Regim., des St. Carls-O. Ritt. L. E. Fr. Gr. v. Sponeck, des St Carls-O. R. NN. v. Beulwitz, des St. Carls-O. R. NN. von Mylius, Gen. Adjut. des St. Carls-O. R., auch Gen. Maj. des schwäb. Kreises. NN. v. Seeger, Gen. Adjut., des St. Carls-O. R. auch Gen. Maj. des schwäb. Kreises. Friedrich Pr. v. Thurn u. Taxis, des großen u. des St. Carls-O. R., auch Gen. Maj. des schwäb. Kreises. General-Adjutanten: der Gen. Maj. von Mylius. Der Gen. Maj. v. Seeger. Obrist von Varnbüler, des St. Carls-O. R. Der Obrist von Seckendorf.

4) Gesandte Minister und Agenten.

Kreisdirectorial-Gesandschaft: Fhr v. Uxküll, Etatsminister u. Kreisdirect. Gesandt. s. ob. J. C. C. Fhr v. Seckendorf, s. ob. U. L. Fhr v. Mandelslohe, Kammerhr, geh. R. u. w. abl. Reg. R. Joh. Fr. Schmidlin, s. ob. Dan. Fr. Leypold, als Secretär. Cölln: J. Fr. Jos. Grub, Resid. Frankfurt: Dr. Fr. Plitt, Resid. Regenspurg. f. Reichstag. Wetzlar: f. K. Reichskammergericht. Wien: Alb. Estian Fhr v. Bühler, bevollm. Minist. Hofr. Vorsch, Rshofraths-Agent.

Großer Orden.

Haupt- u. Ordensherr: Friedrich II. Hz. v. Würtemberg.
Ritter: Die Brüder des Herzogs, nämlich der Pr. Ludwig; der Pr. Eugen; der Pr. Wilhelm; der Pr. Ferdinand; der Pr. Alexander; und der Pr. Heinrich v. Würtemberg. Der Erbpr. Carl Alex. und Pr. Friedrich v. Thurn u. Taxis. Fr. Franz Hz. v. Mecklenburg-Schwerin. Joh. Aloys. F. zu Oettingen-Spielberg. Kraft Ernst F. zu Oettingen-Wallerstein. Der Erbpr. Friedrich u. der Pr. Paul, Söhne des reg. Hz. v. Würtemberg. Der Erbpr. Ludwig u. der Pr. Friedrich v. Oettingen-Wallerstein. Der reg. F. Ludwig Carl, u. dessen Sohn der Pr. Carl Jos. v. Hohenlohe-Bartenstein. Der Pr. Eugen, Sohn des Pr. Eugens v. Würtemberg. Ant. Gr. Schenk v. Castell. F. P. C. Gr. v. Pückler, s. ob. Her-

mann Friedr. Rsgr. v. Hohenzollern-Hechingen. Friedr. Carl reg. Gr. zu Castell-Remlingen. Gust. Fr. Gr. von Urküll-Gyllenband. Fr. Xav. Corvin Gr. v. Kochanowsky. Stanisl. Gr. v. Luba. Fr. Emich J. Fhr v. Urküll, s. oben. L. W. Fhr v. Pfuhl, Gen. L. C. A. Fhr v. Seckendorf, s. ob. Fr. C. v. Stain, Gen. L. Fr. W. Fhr v. Pfuhl, Trabanten- u. Oberschloßhauptm. Carl Aug. Gottfr. Fhr v. Seckendorf, geh. R. Alex. Ernst Fhr Schenk v. Geyern, Obristhofmeister. Cstian Fr. Fhr v. Behr, Hofmarschall. Rud. Aug. Lebr. Fhr v. Taubenheim, geh. R. u. Reg. Präsid. Carl. Ludw. G. Fhr v. Wöllwarth, Staatsminister u. Kammerpräsid. Joh. C. Gr. v. Zeppelin, Staats- u. Conferenzminister. Joh. C. Cstoph Fhr v. Seckendorf, geh. R. u. Kreisdirectorialgesandter. — Ordenssecretär: J. D. Hoffmann, w. geh. R.

Viertes Kapitel,

enthält das Rathspersonale und die wichtigern Staatsbeamten

der Reichsstädte.

Aachen.

Bisher eine vornehme, die zur Kaiserkrönung erforderl. Hauptinsignien verwahrende, freye Reichs- und privilegirte Krönungsstadt, im westphäl. Kreise, jenseits des Rheins, mit einem kl. Gebiet von etwa 1½ Q. Ml. 28,000 Einw. cathol. Religion, und 70,000 Thlr Einkünften. — Gegenwärtig, wo sie unter französischer Botmäßigkeit steht, ist die fränkisch-republikan. Verfassung darin eingeführt.

Aalen.

Freye Rsstadt in Schwaben, am Kocher, evangel. Religion. **Magistrat. Burgermeister** (3): Joh. Simon. Joh. Matth. Enßlen. Joh. Casp. Holzbauer. **Stadtschreiber:** J. C. Schubart. **Geheime:** Theod. Bezler. Joh. Rul. Roschmann. **Rathsglieder:** Cstoph Friedr. Fürgang. Joh. Georg Kaufmann. Matth. Rieder, Stadtmeister. Joh. Leonh. Kaufmann. Wolfg. Friedrich Beil. Geo. Melch. Winter. **Geist- und weltliche Offizianten:** Joh. Cstoph Hoyer, Stadtpfarrer. Albr. Dan. Vetter, Diaconus. Dr. Georg Friedr. Brobbeck, Stadtphysicus. Joh. Leonh. Rieger, Präceptor u. Musikdirector. **Stadtmeister v. der Burgerschaft:** Elias Rieger. **Provisor:** Bernh. Wilh. Schwarz. **Schulmeister:** Dav. Kraus. Joh. Cstian Melch. Böhringer. **Militair:** Cstian Balth. Bezler, Oberlieutn.

Augsburg.

Am Zusammenfluß des Lech und Wertach in Schwaben mit einem kleinen Gebiet von etwa 2 Q. Ml. und mit circa 36,000 Einw. theils lutherischer, theils cathol. Religion (und vielleicht 150,000 Thlr. Einkünften.) Der Rath besteht aus 45 Gliedern, davon 23 catholisch und 22 lutherisch sind;

Viertes Kap. Der Reichsstädte. 327

soll aber etwas in Religionssachen beschlossen werden, so gilt das 23te cathol. Votum nicht.

Ein Hochedler Rath: Paulus v. Stetten, kaif. w. R. u. Stadtpfleger, auch Reichs-Landvogt, Ev. Jos. Adrian v. Imhof v. Spielberg und Oberschwambach, kaif. w. R. und Stadtpfleger, C. Jac. Ulr. Holzapfel v. Herrheim u. Kötz, C. Phil. Georg Fr. v. Rauner auf Mühringen, Ev. Wolfg. Ign. Langenmantel von Westheim und Ottmarshausen, C. Joh. Thom. Ammann, Ev. Franz Xav. von Pflummern, C. Joh. Jos. Adam v. Seida auf Landensperg, C. Jos. Ant. Leop. Wolfg. Langenmantel von Westheim u. Ottmarshausen, C. Cstoph Paul Sulzer, Ev. Albr. v. Stetten, Ev. Franz Seb. v. Seida auf Landensperg, C. Gottfr. Cstoph Herwart. Ev. Jac. Aloys Langenmantel von Westheim und Ottmarshausen, C. Franz Wilh. Holzapfel von Herrheim, Kötz u. Mägersdorf, C. Joh. Jac. Besserer von Thalfingen, Ev. Joh. Bapt. Pet. Ign. von Carl zu Mühlbach, C. Joh. Cstoph v. Rad, Ev. Aloys M. Precht von Hochwarth, C. Joh. Nep. Blaf. Precht v. Hochwarth, C. Marx Cstoph v. Scheidlin, Ev. Franz Xav. Ferd. Leonh. von Seida auf Landensperg, C. Phil. Cstoph von Stetten, Ev. Joh. Bapt. Georg Langenmantel v. Westheim u. Ottmarshausen, C. Paul v. Schwarz, Ev. Joh. Thom. v. Stetten, Ev. Ph. Cstoph von Rad, Ev. Jos. Ant. v. Carl zu Mühlbach, C. Sebast. Balth. Andr. v. Höfslin, Ev. Ph. Albr. Balth. v. Höfslin, Ev. Fr. Ant. G. Leonh. von Rehm zu Bocksberg u. Grostkötz, C. Georg Jos. von Hefner, C. Joh. Jos. von Huber, C. Joh. Ulr. Ritter, Ev. Joh. Nic. von Garb, Ev. Joh. Jac. Meißner, Ev. Jos. Ant. Ducray, C. Cstoph Paul Mattsperger, Ev. Jos. Xav. Klauber, C. Franz Jos. Pfaff, C. Gabr. Zorn, Ev. Christian Mich. Fischer, Ev. Joh. Casp. Mayr, Ev. Franz Xav. Gegenreiner, C. Jos. Rauch, C.

Stadtpfleger (2): P. v. Stetten, s. ob. J. A. v. Imhof von Spielberg etc. s. ob. **Geheime (5):** Jac. Ulr. Holzapfel von Herrheim u. Kötz. Phil. Georg Fr. von Rauner auf Mühringen. Wolfg. Ign. Langenmantel v. Westheim und Ottmarshausen. Joh. Thom. Ammann Fr. X. v. Pflummern. **Burgermeister (6):** Aloys Mar. Precht von Hochwart. Joh. Jos. v. Huber. Ph. C. v. Stetten. Cstoph P. Mattsperger. Franz Xav. v. Seida auf Landensperg. C. M. Fischer, **Einnehmer (3):** Phil. Geo. Fr. von Rauner auf Mühringen. W. Ign. Langenmantel v. Westheim u. Ottmarshausen. Albr. von Stetten. **Baumeister (3):** J. J. A. von Seida auf Landensperg. J. A. L. W. Langenmantel v. Westheim. J. C. Mayr. **Steuermeister (4):** J. B. P. J. v. Carl zu Mühlbach. Gottfr. Cstoph Herwart. J. J. Besserer von Thalfingen. Georg Jos. v. Hefner. **Oberrichter (2):** J. Th. v. Stetten. J. N. Bl. Precht v. Hochwarth. **Umgeldherren (4):** J. A. Langenmantel von Westheim u. Ottmarshausen. F. S. v. Seida. Chr. P. Sulzer. C. M. Fischer. **Zeugmeister (3):** J. J. A. v. Seida auf Landensperg. Albr. von Stetten. J. A. Langenmantel von

X 4

328 Zweiter Abschnitt. Staatsb. des deutschen Reichs.

Westheim u. Ottmarshausen. Proviantmeister (3): C. P. Sülzer. J. B. P. J. von Carl zu Mühlbach. Marr Cstian von Scheidlin. Oberpfleger (2): F. S. v. Seida auf Landensperg. P. v. Schwarz. Verordnete zum Handwerksgericht (6): J. C. v. Rad. J. B. G. Langenmantel von Westheim und Ottmarshausen. M. C. von Scheidlin. F. X. von Seida auf Landensperg. Gabr. Zorn. Jos. Xav. Klauber. Reichs- und Kreisdeputirte (4): J. U. Holzapfel v. Herrheim u. Köß. A. v. Stetten. F. Ant. Edler v. Chrismar. J. H. v. Prieser. Deputirte vom Münzwesen (4): Ph. G. Fr. v. Rauner auf Mühringen. W. Ign. Langenmantel von Westheim und Ottmarshausen. F. A. Edler v. Chrismar. J. H. von Prieser. Deputirte zum Landquartierwesen (4): P. G. Fr. von Rauner auf Mühringen. W. J. Langenmantel v. Westheim und Ottmarshausen. F. A. Edler v. Chrismar. J. H. von Prieser. Deputirte vom engern Ausschuß (4): J. J. Besserer v. Thalfingen. J. B. P. J. v. Carl zu Mühlbach. F. A. Edler v. Chrismar. J. H. v. Prieser. Stadt-Canzley-Inspectores (2): P. G. Fr. von Rauner auf Mühringen. J. U. Holzapfel von Herrheim und Köß. Rathsconsulenten (6): Dr. J. Heinr. von Prieser, Com. Pal. Caes. Ev. Lic. Eman. Biermann, Ev. Lic. Fr. Ant. Edler von Chrismar. C. Jos. Bernh. v. Steinkull, Com. Pal. Caes. C. Dr. Fr. Cstian Wilh. Rotberg, Ev. Lic. Joh. Conr. Schmid, C. Canzley-Directores (2): Lic. Jos. Ant. Precht von Hochwarth, Stadtschreiber, C. Dr. Cstian Neunhöfer, Rathschreiber, Ev. Stadtsecretarii (2): Dav. v. Stetten, Ev. W. J. R. Langenmantel v. Westheim, C. Reichsstadtvogt: F. C. v. Imhof v. Spielberg u. Oberschwambach, C. Stadtgerichts-Referendarii (2): Lic. Joh. Cstoph Biermann, Ev. Lic. Jos. Ant. Sieger, C. Evang. Ehegericht. Präses: J. C. v. Rad. Vicepräses: P. C. v. Stetten. Referendar: Lic. J. Fr. Gullmann.

Biberach.

Im Allgau in Schwaben, vermischter Religion, hat (nebst dem Gebiet von 5 Dörfern und einigen Höfen) auf 3 Q. M. 8000 Einw.

Magistrat. Burgermeister (2): Georg Ludw. Stecher, b. R. Dr. Burgermeister u. Stadtrechner, Consist. Schol. et Synedr. Praeles, Ev. Fidel. Magn. v. Pflummern, fstl. costanz. Hofr. Burgermeister u. Hospitalpfleger, C. Stadtammänner (2): Carl Jos. von Klock, C. Chr. Sigm. H. v. Heider, Ev. Geh. Räthe: Carl v. Klock, Stadtrechner, C. Georg Cstian v. Heider, b. R. Dr. churpfalzb. w. R. u. Com. Pal. Caes. Consist. Synedr. et Schol. Aff. u. Hospitalpfleger, Ev. Seb. Wunib. Kraft v. Delmensingen, Pfarrpfleger, C. Joh. Jac. Chr. Egen, Pfarrpfleger, u. Consist. Synedr. et Schol. Aff. Ev.

Zugeordnete innere Räthe: Ant. Georg v. Braunendahl, Kirchen- u. Cappellenpfleger, C. Joh. Conr. Klemm v. Rappach, b. R. Dr. Rechnungsrevisor, Consist. Synedr. et Schol. Aff. Ev.

Joh. Nep. v. Brandenburg, Kriegscassier u. Waisenpfleger, C.
Joh. Fr. v. Bibern, Kirchen: u. Kapell: auch Waisenpfleger, Ev.
Sigism. Fr. v. Löwen, Rechnungsrevisor, C. Sam. Christ. Aug. v.
Zell, Kriegscassier, Ev. Carl Tonsont, C. Estian Wechsler,
Kriegscassier, Ev. Veit Lorenz Bredelin, Kriegscassier, C. Joh.
Georg Lieb, Ev. Estoph Jon. Heiß, Ev. F. X. Reinhardt,
Geräth: u. Waagmeister, C. Joh. Casp. Hetsch, Ev.

Stadtsyndicat u. Canzley: Jos. Ant. v. Mayer, fstl. hohenloh:
schillingsfstl. Hofr. Stadt: Syndicus u. Raths: Consulent, C. Justin
Heinr. v. Hillern, Canzley:Director, Ev. Jos. Ant. Pflug, b. R.
C. Gerichtsschreiber und Canzlist, C. Gottfr. Bopp, Canzlist, Ev.

Stadtphysicat: Fr. Albr. Tritschler, Dr. d. A. u. Chir. Ev. Joh.
Jac. Gram v. Ebersberg, d. A. Dr. C.

Kreis:Contingent: Georg Fr. v. Hillern, Prem. Lieut. Ev.
Joh. Kuffner, Feldwebel, C.

Raths: u. Gerichtsprocuratoren (2): 1r C. vacat. 2r Gottfr.
Bopp, Ev.

Bopfingen.

Rstadt. luther. Religion, in Schwaben, die nebst ihrem kleinen Gebiet
noch keine ganze Quadratmeile groß ist, und gegen 2000 Einwohner hat.

Ein Hochedler Magistrat. Burgermeister: Joh. Jac. Weiler.
Georg Dan. Möllen. Joh. Friedr. Enslin. Syndicus: Felix
Buttersack, d. R. C. Geheime: Joh. Georg Schöll. Joh. Fr.
Tuppert. Rathsglieder: Joh. Casp. Hahn. Georg Matth. Ens:
lin. Georg Sam. Möllen. Fr. Gottl. Burger. Joh. Adam Stoer.
Joh. Dan. Estian Stadelmayer. Joh. Mich. Enslen. Stadtge:
richt: Jerem. Schatzmann. Jerem. Dom. Riedel. Casp. Ad.
Linßen. Georg Ad. Fischer. Geistlichkeit: Estian Ernst Sta:
delmayer, Stadtpfarr. u. Consistor. Gottw. Schatzmann, Diac.
u. Consistor. Felix Buttersack, Praceptor, Theol. C.

Bremen.

An der Weser im niedersächs. Kreise, hat auf etwa 3 Q. M. 40 bis 45,000
Einw. u. über 100,000 Thlr Einkünfte. Die Einwohner sind theils luthe:
risch, theils reformirt, das Rathscollegium aber ist ganz reformirt, be:
steht aus 4 Burgermeistern und 24 Rathsherrn, wovon letztere theils Ge:
lehrte theils Kaufleute sind, und ist in 4 Quartiere abgetheilt, deren jedes
1 Burgermeister und 6 Rathsherren enthält.

Ein Hochedler Rath. Burgermeister: Isaak Edler von Mei:
nertshagen, Consul. honor., Can. bey dem Obercollegiatst. U. L.
F. zu Halberstadt. Dan. Tiedemann, b. R. Dr. Consul. honor.
Gerh. von dem Busch, b. R. Dr. Just. Friedr. Wilh. Iken, b. R. Dr.
Estian Abrah. Heineken, b. R. Dr. Dider. Mayer, b. R. Dr.
Stadtsyndici: (3) Sim. Herm. v. Post, b. R. Dr. Joh. v. Eelking,
b. R. Dr. Estian Herm. Schöne, b. R. Dr. Rathsherren (24):
Dan. Meinertshagen. Dan. Klugkist, b. R. Dr. Jac. Breuls,
b. R. D. Libor. Dider. v. Post, b. R. Dr. Heinr. Lampe, b. R. Dr.

und Stadtrichter. Georg Gröning, b. R. Dr. Joh. Sim. Baer. Georg Oelrichs, b. R. Dr. u. Stadtrichter. Herm. Berck. Herm. Kulenkampff. Arn. Gerh. Deneken, b. R. Dr. Gustav Wilh. Dreyer, b. R. Dr. Engelb. Wichelhausen. Volch Mayer, b. R. Dr. Herm. Büsing, b. R. Dr. Joh. Wilkens, b. R. Dr. Joh. Gildemeister. Casp. v. Lingen, b. R. Dr. Sim. Heinr. Gondela, b. R. Dr. Arn. Dider. Tidemann, b. R. Dr. Henr. Cstian Motz, b. R. Dr. Sigism. Tob. Cäsar. Franc. Tidemann, b. R. Dr. Franz Fr. Droste.

Archivar: Heinr. Gerh. v. Post, b. R. Dr. Secretarii (5): Dider. Schuhmacher. Jac. Ludw. Iken. Herm. Henr. Meyer. Sim. Herm. v. Post. Arnold Iken.

Buchau.

Am Federsee in Schwaben, hat mit ihrem kleinen Gebiet auf etwa 1 Q. M. 2000 Einwohner. Das Verzeichniß des Rathspersonale ist nicht eingesandt worden.

Buchhorn.

Im Allgau am Bodensee, in Schwaben, hat ein kleines Gebiet von etwa 1 Q. M. u. mit dem Dorfe Erichskirch circa 3000 Einwohner.

Ein Hochedler Magistrat: Joh. Mich. Horb, Burgermeister u. Kirchenpfleger. Joh. Ad. Keeß, Stadtammann u. Kellerinspector. Fr. Xav. Stapf, d. R. C. Canzleyverwalter. Jos. Matth. Prielmeyer, Zunft- u. Rentmeister. Joh. Bentele, Zunftmeister u. Stadtkaplaney- u. H. Kreutzpfleger. Friedr. Jos. Bosch, Zunftmeister, Zoller u. Umgelder. Friedr. Jos. Sauter, Zunftmeister u. Leprosenpfleger. Franz Jos. Mouchette, Kornmeister. Joh. Bapt. Rothmund, Ob. Bau- u. Waldmeister auch Hospitalpfleger. Balth. Viel. Franz Rothmund.

Aeußerer oder großer Rath: Matth. Wagner. Joh. Bapt. Haimgarter. Steph. Burl. Ant. Geeser, Rentmeister, Keller- auch Kornhaus-Inspector. Sebast. Schmidberger, Umgelder. Georg Jac. Horb. Bernh. Laugner. Joh. König. Franz Jos. Benz. Phil. Jac. Schafmayer, Vogt zu Eriskirch u. Baumgarten. Paul Rothmund. Mich. Rothmund, Raths- und Canzleydiener. Aloys. Stützenberger.

Stadtphysicus: vacat. **Geistlichkeit in der Stadt:** Joh. Fr. de Paretti, Stadtpfarrer. Joh. Nep. Keller, Stadtcaplan. Franz Jos. Schafmeyer, Benef. ad S. Crucem. Zu Erichskirch: Joh. P. Rothmund, Pfr. Franz Fid. Keeß, Caplan. Amtmann daselbst: Georg Jac. Lantz.

Cölln.

Eine der größten, ältesten und berühmtesten Reichsstädte am linken Ufer des Rheins, jedoch ohne ein Gebiet, mit 50,000 Einw. und etwa 100,000 Thlr. Einkünften. Gegenwärtig, wo sie unter französ. Botmäßigkeit steht, ist darin die neue französ. Verfassung eingeführt.

Dortmund.

Im westphäl. Kreise, an den Gränzen der Gfsch. Mark, ist luther. Religion, hat auf ihrem Gebiet (etwas über 2 Q. M.) 4000 Einw. — Das Verzeich-

Viertes Kap. Der Reichsstädte.

niß der Rathsherrn und der öffentl. Beamten ist den Verlegern nicht eingesandt worden.

Dünkelsbühl.

In Schwaben, an den Gränzen des fränk. Kreises. Ihr Gebiet ist nur 1 Q. M. groß. Der Rath ist halb lutherisch, halb katholisch, die Einwohner aber (etwa 6500) meist lutherisch. Bey Aemtern, die nur mit einer Person besetzt sind, wird bey Abgang eines Officianten, stets eine Person von der andern Religion gewählt.

Ein Hochedler Magistrat. Burgermeister (2): Bened. Scheffer, auch Ob. Zeughr, Ob. Vormundshr u. Ob. Austheiler. Ev. Melch. Seb. Bur, Ob. Vormundshr und Ob. Austheiler. C. Geheime (2): Franz Ign. Voisin, Ober Stadtrechner, Mit-Kriegs- und Zeughr, auch Oekonomie-Deputat. C. Joh. Matth. Mögelin, Ob. Stadtrechner, Ob. Hospitalpfleger und Ober-Umgelder, Ev. Rathsconsulenten u. Canzleydirectoren (2): Joh. Cstian Friedr. Wucherer, Ev. Dan. v. Bayerlein, C. Lic. Jos. Ludw. Lenauer, Ober-Pfleger bey den 6 gemeinschaftl. Pflegen, auch Mit-Umgelder, C. Dan. Heinr. Cstian Fischer, Mit-Stadtrechner, und Oekonomie-Deputat. Ev. Bernh. Naab, Mit-Hospitalpfleger, Ob. Fisch- und Schäzherr, C. Joh. Sam. Fr. Kern, d. R. C. Mit-Pfleger bey den 6 gemeinschaftl. Pflegen, Ev. Joh. Jos. Kolb, Ober-Bauherr, C. Joh. Heinr. Cstian Steeb, d. R. C. Mit-Fisch- und Schäzherr, Ev. Carl Aug. Meißner, der R. C. Mit-Bau- und Polizey-Herr.

Stadt-Physikat: Cstoph Cstian Fr. Busch, Dr. der Med. und Stadtphysicus, Ev. Jos. Senft, Dr. der Med. u. Stadtphysikus, C.

Officialen. Stadtammann: Carl Heinr. Lenauer, der R. C. C. Steuerschreiber: N. Hermann, Ev. Kriegscaßier u. Bauernvoigt: N. Sebastiani, C. Spitalschreiber: N. Churr, Ev. Registrator: Hermann, Ev. Forstmstr: N. Waizmann, C. Rathsprotocollist u. Canzellisten: N. Höchtlen, Ev. N. Ziegelmayer, C. Stadthauptmann: N. Wirth, Ev. 1r Pflegverwalter: N. Waizmann, C. 2r Pflegverw.: vacat. Pupillenschreiber: Mögelin, Ev. Hospitalmeister: N. Blum, C. Waagmstr u. Spizoller: N. Manz, C. Visierer: N. Meißner, Ev.

Rathsprocuratoren (2): Müller, Not. Caes. Publ. Ev. Scherer, Not. apost. curiae Rom. immatr. und caes. publ. C.

Canzley-Accessisten: C. Walter, d. R. C. C. Xav. Berchtold, C. Heinr. Schlegel, Ev.

Geistlichkeit in der Stadt. a) Catholische: v. Pettenkofer, Dechant und Stadtpfarrer. Schürer, Cooperator und Beneficiat bei St. Johann. Lenauer, Cooperator. Brander, Cooperator. Bozenhard, Beneficiat. b) Evangelische: Roth, Stadtpfarrer. Zäuner, erster Diaconus; Mohl, 2ter Diac. Kraußlich, Rector der lat. Schule, u. Musikdirector. Evangel. Consistorium. Präses: B. Scheffer, Burgermstr. s. ob. Roth, Stadtpfarrer. Mögelin, Geheimer, s. ob. Wucherer, Rathsconsul. s. ob. Zäuner, 1r Diac. Fischer, Senator. Drießlein, der evangelische Kirchenpfleger. Brunner, evangel. Kirchenpfleg. Actuarius: Höchtlen. Scholarchat: a) **Evangel.** Scheffer, Mögelin, Drießlein, Brunner, s. ob. b) **Cathol.** v. Pettenkofer, Stadtpf. Bur, Burgermeister. Nach Senat. Geistlichkeit auf dem Lande: a) **Cathol.** Dalkingen: Pfarrer Mayer. Willburgstetten: Voisin, Pfr. Dietst. Vicar. b) **Evangel.** Breitenau: Pfarrer Prinzing. Beukert: hausen: Pfarr. Schmezer. Greisselbach: Pfr. Hermann. Schopfloch im Rieß: Pfr. Feghelm.

Contingents-Officier: v. Lenz, Hptm. des Kreis-Inf. Regim. Baden, C. Dan. Balth. Scherer, Lieutn. desselben Regim. C. Oster-rieder, Fähndr. desselben Regim.

Eßlingen.

Am Neckar im Schwaben, unter dem Schutz des Hzgs v. Würtemberg; mit einem kleinen Gebiet (etwa $\frac{1}{2}$ Q. Ml.) u. 5000 Einw. luther. Religion.

Ein Hochedler Rath. Burgermeister: (welche jährlich auf Jacobi im Amt u. Rang alterniren) Abrah. Honold, Amtsburgermeister, Consistor. Präs. Schol. und Oberpfleghr. Phil. Erh. Göschel, Burger-meister, Hospitalvogt, Ehegerichtspräs. Consistorialass. Scholarcha und Oberpfleghr. Stadtammann: Conr. Joh. Eberh. Nagel, Com. Pal. Cäs. Scholarch. Raths-Geheime: Ulr. Balth. Steph. von Schel-has, Canonic. des kaiserl. freyen Rsstifts St. Simon u. Judä in Goss-lar, Hospitalpfleger, Zuchtamts- u. Kriegsamts-Präses, Ober-Allmand-pfleger, Scholarch, Consistorial- u. Ehegerichtsassessor. Christian Carl Steudel, Kirchenkastenspfleger, Scholarch, Consistorial- und Ehege-richtsassessor. Senatoren: Amand Erhard Marchthaler, Com. Pal. Cäs. Sturz- u. Mühlenamts-Präses, Ober-Handwerkshr, Zucht-amts-Deput., Scholarch, Consistorial- u. Ehegerichts-Assessor. Eberh. Friedr. Honold, Kirchenkastenspfleger, Zuchtamtsdeputatus, Scho-larch, Consistorial- und Ehegerichtsassessor auch Handwerkshr. Erh. Fr. Weinland, Oberforstmeister und Markthr, auch herzogl. meklenburg. geh. Justizr. u. Rsritterschaftl. Canton Kocherischer Consulent. Georg Wilh. Böcklin, Obersteurer, Stadtbau-Untergangs-Präses, Müh-len- u. Sturz-Deputatus, auch Wacht-Cassier. Carl Fr. Streithof genannt Hülscher, Steurer, Sturz- u. Mühl-Amts-Deput. und Ober-fleischschätzer. Albr. Köstlin, Ober-Umgelder, Kriegs-Sturz-Müh-len-Stadtbauuntergangs- u. Zucht-Amts-Deputatus, auch Markthr. Carl Dav. Fr. Seeger, Ober-Bauverwalter, Stadtbauuntergangs- u. Brodschau-Deput. Andr. Cstian Vellnagel, Forstmeister, Stadt-hauptm. Felduntergangs-Präses, Stadtbauuntergangs- u. Brodschau-Deput. Georg Tob. Schölkopf, Bauverwalter u. Allmosen-Deput. Consulenten: Carl Gottl. Neundorf, Scholarch, Consist. und Ehe-gerichts-Assess. Eberh. Fr. Honold, b. R. Dr. Scholarch, Consistor. u. Ehegerichts-Assessor. Canzleydirector: Jos. Fr. Caspart, Scho-larch, Consistor. und Ehegerichtsassessor. Aeusserer Rath: Th. Friedr. Seefried. Jos. Fr. Bojus. J. C. Beck. J. Ad. Feyhl. J. Bapt. Fr. Fuchs. J. Leonh. Hemminger. J. Tob. Knöpflein. Phil. A. Feyhl. Joh. Fr. Kettinger. Joh. G. Mayer. Gerichtsse-cretär: A. E. Hanold. Raths-Advocaten: Andr. Carl Steph.

v. Schelhas. Max. Gottl. Godelmann, fürstl. löwenstein. Hofr. Ferd. Ludw. Nagel. Heinr. v. Schelhas. Amand Erh. Marchthaler. C. C. Fr. G. Weinland. Stadtcaßier: J. A. A. Weinland, Not. caes publ. Kriegs-Sturz- u. Mühlenamts-Deput. Bau Caßier: Max. Heinr. Wolfg. Caspart. Rechnungsverwalter: Ad. Heinr. Widersheim. J. Fr. Nagel. Accisverwalter: Alexand. Em. Marklin. Kaufhauseinnehmer: J. Fr. Schönfeld.

Frankfurt am Mayn.

Reichs- u. Handelsstadt im oberrhein. Kreise evangel. Religion, worin gewöhnlich der röm. Kaiser erkoren und gekrönt wird, und jährlich 2 berühmte Messen gehalten werden, hat ein Gebiet von etwas über 6 Q.Ml. mit 7 Pfarrdörfern. Die Volksmenge soll 40 bis 50,000 Seelen u. die Stadteinkünfte etwa 500,000 fl. betragen. — Der Magistrat besteht aus dem Stadtschultheis, und 42 Senatoren, deren Gesamtheit das höchste Staatscollegium, oder die höchste gesezgebende, richtende und verwaltende Gewalt ausmacht, als welcher die Ausübung der landeshoheitl. und reichsständischen Rechte zustehet. — Diesem höchsten Collegio sind 5 Syndici, theils als Referenten in rechtlichen, theils als Consulenten oder Rathgeber in öffentlichen Stadtsachen beygeordnet, und die Stadtcanzley hat die Expedition aller Sachen, so vor den ganzen Rath gehören. — Ferner ist der ganze Senat in 3 Bänke vertheilt, wovon die erste oder Schöffenbank zugleich das höchste Stadtgericht ist, von dem nur an die höchsten Reichsgerichte appellirt werden kann. Die darin verhandelten Rechtssachen werden in der Gerichtscanzley expedirt. Die gewöhnl. Rechtshändel ꝛc. ꝛc. werden in den Audienzen der beiden aus dem Senat erwählten Bürgermeister verhandelt, peinl. Sachen sind dem Verhöramt überlassen, und in unbedeutenden Streitigkeiten entscheidet der Oberstrichter. Die geistl. Gerichtsbarkeit übt das Consistorium, und in der Revisions-Instanz die Schöffenbank, nebst den Syndicis und 2 Senatoren der 2n Bank. — In Ansehung der Finanz- und Polizeyverwaltung sind alle dahin einschlagenden Stadtsachen u. Geschäfte unter sämtliche Rathsglieder vertheilt, woraus die besondern Stadtämter und Pflegen entstehen, jedoch so, daß jedes Amt noch ausserdem seine besondern Beamten und Subalternen, ferner einen Gegenschreiber aus dem bürgerl. Collegio v. 51 Personen, zum Theil auch besondere bürgerl. Deputirte und Pfleger hat.

Ein Hochedler Magistrat. Stadtschultheiß: Joh. Fr. Max. v. Stalburg, kaisl. w. R. — Senatoren. Erste oder Schöffenbank (14): 1) Fr. Max. v. Lersner, kaisl. w. R., älterer Burgermeister. 2) Joh. Fr. v. Uffenbach, kaisl. w. R. 3) Joh. Cstoph v. Lauterbach, kaisl. w. R. 4) Adolph Carl von Humbracht, kaisl. w. Rath. 5) Joh. Nic. von Olenschlager, kaisl. w. Rath. 6) Anton Ulr. Carl von Holzhausen, kaisl. w. Rath. 7) Fr. Max. von Günderode, kaisl. w. R. 8) Friedr. Hector von Barckhausen. 9) Joh. Daniel Bonn. 10) G. Wilh. Buck, b. R. Lic. 11) Joh. Fr. v. Riese. 12) Heinr. Wilh. Lehnemann, b. R. Dr. 13) Joh. Ludw. Hezler, b. R. Lic. 14) Fr. C. Schweizer, b. R. Dr. — Zweite Bank (14): a) Joh. Cstian Mühl. b) Gerh. Matth Wallacher, b. R. Lic. c) Wilh. C. Ludw. Moors, b. R. Dr. d) Jonas Kingenheimer, b. R. Lic. e) Joh. Nic. Luther, b. R. Lic., jüngerer Burgermeister. f) Joh. Matth. Andreä. g) Jac. Stock. h) Joh. Jac. Kon

han, b. R. Dr. i) Joh. Wilh. Mezler, b. R. Lic. k) Joh. Js. Hoff
mann, b. R. Dr. l) Joh. Carl Brönner. m) Joh. Just. Scher
bius, b. R. Dr. n) Joh. Carl v. Fichard, genannt Baur v. Eysenet.
o) Fr. Aug. Fhr von Wiesenhütten. — Dritte Bank: a) Georg
Steiz. b) Joh. Jac. Mylius. c) Ph. Jac. Stegler. d) Joh. Jac.
Schumm. e) Joh. G. Neef. f) Joh. G. Carl Hof. g) Joh. Ech
zeller. h) Joh. G. Motz. i) Joh. Phil. Hahn. k) Pet. Seßler.
l) Gerh. Schiele. m) G. Dan. Bock. n) Georg Schmidt. o) J.
Fr. Müller.

Syndici oder Consulenten (5): Joh. Estian Borcke, b. R. Dr.
kais. w. R. Carl Fr. Seeger, b. R. Dr. Joh. Büchner, b. R. Dr.
Joh. E. Fr. Danz, b. R. Dr. Carl Fr. Wilh. Schmidt, b. R. Dr.

Stadtcanzley: C. L. Böhmer, b. R. Dr., Canzleyrath. P. C.
Diel, b. R. Dr., Rathsschreiber. J. D. Maus, Substitut. P. C.
Roth, Ingrossist. N. Drexel, Canzlist. J. J. Hahn, Ausschußde
putirter. G. Leymann, Gegenschreiber.

Für die Justizverwaltung bestehen:

a) Der Schöffenrath, dessen Mitglieder, der Stadtschultheiß
die Senatoren der ersten Bank, u. die Syndici als Referen
ten, schon oben angeführt sind. Dessen Gerichts = Canzley: J. A.
Horn, b. R. D., Gerichtsschreiber. J. A. Wagner, Substitut. Can
zellisten: Biermann. Möller. Hofmann. Gröger. Ausschußdepu
tirter: J. J. Hahn. Gegenschreiber: J. C. Collischon.

b) Die bürgermeisterl. Audienzen: 1) Aelt. Audienz. Bür
germeister: v. Lersner, s. ob. Assessoren: die Senatoren 10) und
14) s. ob. Actuar: J. B. Anthes. 2) Jüng. Audienz. Bürger
meister: J. N. Luther, s. ob. Assessoren: die Rathsherrn der 2ten
Bank n) u. o) s. oben. Actuar: J. A. Moritz.

c) Peinl. Verhör=Amt: der jüng. Bürgermeister s. ob. der Se
nator k) — Criminalrath u. Examinator: Fr. Siegler, b. R.
Dr. Actuar: der Rathsschreiber Diehl, s. ob. J. C. Sulz, als Vicar.

d) Oberst=Richter: J. Joach. Rost, zugl. Fiscal.

e) Consistorium. Director: Schöff von Günderode, s. oben.
Geistl. u. weltl. Räthe: Schöff Buck, s. ob. W. F. Hufnagel, Dr.
d. Theol. u. Senior des geistl. Ministeriums. Die Senatoren b) u. c)
s. ob. J. C. Deecken, evang. Pred. J. C. Zeitmann, evang. Pred.
J. Fr. Pregel, b. R. Dr. J. C. Beyerbach, b. R. Lic. Actuar:
F. A. Voigt.

f) Consistorial=Revisionsgericht: die sämtl. Schöffen, außer
7) u. 10) — die Senatoren der 2n Bank a) u. d). — Actuar: Wag
ner, s. oben.

Für die Finanz = Polizey= und übrige Staatsöconomieverwaltung be
stehen folgende

Aemter: (alphabet.) Ackergericht: die Rathsdeputirten 6) f) u.
m). Schreiber: G. C. E. Kornacher. Ausschußdeputirter: D. Reuß.
Gegenschreiber: J. J. Goldhammer. — Armen=Waisen= und
Arbeitshauspfleger: die Rathsherrn 4). 14). b) o). m). u. o). Se

Viertes Kapitel. Der Reichsſtädte.

dann 15 Pfleger aus der Bürgerſchaft. — **Bauamt**: die Rathsherrn 7) g) u. f). Baumeiſter: J. G. C. Heß. Bauſchreiber: J. M. Jungmichel. Ausſchußdeputirte: N. Röſchel. J. J. Steitz. Gegenſchreiber: G. C. Weber. — **Curatelamt**: die Rathsherrn 11). l). u. g). Actuar: J. M. Brack, b. R. Dr. — **Feueramt**: die Rathsherren 11) m) u. m). Schreiber: C. N. Berends. — **Forſtamt**: die Rathsherren b) u. e). Forſtſchreiber: Iſ. Kehr. Oberförſter: Ph. Fr. Vogel. Ausſchußdeputirter: Capitain Jochmus. Gegenſchreiber: G. F. Hochſtetter. — **Fuhramt**: die Rathsherrn 14) u. o) ſ. ob. die beiden Audienzen! — **Holzamt**: die Senatoren h) u. f). Schreiber. F. A. Meixner. Ausſchußdeputirte: J. Schmidt, u. J. S. Buch. Gegenſchreiber: P. C. Willemer. — **Hoſpital zum h. Geiſt**. Pfleger: die Rathsherren 3) 5) e) l) b) g) u. 6 Perſonen aus der Bürgerſch. Medicus: Dr. Wagner. — **Kaſten-Hoſpital-Pflege**: die Senatoren 2) 9) f) h) i) l) u. 6 Perſonen aus der Bürgerſchaft. Medicus: Dr. F. J. Rieſe. Kaſtenſchreiber: J. J. Rieſe. — **Kornamt**: die Rathsherren 14) i) u. m). Kornſchreiber: J. J. Kißner. Ausſchußdeputirter: J. J. Andrea, b. R. Lic. Gegenſchreiber: J. B. Hübſchmann. — **Landamt**: die Rathsherren 6) f) u. o). Landamtmann: J. C. Dietz, b. R. Lic. Schreiber: G. W. Zeitmann. Ausſchußdeputirter: Hofr. C. F. Steitz. Gegenſchreiber: J. J. Goldhammer. — **Lotterie**: die Senatoren 14) b) h) und noch 6 Deputirte aus der Bürgerſchaft. Der Ziehung beiwohnende Rathsherren: n) o) f) und o). Generaldirector: J. R. Sintzheim. Mitdirector: J. A. Eckhard. Buchhalter: J. G. Schiller. — **Pfandamt**: die Senatoren l) i) b) o). Schreiber: J. R. Schott. Taxator: J. P. Hieronimus. Ausſchußdeputirte: J. G. Huth. J. J. Dörr, Ltn. Gegenſchreiber: B. Bogen. — **Quartieramt**: die Rathsherren m) u. n). Amtsſchreiber: J. v. Bock. F. S. Feyerlein; u. Dr. J. G. Bayn. — **Recheney Amt** (iſt das Hauptfinanzamt oder die Rentkammer der Stadt). Die Rathsherren 4) 13) b) h) a) f). Recheneyſchreiber: B. J. Wild, u. G. C. Chelius. Ausſchußdeputirte: P. C. Müller u. Ltn. J. C. Haſenclewer. Gegenſchreiber: F. L. Ernſt und C. D. Rinkleff. NB. Der Recheney ſind eincorporirt: das Fiſch- und Fleiſchamt; der Marſtall (Stallmeiſter iſt C. F. Runkel); das Münzamt (Actuar iſt: J. C. Balſer; u. Münzmeiſter: J. G. Bunſen); das Kriegszeugamt ꝛc. ꝛc. — **Die Regiſtratur**: Deput. Senatoren 7) u. b). Regiſtratoren: J. D. Rumpel, b. R. Lic. u. J. F. Hohlbein, b. R. Lic. — **Rentenamt** (wohin die Niederlags- u. Brückengelder, Zapfgebühren, Maſt- Malz- u. Mahlgelder ꝛc. bezahlt werden müſſen) die Senatoren k) m) h) n). Viſirer: J. P. Bachmann. Kiſtenſchreiber: B. Y. Hartmann. Viſirer: Ltn. Boßer. Ausſchußdeputirte: Cpt. G. J. Schiele u. G. Stock. Gegenviſirer: W. Feuerbach, und J. Umpfenbach. Gegenſchreiber: J. H. Friedrich. — **Sanitätsamt** iſt zur Stadtcanzley gezogen, und wird von den Bürgermeiſtern und folg. Phyſicis verſehen: Dr. J. A. Behrends. Phyſ. primar. Dr. W. F. Dietz. Dr. J. C. Altenfelder. Dr. F. J. Rieſe. — Schatzung

amt (hat die Schatzungseinnahme in der Stadt zu besorgen): die Rathsherren 8) 10) d) m) c) b). Schatzungsschreiber: J. G. Seelig. und
J. J. Wicht. Ausschußdeputirte: Rittmeister J. Th. Herzog u. Ltn.
Phil. J. Diehl. Gegenschreiber: J. C. L. Holzthiem. — Senkenberg. Stiftung, besteht 1) aus einem medicin. Institut, welches von
folg. Aerzten verwaltet wird: Dr. J. A. Behrends. Dr. J. W. F.
Dietz. Dr. Wagner u. Dr. Altenfelder. 2) aus einem Bürger-
u. Betsassen-Hospital, das von obengedachten Aerzten und 4 Personen
aus der Bürgerschaft administriret wird. Stifts- und Hospitalmedicus:
G. P. Lehr. Botanicus: J. H. Bäumerth. Die Oberaufsicht
haben der Stadtschultheiß, Synd. Borke; der Senior des bürg. Aus-
schusses Bansa u. R. L. C. Fhr von Senkenberg, hess. darmst. Reg.
Rath. — Auch zu den Handwerken u. Künsten sind, und zwar zu jedem
2 Senatoren deputirt, welche die Beschwerden ihres Handwerks anhö-
ren und zur billigen Abhelfung behülflich sind.

NB. Zur Aufrechthaltung der Gerechtsame der Bürgerschaft besteht a) ein
bürgerl. Ausschus der Ein u. Funfziger (wovon einzelne bey obigen Aemtern angeführt sind). Der Senior desselben ist: J. C. Bansa; und dessen bürgerl. Consulent: J. A. Huth. Actuar: J. C. Collischon. b)
Das Collegium der bürgerl. Neuner (welche die von dem Rath u. den
bürgerl. Gegenschreibern vorzulegenden Rechenep- — Aemter- — u. milde
Stiftungs-Rechnungen revidiren rc.) c) Der Ausschuß der Acht-und
Zwanziger, denen die Neuner jährl. von ihrer Revision der Jahresrech-
nungen u. übrigen Stadtwesen Anzeige zu thun haben.

Gengenbach.

Im schwäb. Kreise und zwar in der Ortenau. Auf ihrem kl. Gebiet (1 Q.
Ml.) und in der Stadt leben circa 2000 Einw., cathol. Religion.

Zwölfer Rathscollegium: Anton von Rinecker, Reichsschult-
heiß, St. Erhard-Schafner u. Obervogt. Fidel Wennert, alter Stadtmeister u. Kirchenschafner. Marcus Pistorius, Obervogt, Spitalschaf-
ner u. Zinsmeister. Friedr. Anna Lohnheur, Jägermeister, Kaufhausverwalter, Hirtenmeister u. Weinanschneider. Joh. Pet. Linnemann,
Theilhr. Augustin Volz, Waldmeister u. Brodschauer. Georg Fischer,
Untergänger u. Mühlinspector.

Junges Rathscollrg. so die Bürgerschaft repräsentiret.
Joh. Georg Brandmann, Städtmeister. Jos. Fahneberger,
Theilhr u. Kaufhausverwalter. Franz Bock, Holzmagazin-Inspector,
Steuer-und Schatzungseinzieher, auch Feuerschauer. Anton Vetter,
Waltamtsadjunct, Mühlinspector, Untergänger, Brodzn. Feuerschauer.
Canzley: Jos. Stebel, b. R. Dr. Syndicus Lic. Joh. Paul Künst-
le, Canzleyverwalter. Canzellisten: Lic. Joh. Nep. Gebel, u. Joh.
Paul Künstle. Bürgerliche Aemter: Georg Scheurer, Wald-
amtsadjunct. Ant. Sibent, Leutpriesterey-Schaffner, Ignaz Frey-
städter, Steuer- u. Schatzungseinzieher. Cstian Hirth, Wildpret-
schreiber. Geistlichkeit: Joh. Bapt. Meyer, Pfarrer, bened. Ord.
Joh. Nepom. Götz, Erhardspriester, bened. Ord.

Giengen.

An der Brenz in Schwaben, mit etwa 1800 Einw., evangel. Religion.
Ein

Viertes Kap. Der Reichsstädte.

Ein Hochedler Rath. Geheime: Georg Cstoph Schmid, Burgermeister u. Stadtrechner.. Georg Schnapper, Amtsburgermeister u. Hospitalpfleger. Die 3te Burgermeisterstelle ist vacant. Heinr. Cstoph Honold, ICtus, Com. Pal. Cael. Syndicus. Joh. Georg Hiller, Hospitalpfleger. Joh. Eßlinger, Sontheimer Pfleger. Joh. Mich. Heinzelmann, Sontheimer Pfleger. Sylvester Hodum, Kirchenpfleger. Joh. Nüsseler, Kirchenpfleger. Cstoph Martin und Joh. Jac. Hastermann, Reichsalmosenpfleger. Sigm. Räu, u. Joh. Dan. Albrecht, Arm-Almosenpfleger.

Goslar.

Im niedersächs. Kreise, u. zwar an der Gose im Fstth. Wolfenbüttel, mit einem kl. Gebiet von etwa ½ Q. Ml. und circa 8000 Einw. evangel. Religion. Sie steht unter dem Schutz des Herzogs von Braunschweig.

1) Der engere Rath.

Burgermeister: Cstoph Fr. Stedekorn. Joh. Heinr. Röver. **Syndicus:** Joh. Aug. Steph. Giesecke. **Kämmerer:** Joh. Carl Baxmann. **Gemeiner Worthalter:** Joh. Geo. Siemens. **Assessores:** Wilh. Fr. Schachtrupp. Ludw. Ad. Willhelm. Joh. Fr. Fenkner.

2) Beide Räthe.

Regierender oder neuer Rath.

Burgermeister: Cstoph Friedr. Stedekorn. Phil. Chr. Hr. Hartmann, emerit.
Syndicus: Joh. Aug. Steph. Joh. Heinr. Spindler. Geo. Heinr. Riese. W. Eberh. Gernreich, (Servir). Heinr. August Wilh. Meyer (Servir). Peter Cstoph Schließer. Joh. Georg Wesche. Joh. Friedr. Fenkner. (Servir). **Kämmerer:** Johann Carl Baxmann (Servir). Joh. Heinrich Keßler. Joh. Erdwin Willig. Joh. Aug Steph. Giesecke, s. oben Syndicus. Secret. Aug. Jac. Rettberg. **Stadtvoigt:** Friedr. Christoph Hirsch. Dan. Georg Lamprecht. Johann Christoph Rud. Schuster. Georg Heinr. Borchers. Joh. Heinrich. **Secretarii:** Aug. Jac. Rettberg.

Assidirender oder alter Rath.

Burgermeister: Joh. Heinrich Röver.
Giesecke, kaiserl. Rath. Hennecke. Ludw. Ad. Wilhelm (Servir). Jac. Wilh. Seggelke. Joh. Casp. Weidemann. Wilh. Friedr. Schachtrupp (Servir). Joh. Friedr. Schrader. Dr. Joh. Dan. Densdorf. Georg Friedr. Höppmann (Servir). Johann Cstian Schröder (Servir). Joh. Fr. Bindeweis. Joh. G Franz ke. Georg Heinr. Theuerkauf. Joh. Cstoph Müller. Ludw. Aug. Schmid. Joh. Gottl. Jac. Werner. Georg Erdw. Trautmann (Servir). Joh. Phil. Schunke. **Actuar:** Fr. Phil. Siemens. Heinr. Cstoph Hinze. Joh. Conr. Phil. Giesecke.

3) Cämmerey.

Gemeiner Worthalter: Joh. Georg Siemens. Joh. Fr. Röver. Heinr. Aug. Wilh. Meyer. Georg Erdwin Trautmann.

338 Zweiter Abschnitt. Staatsb. des deutschen Reichs.

4) Gericht- und Wiet-Amt.

Stadtvoigt: Friedr. Cstoph Hirsch. Assessores: Peter Cstoph Schließer. Georg Heinr. Borchers. Joh. Heinr. Spindler. Joh Cstoph Rud. Schuster. Heinr. Cstian Zeitz. Joh. Georg Bach. Georg Heinr. Illers. Georg Andreas Röttger. Actuar: Friedr. Phil. Siemens.

5) Der gemeine Rath.

(als Repräsentant der begildet. und unbegildeten Bürgerschaft).

Die 8 ehrl. Gilden. Achtmänner.

Gemeiner Worthalter: Joh. Georg Siemens.

1. Wort- und Gewandschneider- Cstian Heinr. Phil. Bauer.
   Gilde.
2. Cramer-Gilde. Joh. Heinr. Baller.
3. Becker-Gilde. Joh. Georg Zimmermann.
4. Schuster-Gilde. Anton Carl Hinze.
5. Knochenhauer-Gilde. Joh. Georg Bach.
6. Schmiede-Gilde. Joh. Heinr. Beulke.
7. Schneider-Gilde. Georg Andreas Röttger.
8. Kirschner-Gilde. vacat.

Jede Gilde hat 2 beeidigte Warthalter und Tafelherren, außer der letztern, welche nur einen hat.

Zwölf-Männer.

Heinr. Zachar. Hornung. Joh. Andr. Schunke. Heinr. Gottfr. Ostwald. Carl Friedr. Kirchner. Joh. Cstoph Friedr. Bauer. Joh. Steph. Heinr. Bodenstein. Joh. Cstoph Schlütter. Joh. Phil. Holzberg. Phil. Heinr. Beyer. Joh. Cstoph Söchting. Heinr. Phil. Sander. Joh. Ernst Berlin.

Hamburg.

Berühmte, große u. reiche Hansee-Handels- und Reichsstadt im niedersächs. Kreise und zwar in der holstein. Provinz Stormarn, luther. Religion, mit einem ansehnlichen Gebiet von 6 bis 7 Q. Ml. dazu auch das Amt Ritzebüttel gehört, so wie die 4 Marschländer, welche letztere sie mit Lübek gemeinschaftlich besitzt. Die Volksmenge soll 110,000 Seelen, und die Einkünfte 550,000 Thlr. betragen.

Ein Hochedler Rath. Burgermeister: (4): Jac. Albr. v. Sienen, b. R. Lic., ältester u. präsid. erster Burgermeister auf Petri. Joh. Adolph Poppe, b. R. Lic., präsid. zweyter Burgermeister auf Petri. Mart. Dorner, präsid. zweyter Burgermeister bis Petri. Franz Ant. Wagner, b. R. Lic., präsid. erster Burgermeister bis Petri. Syndici (4): Hans Jac. Faber, b. R. Lic. Herm. Doormann, b. R. Dr. Abgeordneter zum Amte Bergedorf. Joh. Pet. Sieveking, b. R. Dr. Jac. Albr. v. Sienen, b. R. Dr. Senatores (24): Pet. Heinr. Widow, b. R. Lic., Abgeordneter zum Amte Bergedorf. Heinr. Rücker. Joh. Dietr. Eyrdes, Abgeordneter zum Amte Bergedorf, Landhr in Hamm u. Horn, auch Mühlenhr. Mart. Wolder. Schrötteringk, b. R. L., Landhr auf dem hamb. Berg, auch Mühlenhr. Joach. Casp. Voigt. Joh. Sigm. Westphalen, ältester Wedde- u. Waldherr. Georg An-

Viertes Kap. Der Reichsstädte.

Eelmann, b. R. Lic., jüngster Waldhr. Dan. Lienau, ältester Zehntenhr. Friedr. v. Graffen, b. R. Lic., jüngster Zehntenhr. Joh. Geo. Bausch, b. R. Dr. Franz Lorenz Gries. Nic. Ant. Joh. Kirchhof, jüngster Landhr zu Bill- und Ochsenwerder. Heinr. Petersen. Wilh. Amsinck, b. R. Lic. Corn. Wilh. Poppe. Joh. Mich. Hudtwalker. Albr. Heinr. Adamy. Joh. Schulte, b. R. Dr. erster Prätor bis Petri. Joh. Arnold Heise, b. R. Dr., Amtmann zu Ritzebüttel. Joh. Dan. Klefecker, erster Prätor auf Petri. Joh. Arnold Günther, 2r Prätor auf Petri. Joh. Joach. Jänisch, b. R. Lic., 3r Prätor auf Petri. Thom. Brunnemann, ältester Düpeherr. Joh. Heinr. Rücker, jüngster Düpehr. Secretarii (4): Franz Mich. Poppe, b. R. Dr., Protonotar. Vinc. Rumpff, b. R. Lic. Wilh. Schlüter, b. R. Lic., Archivar. Estian Dan. Anderson, b. R. D. Secretarius.

Heilbronn.

Am Neckar in Schwaben, mit einem kleinen Gebiet von etwa 2 Q. M. (wozu 4 Pfarrdörfer gehören), und etwa 8000 Einwohnern, luther. Religion.

Ein Hochedler Magistrat. Burgermeister (3): Gottl. Moriz Estian v. Wacks, hzl. würtemb. Reg. R., Scholarch, Bibliothekar, Vogt zu Beckingen, Jägermeister, Pfleg. zu St. Clara u. zur Nessel. Georg Estoph Kornacher, Scholarch, Bibliothekar, Seemeister, Jägermeister, Pfleger zu St. Clara und zur Nessel, Vogt zu Klein-Eberh. Ludw. Becht, Seemeister, Vogt zu Neckargartach. **Stadtschultheiß:** Ludw. Wilh. Eman. Feyerabend, b. R. Dr. Vogt zu Frankenbach. **Steuerherren (4):** Heinr. Franz Ludw. Kübel, Geheimer u. Pfarrpfleger. Joh. Phil. Mylius, Geheimer und Pfarrpfleger. Estian Ludw. Schübler. Estoph Ludw. Schreiber. **Syndicus:** Joh. Moriz Becht.

Rathsherren (8): Estoph Phil. Hochstetter, Hospitalpfleger u. Vormundsherr. Fr. Jac. Krauser, Hospitalpfleger u. Wiesenmeister. Joh. Dietr. Schmidt, Vormunds- u. Mühlhr. Carl Phil. Sicherer, b. R. Lic. Holz- u. Weidenmeister. Carl Ludw. Titot, Almosenpfleg. u. Mühlhr. Fr. Carl Müller, Bau- u. Kastenmeister, auch Fleischschätzer. Carl Lang, Brodwäger und Verordneter zum Polizeyamt. Heinr. Mor. Schaumenkessel, Verordneter zum Polizeyamt.

Stadtgericht. Stadtschultheiß: L. W. E. Feyerabend, s. ob. **Stadtschultheißen-Anwald:** Joh. Carl Eman. Sonnenmaier, Vormundsherr u. Wiesenmeister. **Beisitzer (11):** Carl Heinr. Murarius. Joh. Gottfr. Strenzel. Aug. Pezold. Gottl. Strauß. G. Estoph Hauber. Fr. Gottl. Stang. Mor. Weisert. Georg

Officianten. Archivarius: Franz Ludw. Kübel. Canzley-Syndicus: s. oben. Raths-Consulent u. Stadtschreiber: Joh. Ant. Flachsland. Stadtgerichts-Consulent: Eberh. Fr. Rauch. Land- u. Marschcommissarius: Joh. Ludw. Schreiber. Stadtgerichts-Actuarius: Joh. Phil. Kübel. Canzleysubstitut: Joh. Estian Ludw. Gruis. Canzleyadvocati ordinarii: Joh. Fr. Jul. Winter. Jac. Burk. Flaxland. Extraord. Alex. Reichard. J. Estian Fr. Mögling. Joh. Georg Wolpert.

Ißny, oder Yßny.

Im Algow in Schwaben zwischen der Grafschaft Trauchburg und der Herrschaft Eglof, lutherischer Religion.

Ein Hochedler Magistrat. Amtsburgermeister: Jac. Felix v. Eberts. Burgermeister: Joh. Carl Xell. Amtsstadtammann: Andr. Fr. Feyerabend. Stadtammann: Georg Zech. Raths-Consulent: Georg Estoph Heinr. v. Welz, Ravensb. Patricier. Geh. Rathsadjunct: Joh. Dav. Weber. Senatoren: Joh. Estoph Gaumer. Joh. Schmid. Pet. Maier. Estoph Zeller. Estoph Dauscher. Joh. Jac. Strodel. Georg Leonh. Thomann. Joh. Rothbacher. Wilh. Fr. Faulhaber. Joh. Casp. Loher.

Stadtgericht. Präses: Andr. Fr. Feyerabend, s. ob. Melch. Schmelz. Paul Gaumer. Joh. Jac. Strube. Joh. Hiller. Joh. Jac. Schlegel. Leonh. Klaiber. Joh. Pet. Strube. G. Estoph Zeiler. Joh. Georg Rudhardt. Leonh. Schlegel.

Gemeinde: Joh. Jac. Felle. Jac. Lind. Marx Estoph Schachenmaier. Mich. Weegmann. Joh. Jac. Wagner. Andr. Ell. Joh. Jac. Keßler. Joh. Georg Riedlin. Bernh. Blankenhorn. Dan. Keßler. Mlch. Schön. Joh. Jac. Maier. Joh. Jac. Zech. Mich. Meußburger. Joh. Klaiber. Valent. Strodel. Pet. Gebhart, der jüngere. Joh. Aug. Feyerabend. Joh. Georg Gaumer.

Kanzleyverwalter: Estoph Heinr. von Welz. Registrator: Wilh. Fr. Faulhaber.

Geistlichkeit: Abr. Schnapper, erster Prediger. Ludw. Eberh. Seyfried, zweiter Prediger u. Bibliothekar. Marx Fr. H. Jäger, Adjunct.

Stadtphysicus: Estoph Ludw. Bilfinger, Med. Lt. Wundarzt: Joh. Estoph Gaumer.

Landgericht. Stabhalter: J. F. v. Eberts, s. oben. Kanzleiverwalter: C. H. v. Welz, s. oben. Assessoren: J. J. Schlegel. Estoph Gaumer. Joh. Schmid. Pet. Mayer. J. J. Strodel. Joh. Casp. Loher. Estian Dauscher. Georg Leonh. Thomann. Joh. Klaiber.

Ehegericht. Präses: A. F. Feyerabend, s. oben. Assessoren: Zech, s. oben. C. H. v. Welz, s. oben. Albr. Schnapper, s. ob. C. L. Bilfinger, s. ob. Joh. Dav. Weber. J. C. Gaumer. Joh. Schmid. Estian Dauscher.

Viertes Kapitel. Der Reichsstädte. 341

Verrechnende Beamtungen. Oberbaumeister (2): J. Fr.
Eber zu. J. C. Xell, Burgermeister. Rentschreiber: W. Fr. Faul-
haber. Unterbaumeister: Joh. Cstoph Gaumer. Hospitalpfle-
ger (2): Cstian L. Bilfinger u. J. D. Weber. Einzieher: Cstian
Dauscher. St. Leonhardspfleger (2): J. Cstoph Gaumer und
Joh. Jac. Schlegel. Einzieher: J. J. Wagner. St. Nicolai-
oder Kirchenpfleger (2): Joh. Schmid. Joh. Caspar Loher.
Einzieher: Jac. Zech. Almosenpfleger (2): P. Mayer u. J.
J. Strobel. Raindelische Waisenstiftung. Administratoren:
J. C. Xell, s. oben. C. L. Bilfinger.
 Schulrath: Georg Zech. C. H. v. Welz. Albr. Schnapper.
L. E. Seyfried. Walfg. J. Specht, Pred. und Schulenvisitator.
C. L. Bilfinger u. der jedesmal. Kirchen- u. Almosenpfleger.

Kaufbeuren.

Im Allgäu in Schwaben, zwischen Kempten und Augsburg, an der Wer-
tach, hat ein kleines Gebiet von ohngefähr 2 Q. M. und 5500 Einwohner,
theils luther. theils catholischer Religion. Der Magistrat besteht aus
8 evangel. u. 4 catholischen Personen.
 Ein Hochedler Magistrat. Aelterer Burgermeister: Joh. Ulr.
Wöhrl v. Wörburg, Gerichtshr über Dösingen u. Westendorf, Präs.
Consist. Ev. Jüngerer Burgermeister: Cstoph Jac. Wagenseil,
Gerichtshr über Oberbeueren. Geheime: Dan. Walch. Joh. Pet.
Kollmann. Rathsglieder: Jac. Rehle. Franz Ant. Orthlieb.
Cstoph Dan. Walch. Joh. Dav. Schäfer. Joh. G. Bach. Joh. G.
Wagenseil. Franz Jos. Degenhard. Joh. Ulr. Heinzelmann.
Georg Matth. Königmann.
 Stadtammann: Joh. Dan. Mayr, Gerichtshr über Obergerma-
ringen u. Präs. des Stadtgerichts. Syndicus: Joh. Dav. Fr. Hart-
lieb, b. R. Dr. Consistorialis u. Scholarch. Canzleydirector: Cstian
Jac. Wagenseil. Com. Pal. Caes. Consistorialis u. Scholarch.

Kempten.

An der Iller im Allgau in Schwaben, mit etwa 4000 Einwohnern, lutherischer Religion.
 Ein Hochedler Magistrat. Amtsburgermeister: Leonh. Föhr.
Pyronsul: Joh. Jac. v. Jenisch, Edler v. Lauberszell, des h. r.
Reichs Ritter. Stadtammann: Georg Matth. v. König. Stadt-
rechner (2): Joh. Jac. Gebhard, des geh. Raths. Wolfg. Jac.
Kluffinger, des geh. Raths. Syndicus: Joh. Mart. v. Abele,
b. R. Dr. Com. Pal. Caes. Rathsglieder (17): unter welchen die
verschiedenen Pflegen u. Stadtämter ausgetheilt sind: Joh. Brige-
lius. Joh. Jac. Schachenmayer. Joh. Cstoph Bogner. Wolfg.
Jac. Stattmiller. Joh. Jac. Daumiller. Joh. Georg Flach.
Joh. Schachenmeyer. Wolfg. Jac. Föhr. Joh. Zorn. Joh. Walch.
Joh. Schmidt. Joach. Heydecker. Elias Tob. Rutter. Joh. Jac.
Zorn. Cstoph Langenmeyer. Matth. Glemk. Matth. Guitsch.

Leutkirch.

Kleine Reichsstadt, evangel. Religion, im südlichen Schwaben (im Allgau), mit circa 2000 Einwohnern.
Amtsburgermeister: Gottl. Fr. Mendler. Burgermeister: Gottfr. Knappe. Stadtammann: Joh. Jac. Uhland. Canzley-Verwalter: Phil. Gottl. Seiler, ICtus. Canzley-Rath und Registrator: Fr. Carl Gangloff. Geheime: Joh. Fr. Wenzelius. Joh. Zorn. Gottfr. Wendler.
Der innere Rath: Abrah. Weixler. Joh. Melch. Vogler. Joh. Melch. Hafner. Andr. Wagenseil. Elias Cstoph Schifflin. Joh. Jac. Weber. Joh. Ell. Matth. Fehr. Glieder des hochw. Ministerii: Georg Lizel. Georg Gottl. Beissel. Joh. Wilh Loy. G. Dan. Beissel, Vicar. Stadtphysicus: Jos. Espenmüller, d. A. Dr.

Lindau.

Im Bodensee auf 3 Inseln, die durch Brücken mit dem festen Lande verbunden sind, hat etwa 5 bis 6000 Einwohner, größtentheils evangelischer Religion.
Ein Hochedler Rath: Joh. von Halder, ältester Burgermeister, Präses des Consistorii, der Oekonomie Deputation, des Kriegsraths, u. des Quartieramts, auch Rentamtsvorsteher, Oberzeug- Bau- u. Steuerherr. Rud. Curtabatt, 2ter Burgermeister, Präses des Ehegerichts, des Commerzien-Raths u. der Rechnungs-Revisions-Deputation, Assessor des Consistorii, u. des Kriegsraths, auch Steuerherr. Mart. Fels, 3ter Burgermeister, Präses des Waisenamts, Assessor des Consistorii, des Kriegs- u. des Commerzienraths, u. des Quartieramts, auch Rentamtsvorsteher, Bau- u. Steuerhr. Bernh. Bozenhard, des geh. R. Hospitalpfleger, Obmann der Schneiderzunft u. der Schiffschau. Joh. Mich. Seuter v. Lezen, des geh. R.; Reichsvogt u. Scholarch in den deutschen Stadt- u. Landschulen, Schiffschau-Deput. u. Oberbauschaugerichts-Assessor. Joh. Mich. Hummler, ICtus, Raths-Hospital-Consulent, Präses des Ober-Bauschaugerichts, Mit-Director der Waisenkasse, Assessor der Oekonomie-Deputation u. des Kriegsraths.
Räthe: Salom. Schielin, Obmann der Binderzunft, u. Ehegerichts-Assessor. Sirt Schweicker, Pfleger des Klein-Allmosens, Armenanstalts-Commissarius, Assessor der Oeconomie- u. Revisions-Deputation, auch Obmann der Metzgerzunft. Dav. Adr. Westermeyer, Scholarch in den deutschen Stadt- u. Landschulen, Assessor der Oekonomie-Deputation, u. des Quartieramts ꝛc. Strassen-Inspector u. Vorgesetzter der Binderzunft. Elis. Schielin, Obmann der Fleisch- und Brodschau, Vorgesetzter der Schneiderzunft ꝛc. Joh. Casp. Sulzer, Assessor des Ehegerichts, Obmann der Schmidzunft, u. des Pfachtamts, Armenanstalts-Commissarius ꝛc. auch Umgeldamts-Deputatus. Joh. Schnell, Obmann der Schiffleute u. Fischerzunft, Pfleger des Zucht- und Arbeitshauses, Wachtamts-Deputatus, u. Armen-Anstalts-Commissarius. Joh. Ludw. Weber, Dr. d. Med., Obmann der Becker-

Viertes Kap. Der Reichsſtädte.

zunft, Aſſeſſor des Ehegerichts, Cenſor der weltl. Bücher, Viſitator der latein. Schulen, auch Kirchen-Großallmoſen- u. Kloſtmenpfleger. Georg Walther Rader, Stadthptm., Obmann der Rebleutenzunft, Aſſeſſor des Kriegsraths u. Fiſchmarkts Inſpector. Eliſ. Rittmeyer, Stadthauptm., Obmann der Schuhmacherzunft, des Quartieramts u. Oberbauſchau-Gerichts-Aſſeſſor, u. Armen-Anſtalts-Commiſſarius. Eſtian Fr. Bley Stadthptm. Vorgeſetzter der Schneiderzunft, Fleiſchſchauer, Armenanſtalts-Commiſſarius u. Schützenmeiſter. Georg Jac. Pfiſter, Stadthptm.Commerzienraths-Aſſeſſor u. Mit-Direktor der Waiſenkaſſe. Joh. Küner, Aſſeſſor des Quartieramts u. der Rechnungs-Reviſions-Deputation, auch Umgelds-Deputatus. Pet. Gaupp, Grödamts-Deputatus, Aſſeſſor des Quartieramts, auch Pfleger des Zucht- u. Arbeitshauſes, u. Wachtamts-Adjunct. Joh. Schlatter, Vorgeſetzter der Schmidtzunft, Pfachtamts Deputatus, Aſſeſſor des Oberbauſchau-Gerichts, auch Victualien-Markts-Inſpector.

Stadtgericht. Abr. Fels, Stadtammann, ICtus, Raths-Conſulent; Aſſeſſor des Conſiſtorii, u. des Ehegerichts, Viſitator der latein. Schulen, Stadt- u. Hoſpitaliſcher Lehenträger u. Lehenvogt, auch Oberaufſeher der cathol. Schulen. Joſ. Botzenhard, Stadtammannsamts-Verweſer, Kirchen-Großallmoſen- u. Kloſtmenpfleger, Aſſeſſor des Oberbauſchaugerichts, und Armenanſtalts-Commiſſarius. Leonh. Rehſteiner, Vorgeſetzter der Schneiderzunft. Joh. Gloggengieſſer, Vorgeſetzter der Fiſcherzunft. Jac. de Andr. Enderlin, Vorgeſetzter der Schuhmacherzunft u. Aſſeſſor der Oekonomie-Deputation, auch Straſſen-Inſpector. Joh. Conr. Rieſch. Eſtoph v. Pfiſter, Aſſeſſor des Oberbauſchaugerichts. Gottl. Fr. Stahl. Rechnungs-Reviſions-Deputations-Aſſeſſor u. Schützenmeiſter. Joh. Gruber, Rechnungs-Reviſions-Deputations-Aſſeſſor. Zacharias Falk, Aſſeſſor des Quartieramts u. Schützenmeiſter. Joh. Mich. Zeiter, Vorgeſetzter der Binderzunft. Joh. Fr. Zagelmeyer. Joh. Gullmann, Schützenmeiſter. Bernh. Mittler, Schützenmeiſter. Georg Walther von Pfiſter, der ältere, Stadthptm. u. Schiffſchau-Deputatus. Zacharias Porzelius. Martin Spengelin.

Großer Rath: Joh. Conr. Mayr. David Sautter. Eman. Schnell. Matth. Rupflin. Dan. Gaupp. Conr. Oeler. Joh. G. Egg, Weinſchreiber. Joh. Andr. Bißmaher, Aſſeſſor der Rechnungs-Reviſions-Deputation. Joh. Mich. Radius. Joh. Georg Haug, Feuerſchauer. Caspar Greiner, der ältere. Joh. Gottl. Lor. Rieſch, Feuerſchauer. Franz Leop. Neumeyer, Feuerſchauer. Dan. Reutin. Matth. Kinkelin. Joh. Mart. Schielin. Gallus Grübel. Hanß Rieſch. David Seb. Enderlin. Joſ. Schlatter.

Canzley: Dan. Rieſch, Stadtſchreiber, Landshptm. u. des ſchwäb. Kreis-Gränz-Marſch-Commiſſarius. Joh. Jac. Stoll, ICtus, Gerichtsſchreiber. Iſaac Feuchter, Regiſtr. Joh. Ulr. Schlatter, Subſtitut.

Stadtbeamte.

... t: Mich. Kleſſer, Rentſchreiber u. Fiſchmarkts-Inſpektor.
...ter, Rentamts-Caſſier, Verwalter der Löbl. Siechenpfleg-

schaft u. Fleischschauer. Hospitalamt: Joh. Schielin, b. R. Lic. Hospital-Secretär, Musik-Director, Vorgesetzter der Schmidzunft, auch Korn- u. Pfachtamts-Deputatus. Joh. Estoph Riesch, Hospitalammann. David Schlatter, Spitalschreiber u. Quartieramts-Deputatus. Grödamt: Joh. Danz, Grödmeister. Joh. Guetler, Grödzoller. Eman. Hummler, Gröd-Waagmeister. Matth. Frey, 2ter Gröd-Waagmeister.

Collegium Medicum.

Joh. Ludw. Weber, Dr. d. Med. Stadt-Physicus primarius, u. fürstl. Stifts-Physikus ꝛc. Joh. Heinr. Feuerstein, Dr. d. Med. u. Chir., der physikalischen Societät zu Göttingen, u. der botanischen Gesellschaft zu Regensburg Mitglied, zweyter Physicus, Stadt- u. Landschafts-Accoucheur, auch Garnisons-Klossmen- und Lazareth-Medicus.

Verpflichtete Raths- und Gerichts-Advocaten.

Joh. Schielin, b. R. Lic. s. oben. Martin Ott, Raths- und Gerichtsprocurator, auch Weinschreiber.

Kreis-Officiers.

Jos. v. Fels, Premier-Major des fürstl. baadischen Kreis-Infanterie-Regiments. Georg Fr. Kinkelin, Second-Lieutenant bey obigem baadischen Kreisregiment u. Felsischen Compagnie.

Garnisons-Officiers.

Franz Anton Nißle, Artillerie-Lieutenant. Joh. Georg Haberstock, Stadt-Lieutenant.

Geistliches Ministerium.

M. Joh. Gottl. Lor. Sembeck, Frühprediger, Assessor des Consistorii u. Ehegerichts, Aufseher der Schulen, Coadministrator der geistl. Stiftungen, u. Censor der theolog. Bücher. Martin Matth. Schnell, Vesperprediger, Assessor des Consistorii, u. des Ehegerichts, auch Visitator der Knabenschulen. Jac. Matth. Thomann, Prediger zu Aeschach, Visitator der Schule daselbst, u. Assessor des Consistorii. Leonh. Eberts, Mittagsprediger u. Catechet, Rector der Real- u. latein. Schulen. Bonav. Porzelius, Pfarrer zu Reutin, u. Visitator der Schule allda. Ulr. Frey, Adjunctus des Ministerii.

Lübeck.

Im niedersächsischen Kreise an der Trave u. Wackenitz, evangel. Religion, hat ein Gebiet von etwa 9 Q. M., wozu, außer einigen Aemtern, auch das Städtchen Travemünde gehört. Die 4 Marschländer an der Elbe besitzt sie mit Hamburg gemeinschaftlich. Die Einwohner in der Stadt sollen 30,000 u. die auf dem übrigen Territorio 12,000 Seelen betragen. Der Rath besteht aus 4 Burgermeistern u. 16 Senatoren, die theils Gelehrte, theils Patricier, theils Kaufleute sind.

Ein Hochedler Rath. Burgermeister (4): Herm. Georg Büneckau, b. R. Dr. erster präsid. Burgermeister. Herm. Dietr. Krohn,

Viertes Kap. Der Reichsstädte.

b. R. Lic. zweiter präsid. Burgermeister. Jürgen Blohm. Gabr. Cstian Lembcke, b. R. Dr. u. Com. pal. caes. präsid. Burgermeister bey der Kammer. **Syndici** (2): Dr. Joh. Carl Heinr. Dreyer, Com pal. caes. Dompropst des Hochstifts Lübeck, auch Präses des Consistoriums u. Abgeordneter zum Amte Bergedorf. Herm. Adolph Wilken, ICtus. **Senatores** (16): Cstian v. Brembsen, des h. r. Rs Ritter, ältester Kämmereyhr. Herm. Heinr. Voege, jüngster Kämmereyhr; beyde auch Abgeordnete zum Amte Bergedorf. Joh. Georg Böhme, ältester Apothek: u. Weinkellerhr, auch Präses bey der Stadt-Kasse. Dietr. Gottfr. Lamprecht, b. R. Dr., jüngster Apothek: u. Weinkellerhr. Joh. Ph. Plessing, ältester Prätor. Herm. Bilderbeck, jüngster Prätor. Joh. Casp. Lindenberg, b. R. Dr. ältester Wette: u. Polizeyhr, auch Archivar. Matth. Rodde, ältester Land: u. Marstallshr; auch Kriegscommissar. Nic. Jac. Keusch, jüngster Land: u. Marstallshr. Carl Gottfr. Wildfanck, ältester Bauhofs: Artillerie: u. Mühlenhr. Carl Albr. Gütschow, jüngster Bauhofs: Artillerie: und Mühlenhr. Joh. Matth. Tesdorpf, b. R. Dr., Kriegscommissar. auch Archivar. Pet. Wilken. Nic. Binder, b. R. Dr. Steph. Heinr. Behnke. **Secretarii** (4): Nic. Heinr. Evers, d. R. Lic. Protonotarius. Adolph Fr. Dehns, b. R. Lic. Joh. Nic. Büneckau, b. R. Lic. C. H. Lembcke, Registrator.

Memmingen.

Im Allgau in Schwaben, mit 7 bis 8000 Einw. luther. Religion.

Rathscollegium. Burgermeister (3): Melch. Egloff Sailer v. Pfersheim. Ulr. Beneb. v. Zoller. Georg v. Unold, auf Grünenfurt. **Geheime**: Tobias v. Heuß, auf Trunkelsberg. Joh. Cstoph Küner. **Senatores** (14): Beneb. Mahler. Joh. Matth. Ahna. Joh. Sigism. von Wachter. Joh. Georg Schelhorn. Joh. Jodoc. Seyler. Joh. Ernst Schwertfeger. Joh. Leo. Zeller. Joh. Fr. v. Stoll zu Wespach. Joh. v. Hermann. Paul Sigism. v. Schütz. Joh. Ant. v. Schermar. Andr. Schwarz. Mich. Sigism. v. Küner v. Künersberg. Aug. Karrer. **Canzleydirector**: Joh. Sigism. v. Lupin auf Illerfeld.

Stadtgericht. Stadtammann: Joh. v. Hartlieb, gen. Wallsporn. **Assessores**: Joh. Jac. v. Unold auf Grünenfurt, Stabhalter. Joh. Dav. Ehrhart. Joh. v. Lupin. Joh. Hermann. Cstoph Ludw. Beck. G. Walt. v. Heuß auf Trunkelsberg. Andr. Seyler. Joh. Georg Ernst. Georg Onophrius v. Paris. Joh. v. Grimmel. Joh. Fr. Ehrhart. Phil. Jac. Zobel. Fr. v. Lupin auf Illerfeld. Joh. Cstian Zobel. Tob. v. Wachter. Joh. Georg v. Stoll zu Wesbach. Joh. Casp. v. Daumiller. Thom. Frieß. Beneb. Steiner. Andr. Schwarz. **Actuarius**: Cstian Ehrhart.

Officiales. Stadthauptmann: Joh. Wilh. Sailer v. Pfersheim. **Syndicus**: Tob. v. Wachter, b. R. Dr. **Rathsconsulent**: Eut. Eberh. v. Wachter, b. R. Dr. Com. pal. caes. **Gerichtsreferendar**: Joh. Georg von Schelhorn. **Steuerschreiber**: Joh.

Georg Bilgram. Steueramtsadjunct: Elias Bilgram. Unterhospitalbeamter: Andr. Seyler.

Kreismilitär. Infant. Hauptmann: Obristl. Ernst Baron v. Uchtritz. Ober-Lieutn Ferd. Baron v. Uchtritz. Fähndrich: Joh. Wilh. v. Stoll zu Wespach. Cavall. Lieutnant: Joh. von Schermar.

Mühlhausen.

An der Unstrut in Thüringen, evangel. Religion, mit einem Gebiet von etwa 3 Q. M., wozu 20 Oerter gehören. Die Volksmenge beläuft sich auf 13,000, wovon in der Stadt etwa 8000 leben.

Eines Hochedlen Hochweisen Innern Raths erstes Collegium, welches nach gewöhnlicher Alternation am dritten Februar 1798. die Regierung bis zum vierten Februar 1799. übernommen.

A. *Ex ordine Litteratorum:* Gottfr. Andr. Schotte, Consul. Adolph Gottfr. Hey, Director der Kämmerey. Ludw. Gottfr. Arends, 2r Semner. Gottfr. Andr. Plattner, 2r Gerichtsschultheiß. Estian Gottfr. Stephan, 1r Assessor der Kämmerey, u. Bau-Inspector. Gottfr. Ferd. Reinhard, Assessor des Ober-Wormundschafts-Amtes. Joh. Adolph Werneburg, Präses desselben. Estian Gottfr. Bötticher, 1r Forstamts-Assessor. B Aus den Innungen: Estian Gottfr. Lutteroth, Burgermeister. Aug. Wilh. Kleeberg, 3ter Semner. Ludw. Wilh. Lutteroth, 2r Forstamts-Assessor. Georg Andr. Kleeberg, Zoll-Verwalter. Adolph Ferd. Lauprecht.

Zweites Collegium. A. *Ex ordine Litteratorum:* Adolph Gotlfr. Tilesius, Consul. Georg Adolph Reichard, Director der Zinßmeisterey. Joh. Estoph Stüler, Forst-Director u. des Consens-Amtes. Ernst Adolph Reinhard, 1r Semner. Adolph Gottfr. Lauprecht, 1r Gerichtsschultheiß. Adolph Gottfr. Schotte, Consistorial-Assessor. Gottfr. Ferd. Schotte, 2r Gerichtsschultheiß. Estian Adolph Schröter, Präses des Consistorii. B. Aus den Innungen: Ernst Ludw. Renz, Burgermeister. Joh. Adolph Becherer, Assessor der Zinßmeisterey. Joh. Estoph Matthäi, 2r Kämmerey-Assessor. Herm. Estian Röbling. Estlan Lutteroth, 3r Kämmerey-Assessor.

Canzley-Verwandte: Carl Adolph Hübner, Stadt-Syndicus, Director der Canzley, des Appellations- u. Criminal-Gerichts. Joh. Gottfr. Vogler, Stadtschreiber. Phil. Ferd. Tilesius, 1r Canzlist. Adolph Wilh. Reinhard, 2r Canzlist. Carl Gottfr. Reinhard, Registrator.

Aeußeres Raths-Collegium. Gottfr. Adolph Haberstolz, Director desselben u. Stadt-Consulent. Raths-Glieder: Joh. Severin Becherer. Bernh. Estoph Vockerodt. Joh. Fr. Frohne. Estoph Polyc. Meyer. Joh. Ernst Hagedoen. Ernst Ferd. Vockerodt. Joh. Estoph Weymar. G. Andr. Dietmar. Joh. Gottfr. Franke. Joh. Fr. Wiegand. Ernst Phil. Schmidt. Joh. Estian Röbling. Actuarius: Carl Adolph Bernigau.

Nördlingen.

In Schwaben an dem kleinen Fluß Eger, mitten im Rieß. Sie hat ein Gebiet von 2 Q. M. u. etwa 5000 Einwohnern, luther. Religion.

Ein Hochedler Rath. Burgermeister (2): Georg Estian Fhr von Tröltsch, Ober-Stadtkämmerer, Hospital- u. der geistl. Pflegen Oberpfleger, Kirchenprobst, Oberzeughr u. Präses Consistorii. Joh. Fr. Scheuffelhut, ICtus, Ober-Stadtkämmerer, Hospital- u. der geistlichen Pflegen Oberpfleger, Präses Consist. und Protoscholarcha. **Rathsglieder (10):** Ant. Jac. Dolp, ICtus, Rathsconsulent, Consistorialis, Scholar. Visitator, u. Steuer-Deputations-Director. Fr. Aler. Schegk, des geh. R., Stadtkämmerer, Vormundsch. u. gemein Almosen- Oberpfleger, Wasser- auch Oberrichter, Archivar. und Steuer-Deputirter. Adam Fr. Niclas, des geh. R., Hospitalpfleger n. Feldgerichts-Präs. Georg Wilh. Ammerbacher, Stadtkämmerer, Pfandbuchsverwalter u. Feldrichter. Dan. Eberh. Wünsch, Hospitalpfleger u. Steuerdeputirter. Joh. Estoph Klein, Oberumgelder, Vormundsch. Oberpfleger u. Wassergraf. Georg Fr. Cramer, Oberaccis-verwalter, Scholarch, Archivar. u. Oberrichter. Joh. Erhard, Kriegsherr n. Stadthauptm. Joh. Phil. Eberhardt, Kriegshr. G. Ulr. Weng, Pfleg. der geistl. Pflegen u. Kundschaftrichter. Joh. Phil. Wucherer, ICtus, Stadtschreiber, Consistorialis u. Scholar. Visitator. Joh. Gottfr. Keyser, Pfleger der geistl. Pflegen, Kundschaftrichter und Brunnenmeister.

Stadtgericht: G. Fr. Klein, Stadtammann, Kundschaft- u. Wassergerichts-Präses. Adam Friedr. Senning, Vormundschafts- Ober- u. gemein Almosen-Pfleger u. Kundschaftrichter. Joh Dan. Wünsch, Georg Fr. Düttel, Kriegshr u. Kundschaftrichter. Joh. Fr. Wucherer, Steuerdeputirter u. Feldrichter. Joh. Dan. Wörner, Gemein-Almosenpfleger, u. Steuerdeputirter. Joh. Georg Beyschlag. Carl Gottl. Beckh. Adam Fr. Volz. Dan. Fr. Ammerbacher, Stadtgerichts-Actuar. Mich. Fr. Eberhard. Dan. Fr. Wünsch.

Nordhausen.

In Thüringen, wird zum niedersächs. Kreise gerechnet; hat ein kleines Gebiet von etwa 1 Q. M. mit 9 bis 10,000 Einw. luther. Religion.

1. Das in 3 Regimenter vertheilte hochlöbl. Rathscollegium.

a) **Hochlöbl. Weber- u. Roscherisches Regiment:** Aug. Estoph Gottfr. Weber, ICtus, Burgermeister. Fr. Dan. Roscher, Burgermeister, preuß. geh. R. auch Quatuorvir. **Senatoren:** Joh. Jac. Fischer. Joh. Estoph Busse, Quatuorvir. Joh. Conr. Barthol. Rode. Joh. Gottl. Aug. Eulhardt. Joh. W. J. Götze, Quatuorvir. Franz Fr. Filter, ICtus, Quatuorvir. Joh. Andr. Rosenthal, Andr. Phil. Töpfer. Joh. Aug. Carl Moring, ICtus. Joh. Georg Fr. Grimm. Gottfr. Wilh. Kropf. Georg Heinr. Appenrodt.
Dieses Regiment hat im Jahr 1798. die Regierung angetreten.

b) **Hochlöbl. Eulhardt- und Oßwaldisches Regiment:** Joh.

Fr. Eulhardt, ICtus, Burgermeister. Joh. Mart. Oßwald, Burgermeister. Senatoren: Joh. Aug. Filter, ICtus, Quatuorvir, auch kaiſ. Ro.-Poſtmeiſter. Joh. Andr. Götting, Quatuorvir. Andr. Cſtian Kleſtwetter. Joh. Eſtian Mylius, ICtus. Joh. Fr. Wilh. Fiſcher. Conr. Wilh. Förſtemann, Quatuorvir. Joh. Georg Fr. Seidler, ICtus, ſſtl. ſchwarzb. ſonderſh. Secret. Joh. Gottl. Stegmann. Joh. J. Gehrmann. Fr. Ernſt Appenrodt. Eſtian Wilh. Lebr. Brehme.

Dieſes Regiment wird neu gewählt, confirmirt und tritt die Regierung an im Jahr 1799.

c) Hochlöbl. Riemann- u. Rudolffſches Regiment: Heinr. Aug. Riemann, ICtus, Burgermeiſter. Fr. Andr. Rudolff, Burgermeiſter. Senatoren: Joh. Eſtian Steinmüller. Joh. Eſtian Rennecke, ICtus, Quatuorvir. Jac. Fr. Töpfer. Eſtian Ernſt Vopel, Quatuorvir. Joh. Heinr. Schaffhirt. Joh. Fr. Arens. Aug. Fr. Fimmel. Joh. Georg Kühne. Joh. Conr. Ephr. Grünhagen, ICtus. Aug. Cſtoph Mehler, ICtus. Joh. Phil. Günther.

Dieſes Regiment wird neu erwählt, confirmirt und tritt die Regierung an im Jahr 1800.

2. Das Canzley-Collegium.

Syndicus: Joh. Wilh. Cſtoph Müller, ICtus, Conſiſt. Praeſ. Rathconſulenten und Secretarii (2): Georg Günther Fr. Riemann, ICtus. 2ter vacat. Actuar: Fr. Aug. Günther Riemann, ICtus. Canzliſt: Joh. Phil. Clages.

Zu jedem der 3 obigen Regimenter des Raths Collegii gehört auch eine Anzahl Rathsgefreundeter Handwerksmeiſter, die zwar zu den gewöhnlichen Seſſionen des regier. Raths nicht kommen; übrigens aber concurriren diejenigen von ihnen, welche zu dem jedesmaligen regierenden Raths-Regimente gehören, nicht nur bey der Wahl eines neuen Raths in deſſen Confirmation, ſondern werden auch zu Errichtung neuer Geſetze und allen andern Geſchäften, welche die Zuſammenberufung aller 3 Rathsregimenter nöthig machen, zu Rath gezogen, und haben dabey Sitz u. Stimme.

Nürnberg.

Dieſe anſehnl. Reichsſtadt im fränk. Kreiſe, evangel. Religion hat ein beträchtl. Gebiet von etwa 24 Q. Ml., welches die Pflegämter Altdorf, Engelthal, Lichtenau, Gräfenberg, Hersbruck, Hilpoltſtein, Hohenſtein, Vetzenſtein und Stierberg, Reicheneck, Velden u. Hauseck in ſich begreift. Die ganze Volksmenge ſoll über 70,000 Seelen (wovon etwa 30,000 auf die Stadt gerechnet werden), die geſammten Einkünfte ſollen etwa 2 Mill. fl. betragen. Ob die 1796 erfolgte Beſitznahme des Königs von Preußen von den Vorſtädten Beſtand haben wird, ſtehet noch zu erwarten. Der Magiſtrat beſtehet aus 13 ältern und 13 jüngern Burgermeiſtern, dann 8 alten Genannten adl. Geſchlechts. Die Burgermeiſter werden eingetheilt in 13 Conſules u. 13 Scabinos.

Conſules (13): Joh. Sigm. Haller von Hallerſtein, kaiſ. w. R. Kronhüter u. Verwahrer der Rskleinodien, des ältern und geh. Raths, vorderſter Duumvir und Loſunger, Rsſchultheiß, Ob. Pfleger des neuen Spitals zum h. Geiſt u. des St. Cathar. Kloſters. Paul Cſtoph Gugel v. Diepoltsdorf, kaiſ. w. R. Kronhüter u. Verwahrer der Reichskleinodien, des ältern geh. u. obriſten Kriegsraths, auch Bau- und vor-

Viertes Kap. Der Reichsstädte.

derſter Zeugherr. Fr. Wilh. Carl T u ch e r v. Simmelsdorf, des älz
tern u. geh. Raths, Landpfleger, Bancos u. Münzhr. Joh. Wilh. Im z
h o f, des ältern geh. R. u. Landpfleger. Sigm. Fr. F ü r e r von Halmenz
dorf, des innern und Appellations Raths, Kirchen und Oberalmoſenz
pfleger, vorderſter Scholarch, der Univerſität Altdorf Curator, Obriſter
Vormund der Wittwen u. Waiſen, auch vorderſter Gerichts Canzleyz u.
Waldhr. Joh. Wilh. E b n e r von Eschenbach, des innern Appellat. und
Kriegsraths auch Waldhr. Carl Fr. B e h a i m v. Schwarzbach, des inz
nern u. Appellations Raths, Obriſter Vormund der Wittwen und Waiz
ſen, Scholarch, Curator der Univerſität Altdorf, Oberalmoſenpfleger u.
Waldhr. Geo. Fr. Wilh. P ö m e r von Diepoltsdorf, des innern Raths,
Obriſter Vormund der Wittwen u. Waiſen, Scholarch, Curator der Uniz
verſität Altdorf, u. Oberalmoſenpfleger. Chtoph Carl Joſ. Ludw. G e u z
d e r v. u. zu Heroldsberg, des innern Raths u. vorderſter Rugshr. Joh.
Paul Carl V o l k a m e r v. Kirchenſittenbach, des innern Raths u. Rugsz
herr. Georg Chtoph Wilh. K r e ß von Kreſſenſtein, des innern R. Joh.
Carl Sigm. H o l z ſch u h e r v. Harlach, des inn. Raths. Joh. Sigism.
Jac. Carl. S t r o m e r v. Reichenbach, des innern Raths.

Scabini (13): Chtoph Wilh. W a l d ſt r o m e r v. Reichelsdorf, kaiſ.
w. Rath, Kronhüter u. Verwahrer der Rskleinodien, zweiter Duumvir
und Loſunger, Pfleger der Rsveſte, Oberpfleger des Kloſters St. Clara
und Pillenreut, auch Pfleger des Pilgrim Spitals zu St. Martha. Carl
Wilh. E b n e r v. Eſchenbach, des ältern u. geh. Raths, vorderſter Landz
u. der Landauerischen 12 Brüder Stiftung Pfleger, auch Zeugherr. Chriz
ſtoph Carl F ü r e r v. Haimendorf, des ältern Raths, Land und der beyz
den Findeln Pfleger, auch Banko u. Münzhr. Chtoph Fr. L ö f f e l h o l z
v. Kolberg, des innern und Appellat. auch Kriegsraths, dann Zeug und
Waldherr. Chtoph Carl K r e ß v. Kreſſenſtein, des innern und Appell. R.
Landpfleger und Waldhr, auch Pfleger des Siechkobels bey St. Jobſt.
Carl Chtoph Seb. H a r s d o r f v. Enderndorf, des innern und Appell. R.
Obriſter Vormund der Wittwen u. Waiſen, Scholarch, Curator der Uniz
verſität Altdorf, und Oberalmoſenpfleger, Gerichts und Canzleyz auch
Waldhr. Chtoph Andr. I m h o f v. u. zu Helmſtädt, des innern u. Kriegsz
raths. Joh. Albr. Andr. Ad. V o l k a m e r v. Kirchenſittenbach, des inz
nern Raths. Chtoph Carl Gottl. G r u n d h e r r v. Altentann, des innern
Raths u. Rugsherr. Hans Carl W e l ſ e r v. u. zu Neuenhof, des innern
Raths u. Rugsherr. Sigism. Fr. B e h a i m v. Schwarzbach, des innern
Raths. Jobſt Wilh. Carl T u ch e r v. Simmelsdorf, des innern Raths.
Joh. Sigism. Chtoph Joach. H a l l e r v. Hallerſtein, des innern Raths.

Alte Genannte: Carl Alex. W a l d ſt r o m e r von Reichelsdorf.
Chtoph W. Fr. S t r o m e r v. Reichenbach. Sigism. Fr. Wilh. L ö f f e l z
h o l z v. Kolberg. Chtoph Joh. Sigism. H o l z ſch u h e r von Harrlach.
Carl Wilh. W e l ſ e r von Neunhof. Carl Jac. Wilh. S ch e u r l von
Deferdorf. Carl Fr. W. v. L ö f f e l h o l z v. Colberg. Joh. Carl Burkh.
G r u n d h e r r v. Altentann.

Rathsfreunde von den Handwerkern (8): Joh. Adam M a v e r,
Loſunger u. Bierbrauer. Matthäus B i e h w e g, Goldarbeiter. Mart:

350 Zweiter Abschnitt. Staatsb. des deutschen Reichs.

Ried, Metzger. Mich. Geo. Fischer, Schneider. Valent. Wiedmann, Kürschner. Jobst W. Hessel, Becker. Joh. Ign. Schükher, Tuchmacher.

Rathssecret. und Stadtsyndici (2): Cstoph Andr. Bürger. Joh. Cstian Friedr. Schmidt.

Rathhausvögt: Mor. Lochner.

Raths= u. andere Consulenten: Dr. Samuel Veit Winkler. Dr. Friedr. Ludw. Penzenkufer. Dr. Eberh. Jodoc. von König. Lic. Ludw. Friedr. Ernst v. Jan. Dr. Carl Alex. v. Faulwetter. Dr. Joh. Justin Karl. Dr. Joh. Lorenz Dorn. Dr. Paul Jac. v. Feuerlein. Dr. Joh. Albr. v. Schmid. Carl Friedr. Schmid. Dr. Conr. Deinzer. Dr. Friedr. Popp. Dr. Georg Gust. Wilh. v. Pez. Dr. Joh. Alb. Colmar. Georg Cstoph Albr. Spies. Lic. Ad. Kalhard. Dr. Joh. Sigism. Gruber. Dr. Joh. Mart. Fr. von Endter. Dr. Joh. Paul Thom. Spieß. Dr. G. Carl Forster. Dr. Paul Joh. G. v. Merz.

Consulenten und Schöpfen am Stadtgericht. Dr. Dorn. Dr. v. Feuerlein. Dr. v. Schmid. Dr. Deinzer. Cstoph Wilh. Kreß v. Kressenstein., Pfleger in der Vorstadt Gostenhof. Joh. Sigm. Georg Imhof v. Ziegelstein. Joh. Georg Friedr. Volkamer v. Kirchensittenbach. Carl Alex. Waldströmer v. Reichelsdorf. Cstoph Hans Joach. Haller v. Hallerstein. Cstoph Andr. Imhof von und zu Helmstädt. Jac. Cstian Wilh. Scheuerl v. Defersdorf. Sigism. Cstoph v. Praun. Gottl. Sigism. Kreß v. Kressenstein. Cstoph Carl Oelhafen v. Schöllenbach. Cstoph Fr. Carl Volkamer v. Kirchensittenbach. Joh. Cstoph Sigism. Holzschuher v. Harlach.

Consulenten u. Schöpfen am Untergericht: Dr. Popp. Dr. v. Pez. Gottl. Cstoph Carl Grundherr v. Altentann. Carl Fr. Behaim v. Schwarzbach. Georg Fr. W. Ebner von Eschenbach. Hans Cstoph W. Imhof v. u. zu Helmstädt. Georg W. Kreß zu Kressenst. Joh. C. Sigism. Holzschuher v. Harrlach.

Schöpfen am Land= und Bauerngericht: Cstoph W. Kreß von Kressenstein. Joh. Sigism. G. Imhof v. Ziegelstein. Gottl. Cstoph C. Grundherr von Altentann. C. Fr. Behaim von Schwarzbach. G. Fr. W. Ebner v. Eschenbach. Hans Cstoph W. Imhof von und zu Helmstädt. Joh. Carl Sigism. Holzschuher v. Harrlach. Cstoph G. Fr. Behaim von Schwarzbach. Georg Wilh. Kreß von Kressenstein. Joh. Sigism. Haller v. Hallerstein. Cstoph Fr. Stromer von Reichenbach. Joh. Cstoph Carl Kreß v. Kressenstein. G. Carl W. Pormer v. Diepoltsdorf. G. Gottl. W. Löffelholz v. Colberg.

Offenburg.

In der Ortenau in Schwaben, unter österreich. Schutz. Cathol. Religion.

Zwölfer oder alten Raths Collegium. Franz Georg von Rienecker, ICtus, Rßschultheiß. Xav. Leopold Witsch, ICtus, Stadtmeister, Allmend= u. Forst=Inspector, auch Ober=Wegmeister u. Stadtcassirer. Joh. Bernh. Beiderlinden, Forst= auch Allmend=Inspect.

u. Fleischhauer. Carl Andr. Mayer, ICtus, Stadtmeister, Theilhr. u. Gantungs-Inspect.

Junges Raths-Collegium: Phil. Götz, Wachtmeister, Brod u. Feuerschauer. Carl Ruderer, Forst und Allmend-Inspect. auch Umgelder. J. Anton Würth, ICtus, Fruchtmarkt-Inspector und Mitfleischschauer.

Canzley: Carl Aug. v. Laaba, ICtus, Canzleyverwalt. Joh. Bapt. Antsch, ICtus, Stadtschreiber. Franz Xav. Hessel, Canzellist, Theils u. Gantungs-Actuar, auch Raths- u. Gerichtsprocur. Aug. Barth, Missivprotocoll. Gerichts-u. Rathsprocur. Franz Ant. Merkel, Canzley-Accessist.

Stadtphysicat: Dr. Franz Xav. Jesle, Stadtphysicus. Dr. Franz Ant. Jesle, Stadtphysicus. C. Ruderer, Stadtchirurgus. Franz Jos. Schirrmann, Wundschauer. Ludw. Stapp, Vieharzt.

Gemein-Kassen- u Schaffnerey-Verwalter: Franz Jos. Leohleidner, Gemein-Kassen-Verrechner. Bernh. Schmidmann, St. Andreas-Hospitals-Hausmeister. Ign. Welsch, Zinsmeister u. Spitalschreiber. Aug. Barth, Pfarrkirchen-Prädikatur- und Seelgerecht-Schaffner. Franz Ant. Merkel, Gutleuth-Schaffner. Franz Joseph Schirrmann, Armenhausschaffner. Joh. Bapt. Dreher, Hospitals-Hausmeisterey-Adjunct.

Contingents-Officier: Franz Carl Meyer, Lieutn. des Baden. Inf. Regim.

Pfullendorf.

Kleine Reichsstadt im schwäb. Kreise, im Hogau, zwischen der Grafschaft Heiligenberg und Sigmaringen. Cathol. Religion.

Rathscollegium: Ant. Thadd. Ehren, Amtsburgermeister. Joh. Georg Strobel, Altburgermeister. Joh. Mich. Probst, Oberzunftmeister. Franz Andr. Sauter, Oberbaumeister. Geheime: Jos. Ant. Kempter. Mich. Heilig. Franz Xav. Zimmermann. Neue Zunftmeister: Joh. Mart. Endteres. Matthias Schach. Georg Baur. Matth. Zimmermann. Alte Zunftmeister: Joh. Georg Mattheis. Franz Ant. Keßler. Jos. Kauth. Mich. Waldschiz. Joh. Georg Schweickardt. Stadt-Canzley: Joh. Conr. Mayer, ICtus, Rathsconsul. und Canzleyverwalter. Jos. Ant. Kempter, Registrator u. Actuar. Stadtgericht: Franz Xav. Walter, Stadtammann. Almosenpfleger: Matth. Zimmermann. Jac. Eisenhardt.

Ravensburg.

Im Algau in Schwaben, vermischter Religion, mit 3 bis 4000 Einwohnern.

Ein Hochedler Rath. Burgermeister: Jacob v. Bek, ICtus, Oberwaldforster und Oberinspector des Zucht- und Arbeitshauses, Ev. Max. Dism. Precht v. Hochwarth, C. Stadtammänner: Joseph Ein. v. Ortlieb, Hospitalpfleger und Stabhalter bey dem freyen kaiſ. Landgericht, C. Georg Cstoph Heinrich v. Welz, Hospitalpfleger, Ev. Geheime: Jos. Ant. Rogg, b. A. Dr., Stadtphysicus u. Waisenhr.

Ev. Raths-Consulent u. Syndicus: Jac. Merkl, auch Unterwaldförster, Ev. Rathsglieder (10): Joh. Bapt. von Knoll, churpfalzb. Rath, Quartierherr u. Waisenkastenverwalter, Ev. Jac. Wilh. Furtenbach v. Reichenschwann, Seelhaus- u. Heiligkreuz-Pfleger, auch Obermarker, Ev. Jos. Ferd. von Merz, Handwerksgerichts- und Strafamts-Assessor, auch Marktdeputatus, C. Abr. Kutter, b. R. Lic., Rentamtsverwalter u. Director des gemeinsamen Arbeitshauses, auch Pfleger der 4 u. 3 unirten Pflegschaften, Ev. Franz Jos. v. Bentele, Canzleyverwalter und Oberinspector des Zucht- u. Arbeitshauses, C. Joh. Mich. Hieble, Quartierherr und Pfleger der 3 unirten Pflegschaften, auch Rechnungsrevisor, C. Joh. Ant. Kraft, Bauherr und Vogt der Herrschaften Schmalegg, Neuhaus u. Bitzenhofen, Ev. Franz Jos. Ebneter, Bauherr und Pfleger der 4 unirten Pflegschaften, C. Franz Jos. Martini, C. Barthol. Sauter, Strafamts-Assessor, Ev. Franz Jos. Schmid, Rentamtsverwalter, und Vogt der Hrsch. Schmalegg, Neuhaus u. Bitzenhofen, C. Joh. Merk, Dr. d. Med. und Stadtphysicus, Ev.

Contingentslieutenant: Franz Jos. Leuthin, unter dem gräfl. wolfeggischen Inf. Regim. C.

Officialen. Spitalmeister: Cstian Halber, Not. caes. publ. und Landgerichts-Procurator, Ev. Spitalverwalter und Rechnungs-Revisor: Jos. Bened. Erb, ICtus, C. Canzley-Substitut, Rechnungs-Revisor u. Bierschauer: Gottfr. Buder, Ev. Registrator: Jos. Sebald Brodtmann, ICtus, Landerichts-Procurator, C. Kornmeister: Joh. Dav. Berner, Ev. Kornschreiber und Bierschauer: Jos. Ant. Gmeinder, C. Rechnungsrevisor und Handwerksgerichts-Assessor: Paul Kutter, b. ältere, Ev. Baumeister: Jacob Resch, Ev. Dominic. Maria Bell, Waisenkassenverwalter und Waldmeister, C. Zollamt: Jos. Ant. Erb, C. Jac. v. Knoll, Ev. Raths- u. Gerichts-Procuratores: Franz Jos. Fehr, C. Joh. Cstoph Kiderle, Ev. Weinvisirer: Jos. Ant. Erb, C. Peter Kutter, Ev. Hüttenschreiber: Franz Jos. Erb, C.

Regenspurg.

Die einzige Reichsstadt im bayr. Kreise an der Donau, wo der Fluß Regen hineinfällt, mit 21,000 Einwohnern, wovon etwa 8000, nämlich der Rath u. die Bürgerschaft evangel. Religion sind. Die übrigen Einw. sind katholisch und haben viele und schöne Kirchen in der Stadt. In derselben ist der 1662 angegangene, 1663 eröffnete, und noch fortdaurende Reichstag versammelt, daher sie auch, im Reichsstädtischen Collegio das Directorium führet.

Viertes Kap. Der Reichsstädte.

Consulenten und Syndici: Georg Gottl. Gumpelzhaimer, Consulent. Jac. Eduard Habrecht, Consulent, erster Syndicus und Stadtschreiber. Joh. Georg Dieterichs, Consulent. Carl Theod. Gemeiner, Syndicus, Archivar und geh. Registrator. Heinr. Sigism. Georg Gumpelzhaimer, Syndicus. Heinr. Joh. Thom. Bößner, Syndicus. Ludw. Cstian Kaiser, Secretär.

Reutlingen.

In Schwaben, ohnweit Tübingen, unter dzgl. würtemberg. Schutz, hat ein kl. Gebiet von etwa 1 Q. Ml. und über 8000 Einw. evangel. Relig.

Ein Hochedler Magistrat: Joh. Georg Fleischhauer, Amtsburgermeistr. Consistorialis, Scholarcha, auch Ober-Theils und Waisenrichter. Joh. Jac. Fezer, b. R. Dr., 2r Burgermeister, Consistorial, Scholarcha, Stadt- und Feldgerichtspräses, Rechnungs-Justificator, auch Waisenhaus-Oberinspector. G. Dav. Bantlen, 3r Burgermeister, Consistorial, Scholarch und Rechnungs-Justificator, auch Waisenhausinspector. Dan. Knapp, Viceburgermeister, Consistorialis und Spitalpfleger.

Senatoren: Joh. Wilh. Engel, Consistor. u. Armenpfleg. Sam. Rall, Ober-Stadtrechner. Georg Ludw. Hohloch, Theils u. Waisenrichter, auch Ehegerichtsadvocat. Mich. Fezer, Pfründen- und Spönlenspfleger. Joh. Fr. Helb, Theils und Waisenrichter. Georg Friedr. Seeger, Spenden- u. Heiligenpfleger. Mich. Stechenfinger, Oberumgelder. Joh. Jac. List, Zehendpfleger auch Ehegerichtsadvoc. Jac. Fr. Gruoner, Gantrichter. Joh. Georg Reicherter, Steuersätzer. Cstoph Pet. Goebel, Walkerischen Pfleger. J. Fr. Maier.

Zunftmeister-Collegium: Joh. List, Kramerzunftmeister, Stadt- und Feldschultheis und Scholarcha. Cstoph Fr. Goebel, Tucherzunftmeister, Stadt- und Pfandschultheiß u. Scholarch. Joh. Jac. Weiß, Kirsnerzunftmeister. G. Mich. Trißler, Beckerzunftmeister u. Waldmeister. Joh. Camerer, Schneiderzunftmeister. Mart. Bolden, Karcherzunftmeister u. Pförchmeister. Joh. Casp. Faßnacht, Mezgerzunftmeister. Steph. Botteler, Weingärtnerzunftmeister. Sebastian Fuchs, Schmidzunftmeister. Andr. Bartenschlager, Kieferzunftmeister. Joh. Jac. Tochtermann, Gerberzunftmeister. J. G. Doettinger, Schuhmacherzunftmeister.

Gesandtschaften u. Agenten. Schwäb. Kreisgesandter: NN. Harlen, Rathsconsulent in Ulm. Rskammergerichts-Procurator: Dr. Hofmann. Rshofraths-Agent: v. Stubenrauch d. ält.

Consistorium besteht aus den 3 Burgermeistern, dem Syndicus, den 2 Obergeistlichen u. den 2 erstern Senatoren.

Scholarchat-Collegium besteht aus den Mitgliedern des Consistoriums und den beiden Schultheißen.

Ministerium ecclesiasticum: J. Heinr. Keller, Hauptpred. Consistor. u. Scholarcha. Joh. Jac. Baur, Stadtpfarrer, Consistor. u. Scholarcha. Jos. Camerer, Ob. Helfer. Conr. Merk, Unt. Helfer.

Weltl. Offizianten: Cstoph Jac. Enslen, Syndicus, Consistor.

Scholarch und Archivar, auch herzogl. würtemb. Hofgerichts-Adv. Mich. Cstoph Wucherer, Stadt- und Amtsschr. auch Actuar bey Rath u. allen andern Collegien. Joh. Ludw. Wunderlich, Stadt u. Amtschreiber. Joh. Eberh. Wucherer, Steuercassier. Cstoph Matth. Kenngott, Spital-Armen- u. Waisenhauspflegschreiber, auch Pflegschafts-Renovator. Joh. Jac. Groetzinger, Rechnungsprobat. und Justificator.

Collegium medicum: Phil Jac. Fehleisen, Physic. primar. Dr. Joh. Cstoph Ellwert, Physic. ord. Dr. Joh. Rieder, pract. Arzt. Dr. Joh. Cstoph Gailer, pract. Arzt. Dr. Fr. Aug. Memminger, pract. Arzt u. Chirurg.

Latein. Schulcolleg. Joh. Just. Fleischhauer, Adjunct. des geistl. Minist. Rector. J. C. Kalbfell, Corrector. G. D. Kenngott, Subrector. Joh. G. Fleischhauer, Präceptor der 1. Klasse.

Rothenburg.

An der Tauber in Franken mit etwa 8000 Einwohnern, evangel. Religion. Sie hat ein ansehnliches Gebiet von 6 bis 7 Q. Ml.

Ein Hochedler innerer Rath. Burgermeister (5): Gust. Dav. Bezold, Amtsburgermeister, Oberkriegshr, Oberpfleger der beyden Dominicaner- u. Franziskaner-Klöster, auch Oberalmosenpfleger. Jer. Cstian v. Staudt, ältester Burgermeister, Consistorial. u. Scholarcha, Landvogt im Zwerchmeyer, Oberpfleger zu St. Jacob und im Spital, Oberwildbahnshr u. Mitoberaufseher des herrschaftl. Zucht- und Waisenhauses. Joh. Wilh. Friedr. Renger, nachältester Burgermeister, Consistor. u. Scholarcha, Landvogt im Zwerchmeyer, Oberpfleger zu St. Jacob, auch der beyden Dominicaner- u. Franzisc. Klöster, Oberwildbahnsherr u. Mitoberaufseher des Zucht- Arbeits- und Waisenhauses. Joh. Cstoph Raab, Consistorial. und Scholarcha, Landvogt im Gau, auch Oberpfleger im Hospital und zu St. Wolfgang. Georg Friedr. Walther, Landvogt im Gau, auch Obersteurer (wechseln alle halbe Jahre in der Regier. ab, und wird aus dem in 40 Personen bestehenden äußern oder größern Rath einer zum äußern Burgermeister adjungirt). Rathsglieder (11): Joh. Christoph Walther, mittler Steuerer. Cstian Dan. Herrenbauer, innerer Baumeister. Jerem. Joh. Cstian Musch, innerer Richter. Dan. Joh. Cstian Musch, erster Vormundsamts-Deput. Georg Wilh. Renger, zweiter Vormundsamts- auch Wildbahns-Deput. Joh. Wilh. Friedr. Bezold, Kriegsamts- Wildbahns- u. Mehlwaags-Deput. Joh. Gottl. Ebert, Kriegs u. Steineramts-auch Mehlwaags-Deput. Georg Dan. von Staudt, Schrannen-Deput. Joh. Dan. v. Winterbach, Steineramts- u. Umgelds-Deput. Dan. Friedr. Purkhauer u. Joh. Dav. Walther, beide Stadtdeputirte. Rathsconsulenten: Aug. Jos. Herrenbauer. Joh. Georg Walther. Cstoph Wilh. v. Winterbach. Joh. Cstian v. Staudt. Wilh. Georg Bezold. Rathsactuarius: Joh. Friedr. Renger.

Rottweil.

In Schwaben am Neckar, mit 2 bis 3000 Einwohnern cathol. Religion, hat ein Gebiet von 3 bis 4 Q. Ml. Das daselbst befindliche kais. Hofgericht

Viertes Kap. Der Reichsstädte.

soll von Kais. Conrad III. angeordnet worden seyn. Die Beysitzer desselben bekleiden insgesammt auch Rathsherrnstellen und Aemter in der Reichsstadt und zwar wechseln die beiden erstern von Jahr zu Jahr in der Burgermeisteramtsstelle ab.

a) Kaiserl. Hofgericht.

Erbhofrichter: Joseph Asfürst zu Schwarzenberg u. s. w. **Amtsstatthalter:** vacat. **Verordnete Urtelsprecher und Hofgerichtsbeisitzer:** Franz Jos. Maier, regier. Amtsburgermeister u. Rechnungs-Abhör-Deput. Joh. Bapt. Hofer, ICtus, Amtsschultheiß u. Rechnungs-Abhör-Deput. Ant. Minderer, ICtus, Obervogt. Mich. Wehrle, Kastenvogt. Joh. Bapt. Burkard, b. R. Lic. Pirschvogt. Mich. Rappold, Ober-Baumeister. Carl von Langen, ICtus, des Bruderschafthauses Oberpfleg. Waisenamtsdeput. und Schulendirector. Joh. Bernh. Kamerer, ICtus, Spital-Oberpfleger, Waisenamts-Deput. u. Schuldirector. Franz Xav. Hieron. Spreng, ICtus, Syndic. u. Schuldirect. **Canzley:** Franz Xav. Hieron. Spreng, ICtus, Canzleyverwalter. Sebast. Linsenmann, ICtus, Commissar. Thom. Aq. Spreng, ICtus, Protonot. Rathssecret. u. Notar. caes. publ. Mich. Gebel, Stadtgerichtssecret. Casp. Schultheiß, ICtus, Archivar u. Registrator. Jos. Ign. Unger, Adv. Procur. u. Expedit. Joh. Nep. Spreng, ICtus, Adv. u. Procur. **Accessisten:** Sayer. Mayer. Gebel. Minderer.

b) Der Reichsstadt Rottweil

Grosser Rath, bestehet aus vorstehenden Kais. Hofgerichts-Assessoren u. nachfolgenden Redmännern u. Zunftmeistern.
Neuer Bank: Jac. Herderer, Redmann. Joh. Ant. Dreher, Unt. Redmann u. Bauamts-Cont. Thadd. Kemter, Stadtkassencont. Ign. Weiß, Bruderschaftamtscont. Jac. Liebermann, Kastenamtscont. Jac. Hezinger, Spitalamtscont. Conr. Uhl, Pirschvogteyamtscont. Jos. Ant. Freisinger, Ob. Vogteyamtscont. Jos. Evensperger, Landkassencont.
Alter Bank: Joh. Xav. Pfister, Redmann. Xav. Schlegel, Unt. Redmann und Landkassencont. Fidel. Heim, Stadtkassencont. Conr. Dorn, Bauamtscont. Mich. Burkhard, Kassenamtscont. Mart. Wernz, Bruderschaftamtscont. Jac. Zipfeli, Spitalamtscont. Mich. Herderer, Pirschvogteyamtscont. Xav. Zink, Ober-Vogteyamtscont.
Kriegs- und Landcassier: Seb. Linsenmann. **Stadtkassier:** J. Bäurle. **Stadtrechnungsrevisor:** Joseph Spreng. **Heiligenrevisor:** Joh. Nep. Spreng. **Heiligenvögte:** Franz Jos. Auber u. Jac. Zipfell. **Vorsteher des Achtzehner Collegiums:** Franz Jos. Hezinger, Redmann. Franz Jos. Widmer, Unt. Redmann. Dom. Gauder, Ob. Dreyer. **Bruderschaftspfleger:** Jan. Auber. **Spitalpfleger:** Ferdin. Herderer. **Allerheil. Pfleger:** Dom. Glicker. **Stadtzoller:** Ignaz Englert.
Militair: Dom. Glicker, Contingents-Hptm. beim Wolfegg. Resim. Jos. Ant. Kamerer, Lieutn.

Stadt- und Landphysici: Dr. Marc. Ant. Glicker. Dr. Mich. Vogel.

Schwäbisch-Gemünd

oder Gemünd in Schwaben, liegt am Neckar, und hat ein Gebiet von mehr als 3 Q. Ml. — Cathol. Relig.

Ein Hochedler Magistrat: Georg Franz S t a h l v. Pfeilhalten, Burgermeister, des geh. Raths, Pfleg. des Hospitals zu St. Cathar. und der Kagerischen Stipendiaten. Franz F r a n k e n s t e i n, ICtus, Burgermeister, des geh. Raths und Buchhalter der St. Leonhards-Pflege. Joh. B ü c h l e r, des geh. Raths, Ob. Städtmeister, der vacirenden Priesterpfründen u. Reichalmosenpfleg. Aegid B a i z, des geh. Raths, Ob. Städtmeister, St. Salvatorspfleger und Zeichnungsschuldirector. Jos. Aloys G e i s w i n g e r, d. R. Lic. erster Rath, Consulent u. Stadtsyndicus. Clem. Fidel. D u d e u m, ICtus, 2r Rath, Consulent und Stadtschultheiß. Ign. S c h e d e l, Städtmeister, Handwerksherr, u. der Collegiat-Stiftskirchen und Fabrikenpfleg. Joh. M a y e r, Städtmeister, Handwerksherr und der Armenleutepfleg. im Hospital. Franz Xav. D e b l e r, Städtmeister und der Steinhäussertschen Stiftung Pfleg. Bened. S t o r r, Kriegscaffier und St. Cotomanni Pfleg. Dr. Franz Jos. D o l l, Kriegs-Caffier und 2ter Stadt- und Landphys. Franz K u c h e r, Kriegs-Cassier. Ign. B o z e n h a r d t, Stadt-Bauund Schrandherr, auch Armenkassenverwalter.

Offizialen: Matth. Alex. H e r z e r, ICtus, Rathssecr. und Registrat. Jos. T r a u c h, ICtus, erster Rathsadv. Franz Jos. B o m a s, 2r Rathsadv. Joh. Bapt. B r e n t a n o, Hospitalmeister. Franz S t a h l Steueramtsactuar. Melch. D e b l e r, Geräth- und Stadtwaagmeister. Joh. G e i g e r, ICtus, Vogt der beyden Aemter Spraitbach u. Iggingen. Joh. Ulr. S c h e d e l, ICtus, Vogt der beyden Aemter Bettringen und Bargau. **Canzlisten:** Ign. F o r s t e r. Joh. S t e i n h ä u s e r, auch Marschcommissar.

Physicat: Aloys S t o r r, 1r Stadt- und Landphys. Franz Joseph D o l l, 2r Stadt- u. Landphysius.

Kreiscontingent: Max. Franz I l l s u n g Jhr v. Traz und Kunenberg, Obr. u. Command. des Inf. Regim. Baden. Ferd. Aug. S t o r r v. Ostrach, Hptm. bey ebend. Leop. S e y b o l d, Hptm. des würtemb. Drag. Regim.

Schwäbisch-Hall,

oder Hall in Schwaben, am Kocher, mit 6000 Einwohnern, lutherischer Religion. Das Stadtgebiet hat etwa 6 Q. M. mit 12000 Bewohnern, und besteht aus 7 Aemtern.

1) Civiletat.

Ein Hochedler Rath. Städtmeister: (diese alterntren jährlich am Jacobitage im Amt u. Rang). Fr. Gottl. v. Jemgumer Kloster Amts-regierender Städtmeister, Steuerhr des Consistorii u. des Collegii Scholarchar. Director, und der Kirchen auf dem Lande Visitator perpetuus, wie

Viertes Kap. Der Reichsstädte.

auch Reichs-Limburg. und fürstl. Hohenloh. Lehenträger. Cstoph Lor. Stellwag, älterer Stadtmeister, Steuerhr, Consistorialis u. Schol., des Lehenraths Director, u. hzgl. wirtemb. Lehenträger. Wolfg. Jac. Seyferheld, resign. älterer Stadtmeister. Geheime: Joh. Ludw. Seiferheld, Consistorialis u. Scholarcha, Amtm. über der Bühler, auch churpfalzb. Wiesensteiger Lehenträger. Joh. Ernst Glock, Consist. und Scholarcha, Wach- und Zeugherr, auch Amtm. über der Schlicht, Ober- und Unterlimburg. Franz Erasm. Mayer, b. R. Dr., Consist. und Schol. Amtm. im Kocheneck, Jäger-Stall-Wach- und Zeugherr, wie auch fstl. ellwang. Lehenträger. Joh. Friedr. Bonhöfer, b. R. Dr. Consist. u. Schol. Amtm. im Rosengarten, und Stallherr, wie auch k. preuß. ansbach. Lehenträger. — Raths-Mitgliedere: Joh. Friedr. Bonhöffer, Steuerherr. Jac. Fr. Müller, Amtm. über Ilzhoffen, Hauptm. des gemeinen Haals, und Hospitalpfleger. Joh. Jac. Braz, Reichalmosenpfleger und Oberlandumgelder, wie auch Hospitalpfleger. Joh. Pet. Chur, Michaelis-Pfleger, Ober-Stadtumgelder u. Beet-Deputatus. Joh. Fr. Frank, Ober-Haal-u. Nicolai-Kirchenpfleger, Bau- und Beet-Deputatus. Georg Andr. Textor, Obervormund-Gerichts-Director, Oberlandheil. Pfleger u. Theilungs-Deputatus. Georg Carl Haspel, Catharin-Kirchenpfleger, Bau-Deputatus, und Obervormundsrath. Fr. Franz Hartmann, Hospital-Gerichts-Schultheiß. Joh. Fr. Hezel, Fruchtkastenpfleger, Theilungs-Deputatus u. Obervormunds-Rath. Georg Heinr. Seiferheld, Präsenzpfleger. Joh. Fr. Eman. Romig, Egin-Stiftungspfleger, und Obervormunds-Rath. Georg Sam. Röhler, Dorfmühlenpfleger. Jac. Friedr. Franz Dötschmann. Joh. Lor. Soph. Hufnagel. Cstoph Franz Bernhard. Joh. Fr. Bonhöfer. Friedr. Gottfr. Dav. Majer, Kreis-Marschcommissar des schwäb. Kreises.

Consulenten Ballei: Andr. Jac. Val. Majer, Consist. u. Schol. Haalgerichtl. Referens u. geh. Raths-Secretair. Joh. Friedr. David Seiboth, Consist. u. Schol. Obervormundgerichtl. u. Einigungsgerichtl. Referens. — Ordinärer Rathsadvocat: Joh. Fr. Bonhöfer.

Stadtschultheiß: Ludw. Franz Bonhöffer. Präses des Städtund Einigungsgerichts.

Die vier ordin. Officianten: Joh Carl Hufnagel, Stadtschreiber. Carl Hezel, Rathssecretarius. Fr. Wilh. Glock, Steuersecret. Joh. Ludw. Glock, Registrator.

Weitere Departements-Officianten. (alphabet.) Bauamt: Joh. Leonh. Kazner, Bauverwalter. Jac. Pet. Löchner, Baugegenschreiber. Forstamt: Joh. Fr. Dötschmann, Forstmeister im Amt Rosengarten und Kocheneck. Joh. Fr. Majer, Forstverwalter im Amt Bühler, Schlicht u. Ilzhoffen. Hospital: Joh. David Bonhöffer, Hospitalverwalter. Joh. Mich. Schloßstein, Hospitalmeister. Salzverwaltung: Friedr. Pet. Dürr, Salzverwalter.

Beamte auf dem Lande. Vellberg: Bernh. Gottfr. Hezel, b. R. Lic. Amtsvogt. Honhardt: Carl Fr. Seiferheld, b. R. Lic. Amtspfleger.

358 Zweiter Abschnitt. Staatsb. des deutschen Reichs.

Collegium medicum: Dr. Georg Ludw. Gräter, Senior Collegii u. Physf. ord. Dr. Joh. Friedr. Bonhöfer, Physf. ord. Dr. Joh. Friedr. Seiferheld, Physf. ord. Dr. Joh. Friedr. Haspel, Physf. ord.

2) Geistlicher Etat.

In den Kirchen. Bey St. Michael: Joh. Cstoph Friedr. Dötschmann, Prediger, Kapitels Decanus, Consist. n. Scholarcha. M. Fr. Dav. Frank, Stadtpfarrer, Kapitels Procurator, Consist. u. Scholarcha, u. der geistl. Wittwen-Kassen-Verwalter. Fr. Pet. Haspel, Archidiak. und Vesperprediger. Joh. Ernst Majer, Hypodiaconus, Mittagsprediger, u. Professor am hiesigen Gymnasio. Bey St. Cathar. Jac. Friedr. Schiller. Bey St. Johann: Georg Heinrich Gräter. Bey St. Urban, (in Unterlimburg): Friedr. Gottl. Majer. Im Hospital zum heil. Geist: Joh. Friedr. Glock.

Im Gymnasio: Lor. Friedr. Leutwein, Rector u. Professor, auch Bibliothecar. Friedr. Dav. Gräter, Conrector und Profess., Dr. der Philos. Mitgl. der nürnberger gelehrten Gesellschaft, und der k. preuß. Academie der Wissenschaften zu Berlin Correspondent. Joh. Heinr. Kochendörfer, Lehrer der 3n Klasse. Cstoph Friedr. Leiberich, Lehrer der 4n Klasse. Wolfg. Dav. Bölz, Lehrer der 5n Klasse. Joh. Bapt. Ruedin, französischer Sprachmeister.

3) Militäretat.

Joh. Georg Friedr. Seiferheld, Hauptmann des hzgl. wirtemberg. Kreisdrag. Regim. u. des dißeitigen Contingents, wie auch k. k. charakterisirter Rittmeister ꝛc. Val. Cstoph Carl Wibel, Hauptm. unter dem marggräfl. bad. Kreis-Inf. Regiment und dißeitigen Contingent. Carl Ludw. Ernst Glock. Prem. Ltn.

Schweinfurt.

Im fränk. Kreise am Main, mit einem Gebiet von etwa 2 Q. Ml. Sie hat einen kaiserl. gefreyten Richter u. Reichsvogt, welcher von dem Rath gewählt und sodann, im Namen des Kaisers, vom Reichshofrath bestätigt wird. Evang. Religion.

Kaif. gefreyter Richter u. Reichsvogt: Joh. Georg Freytag.

Der Hochedle innere Rath besteht aus 4 Burgermeistern, 4 Schöfsen u. 8 innern Rathsgliedern. Von den Burgermeistern führt alle Quartal einer das Burgermeisteramt, und sind folgende: Cstoph Gottl. Kornacher. Geo. Dav. Heunisch. Paul Cstian Rosenbusch. Joh. Cstoph Brenner, fstl. fuldaischer Hofr. auch reichsritterschäftl. Consulent des Ritterorts Rhönwerra. **Consulenten:** Joh. Cstian Werk. Cstoph Ernst Schneider, hzgl. sachsen-meining. geh. Reg. R. **Schöfsen:** Joh. Cstian Kirch. Joh. Casp. Cramer. Joh. Georg Degner. Joh. Christian Fr. Weselius, Prozeßrath. **Innere Rathsglieder:** Wolfg. Adam Schöpf. Joh. Volpert Eber, b. R. Dr. Joh. Andr. v. Berg. Joh. Heinr. Stepf. Joh. Heinr. Cramer. Phil. Ernst Segnitz. Georg Balth. Stölle, d. A. D. Physf. ord. u. fstl. fuld. Hofr. J. Mich. Dürbig.

Speyer.

Im oberrhein. Kreise am linken Ufer des Rheins, hat ein kl. Gebiet von etwa 1 Q. Ml. und etwa 7000 Einw. evang. Religion, steht gegenwärtig unter französischer Botmäßigkeit.

Ueberlingen.

Im schwäb. Kreise am Bodensee mit einem Gebiete von etwa 3 Q. M. — Auf diesem und in der Stadt leben gegen 7000 Seelen. — Cathol. Relig. Magistrat u. Ober-Stadtgericht: Jos. Franz Ulr. Mader von Madersburg, Amts-Burgermeister. Carl Ant. Enroth, b. R. Lic. fürstl. buchauisch. geh. R. Alter-u. Waisen-Burgermeister. Franz Matth. Schürt, Edler von Sternberg, Rs-Ritter, Dr. d. A., Löwenrath u. Rentamtsverordneter. Franz Xav. v. Freyenthal, Löwenrath, Spendpfleger u. Buchhalter. Franz Ant. Vannotti, Oberstamtszunftmeister und Spitalpfleger. Leop. Hofacker, Amtszunftmeister u. Spitalpfleger. Franz Jos. Schiele, Amtszunftmeister u. Bauamtsverordneter. J. Mart. Muffler, Amtszunftmeister u. Umgeldamtsverordneter. Matth. Nothhelfer, Amtszunftmeister u. Spendpfleger. Joh. Mich. Hamberger, Amtszunftmeister u. Heiligenpfleger. Joh. Mich. Bopp, Amtszunftmeister und Grödamtsverordneter. Franz Raph. von Haubert, Oberst-Alter-Zunftmeister, Jubil. Jos. Ant. Edler v. Flacho, d. A. Dr., Zunftmeister und Rentamtsverordneter. Phil. Jacob Schnitzer, Zunftmeister, Spendpfleger u. Archivar. Georg Fr. Heuberger, Zunftmeister, Bauamtsverordneter u. Renovator. Joh. Bapt. Moser, ICtus, Not. caes. publ. Zunftmeister u. Umgeldamtsverordneter. Seb. Müller, Zunftmeister u. Grödamtsverordneter. Jos. Ant. Schneider, Zunftmeister u. Heiligenpfleger.

NB. Die Burgermeister sowohl als die Zunftmeister wechseln alle Jahre auf Pfingsten im Amte und Range.

Unter Stadtgericht: Franz Ign. Herter v. Hertler, Stadtammann. Joh. Bapt. Moser, Oberrichter, s. ob. dann die Zunftmeister: Muffler, Nothhelfer, Hamberger, Müller u. Schneider, s. ob.

Stadt-Canzley: Joh. Ludw. Ill, b. R. Dr. Com. pal. caes. Raths-Consulent, Stadtspitals u. Landschafts-Syndicus. Carl Leonh. Flacho, ICtus, Not. caes. publ. Raths-Consulent u. Canzleyverwalter. Franz Ant. Ruef, Raths- und Canzley-Substitut. Phil. Jacob Schnitzer, Archivar. Franz Carl Moser, Canzlist. Joh. Bapt. Wider, Registrat. Blas. Vannotti, und Casp. Schmidt, Accessisten.

Physicat: Jos. Ant. Edl. v. Flacho, d. A. Dr. Phys. primar. auch fstl. costanz. Rath u. Leibmedicus. Friedr. Matth. Schürt, Edler von Sternberg, d. A. Dr. u. Physicus. Joh. Mich. Hamberger, Stadtchirurgus.

Militair: Franz Baur von Heppenstein, Obristl. des Kreis-Inf. Regim. Truchseß-Wolfegg, und disseitiger Contingentshptm. Aloys v. Mader, Oberlieutn.

Landschaftl. Vogtey. Rentamts-Gerichts-Beamte: Joh. Nep. Mader v. Madersburg, Landschaftscassier. Joh. Georg Hummel, d. R. Lic. Verwalter beyder Vogteyen Hochbodmann u. Ramsperg. Thadd. Ant. Flacho, Not. caes. publ. Rentamts-R. Ludw. Simri, Gerichtsfecret. Jof. Jac. Ruef, Fabrikpfleg. Eftian Royß, Grodmefter, X. E. Stiehl, Salzfactor. A. Abſer, Zeugwarth.

Beamte des Gotteshausspitals: Cftoph Ruef, Spitalmeifter. Nep. Fid. v. Haubert, Amtsschaffner. Jacob Bonav. Fink, d. R. Lic. Amtsschreiber, Dom. Vannotti, Regiftrat. Ant. Hurth, Wachtmstr.

Ulm.

An der Donau in Schwaben, mit 15,000 Einwohnern, evangel. Religion. Sie hat überdem ein ansehnliches Gebiet von etwa 17 Q. Ml. mit 23,000 Einw., welches in die obere und untere Herrschaft abgetheilt ift, und wozu auſſer den Städtchen Geislingen und Leipheim über 70 Dörfer gehören.

Ein Hochedler Rath: Joh. Conr. Seutter v. Lötzen, Rathsälterer. Marc. Theod. Fhr v. Weiſer, Rathsälterer. Albr. Fr. von Baldinger, regier. Burgermeifter. Carl Fr. von Neubronner, alter Burgermeifter, des geh. Raths, Oberrichter, Herrschaftpfleger u. Kriegsrath. Cftoph Heinr. Besserer v. Thalfingen, des geh. Raths u. Oberrichter. Joh. Fr. Gaum, des geh. Raths, Oberrichter, Kriegsrath und Pfarrkirchenbaupfleg. und Kriegsr. Matth. Sauter, des geh. Raths, Oberrichter, Hospitalpfleger, u. Handwerksherr. Heinr. Fr. Schad v. Mittelbiberach, Oberrichter u. Stadtrechner. Eitel Eberh. Besserer, v. u. zu Thalfingen, auch Hauſen, Oberrichter, u. Stadtrechner. Joh. v. Schermar, Oberrichter, Hospitalpfleger u. Handwerksherr. Adolph Benoni Schad v. Mittelbiberach, Oberrichter u. Pfarrkirchenbaupfleger. Carl Elias Seutter v. Lötzen, Oberricht. u. Stadtrechner. Cftian Dav. Stölzlen, Oberricht. u. Proviantkr. Phil. Adolph Seutter von Lötzen, Pfarrkirchenbaupfleger. Joh. Cftoph von Hailbronner, Proviantherr. Ludw. Cftoph Carl Leop. von Wölkern auf Kalchreuth, Bau- und Holzherr. Septim. Holl, Bau-u. Holzherr. Hieron. Eitel von Schermar, Zeugherr. Joh. Matth. Süß, Zeugherr. Joh. Jac. Schad von Mittelbiberach, Pflegherr. Marx Cftoph Besserer ves Thalfingen, d. jüng., Pflegherr. Georg Ludw. Strauß, Pflegherr. Mich. Glöcklen, Pflegherr. Hieron. Eitel v. Baldinger, Umgeldsdeput. Quartierhr u. Verordneter zur Weißschau, auch Wassergeschworner. Franz Dan. Schad von Mittelbiberach, bürgerl. Almosenpfleger, auch Bau-Feuer- und Feldgeschworner. Cftoph Ehrh. Kraft v. Delmensingen, Ehrichter, auch Fleiſch- Brod- und Leinwandſchauer. Carl Felix v. Neubronner, bürgerl. Almoſenpfleger, auch Weingärtnerbrüderschafts- und Mehlaccisdeput. Marc. Theodof. Fhr von Welſer

Viertes Kap. Der Reichsstädte.

Fenergeschworner. Marr. Ludw. Gelb, bürgerl. Almosenpfleger. Lor. Zorn. Matth. Löbelenz. Joh. Mart. Iser.

Collegium Juridicum: Joh. Jac. With, b. R. Dr. verschiedener höchst- u. hoher Reichsstände Hofrath u. des kaiserl. und Rö- Kammergerichts zu Wetzlar Procurator, auch Raths-consulent. Marc. Tob. Miller, b. R. Dr. Com. pal. caes. Stadtammann, Rathsconsulent u. Scholarcha. Joh. Dav. Fr. Hartlieb, b. R. Dr. und Rathsconsulent, auch dermalen Rsstadt Kaufbeurischer Syndicus u. Rathsconsulent. Elias Conr. Schneider, b. R. Dr. u. Rathsconsulent, auch k. preuß. Stadtvogt zu Feuchtwangen. Joh. Heinr. v. Prieser, b. R. Dr. Com. pal. caes. Rathsconsulent, und dermal. Rsstadt Augsburg. Rathsconsulent. Gottl. Dietr. Miller, b. R. Dr. und Rathsconsulent. Joh. Gottfr. Benj. Härlin, b. R. Dr. Rathsconsulent u. Eherichter. Raim. Rau, ICtus, und Rathsconsulent. Joh. Holl, ICtus und Rathsconsulent. Joh. Albr. Wollaib, ICtus u. Rathsconsulent. Tob. Ludw. Ulr. Jäger, ICtus und Rathsconsulent. Georg Phil. Faulhaber, ICtus und Rathsconsulent.

Canzley: Phil. Adolph Glöklen, Stadtschreiber. Joh. Frik, geh. Secretarius. Joh. Martin, Gerichtsschreiber. Joh. Matth. Veiel, Stadtpfandbuchschreiber. Carl Friedr. Oechslen, Burgermeisteramtl. Actuarius.

Archiv u. Registratur: L. A. Gaum, Registrator. J. G. L. Hübner, Adjunct.

Wangen.

Im Algow in Schwaben, cathol. Religion, mit einem Gebiet von etwa 3 Q. M.

Magistrat: Joh. Bapt. v. Müllern, b. R. Lic. fstl. St. Gallisch. geh. R., Amtsburgermeister, Spital-Oberpfleg. Stadtlehenträger, Militair- Rechnungsführer, auch Forstmeister. Franz Ant. Scherrich, Burgermeister u. Pfleg. der 9 incorporirten Pflegschaften. **Rathsconsulent:** Franz Ign. von Müllern, fstl. St. Gall. w. Hofr. Franz Jos. Mauch, Geh. und Stadtrechner. **Senatores:** Franz Xav. Höge, Spital- und Pfarrkirchenpfleg. Kornhaus-Inspect. und Fleischbeschau-Deput. Joh. Mich. Braunmiller, Zunftmeister des heil. Wolfgang Pfleger, Brod- und Fleischschau-Deput. Gebh. Lingg, St. Martins Pfarrkirchen und St. Niclaspfleg. zu Sattel. Matth. Tschugg, Gottesackercapellpfleg. Joh. Georg Hartmann, Zunftmeister. Rudolph von Mohr, Zunftmeister, St. Eulogenpfleg. und Brodbeschau-Deput. Gebh. Wunn, Almosen- u. Armenh. Pfleger. Fid. Schmid.

Stadtgericht: Franz Ant. Loth, b. R. Lic. Stadtammann u. St. Nicolai-Leprosen-Oberpfleg. zu Sattel. Wolfg. Pfanner, Stabhalter. Franz Weber. Jac. Stoppel. Joh. Georg Steingaden, Zunftmeister. Jac. Ant. Sipple. Mang. Geiger. Joh. Fiegle. Fidel Troll. Jac. Wachter. Jos. Mittelmann.

Großer Rath: Bonav. Alt. Joh. Geo. Bürger. X. Walser. Joh. Bapt. Schnitzer. Mart. Fr. Sam. Jos. Thedl. Joh. Mich. Reinhardt.

Syndicat u. Canzley: Joh. Bapt. v. Müllern, Burgermeister u. Syndic. Franz Ign. v. Müllern, Rathsconsulent u. Camzleyverw. Franz Jos. Mauch, Registrator und Rechn. Rev. Ben. Schneider, Stadtger. u. Canzl. Actuar. Seb. Schnitzer u. Jos. Schwarzenberger, Raths- u. Stadtger. Procuratores.

Physicat: Joach. Amf. Wachter, d. A. Dr. Stadt- u. Landschaftsphysicus. Rud. v. Mohr, Apothek. Jos. Mittelmann, Accouch.

Kreis-Contingent: Jos. Mang. Höge, Lieutn. unter Gr. Wolfsegg. Inf. Regim. Corporal: Jos. Schnell.

Offizianten: Schneider, Stadtzoller. Knaushart, Baumeister. Steinhäuser, Spitalmeister. Spack, Kornmeister. Oswald, Umgeldsaufseher. Vögele, Waagmeister. Hammerer, Bahnwarth. Locher, Waldforster. Barth, Jäger u. Fischer. Mayer, Zoller zu Wohnbrechts.

Geistlichkeit: Jos. Gebhart Weiß, Dr. der Theol. Stadtpfarrer. Burmann, erster Stadtcaplan. Holzschnitter, 2r Stadtcaplan rc.

Weil.

In Schwaben am Fluß Würm, im Umfange des Herzogthums Würtemberg, mit einem kleinen Gebiet, von etwa ½ Q. M. und 1600 Einwohnern, catholl Religion. Die beiden jedesmal. Burgermeister alterniren jährlich an Georgi im Amt.

Magistrat. Amtsburgermeister: Jos. Ant. Zweiffel, zugleich Stadt-Rechner u. Pfleger der St. Peterskirche, wie auch der vereinten 15 geistl. Pflegen. Aelterer Burgermeister: Joh. Ant. Siegle, zugleich Stadt-Baumeister u. Pfleger der Schul- u. 4 geistl. Pflegen. — Stadtschultheis: Joh. Nestler, auch Waisenrichter. — Canzleyverwalter: Joh. Bapt. Relffsteck, d. R. Lic. — Rathsglieder (8): Conr. Schöninger. Phil. Jac. Schirott, Waisenrichter, Umgelder u. Zöller. Ant. Wolff, Waisenrichter u. Hospital-Oberpfleger. Joh. Berner, Mühlen-Pfleger. Elias Beierle, Waldvogt u. Pferchmeister. Dav. Fritz, Almosenpfleger. Joh. Gall. Joh. Ant. Reeble, Salzpfleger.

Geistlichkit: Joh. Evang. Beierle, Decan und Stadtpfarr. P. Severin Bischof, Augustl. Ord. erster Kapl. P. Quirin. N. N. Kapuz. Ord. zweiter Kaplan.

Real-Schulwesen: Joh. Evang. Beierle, Schuldirector. P. Melch. Mayer, August. Ord. Lehrer der 3ten Kl. Jac. Schöninger, Lehrer der 2ten Kl. Engelb. Molitor, Lehrer der 1sten Kl.

Organist: Ferdinand Rattemann.

Weissenburg.

Im Nordgau, im fränk. Kreise, mit etwa 3500 Einwohner, evangelischer Religion.

Ein Hochedler Magistrat. Innerer Rath: Georg Ludw. Wilh. Freber, ICtus, Rathsältester u. älterer Burgermeister, Stadtrichter, Consist. Präses u. Protoschol., dann vorderster Pflegamtsverw. Joh. Mich. Roth, älterer Burgermeister, Consist. u. Schol., dann vor-

Viertes Kap. Der Reichsstädte.

derster Forstbeamter. Cstian Esaias Roth, ICtus, älterer Burgermeister, auch vorderster Steuer- Kriegs- u. Oberbauamts-Assessor. Georg Fr. Sonnemayer, ICtus, älterer Burgermeister, Consist. u. Schol., auch 2ter Forstbeamter. Joh. Georg Ballier, Consist. Schol. vorderster Vormundsbeamter u. Stadthptm. Joh. Casp. Huber, Pflegamts-verw. Paul Wagner, Steuer- Kriegs- u. Oberbauamts-Assess. Georg Mich. Uebeleisen, Hospit. Pfleger. Joh. Carl Gottfr. Menzner, Stadthptm.

Größerer u. äußerer Rath: Joh. Georg Chr. Stadelmayer, Steuer- Kriegs- u. Oberbauamts-Assessor. Joh. Ludw. Pflaumer, Pflegamtsverwalt. Joh. Dav. Wägemann, Hospitalpfleger. Cstian Theod. Preu, Forstbeamter. Joh. Cstoph Zencker, Steuer- Kriegs- u. Oberbauamts-Assessor. Gottfr. Carl Henning, Vormundsbeamter. Carl Fr. Meyer, Zolleinnehmer u. Waagmeister, auch Chausseegeld-Einnehmer.

Vorstehende Mitglieder des größern Raths sind zugleich Stadtgerichts-Assess. u. äußere Bürgermeister.

Cstoph Lor. Preu, Pflegamtsverwalt. Georg Mich. Schnizlein, Bauverwalter. Joh. Joach. Freyer, Stadtwachtmeister.

Diese 4 äußere Rathsglieder sind auch äußere Burgermeister.

Joh. Jac. Roth, ICtus, Forstbeamt. Georg David Preu. Georg Jac. Fleischmann. Georg Cstoph Preu, Hospitalpfleger. Joh. Zachar. Roth, Visirer. Georg Adam Staudinger. Joh. Cstian Hager.

Consulenten: Joh. Theod. Roth, ICtus, erster Consul. u. Syndic. Consist. u. Schol. Joh. Georg Hirschmann, ICtus, zweiter Consul. u. Stadtschreiber, Consist. u. Scholarch.

Canzleyverwandte: Joh. Cstian Sonnenmayer, ICtus, Registrator. Joh. Theod. Roth, Canzellist u. Vormundschreiber. Georg Fr. Lozbeck, Canzellist.

Wetzlar.

Im oberrheinischen Kreise in der Wetterau, unter Hessen-Darmstädt. Schutz, worin sich seit 1690. das kais. u. Reichskammergericht befindet, hat gegen 7000 bürgerl. Einwohner, außer diesen etwa noch 1000 Personen, die zu gedachtem Reichskammergericht gehören, 50 Stadtsoldaten und 100 Darmstädter. Der Rath, in welchem sich ein darmstädt. Reichsvogt befindet, ist, wie die meisten Bürger, evangel. Religion, kann hier jedoch nicht angeführt werden, weil dessen Personale nicht eingesandt worden ist.

Wimpfen.

Am Neckar in Schwaben, nördlich vor Heilbronn, mit etwa 1800 Einwohnern, luther. Religion.

Ein Hochedler Rath: Burgermeister (2): Joh. Jac. Langer, Vogt zu Hochstatt u. Scholarch. Joh. Fr. Seyfert, Vogt zu Wimpfen im Thal u. Schol. Stadtschultheiß: Cstian Fr. Weibel. Rathsglieder (5): Joh. Ludw. Römer. Joh. Ludw. Moppus, Spitalpfleger. Joh. Fr. Kegele, Forstmeister. Carl Fr. Saalmann. Joh. Ad. Reichert, Kasten- u. Kellermeister.

Canzley. Stadtsyndicus: Joh. Jos. Kaufmann, auch Scholarch. Rathsconsulenten: Georg Leonh. Gebhard. Stadtschreiber: Gottl. Ulr. Härlin, Not. caes. publ. Kirchencollector, Arm= u. Waisenpfleger auch Baumeister: Heinr. Fr. Ernst, Stadt= gerichts=Assessor.

Windsheim.

Am Flusse Aisch in Franken mit 4500 Einwohnern, evangel. Religion. Ein Hochedler Rath. Der innere Rath. Burgermeister: Georg Wilh. Rücker, Oberrichter, Stadtmaj. Oberzinshr u. Kirchenpfleger, Obr. Vormundshr und Prota=Schol. Joh. Cstoph Engerer, Ober= hospital=Pfleger, Vormundshr u. Scholarch. Just. Wilh. Sauber, Ober=Landsteuer= u. Kriegsherr. Cstian Fr. Horlacher, Oberbauhr. Senatores: Joh. Cstian Ludw. Lenz; mittlerer Zinshr u. Stadt= capitain. Georg Bernh. Strampfer. Georg Wilh. Cstian Speyer, älterer Richter. Joh. Casp. Merklein, älterer Juventurhr. Georg Phil. Hochstetter, mittlerer Landsteuer= u. Kriegshr. Georg Cstoph v. Winterbach, ält. Umgelder. Joh. Conr. Seyß. Joh. Joach. Petz.

Der äußere Rath: Andr. Cstoph Model, äußerer Zinsherr und Blutrichter. Aug. Wilh. Model, äußerer Burgermeister u. Richter. J. Joach. Roth. Georg Leonh. Keller, äußerer Burgermeister und Richter. Aug. Merklein, äußerer Burgermeister, Landsteuer und Kriegshr. Joh. Georg Engerer. Georg Arn. Speyer, Bauhr. J. Georg Götz. Georg Fr. Dödderlein, äußerer Burgermeister u. Juventurhr. Joh. Fr. Alex. Engerer, äuß. Umgelder. Joh. Cstoph Leipold. Joh. Seb. Drittler, Stehler Almosenpfleger. Consu= lenten: Gust. Ehrh. Reitz. Joh. Jac. Strampfer.

Vormundschreiber: Cstian Fr. Speyer, Not. caesar. publ. Rathssecretär: Georg Fr. Horlacher. Actuarius: Cstian Wilh. Sauber. Archivar: Fr. Phil. Merklein. Canzleysecretär: Joh. Fr. Engerer. Registrator: Georg Wilh. Fr. Sauber. Canzellist: Joh. Georg Stolzenberg.

Worms.

Im oberrhein. Kreise am westl Ufer des Rheins mit einem kleinen Gebiet von etwa $\frac{1}{2}$ Q. M. und über 6000 Einwohner, evangel. Religion; steht gegenwärtig unter französischer Bothmäßigkeit.

Zell am Hamersbach.

In der Ortenau in Schwaben ohnweit der Reichsstadt Gengenbach. Sie stehet unter österreich. Schutz und ist der cathol. Religion zugethan. Mit ihr stehet das Thal am Hammersbach, welches ein unmittelbarer Reichs= stand ist, nur in so weit in Verbindung, daß es zu den Reichs= u. Kreis= anlagen nur den dritten Theil beiträgt. — Das Rathspersonale kann, weil es nicht eingesandt worden, hier nicht angeführt werden.

Fünftes Kapitel.

enthält das Directorial-Personale und die Canzleybeamten

der unmittelbaren

Freyen Reichs-Ritterschaft.

Die freye Reichsritterschaft besteht aus gräflichen, freyherrlichen und adelichen Familien, deren Güter, die bloß in Schwaben, Franken und den rheinischen Kreisen zerstreut liegen, unmittelbar unter Kaiser und Reich stehen. Sie hat zwar nicht Sitz und Stimme auf dem deutschen Reichstage, jedoch große Vorrechte. Unter andern haben die Glieder derselben auf ihren Gütern die hohe und niedere Jurisdiction, die Oberaufsicht in Kirchensachen, das Recht, ihre Unterthanen zu besteuren ꝛc., so daß ihnen in gewisser Rücksicht die Landeshoheit zugeschrieben wird. Die Gesamtheit derselben macht daher einen besondern Staatskörper im deutschen Reiche aus, der seine eigene Verfassung hat. Ihre Gebiete sind nämlich in drey Ritterkreise, den schwäbischen, fränkischen und rheinischen, jeder Kreis aber in Orte oder Cantons abgetheilt, wovon jeder aus mehrern Herrschaften, Marktflecken, Stiftern, Dörfern und Weilern besteht. Jeder Ort oder Canton hat seinen eigenen Director oder Ritterhauptmann und gewisse demselben zugegebene Ausschüsse und Ritterräthe aus dessen Mitte, nebst einer Canzley. Ferner hat jeder Ritterkreis seinen Special-Director, alle drey zusammen aber ein General-Directorium, welches bey den drey Kreisen umwechselt.

A) Der schwäbische Ritterkreis.

Besteht aus 668 Gütern und begreift die 5 Cantons: 1) an der Donau in Ober- und Nieder-Schwaben, hat seine Canzley zu Ehingen; 2) im Hegau, Allgau und am Bodensee, dessen Canzley zu Radolphszell; 3) Neckar, Schwarzwald, dessen Canzley zu Tübingen, nebst dem Ortenauischen Bezirk, dessen Canzley in Offenburg; 4) am Kocher im nordöstlichen Schwaben, dessen Canzley in der Reichstadt Eßlingen; 5) im Creichgau zwischen dem Rheine und Neckar, wovon die Canzley zu Heilbronn ist.

1) Ausschreibender Canton: Donau.

Director.

Joh. Anton Fhr v. Freyberg u. Eisenberg, Hr auf Hürbel, Haldenwang, Waldkirch, Offingen, Landstrost, Wechenbeuren, u. beyder Knöringen, k. k. w. Kämmerer u. resp. R. wohnt zu Hürbel bey Ochsenhausen.

Ritter-Räthe und Ausschüsse.

Marq. Fhr Späth v. Zwyfalten, Hr zu Gammertingen, Neufra, Feld- u. Harthausen, Kettnacker ꝛc. k. k. Kämmer. u. Rath, wohnt zu Gammertingen bey Riedlingen.

Joh. Nep. Fhr v. Späth-Schälzburg, Hr zu Granheim, kais. R. u. churtrier. Kämmer. wohnt zu Granheim bey Ehingen.

Joh. Nep. Fhr v. Späth, v. u. zu Zwiefalten, Hr auf Untermarchthal, Zwiefaltendorf, Eglingen u. Estetten, des kais. St. Jos. O. R. kais. Rath, wohnt zu Untermarchthal zwischen Ehingen und Riedlingen.

Honorius Fhr v. Hornstein auf Greningen, nächst Riedlingen, churmainz. Kammerhr u. Obristhofmeister.

Syndicus: Dr. Jos. Fidel. Matthias Gronmayer, fstl. augsburg. Hofr. u. der unmittelbaren freyen Reichsritterschaft in Schwaben aller 5 Cantons gemeinschaftl. auch Donau. R. u. Syndicus.

Consulenten: Lic. Ferd. Franz Gasser, fstl. freysing. Hofr. - Lic. Willibald Jos. Matth. v. Hirrlinger.

Secretarii: Jos. Ant. Kraft v. Delmensingen, zugleich gemeinsch. auch donauischer Cassier, wohnt zu Ulm. Jos. Nipp, Canton donauischer Marschcommissarius. Franz Fidel Gronmayer, zugleich gemeinschaftl. auch donauischer Registrator.

Canzellisten: Joh. Bapt. Ruef, zugleich gemeinsch. Gottfr. Ant. Körner, zugleich Registrat. Adjunct. Cstoph Ostler, wohnen sämtl. in Ehingen an der Donau.

2) Canton Högau, Allgau und am Bodensee.

Director.

Niclas Ludw. Aug. Fhr v. Enzberg, Hr zu Mühlheim u. Bronnen, kais. Rath, wohnt zu Mühlheim.

Erster Directorial=Ausschuß.

Joh. Cstian Anf. Reichlin, Fhr v. Meldegg, Hr zu Amtzell u. Niederbgundelfingen, kais. Rath, churtrier. Kammerhr, auch fstl. augspurg. w. geh. R. Obrist=Jägermeister u. Oberpfleger zu Oberdorf, wohnt zu Dillingen.

Ritterräthe und Ausschüsse.

Joh. Ad. Fhr v. u. zu Bodmann, Hr zu Bodmann, Espaßtingen, Wahlwieß, Kargegg, Lickeringen u. Schlatt, kais. R. u. k. k. Kämmer. wohnt zu Bodmann.

Joh. Bapt. Fhr v. Liebenfels, Hr zu Worblingen, Gaillingen u. Bayren an der Aach, kais. Rath, wohnt zu Worblingen.

Carl Ant. Remig. Fhr v. Pappus u. Trazberg, Hr zu Rauchenzell u. Laubenberg, kais. R. auch fstl. kemptischer w. geh. R. wohnt zu Kempten.

Jos. Ant. v. Hornstein auf Hohenstoffeln u. Büningen, kais. R. u. des Bezirks Högau RitterR. u. Ausschuß, wohnt zu Büningen.

Jul. Fridol. Fhr v. Hornstein auf Hohenstoffeln u. Weiterdingen, kais. R., fstl. bad. Kämmer. u. des oberrhein. Kreises Obristl. dann des Bezirks Högau Ritter=R. u. Ausschuß wohnt zu Bietingen.

Syndicus: Fidel. Damian v. Mayer, b. R. Dr. fstl. kempt. geh. Hofr. des Cantons Högau, Allgau u. am Bodensee gemeinschaftl. R und Syndicus, wohnt zu Radolphszell im Ritterhaus.

Consulenten: Lic. Franz Lebetgern, des Bezirks Algau u. am Bodensee Cons. wohnt zu Wangen im Ritterhause. Franz Xav. Hauger, des Bezirks Högau Consulent, wohnt zu Radolphszell. Archivare: Joh. Jos. Leonh. Sigl, des Bezirks Algau u. am Bodensee, wohnt zu Wangen. Marz. Georg Bayer, des Bezirks Högau, wohnt zu Radolphszell. Cassiers: J. Nep. M. Frast, des Bezirks Algau

Fünftes Kap. Der freyen Reichsritterschaft.

und am Bodensee Kaff. wohnt zu Wangen. Dav. Motz, des Bezirks Högau Kaff. wohnt zu Radolphszell. Canzellisten (3): Cleoph. Motz, des Bezirks Högau Steuerrenov., wohnt zu Radolphszell. Franz Beneb. Weber, des Bezirks Algau u. am Bodensee, wohnt zu Wangen. Joh. Carl Kolb, des Bezirks Högau, wohnt zu Radolphszell.

3) Canton am Neckar, Schwarzwald und Ortenau.

Ritterhauptmann.

Joh. Jos. Fhr v. Raßler auf Gamerschwang, Hr zu Weydenburg, Börstingen, Bieringen, Sulzau, Obernau u. Mittelbronn, kaif. R. wohnt zu Weytenburg ob Rothenburg am Neckar.

Ritter-Räthe und Ausschuß des Cantons am Neckar und Schwarzwald.

Franz Carl Fhr v. Harling zu Münchingen, Hr auf Mauren und Thalheim, kaif. R., hzl. würtemb. Kammerhr, Gen. L. und Command. des St. Carls-O. wohnt zu Suttgard.

Carl Fhr v. Gemmingen auf Mühlhausen u. Lieningen, kaif. R. wohnt zu Mühlhausen an der Würm, bey Pforzheim.

Carl Fhr v. Kniestedt, Hr auf Kniestedt, Schaubeck, Kleinbotwar, Heutingsheim u. Riebgarten, kaif. Rath markgräfl. bad. Kammerhr u. Reisemarschall, wohnt zu Carlsruhe.

Der vierte vacat.

Neckar-Schwarzwaldische Canzley, zu Tübingen wohnhaft.

Consulenten: Cstian Phil. Klotz. Carl Aug. Golther, b. R. Lic. Secretar u. Archivar: vacat. Kassier: Joh. Jac. Schmidt. — Registrator: Joh. Cstian Heinr. Schmidt. Steuereinnehmer: Ludw. Cstoph Reyscher, Amtmann zu Unter-Rieringen. Franz Jos. Schertlin, zu Horb.

Ortenauischen Bezirks Directorium.

Präsidirender Directorial-Rath.

Phil. Jac. Reinh. Fhr v. Berstett, Hr zu Schmiheim, Berstett 2c. kaif. Rath u. hzl. pfalz-zweybrück. w. R. auch des nieder-elsäß. Ritters Directorii Zugeordneter, wohnt zu Lahr in der Ortenau.

Directorial-Rath.

Jos. Rud. Aloys Fhr v. u. zu der Schleiß, Hr zu Berghaupten u. Jllenbach, kaif. R. u. churtrier. Kammerhr, wohnt zu Berghaupten in der Ortenau.

Ausschüsse und Zugeordnete.

Fr. Ludw. Reinh. Fhr v. Wurmser v. Vendenheim, Hr zu Meissenheim, Vendenheim 2c. des franz. Merite, O. R. u. Marechal des Camps, auch nieder-elsäß. ritterschaftl. Zugeordneter, wohnt zu Strasburg.

Franz Jos. Wilh. Euseb. Fhr von und zu Schauenburg, Hr zu Gaisbach, Sulzbach, Herrlisheim, Hatstatt 2c., des Joh. O. Ehren R. wohnt zu Herrlisheim, im Elsaß.

368 Zweiter Abschnitt. Staatsb. des deutschen Reichs.

Ferd. Aug. Fhr Röder v. Dierspurg, des kön. franz. Merite-O. R.,
wohnt zu Dierspurg.

Carl Adolph Friedr. Fhr v. Plittersdorf, des rothen Adl. O. R.,
churcöln. Kammerhr u. fürstl. thurn- u. tax. geh. R. auch ritterschaft-
ortenauisch. Truhenmeister, wohnt zu Offenburg.

Der Präsident, Directorial-Rath, Ausschuß und Zugeordnete, sind auch
Capitularen des vom Kaiser der schwäbischen Reichsritterschaft aller
5 Orte verliehenen Ordens.

Canzley,

datirt sich, so wie das Directorium aus der Reichsstadt Offenburg.

Syndicus: Lic. Theod. Fr. Schoell, Com. pal. caes. fstl. Jos-
hannittermeisterl. geh. R., wohnt in Strasburg. Consulent: Estian
Fr. Sahler, hzl. sachs. mening. geh. Reg. R. des kaif. O. Secretär,
wohnt in Offenburg. Secretär, Kassier u. Marsch-Commiss. Franz
Jos. Stoll, Not. caes. publ. u. Amtmann zu Rust, des kaif. O. Kass.
wohnt zu Ettenheim in der Ortenau. Canzellist: vacat.

Advocaten und Procuratoren, die bey der ritterschaftl. Canzley aufgenommen sind, und wirkliche Dienste leisten.

Lic. Franz Jos. Kraus, mkgfl. badensch. Rath, wohnt in Strasburg.
Lic. Joh. Gottfr. Scheid, Not. caes. publ. wohnt in Keil. Joh.
Nep. Eulog. Lihl, ICtus, wohnt in Offenburg. N. N. Krippendorf,
ICtus, fstl. nassau. Hofr. Amtm. zu Altorf, Orschweyer u. Rohrburg,
wohnt zu Altorf in der Ortenau.

4) Canton am Kocher.

Ritter-Hauptmann.

Jos. Ans. Gr. Adelmann von und zu Adelmannsfelden, auf Sche-
chingen, Hohenstatt u. Leinweiler ꝛc. kaif. w. Kammerhr u. Rath; Command. u. Großkr. des St. Mich. O. auch churtrier. u. fstl. ellwang. w.
geh. R. u. Obristkämmerer, des fstl. Stifts Ellwangen Erbmarschal u.
Oberamtm. zu Heuchlingen u. Abtsgemünd, wohnt zu Hohenstadt.

Ritter-Räthe und Ausschüsse.

Aug. Estoph Rs-Gr. v. Degenfeld-Schomburg, Edl. und Pannerhr auf Hohen-Eybach, Dürnau, Neuhausen, Eßlingen, Rechberg-
hausen u. Groß-Eislingen ꝛc. kaif. R. des k. preuß. rothen Adl. O. Großkr.,
wohnt zu Eybach.

Maximil. Fhr v. Rechberg u. Rothenlöwen auf Hohenrechberg,
Weißenstein, Kellmünz, Donzdorf u. Scharfenberg ꝛc. kaif. Rath ꝛc.
churpfälz. Kammerhr, geh. R. u. Obristhofmeister weil. der verw. Fr.
Churfürstin, des St. Georg. O. Groß-Commenth. der Rägraflsch. Wie-
senfteig Administrator, u. des fstl. Stifts Ellwangen Erbschenk, wohnt
zu München.

Paul Jos. Fhr von Beroldingen auf Horn ꝛc. kaif. Rath, churtrier. Kammerhr u. fstl. ellwangisch. Oberamtm. zu Kochenburg, wohnt
zu Ellwangen.

Carl

Fünftes Kap. Der freyen Reichsritterschaft.

Carl Ludw. Georg v. Wöllwarth, auf Lauterburg, Hohenroden u. Eßlingen, kaif. R. churtrier. hzl. würtemberg. Staatsminister u. Kammerpräsid. auch des würtemberg. Groß-O. R. wohnt zu Stuttgardt. Consulenten: Ehrh. Fr. Weinland, hzl. mecklenburg-schwerin. geh. Justiz-R. u. Rsstadt Eßlingen. Senator u. Oberforstmeister. Joh. Pet. Feuerbach, wohnen zu Eßlingen. Ortssecretär: Joh. Gerber, wohnt zu Eßlingen. Registrator: Carl Fr. Zech, wohnt zu Eßlingen. Kafsierer: 1) Heinr. Adam Wiedersheim, Rsstadt Eßling. Rechnungsverwalter, wohnt zu Eßlingen. 2) Estoph Friedr. Mayer, fhrl. v. Racknitz. Staabs-Amtm., wohnt zu Haynsheim. Canzellist: Joh. Georg Stüber, Notar. caes. publ. jurat. wohnt zu Eßlingen.

5) Canton im Creichgau.

Director.

Ernst Fhr v. Gemmingen, Hr zu Michelfeld, Neckarzimmern u. Neckarbeyhingen rc. kaif. R. k. preuß. Kammerhr, wohnt zu Heilbronn.

Ritter-Räthe.

Ludw. Fhr. v. Gemmingen, Hr zu Guttenberg, Mühlbach, Bonfeld, Hüffenhardt, Wollenberg, Damhoff, Kalbertshausen, kaif. R. mkgfl. baden-durlach. Kammerhr, wohnt zu Bonfeld.

Reinhard Fhr v. Massenbach, Hr zu Massenbach, kaif. Rath und Rittmeister, wohnt zu Massenbach.

Ernst Fhr v. St. Andree, Hr zu Königsbach, Kresbach, Johannisthalerhof, Eckhof u. Wenkheim, kaif. Rath, wohnt zu Königsbach.

Eberhard Fhr v. Gemmingen, Hr zu Rappenau, kaif. Rath, wohnt zu Rappenau.

Orts-Canzley.

Consulenten: Joh. Dietr. Lang. Jac. Gottl. Reuß. Archivar: Aug. Uhl. Rechnungs- u. Marsch-Commissär: Georg Aug. Luz. Orts-Kassier: Georg Estian Hauber, wohnen sämtl. zu Heilbronn. Direct. Registrator: Mich. Ebert (Emerit.), wohnt zu Bischofsheim. Canzellist: Bernh. Friedr. Anns, u. Carl Heinr. Warneck.

B) Der fränkische Ritterkreis.

Besteht aus 702 reichsritterschaftl. Gütern u. begreift 6 Cantons unter sich. 1) Rhön-Werra; Canzley zu Schweinfurt. 2) Odenwald; Canzley zu Kochendorf. 3) Gebürg, auf der Ostseite der Niedergeiß; Canzley zu Bambera. 4) am Steigerwald; Canzley zu Erlangen. 5) Altmühl; Canzley zu Wilhermsdorf. 6) an der Baunach; Canzley zu Nürnberg.

1) Canton Rhön-Werra,

bey welchem dermalen das fränkische Specialdirectorium ist.

Ritter-Hauptmann.

Friedr. Fhr von und zu der Tann, kaif. w. R. churfürstl. mainz. u. fürstl. fuld. geh. R., wie auch respective Oberhofmarschall u. Oberamtmann, wohnt zu Fuld.

H. 2r B. Th. 1798.

370 Zweiter Abschnitt. Staatsb. des deutschen Reichs.

Ritter - Räthe.

Dietr. Phil. Aug. Fhr v. Stein, auf Nordheim, v. Völkershausen, Berkach ꝛc. k. k. Kämm. u. w. R., wohnt zu Nordheim im Grabfeld.

Phil. Volpert Fhr v. Thüngen, auf Zeitlofs, Weisenbach, Burgsinn ꝛc. kais. w. Rath, u. hzl. württemb. Kammerhr u. Hofjägermeister, wohnt zu Zeitlofs.

Phil. v. Gebsattel, auf Lebenhahn, Sondheim, Leutershausen ꝛc. kais. w. R. fürstl. bamberg. Kammerhr, geh. Rath u. Oberamtm. zu Vielseck, wohnt in Bamberg.

Wolf v. Geyso, k. w. R. u. hessencassel. Hptm., wohnt zu Wenigentafft.

Ausschüsse.

Carl Phil. Fhr v. Münster, auf Euerbach, Niederwehrn ꝛc. fstl. bamberg. geh. R. Kammerhr u. Oberamtm. zu Vorchheim, wohnt zu Vorchheim.

Cstoph Carl von und zu der Tann, churcöln. Kammerhr, wohnt in der Tann.

Georg Wilh. v. Speßhart, auf Aschenhausen ꝛc. hzl. sachsen-coburg-saalfeld. geh. R., wohnt zu Meiningen.

Franz Cstoph Fhr v. Hutten zum Stolzenberg auf Steinbach, Walchenfeld u. Saalmünster, churpfälz. Kammerhr, u. fstl. würzburg. Kammerhr u. Oberamtm. zu Schwanfeld, wohnt in Würzburg.

Orts-Canzley.

Consulent: Joh. Heinr. Pollich, kais. Hofpfalzgraf u. churmainz. Hofr. Syndicus: Joh. Cstian Gottl. Stöer. Secretär: Joh. Gottfr. Hofmann, kais. geschw. Notar. Secretär und Kassier: Wilh. Pollich, hzl. sachsen-eisenach. Legat.Rath. Archivar: Joh. Heinr. Brenner. Registrator: Joh. Andreas Fleischmann. Marschcommissär: G. Phil. Sixt, wohnen sämtl. in Schweinfurt.

Recipirte Orts-Advocaten.

Stadtconsulent Merk. Stadtsyndicus Stepf. Hofrath Will. Rath Cramer. Dr. Segniz. Sixt. Segniz, Hofr. Secretär Merk. Revisor Stolle. Schöpf. Fichtel. Reuter. Englert. Heinr. Segniz. Fr. Stepf.

Anmerk. Es gehört zu dem aus 4 Quartieren bestehenden Ritterort Rhönwerra, das Buchische Quart., oder der Rsadel in Buchen, welcher in dem alten Buchonia wohnt, und der mit dem Canton Baunach, so in der Gegend von Bamberg, Würzburg, Coburg, Hildburghausen liegt, nicht vermengt werden darf. Die Verfassung des Buchischen Quartiers ist folgende:

Der Buchische Ritterrath.

Wolf v. Geyso auf Wenigentafft, Mansbach u. Roßdorf, kais. w. Rath, wohnt zu Wenigentafft.

Die Buchischen Ausschüsse.

Cstoph Carl v. u. zu der Tann, churcöln. Kammerhr, wohnt in der Tann.

Ludw. v. Geyso auf Roßdorf, Mansbach u. Wenigentafft, hessencassel. Hauptmann, wohnt zu Roßdorf.

Fünftes Kap. Der freyen Reichsritterschaft.

Consulent: Andr. Simon, kaif. Hof-Pfalzgr. fstl. brandenburg-anspach. Hofr. u. gräfl. görz. Justiz-R. wohnt zu Schlitz. Secretar und Kaffier: Georg Adam Kretzer, fürstl. waldeck. Rath, wohnt zu Mansbach. Registrator: Georg Paul Oster, wohnt in der Tann.

2) Canton am Ottenwald.

Ritterhauptmann.

Carl Fr. Reinh. Fhr v. Gemmingen, Hr auf Guttenberg, Bonfeld, Wollenberg, Hüffenhard, Kälbertshausen, Niedersteinach, Altensberg ꝛc. k. k. w. geh. R. des preuß. rothen Adl. auch des bad. de la Fidel. O. R. wohnt zu Bonfeld.

Ritter-Räthe.

Friedr. Fhr v. Weiler, Hr auf Weyler, Eichelberg, Mayenfels und Lichtenberg ꝛc. wohnt zu Weyler ohnweit Heilbronn.

Joh. Carl Fhr v. Berlichingen, Hr auf Jllesheim, Korb, Hagensbach, Hettingenbeuern ꝛc., wohnt zu Jllesheim bey Windsheim.

Joh. Phil. Fhr v. Wolfskeel, Hr auf Rothenbauer, Geroldshausen ꝛc. chursachs. Kämmer. fstl. würzb. geh. R. u. General, des k. preuß. rothen Adl. O. R., wohnt zu Rothenbauer ohnweit Würzburg.

Ernst Ludw. Fhr. v. Berlichingen, Hr auf Roßach, Keßach, u. Helmstädt ꝛc. churpfalzbayr. Kämmer. wohnt zu Heilbronn.

Joh. Wilh. Fr. Fhr Senft v. Sulburg, Hr auf Mazzenbach, Münkheim, Oberappenberg, hzl. würtemb. Kammerhr u. Obermarschall, des militär. St. Carl-O. R. wohnt zu Stuttgard.

Franz Carl v. Gemmingen, Hr auf Neckarzimmern, Jttlingen, Steinsfeld, k. k. Kämm. u. Obristwachtmstr, wohnt zu Lehren-Steinsfeld.

Ausschüsse.

Carl Heinr. Fhr Zobel v. Giebelstadt, Hr auf Giebelstadt u. Herrheim ꝛc. fstl. würzburg. w. geh. R. Oberamtm. zu Geroldshofen, auch Beysitzer des kaif. Landgerichts Herzogth. Franken, des kaif. St. Jos. O. R. wohnt in Giebelstadt.

Felix Fhr Rüdt v. Callenberg, Hr auf Eberstadt, Sindolsheim, Eubigheim, Heinstadt, Waldstetten u. der untern Burg zu Königheim, fstl. badischer geh. R. u. Reg. Vicepräsident, wohnt zu Carlsruhe.

Capitularen des von Kaif. Maj. dem Canton Ottenwald allergnädigst verliehenen Ordens.

Ritterhauptmann, Räthe u. Ausschuß des Cantons. — Sodann: Jos. Fhr v. Fechenbach, Hr auf Lautenbach, churmainz. Kämmer. u. fstl. würzburg. geh. R. des kaif. St. Jos. O. R., wohnt in Mainz.

Gottfr. Fhr Rüdt v. Callenberg, Hr auf Eberstadt, Lindelsheim, Eubigheim, Hainstadt, Waldstetten u. der untern Burg zu Königheim, brandenburg-onolzb. Kammerhr, wohnt zu Eberstadt.

Franz Carl Phil. Gr. v. Jngelheim, des kaif. St. Jos. O. Command., churmainz. geh. R. u. Obristhofmarschall, wohnt zu Mainz.

Ehrh. Ludw. Max. Fhr v. Stettern, mkgfl. bad. Kammerhr.

Canzley (zu Kochendorf bey Heilbronn).
Consulenten: Cstoph Friedr. Dertinger, b. R. Lic. Ehrenmitglied des Collegiatstifts St. Petri u. Pauli zu Halberstadt, des kais. Cantons Ordenssecretär. Conr. Fr. Hoser, b. R. Lic. Archivar: Jac. Heinr. Rheinwald, ICtus, auch des kais. Cant. Ordensarchivar. Secretär u. Bibliothekar: vacat. Kassier: vacat. Kassieramts-Verweser: Cstian Heinr. Hörlin. Registrator und Marschcommissär: Joh. Gottl. Poller. Rechnungscommissär: Friedr. Carl Hölder.

3) Canton Geburg.

Ritterhauptmann.

Ad. Fr. Aloys Franz Fhr Schenk v. Staufenberg, auf Burggrub, Heiligenstadt, Ammerdingen u. Bach rc. kais. w. R. fstl. bamb. geh. u. Conferenz-R. Hofmarschall u. Oberamtm. zu Scheßlitz, wohnt zu Bamberg.

Ritter-Räthe.

Veit Carl Redwitz, Hr auf Schmölz, Thelsenort, Redwitz und Küps, kais. R. fürstl. eichstädt. geh. R. Geschlechts-Aeltester, wohnt zu Schmölz.

Friedr. Carl Ludw. Ernst Fhr v. Künsberg, auf Thurnau, Ermreuth, Obersteinbach, kais. R., hzl. württemb. geh. R. u. Oberhofmeister, fstl. brandenburg. onolzb. Kammerhr, des rothen Adl. O. R. wohnt zu Bayreuth.

Franz Wilh. Fhr v. u. zu Guttenberg, auf Breitenreuth, Hummendorf u. Streichenreuth, kais. R. churmainz. auch fürstl. würzburg. geh. R. Obermarsch. u. Oberamtm. zu Hofingen u. Lauringen, wohnt zu Würzburg.

Wilh. Ludw. Fhr v. Brand, auf Adlitz, Christanz u. Bühl rc. kais. R. fstl. brandenb. bayreuth. Kammerhr. u. geh. Reg. R. des roth. Adl. O. R. wohnt zu Bühl.

Friedr. Carl von Schaumberg, auf Strösendorf, Altenburg ob Burgkundstadt, Weidnitz u. Hof an der Steinach rc. kais. R. fstl. bamberg. geh. R. Oberjägermeister u. Oberamtm. zu Scheßlitz, wohnt zu Bamberg.

Cstoph Albr. Fhr v. Seckendorf, auf Sugenheim, Unterzenn, Wolkenstein, Ezelheim, Wohnsurth, kais. R. hzgl. württemb. geh. R. Staatsminister u. Rstagsgesandt. auch Canton Baunach. Ritterhptm., wohnt zu Regenspurg.

Anton Jos. Horneck v. Weinheim, auf Thurn u. Maroldsweisach rc. kais. R. fstl. bamberg. geh. R. Oberstallmeister u. Oberamtm. zu Weissmain u. Burgkundstadt, auch des Cantons Baunach Ritterrath, wohnt zu Bamberg.

Deputirte.

Phil. Ant. v. Künsberg, auf Nagel und Tüschnitz, fstl. bamberg. geh. R. Landrichter u. Oberamtmann zu Lichtenfels, wohnt zu Bamberg.

Friedr. Wilh. Fhr von Auffeß, auf Oberauffeeß, Königsfeld und

Fünftes Kapitel. Der freyen Reichsritterschaft.

Wohnsdorf, fstl. anspach. Kammerhr; bayreuth. Reg. R. u. Ritterlehens gerichts-Assess. wohnt zu Bayreuth.

Wilh. Cstian Aug. Gr. v. Brockdorf auf Schney, Unterleiterbach, kais. R. fstl. bamberg. geh. R. des St. Jos. u. Dannebr. O. R. und Orts Baunach Ritter-R., wohnt zu Schney.

Franz Jos. v. Redwitz, auf Schmölz, Theisenort, Redwitz u. Küps, fstl. bamberg. geh. R. u. Oberamtm. zu Teuschnitz, wohnt zu Bamberg.

Ortsgebürgische Canzley.

Consulenten: Ferd. Ignaz Faber, fstl. bamberg. geh. R. Joh. Georg Wittmann, b. R. Lic. fstl. bamberg. geh. R. Secretär und Caßierer: Cstian Ernst Bretschneider. Archivar: Heinr. Carl Cstoph Schindler. Registrator: Conr. Jac. Alt.

Ortsgebürgische von kaiserl. Majestät bestätigte Fräuleinstiftung.

Präbendirte Stiftsfräulein (12): Caroline Sophie von Seckendorf. Marie Therese Horneck v. Weinheim. Charl. Friderike v. Retzenstein zu Fischbach. Margar. Frider. Charlotte v. Arnim zu Windischenleibach. Marie Louise Schenk v. Stauffenberg. Charlotte Franc. Lochner v. Hüttenbach. Erdm. Cstiane Frider. Sophie von Arnim zu Windischenleibach. Ludovike Horneck von Weinheim. Mar. Anne Cstine Felicitas v. Guttenberg. Eleon. Cstiane Wilhelm. Henr. Carol. v. Brand. Mar. Theres. Francisce Schenk von Staufenberg. Elisab. Sidon. Charl. v. Schlammersdorf.

Präses und Deputirte dieser Fräuleinstiftung.

Präses: Ritterhptm. Ad. Fr. Schenk, Fhr v. Staufenberg, s. ob. Deputirte: Friedr. Carl Ludw. Ernst Fhr von Künsberg, s. oben. Franz Wilh. Fhr v. u. zu Guttenberg, s. ob. Ant. Jos. Horneck v. Weinheim, s. ob. Fr. Wilh. Fhr v. Aufsees, s. ob. s. Cant. Steigerwald.

Officialen.

Stiftssyndicus: Christoph Balth. Faber, fürstl. bamberg. Hofr. Stiftscaßier: Cstian Ernst Bretschneider, Ortssecretär.

4) Canton am Steigerwald.

Ritter-Hauptmann.

Leop. Gr. v. u. zu Egloffstein, Hr zu Kunreuth, Gunzendorf, Mühlhausen c. kais. w. R. u. k. preuß. Kammerhr; wohnt zu Erlangen.

Ritter-Räthe.

Hartm. Phil. v. Mauchenheim, genannt Bechtolsheim, Herr zu Mainsontheim, Mainstockheim, Alberhofen, Biebergau, kais. w. Rath, churtrier. u. fstl. würzb. Kammerhr, auch respect. geh. R. u. Oberamtm. zu Kitzingen, Iphofen u. Marktbibart, des kais. Landgerichts Herzogth. Franken Assess. wohnt zu Würzburg.

Hans Friedr. Franz Cstian Fhr v. Künsberg, Hr zu Thurnau, Ermreuth, Obersteinbach, Marktaschendorf c. kais. w. Rath, des kön. preuß.

roth. Abl. O. R. herzogl. braunschweig. geh. R. u. Oberhofm. bei der verwittw. Fr. Mkgräfin v. Bayreuth, wohnt zu Erlangen.

Franz Conr. Fhr v. Schrottenberg, Hr zu Reichmannsdorf, Eltersbach u. Treppendorf ꝛc. kaiſ. w. Rath, fſtl. bamberg. Kammerhr, geh. R. u. Oberamtm. zu Burg = Ebrach, wohnt zu Bamberg.

Ausſchuß.

Ferdin. Wenzel Fhr v. Bibra, Hr zu Schwebheim ꝛc. herzogl. pfalzzweybr. u. fſtl. würzburg. Kammerhr, Hof= u. Reg. R. auch Oberamtm. zu Bischofsheim vor der Röhn, wohnt zu Würzburg.

Cſtoph W. Fr. Fhr v. Creylßheim, Hr zu Fröheſtockheim, Rödelſee, Altenſchönbach, Neuhaus, Walsdorf ꝛc. churcölln. Kammerherr, wohnt zu Fröheſtockheim bey Kitzingen.

Canzley.

Conſulenten: Heinr. Aug. Pfeiffer, fſtl. brandenb. Hofr. Joh. Bernh. Helmreich, fürſtl. bamberg. Hofr. Secretär: Georg Wilh. Heinr. Pfeifer, deſign. Syndicus. Caſſier: Joh. Cſtian Rebmann, Not. caeſ. publ. Orts = Secretär und Regiſtrator: Joh. Andr. Schober, Not. caeſ. publ. Regiſtrator: Joh. Georg Berger, hat zugleich die Aufſicht über die Ortsbibliothek (wohnen alle 5 zu Erlang.)

Procuratores ordin.

a) Zu Erlangen wohnend: Joh. Fr. Sand, Proceßr. Philipp Albr. Schreiber. Cſtoph Sam. Fleiſchmann, Stadtconſulent. Mich. Friedr. Kraft. Joh. Wilh. Fleiſchmann, Stadtgerichtsrath und Stadtſyndicus. Joh. Cſtoph Friedr. Schmid, ſämmtl. k. preuß. Juſtizcommiſſarien. G. Auguſt Wächter, ICtus. b) Auswärtige: Joh. Fr. Weis, fhrl. v. Buirettel. Amtm. zu Wilhelmsdorf bey Emskirchen. Fr. Ferd. Heinr. Sommer, rsgräfl. pappenheim. Hofr. zu Pappenheim. Fr. Cſtian Lips, fhrl. v. Rotenhan. Sekret. zu Rentweinsdorf bey Bamberg. Joh. Phil. Rükſer, gräfl. v. Egloffſtein. Amtsverweſer zu Mühlhauſen bey Erlangen.

5) Canton Alt = Mühl.

Ritterhauptmann.

Ernſt Ludw. Seb. Fhr v. Crailsheim, Hr auf Rügland, Roſenberg, Morſtein, Hornberg, Sommersdorf, Thann, Neuhaus, Walsdorf, Altenſchönbach ꝛc. k. k. w. Rath u. churtrier. w. geh. R. wohnt in Rügland bey Anspach.

Ritterräthe.

Cſtian Guſtav v. Eyb, Hr auf Neuendettelsau ꝛc. k. k. w. R. fſtl. eichſtädt. geh. R. Kammerpräſid. u. Domcapit. zu Eichſtädt, wohnt zu Eichſt.

Phil. Wilh. Georg v. Eyb, Hr auf Veſtenberg u. Immeldorf ꝛc. k. k. w. R. u. Hptm. dann fſtl. brandenburg. w. Kammerhr, wohnt zu Anspach.

Friedr. Cſtoph Carl Fhr v. Seckendorf, Hr auf Obernzenn und Urphertshofen, k. k. w. R. u. Hptm. wohnt zu Obernzenn.

Fünftes Kapitel. Der freyen Reichsritterschaft. 375

Carl Ernst Schenk v. Geyern, Hr. auf Syburg, Geyern u. Wiesenbruck ꝛc. hzgl. würtemberg. geh. R. wohnt zu Syburg.

Ausschuß.

Julius Wilh. Fhr v. Crailsheim, Hr auf Sommersdorf u. Thann, Orts-Altmühl, Truhenmeister, wohnt zu Rügland.
Theresius Fhr v. Seckendorf, Hr auf Obernzenn u. Urphertshofen, kön. franz. Oberlieutn. wohnt zu Obernzenn.

Canzley.

Consulenten: Joh. Laur. Hussel. Joh. Cstoph Schmid. Ortssecretär: Cstian Phil. Schmid, (wohnen sämmtlich zu Wilhermsdorf.) — Ritterhauptmannisch. Secretär: Joh. Cstoph Schmid, hzgl. sachs. meining. R., wohnt zu Rüglaud. Caßier: vacat. Marschcommissär und Rechnungsrevisor: Johann Georg Vetter, fhrl. Crailsheimisch. Amtm. zu Rügland.

6) Canton an der Baunach.

Ritterhauptmann.

Cstoph Albr. Fhr v. Seckendorf, Hr auf Markt-Eugenheim, Unternzenn, Wolkenstein, Etzelheim, Wonfurth ꝛc. kaif. w. R. hzgl. würtemberg. geh. R. Staatsminister u. Rstagsgesandter, des St. Hub. O. R. auch Canton Gebürgischer Ritterrath, wohnt zu Regenspurg.

Ritterräthe.

Phil. Carl Ant. Fhr von Greiffenclau zu Vollraths, Herr auf Gereuth, Haßenpreppach, Albersdorf ꝛc. kaif. w. R. churmainz. und fstl. würzburg. geh. R. auch respect. Oberstallmeister und Oberamtm. zu Eltmann u. Haßfurt, des kaif. St. Josephs, O. R. wohnt zu Würzburg.

Ant. Joseph Fhr Horneck v. Weinheim, Hr auf Thurn und Maroldsweisach ꝛc. kaif. w. R. fstl. bamberg. geh. R. Oberstallmeister u. Oberamtmann zu Weißmayn u. Burgkundstadt, des Cantons Gebürg Ritter-R.; wohnt zu Bamberg.

Adam Gottlob Fhr Truchseß v. Wetzhausen, Hr auf Bundorf, Vettenburg ꝛc. kaif. R. wohnt zu Bundorf.

Wilh. Cstian Aug. Gr. v. Brockdorf, Hr auf Schney, Unterlettersbach, Kletkamp u. Grünhauß, kaif. w. R. fstl. bamberg. geh. R. des kaif. St. Jos. und kön. dän. Dannebr. O. R. auch Canton Gebürg. Deput., wohnt zu Schney.

Friedr. Cstoph Gr. v. Rotenhan, Hr auf Rotenhausen, Merzbach ꝛc. kaif. w. R. fstl. bamberg. geh. R. Kammerhr, Reisemarsch. Berghaupt- und Oberammann zu Marklofstein, des kaif. St. Jos. O. R., wohnt zu Bamberg.

Cstian Ferdin. Fhr v. Könitz, Hr auf Untersimau, Herreth, Birkach, Weißenbrunn am Forst ꝛc. kaif. w R. hzgl. sachsen-weimar. u. eisenach. Kammerhr, auch der Landsch. des Fürstenth. Coburg II Deput., wohnt zu Untersimau.

Aa 4

Ausschüsse.

Cstoph Franz Fhr Groß v. u. zu Trockau, Hr auf Gleisenau, Sechsthal ꝛc. fstl. würzburg. Hofr. u. Hofcapal. auch Oberamtm. zu Ebern u. Seßlach, wohnt zu Würzburg.

Cstian Ernst Fhr von Rotenhan, Hr auf Eyrichshof, Markt-Rennweinsdorf, Ebelsbach, Fischbach, Herreth ꝛc. kön. preuß. und fstl. hessendarmst. Kammerhr, wohnt zu Eyrichshof.

Consulent: Joh. Gottfr. Andr. Fabricius, fstl. fuld. geh. Rath, churmainz. und herzogl. sachsen-gothaisch. Hofr., wohnt zu Nürnberg. Wirklicher Syndicus: Friedr. Cstian Schmidt, b. R. Dr. verschiedener Rstände Hof- u. Justizrath, wohnt zu Regenspurg. Ortsphysicus: Gottfr. Steph. Hofmann, b. A. Dr. wohnt zu Rentweinsdorf. Syndicus: Ludw. Ad. Sachs, wohnt zu Nürnberg. Caßier: Joh. Wilh. Sondermann, wohnt zu Rügheim. Ortssecretär: Carl Heinr. Mehring. Registrator: Conr. Wolfg. Heim, (wohnen zu Nürnberg).

C) Der Rheinische Ritterkreis.

Besteht aus mehr als 1500 Gütern auf beiden Seiten des Rheins u. begreift 3 Kantons unter sich, nämlich 1) am Oberrheinstrom; dessen Canzley zu Mainz. 2) am Mittelrhein; Canzley zu Friedberg und 3) am Niederrhein; dessen Canzley bisher zu Coblenz war.

1) Canton Oberrheinstrom.

Ritterhauptmann.

Damian Hugo Casim. Phil. Jos. Fhr v. Schmidburg, churtrier. Erbschenk, Hr zu Yben ꝛc. des kais. St. Jos. O. R. churmainz. und trier. geh. R. Oberamtm. zu Orb u. Hausen, wohnt zu Mainz.

Vice-Ritterhauptmann.

Friedr. Franz Carl Fhr v. u. zu Dalberg, Kämmerer v. Worms, Hr zu Heßlach u. Gabsheim, Ganerb zu Mommernheim u. Bechtolsheim, des kais. St. Jos. O. R. churmainz. geh. R. und Oberamtm. zu Miltenberg, auch weltl. Statth. zu Worms.

Ritterräthe.

Franz Carl Phil. Rsgr. v. Ingelheim, genannt Echter v. u. zu Mespelbronn, des kais. St. Jos. O. Command. churmainz. geh. R. u. Obermarschall.

Carl Cstoph. Gottl. Fhr v. Gagern, hzgl. pfalzweybr. geh. R. und Obristhofmeister.

Friedr. Ludw. Fhr v. Bozheim, k.k. geh. R.

Hugo Franz Lothar Fhr v. Geismar, genannt Mosbach von Lindenfels, Hr zu Riepen u. Dalpen, churmainz. auch churtrier. Kammerhr.

Friedr. Reinh. Fhr v. Wallbrunn, fstl. hessen-darmstädt. auch bei der hessisch. Häuser Oberappellations-Präsident.

Wolfg. Herib. Fhr v. Dalberg, Kämmerer von Worms, churpfalzb. geh. R. Staatsminister u. Oberappellations-Präsid.

Joh. Cstoph Fr. Fhr v. Gagern, fstl. nassau-weilburg. geh. R. Friedr. Fhr v. Botzheim, Major des churpfalzb. Inf. Regim. von Rodenhausen.

Truhenmeister: Fr. Jos. Carl Fhr v. u. zu Frankenstein in Ockstadt, des St. Georg-O. R., churmainz. geh. R. u. Hofmarschall, auch fstl. würzburg. geh. R. — Syndici: Edm. Ign. Itztein, b. R. Lic. churmainz. geh. R. Hofgerichts- u. Pfandamtsdirector auch St. Rochus-hospitals Commissions-Deputirter. — Ant. Itztein, b. R. Dr. fstl. hessen-homburg. Hofr. Ph. Heinr. Hadamar, b. R. Dr. — Secretär: Mart. Jos. Lindemann. — Cassier: Jos. Knorr. — Canzlisten: Franz Gerh. Kerz. Gereon Kilian. Casp. Walz (wohnen alle in Mainz). — Advocati ordinarii: Brahm. Vahlkampf. Diel. Koch. Procuratoren: Hebenstreit. Janz. Dams. Braun. Schäfer. Brahm. Koch.

2) Canton am Niederrheinstrom.

Ritterhauptmann.

Franz Fhr v. Kerpen, Hr zu Illingen, Liringen, Röllingen, Fürfeld u. Würzweiler, churtrier. geh. R. u. Kammer. Kreisgesandt. auch Amtmann der Aemter Ulmen, Kochem und Dhaun, wohnt zu Coblenz.

Ritterräthe.

Hugo Casim. Edm. Rsgraf v. Kesselstadt, Hr zu Führen, Arenrath, Dodenburg, Bruch, Löffenich u. Bauendorf, kaiserl. und churtrier. geh. R. Landhofm. Erbkämmerer und Amtm. zu Pfalzel, auch Obervogt im Cröffer-Reich, wohnt zu Coblenz.

Franz Ludw. Fhr v. Breidbach, Hr zu Bürresheim, churmainz. und churtrier. geh. R., Obr. Kämm. u. Amtm. der Stadt Coblenz u. Ehrenbreitstein, Burggr. zu Starkenburg und Oberamtm. in der Bergstraße, des kais. St. Jos. Ord. R. auch des St. Mich. Ord. Großkr., wohnt zu Coblenz.

Franz Hugo Edm. Fhr Beissel v. Gymnich, Herr zu Schmidheim, Bouley u Frenz 2c. churtrier geh. R. u. Amtm. zu Prüm, Schönecken u. u. Schönberg, des kais. St. Jos. O. R., wohnt zu Frenz.

Ludw. Jos. Wilh. des h. r. Rs Gr. Boos v. Waldeck, Montfort und Waffenbach 2c. kais. u. churtrier w. geh. R. Obristhofmarsch. u. Oberamtmann zu Zell und Baldeneck, des churpfälz. Löw. O. R. und Oberamtm. zu Simmern, wohnt gegenwärtig zu Fuld.

Hugo Phil. Carl Rs-Graf u. Edl. Hr zu Elz, gen. Faust v. Stromberg, Hr zu Wuckowar in Syrmien u. Slavonien, Erbhr zu Trappstadt, Vendersheim u. Leyen, Hr zu Burggrafenroda u. Wiersheim, Pfandhr zu Schmitburg, k. k. w. geh., des kais. St. Jos. Ord. Command. churmainz. w. geh. R. Obriststallmeister u. Oberamtm. zu Gernsheim u. Oberlahnstein, churtrier. geh. R., Erbmarschall und Oberamtm. zu Mayen, Montreal u. Kaisersesch, wohnt zu Mainz.

Franz Carl Phil. Rs-Graf v. Ingelheim, gen. Echter v. u. zu Medelbronn, Hr zu Schönenberg, Waldhilbersheim u. Holzhausen, des kais.

378 Zweiter Abschnitt. Staatsb. des deutschen Reichs.

St. Jos. O. Commandeur, churmainz. geh. R. Obristhofmarsch u. Oberamtm. zu Königstein, wohnt zu Mainz.

Joh. Phil. Franz Hyac. Rs-Graf v. Kesselstadt, Hr zu Beckond, Rivenich u. Tornich, des Erzstifts Trier Domdech. wohnt zu Coblenz.

Franz Ludw. Fhr Beissel v. Gymnich, churtrier. Kämmer. auch adjungirt. Amtmann zu Prüm, Schönecken und Schönberg.

Heinr. Carl Fhr von Breitenlandenberg zu Wolmerath, Arras u. Bouley, churtrier. Kämmer. Amtm. zu Grimburg, auch Obr. der churfstl. Leibgarde zu Pferd; wohnt zu Coblenz.

Joh. Wilh. Fhr v. Kolb zu Wassenbach, churtrier. Kämmerer, adel. Lehnhofs Thürwärter, und des Regim. Obristl., wohnt zu Coblenz.

Ausschuß.

Emmerich Frey- u. Edl. Hr v. Eltz zu Rübenach, churtrier. Kämmer. u. Amtm. zu Hammerstein, wohnt zu Coblenz.

Joh. Nepom. Fhr Erbschenk v. Schmittburg, Hr zu Gemünden, Bollenbach u. Lindenschied, churtrier. Kämmer. adel. Hof- u. Reg. R. auch Amtm. zu Berncastel, Baldenau und Hunolstein, des k. k. St. Jos. O. R., wohnt zu Gemünden.

Syndicus: Dionys Korbach, hessen-rothenb. Hofr. Consulent, Archivar u. Cassier: Carl Jos. Dinget, churtrier. Hofr. Secretär: Pet. Jos. Abitabile. Registrator: Phil. Jos. Trosson. Canzellisten (2): Joh. Peter Ackermann u. Joh. Franz Colligs, wohnen zu Coblenz. Procuratores ordin.(4): Jos. Emerich. Jac. Brenner. Peter Remig, u. Franz Ant. Rübenach.

3). Canton am Mittelrhein.
Bey welchem dermalen das Rheinische Directorium stehet.

Ritterhauptmann.
Vacat.

Ritterräthe.

Wilh. Cstoph v. Diede zu Fürstenstein, Hr zu Ziegenhayn u. Langenhayn, des kais. St. Jos. O. Commandeur, und des Dannebr. O. R., k. dän. w. geh. R. und Rstagsgesandter, dermal. mittelrhein. Director, wohnt zu Ziegenberg, ohnweit Friedberg.

Carl Friedr. Fhr v. Esch zu Langwiesen, des kais. St. Jos. Ord. R. churtrier. w. Kammerhr, wohnt zu Coblenz.

Georg Ludw. Fhr. v. Edelsheim, markgräfl. badischer w. Minister u. Obristkämmerer, wohnt zu Carlsruhe.

Otto Wilh. Alex. Rau v. u. zu Holzhausen, Hr zu Holzhausen, des kais. St. Jos. O. R., hzgl. würtemb. Kammerhr und Obr., wohnt zu Stuttgard.

Carl Franz Fhr zu Wetzel, gen. von Carben, Hr zu Melbach, churmainz. w. Kammerhr, wohnt in Obernörlen bey Friedberg.

Carl Löw v. u. zu Steinfurt, churhannövr. Kammerhr und Schloßhauptm., wohnt in Staden bei Friedberg.

Fünftes Kap. Der freyen Reichsritterschaft.

Friedr. Schütz v. Holzhausen, churtrier. Kammerhr u. Oberamtm. zu Camberg, Limburg, Villmar u. Werheim, wohnt in Camberg.

Canzley.

Räthe u. Syndici: Carl v. Hinkeldey, fstl. löwenstein. Hofrath. Carl Wilh. Friedr. Neff, b. R. Dr. **Secretär:** Wilh. Ferdin. Venator. **Registrator:** Phil. Cstian Birnbaum. **Canzellisten:** Joh. Heinr. Otto, zugl. Caßier. Georg Friedr. Stephani. Joh. Ernst Bloch. **Advoc. u. Procuratores ordin.** (7): Joh. Gerh. Heinr. Koppen, fstl. nassauisch. Hofr. Friedr. Cstian Ludw. Schenk, fürstl. hessen-darmst. Justizr. Cstian Heinr. Hager, Rsstadt Friedberg. Consulent. Joh. Phil. Wiesener. Friedr. Dietsch, gräfl. solms-rödelheim. Amtm. Ludwig Geyer. Carl Cappe.

Zusätze und zu spät eingegangene Verbesserungen zum ersten Theil.

S. 2. Z. 13. Zu den Kindern des Kaisers kommt noch: g) Mar. Clementine Franziske Jos. Albine, g. 1 März 798. — Z. 17 v. u. Die Vermählung der Erzherzogin Clementine mit dem Kronprinzen von Sicilien war am 25. Jun. 797.

S. 3. Z. 16 Die Erzherzogin Christine, Gem. des Hzgs von Sachsen-Teschen, † 24 Jun. 798

S. 6. Z. 15. Zu den Kindern des russ. Kaisers kommt noch: 9) Michael, g. im Febr. 798.

S. 10 Z. 22. Zu den Kindern des Kronprinzen v. Dännemark kommt noch: e) ein Sohn, g. 1 u. † 5 Sept. 797. — Z. 10 v. u. d) Pr. Christian ist k. dän. Obrist v. der Armee.

S. 12. Der Gr. v. Provence lebt nebst seiner Gemahlin gegenwärtig (seit 798) zu Mietau und soll vom russ Kaiser jährl. 200,000 Rubel Revenüen erhalten. — Auch sein Brudersohn der Herzog von Angouleme ist jetzt in Mietau. — Z. 18 v. u. nach 793 — füge hinzu: Gem. Marie Antonie, eine T. des röm. Kaisers Franz I., verm. per procurat. zu Wien 19 April und vollzogen 16 May 770, † 16 Oct. 793.

S. 14. Z. 9. Louise ꝛc. soll wieder in ihre Güter eingesezt worden seyn. — Z. 22 v. u. Der Pr. v. Conde lebt jezt zu Petersburg. Der russ Kaiser hat ihm das Großpriorat des malthes. Ord. in dem ehemal. Polen verliehen, welches jährl. 9000 Rubel eintragen soll. Er ist zugleich des St. Andreas O. Ritter.

S. 17. Z. 20. statt Erbprinz — lies: reg. Herzog

S. 20. Z. 2. Der resignirte König v. Polen † zu Petersburg 12 Febr. 798.

S. 24. Z. 10 Der König v. Preußen hat nun auch den schwed. Seraph. Orden. — Z. 15. Zu dessen Kindern kommt noch: c) eine Prinzessin, g. 14 Jul. 798. — Z. 26. Pr. Carl, g. 795, † 6 Apr. 798. — Z. 14 v. u. Pr. Heinrich ist preuß. Staabscapitain bey der Leibgarde geworden.

S. 29. Z. 6. statt: im Oct. — seze: 24 Oct.

S. 35. Z. 3 d) Amalie, † im Jul. 798; welches auch Z. 9 v. unten zu bemerken ist.

S. 54. Der Dey v. Algier † 15 May 798. Sein Nachfolger ist sein Neffe Mustapha Pascha, bisher Casnagi oder Premierminister.

S. 57. Der Pabst befindet sich seit 24 Febr. 798 zu Siena im Toscanischen. Ein Theil des Kirchenstaats ist der cisalpin. Republik einverleibt; der übrige macht einen neuen Freystaat, die röm. Republik.

S. 63. Der Churf. v. Cölln lebt jezt zu Frankfurt am Mayn.
S. 68. Zum Obristmeister des Johanniter-Ordens wurde im April 798 Ignaz Balthasar Fhr Rink von Baldenstein erwählt. Er war bisher Großprior v. Ungarn, und Commenthur zu Leugeren ꝛc.
S. 73. Der Fürst-Bischof zu Passau ward consecrirt am 27 Aug. 797.
S. 75. Der F Bisch. zu Speyer ist geb. 2 May 729.
S. 77. Der Churf. v. Trier lebt gegenwärtig zu Augsburg. —
S. 81. Die Abtey Gengenbach steht nicht unter dem Schuz der Fürsten v. Fürstenberg, sondern eines jedesmal. Inhabers der Ortenau. — Der jezige Abt wurde a. 1792 erwählt.
S. 85. Z 4 v. u lösche die Worte: die Resid. — bis Johannisberg. Denn der jetzige F. Bischof residirt zu Breslau. Derselbe ist auch des rothen Adl. Ord. R.
S. 88. Der Großmeister des Johann. Ordens begab sich im Juny 798 von Maltha nach Triest, nachdem die Inseln Maltha ꝛc. von den Franzosen unter Buonaparte eingenommen u. besezt worden waren.
S. 90. Z. 18. statt: Böhmen — lies: Mähren.
S. 97. Z. 3 Zu den Kindern des Erbpr. von Anhalt-Dessau kommt noch: e) Tochter, g. 1 Merz 798.
S. 100. Z. 10. Der Erbprinz von Anhalt-Schaumburg hat nun auch eine Tochter: Hermine, g. 2 Dec. 797. — Z. 22 v. unten. 3) Franz ist jezt abermals preuß. Major unter l'Estocq Husar. — Dessen Schwester 4) Victorie ist seit 796 wieder vermählt mit Carl Franz Eduard Gr. v. Wimpfen, Hrn auf Girna u. Zelenecz in Böhmen.
S. 102. Z. 16. v. u. Der Fürst Fr. Erdmann v. Anhalt-Pleß, † im Nov. 797. — Sein Sohn a) Emanuel ist nun reg. F. v. Anhalt-Pleß, auch des rothen Adl. D. R.
S. 103. Z. 2 v. unt. nach Jever — schalte ein: † 17 Nov. 1796.
S. 108 Z. 3. 1) Franciske hat sich wieder mit Georg Gr. v. Scheldow vermählt.
S. 111. Der Mkgf v. Baden ist nun auch des Seraphinen-O. R.
S. 113. Z. 20 v. unten Dorothee, verm. Hzogin v. Würtemberg. † 9 Merz 798. — Deren Schwester c) Philippine ꝛc. hat den russ. St. Catharinen-O erhalten.
S. 118. Z. 12. d) Peter, g 745, † zu Horsens 13 Jan. 798.
S. 120 Z. 14 v. unten, ist statt der Worte: (dem ältern Sohne gedachten Weikards' — zu lesen: (dem ältern Sohne Fabius II. her, welcher Fabius ein gerader Abkömmling Weikards in der 7ten Generation war.
S. 123. Z. 9. c) Franz Jos. verm. sich am 10 Jul. 797 mit NN. (Gräfin v. Schuwalow, gewes. russ. kaiserl. Hofdame. — Z. 20. 2) Gr. Franz Carl hat die Würde eines k k. Obristsilberkämmerers niedergelegt.
S. 125. Z. 3. Caroline, †23 Jul. 790. — Z. 14 v. unten. statt: lebt — setze: † 13 Jun. 798.
S. 127. Z. 20 v. u. statt: Obristküchenmeister — setze: Obristhofmarschall.
S. 130. Z. 1. nach: Armee — füge hinzu: u. Gouverneur der Stadt und Festung Wesel — Z 12. Der Erbpr. von Hessen-Cassel hat nun einen Sohn: Wilhelm Fr Carl Ludw. g. 9 Apr. 798.
S. 131. Z. 25. anstatt: dän. Major — ist zu lesen: dän. Gen. Major. — Z. 13 v. unt. c) Friedr. Wilhelm ist jezt aggregirter Capitain des preuß. Inf. Regim. Hessen-Cassel. — Z. 9 v. unten kommt noch hinzu: h) eine Tochter, g. 25 Jul. 797
S. 132. Z. 10. nach: 791 — füge hinzu: (ihr 2ter Gem. ist seit 796 Carl Franz Eduard Gr. v. Wimpfen.
S 140. Z. 15. Zu den Kindern des reg. F. v. Hohenlohe-Langenb. kommt noch: 7) Marie Henriette, g. 22 u. † 24 Sept. 797.
S. 141. Dem reg. F v. Hohenlohe-Ingelfingen, (welchem der Kön. von Preußen

Zusätze.

Preußen 1797 einen ansehnl. Bezirk in Südpreußen von mehr als 30 Dörfern verlieh) ward am 4n Jul. 798 ein Sohn geboren.

S. 144. Z. 9. Der reg. F. ist nun Wittwer — seine Gem. † am 26 Febr. 798.

S. 147. Z. 4. Der Fürst Jos. Wilh. v. Hohenzollern-Hechingen, † 9 Apr. 798. — Sein Brudersohn (Z. 16 v. unt.) Herrmann Friedrich ist ihm als reg. Fürst succedirt. Es ist demnach alles dahin abzuändern.

S. 151. Z. 16. Der Hzg von Holstein-Augustenburg hat nun auch einen Sohn: Christian Carl Friedr. August, g. 19 Jul. 798.

S. 151. Z. 2. v. u. Der Hz. v. Holstein-Beck ist nicht mehr preuß. Gen. L. sondern seit Oct. 97. russ. kais. Gen. L. u. Chef des Paulowskischen Grenadier-Regiments, auch des Alex. Newsky-O. R.

S. 153. Z. 14. anstatt: lebt — setze: † 13 Jun. 798.

S. 155. Z. 3. v. u. Zu den Kindern des Erbprinzen kommt nun auch c) ein Sohn, g. 25. Jul. 798.

S. 158. Z. 13. Nach Ostgallizien schalte ein: auch Gen. Commandant von Cracau.

S. 160. Z. 10. v. u. nach 797 — schalte ein: zuletzt Präsident der k. k. Staatscontrolle, † 23 Dec. 797.

S. 162. Z. 15. statt: Wechselburg — lies: Westerburg.

S. 164. Z. 3. v. u. Joh. Jos. Simplicius lebt nicht mehr; er war geb. 2 Merz 734. k. k. Gen. F M L. der Cav. und Chef des Cürass. Regim. zu Modena, † 18. Febr. 781.

S. 175. Z. 25. Pr. Gustav ist auch Domhr zu Magdeburg.

S. 182. letzte Z. Der Erbprinz von Oranien ist gegenwärtig k. preuß. Gen. L.

S. 186. Z. 10. Die verwittibte Fürstin ist Obervormünderin ihres Sohnes und Landesregentin.

S. 187. Z. 16. v. u. anstatt: nun W. — setze: † als W. am 25. Dec. 797. zu Wien.

S. 194. letzte Z. Prinz Heinrich XV. ist jetzt auch Command. in Venedig.

S. 195. Z. 15. v. u. Der F. Heinrich XXXV. zu Lobenstein ist geb. 19. Nov. 738.

S. 204. Z. 21. 7) Auguste, Gemahlin des F. v. Carolath, † 27 May 798. — Z. 19. v. unten ist die noch lebende 2te Gemahlin des 1763. verstorbenen Hzg Anton Ulrichs, der 1sten Gemahlin nachzusetzen.

S. 207. Z. 11. Christian Franz, † 18. Sept. 797.

S. 208. Z. 18. v. unt. kommt zu den Kindern des Prinz Anton noch hinzu: 3) eine Tochter, geb. 8. April 798. — und Z. 11. v. unt. zu den Kindern des Prinz Max. ebenfalls 3) ein Sohn, Clemens Maria Joseph, geb. 1. May 798.

S. 209. Z. 19. anstatt: im — setze: 24. — und Zeile 27. nach: 766. — füge hinzu: † 24. Jun. 798.

S. 211. Z. 7. anstatt Hauptm. — setze: Obrist. — Z. 18. 1) Gabriele ist 797. †. — Z. 2. v. u. Marie Annens Gemahl ist nicht Herzog, sondern bloß Don Pedro d'Alcantara.

S. 212. Z. 2. Emanuel hat als franz. Gen. 797. resignirt.

S. 215. Z. 1. statt: ältere — setze: mittlere; — und Z. 11. v. unt. statt: Wiening — setze: Winning.

S. 220. Z. 2. nach 796. — füge hinzu: e) Albert, geb. 30 April 798.

S. 222. Z. 21. nach 768. — füge hinzu: † als W. zu Wien 25. Dec. 797.

S. 223. Z. 2. v. unt. Der regier. F. v. Solms-Braunfels ist auch des roth. Adl D. R.

S. 224. Z. 1. — c) Auguste Louise, † 9. Sept. 797. — und Z. 17. anstatt aggregirter Rittmeister ꝛc. — setze: preuß. Major der Garde du Corps.

S. 230. Z. 28. — statt: 744. — 774.

S. 234. Z. 6. v. unt. f) Joh. August ist preuß. Stabs-Capit. beym Regim. Garde.

Zusätze.

S. 236. Der jetzt regier. Herzog von Würtemberg heißt Friedrich II. — Der Hauptvorname des Erbpr. ist Friedrich, — und von dessen Schwester nicht Friderike, sondern Catharine. — Nach c) Paul ꝛc. kommt noch (Z. 14. v. unt.) hinzu: d) eine Tochter, todtgeb. 27. April 798. — Geschwister: 1) Ludwig ꝛc. ist nun preuß. w. Gen. der Cavall., und hat auch den schwarzen Adl. O. erhalten. Er lebt zu Bayreuth. 2) Pr. Eugen, (Z. 2. v. unt.) hat den rothen Adler-Orden erhalten; derselbe lebt zu Carlsruhe in Schlesien. — Dessen Bruder 5) Ferdinand (S. 237. Z. 13.) ist Chef eines k. k. Inf. Regim. u. dessen Gem. hat den russ. Cathar. O. erhalten. 10) Der Pr. Alexander ist auch des russ. St. Alex. Newsky-O. R. — 11) Pr. Heinrich ꝛc. (Z. 16. v. unt) ist jetzt preuß. Obrist bey Schütz Husar. — Eltern: die verw. Herzogin (Z. 8. v. unt.) † 29 Febr. 798.

S. 244. Z. 10. v. unt. Die Fürstin v. Carolath, † 28. May 798 — Z. 4. v. unt. statt: Ottilie — setze: Ordalie Johanne Chlotilde.

S. 245. Z. 9. statt Envoye — setze: Ambassadeur. — Z. 25. Hans Gottlobs Gem., geb. Gräfin v. Dohna, † 16 Dec. 793. — Dessen Sohn a) Gr. Carl (Z. 29.) ist Erbhr auf Jauschwitz. Des letztern Bruder b) Hans Wilhelm, kaufte die Herrsch. Ujest (nicht Wallisfurth); er ist von seiner Gemahlin 1786 geschieden. — Z. 13. v. unt. — ist c) Gottlob ꝛc. ganz zu löschen. — Z. 11. v. unt. e) Wilh. Gottlob quittirte 781. und kaufte 785. die Hrsch. Wallisfurth. Derselbe hat sich zum zweitenmal vermählt mit Leopoldine einer T. des Gr. v. Seherrthoß auf Weigelsdorf, wovon ein Sohn: August, geb. 794. — Z. 6. v. unt. f) Albrecht ꝛc. † 763. (nicht 773.) — Z. 4. v. unt. i) Caroline ward geb. 26 Jul. und † 13. Aug. 764. — Z. 3. v. unt. ließ: k) Carl Friedr. Gottl. Alex. Erbhr auf Gaffron u. Beutkau, ist geb. 18. Sept. 767. Dessen Kinder

S. 246. Z. 1. u. f. w. α) ist richtig. β) Georg Ernst Albert Adam, geb. 28. Oct. 791. γ) Carl Ernst Wilh. Fabian, geb. 24. Jan. u. † 14. Dec. 794. δ) Friderike Caroline Charl. Ida, geb. 12. Jan. 796. — Z. 17. Der Hr von Puttlitz, ward verm. 24. Jun. 713, † 717.

S. 251. Z. 1. c) Ludwig ist nicht mehr Domherr zu Strasburg, sondern gegenwärtig fstl. lichtensteinl. Domhr bey St. Stephan in Wien.

S. 256. Z. 9. v. unt. Fürst Joseph v. Kinsky, † zu Prag 11 Aug. 798. — Sein ältester Sohn Ferdinand ist demselben in der fstl. Würde succedirt.

S. 257. Z. 21. statt: nun M. — setze: (ihr 2ter Gem. ist seit April 797. Carl Gr. v. Firmian, Rshofr.).

S. 260. Z. 5. v. unten. Der jetzige F. v. Lamberg ist auch k. k. Kämmer. u. Obristl. bey dem tyrol unterinthal. Scharfschützen-Regim. Obrist-Erbland-Kämmerer u. Obrist-Erbland-Jägermeister in Österr. ob der Ens, auch Obrist-Erbland-Stallmeister in Crain u. der wind. Mark, sodann Erb-Truchseß des Erzbisth. Salzburg, u. Erb-Land-Marschall des Hochstifts Passau; des churpfälz. St. Hubert. O. R.

S. 264. Z. 26. Der Hz. von Modena begab sich im Aug. 797 von Triest nach Wien und von da im Oct. 797. nach Gräz. Derselbe besitzt auch die Hrsch. Menesch in Oberungarn.

S. 272. Der Hzg v. Sagan führt auch noch den Titel v. Curland. — Dem Bruder desselben Carl verlieh der russ Kaiser 1797 ein Gratificationspräsent von 5000 Bauern für sich u. seine Descendenz, erb. u. eigenthümlich.

S. 275. Zu den Kindern des Großherz. v. Toscana (Z. 13.) kommt noch 4) eine Tochter, g. 30 Aug. 798.

S. 277. Z. 18. Kinder ꝛc. ꝛc. 2) Moritz ist der Hauptvorname; in der folg. Zeile ist das Wort: Erbgraf — zu löschen, und dagegen zu setzen: hessenbarmst. Obristl. der Cav. — Z. 21. Bey dem Gr. Emil ist nach 765 — hinzuzufügen: Erbgraf. — Dessen Kinder haben folgende Hauptvornamen: a) Caroline. b) Therese. c) Casimir. Dann kommt noch

Zusätze.

Z. 27 hinzu: d) **Maximilian Carl Ludw.** g. 14 Dec. 797. — Z. 28. Der 3te Sohn des reg. Gr. heißt mit seinem Hauptvornamen **Friedrich** und derselbe ist nicht mehr churpfälz. Lieutn., sondern jetzt k. preuß. Hptm. à la suite. Seine Vermählung war 16 Merz 797. — Er hat jetzt auch einen Sohn: **Moritz Carl Fr. Cstian Alex.** g. 16 Jan 798.

S. 285. Z. 9. statt Obrist — setze: Gen. Major von der Armee.

S. 295. Z. 13. Die Gräfin 6) Caroline, verm. Gräf. v. Rechteren, † 8 Jul. 798. zu Markt-Rinersheim.

S. 298. Z. 22 v. unt. 2) Rose ist nun W. — ihr Gem. der F. Jos. von Kinsky, † zu Prag 11 Aug. 798.

S. 300. Z. 20 von unt. Zu den Kindern des reg. Gr. v. Büdingen kommt noch: 8) **Friedrich Wilh. Ludw.** g. 26 Jul. 798.

S. 301. Z. 20. Der Gr. Adolph v. u. zu Wächtersbach, † 19 Apr. 798. — Ihm ist sein Brudersohn der Gr. Ludwig Max. (s. S. 302 Z. 6.) als reg. Graf, succedirt. — Das Wort **Erbgraf** — ist also zu löschen, u. alles dahin abzuändern.

S. 312. Z. 2 v. unt. Der Graf **Carl Gustav** zu Neu-Leiningen-Westerburg, † 7 Jun. 798. — Dessen ältester Sohn: **Carl Wilhelm** ist daher als reg. Graf anzusetzen und alles dahin abzuändern.

S. 318. Z. 15 v. u. 5) Joseph ꝛc. † 26 Febr. 798.

S. 326 Z. 23. Die Hrsch. Winneburg und Beilstein liegen beide im Umfange des Erzstifts Trier an der Mosel, werden jedoch zum westphäl. Kreise gerechnet. — Z. 10 v. u. Gr. Clemens hat nun auch einen Sohn: **Georg Franz Carl**, g. 22 Febr. 798.

S. 327. Z. 18 v. u. Gr. Joseph v. Neipperg ist nun auch des churpfälz. St. Georg-O. R.

S. 329. Z. 16 v. u. Gr. **Carl** (g. 713) † am 11 Apr. 798. — Dessen Sohn 5) Carl Franz ist als dermal. Stammhr anzusetzen u. alles dahin abzuändern.

S. 330. Z. 17. h) Gr. Julius ꝛc. ist nun auch des St. Alex. Newsky-O. R — aber nicht mehr russ. Ges. zu Berlin.

S. 333. Z. 10 v. unt. statt Gr. — setze: reg. Fürst.

S. 338. Z. 15. 4) Gr. Friedr. ist wahrscheinl. 797. †.

S. 344. Z. 15. d) Gr. Friedr. Reinhard ꝛc. ist nun Wittwer; seine Gem. † zu Markt-Rinersheim 8 Jun. 798.

S. 351. Z. 16. Dorothee, verw. v. Trotte, lebt zu Herrenhuth.

S. 352. Z. 23. Die Gräfin 3) **Antonie** ist seit 11 Oct. 795 mit Wolfg. Maria Gr. v. Czernin vermählt.

S. 356. Z. 6. Gr. Ludw. Adolph ist russ. kais. Husaren Obrist. — Z. 15. Der Gr. von Keller war auch ehemals Ges. in Schweden, Rußland und Holland, u. hat nun auch den rothen Abl. O. erhalten. — Z. 14 v. unt. Die beiden ält. Söhne des Gr. Georg Ernst, nämlich b) Joseph u. c) Ludwig sind in k. k. Kriegsdiensten.

S. 358. Z. 19. Der reg. Gr. hat nun auch einen Sohn: **Friedr. Wilhelm Aug. Cstian Ludwig**, g. 29 May 798. — Dessen Schwester d) **Friederike** ist seit 21 Jan. 798 vermählt mit Carl Ludw. Wild. u. Rheingr. zu Grumbach. — Z. 18 v. unt. statt: im May — setze: 16 Merz.

S. 376. Geschwister. b) Gr. **Friedrich** von Stadion ist dermalen fürstl. würzburg. Ges. zum Friedenscongreß in Rastadt.

S. 378. Z. 3 v. unt. Gr. **Christian** ist seit Dec. 797 auch kais. Obristküchenmeister.

S. 381. Z. 10. Der reg. Gr. ist nun auch des rothen Abl. O. R. — Dessen Sohn h) Constantin (Z. 22.) ist preuß. Ltn. u. Adjut. beym Regim. des Königs. — Z. 19 v. unt. nach 766 — schalte ein: † im Nov. 797.

S. 383. Z 2 v. unt. 3) Gr. **Leopold** hat nun auch den St. Alex. Newsky-O. erhalten.

S. 391. Z. 18. statt: g. 705 — setze: g. 11 Oct. 704.

S. 398. Z. 23. Gr. Carl † zu Königsberg 24 Dec. 97. — Dessen 2te Gem.

Friderike Louise (nicht Henriette) eine Tochter des Capitain und Licent-Directers v. Blankensee, verkaufte 798 das Gut Klauckendorf an den Lieutn. v. Reischach und lebt nun als W. zu Königsberg.

S. 399. Z. 16. Gr. Carl Eberhard 2c. † am 5. Merz 798: mit ihm ist diese Linie in männl. Erben erloschen, u. deren Besitzungen fallen an den Grafen Joseph zu Waldsee (s. fola. Seite!) — Z. 10. v. unt. c) Marie Anne — ist nicht mehr Stiftsd. zu Buchau, sondern seit dem März 798 vermählt mit Marimil. Rsgr. Truchseß zu Zeil.

S. 400. Z. 19 v. unt. Gr. Joseph ist am 6 März 798 seinem Agnaten, dem verstorb. Gr. Carl Eberhard zu Wolfegg, in dem wolfegg. Landestheile succedirt.

S. 401. Z. 16 v unt. Gr. Marimilian hat sich im März 798 zum ateumal vermählt mit Marie Anne, Tochter des Regr. u. Rserbtruchseß Ferdin. v. Wolfegg. Wolfegg.

S. 403. Z. 21 v. unt 2) Mar. Theresie ist nun W. — ihr Gem. der F. v. Hohenzoll. Hechingen † 9 Apr. 798. — Z. 2 v. u. statt: Gr. von Hohenzollern — setze: reg. F. zu Hohenzollern - Hechingen.

S. 411. Z. 19 v. uni. Des Gr. Carl Ludwigs ate Gem. † 9 Sept. 797. Seine 3te Gem. ist Friderike, des Gr. Jos. Ludw. von Sayn - Wittgenstein T., verm. 22 Jan. 798.

S. 413. Z. 2. Philippine ist nun W. — ihr Gem. der Gr. von Leiningen-Westerburg, † 7 Jun. 798.

S. 422. Z. 21. v. unt. 10) Mar. Jacobinens Gem. ist Joach. Aler. von Rossi, k. sard. Legat. R. und Geschäftsträger zu Wien, verm. 28. April 794. — Z 16. v. unt. nach Kammerer — setze: (und vorher gewesener k. k. Husaren-Rittmeister).

S. 425. Z. 14. v. unt. Gr. Michael Otto, † zu Grulich in Böhmen am 18. May 797. — Ihm succedirt im Besitz der Majoratsherrsch. Gr. Mich. Carl, siehe S. 427. Z. 14. — Z. 3. v. unt. 2) Marie Anne hat sich im April 797 zum zweytenmal mit Carl Gr. v. Firmian, kaif. u. Rshofr. verm.

S 445. Z. 13. nach Jun. 790. — schalte ein: Gem. Eleonore Schüller, † als W. 796.

S. 459. Z. 16. nach: Festenberg — füge hinzu: verm. 788.

S. 467. Z. 6. v. unt. nach: Conferenz-R. — schalte ein: u. Kammerbr. — und anstatt: Verbitter 2c. — setze: versitzender Prälat in den Hsth. Schleßwig und Holstein, und Verbitter 2c. — die Worte: (oder Prälat) sind zu löschen. — Z. 4. v. unt. anstatt: im — setze: 12. — Z. 3. v. unt. vor: 786. — schalte ein: 2 Jun. — und nach 786 — füge hinzu: ate Gem. Georgine Louise Friderike v. Hahn, der 1sten Gem. Bruder-T., verw. Freyfr. von Bothmer, g. 23. Merz 760, verm. 7 Sept. 787, † 3 Merz 798. — Letze Z. 2) Gr. Ludwig ist auch des churpfälz. Löm. D. R. Seine Gem. ist: Sophie Charl. Estine, des churfächs. Cammerhrn Ludw. Staats v. Hahn auf Diekhof, und Juliane Friderike von Veldtheim T., g. 26. Merz 771, verm. 6. Oct. 796. (Schwester ihrer Stief-Schwieger-Mutter).

S. 468. Z. 6. Mara. Hedw. † 28. Nov. 797. — Nach derselben ist einzuschalten: Leopold Ulrich Wilh., geb. 29. April 791. — und Z. 7. nach Juliane — noch 10) Ludwig Ferdinand, geb. 29. Jan. 797.

S. 471. Z. 5. Gr. Carl Adolph ist nun preuß. w. Gen. der Cavall. — lebt auch seit 798. wieder zu Berlin.

S. 488. Z. 7. Gr. Nicolaus lebt jetzt in Mähren. Seine 1ste Gem. geb. Gräfin Lanthiery ist †. Die 2te Gem. ist: Eleonore v. Wagenfeld, eine T. Antons v. Wagenfeld aus Mähren.

S. 489. Z. 6. v. unt. Zu den Kindern des Gr. Rudolph von Czernin, kommt noch: a) Eugen Erwein, geb. 4. Nov. 796.

S. 490. Z. 5. und folg. 3) Antonie, ihr Gem. ist Joh. Nep. Gottfr. v. Lützau, verm. 28. April 773. — Nach 4) M. Isabelle 2c. kommt noch

Zusätze.

hinzu: 5) Joh. Nep. Rudolph, geb. 9. Jun. 757. — 6) Franz Joseph (s. Z. 8.) † 794. zu Schönhof in Böhmen. 8) Wolg. Maria (siehe Z. 11.) vormals gewes Malthes. R. verm. sich am 11. Oct. 795. auf der Hrsch. Neuhaus mit Antonie, T. des Gr. Carl Vinzenz v. Salm=Neuburg am Inn. 10) Joh. Procop, g. 763, † 10. May 771. — 11) Peter ꝛc. war k. k. Kämmerer und Hauptm. des Reißkyschen Infant. Regim und † erst 796. an seinen in Italien erhaltenen Wunden. — Nach ihm folgt: 13) Marie Anne Walp. Thecla, g. 13 Merz 770. † als Kind. 14) Marie Caroline geb. 15 April 771. (Stiftsd. zu Nivelles). 15) Procop Joh. Nep., geb. 15. März 773, † als Kind. 16) Marie Franziske, geb. 9. Merz 775.

S. 500. Z. 6. statt: Johanne Tecla — setze: Johann Duglas, k. k. Lieut. beym 2ten Artill. Regim.

S. 502. Z. 6. statt: Rittmeister und Flügeladjutant — setze: Major. — Z. 11. v. unt. nach: W. — setze: † 8. May 798. — Z. 2. v. unt. Gr. Bogislav ꝛc. besitzt auch noch Großwolfsdorf, und erbte auch 795. wegen seiner Mutter die großen Güter Damsel ꝛc. in der Mark von der Familie von Wreech.

S. 503. Z. 7. füge hinzu: 7) Bogislav, geb. 26. Nov. 797.

S. 504. Z. 20. v. unt. füge hinzu: c) Adolph Estoph Aemil, geb. 1. Febr. 798. Die Hauptvornamen bey den Geschwistern sind folgende; Bey 1) Amalie — bey 2) Albertine — bey 4) Ernestine.

S. 505. Z. 12. Der Fhr von Schröter wohnt als Präsident der westpreuß. Regierung zu Marienwerder; er ist Erbhr der Güter Randewies u. Kröxer, und hat sich 798 zum 2tenmal mit Caroline Gräfin von Dohna, aus dem Hause Schlobitten vermählt.

S. 506. Z. 23. lösche die Worte: (lebt nun bey seinen Eltern) — und setze dafür: seit 798. Kammerassessor in Breslau. — Z. 5. v. unt. d) Albertinens 2ter Gem. † 24. Dec. 797.

S. 507. Z. 20. v. unt. Gr. Alexander zu Schlobitten ist auch seit 798. des rothen Adl. O. R. — Dessen T. 2) Caroline (Z. 14. v. unt.) ist seit 2. Aug. 798. verm. mit Carl Wilh. Fhr v. Schröter, preuß. Regier. Präsident zu Marienwerder — und (vorletzte Zeile Gr. 1) Friederich ist preuß. Fähndrich beym Drag. Regim. No. 6. oder Werther.

S. 509. Z. 11. Geschw. 1) Amalie, † 8 May 798.

S. 524. Z. 9. v. unt. nach 797. füge hinzu: zu Ohlau in Schlesien; — und Z. 22. Graf Philipp lebt zu Königsegg.

S. 538. Z. 9. statt: Major — setze: Obristl.

S. 541. Z. 10. v. unt. statt: niederöstr. Reg. R. — setze: Hofr. bey der Hofkammer u. Finanzstelle.

S. 543. Z. 22. v. unt. Gr. Hanns Heinrich IV. ist seit 98. auch des preuß. roth. Adl. D. R.

S. 555. Z. 14 statt: Obristl bey Jordis — setze: Obrist des Inf. Regim. Neugebauer. — Z. 17. lösche: k. k. Stiftsd. zu Prag. — Z. 19. statt: Hpm. — setze: Major. — und Z. 18. v. unt. 2) Carl ꝛc. lebt zu Preßburg.

S. 560. Z. 13. v. unt. d) Franz Jos. ꝛc. † zu Ulm 13. Jan. 798.

S. 580. Z. 6. Der Gr. Otto Ferdinand ꝛc. ist dermalen churfächs. Gesandter zum Friedenscongreß in Rastadt.

S. 593. Z. 22. Gr. Georg Werner ist dermalen preuß. Gesandter zu Neapel.

S. 599. Z. 3. Gr. Joh. Gabriel ꝛc. vermählte sich am 11 Sept. 798 zu Wien mit NN. Prinzessin de Sigre.

S. 601. Z. 8 v. unt. Gr. Joseph ꝛc. ist gegenwärtig k. k. Generaldirector über sämtl. Staatskassen.

S. 603. Z. 17 nach Cemmand. — schalte ein: (auch gewes. churpfälz. Gesandter zum Friedenscongreß in Rastadt) jetz churpfalzb. Regier. Präsid.

S. 608. Z. 26. Des Stammhrn 2te Gem heißt Charlotte Wilhelmine u. ist 21 Oct. (nicht 14) 793 vermählt. Derselbe hat folgende Kinder: 1) Caroline Friderike, g. 21 Aug. 794. 2) Sophie Louise Auguste, g. 23

Zusätze.

(Sept. 795. 3) Friedrich Wilhelm, g. 12 Febr. 798. — Dessen Geschwister: c) Ludwig st. n. vormals in österr. Diensten; und d) Hans Ledel Otto, stand zuvor in dän. Diensten. Nach diesem kommt noch hinzu: e) Ernst Aug. Georg, g. 28 Jul. 757 stand in braunschw. Diensten.

S. 617. Z. 9 u. 10. statt Prem. Lieut. — setze: Staabscapitain.
S. 619. Z. 17 lösche: Fähndr. u. s. w. und setze dafür: Sec. Ltn. des Regim. Pr. Georg v. Hohenlohe.
S. 623. Z. 11 v. u. nach: Kaiserin: schalte ein: auch k. k. Obristhofmarschall.
S. 630. Z. 17. statt: Fähndrich — setze: Secondlieutn.
S. 640. Z. 12. statt: Gen. Ltn. — setze: w Gen.
S. 646. Z. 20 v. unt. statt: Maj. — setze: Obristl.
S. 658. Z. 19 Antonie rc. ist W. — ihr Gem. † 3 Oct. 795.
S. 671. Z. 5. Gr. Johann rc. ist jezt Domhr zu Costanz.
S. 674. Z. 7. Caroline rc. ist nicht mehr Stiftsd. zu Prag; dieselbe ist wahrscheinl. †.
S. 680. Z. 16. Geschwister 1) Wilderich rc. ist geb. 2 May 739.
S. 685. Z. 5. Gr. Ludwig rc. ist nun k. preuß. Kammerhr.
S. 686. Z. 18 v unt. Gr. Wilhelm rc. † im Apr. 798.

Register.

Aachen, Rsstadt	326	Brünn, Domcap.	234
Aalen, Rsstadt	326	Buchau, Damenstift	161
Adler=Orden, schwarzer,	83	Buchau, Rsstadt	330
— — rother	84	Buchhorn, Rsstadt	330
Africa, engl. Gouvern.	30	Budweis, Capitel	234
Altenbiesen, t. O. Balley	218	Calenberg, Fstth.	249
Altenburg, Fstth f. Sachs.	312	— Cameraericht, f. Rskamerger.	134
Altmark, s. Preußen	73	Cammin, Domcap.	235
American. Freistaat	1	Castell, Gfsch.	254
Andreas=Orden	96	Churmark	72
Anhalt (Bernburg, Cöthen und Dessau)	245	Cisalpin. Republik	3
		Cleve	75
Anunnziada=Orden	99	Coblenz, t. O. Balley	216
Anspach, Fstth.	76	Coburg, f. Sachsen	316
Augspurg, Hochst.	149	Cölln, Erzstift	166
— Rsstadt	326	— Rsstadt	330
Baaden, Mkgfsch.	244	Cöthen, Fstth.	245
Bamberg, Bisth.	153	Colberg, Domcap.	235
Basel, Hochstift	157	Comburg, Rsritterstift	235
Batav. Republik	2	Corvey, Domcapit.	169
Bayern	296	Costanz, Bisth.	166
Bayreuth	78	Crain	41
Berchtolsgaden, Probstey	157	Dännemark	4
Bernburg, f. Anhalt	244	Dessau, f. Anhalt	244
Biberach, Rsstadt	328	Deutsch. O. Hochmeisterth.	215
Blasien	158	Deutsches Reich	119
Böhmen	39	Dortmund, Rsstadt	330
Bopfingen, Rsstadt	329	Dünkelsbühl, Rsstadt	331
Brandenburg, Mark	72	Eichstädt, Bisth.	169
— Domcap.	233	Eisenach, f. Sachsen	310
Braunschweig, Chur	14	Elephanten=Orden	10
Bremen, Fstth.	251	Elisabeth=Orden	52
— Rsstadt	329	Ellwangen, Probstey.	170
Breslau, Domcap.	233	Elsaß, t. O. Balley	217
Brixen, Hochst.	159	England, f. Grosbritt.	17

Register.

Essen, Abtey	172
Eßlingen, Rstadt.	332
Etsch, t. D. Balley	217
Falken-Orden	312
Franken, t. D. Balley	217
Frankfurt, Rstadt	333
Französ. Republik	10
Freysingen, Bisth.	172
Friedberg, Burg	254
Fürstenberg, Fstth	260
Fuld, Bisth.	176
Gallizien	40
St. Gallen, Domcap.	236
Gandersheim, Abtey	177
Gengenbach, Abtey	236
— — Rstadt	336
Genua	31
Geldern	75
Giengen, Rstadt	336
Görz und Gradiska	42
Goslar, Rstadt	337
Gotha, f. Sachsen	312
Großbrittannien	17
Grubenhagen, Fstth.	250
Güstrow, f. Meklenburg	281
Halberstadt, Fstth.	74
— — Domcap.	236
Hall in Schwaben, Rstadt	336
Hamburg, Rstadt	338
— — Domcap.	237
Hanau-Münzenberg	264
— — Lichtenberg	272
Havelberg, Domcap.	238
Heilbronn, Rstadt	339
Helvet. Republik, f. Schweitz.	102
Herford, Domcap.	177
Hessen-Cassel	261
— — Darmstadt	269
Hildburghausen, f. Sachsen	315
Hildesheim, Bisth.	178
Hohenlohe	273
Hohenzollern	275
Hohnstein	74
Holland, f. Batav. Republik	7
Holstein, Hzth..	7
— — Oldenburg	276
Hosenband-Orden	29
Hoya, Grafschaft	250
Johanniter-Orden	182
Irland	30
Isenburg	278
Isny, Rstadt	340
Jülich und Berg, Hzth.	300
Kärnten	4
Kaiserl. (deutsche) Staaten	31
Kaufbeuern, Rstadt	341
Kempten, Hochstift	187
— — Rstadt	341
Kleggau, Lbgrisch.	320
Kleve	75
Königingrätz, Domcap.	238
Lauenburg, Fstth	252
Lausitz, f. Sachsen.	308
Leutmeritz, Domcap.	238
Leutkirch, Rstadt	342
Ligurische Republik	31
Lindau, Damenstift	189
— — Rstadt	342
Lingen	57
Lippe, Grfsch.	278
Lothringen, t. D. Balley	218
Lübeck, Bisth.	189
— — Rstadt	344
Lüneburg, Fstth.	250
Lüttich, Bisth.	191
Mähren u. österr. Schlesien	40
Magdeburg, Hzth.	74
— — Domcap.	239
Malthes. O. Obristmeisterth.	182
— — Herrenmeisterth.	183
— — Großpriorat v. Böhmen	185
— — Großpriorat v. Bayern	186
Mannheim, preuß.	74
— — sächs.	309
Mar. Theres. Ord.	51
Mark, Gfsch.	74
Meiningen, f. Sachsen.	315
Mecklenburg, Hzth.	280
Meißen, Domstift	239
Memmingen, Rstadt	345
Mergentheim	215. 219
Merseburg	239
Meuro, Fstth.	75
Minden, Fstth.	75
— — Domstift	240
Mühlhausen, Rstadt	346
Münster, Bisth.	197
Nassau, Fstth.	284
Naumburg, Domstift	240. 308
Neapel, f. Sicilien	107
Neuburg, Hzth.	299
Neufchatel	78
Neumark	73
Niederösterreich	41
Nördlingen, Rstadt	347
Nordhausen, Rstadt	347
Norwegen	5
Nürnberg, Rstadt	348
Ober-Isenburg	278
Ober-Oesterreich	42
Ober-Pfalz	298
Oesterreich. Monarchie	31
Oesterreich ob der Ens	41
— — t. O. Balley	216

Oettingen	286	Schwäbisch = Gmünd, Rsstadt	356
Offenburg, Rsstadt	350	Schwäbisch = Hall, Rsstadt	356
Oldenburg, Hzgth.	276	Schwarzburg, Fstth.	317
Oranien, s. Nassau	285	Schwarzenberg, Fstth.	319
Orden v. blauen Hosenbande	29	Schweden	100
— — v. goldn. Vließ	50	Schweinfurt, Rsstadt	358
Osnabrück, Bisth.	201	Schweiz	102
Ostfriesland	76	Schwerin, s. Meklenburg	280
Ostgallicien	40	Sicilien	107
Ostpreußen	68	Siebenbürgen	38
— — (Neu=)	69	Sigmaringen, s. Hohenzollern	275
Ottomann. Reich	114	Sitten, Domcap.	242
Paderborn, Bisth.	203	Sondershausen, s. Schwarzburg	317
Parma	52	Spanien	107
Passau, Bisth.	206	Speyer, Hochstift	214
Pfalzbayern	188	— — Rsstadt	359
Pfullendorf, Rsstadt	351	Spielberg, s. Oettingen	286
Pommern	70	St. Stephans= Orden (ungar.)	50
Portugall	53	— — (toscan.)	113
Prag, Domstift	241	Steyermark	41
Prager Damenstift	242	Straßburg, Bisth.	214
Preußen	68	Strelitz, s. Meklenburg	283
Preußische Monarchie	56	Sulzbach, (Hzgth.)	300
Prüm	209	Südpreußen	70
Ranzau, Gfsch.	7	Teutsch. O. Hochmeisterth.	215
Ravensberg, Gfsch.	75	Thüringen, t. O. Balley	218
Ravensburg, Rsstadt	351	Toscana	112
Regensburg, Bisth.	209	Trient, Bisth.	221
— — Rsstadt	352	Trier, Erzstift	221
Reich, deutsches	119	Triest	42
Reichshofrath	131	Türkey	114
Reichsgeneralität	149		
Reichskammergericht	134	Ungarn	37
Reichstag oder Rsversamml.	120		
Reichsstädte	326	Venedig	118
Reichsritterschaft	365	Verden, Fstth.	251
Reutlingen, Rsstadt	353	Vorder= Oesterreich	42
Rothenburg, Rsstadt	354	Wallerstein, s. Oettingen	286
Rothweil, Rsstadt	354	Wangen, Rsstadt	361
Rudolstadt, s. Schwarzburg	318	Westphalen	74
Ruperts= Orden	213	— — t. O. Balley	218
Rußland	85	Westpreußen	69
Sachsen, Chur	303	Weymar, s. Sachsen	310
— — =Coburg=Salfeld	316	Wiener Domstift	242
— — =Gotha u. Altenburg	312	Wimpfen, Collegiatstift	243
— — =Hildburghausen	315	— — Rsstadt	363
— — =Meiningen	315	Wittenberg, s. Sachsen	308
— — =Weimar u. Eisenach	310	Wolfenbüttel, Fstth.	254
— — t. O. Balley	219	Worms, Bisth.	227
Salzburg, Erzstift	211	— — Rsstadt	364
Sardinien	97	Würtemberg. Hzgth.	320
Schaumburg, s. Lippe	280	Würzburg, Bisth.	228
Schlesien (preuß.)	71	Wurzen, Stift	243
Schleßwig u. Holstein	7	Zeitz, Stift	243
Schottland	30	Zell, Rsstadt	364